КНИГА ЗОАР

на пять частей Торы
с комментарием «Сулам»

Глава Пинхас
Глава Матот

Под редакцией М. Лайтмана,
основателя и главы
Международной академии каббалы

Под редакцией М. Лайтмана
Книга Зоар, Пинхас, Матот
Laitman Kabbalah Publishers, 2024. – 540 с.

Edited by M. Laitman
The Book of Zohar, Pinchas, Matot
Laitman Kabbalah Publishers, 2024. – 540 pages.

ISBN 978-965-551-055-3

Книга Зоар, написанная еще в середине II века н.э., – одно из самых таинственных произведений, когда-либо создан-ных человечеством.

До середины двадцатого века понять или просто прочесть Книгу Зоар могли лишь единицы. И это не случайно – ведь эта древняя книга была изначально предназначена для нашего поколения, и является раскрытием Торы.

В середине прошлого века, величайший каббалист XX столетия Йегуда Ашлаг (Бааль Сулам) проделал колоссаль-ную работу. Он написал комментарий «Сулам» (лестница) и одновременно перевел арамейский язык Зоара на иврит.

Но сегодня наш современник разительно отличается от человека прошлого века. Международная академия каббалы под руководством всемирно известного ученого-исследователя в области классической каббалы М. Лайтмана, желая облегчить восприятие книги современному русскоязычному читателю, провела грандиозную работу – впервые вся Книга Зоар была обработана и переведена на русский язык в соответствии с правилами современной орфографии.

Copyright © 2024 by Laitman Kabbalah Publishers
1057 Steeles Avenue West, Suite 532
Toronto, ON M2R 3X1, Canada
All rights reserved

Содержание

ГЛАВА ПИНХАС

Слушай, сын мой, наставление отца твоего 8
Друзья прислушиваются к голосу твоему! 9
Совершенный праведник и праведник,
    который несовершенен 11
Сохрани душу мою, ибо благочестив я 13
Хэй (ה), которая добавилась к Йосефу,
    и йуд (י) – к Пинхасу 15
Хранящий союз 16
Одеяния того мира 19
От Начала года до последнего дня праздника 21
Радуга 24
Левиратный брак и кругооборот 30
До вручения Торы зависели от удачи 40
И вино, веселящее сердце человека 42
Ибо дух прошел в нем, и нет его 49
Все народы не совершают колебаний, только Исраэль 62
Возрадуется Исраэль с создающими его 64
Три мастера – небо и земля, и вода 66
Три участника – Творец, и отец его и мать его 68
Вот Я заключаю с ним Мой союз мира 69
Все, что найдешь возможным своими силами
    сделать, – делай 71
Очи твои – водоемы в Хешбоне 73
Вечером она приходит, а утром она возвращается 75
О третьем Храме не написано в Торе 77
Почему Исраэль в горе более остальных народов? 80
Исраэль, которые не ели падаль и растерзанное, –
    почему они слабы? 81
И имя мужа израильтянина убитого 82
То, что сейчас вначале, будет при возрождении
    мертвых последним 83
Возрождение мертвых 84
Вручаю дух мой на хранение Тебе 87
Два светила 90
Я и Он 96

Трижды становился Давид рабом 98
Давид становился бедным, благочестивым и рабом 99
**Тайны Эльазара, Йоси, Йегуды, Йюдая, Абы,
   и рабби Шимона и его товарищей** 101
**«Победителю», «благодарите», «воспевайте,
   праведники», «хвалите», «мелодия», «напев»,
   «песня», «благословение» и т.д.** 104
Меркава Матата 109
Дым и запах воскурения 112
Три молитвы 118
Жертвы 124
Встреча – это умиротворение 134
Меркава Йехезкеля 140
Четыре клипы, окружающие четыре создания 149
Голос и речь 160
Возглашение Шма, и цицит, и тфилин, и ремешки 167
Склонения и выпрямления 177
Иногда молчат, иногда бормочут 183
И ноги их – нога прямая 185
Зрение, слух, обоняние и речь 188
**Радуга, тфилин, цицит, синета, белое и
   возглашение Шма** 194
Действие строения и молитва 196
Произносящий псалом Давида каждый день 201
Отведал я соты мои с медом, пил я вино мое с молоком ...203
И было однажды, пришли сыны Всесильного 204
Праведник и плохо ему, грешник и хорошо ему 206
Рош а-шана 207
Перепона печени, желчь, трахея, пищевод и шофар 211
Печень и сердце 217
Селезенка и желчь 219
Козел отпущения и печень, и сердце 220
Роза 224
Орел 225
Большой орел и царь Шломо 227
Роза 2 229
Внутренние органы 233
Обозрение Сулам 252
Семь небосводов 273

Нецах и Ход..274
Сказала суббота: «А мне Ты не дал пары» 279
Аин (ע) де-Шма (שְׁמַע), далет (ד) де эхад (אֶחָד), имя аин (ע) ..281
Ремни и узел тфилин руки..285
И взял он копье в руку свою..288
Мем (מ) вав (ו) тав (ת) – признак ангела смерти 291
«Возьмите от вас приношение», а не от великого сброда....297
Йуд (י), которой удостоился Пинхас –
   это йуд (י) де-Шадай (שַׁדַּי) 305
Исраэль – органы Шхины 311
Сделаем Адама в образе Нашем, по подобию Нашему 314
Что значит «сущее»? – Хохма 318
Все, что сделает Всесильный, пребудет......................320
 Согласно жребию 323
Жертвоприношения 327
Дополнительная нефеш, дополнительная руах,
   дополнительная нешама 347
Вечерняя молитва..352
Моше и два Машиаха, и радуга, и Малхут...................355
Набрал я мирры – пейте до упоения, любимые!..........361
Тот, кто пренебрегает хлебными крохами...................364
«С маслину» и «с яйцо» 366
Двенадцать хлебов 375
Десять вещей, которые нужно соблюдать
   на субботнем столе 376
Трое, причиняющие себе зло..386
Три йуд (י), которые в АВАЯ (הויה) наполнения САГ 388
Как пламя, связанное с углем......................................390
Тонкая мука в хлебное приношение............................395
Смешанная с битым елеем..397
Зарка, макаф, шофар, олех, сэгольта........................400
Луна уменьшает себя 406
Имена АВАЯ посередине..407
Козел для Азазеля 410
И в началах месяцев ваших...413
Утренняя лань..416
Праздник Песах 428
Прикрикни на зверя в тростнике................................448
Четыре избавления..453

Птичье гнездо 455
Четыре раздела тфилин и возглашение Шма 457
Личной хлеб этих двенадцати ликов 458
Жертву Мне, хлеб Мой в огнепалимые жертвы Мне.........461
Тонкая мука, средняя мука и отбросы 462
Праздник Шавуот..465
Должен отпустить мать..472
Исраэль умеют охотиться за хорошей добычей.............473
Птичье гнездо 479
Невеста Моше...482
И приносите огнепалимую жертву, всесожжение Творцу....485
И в день первых плодов 488
День искупления 490
Праздник Суккот...494
Шмини Ацерет 502
Выяснения Малхут...505
Выяснение святых имен и названий........................514
Возглашение Шма и тфилин..................................518
Два порядка четырех отрывков тфилин....................519
Праздник Шавуот...523
Рош а-шана 525
Праздник Суккот...528
Возлияние воды..531

ГЛАВА МАТОТ

Мир ведет себя не иначе, как в двух окрасках...............538

Глава Пинхас

Слушай, сын мой, наставление отца твоего

1) «„И говорил Творец Моше так: „Пинхас, сын Эльазара, сын Аарона-коэна, отвратил гнев Мой от сынов Исраэля"[1]. Рабби Эльазар провозгласил и сказал: „Слушай, сын мой, наставление отца твоего и не отказывайся от учения матери твоей"[2]. „Слушай, сын мой, наставление отца твоего"[2] – это Творец, „и не отказывайся от учения матери твоей" – это Кнессет Исраэль. Что такое „наставление отца твоего"[2]? „Наставление" – это Тора, в которой содержится множество назиданий и наказаний. Как сказано: „Наставления Творца, сын мой, не отвергай, и не тяготись обличением Его"[3]».

2) «„И поскольку каждый, кто занимается Торой в этом мире, заслуживает того, чтобы открыли ему многочисленные ворота в тот мир, многочисленные света", поэтому „в час, когда уходит из этого мира, Тора идет перед ним и, подходя ко всем стражам ворот, провозглашает и говорит: „Отворите ворота, пусть войдет народ праведный"[4], установите престол такому-то служителю Царя". Ибо радость Творцу может доставить лишь тот, кто занимается Торой. Тем более человек, который пробуждается ночью, чтобы заниматься Торой, потому что все праведники в Эденском саду прислушиваются к его голосу, и Творец находится среди них. Как объяснялось: „Живущая в садах, друзья прислушиваются к голосу твоему! Дай мне услышать его!"[5]»

---

[1] Тора, Бемидбар, 25:10-11. «И говорил Творец Моше так: „Пинхас, сын Эльазара, сын Аарона-коэна, отвратил гнев Мой от сынов Исраэля, возревновав за Меня среди них, и не истребил Я сынов Исраэля в ревности Моей"».

[2] Писания, Притчи, 1:8. «Слушай, сын мой, наставление отца твоего и не отказывайся от учения матери твоей».

[3] Писания, Притчи, 3:11. «Наставления Творца, сын мой, не отвергай, и не тяготись обличением Его».

[4] Пророки, Йешаяу, 26:2. «Отворите ворота, пусть войдет народ праведный, хранящий верность».

[5] Писания, Песнь песней, 8:13. «Живущая в садах, друзья прислушиваются к голосу твоему! Дай мне услышать его!»

ГЛАВА ПИНХАС

Друзья прислушиваются к голосу твоему!

3) «Рабби Шимон сказал: „В этом изречении содержится скрытая мудрость. „Живущая в садах"[5] – это Кнессет Исраэль", т.е. Малхут, „которая пребывает в изгнании с Исраэлем, и проходит с ними их страдания. „Друзья прислушиваются к голосу твоему"[5] – это станы высших" ангелов, все они прислушиваются к твоему голосу – к голосу твоих прославлений в изгнании. „Дай мне услышать его!"[5] – это как сказано: „Дай мне увидеть лик твой, дай мне услышать голос твой!"[6] „Дай мне услышать его"[5] – голос тех товарищей, которые занимаются Торой, потому что нет предо Мной восхваления большего, чем от занимающихся Торой"».

4) «Сказал рабби Шимон: „Словно все те, что удостаиваются заниматься Торой, и в час, когда разделяется ночь, входят на рассвете дня вместе с Царицей, чтобы встретить лик Царя. Укрепляется он и принимает в удел свой Шхину, а кроме того, еще и нить милости протянута над ним, как мы уже объясняли"».

5) «„Смотри, каждый, кто удостаивается укрепиться в Шхине, должен оберегать себя от того, что обращено против" Шхины. „То есть, от чего? Словом, те, что не нарушают святого союза", связывая себя „с „дочерью бога чужого"[7]. И с каждым, кто оберегает себя, словно соединена Шхина и оберегает его. И она спешит принести мир ему. И тем более, если он удостоился и стал обладателем этого"», – знака святого союза.

6) «Сказал рабби Шимон: „Достойны" были „Исраэль в тот час быть истребленными из мира, однако Пинхас предотвратил это тем самым действием" – тем, что убил Зимри и Козби, „и гнев утих. Это смысл сказанного: „Пинхас, сын Эльазара, сын Аарона-коэна, отвратил гнев Мой от сынов Исраэля"[1]. Другое объяснение. „Пинхас, сын Эльазара, сын..."[1] Сказал рабби

---

[6] Писания, Песнь песней, 2:14. «Голубка моя в расселинах скал, под кровом уступов! Дай мне увидеть лик твой, дай мне услышать голос твой! Ибо голос твой сладок, и лик твой прекрасен!»

[7] Пророки, Малахи 2:11. «Изменил Йегуда, и гнусность творилась в Исраэле и в Йерушалаиме, ибо осквернил Йегуда святость Творца, которую он любил, и сочетался с дочерью бога чужого».

Шимон: „Сын... сын (бен бен בן בן)"¹, дважды, призваны восполнить действие"».⁸

7) «Сказал рабби Шимон: „Тот человек, который берет кругооборот души", то есть совершает повторный кругооборот, „и не удостаивается исправиться в нем, он словно отрицает подлинность Царя. А я провозглашаю о нем это изречение: „Или найдет потерянное и будет отрицать это, и поклянется ложно"⁹. „И будет отрицать это"⁹ – т.е. душу, „лучше ему не рождаться"», ибо лучше бы ему не совершать этот кругооборот, придя в мир.

---

⁸ См. далее, п. 11.
⁹ Тора, Ваикра, 5:22. «Или найдет потерянное и будет отрицать это, и поклянется ложно, что он не совершил эти грехи».

ГЛАВА ПИНХАС

Совершенный праведник и праведник, который несовершенен

8) «„Мы учили, что совершенный праведник устраняется" из-за грешника, и позволено ему вступать с ним в спор. „А несовершенный праведник устраняется", и запрещено ему вступать в спор с грешником. Спрашивает: „Кто такой совершенный праведник, и кто такой несовершенный праведник? Разве тот, кто не совершенен в своих действиях, называется праведником", чтобы ты сказал о нем, что он праведник, который не совершенен, – ведь не выполняющий свои действия так, как это требуется, является грешником? И отвечает: „Однако о совершенном праведнике известно, что он не проходит неправильных кругооборотов", то есть не перевоплощается, „а в своем собственном уделе возводит строения и устанавливает стены, и выкапывает рвы, и сажает деревья"». Иначе говоря, все его добрые дела находятся в его собственном владении, поскольку он не должен исправлять других.

9) «„Несовершенный праведник" – означает, что возводит строения в уделе другого". Другими словами, душа его совершает повторный кругооборот из-за того, что в первом кругообороте он был грешником. И получается, что все его хорошие дела призваны исправить душу с ее первого вхождения в мир, а находятся строения его в уделе другого. „Выкапывает в нем рвы и взрыхляет почву, он закладывает камни в основу его, как и прежде, и трудится в нем. И не знает он, останется ли этот удел его уделом, потому что с его стороны", согласно его деяниям в этом кругообороте, „он добродетелен и называется праведником. Однако со стороны этого наследия", со стороны действий его первого прихода в мир, „это не так"». Иначе говоря, он еще не исправил своих прегрешений, совершенных им в первый раз.

10) Подобно «„человеку, который строит красивые с виду здания. Посмотрел на основание, и увидел, что осело оно, перекосилось со всех сторон. И вот здание это не будет завершено, пока не разрушит он его, и не установит с самого начала", – т.е. таким, как оно должно быть. „И получается, что он, со своей стороны, строил здание хорошо и правильно, но что касается основы здания, она негодная и с перекосом. И потому

не называется это совершенным действием и совершенным зданием". Так же и перевоплотившийся, хотя и со стороны своих действий, он праведник, но поскольку еще не исправил прегрешения, совершенные во время первого прихода в мир, „называется поэтому несовершенным праведником. И он устраняется" из-за грешника. „И поэтому говорит Писание: „Когда грешник истребляет того, кто праведнее его"[10]».

11) «„Смотри, тот, кто ревностно относится к святому имени Творца, даже если он не нуждается в знаках величия, и не достоин его, он удостаивается его и получает его. Пинхас в ту пору не был достоин священнослужения, но поскольку возревновал к имени Господина его, удостоился всего и возвысился во всем, и было установлено им все, и заслужил он высшее священнослужение. С этого момента: „Пинхас, сын Эльазара, сын Аарона "[1]», – т.е. «сын» написано дважды, «„потому что он восполнил две ступени"», – исправил как себя, так и души Надава и Авиу, которые перевоплотились в нем, и они были сыновьями Аарона. Поэтому сказано: «Сын Эльазара, сын Аарона»[1], «„и это потому, что он возревновал к имени Господина своего, поскольку исправилось то, что было перекошено"», – ведь он исправил и себя, и также свойства душ Надава и Авиу, перевоплотившихся в нем.

---

[10] Пророки, Хавакук, 1:13. «Слишком чисты глаза Твои, чтобы видеть зло, и смотреть на беззаконие не можешь Ты. Зачем смотришь Ты на изменников молча, когда грешник истребляет того, кто праведнее его?»

Сохрани душу мою, ибо благочестив я

12) «Рабби Йегуда провозгласил и сказал: „Сохрани душу мою, ибо благочестив я, спаси Ты, Всесильный мой, раба Твоего, полагающегося на Тебя (досл. к Тебе)!"[11] Надо рассмотреть конец изречения, а затем и все его. В конце этого изречения написано: „Полагающегося к Тебе". Спрашивает: „Следовало сказать: „Полагающегося на Тебя", – что значит: „Полагающегося к Тебе"? Но Давид словно дает обещание, что полночь не пройдет над ним во сне. Как сказано: „Полночь, встану я благодарить Тебя"[12]. Следовало сказать: „Встал я". Но" смысл сказанного – „встану и свяжусь с Тобой навеки"».

13) «„Сохрани (шомра́ שָׁמְרָה) душу мою"[11]. Спрашивает: „Разве не следовало сказать „сохрани (шмор שְׁמוֹר)"? И мы ведь учили, что в Торе нет ни одной буквы, в которой не заключались бы высшие и величественные тайны". И отвечает: „Сохрани (шомра́ שָׁמְרָה)" означает, что говорит Творцу: „Сохрани (шомра שָׁמְרָה)"[11], – т.е. сохрани (шмор хэй ה שְׁמוֹר), „являющуюся той частью, в которую включена душа. Ведь когда душа (нефеш) уходит из этого мира, она приходит, чтобы получить будущий мир. Если заслужила она, то множество высших воинств выходят, чтобы встретить ее и охранять ее, и ввести в ее пределы на свое место. И эта хэй (ה)", т.е. Малхут, „оберегает ее, чтобы соединиться с ней в новомесячья и субботы"».

14) «„А если она не удостоилась, то уготовано против нее множество ангелов-губителей, которые выгоняют ее наружу. Горе такой душе, совершающей кругооборот впустую, подобно камню в праще. Это смысл сказанного: „А души врагов твоих выбросит Он, как из пращи"[13]. Давид предстал с просьбой пред Творцом и сказал: „Сохрани (шомра שָׁמְרָה) душу мою"[11], чтобы не выставили ее наружу. И когда поднимутся против нее, пусть

---
[11] Писания, Псалмы, 86:2. «Сохрани душу мою, ибо благочестив я, спаси Ты, Всесильный мой, раба Твоего, полагающегося на Тебя!»
[12] Писания, Псалмы, 119:62. «Полночь, встану я благодарить Тебя за суды Твои праведные».
[13] Пророки, Шмуэль 1, 25:29. «И хотя поднялся человек преследовать тебя и искать души твоей, душа господина моего будет завязана в узле жизни у Творца Всесильного твоего; а души врагов твоих выбросит Он, как из пращи».

откроются для нее входы и прими ее к Себе. „Ибо благочестив я"[11]. Спрашивает: „Разве Давид назывался благочестивым?"» Ведь он царь, и свойство его – Малхут. «Сказал рабби Йегуда: „Да", что называется благочестивым, „как написано: „Неизменные милости Давиду"[14]». Иначе говоря, поскольку получает «неизменные милости» называется благочестивым. «„И поэтому: „Сохрани душу мою"[11] – т.е. не позволяй ей выходить наружу"».

15) «Сказал рабби Ицхак: „Каждый человек, у которого есть удел в праведнике", т.е. он соблюдает союз Его, „наследует эту землю", Малхут. „Как сказано: „И народ твой, все праведники, ... навеки унаследуют землю"[15]. И этот праведник", т.е. Есод, „называется благочестивым", потому что несет милость (хасадим). И поэтому „сказал Давид: „Поскольку я связан с этим местом, с праведником", поэтому „благочестив я. И поэтому „сохрани душу мою"[11], чтобы быть связанным с Тобой"».

---

[14] Пророки, Йешаяу, 55:3. «Преклоните ухо ваше и идите ко Мне, слушайте, и жива будет душа ваша, и Я заключу с вами союз вечный, неизменные милости Давиду».

[15] Пророки, Йешаяу, 60:21. «И народ твой, все праведники, ветвь насаждения Моего, дело рук Моих для прославления, навеки унаследуют землю».

Хэй (ה), которая добавилась к Йосефу, и йуд (י) – к Пинхасу

16) «Рабби Хия провозгласил: "Свидетельством для Йосефа поставил Он его, когда вышел тот в землю египетскую. Язык, которого не понимал, услышал я"[16]. Но ведь мы изучали, что ангел обучил его семидесяти языкам, которые знал Фараон, а в языке святости он был больше" Фараона, поскольку Фараон не знал языка святости.[17] Это смысл сказанного: "Язык, которого не понимал, услышал я"[16] – т.е. обучил его языкам, которых он не слышал раньше. "Но что же, в таком случае, означает "свидетельство"[16]?" И отвечает: "Смотри, в час, когда жена Потифара пыталась склонить Йосефа к тому действию, он притворялся, словно не понимает ее языка. И так – каждый день, до самого последнего момента, о котором написано: "И она схватила его за одежду"[18], – поскольку до сих пор он притворялся, будто не знает этого языка"». И тогда она узнала по нему, что он знает этот язык, то есть понимает ее намерение. Это означает: «И она схватила его»[18], т.е. поймала его на обмане. «За одежду (бэвигдо בְּבִגְדוֹ)» – указывает на измену (бгида בְּגִידָה) и обман. «"И дух святости", Малхут, "кричал напротив него: "Предохранить себя от жены чужой, от чужестранной, чьи речи льстивы!"[19] Спрашивает: "Чему нас это учит?" И отвечает: "Это нас учит тому, что каждый оберегающий себя от этого", как Йосеф, "соединяется со Шхиной, и он держится за это свидетельство", т.е. Малхут. "И что оно собой представляет? – Это хэй (ה), которая добавилась ему, как написано: "Свидетельством для Йосефа (ביהוסף) поставил Он его"[16]. И также здесь, буква йуд (י) добавилась к Пинхасу за то, что возревновал он в этом"», – в деле Зимри, и эта йуд (י) указывает на Малхут.

---

[16] Писания, Псалмы 81:6. «Свидетельством для Йосефа поставил Он его, когда вышел тот в землю египетскую. Язык, которого не понимал, услышал я».

[17] См. Вавилонский талмуд, трактат Сота, лист 36:2.

[18] Тора, Берешит, 39:12. «И она схватила его за одежду, говоря: "Ложись со мной!" Но он оставил одежду свою в руке ее, и побежал прочь и вышел наружу».

[19] Писания, Притчи, 7:5. «Предохранить себя от жены чужой, от чужестранной, чьи речи льстивы!»

Хранящий союз[20]

17) «Рабби Йеса провозгласил: "На реках вавилонских – там сидели мы и плакали, вспоминая Цион"[21]. Спрашивает: "Но ведь следовало сказать: "Йерушалаим", как сказано: "Если забуду я тебя, Йерушалаим, пусть онемеет десница моя"[22], что значит: "Вспоминая Цион"[21]?" И отвечает: "Подобно человеку, у которого был величественный, изящный и красивый замок. Пришли грабители и сожгли его. Чье это горе, если не хозяина замка? И также здесь, когда Шхина в изгнании, – чье это горе, если не этого праведника", Есода? "И это происходит, как объяснялось. Как написано: "Пропал праведник"[23] – пропал, действительно, потому что все действие Есода заключено в отдаче, и если Шхина находится в изгнании, и ему некого наполнять, то его словно нет и он пропал. И также здесь, "вспоминая Цион"[21] означает – вспоминая горе, овладевшее им" Ционом, т.е. Есодом, "из-за того, что нет слияния (зивуга), ибо это его горе"».

18) «Сказал рабби Йеса: "Тот, кто таким образом возвеличивает имя Господина своего, и хранит" союз, "удостаивается того, что Господин его возвеличит его над всеми. Откуда это следует? Из сказанного о Йосефе: "И велел он везти его на второй колеснице, которая у него"[24], и сказано: "И он поставил его над всей землей египетской"[24]. И мало того, когда Исраэль переходили море, усыпальница Йосефа первой вошла в него, и воды не могли оставаться перед ним в своем прежнем виде, и это смысл сказанного: "Море увидело и побежало"[25]. Что значит: "И побежало"[25] – т.е. море увидело того, о ком сказано: "И побежал прочь и вышел наружу"[18]"».

---

[20] Тора, Дварим, 7:9. «Знай же, что Творец Всесильный твой, – Он Всесильный, Творец верный, хранящий союз и милость к тем, кто любит Его и соблюдает заповеди Его, на тысячу поколений».

[21] Писания, Псалмы, 137:1. «На реках вавилонских – там сидели мы и плакали, вспоминая Цион».

[22] Писания, Псалмы 137:5. «Если забуду я тебя, Йерушалаим, пусть онемеет десница моя».

[23] Пророки, Йешаяу, 57:1. «Пропал праведник, и нет человека, принимающего это близко к сердцу, и мужи благочестия погибают, и никто не понимает, что от зла погиб праведник».

[24] Тора, Берешит, 41:43. «И велел он везти его на второй колеснице, которая у него, и возглашали перед ним: "Преклонитесь!" И он поставил его над всей землей египетской».

[25] Писания, Псалмы, 114:3. «Море увидело и побежало, Ярден обратился вспять».

19) «„Смотри, он удостоился славы при жизни своей и удостоился славы посмертно. При жизни – почему? Благодаря тому времени, когда не хотел связываться" с женой Потифара, „как написано: „Но он отказался, сказав жене господина своего…"[26], и написано: „А он не слушался ее, чтобы лежать с нею, чтобы быть с нею"[27], – поэтому удостоился славы в этом мире. После того, как написано: „И она схватила его за одежду"[18], и написано: „И побежал прочь и вышел наружу"[18]. Благодаря этому, „после смерти удостоился войти за высшую завесу", находящуюся в чертоге святая святых, „и это подобает ему". Получается, что „взял положенное ему в этом мире и положенное ему в ином мире"».

20) «„Пинхас удостоился в этом мире и удостоился в мире будущем, и удостоился благоденствия более, чем все вышедшие из Египта, и удостоился звания великого коэна, – он, и все сыновья его после него. И если скажешь, что он не удостоился звания коэна, пока не совершил это деяние, – нет. Ибо есть утверждающие, что он удостоился священства еще до этого. И в таком случае, на чем обоснуем изречение: „За то, что возревновал он за Всесильного своего"[28], – ведь отсюда следует, что благодаря этому деянию он удостоился священства, которого не было у него до этого?"»

21) И отвечает: «„Смотри, любой коэн, убивший душу, навсегда лишается священства, потому что он сделал негодной свою ступень по отношению к ней". Ибо священство – это ступень Хесед (милосердия), а убийство души человека – противоположное этому. „И Пинхас", убивший Зимри и Козби, „по закону больше не может быть коэном. Но поскольку он возревновал за Творца, Он должен был заново дать ему „священство вечное"[28], „ему и потомству его после него"[28] во все поколения, и поэтому написано: „За то, что возревновал он за Всесильного своего"[28]. Сказал рабби Ицхак: „Смотри, записан он, Пинхас, наверху, и записан он внизу". Наверху – „прежде, чем явился в мир", внизу – „ведь он перечислен с теми, кто вышел из Египта"».

---

[26] Тора, Берешит, 39:8. «Но он отказался, сказав жене господина своего: „Ведь господин мой не знает при мне ничего в доме, и все, что имеет, отдал в руки мне"».

[27] Тора, Берешит, 39:10. «И бывало, когда так она говорила Йосефу ежедневно, а он не слушался ее, чтобы лежать с нею, чтобы быть с нею».

[28] Тора, Бемидбар, 25:13. «И будет он ему и потомству его после него союзом священства вечного, за то, что возревновал он за Всесильного своего и искупил сынов Исраэля».

Объяснение. Потому что сказал ранее, что в тот момент, когда сказал Творец: „И вспомнил Я союз Мой"[29], Он хотел отстранить Аарона от его миссии в Египет из-за того, что двое сыновей его нарушили союз, но когда увидел Творец, как Пинхас выполняет союз вместо него, и исправляет Надава и Авиу, Он послал его.[30] И поэтому сказано здесь, что записан Пинхас наверху и записан внизу, так как благодаря ему Творец послал Аарона выполнить свою миссию.[30]

22) «Рабби Эльазар и рабби Йоси, и рабби Хия шли по пустыне, сказал рабби Йоси: „То, что сказано о Пинхасе: „Вот, заключаю Я с ним союз мира"[31] – т.е. мирное состояние, свободное от ангела смерти, который никогда не властен над ним, и он не будет предан судам его. И если скажешь, что он не умер", – он умер, „но умер, безусловно, не как все остальные люди в мире, а продлил дни над всем его поколением, поскольку был связан этим высшим союзом. А когда покидал этот мир, он ушел от остальных жителей мира в высшем стремлении и подобающем слиянии"».

---

[29] Тора, Шмот, 6:5. «И также Я услышал стенание сынов Исраэля которых египтяне порабощают, и вспомнил Я союз Мой».

[30] См. Зоар, главу Ваэра, п. 87. «„И если ты спросишь: „Для чего упомянут здесь Пинхас?" – ведь Писание приводит здесь только родословную Моше и Аарона"…»

[31] Тора, Бемидбар, 25:12. «Поэтому скажи: „Вот, заключаю Я с ним союз мира"».

Одеяния того мира

23) «Рабби Эльазар провозгласил и сказал: „И показал Он мне первосвященника Йеошуу, стоящего пред ангелом Творца, и Сатáна, стоящего справа от него, чтобы обвинять его"[32]. Горе тем людям, которые не замечают величия Господина своего. И каждый день раздается над ними призыв, а они не внемлют. Пришел человек изучать заповеди Торы – множество заступников встает, чтобы помянуть его добром. Пришел человек и нарушил заповеди Торы – эти деяния обвиняют его в совершении зла пред Творцом. Йеошуа был первосвященником, и это уже объяснялось. Что написано о нем: „И Сатáна, стоящего справа от него, чтобы обвинять его"[32]. И если с ним такое (происходит), то об остальных жителях мира, которые не видят величия Господина своего, и говорить нечего"».

24) «„Смотри, что написано: „А Йеошуа был одет в испачканные одежды"[33]. И это уже объяснялось. Но „испачканные одежды" как раз указывают на одеяния, в которые облачается дух (руах) в том мире. Счастлива участь того, чьи облачения исправлены и совершенны в том мире. И вот мы учили: каждого, кого хотят ввести в преисподнюю, – в какие одеяния облачают его?" И отвечает: „Здесь сказано: „А Йеошуа был одет в испачканные одежды и стоял пред ангелом"[33]. Кто этот ангел? Это ангел, поставленный над преисподней, и он поставлен над всеми, кого он видит в этих одеяниях. Пока не ответил голос, сказав: „Снимите с него испачканные одежды"[34]».

25) «„Отсюда следует сделать вывод, что нечестивые деяния человека делают ему эти испачканные одежды. „И сказал он ему: „Смотри, я снял с тебя грех твой и велел облечь тебя в одежды нарядные"[34], – поскольку облачили его в другие, исправленные одеяния, в которых человек созерцает сияние величия своего Господина"».

---

[32] Пророки, Зехария, 3:1. «И показал Он мне первосвященника Йеошуу, стоящего пред ангелом Творца, и сатáна, стоящего справа от него, чтобы обвинять его».

[33] Пророки, Зехария, 3:3. «А Йеошуа был одет в испачканные одежды и стоял пред ангелом».

[34] Пророки, Зехария, 3:4. «И отвечал он, сказав стоящим пред ним так: „Снимите с него испачканные одежды". И сказал он ему: „Смотри, я снял с тебя грех твой и велел облечь тебя в одежды нарядные"».

26) «„Смотри, подобно этому и Пинхас, – он не ушел из мира, пока не установились перед ним другие облачения, от которых наслаждается дух (руах) в будущем мире. В то же мгновение он освободился от одних (одеяний) и облачился в другие, чтобы выполнить сказанное: „Вот, заключаю Я с ним союз мира"[31]. Пока они шли, был сильный свет солнца, и они сели под тенью одной скалы, что в пустыне. Сказал рабби Эльазар: „Тень – это, безусловно, отрада души"».

ГЛАВА ПИНХАС

От Начала года до последнего дня праздника

27) «Сказал рабби Хия рабби Эльазару: „Эти дни, что от Начала года до последнего дня праздника, – я хочу стоять над ними". Сказал рабби Эльазар: „Мы ведь учили, и товарищи указывали относительно них". Сказал рабби Хия: „Это, безусловно, так. Но я слышал объяснение о них от высшего великого светоча"», т.е. рабби Шимона. «Сказал ему: „Расскажи мне это объяснение". Сказал ему: „Я еще не нахожусь в нем"», т.е. эти вещи еще непонятны ему во всей необходимости. «Сказал рабби Эльазар: „Хотя товарищи объяснили это, и это правильно, но порядок этих дней является тайной мудрости среди пожинающих поле"», – то есть среди тех мудрецов, которые уже завершили все выяснения Малхут, называемой полем.

28) «„Смотри, мы же учили: порядок соединения всего в одно целое – каков он. И вот мы учили", – провозгласил и сказал: „Обнажил Творец мышцу святую Свою"³⁵ – это одна рука", представляющая собой левую линию, „и от нее зависит спасение, от нее зависит возмездие, от нее зависит избавление. И почему"» «обнажил Творец мышцу святую Свою"³⁵ эту? – „Это чтобы поднять Кнессет Исраэль", Малхут, „из праха, и принять ее к Себе, дабы соединиться в одно целое. И когда эта" рука „пробуждается соответственно ей, – сколько страха пребывает в мире, пока не положит он эту руку под голову ее, чтобы соединиться! Как сказано: „Левая рука его у меня под головою"³⁶. И тогда успокаивается суд, и искупает грехи"».

29) «„Затем появляется правая рука, чтобы обнять ее, тогда пребывает радость в мире, и все лица светятся. После этого она", Малхут, „соединяется с телом (гуф)", т.е. со средней линией, „и все называется единым, без разделения", потому что средняя линия соединяет правую и левую вместе. „Тогда это совершенство всего и радость всего, и соединяются, конечно", Зеир Анпин и Малхут, „чего не бывает в другое время"».

---

³⁵ Пророки, Йешаяу, 52:10. «Обнажил Творец мышцу святую Свою пред глазами всех народов, и увидят все концы земли спасение Всесильного нашего».
³⁶ Писания, Песнь Песней, 2:6. «Левая рука его у меня под головою, а правая – обнимает меня».

30) «„И такой же порядок этих дней, от Рош а-шана (начала года) до последнего дня праздника. В Рош а-шана пробуждается левая рука", т.е. левая линия Зеир Анпина, „чтобы принять Царицу. И тогда весь мир пребывает в страхе перед судом, и тогда весь мир должен пребывать в состоянии полного раскаяния пред Творцом. Затем приходит Царица, в девятый день месяца.[37] И сыны чертога", т.е. сыны Исраэля, „должны войти в состояние радости, и окунанием в реке очистить себя, чтобы быть достойными, к зивугу Царицы" с Зеир Анпином „на следующий день", в десятый день месяца, в День Искупления. И это зивуг ее, когда" Зеир Анпин „кладет свою левую руку под голову ее, как ты говоришь: „Левая рука его у меня под головою"[36]».

31) «„И тогда Исраэль соблюдают пост за грехи свои, и искупаются им. Ибо высшая Има", т.е. Бина, „светит Малхут ликом своим в зивуге", – потому что в День искупления Малхут поднимается и облачает Бину, „и получают искупление все сыны чертога", Исраэль, „так как левая (рука)" Зеир Анпина „принимает ее в этот день. Ведь рош Малхут пребывает над левой"». Объяснение. Ибо тогда раскрывается свечение Хохмы от левой (стороны) Зеир Анпина, притягивающего (наполнение) от левой линии Бины, потому что свечение Хохмы искупает грехи, как все это выяснялось выше.[38]

32) «„В первый день Суккот пробудится правая" линия Зеир Анпина „соответственно" Малхут, „для объятия"», то есть как написано: «А правая – обнимает меня»[36]. «„И тогда радость присутствует во всем, и все лица светятся. И радость возлияния чистой воды на жертвенник. И должны люди испытать радость в различных видах ее, так как правая сторона вызывает это. Ибо во всяком месте, где присутствует правая сторона", хасадим, „должна пребывать радость во всем, и тогда это радость для наслаждения"».

33) «„Затем, в день Шмини Ацерет, – радость Торы, ибо тогда это зивуг гуф", т.е. средней линии, называемой гуф, и „это зивуг всего", так как он включает зивуг левой линии Начала года и Дня искупления, а также зивуг правой линии праздника

---

[37] См. Зоар, главу Ахарей мот, п. 231. «Заплакал рабби Шимон и сказал: „Царь без царицы не называется царем"...»
[38] См. Зоар, главу Ваера, статью «Рош а-шана и Йом Кипур», пп. 381-387.

Суккот, потому что средняя линия включает правую и левую, „чтобы все было единым, и это – совершенство всего. И, разумеется, это день Исраэля, и удел только их одних, поскольку нет в нем доли другому". Иначе говоря, не так, как в праздник, когда приносят в жертву семьдесят быков за семьдесят народов, потому что в Шмини Ацерет нет доли для них. „Счастливы Исраэль в этом мире и в мире будущем. О них сказано: „Ибо народ святой ты у Творца Всесильного твоего"[39]".[40]

---

[39] Тора, Дварим, 7:6. «Ибо народ святой ты у Творца Всесильного твоего; тебя избрал Творец Всесильный твой, чтобы быть Ему народом, дорогим достоянием из всех народов, что на лице земли».

[40] См. Зоар, главу Цав, п. 116. «Сказал рабби Хия: „Конечно же, это так, и это правильно"...»

Радуга

34) «"Пинхас, сын Эльазара, сын Аарона-коэна, отвратил гнев Мой от сынов Исраэля"[41]. Рабби Йегуда провозгласил: "Вспомни же, кто тот невинный, что погиб, и где справедливые уничтожены были"[42]. Мы учили там: тот, кто видел радугу в цветах ее, должен благословить: "Благословен помнящий союз", потому что это святой знак союза, который установил Творец на земле, чтобы не пришли к тебе воды потопа. Ибо когда умножаются грешники на земле, и Творец хочет их уничтожить, и тогда Он поминает им клятву, которую Он дал земле. Потому что дважды написано „не": "Не буду более проклинать"[43], "и не буду более поражать"[43]. И дважды „не" – это клятва, как написано: "Как клялся Я, что не пройдут воды Ноаха"[44]».

35/1) «Рабби Йоси сказал: "Радуга призвана защитить мир. Подобно царю, который каждый раз, когда сын его грешил против него, и царь приходил наказать его, раскрывалась над ним царица в величественных царских одеяниях, – видел ее царь, и гнев его проходил. И он радовался с ней, как написано: "И Я увижу ее, чтобы помнить вечный союз"[45]. И поэтому, не показывается радуга в мире иначе, как в величественных царских одеяниях", т.е. три цвета, указывающих на три линии, и это белый красный зеленый, в которые облачается Малхут, как нам еще предстоит выяснить. "И в час, когда есть праведник в мире, – это союз, чтобы соблюдать этот союз, и он защищает мир. Если нет праведника, то есть радуга, чтобы показать, что мир может быть уничтожен, но" существует "благодаря этой радуге"».

---

[41] Тора, Бемидбар, 25:10-11. «И говорил Творец Моше так: "Пинхас, сын Эльазара, сын Аарона-коэна, отвратил гнев Мой от сынов Исраэля, возревновав за Меня среди них, и не истребил Я сынов Исраэля в ревности Моей"».

[42] Писания, Иов, 4:7. «Вспомни же, кто тот невинный, что погиб, и где справедливые уничтожены были».

[43] Тора, Берешит, 8:21. «И обонял Творец благоухание приятное, и сказал Творец в сердце Своем: "Не буду более проклинать землю за человека, ибо помысел сердца человека зол от молодости его, и не буду более поражать все живущее, как Я сделал"».

[44] Пророки, Йешаяу, 54:9. «Ибо это у Меня воды Ноаха: как клялся Я, что не пройдут воды Ноаха более по земле, так поклялся Я не гневаться на тебя и не упрекать тебя».

[45] Тора, Берешит, 9:16. «И будет радуга в облаке, и Я увижу ее, чтобы помнить вечный союз между Всесильным и между всяким живым существом от всякой плоти, которая на земле».

35/2) «Рабби Эльазар сказал: "Никогда не облачалась эта радуга", т.е. Малхут, "но лишь в одеяния первых праотцев", т.е. ХАГАТ Зеир Анпина, "и это зеленый, красный и белый. Зеленый – это облачение Авраама, и окрасилось это облачение, когда вышел от него Ишмаэль. Красный – это Ицхак, приходящий в красном цвете, и окрасился, когда вышел от него Эсав. И протянулся этот красный вниз, до планеты Марс, в которую включен Эсав. Белый – это хорошее облачение Яакова, добрый лик которого никогда не менялся"». Ибо ложе его совершенно, и не было в нем никакого сора.

35/3) «Рабби Аба сказал: "Это правильно, но так сказал великий светоч", т.е. рабби Шимон: "Белый – это Авраам, который отбелился белизной огня", с помощью Нимрода, который бросил его в Ур Касдим. "Красный – это, разумеется, Ицхак. Зеленый – это Яаков, стоящий между двумя этими цветами", потому что зеленый включает белый и красный, и этот зеленый означает – зеленый как солнце. "И написано о нем, о Яакове: "Не будет теперь пристыжен Яаков, и не побледнеет теперь лицо его"[46], потому что все его ложе было совершенным". И объяснение. "Так это. "Не будет теперь пристыжен Яаков"[46], – чтобы не указывать красным цветом, как Ицхак, от которого произошел Эсав. "И не побледнеет теперь лицо его"[46], – чтобы не указывать белым цветом, как Авраам, от которого произошел Ишмаэль, но он взял эти цвета", белый и красный, "чтобы украситься с их помощью в отцах своих", то есть в том, что он включает в себя двух праотцев, Авраама и Ицхака, представляющих собой белый и красный цвета, и поэтому его цвет зеленый, который включает в себя белый и красный. "И в эти облачения облачается радуга", Малхут, "в тот час, когда предстает пред Царем"», Зеир Анпином.

35/4) «"Смотри, тайна святого союза – это буква йуд (י), украшающаяся высшим очертанием", т.е. венцом Есода Зеир Анпина, "и этот", венец, "запечатлевается в союзе всегда навеки. И поскольку возревновал Пинхас о союзе, запечатлелась буква йуд (י) здесь в его имени, потому что Пинхас – это малая йуд (י)", т.е. свойство Малхут, и свойство венец Есода. Иначе говоря, потому что Пинхас, что здесь, записан с йуд (י), "и это

---

[46] Пророки, Йешаяу, 29:22. «Посему так сказал о доме Яакова Творец, который избавил Авраама: "Не будет теперь пристыжен Яаков, и не побледнеет теперь лицо его"».

йуд, безусловно, представляющая собой союз, выходящий из высшей святой йуд (י)"», потому что Малхут выходит из йуд (י) де-АВАЯ (הויה), в тайне: «Отец (аба) основал сына», «"и поэтому он", Пинхас, "пребывает в совершенном существовании пред святым Царем, чтобы не исчезнуть из мира. И так он чист от этого греха Пеора. Ибо он не исчезает от Пресвятого мира никогда. "И где справедливые уничтожены были"⁴² – это Надав и Авиу, которые не были истреблены из того мира благодаря ему"», так как прошли перевоплощение в Пинхасе, и он исправил их.⁴⁷

Раайá меэманá

36) «Сказал ему верный пастырь: "Ты хорошо сказал. Но поскольку Элияу – это Пинхас, который возревновал к союзу, должны возобновить в нем великие вещи, потому что эта глава написана в Торе по имени его", Элияу, и это Пинхас, "о котором сказано: "Ревностью возревновал я"⁴⁸, и это две ревности: первая – за высшего Всемогущего (Шадай)", и это Есод Зеир Анпина, "а вторая – за нижнего Всемогущего (Шадай)", и это Матат, называемый Шадай.⁴⁹ "И поэтому дал две клятвы – за обоих. И написано дважды "не … не"⁴³"».

37) «Но рабби Йегуда сказал: "Тот, кто видит радугу в светящихся цветах, должен благословить: "Благословен помнящий союз"⁵⁰. А в изгнании, когда не светит она своими цветами как подобает", – потому что в изгнании Малхут не получает единства трех линий как подобает, т.е. в виде трех цветов радуги, "но мало того, иногда она немного светит, а иногда совсем не светит, – иногда показывается в совершенстве, а иногда нет.⁵¹ Потому что цвета радуги указывают на заслуги коэнов, левитов и исраэлитов, когда они прекрасны, потому что радуга светит своими цветами этих трех"», и это три линии.

---

⁴⁷ См. Зоар, главу Ваэра, п. 87. «И если ты спросишь: "Для чего упомянут здесь Пинхас?" – ведь Писание приводит здесь только родословную Моше и Аарона"…»

⁴⁸ Пророки, Мелахим 1, 19:10. «И сказал он: "Ревностью возревновал я за Творца Всесильного воинств, ибо нарушили союз Твой сыны Исраэля. Жертвенники Твои разрушили они и пророков Твоих убили мечом, и остался я один, и хотят они и мою душу отнять"».

⁴⁹ См. далее, п. 39.

⁵⁰ См. Вавилонский Талмуд, трактат Брахот, лист. 59:1.

⁵¹ См. далее, п. 41.

38) «„Встань ты, рабби Йоси Галилеянин, и скажи, ибо правильные слова сказал ты в первом изложении, когда возразил, что она приходит лишь для того, чтобы защитить мир", подобно „царю, который каждый раз, когда сын его грешил, но царь видел царицу, – проходил гнев на сына его. Как написано: „И Я увижу ее, чтобы помнить вечный союз"⁴⁵. И поэтому радуга показывается лишь для того, чтобы защитить мир", потому что радуга – это свойство Малхут, как мы уже сказали. „И она раскрывается не иначе, как в величественном царском облачении", что означает – в трех цветах. „И в час, когда есть праведник в мире, – это союз, чтобы воплотить этот союз"», то есть осуществить единство Зеир Анпина и Малхут. И не нужно пробуждение Малхут в свойстве этой радуги.

39) Спрашивает: «„Но в изгнании, когда Творец отдаляется от Царицы, как же Царица облачается в царское одеяние в изгнании", т.е. в три линии? И отвечает: „Нет" – что нет у нее в изгнании царского облачения. „Но в изгнании у нее одеяние мрака", то есть тьмы. „И сказала она: „Не смотрите на меня, что я смугла"⁵². Но, конечно же, та радуга, которая раскрывается в изгнании, это не что иное, как" ангел „Матат, называемый Всемогущим (Шадай). И он „раб Его"⁵³, Зеир, Анпина, „старший в доме Его, управляющий всем, что у Него"⁵³, и сыновья его", то есть те, что удостоились духа (руах) от свойства Матат, „называются рабами Творца. А сыновья Царицы", то есть те, что удостоились души (нефеш) от Малхут Ацилута, называются „сыновьями. И поэтому" мы молимся: „Либо как сыновей, либо как рабов"⁵⁴».

40) «„А в то время, когда был разрушен Храм, объяснялось, что рабы покрывали головы свои, и ослабли люди действия. Разумеется, они называются людьми действия, по имени Малхут, о которой сказано: „Многие дочери преуспели, но ты превзошла всех их"⁵⁵, – в отношении действия, поскольку Малхут

---

⁵² Писания, Песнь песней, 1:6. «Не смотрите на меня, что я смугла, ибо опалило меня солнце. Сыновья матери моей иссушили меня, поставили меня стеречь виноградники, а своего виноградника я не устерегла».

⁵³ Тора, Берешит, 24:2. «И сказал Авраам рабу его, старшему в доме своем, управлявшему всем, что у него: „Положи руку твою под бедро мое"».

⁵⁴ Из молитвы мусаф на Рош а-шана: «Сегодня в день сотворения мира, сегодня Он будет судить всех созданий мира, либо как сыновей, либо как рабов ...»

⁵⁵ Писания, Притчи, 31:29. «Многие дочери преуспели, но ты превзошла всех их!»

называется действием. „Но если есть праведник, заслуги и действия которого направлены на то, чтобы светить ими Малхут, и освободить ее от облачений мрака простого толкования", без скрытого смысла, „и украсить ее облачениями светящих цветов тайн Торы, – что написано о нем: „И Я увижу ее, чтобы помнить вечный союз"⁴⁵. „И Я увижу ее"⁴⁵ – то есть в светящих тайнах Торы, потому что свет называется тайной"». Иначе говоря, «свет (ор אור)» в числовом значении «тайна (раз רז 207)», и поэтому «свет (ор אור)» указывает на тайны Торы. «„И это смысл сказанного: „Ибо заповедь – свеча, а Тора – свет"⁵⁶. И об этих тайнах сказано: „И Я увижу ее"⁴⁵».

41) «„И в это время", когда видит радугу, т.е. Малхут, „проходит гнев Его на Своего сына, „и гнев Царя утих"⁵⁷. И говорит ей Царь, в молитве Амида⁵⁸ пред Ним: „Какое желание твое? И будет оно исполнено. И в чем просьба твоя?"⁵⁹ В это время она просит об избавлении своем и сыновей ее вместе с ней. Это смысл сказанного: „Да будет дарована мне жизнь моя, по желанию моему, и народ мой, по просьбе моей"⁶⁰. Но радуга, показывающаяся в мире во время изгнания, – она этого раба", т.е. Матата, то есть свечение высшего зивуга облачается в Матата, и он является носителем трех цветов радуги, т.е. трех линий. „А иногда она выходит в совершенстве, когда сыновья ее исправляют действия свои, а иногда не пребывает в совершенстве, когда сыновья ее не исправляют своих действий"».

42) (Недостает начала) «„И эти, исправляющие свои действия пред Царем, и ревнующие к имени Его, и освящающие Его среди многих, так освящают его среди многих, так освящают его наверху, среди ангелов, поставленных над остальными народами, где каждый правитель известен по имени. Однако

---

⁵⁶ Писания, Притчи, 6:23. «Ибо заповедь – свеча, а Тора – свет, и путь жизни – назидательные наставления».
⁵⁷ Писания, Мегилат Эстер, 7:10. «И повесили Амана на дереве, которое он приготовил для Мордехая, и гнев царя утих».
⁵⁸ Молитва восемнадцати благословений Творца, произносимая стоя.
⁵⁹ Писания, Мегилат Эстер, 5:6. «И сказал царь Эстер, когда они пили вино: „Какое желание твое? И будет оно исполнено. И в чем просьба твоя? Хоть половину царства проси, и выполнено будет"».
⁶⁰ Писания, Мегилат Эстер, 7:3. «И отвечала царица Эстер и сказала: „Если я нашла благоволение в очах твоих, о царь, и если царю благоугодно, да будет дарована мне жизнь моя, по желанию моему, и народ мой, по просьбе моей"».

Исраэль известны наверху по имени АВАЯ, которое является жизнью всех этих имен"».

43) «"И каждое имя и название свидетельствует о Нем", о Творце. Имя "Эль (Всевышний) свидетельствует о Нем, что есть у него превосходство над любым высшим. Это смысл сказанного: "Но я буду вопрошать к Всевышнему"[61]. Всевышний – Он Господин любого высшего. Элоким (Всесильный) свидетельствует о Нем, что Он Всесильный сильных. Адни (Владыка) свидетельствует о Нем, что Он Владыка владык. И так же любое имя, и любой ангел, – есть у каждого известное имя, чтобы узнавать любую группу" ангелов, "по этому имени ее ангела. Но Исраэль известны Ему по имени АВАЯ"».

44) «"И тайна этого: у одного человека может быть много лошадей. И так же весь Исраэль являются сыновьями Адама", то есть АВАЯ (היה) с наполнением алеф (א), в числовом значении Адам (אדם 45). Ибо души Исраэля – это порождения Зеир Анпина и Малхут. "И любой сын должен быть для своего отца как лошадь и как осел под поклажей, и подчиняться ему. И это скрытый смысл: "Человека (досл. Адама) и скотину спасаешь Ты, Творец"[62], поскольку Исраэль – они сыны Адама", т.е. АВАЯ де-МА, "и делают из себя словно скотину в его подчинении"».

---

[61] Писания, Иов, 5:8. «Но я буду вопрошать к Всевышнему, и к Всесильному обращу слова свои».
[62] Писания, Псалмы, 36:7. «Справедливость Твоя как высочайшие горы; правосудие Твое – бездна великая! Человека и скотину спасаешь Ты, Творец!»

ГЛАВА ПИНХАС

Левиратный брак и кругооборот

45) «„И поэтому это заповедь Творца в Торе – быть братом, вступающим в левиратный брак с женой своего брата, чтобы сделать сына брату своему, чтобы не исчезнуть ему из того мира. И это как тайна смеси тканей (килаим כִּלְאַיִם) в цицит. И сказали: „То, что я запретил тебе здесь, разрешил здесь, – и запретил тебе килаим в любом месте, разрешил тебе килаим в цицит. Запретил тебе жену брата, разрешил тебе вдову его. Как скрещивают яблони или пальмы только с подобным видом, и запрещено скрещивать один вид с неподобным ему. И сказано о нем: „Ибо человек – дерево полевое"[63], – потому что человеку тоже запрещено не по виду его, так как это кровосмешение. „Однако с вдовой брата прививают вид не по виду его, для того чтобы не дать пропасть душе умершего. И не исчезнет имя его из Исраэля"».

46) «„И это тайна кругооборота, колесо – нет у него движения без канала подачи воды (амат а-маим אַמַת הַמַּיִם)", вращающей его. „И так же канал подачи воды – это буква вав (ו), с помощью которой происходит вращение колеса. И тайна этого: так же как у колеса нет вращения без канала подачи воды, также и колесо – это буква йуд (י), и нет у него движения без канала подачи воды, то есть вав (ו). Вдова брата – это хэй (ה), и для этого" буквы „Бина (בִּינָה) – сын (бен בֵּן) йуд-хэй (י"ה)", потому что этот сын, т.е. Зеир Анпин, выходит от зивуга йуд-хэй (י"ה), то есть Хохмы и Бины (ХУБ), и поэтому он указан в своей матери, в имени ее, т.е. сын (бен בֵּן) йуд-хэй (י"ה), которые являются буквами Бина (בִּינָה). „Буквой йуд (י)", и это Хохма, „Он сотворил будущий мир, и это протяженный мир, то есть вав (ו)", Зеир Анпин.

47) «„Поэтому тот, у кого нет сына", который соответствует Зеир Анпину, т.е. вав (ו), представляющему собой будущий мир, „не относится к обитателям будущего мира. Поскольку море", и это Бина, свойство будущего мира, „соответствует ему", соответствует вав (ו), потому что вав „выходит между ними", между йуд-хэй (י"ה), где йуд (י) – это Хохма, а хэй (ה) – это Бина,

---

[63] Тора, Дварим, 20:19. «Когда осаждать будешь город многие дни, чтобы, ведя с ним войну, захватить его, не губи деревьев его, занося над ними топор; ибо от них будешь есть, и их не руби. Ибо (разве) человек – дерево полевое, чтобы уйти от тебя в осаду?»

называемая морем. И поэтому вав (ו) тоже называется будущим миром, как и она. „И от этого моря", т.е. Бины, „отделяется много рек", то есть сфирот вав (ו), Зеир Анпина, „которые окружают мир", т.е. Малхут, „пока не вернутся в море", в Бину, „из которого вышли" эти реки, т.е. Зеир Анпин. „И поэтому сказало Писание: „Все реки стекаются в море, а море не наполняется; к месту, куда реки текут, туда вновь приходят они"[64], – т.е. пока не возвращаются, как и вышли"», – то есть так же, как эти реки вышли из Бины, так же они и возвращаются в Бину.

48) «„И так же" с душой человека, написано: „А дух (руах) возвратится к Всесильному (Элоким), Который дал его"[65], – то есть вернется к Нему в совершенстве, „так же как Он дал его, когда он совершенен. Если придет к возвращению, то есть к высшей Бине", называемой возвращением, и это буквы „сын (бен בֵּן) йуд-хэй (י״ה), буква хэй (ה)", что в ней, „умножается на букву йуд (י)", что в ней, „и это десятью пять", то есть пятьдесят. И ведь она в числовом значении „море (ям יָם)", то есть буквы „йуд-хэй (י״ה)", что в Бине, т.е. пятью десять. Буквы „сын (бен בֵּן)", что в Бине (בִּינָה), – это „река, вытекающая из нее", т.е. Зеир Анпин, „и разделяющаяся на множество рек", то есть на шесть окончаний, „как дерево, разрастающееся во множестве ветвей"». И в тот момент, когда человек совершает возвращение, он прилепляется к реке, то есть Зеир Анпину, и возвращается с реками его к Бине, называемой возвращением, и называемой морем. И это смысл сказанного: «Все реки стекаются в море»[64], как уже говорилось выше.

49) «„И если душа не возвращается совершенной, как она была совершенна" во время ее вручения, „сказано о ней: „Туда вновь приходят они"[64] – она и все другие души", которые как она, то есть не совершенны. Другими словами, которые возвращаются в этот мир совершить кругооборот. „И это так же, если он не восполнился сыном, или же нет у него дочери, которая" подразумевается „в этом мире", то есть Малхут, „который обретет совершенство посредством нее в этом мире", то есть Малхут, „сотворенной с помощью хэй (ה), это означает сказанное: „Вот порождения неба и земли при сотворении их (бе-ибарáм

---

[64] Писания, Коэлет, 1:7. «Все реки стекаются в море, а море не наполняется; к месту, куда реки текут, туда вновь приходят они».
[65] Писания, Коэлет, 12:7. «И прах возвратится в землю, чем он и был, а дух (руах) возвратится к Всесильному, Который дал его».

(בְּהִבָּרְאָם)"⁶⁶», что означает – с помощью хэй (ה) сотворил их (браа́м בְּרָאָם). И он тоже должен совершить кругооборот во второй раз, потому что душа его не совершенна, и сказано о нем: «Туда вновь приходят они»⁶⁴.

50) «„Йуд-хэй-вав (יְהִ"ו)" де-АВАЯ (הוי"ה), т.е. ХАГАТ, являются тайной сказанного: „Вот, все это делает Творец дважды, трижды с человеком"⁶⁷», – то есть, что эти души входят в кругооборот в тайне трех букв йуд-хэй-вав (יְהִ"ו), о которых говорит Писание: «Вот, все это...»⁶⁷. «„А грешники, о которых сказано: „И также видел я нечестивцев, которых похоронили, и приходили они"⁶⁸», – иначе говоря, несмотря на то что вошли в кругооборот, остались грешниками. И этим вызвали: «Эти (ЭЛЕ) божества твои, Исраэль»⁶⁹, т.е. причинили ущерб ЭЛЕ, и это свойство йуд-хэй-вав (יְהִ"ו), «„и о них сказано: „За три преступления Исраэля и за четыре не верну Я его"⁷⁰, что означает – „после того, как испортили себя трижды" в кругообороте их, „и не удостоились" исправиться в „йуд-хэй-вав (יְהִ"ו), о котором сказано: „Место, куда дерево упало, там и будет (йеу́ יְהוּ)"⁷¹, – иначе говоря, что исправление дерева, то есть человека, оно в йуд-хэй-вав (יְהִ"ו), „тогда: „За четыре не верну Я его"⁷⁰, то есть" последняя „хэй (ה)", являющаяся четвертой буквой де-АВАЯ (הוי"ה), то есть не вернет ее в четвертый раз в кругооборот соответственно ей. „И будут преданы суду в преисподней на истребление гневом и яростью"».

---

66 Тора, Берешит, 2:4. «Вот порождения неба и земли при сотворении их, в день созидания Творцом Всесильным земли и неба».
67 Писания, Иов, 33:29. «Вот, все это делает Творец дважды, трижды с человеком».
68 Писания, Коэлет, 8:10. «И также видел я нечестивцев, которых похоронили, и приходили они и от святого места расходились, и они были забыты в том городе, где так поступали; это тоже суета».
69 Тора, Шмот, 32:4. «И взял он из их рук, и придал этому форму, и сделал из этого литого тельца. И сказали они: „Это (досл. эти) божества твои, Исраэль, которые вывели тебя из земли Египта!"»
70 Пророки, Амос, 2:6-8. «Так сказал Творец: „За три преступления Исраэля и за четыре не верну Я его: за то, что продают праведника за деньги и бедняка за (пару) башмаков, и жаждут они праха земного на головы бедняков, и кротких сбивают с пути; мужчина и отец его ходят к той девице, чтобы осквернить святое имя Мое; и на одеждах, взятых под залог, сидят, облокотясь, у каждого жертвенника, и вино, (взысканное) с осужденных, пьют они в доме божеств своих"».
71 Писания, Коэлет, 11:3. «Когда наполняются тучи, они проливают дождь на землю; а если падает дерево – на юг ли, на север, – место, куда дерево упало, там и будет (лежать)».

51) «„И облачения этих трех букв", йуд-хэй-вав (וְהֵ"ו), „известны в радуге, и это белый, красный и зеленый. Тот, кто войдет в" кругооборот „первый раз, это – белый", соответственно йуд (י) де-АВАЯ (הוי"ה), и это Хесед. „Во второй – это красный", соответственно хэй (ה) де-АВАЯ (הוי"ה), и это Гвура. А „в третий – это зеленый", соответственно вав (ו) де-АВАЯ (הוי"ה), и это Тиферет, называемая Яаков, и это средняя линия, включающая их обе, Хесед и Гвуру. „И поскольку в Яакова включились буквы" йуд-хэй (י"ה), являющиеся Хеседом и Гвурой, „и это дерево пустило корни, и было посажено, и выросло, и дало хорошие плоды", поэтому сказано: „Не будет теперь пристыжен Яаков, и не побледнеет теперь лицо его"[72], – что не будет строение его в злом начале, и это змей, и всевозможные злые звери. „И поэтому" написано о нем: „Боролся он с ангелом и превозмог"[73]. И поскольку человек называется деревом, он в этом свойстве" словно „дерево, которое посажено в месте, не производящем плодов. Что делают: выкорчевывают его и сажают его в другом месте. И поэтому постановили мудрецы Мишны: „Не обосновывается" человек, „чтобы быть вырванным, пока не отправится на землю Исраэль, и не укоренится там в женщине"».

52) «„И так же праведник, который гоним с места на место, от дома к дому, он словно входит в кругооборот много раз. И это означает: „И творящий милость тысячам (поколениям) любящих Его"[74], пока не удостоится стать совершенным для будущего мира. Однако грешников – их не вводят" в кругооборот „больше трех раз. И если он совершил возвращение, мы учили о нем, что изгнание искупает грех", и гонение с места на место считается для него как кругооборот, и он восполняется, как объяснялось выше в отношении праведника. „И поэтому постановили авторы Мишны: праведники не возвращаются больше в свой прах"» – то есть не входят в кругооборот.

---

[72] Пророки, Йешаяу, 29:22. «Посему так сказал о доме Яакова Творец, который избавил Авраама: „Не будет теперь пристыжен Яаков, и не побледнеет теперь лицо его"».

[73] Пророки, Ошеа, 12:5. «Боролся он с ангелом и превозмог; плакал тот и умолял его; в Бейт-Эле найдет Он его и там будет говорить с нами».

[74] Тора, Шмот, 20:6. «И творящий милость тысячам (поколениям) любящих Меня и соблюдающих Мои заповеди».

53) «„Но Писание указывает" на грешника: „И другую землю (досл. прах) возьмет, и обмажет дом"[75], – то есть, что возьмет в кругообороте другое тело, исходящее из праха, и исправит душу. И также: „И человек вернется в прах"[76] – означает, что вернется в кругооборот. И также: „И прах возвратится в землю, как он и был"[77], – указывает, что вернется в кругооборот, „потому что грешник – он заражен, и нет в нем ничего, кроме плохой жены, т.е. злого начала, о которой мы учили: „Плохая жена – проказа для мужа своего"[78], и это тело грешника. „Что является исправлением его: „Изгонит ее и излечится"[78], т.е. чтобы изгнал это тело, и взял другое тело, и излечится. „Потому что она", плохая жена, то есть это тело, „привела к тому, что: „И изгнал Адама (эт а-Адам)"[79]. Адам – это душа, эт" а-Адам, и это тело, – „супруга Адама", и это душа, как сказано: „Как птица, покидающая свое гнездо, так человек, покидающий место свое"[80]». Иначе говоря, из-за того, что этот человек привел к тому, что эта птица, т.е. душа, покинула из-за него свое гнездо, то есть была изгнана со своего места из-за его греха, поэтому: «Так человек, покидающий место свое»[80], который вернется и совершит кругооборот.

54) «„И поэтому: „И птица нашла дом"[81] – то есть вдова умершего брата"». Иначе говоря, «птица»[81], то есть душа умершего, не оставившего сыновей, «нашла дом»[81] – то есть произвела кругооборот и вошла в тело вдовы умершего брата, которая стала для нее домом. «„И ласточка – гнездо себе"[81] – то есть избавитель", брат умершего, берущий ее в жены, так как нашел гнездо у вдовы брата. „Куда кладет птенцов своих"[81] – то есть сына и дочь", которых они порождают. „Счастлив тот, кто

---

[75] Тора, Ваикра, 14:42. «И возьмут другие камни, и вставят их вместо этих камней; и другую землю возьмет, и обмажет дом».
[76] Писания, Иов, 34:15. «Разом умрет всякая плоть, и человек вернется в прах».
[77] Писания, Коэлет, 12:7. «И прах возвратится в землю, как он и был, а дух (руах) возвратится к Всесильному (Элоким), Который дал его».
[78] См. Вавилонский Талмуд, трактат Йевамот, лист 63:2.
[79] Тора, Берешит, 3:24. «И изгнал Адама, и поместил к востоку от сада Эденского херувимов и пламя обращающегося меча, чтобы охранять путь к Древу жизни».
[80] Писания, Притчи, 27:8. «Как птица, покидающая свое гнездо, так человек, покидающий место свое».
[81] Писания, Псалмы, 84:4. «И птица нашла дом, и ласточка – гнездо себе, куда кладет птенцов своих возле жертвенников Твоих, Властелин воинств, Царь и Всесильный мой».

создает гнездо", то есть вступает в левиратный брак с женой брата, "спасая приобретение брата своего", – поскольку овдовевшая "продана ему, так как принадлежит не ему"», а его брату, и поэтому называется приобретением брата его.

55) «„И поэтому сказал Моше: „Но гневался (ваитабе́р וַיִּתְעַבֵּר) Творец на меня из-за вас"[82] – здесь это тайна зарождения (ибур עִבּוּר)", что Малхут зародилась от души Моше. „Верный пастырь спас шестьдесят рибо (десятков тысяч)" душ Исраэля „много раз, когда входил в кругооборот" во многих поколениях и спасал их. „И поэтому заслугу всех Творец поставил в зависимость от Моше. И поэтому постановили мудрецы: „Одна женщина родила в Египте шестьдесят рибо в одном чреве"[83], и это Моше, который сравнивается по значимости с шестидесятью рибо душ Исраэля. „И хотя объясняли мудрецы это изречение другими словами", нет противоречия, „потому что семьдесят ликов у Торы"».

56) «„Потому что таков путь, которым обладатели тайны передают жемчужину своим ученикам, и" если ученики „не понимают намека, возвращают им то же самое в виде шутки. Подобно тому, кто говорит, что одно яйцо опрокинуло шестьдесят томов, потому что пришло яйцо, которое упало от птицы, воспарившей в воздухе, и ударило по этим шестидесяти томам. А шутники сказали, что он не сказал, но человек написал" на бумаге слова „шестьдесят томов", и появилось яйцо, которое вышло из птицы, и стерло" слова „шестьдесят томов", которые были написаны. И не может быть, чтобы мудрецы Торы, говорили что-то в насмешку или пустое в Торе"».

57) «„Но ведь они объясняли: „Птенцы"[91] – это авторы Мишны (устной Торы), „или яйца"[91] – это авторы Микры (письменной Торы)". Иначе говоря, птенцы – это Зеир Анпин, в которого включены авторы Мишны, яйца – это Малхут, в которую включены авторы Микры. „И так же, как упал от того птенца, и это бар Нафали", т.е. Зеир Анпин, называемый птенцом (ниполь) и бар Нафали, поскольку от него падение, подобно птице, у которой выпадает яйцо, ибо от него „выпадение яйца, и это этрог,

---

[82] Тора, Дварим, 3:26. «Но гневался Творец на меня из-за вас и не слушал меня. И сказал Творец мне: „Довольно тебе. Не говори более Мне об этом"».
[83] Мидраш раба, Песнь песней, глава 1.

мера которого – как яйцо", то есть яйцо и этрог – это Малхут. И поэтому этрог – мера его как яйцо. „И для нее сказано: „В тот день подниму Я падающий шатер Давида"⁸⁴. Потому что она – та, что упала в изгнание, и нужно поднять ее. „И упали вместе с ней" в изгнание – „Их шестьдесят цариц"⁸⁵, то есть ее ХАГАТ НЕХИ, каждая из которых включает десять. И они называются томами (крахим), „потому что связаны (крухим) с ней. Как в сказанном: „Как связывают Шма"⁸⁶», где «связывают» означает – соединяют, чтобы не было перерыва, так же и здесь: «тома» – означает ее ВАК, которые соединены в ней. «„И они соответствуют шестидесяти трактатам", потому что устная Тора, т.е. Малхут, поделена на шестьдесят трактатов, соответствующих шестидесяти царицам, упомянутым выше. „А девицам (аламот) – числа нет"⁸⁵, это: „За ней – девицы, подруги ее"⁸⁷, то есть чертоги, которые в Брия, „и это законы (Алахот), которым нет числа"», поскольку они в Брия. Объяснение. И это тайна, что одна птица, а это Зеир Анпин, уронила яйцо, то есть бросила Малхут в изгнание, и стерлись шестьдесят томов, потому что вследствие этого падения отменились ее ХАГАТ НЕХИ, называемые шестьюдесятью томами.

58) «„И этот птенец – он сын йуд-хэй (יָ״ה)", т.е. Зеир Анпин, „который внутри пятидесяти врат Бины, т.е. йуд-хэй (יָ״ה)", когда помножают йуд (10) на хэй (5), „пять (хэй) раз десять (йуд)", и это пятьдесят. „Вав (ו)", т.е. Зеир Анпин, – „она" называется „птенец", потому что он упал после того, о котором сказано: „Как пал ты с неба, утренняя звезда, сын зари"⁸⁸, и это Малхут, называемая так из-за двух ее состояний, и в первом состоянии она черная, а во втором она превознесенная.⁸⁹ И Зеир Анпин упал вслед за ней, когда она в изгнании, чтобы поднять ее. „И" поэтому „называется птенцом, а не павшим и не падающим, потому что в нем падение", иначе говоря, что не он падает, а от него падает Малхут, с неба на землю. И в нем „йуд-вав (י״ו)",

---

⁸⁴ Пророки, Амос, 9:11. «В тот день подниму Я падающий шатер Давида, и заделаю щели его, и восстановлю разрушенное, и отстрою его, как во дни древности».

⁸⁵ Писания, Песнь песней, 6:8. «Их шестьдесят цариц и восемьдесят наложниц, а девицам (аламот) – числа нет».

⁸⁶ См. Вавилонский Талмуд, трактат Псахим, лист 56:1.

⁸⁷ Писания, Псалмы, 45:15. «В узорчатых одеждах подведут ее к царю, за ней – девицы, подруги ее, к тебе приводят их».

⁸⁸ Пророки, Йешаяу, 14:12. «Как пал ты с неба, утренняя звезда, сын зари, низвержен на землю повелитель народов!»

⁸⁹ См. Зоар, главу Берешит, часть 1, пп. 110-115.

то есть, что Зеир Анпин включает йуд-вав (י"ו) де-АВАЯ (הויה), и это Хохма и Зеир Анпин, „и нисходит в них для" того, чтобы восстановить „хэй (ה) хэй (ה)" де–АВАЯ (הויה), то есть Бину и Малхут, „о которых сказано: „И пошли они обе"⁹⁰. Это означает сказанное: „Отсылая (шала́х (שַׁלֵּחַ), отошли (тешала́х (תְּשַׁלַּח))"⁹¹. Первая⁹² – от первого Храма", который был разрушен, и он соответствует первой хэй (ה), „а вторая⁹³ – от второго Храма", который был разрушен, и он соответствует последней хэй (ה) де-АВАЯ (הויה). И низошли йуд-вав (י"ו) де-АВАЯ (הויה), „чтобы восстановить их" – эти две хэй (ה). „И это смысл сказанного: „Возвеселятся (исмеху́ (יִשְׂמְחוּ)) небеса (а-шама́им (הַשָּׁמַיִם)), и возрадуется (ве-таге́ль (וְתָגֵל)) земля (а-а́рец (הָאָרֶץ))⁹⁴», потому что начальные буквы этих слов – это йуд-хэй (י"ה) вав-хэй (ו"ה), поскольку йуд-вав (י"ו) соединились с хэй (ה) хэй (ה).

59) «„Смотри, это солнце раскрывается днем и скрывается ночью, и светит в шестидесяти рибо звезд. И также верный пастырь, после того как он ушел из мира", снова возвращается в кругообороты, „и светит в шестидесяти рибо душ Исраэля, если поколение является достойным. И это тайна кругооборота, о котором сказал Коэлет: „Поколение уходит, и поколение приходит"⁹⁵. И мы учили, что нет поколения меньше шестидесяти рибо. „А земля пребывает вовеки"⁹⁵ – это Кнессет Исраэль", Малхут, – „та, о которой сказано: „А земля – подножие ног Моих"⁹⁶. „И будет потомство твое как прах земной"⁹⁷».

---

⁹⁰ Писания, Мегилат Рут, 1:19. «И пошли они обе, пока не пришли в Бейт-Лехем. А когда пришли в Бейт-Лехем, то взволновался из-за них весь город, и женщины говорили: „Неужели это Наоми?"»

⁹¹ Тора, Дварим, 22:6-7. «Если попадется тебе птичье гнездо на дороге, на каком-либо дереве или на земле, птенцы или яйца, и мать сидит на птенцах или на яйцах, то не бери матери, (которая) над детьми. Отсылая, отошли мать, а детей возьми себе, чтобы было хорошо тебе, и продлились дни твои».

⁹² То есть слово «отсылая (шала́х (שַׁלֵּחַ))».

⁹³ То есть слово «отошли (тешала́х (תְּשַׁלַּח))».

⁹⁴ Писания, Псалмы, 96:11. «Возвеселятся небеса, и возрадуется земля, зашумит море и все наполняющее его».

⁹⁵ Писания, Коэлет, 1:4. «Поколение уходит, и поколение приходит, а земля пребывает вовеки».

⁹⁶ Пророки, Йешаяу, 66:1. «Так сказал Творец: „Небо – престол Мой, а земля – подножие ног Моих. Что это за дом, который вы (можете) построить Мне, и где место покоя Моего?"»

⁹⁷ Тора, Берешит, 28:14. «И будет потомство твое как прах земной, и распространишься ты на запад и на восток, на север и на юг, и благословляться будут тобою все семейства земли, и потомством твоим».

60) «„И еще другую тайну объяснили мудрецы"». «Поколение уходит, и поколение приходит»⁹⁵ означает – «„поколение, которое уходит – это поколение, которое приходит: ушло хромым, приходит хромым, ушло слепым, приходит слепым. И еще объяснили мудрецы, что Моше предстояло получить Тору в поколение потопа, но" не получил тогда „из-за того, что были грешниками. Это смысл сказанного: „Ведь к тому же (бешагáм בְּשַׁגָּם) он – плоть"⁹⁸. Бешагáм (בשגם) – это" буквы „Моше (משה). И почему Он назвал его Бешагáм (בשגם)? Но" это для того, чтобы скрыть это, а „Коэлет скрыл" еще „бет (ב) от Бешагáм (בשגם), чтобы скрыть это, сказав: „Сказал я, что и это (шегам שַׁגַּם) суета"⁹⁹». Поскольку шегам (שַׁגַּם) – это Моше, и он убрал бет (ב), чтобы скрыть это.

61) «„И объяснили относительно Итро, почему он звался именем Кейни, – потому что отделился от Каина.¹⁰⁰ Встал великий светоч", т.е. рабби Шимон, „и сказал: „Об этом написано: „Обрела я мужа с Творцом"¹⁰¹, ибо видела" Итро „в духе святости, что в будущем его потомкам предстоит заседать в палате тесаного камня"», – в Синедрионе.¹⁰²

62) «„И также рабби Педат (פְּדָת), когда время подгоняло его, и была у него всего лишь минимальная доля (кав харувúн קַב חָרוּבִין) от кануна субботы до кануна субботы, подобно рабби Ханине". Спрашивает: „Почему это? После того, как раздался

---

⁹⁸ Тора, Берешит, 6:3. «И сказал Творец: „Да не будет дух Мой судить человека вечно, ведь к тому же он – плоть; пусть будут дни его сто двадцать лет"».
⁹⁹ Писания, Коэлет, 8:14. «Есть суета, которая происходит на земле: бывают праведники, которым воздается по делам грешников, и бывают грешники, которым воздается по делам праведников. Сказал я, что и это суета».
¹⁰⁰ См. Зоар, главу Насо, п. 18. «„А Итро был вначале жрецом идолопоклонства, и этой стороне служил, и привлекал к себе дух этой стороны, и потому стал затем зваться Кейни, так как отделился от Каина и прилепился к Творцу"…»
¹⁰¹ Тора, Берешит, 4:1. «И познал Адам Хаву, жену свою; и она зачала и родила Каина. И сказала она: „Обрела я мужа с Творцом"».
¹⁰² Во времена Храма Синедрион собирался в Палате тесаного камня.

голос с небес, и сказал: „Весь мир получает питание только благодаря Ханине, сыну Моему"[103]».

63) И отвечает: «„Но он вызвал это раньше", в предыдущем кругообороте, „что разрушился кав (ק״ב) от йуд (י), и это Йабок (יַבֹּ״ק),[104] таким образом не было у него более, чем кав харувин (קַב חָרוּבִין)". И объясняет свои слова, что Йабок (יַבֹּ״ק) – это начальные буквы слов единство-благословение-святость (йихуд-браха-кдуша), „где буква йуд (י) – это единство (йихýд יְחוּד)", и это тайна имени Эке (אהיה), Бины, „от которого выходит исток к букве бет (ב), т.е. благословению (брахá בְּרָכָה)", и это тайна имени АВАЯ (הויה), Зеир Анпин, „и это святыня (кóдеш קֹדֶשׁ), и от него освятилась куф (ק), являющаяся его святостью (кдуша קְדוּשָׁה)", т.е. имя Адни, Малхут. „И рабби Педат вызвал" первым кругооборотом, „что куф-бет (ק״ב) его будут разрушены (харувим חרובים), и это святость (קְדוּשָׁה) и благословение (браха בְּרָכָה)", в которых не будет светить единство (йихýд יְחוּד), „таким образом, у него было лишь кав харувин (קַב חרובין). И так же Иов был сын левиратного брака, и поэтому был наказан за то, что уже случилось с ним"» в первом кругообороте.

---

[103] См. Вавилонский Талмуд, трактат Таанит, лист 24:2. «Сказал рабби Йегуда, сказал Рав: „Каждый день раздается голос с небес, говоря: „Весь мир получает питание благодаря Ханине, сыну Моему, а Ханине, сыну Моему, достаточно минимальной доли (кав харувин) от кануна субботы до кануна субботы"".

[104] Поток Йабок, который упоминается в Торе (Дварим, 2:37. «Только к земле сынов Амона не приближался ты, ко всему при потоке Йабок и к городам в горах, и ко всему, что повелел Творец Всесильный наш»).

До вручения Торы зависели от удачи

64) «„И те, кто не знают этой тайны, говорят, что сыновья, жизнь и пропитание, – это зависит не от заслуги, а зависит от предначертания. Но мы же видим, что Авраам, который видел по своему предначертанию, что в будущем у него не будет сына, а Творец вывел его наружу, как сказано: „И вывел Он его наружу, и сказал: „Посмотри-ка на небо и сосчитай звезды. Сумеешь счесть их?" И сказал Он ему: „Таково будет потомство твое"[105]. И объяснялось то, что Он сказал ему: „Оставь свою астрологию", т.е. наблюдение по звездам и созвездиям, „и поднял его выше звезд, и сказал ему: „Посмотри-ка на небо и сосчитай звезды"[105]. До сих пор речения мудрецов, и надо истолковывать их скрытым путем"».

65) «„Смотри, все создания мира прежде, чем была вручена Тора Исраэлю, зависели от предначертания, и даже сыновья, жизнь и пропитание. Но после того, как Тора была дана Исраэлю, Он вывел их из необходимости в звездах и созвездиях. Мы учили это от Авраама, потому что сыновья его должны были получить хэй (ה) от Авраама (אַבְרָהָם), и это пять книг Торы", т.е. Малхут, „о которой сказано: „Вот порождения неба и земли при сотворении их (бе-ибара́м בְּהִבָּרְאָם)"[106], – с помощью хэй (ה) сотворил их (браам בְּרָאָם). Сказал Аврааму: „Из-за этой хэй (ה), которая добавилась к имени твоему, небеса – под тобой, и все звезды и созвездия светят благодаря хэй (ה)", потому что поднял его выше них. „И мало того, еще сказано о них: „Вот (хэй הֵא) вам семена, и засевайте землю"[107]. С помощью хэй (ה). И это значит: „Ибо в Ицхаке наречется тебе потомство"[108]», который является левой линией, и Малхут, обозначаемая буквой хэй (ה), исходит от него. И поэтому посев – он в ней.

66) «„И поэтому каждый, занимающийся Торой, – отменяется у него необходимость звезд и созвездий, и это когда он

---

[105] Тора, Берешит, 15:5. «И вывел Он его наружу, и сказал: „Посмотри-ка на небо и сосчитай звезды. Сумеешь счесть их?" И сказал Он ему: „Таково будет потомство твое"».

[106] Тора, Берешит, 2:4. «Вот порождения неба и земли при сотворении их, в день созидания Творцом Всесильным земли и неба».

[107] Тора, Берешит, 47:23. «И сказал Йосеф народу: „Вот я купил вас сегодня и вашу землю для Фараона. Вот вам семена, и засевайте землю"».

[108] Тора, Берешит, 21:12. «И сказал Всесильный Аврааму: „Да не будет худо в глазах твоих из-за отрока и из-за твоей рабыни. Во всем, что скажет тебе Сара, слушай ее голоса, ибо в Ицхаке наречется тебе потомство"».

учит Тору для того, чтобы выполнять ее заповеди. А если нет", если его намерением не является выполнение заповедей, "то он ведь не как тот, кто занимается Торой, и не отменяется у него необходимость звезд и созвездий. И тем более, народы земли, которые уподобляются животным, в отношении которых установлено: „Проклят ложащийся с любым скотом!"[109], – конечно не отменяется у них необходимость звезд и созвездий"».

67) «"Человек – как трава, дни его, как цветок полевой, так отцветает он"[110]. И сказано о нем", о человеке: "Отроком я был и состарился"[111], а затем" написано: "Возвратится он к юношеским годам"[112] – как "дерево, у которого отрезали старые ветки, и выросли в мире от корней его как вначале, потому что" люди "умирают в старости, и снова перевоплощаются в этом мире в детей. И это тайна, что Творец каждый день обновляет постоянно действие начала творения, ибо каждый день тысяча умирает, а тысяча возрождается"», – то есть возвращаются в кругооборот в мире.

---

[109] Тора, Дварим, 27:21. «Проклят ложащийся с любым скотом! И скажет весь народ: „Амен"».
[110] Писания, Псалмы, 103:15. «Человек – как трава, дни его, как цветок полевой, так отцветает он».
[111] Писания, Псалмы, 37:25. «Отроком я был и состарился, но не видел я праведника оставленного и детей его, просящих хлеба».
[112] Писания, Иов, 33:25. «И станет плоть его свежее, чем смолоду; возвратится он к юношеским годам».

И вино, веселящее сердце человека

68) «„И вино, веселящее сердце (досл. сердца) человека"[113], – это вино Торы, потому что „вино (я́ин יַיִן)" восходит как числовое значение „тайна (сод ס״וֹד)", и так же как вино закрыто и запечатано, чтобы не совершалось возлияние для идолопоклонства, так же и тайна Торы" должна быть скрыта и запечатана, „и все тайны ее передаются лишь боящимся ее. И не просто так выполняется много заповедей с вином, и благословляют на него Творца. У вина есть два цвета – белый и красный, и это суд и милосердие, и это бет (ב), которая является добавкой к вину". Иначе говоря, в слове бе-я́ин (בְּיַיִן в вине) есть добавка буквы бет (ב) к вину (я́ин יַיִן), где эта бет (ב) указывает на суд и милосердие. „И оно как роза, у которой есть белое и красное, белое – с правой стороны", и это хесед, „а красное – с левой"», и это гвура.

69) Спрашивает: «„И что такое „сердца (левав לְבַב) человека"[113], „сердце (лев לֵב) человека", – следовало сказать?" И отвечает: „Но есть сердце, преданное сердцу. И это": первое – „тридцать два (ламед-бет ל״ב) Элоким действия начала творения", и это сердце является свойством Бины; второе – это „бет (ב) от „вначале (берешит בְּרֵאשִׁית)" и ламед (ל) от „на глазах всего Исраэля (יִשְׂרָאֵל)"[114]», т.е. бет (ב), что в начале Торы, с ламед (ל), что в конце Торы, также они являются буквами сердца (лев לֵב), и это сердце Малхут. И поэтому написано: «Сердца (левав לְבַב) человека»[113], потому что вино (я́ин יַיִן), являющееся свечением Хохмы, раскрывается и радует сердце Бины и сердце Малхут, откуда получает человек. «„Это сердце сердце (лֵב לֵב) дважды" – оно в гематрии „самех-далет (ס״ד 64), которому недостает восьми до А"Б (ע״ב 72), и это „вайехулу (וַיְכֻלּוּ и были завершены)"[115], потому что имя А"Б, на которое указывает „вайехулу (וַיְכֻלּוּ и были завершены)"[115], это имя свечения Хохмы, на которое должны указывать эти сердце сердце (לֵב לֵב)? И отвечает: „Это семь дней начала творения, в которых светят тридцать два (ламед-бет ל״ב) Элоким, соединяющиеся с числом самех-далет (ס״ד 64). Спрашивает: „А что представляет собой восьмой",

---

[113] Писания, Псалмы, 104:15. «И вино, веселящее сердце человека, для просветления лика от елея, и хлеб, укрепляющий сердце человека».

[114] Тора, Дварим, 34:12. «И по всем могучим деяниям, и по всем грозным свершениям, которые совершил Моше на глазах всего Исраэля».

[115] Тора, Берешит, 2:1. «И были завершены небо и земля, и всё воинство их».

ведь недостает еще одного до А"Б (ע״ב 72)? И отвечает: „Но это семь дней начала творения с этой книгой порождений Адама", которая тоже считается свойством дня начала творения, – „это А"Б (ע״ב 72), как числовое значение „бе-яин (בַּיַיִן в вине)"», что является свойством свечения Хохмы, как объяснялось в предыдущем пункте.

70) Спрашивает: «„Что значит: „Для просветления лика от елея"¹¹³?" И отвечает: „Это двенадцать ликов: четыре – льва, четыре – быка, четыре – орла. И они: Михаэль", свойство Хесед, – это „лев, четыре его лика" – это четыре буквы „АВАЯ (הויה)", где йуд (יֶ) и вав (וֶ) – они с огласовкой сэголь. „Четыре лика быка, и это Гавриэль", являющийся свойством Гвуры, – „и это" четыре буквы „АВАЯ (הויה)", йуд (יַ) и вав (וַ) которой с огласовкой патах. „Четыре лика орла – это Нуриэль, и это" четыре буквы „АВАЯ (הויה)", йуд (יִ) которой с огласовкой хирик, а ее вав (וְ) – она с огласовкой шва. „И они правители под тремя" сфирот Зеир Анпина – „милость-страх-истина (хесед-пахад-эмет)", т.е. ХАГАТ, то есть „ступени трех праотцев" Авраам-Ицхак-Яаков. „И постановили мудрецы, что праотцы, – они именно и являют собой строение (меркава), а света" двенадцати ликов „восходят к числовому значению Йабок (יַבֹּ״ק), ибо это „Царь-царил-воцарится"¹¹⁶. И это тайна „АВАЯ (הויה), Эке (אהיה), Адни (אדני)", когда три этих имени, они „в целом – Йабок (יַבֹּ״ק)"», то есть в гематрии они куф-йуд-бет (קי״ב 112).

Объяснение. Известно, что единство-благословение-святость (йихуд-браха-кдуша) и это тайна Йабок (יַבֹּ״ק), это три имени Эке (אהיה), АВАЯ (הויה), Адни (אדני),¹¹⁷ и говорит, что это тайна: «Творец – Царь, Творец царил, Творец воцарится навеки»¹¹⁶, где первое «Творец (יְהֹוָה) – Царь (מֶלֶךְ)»¹¹⁶ огласовано двумя сэголами, и также АВАЯ (הויה) его огласовано двумя сэголами, один – под йуд (יֶ), один – под вав (וֶ). И это свойство Хесед, и это свойство четырех ликов льва, и это свойство ангела Михаэля, поставленного под ступенью Авраама, который является Хеседом. И это смысл сказанного: «И они: Михаэль, лев, четыре его лика» – йуд-хэй (י״ה), вав-хэй (ו״ה), где йуд (יֶ) с огласовкой сэголь, и также вав (וֶ). То есть как первое «Творец

---

¹¹⁶ Слова из фразы: «Творец – Царь, Творец царил, Творец воцарится навеки», произносимые в утренней молитве и в различных благословениях при извлечении книги Торы, при обрезании и т.д.

¹¹⁷ См. выше, п. 63.

(АВАЯ (הויה) – Царь (ме́лех מֶלֶךְ)»[116]. И это свойство благословения (браха́ בְּרָכָה), и это свойство АВАЯ (הויה), т.е. Зеир Анпин. А второе «Творец (АВАЯ יַהֲוָ״ה) царил (мала́х מָלַךְ)»[116] огласовано двумя патахами, и это Гвура, и это свойство четырех ликов быка, и это свойство ангела Гавриэля, поставленного под ступенью Ицхака, являющегося Гвурой, и это смысл сказанного: «Четыре лика быка, и это Гавриэль, – и это АВАЯ (יַהֲוָ״ה)», йуд (יְ) и вав (וְ) которой с огласовкой патах, – то есть как второе «Творец (АВАЯ יַהֲוָ״ה) царил (мала́х מָלַךְ)»[116], огласованное патахом. И это свойство имени Эке (אהיה), являющегося Биной, потому что левая линия исходит от раскрытия левой линии, что в Бине, и поэтому это свойство единства (йиху́д יחוד), потому что Бина соединяет Зеир Анпин, который является свойством благословения (браха́ בְּרָכָה), и Малхут, являющуюся свойством святости (кдуша́ קְדוּשָׁה).[117] А третье «Творец (АВАЯ יְהֹוָ״ה) воцарится (имло́х יִמְלֹךְ)»[116], огласовано хириком, шва и холамом, но АВАЯ (יְהֹוָ״ה) его огласовано только хириком под йуд (יְ), и огласовка шва под вав (וְ). Потому что только захары огласованы, и это йуд-вав (י״ו), но не некевот, хэй-хэй (ה״ה). И это Тиферет, и это свойство четырех ликов орла, и это свойство ангела Нуриэля, поставленного под ступенью Яакова. И это смысл сказанного: «Четыре лика орла – это Нуриэль, и это четыре буквы АВАЯ (יְהֹוָ״ה), йуд (יְ) которой с огласовкой хирик, а ее вав (וְ) – она с огласовкой шва». То есть как «Творец (АВАЯ הויה) воцарится (имло́х יִמְלֹךְ)»[116]. И это свойство святости (кдуша́ קְדוּשָׁה), и это свойство Адни (אדני). И это смысл сказанного: «А света восходят к числовому значению Йабок (יַבֹּ״ק)» – поскольку они являются свойством трех имен Эке (אהיה), АВАЯ (הויה), Адни (אדני), и они в гематрии Йабок (יַבֹּ״ק).

71) «Рабби Шимон сидел и занимался этой главой. Подошел к нему рабби Эльазар, сын его. Сказал ему: „Надав и Авиу – что им" от кругообращения „в Пинхасе? Если бы не было Пинхаса в мире, когда умерли, а затем он пришел бы в мир", и произвели кругооборот в нем, „и он восполнил бы их место, было бы хорошо. Но Пинхас пребывал в мире" в момент, когда умерли Надав и Авиу, „и душа его уже находилась в нем в своем существовании"», – как же они перевоплотились в нем?

72) «Сказал ему: „Сын мой, здесь кроется высшая тайна, и она вот в чем: в час, когда" Надав и Авиу „ушли из мира, они не были укрытыми под крыльями святой скалы", т.е. Малхут. „В

чем причина?" Это „потому, что написано: „А сыновей у них не было"¹¹⁸, т.е. они принизили образ Царя"», так как не выполнили заповеди «плодитесь и размножайтесь», чтобы расти сыновей в подобии Всесильному, «„и из-за этого не были достойны нести служение в первосвященстве"».

73) «„В час, когда возревновал Пинхас о святом союзе, и вошел посреди всего общества, и поднял на копье прелюбодействующих на глазах у всего Исраэля, – когда увидел он пришедшее к нему большим сборищем колено Шимона, отлетела" от страха „душа Пинхаса. И" тогда „две души, которые были наги", без исправления, и это души Надава и Авиу, „приблизились к душе Пинхаса и соединились с ней вместе. И" затем уже „вернулась к нему душа его соединенной с ними, – дух, который включил в себя два духа, и они поддерживали его. И тогда он удостоился их места", Надава и Авиу, „став коэном, чего не был достоин до этого"».

74) «„И поэтому написано: „Вспомни же, кто тот невинный, что погиб"¹¹⁹, что сказано о Пинхасе, „который не погиб в тот час, и не погиб дух его, когда воспарил от него. „И где справедливые уничтожены были"¹¹⁹ – это сыновья Аарона", Надав и Авиу, „которые вернулись в мир" благодаря перевоплощению в Пинхасе, и было исправлено у них „то, что потеряли в своей жизни", то есть исправление союза. „И поэтому написано о нем, о Пинхасе, „сын...сын" дважды: „Пинхас, сын Эльазара, сын..."¹²⁰», что указывает на две души, которые перевоплотились в нем, и это сыновья Аарона. И поэтому говорит «сын Эльазара»¹²⁰ о Пинхасе, «сын Аарона»¹²⁰ – о Надаве и Авиу.

75) «„Что написано выше этой главы: „И сказал Творец Моше: „Возьми всех предводителей народа и повесь их во имя Творца против солнца"¹²¹. Спрашивает: „Разве о том, что

---

¹¹⁸ Тора, Бемидбар, 3:4. «И умерли Надав и Авиу пред Творцом, когда подносили чуждый огонь пред Творцом в пустыне Синай, а сыновей у них не было; и совершали служение Эльазар и Итамар пред лицом Аарона, отца своего».

¹¹⁹ Писания, Иов, 4:7. «Вспомни же, кто тот невинный, что погиб, и где справедливые уничтожены были».

¹²⁰ Тора, Бемидбар, 25:10-11. «И говорил Творец Моше так: „Пинхас, сын Эльазара, сын Аарона-коэна, отвратил гнев Мой от сынов Исраэля, возревновав за Меня среди них, и не истребил Я сынов Исраэля в ревности Моей"».

¹²¹ Тора, Бемидбар, 25:4. «И сказал Творец Моше: „Возьми всех предводителей народа и повесь их во имя Творца против солнца, и отвратится палящий гнев Творца от Исраэля"».

убивают ночью, или том, что убивают в облачный день, предостерегает Писание", чтобы убил их „против солнца"[121]?» Что значит «против солнца»[121]? «Сказал рабби Йегуда: „(Против солнца означает), чтобы относился открыто, так же как они грешили открыто"».

76) «Сказал рабби Шимон: „Не поэтому сказано („против солнца"[121]), но мы учим отсюда, что на той же ступени, на которой человек грешит пред Творцом, для той же ступени он должен произвести исправление в душе своей. Они прегрешили в святом союзе, который называется солнцем, поэтому их суд и исправление как „против солнца"[121], т.е. свойства союза, „а не в другом месте. Отсюда следует, что человек должен исправить себя лишь в том месте, относительно которого согрешил, и то, что не сделает", исправив „здесь", в месте, где прегрешил, „у него никогда нет исправления как подобает"».

77) «Рабби Хия провозгласил: „Насыщаются деревья Творца – кедры Леванона, которые насадил Он"[122]. Что написано выше: „И вино, веселящее сердце (досл. сердца) человека"[113]. Спрашивает: „Какое отношение имеет одно к другому?" И отвечает: „Но мы так учили. Написано: „Взращивает Он траву для скота"[123]. Спрашивает: „Разве это является восхвалением животного, что есть у него трава?" И отвечает: „Однако „взращивает траву"[123] – это те шестьдесят тысяч рибо ангелов-посланцев, которые были сотворены во второй день начала творения. И все они – пламенеющий огонь. Они и есть „трава. Почему они „трава"? Это потому, что растут они в мире как эта трава, которая каждый день, – сейчас срезается, а затем снова вырастает, как и вначале"».

78) «„И поэтому написано: „Взращивает Он траву для скота (беема́ בהמה)"[123], и это Малхут в свойстве АВАЯ (הוי״ה) с наполнением хэй (ה), что в гематрии нун-бет (נ״ב 52), как и числовое значение беема (בהמה). „Это смысл сказанного: „Знает праведник"[124], т.е. Есод, „свою животную душу"[124]. И мы учили, что

---

[122] Писания, Псалмы, 104:16-17. «Насыщаются деревья Творца – кедры Леванона, которые насадил Он, в которых гнездятся птицы; аист – кипарисы жилище его».
[123] Писания, Псалмы, 104:14. «Взращивает Он траву для скота и зелень для труда человека, чтобы извлекать хлеб из земли».
[124] Писания, Притчи, 12:10. «Знает праведник свою животную душу, а милосердие нечестивых – жестоко».

тысячи гор поднимают к ней", к Малхут, „каждый день, и каждая гора – это шестьдесят рибо" ангелов, которые называются травой, как мы уже объяснили, „и она", Малхут, „поедает их"».[125]

79) «„И зелень для труда человека (а-адам הָאָדָם)"[123] – это души праведников, которых тот человек (адам)", т.е. Зеир Анпин, „восседающий верхом и властвующий над этим скотом", Малхут, „ест и привносит в себя", то есть, что души праведников поднимаются и включаются в Зеир Анпин, в свойстве МАН, чтобы соединить Зеир Анпин и Малхут вместе. „И благодаря им весь мир питается от этого человека (адам)", т.е. Зеир Анпина. Ибо они вызывают его зивуг с Малхут, и он передает эту пищу Малхут, а Малхут передает всему миру. „И написано о нем: „И над образом престола – образ, подобный человеку (адам), на нем сверху"[126]. И поэтому написано: „(Для труда) человека (а-адам הָאָדָם)"[123], с определяющей хэй (ה), то есть тот „известный", Зеир Анпин, „чтобы извлекать хлеб из земли"[123], – то есть „извлекать питание миру из святой земли"», и это Малхут.

80) «„И вино"[113] – это вино выдержанное, нисходящее свыше", т.е. свечение Хохмы, нисходящее от Бины. „Веселящее сердце человека (энош אֱנוֹשׁ)"[113]. „Человека (энош אֱנוֹשׁ)"[113] – это тот самый отрок, который достигает старости, а затем возвращается", становясь отроком, „как вначале"». И это Матат, правитель мира, который говорит: «Отроком я был и состарился»[127]. И это в тайне «устремление вперед и возвращение». Когда он в свойстве «устремление вперед», чтобы получить Хохму, он стар. А когда он в свойстве «возвращение», он отрок. «„И поэтому написано" о нем: „Человек (энош אֱנוֹשׁ) – как трава дни его"[128]». Потому что он как скошенная трава, снова прорастает, ибо когда он снова становится отроком, сокращаются ведь его ГАР, но затем он снова достигает старости, то есть снова растет, и так все время повторяется.

---

[125] См. пояснение этого выше, в главе Берешит, часть 1, п. 76, в комментарии Сулам.
[126] Пророки, Йехезкель, 1:26. «Над сводом же, который над головами их, словно образ сапфирового камня, в виде престола, и над образом престола – образ, подобный человеку, на нем сверху».
[127] Писания, Псалмы, 37:25. «Отроком я был и состарился, но не видел я праведника оставленного и детей его, просящих хлеба».
[128] Писания, Псалмы, 103:15-16. «Человек – как трава дни его, как цветок полевой, так отцветает он. Ибо дух прошел в нем, и нет его, и не признает его больше место его».

81) «„Для просветления лика"[113] – это лик, называемый большим ликом, и малым ликом"; завершенные ГАР де-ЗОН – это большой лик, а ГАР де-ВАК де-ЗОН – это малый лик. „От елея"[113] – от помазания будущего мира", то есть от Бины, от которой „елей и высшее святое величие (гадлут). „И хлеб, укрепляющий сердце человека"[113], – тот хлеб, который небеса", т.е. Нецах и Ход, „передают, перемалывая манну, для питания просто праведников", т.е. Есода и Малхут, называемых праведником (цади́к) и праведностью (це́дек), и они получают эту манну, которые Нецах и Ход перемалывают для них, „и нисходит оттуда к многочисленным воинствам, называемых „сердце человека"[113], и все это нисходит от высшего помазания"», от Бины.

82) «„Насыщаются деревья Творца"[122] – это высшие внутренние деревья", т.е. Зеир Анпин и Малхут. „Кедры Леванона, которые насадил Он"[122], – потому что были вырваны" Зеир Анпин и Малхут из места их, „и насадил их Творец", т.е. Создатель (Мааци́ль), в месте Бины. „В чем разница между деревьями Творца и кедрами Леванона?" Она в том, что „деревья Творца"[122] – это древо жизни", Зеир Анпин, „и древо познания добра и зла", Малхут. „Кедры Леванона"[122] – это пятьдесят врат" Бины, „которые насадил Он"[122] в ЗОН, „которые называются „пятьсот лет"», поскольку это пять сфирот ХАГАТ Нецах Ход, в которые поднимаются ЗОН, облачая их, когда со стороны Зеир Анпина, сфирот которого исчисляются в десятках, это пятьдесят, а со стороны Бины, сфирот которой исчисляются в сотнях, это пятьсот лет.

83) «„Которые насадил Он, в которых гнездятся птицы"[122], – в тени их", Зеир Анпина и Малхут, „гнездятся души праведников, и все святые души питаются оттуда. „Аист (хасида́ חֲסִידָה)"[122] – это Малхут, „т.е. дочь праотца Авраама, который называется благочестивым (хасид חָסִיד), который милостиво относился ко всем жителям мира, и поэтому называется" Малхут, „аист (хасида חֲסִידָה). „Кипарисы жилище его"[122] – то есть селится между сторонами (зроот) мира"», т.е. Хеседом и Гвурой Зеир Анпина, которые становятся для нее Хохмой и Биной, то есть роши́м (רָאשִׁים), и поэтому говорит, что кипарисы (броши́м בְּרוֹשִׁים) жилище ее, то есть – в роши́м дом ее. (До сих пор Раайа меэмана).

ГЛАВА ПИНХАС

Ибо дух прошел в нем, и нет его

84) «Рабби Аба и рабби Йоси встали, чтобы заниматься Торой в полночь. Пока они сидели и занимались Торой, сказал рабби Йоси: „То, что сказал рабби Хия" об изречении: „Человек (энóш אֱנוֹשׁ) – как трава дни его"[128], он правильно сказал, но на чем основывается конец этого изречения: „Ибо дух прошел в нем, и нет его, и не признает его больше место его"[128]?" Сказал ему: „Это, безусловно, так. „Человек (энóш אֱנוֹשׁ) – как трава дни его"[128], как сказал" рабби Хия. „Как цветок полевой"[128] – то самое поле", т.е. Малхут, „так отцветает он"[128] – то есть обновляется и возвращается как вначале"».[129]

85) «„Ибо дух прошел в нем, и нет его"[128] – это высший дух, скрытый и святой, укрытый от всего", то есть дух Бины, „включающий" Матата „в себя, и тогда: „И нет его"[128]. И это тайна Ханоха, о котором написано: „И не стало его, ибо Всесильный (Элоким) взял его"[130], и это высший Элоким", т.е. Бина, „и это высший дух, дух укрытый и скрытый. „И не признает его больше место его"[128] – потому что малый дух", Матат, „включился в высший дух", Бины. „Что написано после этого: „А милость Творца во веки веков"[131], – то есть, что великий коэн вводит его внутрь святая святых, и берет его, и порождает как вначале, и обновляет, подобно орлу, юность свою, и снова становится отроком"».

Объяснение. Ангелы – это части Малхут. И так же как в Малхут есть два состояния, в первом из которых она получает от Бины, а во втором получает от Зеир Анпина,[132] так же эти два состояния есть и в Матате. И в первом состоянии он получает от Бины, и тогда нисходит на него дух Бины, и он включается в него, как свеча перед факелом, и нет его. А затем приходит ко второму состоянию, когда снова рождается от Малхут. И в первом состоянии, когда получает от Бины, он считается старцем, а во втором состоянии, когда получает от Зеир Анпина и Малхут, называется отроком, и это состояние ВАК. И они возвращаются к нему так, что он иногда в первом состоянии, а иногда во втором.

---

[129] См. выше, п. 80.
[130] Тора, Берешит, 5:24. «И ходил Ханох пред Всесильным; и не стало его, ибо Всесильный взял его».
[131] Писания, Псалмы, 103:17-18. «А милость Творца во веки веков над боящимися Его, и справедливость Его – для сыновей сынов, хранящих завет Его и помнящих заповеди Его, чтобы исполнять их».
[132] См. Зоар, главу Берешит, часть 1, пп. 110-115.

И это смысл сказанного: «„Ибо дух прошел в нем, и нет его"[128] – это высший дух, скрытый и святой, укрытый от всего, включающий в себя», – то есть в первом состоянии, когда получает от Бины, «и тогда: „И нет его"[128]. И это тайна Ханоха, о котором написано: „И не стало его, ибо Всесильный (Элоким) взял его"[133], и это высший Элоким, и это высший дух, дух укрытый и скрытый. „И не признает его больше место его"[128] – потому что малый дух включился в высший дух», – потому что малый дух Матата отменяется в высшем духе Бины как свеча перед факелом. «Что написано после этого: „А милость Творца во веки веков"[131], – то есть, что великий коэн вводит его внутрь святая святых», – и это второе его состояние, когда великий коэн, т.е. Хесед Зеир Анпина, вводит его в Есод Малхут, и он снова отстраивается в свойстве ВАК. И это смысл сказанного: «Великий коэн вводит его внутрь святая святых», в Есод Малхут, «и берет его, и порождает как вначале» – то есть он снова отстраивается как был, прежде чем вошел в первое состояние. «И снова становится отроком» – то есть снова входит в состояние ВАК.

Раайа меэмана

86) «Сказал верный пастырь: „Великий светоч, правильно сказали рабби Аба и рабби Хия, и рабби Йоси"» выше, в объяснении изречения: «Человек (эно́ш אֱנוֹשׁ) – как трава дни его»[128], «„но: „Ибо дух прошел в нем, и нет его"[128] – здесь необходимо раскрыть эти слова, что значит „прошел в нем"[128]. И отвечает: „Это „ярость и негодование, и бедствие"[134] – то есть это один из этих злых ангелов"», называемый яростью, и это имеется в виду в изречении: «Ибо дух прошел в нем»[128]. Это изречение указывает на ярость без сыновей, за которую совершил кругооборот.

87) «„Ибо для того, чтобы не узнали его" ярость без сыновей „наблюдающие за грехами, он должен сделать себе изменение места и изменение имени, и изменение действия. Как у Авраама, о котором сказано: „Ступай же из земли своей, от родни

---

[133] Тора, Берешит, 5:24. «И ходил Ханох пред Всесильным; и не стало его, ибо Всесильный взял его».
[134] Писания, Псалмы, 78:49. «Наслал Он на них пыл гнева Своего, ярость и негодование, и бедствие, нашествие посланцев злых».

своей"¹³⁵ – ведь это изменение места. „И не будешь ты больше называться Аврамом, но будет тебе имя Авраам"¹³⁶, – ведь это изменение имени". И также „изменение действия – что изменился с плохих действий, которые делал вначале, на выполнение хороших действий. И это является примером духа того, который умер без сыновей. Поскольку подобное этому делает Творец человеку, когда изгоняет его из того мира" из-за того, что умер без сыновей, „и вводит его" в кругооборот „в этом мире" в сыне, рожденном от левиратного брака его жены. „И мы это уже изучали выше¹³⁷».

88) «„Изменяешь лик его и отсылаешь его"¹³⁸ – и поэтому, поскольку изменяешь его лик в момент, когда отлучаешь его от высшего мира, сказано: „Ибо дух прошел в нем"¹²⁸, что указывает на одного из злых ангелов", зовущегося яростью, как мы уже говорили, „ибо когда тот видит его изменившимся в то время, когда встречает его, и остальные губители спрашивают о нем: „Этот ли твой обладатель прегрешений?", он отвечает им, говоря: „И нет его"¹²⁸». Ибо он не признает его, и это смысл слов: «Изменяешь лик его»¹³⁸.

89) Сейчас выясняет смысл слов: «И отсылаешь его»¹³⁸ и говорит: «„Когда отсылаешь его из места его и посадил его в другом месте, то есть после того, как он уже вошел в тело в этом мире, сказано о нем: „И не признает его больше место его"¹²⁸. Потому что: „Другую землю (досл. прах) возьмет, и обмажет дом"¹³⁹, – т.е. что взял другое тело из другого праха, и это тело называется домом. „И это смысл сказанного: „И пусть разрушат дом, камни его, и дерево его"¹⁴⁰, то есть те кости и жилы, и плоть, которые были" у него прежде, „снова стали прахом.

---

¹³⁵ Тора, Берешит, 12:1. «И сказал Творец Авраму: „Ступай же из земли своей, от родни своей, и из дома отца твоего в землю, которую Я укажу тебе"».

¹³⁶ Тора, Берешит, 17:5. «И не будешь ты больше называться Аврамом, но будет тебе имя Авраам, ибо Я сделаю тебя отцом множества народов».

¹³⁷ См. выше, п. 49.

¹³⁸ Писания, Иов, 14:20. «Схватываешь его крепко, и уходит он, изменяешь лик его и отсылаешь его».

¹³⁹ Тора, Ваикра, 14:42. «И возьмут другие камни, и вставят их вместо этих камней; и другую землю возьмет, и обмажет дом».

¹⁴⁰ Тора, Ваикра, 14:45. «И пусть разрушат дом, камни его, и дерево его, и всю обмазку дома, и вывезут за город на место нечистое».

Что написано о нем: „А змей – прах пища его"¹⁴¹ – то есть тот прах, который образовался от тела умершего, является свойством змея, „потому что был заражен" им, и поэтому „затем: „И другую землю (досл. прах) возьмет, и обмажет дом"¹³⁹, – то есть отстраивает себе кости и жилы, и обновляется подобно старому дому, из которого делают новый дом, и он, безусловно, обновляется"».

90) «„И то, что сказал: „И не признает его больше место его"¹²⁸, сказано „о духе" его, „так как малый дух его включился в высший дух". Объяснение. Потому что его малый дух, которому был принесен вред из-за того, что не было у него сыновей, включился теперь посредством этого кругооборота в совершенный дух сына, родившегося от левиратного брака его жены, и пригоден теперь для порождения сыновей. „Это подобно дереву, которое не приносит плодов. Берут его ветви и скрещивают их с ветвями другого, высшего дерева, дающего плоды, и, включившись друг в друга, они тоже производят плоды. В этот час сказано о нем: „И не признает его больше место его"¹²⁸», потому что первый дух – не узнаётся даже место его.

91) «„И так же человек, поселившийся в городе, в котором селятся плохие люди, и он не может выполнять заповеди Торы, и не преуспевает в Торе, – он производит изменение места и вырывается оттуда, и укореняется в месте, в котором селятся хорошие люди, обладающие Торой, обладающие заповедями. Ведь Тора называется деревом. И это смысл сказанного: „Древо жизни она для держащихся ее"¹⁴². И человек – это дерево, как написано: „Ибо человек – дерево полевое"¹⁴³, а заповеди Торы подобны плодам. И что написано о нем: „Только дерево, о котором ты знаешь, что плоды его несъедобны, его устрани и выруби"¹⁴⁴. „Его устрани"¹⁴⁴ из этого мира, „и выруби"¹⁴⁴ из

---

¹⁴¹ Пророки, Йешаяу 65:25. «Волк и ягненок будут пастись вместе, и лев, как вол, есть будет солому, а змей – прах пища его; не будут они причинять зла и не будут губить на всей горе святой Моей, – сказал Творец».

¹⁴² Писания, Притчи, 3:18. «Древо жизни она для держащихся ее и поддерживающие ее счастливы».

¹⁴³ Тора, Дварим, 20:19. «Когда осаждать будешь город многие дни, чтобы, ведя с ним войну, захватить его, не губи деревьев его, занося над ними топор; ибо от них будешь есть, и их не руби. Ибо (разве) человек – дерево полевое, чтобы уйти от тебя в осаду?»

¹⁴⁴ Тора, Дварим, 20:20. «Только дерево, о котором ты знаешь, что плоды его несъедобны, его устрани и выруби, чтобы строить осадные башни против города, который ведет с тобой войну, пока не покоришь его».

мира будущего. И поэтому он должен вырвать" себя "из того места", где есть грешники, так как не сможет добиться успеха там в Торе и заповедях, "и посадит" себя "в другом месте, среди праведников"», и преуспеет в Торе и заповедях.

92) «„Как человек без сыновей называется бесплодным, и жена его называется бесплодной, так же и Тора без заповедей называется" эта Тора „бесплодной. И поэтому мы учили: „Не учеба главное, а действие"[145]. Подошли товарищи и склонились перед ним, и сказали: „Конечно, мы научились сейчас новому – как один дух включается в другой", явно, „подобно тому, кто видит это собственными глазами, и становится очевидным для него. Вначале было у нас" в отношении этого только „получение, а теперь" у нас есть „прояснение этого"».

93) «„И еще мы учили в первом изложении, что удобно ей, ситре ахра, властвовать над праведником более всего, ведь тогда не придает значения всему миру. Тем временем повстречалась им одна тень, и сказала им: „Откуда нам это известно", что предпочитает властвовать над праведником, чем властвовать над всем миром? „От Иова, поскольку видел Творец, что поколение должно быть уничтожено, и Сатан пришел обвинять", тогда „сказал ему Творец: „Обратил ли ты внимание на раба Моего, Иова, что нет подобного ему на земле?"[146] Чтобы посредством него спасти всё поколение. Иносказание о пастухе, когда пришел волк, чтобы растерзать его стадо и уничтожить их. Что сделал тот пастух, который был умен: дал ему овцу, самую сильную и тучную, и большую из всех, – ту, которая направляла всех. И в своем желании завладеть этой хорошей овцой, волк оставил всех. Что сделал этот пастух? – В то время, когда волк был занят той овцой, убежал пастух со стадом, и оставил их на своем месте, а затем вернулся к овце, и спас ее от волка"».

94) «„Так поступает Творец с поколением, когда отдает Творец праведника в распоряжение обвинителя, чтобы спасти поколение за него. И если" праведник – „он сильный как Яаков,

---

[145] Мишна, раздел Незикин, трактат Авот, часть 1, мишна (закон) 17.
[146] Писания, Иов, 1:8. «И сказал Творец Сатану: „Обратил ли ты внимание на раба Моего, Иова, что нет подобного ему на земле? Человек он непорочный и справедливый, богобоязненный и удаляющийся от зла"».

сказано о нем: „И боролся человек с ним"¹⁴⁷, и уж тем более, если он побеждает его", этого обвинителя, "пока тот не скажет ему: „Отпусти меня"¹⁴⁸. Сказал: „Тень, тень! Так оно. Счастлива доля этого праведника, так как он сильный, чтобы терпеть страдания, тем более, тот, кто побеждает с помощью" страданий „своего обвинителя", простершего „свою власть над всем поколением, и засчитывается ему как будто он спас их, и Творец делает его пастырем над ними вместо него", этого обвинителя. „И поэтому удостоился верный пастырь быть пастырем над Исраэлем, и мало того, но так Он поставил его править ими в мире будущем, потому что он спас их, чтобы не исчезли оттуда", из мира будущего, „ибо управлял ими с помощью Торы и хороших деяний"».

95) «„И вследствие этого – вот верный пастырь". Сказал им: „Почему пострадала правая рука. Поскольку все врачи обычно пускают кровь сначала из правой руки – но ведь левая рука она ближе к сердцу, почему не берут кровь из нее?" Другими словами, он говорит: почему один праведник страдает, а другой не страдает? „Сказал ему: „Потому что Творец больше не хочет подвергать страданиям, так как с него", с одного праведника, „довольно, и если тяжка болезнь для членов тела, пускают кровь" также „и из левой руки"», – тогда подвергаются страданиям и другие праведники.

96) «Сказал ему: „Если бы не были оба в одно время, то правильно. Но есть праведник здесь, и есть праведник здесь, у одного есть болезни и язвы, а для этого есть милосердие. Почему, если отягчается болезнь", т.е. грехи поколения, „будет пускать кровь обоим", обоим праведникам, „т.е. двум рукам, чтобы излечить все члены" тела, т.е. всё поколение? „Но, если болезнь не ложится тяжестью на все органы, почему пускает кровь правой руки больше, чем левой?" Почему заставляет страдать одного, а не другого? „Сказал ему: „Ну, ты скажи"».

97) «Сказал ему: „Конечно, тело и две руки – они соответствуют праотцам. Голова (рош) соответствует Адаму Ришону. Правая рука соответствует Аврааму. Левая рука соответствует Ицхаку. Тело соответствует Яакову. А во внутренней

---

¹⁴⁷ Тора, Берешит, 32:25. «И остался Яаков один, и боролся человек с ним до восхода зари».
¹⁴⁸ Тора, Берешит, 32:27. «И сказал тот: „Отпусти меня, ибо взошла заря", но он сказал: „Не отпущу тебя, пока не благословишь меня"».

части тела печень находится с правой стороны, а селезенка – с левой", и это две клипы, "Эсава и Ишмаэля. Сердце – это Яаков, посередине между ними. Стороны (досл. крылья) легких и почки – они соответствуют Аврааму и Ицхаку. Легкое – это вода", – указание на Хесед, "потому что" легкое "вбирает всякого рода питье. Почки – это огонь, которые варят семя, нисходящее из мозга"».

Объяснение. В каждом поколении есть уровень Адам в его совокупности, соответственно духовному уровню, что наверху, и он считает глав поколения, которые исходят от Адама Ришона, что это ГАР. А остальные праведники, они исходят от праотцев, от них исходят: от Авраама, являющегося Хеседом, называемым правой рукой, а во внутренней части тела – это свойство легких. И от них они исходят: от Ицхака, который является Гвурой, называемой левой рукой, а во внутренней части тела – это свойство почек. И от них они исходят: от Яакова, который является свойством тела, включающего в себя две руки, а во внутренней части тела – это свойство сердца. А Эсав – это свойство печени, которая полностью является кровью. А селезенка – это Ишмаэль. И они являются главами народов справа и слева. И то, что поменялся порядок, когда Эсав – справа, а Ишмаэль – слева, он объясняет нам дальше.

98) «"И поскольку Авраам – это вода", то есть Хесед, поэтому, если семя его вредит Хеседу, "помещает семя его в Эдомское изгнание", являющееся отходами Гвуры, что с левой стороны, и там они получают свое наказание, будучи противоположными своим свойствам. "И поэтому находится печень и желчь, что в печени, по правую сторону Авраама", т.е. по правую сторону тела, "меч его", т.е. Малхут клипы Эсава, "это желчь, о которой сказано: "Но последствия от нее горьки, как полынь"[149], а если прегрешения умножаются среди сыновей Авраама", т.е. среди тех, что исходят со стороны Хеседа, "которые отданы в Эдомское изгнание, и отягощается над ними болезнь со стороны печени, должны подвергаться страданиям и пускать кровь из правой руки", т.е. из праведников, исходящих со стороны Хеседа, а не из тех, которые исходят со стороны Гвуры, потому что изъян – он в тех, что исходят от Хеседа. "А тот, у кого

---

[149] Писания, Притчи, 5:3-4. «Ибо сотовый мед источают уста чужой (женщины), и глаже елея небо (речь) ее; но последствия от нее горьки, как полынь, остры, как меч обоюдоострый».

забирают богатство, – как будто пролили его кровь, поскольку остается бедным, а бедный считается словно мертвый"[150]».

99) «„А если умножаются прегрешения со стороны сыновей Ицхака", то есть те, что исходят от него, наносят вред свойству Гвуры, а это Ицхак, то тогда „они предаются изгнанию среди Ишмаля", которые являются клипой правой стороны, противоположной свойству сыновей Ицхака, чтобы увеличить их наказание. „Болезнь отягощается со стороны селезенки, находящейся в левой стороне" тела, которая властвует над сыновьями Ицхака, нанесшими ущерб свойству левой стороны, „и" поэтому „должны пускать кровь из левой руки", т.е. из праведников, исходящим со стороны Гвуры, „и не более"». Потому что не понесли ущерб здесь исходящие от Авраама, который является правой рукой, а исходящие от Ицхака, являющегося левой.

100) «„А если прегрешения умножаются среди сыновей Яакова", то есть те, что исходят от него, наносят ущерб свойству его, а он включает две стороны, Хесед и Гвуру, „которые рассеяны" в изгнании „среди сыновей Эсава и Ишмаэля", то есть среди клипот левой стороны и среди клипот правой, „тогда отягощается болезнь над телом", т.е. свойством Яакова, „и нужно пускать кровь из двух рук. А если все трое", т.е. исходящие от Яакова и исходящие от Ицхака, и исходящие от Авраама, „пребывают в болезнях вместе", т.е. все они нанесли ущерб своим корням, „то болезнь поднимается в голову, и нужно пустить кровь из кровеносных сосудов, что в голове (рош). И эти три" вида праведников, исходящие от Авраама, Ицхака и Яакова, „стали строением (меркава) для Адама Ришона и праотцов, и в них укрепляются, чтобы переносить страдания и защищать поколение в четырех сторонах мира"».

101) «„Горе тому поколению, которое приводит к тому, что наказываются праотцы и Адам Ришон, и те праведники, что среди них, ибо нет различия между праведниками", что среди них, „и" между „праотцами и Адамом Ришоном, поскольку" эти праведники – „они их души", то есть исходящие от них, „и их угнетение и страдание, и скорбь доходят до праотцев и до Адама Ришона, подобно морю, если эти реки вытекают из него, возвращаясь в него мутными и загрязненными, ведь море принимает их муть и загрязнение. И благодаря силе моря, которая

---

[150] См. Вавилонский Талмуд, трактат Недарим, лист 64:2.

велика, не терпит грязь их, и выбрасывает ее наружу. И реки остаются прозрачными и чистыми от этой грязи"».

102) «„И подобно тому, как мать очищает своих маленьких детей от грязи, так праотцы очищают прегрешения и грязь своих сыновей Исраэля в то время, когда находятся среди них праведники с их деяниями, сильные в перенесении страданий ради поколения. В это время нет различия между ними"» и праотцами, поскольку они очищают прегрешения поколения как праотцы. «Подошли все и благословили его», верного пастыря, «и сказали ему: „Синай, Синай! Когда Творец и Его Шхина говорят его устами, кто может устоять против него, в каждом" слове. „Счастлива наша участь, что смогли мы обновить это первое соединение, благодаря тебе, чтобы светить Шхине в изгнании"».

103) «Сказал им: „Уважаемые, во всех поколениях, в которых вы были" и будете „в их время, тем более великий светоч", т.е. рабби Шимон, „мудрость которого будет светить во всех поколениях, что будут после него, не давайте Творцу безмолвствовать в Торе, пока не сойдет на нас, пока не спустится к нам дух святости. (Кажется, что здесь недостает текста), поскольку нет права пользоваться Мататом, управляющим внутренними свойствами, но лишь у тебя, потому что буквы его указывают на твое имя"», потому что Матат, управляющий внутренними свойствами (Матат сар а-паним מְטַט שַׂר הַפָּנִים) – это буквы Моше (מֹשֶׁה).

104) «„А сейчас нужен врач, чтобы узнать на сколько уровней поднялся пульс этого больного", Исраэля, „в Эдомском изгнании, о котором сказано: „Что больна я любовью!"[151] Ибо сколько врачей собрались над ним, чтобы узнать по этим биениям конец его болезни. И не было ни одного среди них, чтобы распознал по ним, потому что биения этого больного – не каждый врач умеет распознавать по ним, так как есть биения ткиа-шварим-труа-ткиа (куф-шин-рейш-куф קשר״ק), ткиа-шварим-ткиа (куф-шин-куф קש״ק), ткиа-труа-ткиа (куф-рейш-куф קר״ק), о которых сказал пророк: „Подобно

---

[151] Писания, Песнь песней, 5:8. «Заклинаю я вас, дочери Йерушалаима: если встретите вы друга моего, что вы скажете ему? – Что больна я любовью!»

беременной, которая при наступлении родов кричит в своих муках"¹⁵²».

105) «"И все эти десять трублений в шофар", то есть ткиа-шварим-труа-ткиа (куф-шин-рейш-куф קש״רק), ткиа-шварим-ткиа (куф-шин-куф קש״ק), ткиа-труа-ткиа (куф-рейш-куф קר״ק), "включены в три, которые являются признаком куф-шин-рейш (кешер קש״ר), и это ткиа-шварим-труа", потому что нет в них более, чем только эти три изменения звука. "И ткиа указывает на продление изгнания, шварим указывают на приближение изгнания, труа – в ней придет избавление, потому что" звуки труа "показывают биение за биением, когда нет промежутка между одним и другим. Ведь непреложно, что когда остальные народы отягощают Исраэль изгнанием, их биение приближает избавление. И так же" вследствие "скорости биения, одного вслед за другим, выходит душа человека, потому что нет промежутка между одним и другим"».

106) «"Ткиа-шварим-труа-ткиа (куф-шин-рейш-куф קש״רק), ткиа-шварим-ткиа (куф-шин-куф קש״ק), ткиа-труа-ткиа (куф-рейш-куф קר״ק)", являющиеся биениями изгнания, как мы уже говорили, "которые создают связь (кешер קש״ר), и это ткиа-шварим-труа, с помощью которой устраняется ложь (шекер שקר) из мира", потому что связь (кешер קש״ר) – это буквы ложь (шекер שקר), "в которой клятва: "Война у Творца против Амалека"¹⁵³. Поскольку с помощью биений, на которые указывают ткиа-шварим-труа-ткиа (куф-шин-рейш-куф קש״רק), ткиа-шварим-ткиа (куф-шин-куф קש״ק), ткиа-труа-ткиа (куф-рейш-куф קר״ק), придет избавление к Исраэлю, как уже говорилось. И тогда "пробудится в мире песнь простая, и двойная, и тройная, и четверная, когда буквы его", имени АВАЯ (הויה), "восходят" и соединяются, вначале "йуд (י)", а затем "йуд-хэй (י״ה)", и затем "йуд-хэй-вав (יה״ו)", а затем "йуд-хэй-вав-хэй (יהו״ה)", где йуд (י) – это простая песнь, йуд-хэй (י״ה) – двойная, йуд-хэй-вав (יה״ו) – тройная, йуд-хэй (י״ה) вав-хэй (ו״ה) – четверная. И они вместе в гематрии "АБ (ע״ב 72)", поскольку во время избавления пробудится это имя АБ (ע״ב). "В это время" осуществится: "И поэтому праведники увидят и возрадуются,

---

¹⁵² Пророки, Йешаяу, 26:17. «Подобно беременной, которая при наступлении родов кричит в своих муках, мы были пред Тобою, Творец!»

¹⁵³ Тора, Шмот, 17:16. «И сказал: "Вот рука на престоле Творца, что война у Творца против Амалека из поколения в поколение"».

и прямодушные возвеселятся, а приверженцы воспоют в ликовании"¹⁵⁴», где «и поэтому (увхе́н (וּבְכֵן))» в гематрии АБ (ע״ב 72) с добавкой вав (ו). «"Добавочная вав (ו)" указывает на "шестое тысячелетие. Предваряющее его – עק״ב, был разрушен Храм", иначе говоря, это предварение, что предварил это разрушение времени пятого тысячелетия, было сто семьдесят два (קע״ב) года.¹⁵⁵ "А после него", иначе говоря, его запаздывание после пятого тысячелетия, "будет до восполнения двухсот семидесяти двух"» к шестому тысячелетию, потому что тысяча двести должно быть время изгнания, для того чтобы осуществилось: «Эта тысяча – тебе, Шломо, а двести – стерегущим плоды его»¹⁵⁶, вместе с раскрытием вышеупомянутого имени АБ (ע״ב), это тысяча двести семьдесят два.¹⁵⁷ А те сто семьдесят два года, которые предварили пятое тысячелетие, можно чтобы были в общем счете тысячи двухсот семидесяти двух, а можно чтобы не были в счете, поэтому говорит: «"До завершения двухсот семидесяти двух", тогда "будет вечер (э́рев עֶרֶב)». Это то, что сказано: "Вечером (эрев עֶרֶב) узнаете вы, что Творец вывел вас"¹⁵⁸, и также: "Ибо твой раб поручился (ара́в עָרַב) за отрока"¹⁵⁹». И знай, что все эти завершения, приводимые в Зоаре, являются состоянием пробуждения свыше, которое будет в особенности в это время, чтобы избавить Исраэль. Но это зависит, безусловно, от раскаяния. (До сих пор Раайа меэмана).

107) «Пока они сидели, увидели одну тень, стоящую над ними, которая исчезала и появлялась, исчезала и появлялась внутри дома. Удивились. Сказал рабби Аба: "Йоси, сын мой. Расскажу я тебе, что произошло у меня с великим светочем", т.е. рабби Шимоном. "Мы шли однажды по долине Оно. И занимались мы Торой весь этот день. И из-за сильной солнечной жары, мы присели у одной скалы, внутри одной расщелины"».

---

¹⁵⁴ Третье благословение в молитве Амида, произносимое в Рош а-шана и Йом кипур в расширенном формате.

¹⁵⁵ См. Вавилонский Талмуд, трактат Авода зара, лист 9:1.

¹⁵⁶ Писания, Песнь песней, 8:12. «Виноградник мой предо мной; эта тысяча – тебе, Шломо, а двести – стерегущим плоды его».

¹⁵⁷ См. далее, п. 249, а также в Тикуним нового Зоара, лист 95:1.

¹⁵⁸ Тора, Шмот, 16:6-7. «И сказал Моше и Аарон всем сынам Исраэля: "Вечером узнаете вы, что Творец вывел вас из земли египетской. И утром увидите славу Творца, ибо услышал Он ропот ваш на Творца. А мы что, что вы ропщете на нас?"»

¹⁵⁹ Тора, Берешит, 44:32. «Ибо твой раб поручился за отрока пред отцом моим так: "Если не приведу его к тебе, грешен буду я пред отцом моим во все дни"».

108) «Сказал я ему: „Что же это – все то время, когда грешники умножаются в мире, и суд пребывает в мире, праведники среди них наказываются за них. Ведь мы так учили в отношении прегрешений поколения: обличаются безгрешные и праведники. Почему? Если из-за того, что не свидетельствуют миру о своих деяниях, сколько есть таких, что свидетельствуют, и не получают за них, и праведники склоняются перед ними", так как не слушают их. И вместе со всем этим обличаются за прегрешение поколения – „и если из-за того, что нет защиты над миром" обличаются праведники и умирают для того, чтобы существовали грешники благодаря их заслугам, спрашивает: „Пусть не умирают праведники, и не обличаются за прегрешения их", грешников; и если грешники исчезнут, – „ведь это радость праведникам, если исчезнут грешники?"» Как сказано: «И при погибели грешников – торжество»[160].

109) «Сказал ему: „За прегрешения поколения, разумеется, обличаются праведники, и мы уже это объясняли. Но в час, когда праведники наказываются болезнями или язвами, это для того чтобы искупить прегрешения мира, потому что тогда искупаются все прегрешения поколения", поскольку благодаря этому поднимается сторона святости, а ситра ахра склоняется. „Откуда нам это известно. Это от всех органов тела, ибо в час, когда все органы в беде, и сильная болезнь воцаряется над ними, нужно подвергнуть страданию один орган для того, чтобы все излечились. И какой" орган заставляют страдать – „руку. Рука испытывает страдания, когда пускают кровь из нее. И тогда есть исцеление всем органам тела"».

110) «„И так же жители мира, они являют собой органы – один с другим. В час, когда Творец хочет дать исцеление миру, Он поражает одного праведника, что среди них, болезнями и язвами, и ради него дает исцеление всем. Откуда нам это известно? Поскольку написано: „И он изранен преступлениями нашими, сокрушен грехами нашими ... и ранами его исцеляемся мы"[161]. „И ранами его"[161] – это кровопускание, подобно тому,

---

[160] Писания, Притчи, 11:10. «При благоденствии праведников ликует город, и при погибели грешников – торжество».
[161] Пророки, Йешаяу, 53:4-5. «Но болезни наши переносил он, и боли наши терпел он, а мы считали, что он поражаем, побиваем Творцом и истязаем. И он изранен преступлениями нашими, сокрушен грехами нашими, наказание за благополучие наше – на нем, и ранами его исцеляемся мы».

кто пускает кровь из руки, и благодаря той ране „исцеляемся мы"[161] – это исцеление нам для всех органов тела"».

111) «„И никогда не поражает праведника, но только для того, чтобы дать исцеление поколению и искупить за их грехи. Ибо приятно ему, ситре ахра", более всего, „когда суд властвует над праведником, ибо тогда он не придает значения всему миру, и не следит за ними из-за большой радости, что властен над праведником. А этот праведник", страдающий за поколение, „удостаивается высшей власти, в этом мире и в мире будущем". А если есть „праведник и хорошо ему – это потому, что Творец не заботится об искуплении мира"».

112) «„Я сказал ему: „Если бы" два эти праведника, один – тот, который праведник и плохо ему, а другой – праведник и хорошо ему, „не были в одно время, было бы правильно" то, что ты сказал, – что потому он праведник и хорошо ему, что Творец не беспокоится об искуплении мира, а праведник и плохо ему – это потому, что Творец беспокоится об искуплении мира. „Однако есть праведник здесь и есть праведник здесь, одновременно, и у одного есть болезни и язвы, а у другого есть все блага мира". Сказал он мне: „Одного праведника из них или двоих достаточно" за искупление поколения, „чтобы Творцу не нужно было поражать всех, как не нужно поражать и пускать кровь, но только из одной руки, для того чтобы дать исцеление всем органам" тела, – „так же и здесь одного праведника достаточно"».

113) «„И если болезнь поразила все органы, тогда нужно произвести кровопускание из двух рук. И так же если умножились тяжкие грехи над миром, тогда все праведники поражаются для того, чтобы дать исцеление всему поколению. Но в то время, когда они не настолько многочисленны, тогда поражается только один праведник, а остальные праведники пребывают в мире, поскольку мир не нуждается в том, чтобы все поражались. А если исцеляется народ, исцеляются также и праведники. А иногда пребывают" праведники „в болезнях во все дни свои, чтобы защитить поколение, – в то время когда грехи более тяжки". Умирают праведники, „тогда исцеляются все, и искупаются"».

Все народы не совершают колебаний, только Исраэль

114) «Встали мы и пошли. Солнечная жара достигла наибольшей силы, и доставляла нам страдания в пути. Мы увидели деревья в пустыне и воду под ними. Сели под тенью одного дерева в пустыне. Спросил я его (рабби Шимона): „Что это значит, что все народы мира не совершают колебаний, но только Исраэль, когда занимаются Торой, колеблются то туда, то сюда, без того, чтобы научились этому от какого-то человека в мире, и не могут оставаться на своем месте?"»

115) «Сказал мне: „Я упомянул высшее слово, а люди не знают и не внимают". Ненадолго присел и заплакал. Сказал: „Горе людям, которые ведут себя как дикие животные, бездумно. Только в этом различие между святыми душами Исраэля и душами остальных народов-идолопоклонников. Души Исраэля произошли от святой горящей свечи", т.е. Малхут, „как написано: „Душа человека – свеча Творца"[162], и эта свеча в тот момент, когда она загорается от высшей Торы", т.е. Зеир Анпина, – „не утихает этот свет над ней даже на мгновение. И это смысл изречения: „Всесильный (Элоким), не безмолвствуй"[163], написанного о Малхут. „И подобно этому написано (о душах): „Напоминающие о Творце – не безмолвствуйте!"[164], т.е. нет вам покоя. Свет свечи когда удерживается в фитиле – этот свет никогда не утихает, но он склоняется то туда, то сюда, и никогда не утихает"».

116) «„Подобно этому Исраэль, души которого от того же света свечи", т.е. Малхут, – „когда произнес одно речение Торы, ведь этот свет горит, и они не могут успокоиться, но склоняются то туда, то сюда, и во все стороны, как свет свечи, потому что „душа человека – свеча Творца"[162] написано"».

---

[162] Писания, Притчи, 20:27. «Душа человека – свеча Творца, исследующая все тайники утробы».
[163] Писания, Псалмы, 83:2. «Всесильный, не безмолвствуй, не будь глух и безмятежен!»
[164] Пророки, Йешаяу, 62:6. «На стенах твоих, Йерушалаим, Я поставил стражей, весь день и всю ночь, всегда, не будут молчать они; напоминающие о Творце – не безмолвствуйте!»

117) «„И написано: „Вы – человек (адам)"[165], что означает: „вы называетесь Адам, а не народы мира" называются Адам. „Души народов-идолопоклонников – они из потухшей соломы, без света, пребывающего над ними, и поэтому они спокойны и незыблемы, поскольку нет у них Торы, и не загораются от нее, и свет не пребывает в них", и поэтому „они стоят как деревья в огне, которые горят без света, пребывающего над ними. И поэтому они спокойны, без всякого света". Сказал рабби Йоси: „Это выяснение речения. Счастлива доля моя за то, что удостоился я услышать это"».

---

[165] Пророки, Йехезкель, 34:31. «И вы – овцы Мои, овцы паствы Моей, вы – человек. Я – Всесильный ваш. Слово Владыки Творца!»

ГЛАВА ПИНХАС

Возрадуется Исраэль с создающими его

118) «„Встань, рабби Аба, чтобы обновить речения Торы, произнесенные тобой в первом изложении". Провозгласил рабби Аба и сказал: „Пойте Творцу песнь новую, хвалу Ему от края земли"[166]. Насколько любимы Исраэль пред Творцом, поскольку радость и восславления их не иначе, как в Нем. Ведь мы так учили, что любая радость Исраэля, если они не включают в нее Творца, – это не радость. И предстоит Саму и всей его клике возбудить обвинение на эту радость, и остается тогда горе и плач, и Творец не сочувствует этому горю"».

119) «„Но тот, кто включает Творца и Его Шхину в свою радость, если придет обвинитель возбудить обвинение на эту радость, Творец и Шхина Его сочувствуют этому горю. Что написано о нем: „В каждой беде их страдание Ему"[167]. И в чем? – Это потому", что написано: „С ним Я в бедствии"[168]».

120) «„Откуда нам известно, что Исраэлю нужно включить Творца и Его Шхину в их радость. Это потому, что написано: „Возрадуется Исраэль с создающими его (осáв עֹשָׂיו)"[169], что означает – эта радость Исраэля никакая иная, но с создающими его". Спрашивает: „С создающими его (осáв עֹשָׂיו)"[169], но ведь следовало сказать: „С Создающим его"?" И отвечает: „Но это – Творец и Шхина Его, отец его и мать его, ибо несмотря на то, что они умерли, Творец извлекает их из Эденского сада, и приводит их вместе с ним к этой радости, чтобы принять участие в этой радости с Творцом и Шхиной Его"». И «с создающими его

---

[166] Пророки, Йешаяу, 42:10. «Пойте Творцу песнь новую, хвалу Ему от края земли, уходящие в море, и наполняющие его, острова и населяющие их».

[167] Пророки, Йешаяу, 63:9. «В каждой беде их страдание Ему, и ангел лица Его спасал их, в любви Своей и милосердии Своем Он избавлял их, и носил их, и возвышал во все былые времена».

[168] Писания, Псалмы, 91:15-16. «Он воззовет ко Мне, и Я отвечу ему, с ним Я в бедствии, спасу его и прославлю его. Долголетием насыщу его и дам ему увидеть спасение Мое».

[169] Писания, Псалмы, 149:2. «Возрадуется Исраэль Создателю своему (досл. с создающими его), сыновья Циона возликуют о Царе своем».

(осáв עָשׂוֹ)»[169] означает – как ты говоришь: «"Создающий его приблизит меч Свой"[170]».

---

[170] Писания, Иов, 40:19. «Он – начало путей Всевышнего, Создающий его приблизит меч Свой».

Три мастера – небо и земля, и вода

121) «„Другое объяснение. „С создающими его (оса́в עֹשָׂיו)"[169] – т.е. Творец, и отец его и мать его, "потому что человек был создан в совместном участии мужчины и жены его, и Творца. И об этой тайне написано: „Создадим человека"[171] – т.е. в совместном участии" с его отцом и матерью. „Ибо мы учили: трех мастеров создал Творец, чтобы произвести от них мир, и это – небо и земля, и вода, и каждый из них служил один день, и" затем снова "вернулись" служить один день, "как и прежде"».

122) «„В первый день небо показало свое мастерство, как написано: „И сказал Всесильный: „Да будет свет!" И был свет"[172]. Во второй день воды показали свое мастерство создания, как написано: „Да будет небосвод посреди вод"[173], – когда половина вод поднялась наверх, а половина вод осталась внизу, и если бы не разделились воды, не существовал бы мир. В третий день земля создала и показала, как ей было указано, как написано: „Да произрастит земля поросль, траву"[174]. И написано: „И извлекла земля поросль"[175]».

123) «„До сих пор каждый мастер, из этих трех" мастеров, "показал свое мастерство, и они создали то, что им было указано. Осталось трое других" в действии начала творения. „В четвертый день было указано первому мастеру", небесам, "выполнить свое ремесло, как написано: „Да будут светила на своде небесном"[176], – то есть небеса в пятый день. Воды произвели, а они являются вторым мастером, как написано: „Да

---

[171] Тора, Берешит, 1:26. «И сказал Всесильный: „Создадим человека в образе Нашем, по подобию Нашему! И властвовать будут они над рыбой морской и над птицей небесной, и над скотом, и над всею землей, и над всем ползучим, что ползает по земле"».

[172] Тора, Берешит, 1:3. «И сказал Всесильный: „Да будет свет!" И был свет».

[173] Тора, Берешит, 1:6. «И сказал Всесильный: „Да будет небосвод посреди вод, и будет он отделять воды от вод"».

[174] Тора, Берешит, 1:11. «Да произрастит земля поросль, траву семяносную, плодовое дерево, производящее плод по виду его, семя которого в нем, на земле».

[175] Тора, Берешит, 1:12. «И извлекла земля поросль, траву семяносную по виду ее, и дерево, дающее плод, в котором семя его, по виду его. И увидел Всесильный, и вот – хорошо».

[176] Тора, Берешит, 1:14. «И сказал Всесильный: „Да будут светила на своде небесном, чтобы отделять день от ночи; и будут они для знамений, и для времен (назначенных), и для дней и лет"».

воскишат воды"¹⁷⁷. В шестой день земля сделала свое ремесло, как написано: „И сказал Всесильный: „Да произведет земля существо живое"¹⁷⁸».

124) «„Когда три эти мастера довершили свои деяния, сказал им Творец: „Одно ремесло должен Я сделать – и это человек (адам). Соединитесь вместе, и Я с вами, создадим человека (адам), тело – ваше, а Я буду участником вместе с вами, чтобы дать душу, и сделаем человека". И также как вначале были три мастера в совместном действии" начала творения, „так и затем" при создании человека. „Отец, посредством которого совершил работу небес и работу вод", и от них ло́вен (белизна), что в человеке. „И жена, являющаяся третьей мастерицей в образе земли", и от нее о́дем (краснота), что в плоде. „И Творец, который участвовал вместе с ними", и от Него душа. „И об этой тайне написано: „С создающими его (оса́в עֹשָׂיו)"¹⁶⁹". И это – Творец, и отец его и мать его.¹⁷⁹

125) «„И несмотря на то, что его отец и мать ушли из этого мира, радость человека – она во всех участниках. Ведь мы учили, что в час, когда человек приобщает Творца к своей радости, является Творец в Эденский сад и берет оттуда его отца и мать, которые являются участниками вместе с Ним, и приводит их вместе с Собой к этой радости. И все они находятся там, а люди не знают. Но в беде его находится только Творец у него, и не сообщает его отцу и матери. Это смысл сказанного: „В беде моей призывал я Творца, и к Всесильному моему взывал я"¹⁸⁰».

---

¹⁷⁷ Тора, Берешит, 1:20. «И сказал Всесильный: „Да воскишат воды кишением существа живого и птица будет летать над землею по своду небесному"».

¹⁷⁸ Тора, Берешит, 1:24. «И сказал Всесильный: „Да произведет земля существо живое по виду его: скот и ползучее, и животное земное по виду его". И было так».

¹⁷⁹ См. выше, п. 121.

¹⁸⁰ Писания, Псалмы, 18:7. «В беде моей призывал я Творца, и к Всесильному моему взывал я; и услышал Он из чертога Своего голос мой, и вопль мой пред Ним дошел до слуха Его».

Три участника – Творец, и отец его и мать его

Раайа меэмана

126) «„Сказал Творец: „Я и Моя Шхина – вот участники души, а отец и мать его – они участники тела, когда отец сеет ловен (белизну)", что в плоде, „и это белизна, что в глазах, и (белизна) костей, и сухожилий, и мозга, а женщина – черное, что в глазах и волосах, и плоти, и коже. Небо и земля, и все воинство их тоже участвовали в их создании", человека (адам), „ангелы" участвовали в нем, „от них" приходят „доброе начало и злое начало, чтобы" человек „был образован из них обоих. Солнце и луна" участвовали в нем, „чтобы светить ему днем и ночью. Звери и животные, птицы и рыбы" участвовали в нем, „чтобы кормиться от них. Все деревья и семя земное" участвовали в нем, то есть, „чтобы кормить его"».

127) «„Что делает Творец – Он забирает их из Эденского сада и вводит их с Собой в радость их сыновей". И также во время избавления, „ведь нет радости большей, чем радость избавления, о которой написано: „Возрадуются небеса, и возликует земля, и скажут среди народов: „Творец – Царь"[181], „Тогда воспоют лесные деревья пред Творцом, ибо пришел Он судить землю"[182]». Ибо Творец приводит тогда отцов и матерей Исраэля, чтобы пребывать в их радости. (До сих пор Раайа меэмана).

---

[181] Писания, Диврей а-ямим 1, 16:31. «Возрадуются небеса, и возликует земля, и скажут среди народов: „Творец – Царь"».
[182] Писания, Диврей а-ямим 1, 16:33. «Тогда воспоют лесные деревья пред Творцом, ибо пришел Он судить землю».

ГЛАВА ПИНХАС

Вот Я заключаю с ним Мой союз мира

128) «Вернулась эта тень как вначале, и ходила по дому подобно образу человека. Пал рабби Аба ниц, сказал рабби Йоси: „Я вспомнил, что в этом месте видел я рабби Пинхаса бен Яира. Однажды он стоял в этом месте, и говорил так: „Пинхас, сын Эльазара, сын Аарона-коэна"[183], где Пинхас (פִּינְחָס) написано с малой йуд (י)"». Почему?

129) И отвечает: «„Потому что два алфавита записаны, ибо есть алфавит больших букв, и" есть „алфавит малых букв". И объясняет: „Большие буквы – они в будущем мире", поскольку являются свойством Бины, называемой будущим миром, „а малые буквы – они в этом мире", поскольку являются свойством Малхут, называемой этим миром. И поэтому „малая йуд (י) – это буква святого союза", т.е. Малхут. „Когда возревновал Пинхас об этом союзе, прибавилась в нем малая йуд (י), свойство этого союза"», т.е. Малхут.

130) «„В тот час сказал Творец: „Что Мне делать с Моше? Ведь этот союз – он от Моше, и невеста", т.е. Малхут, – „она его. Нехорошо отдавать ее", Малхут, „другому, без мнения и желания Моше, нехорошо это". Начал Творец и сказал Моше: „Моше, „Пинхас, сын Эльазара, сын Аарона-коэна"[183]. Сказал Ему Моше: „Владыка мира, что это?" Сказал ему" Творец: „Ты тот, кто отдавал душу за Исраэль много раз, чтобы они не исчезли из мира, и он", Пинхас, „отвратил гнев Мой от сынов Исраэля"[183]. Сказал Моше: „Что Ты хочешь от меня – ведь всё Твое?"», – и, если Ты хочешь воцарить над ним Малхут, кто укажет Тебе, что делать?

131) «Сказал ему (Творец Моше): „Ведь всё – твое это. Скажи ему", Пинхасу, что Шхина Моя, „будет пребывать в нем". Сказал Моше: „Вот, от чистого сердца, будет" Малхут „у него". Сказал ему" Творец: „Скажи ты устами своими и вознеси голос твой, что ты передаешь ему" Шхину „благосклонно, от чистого

---

[183] Тора, Бемидбар, 25:10-11. «И говорил Творец Моше так: „Пинхас, сын Эльазара, сын Аарона-коэна, отвратил гнев Мой от сынов Исраэля, возревновав за Меня среди них, и не истребил Я сынов Исраэля в ревности Моей"».

сердца". Это смысл сказанного: „Поэтому скажи"[184], ты скажи благосклонно: „Вот я заключаю с ним мой союз мира"[184]. Моше сказал: „Вот я заключаю с ним"[184], ведь если бы" он указывал на „Творца, он должен был сказать: „Поэтому скажи ему: „Вот Я заключаю с ним Мой союз мира", но написано только: „Поэтому скажи"[184]», и «ему» не написано, и это означает, что указанием было, чтобы Моше сказал это. «„И если скажешь", что Шхина „была забрана у Моше", и отдана ему, „это не так, но это как та свеча, от которой зажигают, когда этот дает и наслаждает, и это не убывает у него"».

132) «Подошла эта тень и села, и поцеловала его. Услышали один голос, говоривший: „Освободите место! Освободите место рабби Пинхасу бен Яиру, который у вас. Ведь мы учили, что в любом месте, в котором праведник раскрыл по-новому речения Торы, когда он в том мире, он навещает это место и входит в него. И тем более, если пребывают там другие праведники, чтобы раскрыть новое в этом месте и произнести речения Торы. Подобно этому, вот пришел рабби Пинхас бен Яир навестить свое место, и нашел этих праведников, раскрывающих новое в речениях Торы, и раскрылось это речение как раньше, до рабби Пинхаса бен Яира"». То есть то речение Торы, которое произнес рабби Пинхас бен Яир здесь,[185] снова раскрылось перед ним, когда ты назвал его имя.

133) «Сказал рабби Аба: „Верно речение рабби Пинхаса бен Яира, ведь не написано: „Поэтому, вот Я заключаю", но: „Поэтому скажи: „Вот я заключаю с ним"[184], – означает, что указал Моше, чтобы сказал ему, как уже объяснялось. „Разве это речение было скрыто у тебя от этого праведника, и ты не говорил" до сих пор? „Счастлив наш удел, что удостоились мы находиться здесь с помощью этой святой тени"».

---

[184] Тора, Бемидбар, 25:12. «Поэтому скажи: „Вот я заключаю с ним мой союз мира"».
[185] См. выше, п. 131.

ГЛАВА ПИНХАС

Все, что найдешь возможным своими силами сделать, – делай

134) «Также и он провозгласил и сказал от имени рабби Пинхаса: „Все, что найдешь возможным своими силами сделать, – делай"[186]. Насколько же это хорошо человеку, – пока свеча горит и пребывает над его головой, – усердствовать и выполнять волю своего Господина. Ибо свет этой свечи является силой, пребывающей над ним. И об этом написано: „Пусть возвеличится сила Творца"[187]. „Сила Творца"[187] – это сила, пребывающая над головой праведников, и всех тех, кто занят волей своего Господина", т.е. Шхины. „И мы учили об этом: „Каждый, кто отвечает: „Амен, да будет великое имя Его благословенно!" изо всех своих сил, – отменяют его приговор в семьдесят лет"».

135) «„Конечно нужно пробудить все его органы с большой силой", работой Творца, „потому что посредством мощного пробуждения, которое усилил, он пробуждает ту самую высшую святую силу", т.е. Малхут, „и приподнимается в святости, и разбивает силу и мощь ситры ахра, и поэтому (написано: „Все, что найдешь возможным своими силами сделать"[186]), – ты должен своими силами выполнить волю своего Господина"».

136) «„Ибо нет ни дела, ни счета, ни знания, ни мудрости в преисподней"[186], так как в этой силе есть действие, т.е. старание заниматься этим миром, называемым действием, потому что он является миром действия, чтобы восполнить конец замысла. „Ни счета"[186] – это мир, зависящий от речи", т.е. от Малхут, называемой речью, „потому что счет зависит от речи. И поэтому все гематрии и периоды, и зарождения мира, – они в луне", Малхут. „Знания"[186] – это свойство шести окончаний", т.е. Зеир Анпин, „зависящих от замысла, и называемых миром этого

---

[186] Писания, Коэлет, 9:10. «Все, что найдешь возможным своими силами сделать, – делай, ибо нет ни дела, ни счета, ни знания, ни мудрости в преисподней, куда ты идешь».

[187] Тора, Бемидбар, 14:17-18. «Пусть возвеличится сила Господина моего, как Ты сказал, говоря: „Творец Долготерпеливый и великий милостью, прощает (досл. несет) грех и вину, но без кары не оставляет. Он поминает вину отцов сыновьям до третьего поколения и до четвертого поколения"».

замысла", и это Бина. „Мудрости"¹⁸⁶, т.е. Хохмы, „от которой все зависит"», как сказано: «Всё мудростью сотворил Ты»¹⁸⁸.

137) «„И все они", действие и счет, и знание, и мудрость, „включены в ту же силу", т.е. Шхину, пребывающую над головой праведников. „Но это не так в левой стороне, являющейся ступенью преисподней, ибо каждый человек, не усердствующий в той силе в этом мире, чтобы войти в нее в действии и счете, и знании, и мудрости, кончит тем, что войдет в преисподнюю, так как нет у него никакого действия и счета, и знания, и мудрости. Ведь ситра ахра – это путь преисподней, как написано: „Дом ее – пути в преисподнюю"¹⁸⁹. Тот, кто ослабевает в этой силе святости, набрасывается на него ситра ахра, у которой дом – преисподняя"».

138) «„Куда ты идешь"¹⁸⁶. Спрашивает: „Разве все жители мира идут в преисподнюю?" И отвечает: „Да. Но праведники сразу же поднимаются. Ведь написано: „Низводит в преисподнюю и поднимает"¹⁹⁰, кроме тех грешников, которые не помышляли никогда о возвращении, и они опускаются" в преисподнюю „и не поднимаются. И даже завершенные праведники опускаются туда. Почему они опускаются? Это потому, что берут оттуда какое-то число грешников и поднимают их наверх. И кто они", – те, которых поднимают? „Это те, которые помышляли о возвращении в этом мире, но не смогли, ибо ушли из мира. И праведники опускаются ради этих грешников в преисподнюю и берут их, и поднимают их оттуда"».

---

¹⁸⁸ Писания, Псалмы, 104:24. «Как многочисленны дела Твои, Творец! Все мудростью сотворил Ты, полна земля созданиями Твоими».
¹⁸⁹ Писания, Притчи, 7:27. «Дом ее – пути в преисподнюю, нисходящие в обиталище смерти».
¹⁹⁰ Пророки, Шмуэль 1, 2:6. «Творец умерщвляет и оживляет, низводит в преисподнюю и поднимает».

ГЛАВА ПИНХАС

Очи твои – водоемы в Хешбоне

139) «Сказал рабби Йоси: "Написано: "Одно к одному, чтоб найти счет (хешбон)"[191]. Спрашивает: "Счет из гематрий, находящихся в луне", т.е. Малхут, – "на какой ее ступени они?" Не ответил ему. Сказал: "Я слышал, но не помню этого". Встала эта тень и ударила по глазам рабби Абы. Пал он ниц от страха. Пока падал ниц, упало изречение в уста его, как написано: "Очи твои – водоемы в Хешбоне у ворот Бат-Раббима"[192]. Означает, что "эти глаза ее", Малхут, то есть ее Хохма, называемая глазами, "они лакомства", т.е. яства, "для высшей мудрости (хохма), нисходящей свыше", из Бины, "и от счета, и периодов, и зарождений наполняются" ее глаза, "и становятся водоемами, выходящими справа во всех сторонах, пока не вкладываются во весь счет и зарождение луны снаружи", т.е. во внешней части Малхут, "и звезды и созвездия, чтобы производить счет. И это: "У ворот Бат-Раббима"[192] – то есть это луна", Малхут, "снаружи"».

Объяснение. Хохма называется счетом и гематриями,[193] и рабби Йоси спросил – на какой ступени Малхут раскрывается счет? Это смысл сказанного: «Счет из гематрий, находящихся в луне, на какой ее ступени они?» И известно, что есть два состояния в Малхут, когда в первом состоянии она получает от левой линии Бины, без правой, и есть у нее Хохма без хасадим, и при этом Хохма не может светить вовсе, так как она без хасадим. И поэтому она снова переходит к Бине, к свойству Аба ве-Има, и тогда: «И отстроил Творец Всесильный ту сторону»[194], когда она отстраивается от свойства правой линии, представляющей собой хасадим, но тогда она снова не способна получить Хохму от левой линии.[195] Но поскольку есть в ней также келим первого состояния, т.е. келим ахораим и внешней ее части, поэтому раскрывается Хохма в этих келим

---

[191] Писания, Коэлет, 7:27. «Смотри, что нашел я, – сказал Коэлет, – одно к одному, чтоб найти счет».
[192] Писания, Песнь песней, 7:5. «Шея твоя – башня слоновой кости; очи твои – водоемы в Хешбоне у ворот Бат-Раббима; нос твой, как башня Леванона, обращенная к Даммэсеку».
[193] См. Зоар, главу Пкудей, п. 28.
[194] Тора, Берешит, 2:22. «И отстроил Творец Всесильный ту сторону, которую взял у человека, чтобы быть ему женой, и привел ее к человеку».
[195] См. Зоар, главу Берешит, часть 1, пп. 110-115.

де-ахораим и внешней части[196] таким образом, что свойство паним де-Малхут, т.е. строение второго состояния, которое она получила с помощью зарождения (ибур), это строение хасадим. Но поскольку первое состояние не может осуществиться до этого из-за недостатка хасадим, поэтому теперь, после того как Малхут получила множество хасадим во втором состоянии, то и Хохма, которая была в келим первого состояния, пробуждается и облачается в нее.

И это смысл сказанного: «Эти глаза ее – они лакомства для высшей мудрости (хохма)» – потому что глаза Нуквы установились во втором состоянии, чтобы она была яствами для высшей Хохмы, и это смысл сказанного: «И от счета, и периодов», т.е. Хохмы, нисходящей к Малхут из первого состояния, «и зарождений» – т.е. строение хасадим и келим де-паним, нисходящие к ней с помощью зарождения (ибур) в Абе ве-Име в тайне сказанного: «И отстроил Творец Всесильный ту сторону»[194]. «Наполняются и становятся водоемами, выходящими справа», – наполнились эти глаза (эйнаим) и стали вместилищами светов хасадим, выходящими от правой линии Бины и от Зеир Анпина. И от этих эйнаим выходит наполнение всем сторонам, т.е. и Хохме и хасадим, «пока не вкладываются во весь счет и зарождение луны снаружи», – пока наполнение не раскроется в келим внешней Малхут, т.е. в келим первого состояния, и там принимаются: Хохма – со стороны счета, и хасадим – со стороны зарождений, потому что там – место раскрытия этих эйнаим, т.е. Хохмы. И смысл изречения: «Очи твои – водоемы в Хешбоне»[192] в том, что наполнение глаз твоих, т.е. (наполнение) Малхут, – они наполнены хасадим, которые называются водоемами, и Хохмой, называемой счетом, для того чтобы освещать их, «у ворот Бат-Раббима»[192] – т.е. во внешней части Малхут, и это келим первого состояния. И это смысл сказанного: «„У ворот Бат-Раббима"[192] – то есть это луна снаружи», где место раскрытия эйнаим де-Малхут. Но не в эйнаим на их месте, где находятся келим де-паним, потому что на своем месте это свойство «водоемы, выходящие справа во всех сторонах», как уже объяснялось.

---

[196] См. Зоар, главу Ваякель, п. 53.

Глава Пинхас

Вечером она приходит, а утром она возвращается

140) «Сказал рабби Аба рабби Йоси: „Святая жемчужина – та, что была в твоей власти, благодаря помощи святого праведника, который у нас", т.е. весть рабби Пинхаса бен Яира,[197] благодаря той помощи, что он явился к нам,[198] „насколько она прекрасна, и я вернусь к ней. Разумеется, не нужно выводить женщину, чтобы пребывала в другом месте, пока ее муж не повелит ей и не даст права уйти. И" поэтому „сообщают ее мужу вначале и уговаривают его, чтобы он повелел ей и дал ей право уйти в это место. Так Творец уговаривал Моше, пока не дал ему право и не сказал ему: „Скажи ты: „Вот я заключаю с ним мой союз мира"[199] пребывать внутри" Пинхаса. „И пока не дал ей позволения идти туда, она не шла"».

141) «„Откуда нам это известно? От праведника мира", т.е. Есода Зеир Анпина, „который дал" Малхут „позволение пребывать среди праведников в этом мире, и она обитает с ними как невеста в своих украшениях, а праведник мира видит и радуется этому. Но она лежит между руками своего мужа", т.е. правой и левой линиями, Хеседом и Гвурой Зеир Анпина, „и возвращается оттуда, чтобы быть с праведниками, а затем возвращается к своему мужу. Как сказано: „Вечером она приходит, а утром она возвращается"[200]. „Вечером она приходит"[200] к своему мужу", то есть в полночь, когда это зивуг левой стороны, „а утром"[200], когда она наполнена хасадим от зивуга правой, „она возвращается к праведникам мира. И все это во власти ее мужа"», Зеир Анпина.

142) «„И Моше сказал так: „Вот я заключаю с ним (досл. даю) мой союз"[199], как праведник свыше дает, также и я, вот я даю подарок с тем, чтобы вернуть этот подарок". Иначе говоря, так же как праведник дает с тем, чтобы вернуть"», то есть:

---

[197] См. выше, п. 128.
[198] См. выше, п. 132.
[199] Тора, Бемидбар, 25:12. «Поэтому скажи: „Вот я заключаю с ним мой союз мира"».
[200] Писания, Эстер, 2:14. «Вечером она приходит, а утром она возвращается в другой, женский дом под надзор Шаашгаза, евнуха царского, стража наложниц; и больше уже не войдет к царю, разве только если пожелает ее царь и позовет по имени».

«Вечером она приходит, а утром она возвращается»[200], как уже объяснялось, и «„Моше так же. И благодаря этому союзу он заработал высшее священство", т.е. свойство Хесед, „а если бы не была с ним" Малхут, „не связался бы Пинхас со ступенью высшего священства, так как союз", являющийся свойством Малхут, „когда он постоянно связан с высшей правой стороной", т.е. Хеседом Зеир Анпина, „и эта высшая правая сторона в будущем должна будет выстроить Храм, являющийся союзом"», т.е. Малхут.

О третьем Храме не написано в Торе

143) «Сказал рабби Аба: „Я вспомнил одну вещь, которую слышал от великого светоча", рабби Шимона, „слышавшего от имени рабби Элиэзера. Однажды явился один мудрец-чужеземец, сказал ему: "Старик, старик, я хочу задать тебе три вопроса. Первый: то, что вы говорите, что будет возведен для вас другой Храм, – но ведь строить можно только дважды, первый Храм и второй Храм", – написано, но „третьего Храма не найти в Торе, и то, что вы должны были построить, уже отстроено? И у мира – нет в нем больше, ибо два Храма исраэлевых – провозгласило их Писание, и написано (о втором Храме): „Величие этого последнего Храма превзойдет величие первого"[201]».

144) «„И еще. Вы говорите, что вы более близки к высшему Царю, чем все остальные народы; тот, кто приближен к Царю, он всегда пребывает в радости, без страданий, без страха, без бед, – но вы ведь всегда" пребываете "в страдании и бедах, и горе больше, чем все жители мира. А мы – не приближается к нам страдание и беда, и горе вовсе. Таким образом, мы близки к высшему Царю, а вы далеки от Него, и поэтому есть у вас страдание и беда, и скорбь, и горе, чего нет у нас"».

145) «„И еще. То, что вы не едите падаль и растерзанное, чтобы быть здоровыми, и чтобы тело ваше было здоровым. Мы едим всё, что мы хотим, – и мы полны сил и здоровья, и все наши органы целы и невредимы. А вы, которые не едите, – все вы страдаете от тяжелых болезней, сломлены более всех остальных народов. Вы народ, который Творец ненавидит более всех и вся. Старик, старик, не говори мне ничего, потому что я не буду слушать тебя, и не приму от тебя". Поднял глаза рабби Элиэзер и посмотрел на него, и обратил его в груду костей».

146) «Когда улегся гнев его, обратил свою голову и заплакал, и сказал: „Творец, Господин наш, как велико имя Твое по всей земле. Как могуча сила святого могущественного имени по всей земле, и сколь приятны речения Торы, когда нет ничего самого малого, чего не найдешь в Торе, и нет ничего самого

---

[201] Пророки, Хагай, 2:9. «Величие этого последнего Храма превзойдет величие первого, – сказал Творец воинств. И в этом месте Я дам мир, – слово Творца воинств».

малого, что приводится в Торе, чтобы не вышло из уст Творца. Об этих вещах, которые спрашивал этот злодей, я однажды спросил Элияу, и сказал он, что в собрании небосвода установили" эти вещи „пред Творцом, и таковы они"».

147) «„Когда Исраэль вышли из Египта, хотел Творец сделать их на земле как святых ангелов наверху, и хотел возвести для них святой Храм, и низвести его из высей небесных, и насадить Исраэль на земле святым насаждением, по высшему образу. Это смысл сказанного: „Введешь их и насадишь на горе удела Твоего"[202]. В каком месте? „В месте, которое для пребывания Своего сделал Ты, Творец"[202], – в том" месте, „которое Ты, Творец, сделал, а не другой. „В месте, которое для пребывания Своего сделал Ты, Творец"[202], – это первый Храм. „Святилище, Господин мой, которое устроили руки Твои"[202], – это второй Храм. И оба они являются делом рук Творца"».

148) «„И вызывавшие гнев пред Ним в пустыне, умерли, а их сыновей Творец привел на (святую) землю. И Храм был построен человеком. И поэтому не сохранился". Поскольку они должны быть делом Творца. „И Шломо знал, что из-за того, что это было делом рук человека, он не просуществовал. И поэтому сказал: „Если Творец не построит Храм, напрасен труд строивших его"[203]. Ибо нет у него существования. В дни Эзры, грех привел к этому, и они должны были отстроить" Храм. „И поэтому не было в нем жизни. И поэтому первого строения Творца еще не было в мире. А на будущее написано: „Отстраивает Йерушалаим Творец"[204] – Он" построит, „а не другой. И этого строения мы ждем, а не строения человека, у которого нет существования вовсе"».

149) «„Первый Храм и второй Храм низвел Творец за один раз свыше. Первый Храм", который соответствует Бине, „будет в скрытии, а второй Храм", который соответствует Малхут, „будет в раскрытии. Тот Храм, который называется вторым Храмом,

---

[202] Тора, Шмот, 15:17. «Введешь их и насадишь на горе удела Твоего, в месте, которое для пребывания Своего сделал Ты, Творец, Святилище, Господин мой, которое устроили руки Твои».

[203] Писания, Псалмы, 127:1. «Песнь ступеней для Шломо. Если Творец не построит Храм, напрасен труд строивших его, если Творец не охраняет город, напрасно усердствует страж».

[204] Писания, Псалмы, 147:2. «Отстраивает Йерушалаим Творец, изгнанников Исраэля соберет».

ГЛАВА ПИНХАС

будет в раскрытии, для того чтобы показать всему миру созидание Творца". И тогда пребудет "совершенная радость и желание сердца во всем его существовании"».

150) «„Тот первый Храм, который будет в скрытии, поднимается вверх над" вторым Храмом, „тем, что раскрылся, и весь мир увидят облака величия, окружающие тот Храм, который раскрылся, и внутри этих облаков будет первый Храм в скрытом действии, поднимаясь над высотой величия небес". И это Бина. „И это строение мы ждем"».

151) «„И до сих пор" этого „не было в мире, поскольку даже город Йерушалаим не будет созиданием человека, ведь написано: „А Я буду ему, – слово Творца, – стеной огненной вокруг"[205]. Если о городе написано так, то тем более о Храме, который является Скинией Его. И это действие" Творца „должно было проявиться вначале, когда Исраэль вышли из Египта, но задержалось до конца дней в последнем избавлении"».

---

[205] Пророки, Зехария, 2:9. «А Я буду ему, – слово Творца, – стеной огненной вокруг, и для величия пребуду внутри него».

Почему Исраэль в горе более остальных народов?

152) «"Второй вопрос", который задал этот чужеземец, он такой. Ведь, "разумеется, мы близки к высшему Царю больше, чем остальные народы. Это, безусловно, так, ведь Исраэль – их, безусловно, Творец сделал сердцем всего мира. И таковы Исраэль среди остальных народов, подобно сердцу среди органов, и так же как органы тела не смогут просуществовать даже одного мгновения в мире без сердца, так же и все народы не могут существовать в мире без Исраэля. И так же Йерушалаим – он такой среди других земель, как сердце среди органов. И поэтому он в центре всего мира, как сердце, которое в центре всех органов"».

153) «"И Исраэль управляемы среди остальных народов, как сердце среди органов. Сердце – оно мягкое и слабое, и оно является поддержкой всех органов", и все органы "не знают о страдании и беде, и горе вообще, но только сердце, благодаря которому существование, и в котором разумение. Остальные органы" – страдание и горе "вообще к ним не приближаются, потому что нет в них существования, и они ничего не знают. Все остальные органы не приближаются к Царю, который является мудростью (хохма) и разумением (твуна), пребывающими в мозгу, но только сердце, а остальные органы далеки от Него, и не знают о Нем ничего. Так Исраэль близки к святому Царю, а остальные народы далеки от Него"».

ГЛАВА ПИНХАС

Исраэль, которые не ели падаль и растерзанное, – почему они слабы?

154) «„Другой вопрос, который задал чужеземец, – ведь Исраэль не едят падаль и растерзанное, и мерзость, и нечистоту пресмыкающихся и насекомых как народы", но вместе с тем они слабее их? „Это так. Потому что сердце, являющееся мягким и слабым, и царем, и жизнью остальных органов, не берет" от еды человека „для своего питания ничего, кроме выявленного и чистого от всякой крови", образовавшейся от этой еды, „и пища его чиста и выявлена, и оно мягче и слабее всего. А остальные отходы" этой крови „оставляет другим органам, а все остальные органы не следят за этим", чтобы их пища была чистой, „но принимают весь этот мусор и зло от всего, и они сильны, как и положено им"».

155) «„И поэтому во всех остальных органах есть пятна опухоли, или лишая, и пятна проказы. Однако у сердца нет ничего от всего этого, но оно чистое и ясное, поскольку нет в нем изъяна. Так Творец взял Себе Исраэль, который чист и ясен, поскольку нет в нем изъяна, об этом написано: „Вся ты прекрасна, возлюбленная моя, и нет в тебе изъяна"[206]. Подошел рабби Йоси, поцеловал его руку, сказал: „Если бы я пришел в мир, чтобы только услышать это, было бы достаточно"».

---

[206] Писания, Песнь песней, 4:7. «Вся ты прекрасна, возлюбленная моя, и нет в тебе изъяна».

И имя мужа израильтянина убитого

156) «„И имя мужа израильтянина убитого, который был убит вместе с мидьянитянкой"[207]. Сказал рабби Ицхак: „Это изречение должно быть написано так: „И имя убитого израильтянина, которого убил Пинхас", а не: „Убитого, который был убит"[207], ибо это сказано лишь в неопределенном виде"», когда не упомянут убивший.

157) И отвечает: «„Но так сказал рабби Эльазар: „Поскольку Творец возвел Пинхаса в главные коэны, Он не хотел упоминать Пинхаса в убиении человека. Ибо это не подобает главному коэну. Прежде чем возвел его в главные коэны, упоминает его и говорит: „И увидел Пинхас, сын Эльазара ... и взял он копье ... и пронзил обоих"[208]. Когда возвел его в главные коэны, не упомянуто имя его в убиении, поскольку не подобает ему, и Творец поберег честь его, ибо главному коэну не подобает быть упомянутым в убиении. „А имя убитой мидьянитянки"[207] тоже"» сказано в неопределенном виде, когда не упомянут убивший ее по той же причине.

---

[207] Тора, Бемидбар, 25:14-15. «И имя мужа израильтянина убитого, который был убит вместе с мидьянитянкой, – Зимри, сын Салу, предводитель отчего дома колена Шимона. А имя убитой мидьянитянки – Козби, дочь Цура, главы племен отчих домов в Мидьяне».
[208] Тора, Бемидбар, 25:7-8. «И увидел Пинхас, сын Эльазара, сын Аарона-коэна, и встал он из среды общины, и взял он копье в руку свою, и вошел вслед за мужем израильтянином в шатер, и пронзил обоих, мужа израильтянина и женщину в чрево ее; и прекратилось поветрие у сынов Исраэля».

ГЛАВА ПИНХАС

То, что сейчас вначале, будет при возрождении мертвых последним

158) «Рабби Шимон шел из Каппадокии в Луд, и рабби Йегуда шел с ним. Пока они шли, встретил их рабби Пинхас бен Яир, и два человека погоняли за ним ослов. Остановился осел рабби Пинхаса. Покалывали его» острием, чтобы шел, «но он не шел. Сказал рабби Пинхас (погонщикам): „Оставьте его. Ибо запах нового лика он ощущает, или сделает чудо для нас". Пока они (были) там, вышел рабби Шимон из-за одной скалы. Двинулся осел и пошел. Сказал рабби Пинхас: „Разве не сказал я вам, что запах нового лика он ощущает?"»

159) «Спустился рабби Пинхас» со своего осла «и обнял рабби Шимона, и заплакал. Сказал ему: „Я видел во сне своем, что Шхина подходит ко мне, и вручила она мне большие подарки, и я возрадовался ей. Сейчас" сбылось „то, что я видел". Сказал рабби Шимон: „По всем шагам твоего осла я распознал, что это ты. Теперь радость совершенна". Сказал рабби Пинхас: „Сядем в каком-нибудь месте, потому что речения Торы требуют чистоты". Нашли источник воды и дерево. Сели».

160) «Сказал рабби Пинхас: „Созерцал я, что для возрождения мертвых другим путем сделает нас Творец, и то, что было сейчас первым для созерцания, станет тогда последним" для возрождения. „Откуда нам это известно? От этих костей – тех костей, которые Творец оживил через Йехезкеля, ведь написано вначале: „Кость к кости ее"[209], а затем написано: „И видел я: и вот на них жилы, и плоть поднялась"[209], а затем: „И покрыла их кожа сверху; но духа нет в них"[209]. Ибо то, что снял с себя" человек „вначале, будет последним, – ведь сначала он освободился от духа, а затем" разложилась „кожа, а затем – плоть, а затем – жилы, а затем – кости"». А при возрождении наоборот: вначале – кости, а затем – жилы, а затем – плоть, а затем – кожа.

---

[209] Пророки, Йехезкель, 37:7-8. «И пророчествовал я, как повелено было мне. И раздался звук, когда пророчествовал я, и вот – шум: и сблизились кости – кость к кости ее. И видел я: и вот на них жилы, и плоть поднялась, и покрыла их кожа сверху; но духа нет в них».

Возрождение мертвых

161) «Сказал рабби Шимон: „В этом затруднялись первые мудрецы. Но те кости, что оживил Творец, – сделал с ними Творец различные чудеса и знамения. Смотри, что написано: „Вспомни же, что как (из) глины Ты сделал меня и в прах возвращаешь меня"[210]. Что написано после этого: „Разве не как молоко изольешь Ты меня и как творог сгустишь меня, кожей и плотью облечешь меня, костями и жилами покроешь меня"[210]. После того как человек разложился в прахе, и пришло время возрождения мертвых, в будущем Творец сделает ту оставшуюся кость", которая не разложилась,[211] „как это тесто, и как молочный творог, и как источник молока, который является чистым источником, очень очищенным. Потому что эта кость утончится", т.е. станет очень тонкой, „и сотрется так, что станет молоком, а затем остудит его, и сформируется в образ, подобно застывшему творогу, а затем облечет его кожей и плотью, и костями, и жилами"».

162) «„Это то, что написано: „Разве не как молоко изольешь Ты меня и как творог сгустишь меня". „Излил", – не написано, а" в будущем времени – „изольешь"[210], „сгустил", – не написано, а „сгустишь"[210], „облек"[210], – не написано, а „облечешь"[210], „покрыл", – не написано, а „покроешь"[210]. Ибо всё это означает – по прошествии времени"», в момент возрождения.

163) «„А затем что написано: „Жизнь и милость Ты сделал мне"[212] – это дух жизни, и если скажешь: „Сделал мне"[212], – написано", в прошедшем времени, „и не написано: „Сделаешь"?" И отвечает: „Но так сказал: „Жизнь и милость Ты сделал мне"[212] – что в том мире Ты привнес в меня дух жизни, однако: „И повеление Твое хранило дух мой"[212] – Матронита" Царя, т.е. Малхут, „хранило дух мой"[212] – она хранит дух мой в том мире, и почему" говорит на Малхут: „И повеление Твое (у-пкудатха́

---

[210] Писания, Иов, 10:8-11. «Руки Твои придали форму мне и образовали меня – всего, кругом. И Ты губишь меня? Вспомни же, что как (из) глины Ты сделал меня и в прах возвращаешь меня. Разве не как молоко изольешь Ты меня и как творог сгустишь меня, кожей и плотью облечешь меня, костями и жилами покроешь меня».

[211] См. Зоар, главу Ваэра, п. 127. «Сказал рабби Хия: „Но, кроме того, восстанет то же самое тело, что и было…"»

[212] Писания, Иов, 10:12. «Жизнь и милость Ты сделал мне, и повеление Твое хранило дух мой».

וּפְקֻדָּתְךָ)"²¹²?" Это потому, "что в будущем тебе предстоит поместить (лифкод לִפְקֹד) ее вначале"», поэтому говорит: «И повеление Твое (у-пкудатхá וּפְקֻדָּתְךָ)»²¹².

164) «"И тайна этого речения – все души праведников упрятаны и скрыты под престолом Царя", т.е. Малхут, называемой престолом, "и она оберегает их, чтобы вернуть их на свое место. Это смысл сказанного: "И повеление Твое хранило дух мой"²¹². Что значит: "И повеление Твое"²¹²? Это как сказано: "Имущество его возьмет другой"²¹³. "Повеление Твое"²¹² – это Матронита Царя", т.е. Малхут, когда все души (рухот) – вложения в ее руках. Это смысл сказанного: "Вручаю дух (руах) мой на хранение Тебе"²¹⁴. И она оберегает их. Поэтому" написано: "Хранило дух мой"²¹² – так как она оберегает его».

165) «"Подобно этому сказал Давид: "Сохрани душу мою, ибо благочестив я"²¹⁵. "Сохрани"²¹⁵ – это Матронита Царя, и это означает: "Сохрани душу мою, ибо благочестив я"²¹⁵. И в любом месте, где написано просто так", без указания имени, "это Матронита", т.е. Малхут, "как сказано: "И воззвал к Моше"²¹⁶, где не указано имя, "и также: "Если будешь слушаться голоса Творца Всесильного твоего"²¹⁷», где не упомянуто, кто говорящий, – это Малхут.

166) «Заплакал рабби Пинхас и сказал: "А разве не сказал я тебе, что Шхина вручила мне подношения и подарки" в моем сновидении? – т.е. подразумевались эти речения рабби Шимона. "Благословен мой удел, что удостоился я увидеть тебя и слышал это". Сказал ему: "В то время", возрождения мертвых, то, что ты сказал, – "это правильно в отношении той кости", которая не разлагается. "С остальными костями, которые

---

²¹³ Писания, Псалмы, 109:8. «Будут малочисленны дни его, имущество его возьмет другой».

²¹⁴ Писания, Псалмы, 31:6. «Вручаю дух мой на хранение Тебе, Ты избавлял меня, Творец, Всевышний истины».

²¹⁵ Писания, Псалмы, 86:2. «Сохрани душу мою, ибо благочестив я, спаси Ты, Всесильный мой, раба Твоего, полагающегося на Тебя!»

²¹⁶ Тора, Ваикра, 1:1. «И воззвал к Моше, и сказал Творец ему из Шатра собрания, говоря».

²¹⁷ Тора, Шмот, 15:26. «И сказал: "Если будешь слушаться голоса Творца Всесильного твоего, и то, что прямо в Его глазах, делать, и внимать будешь заповедям Его и соблюдать все законы Его, то все болезни, которые Я навел на Египет, не наведу на тебя, ибо Я, Творец, – целитель твой"».

имеются, что становится с ними?" Сказал ему: „Все они включатся в тот самый источник этой кости. И они соединятся с ним и станут с ним одним тестом. И там сформируется образ" человека. „Как сказали об изречении: „И кости твои укрепит"[218]. Что значит „укрепит"[218]? Это как сказано: „Отдалился Он от них"[219] – все они отдалились от своего существования, и включатся в эту кость, чтобы стать одним тестом. Тогда: „И будешь ты, как сад орошенный и как источник, воды которого не иссякают"[218]».

---

[218] Пророки, Йешаяу, 58:11. «И будет водить тебя Творец всегда, и насыщать в очищениях душу твою, и кости твои укрепит, и будешь ты, как сад орошенный и как источник, воды которого не иссякают».

[219] Пророки, Ошеа, 5:6. «С мелким и крупным скотом своим (с жертвами) идут они искать Творца, но не находят: отдалился Он от них».

Глава Пинхас

Вручаю дух мой на хранение Тебе

167) «Сказал верный пастырь: „Горе вам, людям, с непроницаемым сердцем, невидящим взором, которые не знают, что когда приходит ночь, раскрываются врата ада, и это" называется „желчь", и дымы его, которые распространяются, поднимаются до мозга. И множество сил злого начала распространяются по всем органам тела. И врата Эденского сада, которые являются глазами сердца, перекрываются и не открываются, потому что все света, что в глазах, исходят из сердца"».

168) «„И врата сердца, т.е. глаза, перекрываются, чтобы не смотрели на этих вредителей, которыми является Лилит. И они не властны над светами сердца, т.е. ангелами, распространяющимися по всем органам как ветви дерева, во все стороны. В это время все света перекрыты в сердце, и собираются к нему, „как голуби к окнам голубятен своих"[220]. Как Ноах и жена его, и все виды, которые вошли вместе с ним в ковчег"».

169) «„А вредители, которые усиливаются над всеми органами тела, они как воды потопа, которые усилились на пятнадцать (йуд-хэй יה) локтей выше них.[221] Потому что прегрешил в отношении йуд-хэй (יה), и йуд-хэй (יה) ушло из тела", то есть ушло йуд-хэй (יה) из Элоким (אלהים), „и остался немым (илем אלם), без зрения и слуха, и обоняния, и речи. И тайна этого: „Онемел я в безмолвии"[222]. „В безмолвии (думия́ דומיה)"[222] – это буквы „безмолвие йуд-хэй דום יה", то есть как то время" потопа, „на пятнадцать (йуд-хэй יה) локтей вредители усилились над телом, и они" окружают тело, „как ров", окружающий яму „и сад"».

Пояснение сказанного. Желчь, что в теле, – это ад и злое начало, а сердце, что в теле, – это Эденский сад святости. И это смысл сказанного: «Когда приходит ночь, раскрываются врата ада, и это желчь»[223], и над желчью поднимаются дымы, то есть силы суда, к мозгу, и поэтому уходят мохин, и

---

[220] Пророки, Йешаяу, 60:8. «Кто они, летящие как облако, и как голуби к окнам голубятен своих?»
[221] Тора, Берешит, 7:19-20. «А воды усиливались на земле все более и более: и покрылись все высокие горы, которые под всем небом. На пятнадцать локтей выше усилились воды, и покрылись горы».
[222] Писания, Псалмы, 39:3. «Онемел я в безмолвии, замолчал о добре, а боль моя вскипела».
[223] См. выше, п. 167.

человек спит. И это смысл сказанного: «И дымы его, которые распространяются», – то есть они как дым ада, «поднимаются до мозга», и уходят мохин. И тогда врата Эденского сада, то есть глаза, перекрываются, и это смысл сказанного: «И врата Эденского сада, которые являются глазами сердца, перекрываются». И почему глаза называются вратами сердца? «Потому что все света, что в глазах, исходят из сердца». И вот сердце – это Эденский сад, а света, что в нем, – это ангелы, которые распространяются (и это тайна имени Элоким) во все органы тела, и властвуют над ними. Однако ночью «они не властны над светами сердца, т.е. ангелами, распространяющимися по всем органам как ветви дерева, во все стороны»[224]. И поэтому «в это время», ночью, «все света перекрыты в сердце, и собираются к нему», – то есть все света, распространяющиеся в теле, снова собираются к своему корню, к сердцу, свойству Эденского сада. Подобно ковчегу Ноаха, когда во время усиления судов, являющихся водами потопа, сходились все к ковчегу, и это смысл сказанного: «Как Ноах и жена его, и все виды, которые вошли вместе с ним в ковчег».

И вот о потопе написано: «На пятнадцать локтей выше усилились воды»[221], где «пятнадцать (йуд-хэй י״ה) локтей»[221] указывают на имя йуд-хэй (י״ה), которое есть в буквах Элоким (אלהים), «усилились воды»[221] – которые усилились с тем, чтобы вытеснить имя йуд-хэй (י״ה) из мира. И так же здесь увеличиваются силы клипот, и вытесняют имя йуд-хэй (י״ה) де-Элоким (אלהים), т.е. из светов сердца, а это Элоким, как мы уже объясняли, распространяющиеся в органы тела. И это смысл сказанного: «Потому что прегрешил в отношении йуд-хэй (י״ה), и йуд-хэй (י״ה) ушло из тела»[225], то есть ушли буквы йуд-хэй (י״ה) из Элоким (אלהים), распространяющегося в гуф, и тогда «остался немым (илем אִלֵּם)» – то есть осталось от пяти букв Элоким (אלהים) только лишь три буквы илем (אִלֵּם), что является указанием на то, что это тело «без зрения и слуха, и обоняния, и речи». И это тайна: «Онемел я в безмолвии»[222], и это буквы „безмолвие йуд-хэй (דֹּם יָ״הּ)", де-Элоким (אלהים), и остался немым (илем אִלֵּם), и поэтому: «Онемел я»[222].

170) «„И так же как Ноах отправил голубя с его посланием, так же отправляет душа человека" дух его „со своим посланием,

---

[224] См. выше, п. 168.
[225] См. выше, п. 169.

и поэтому человек должен вложить дух свой в Матрониту", Малхут, "это смысл сказанного: „Вручаю дух (руах) мой на хранение Тебе"²¹⁴. А если он заключен в руки сил злого начала из-за прегрешений тела, то что написано: „Вручаю дух мой на хранение Тебе, Ты избавлял меня, Творец, Всевышний истины"²¹⁴», – т.е. Творец искупает его из их рук.

171) «„И еще. В то время, когда душа виновна, что написано о духе его: „Рука руку не очистит от зла"²²⁶. Ибо он переходит от одной руки к другой в станах злого начала, которые пребывают над ним в грехах его, и бросают его с места на место, и это то, что" человек "видит себя" в сновидении, "что он в другой стране или в другом правлении, а иногда в отбросах, – всё это согласно его грехам. А если он праведник, то абсолютно все станы доброго начала, о которых сказано: „И лики их и крылья их разделены"²²⁷, чтобы принять дух его, и поднимают его наверх, в место созданий", несущих "престол", т.е. Малхут. "И там он зрит много видений, образов и видов пророчества. И поэтому постановили мудрецы, что сновидение является шестидесятой частью пророчества"».

172) «„И еще. „Сохрани душу мою, ибо благочестив я"²²⁸. Но так постановили мудрецы: „И не подобен простолюдину благочестивый"²²⁹. Ибо Тора дается от правой стороны Творца, т.е. Хеседа. И поэтому тот, кто занимается Торой, называется благочестивым (хасид), поэтому я говорю Творцу: „Сохрани душу мою"²²⁸, и не суди ее так, как народы этих земель, поскольку о них сказано: „И не подобен простолюдину благочестивый"²²⁹. И если скажешь: „Ведь столько есть народов земель, соблюдающих благочестие?" Но так они постановили: „Кто называется благочестивым – тот, кто благочестив с Создателем своим. Как Давид, который был соединяющим. И что он соединял? Тору, что свыше", Зеир Анпин, "он соединял со Святым, благословен Он", т.е. Малхут, "и он называется благочестивым с Создателем своим, поскольку соединяет Творца со Шхиной. И поэтому: „Сохрани душу мою, ибо благочестив я"²²⁸».

---

[226] Писания, Притчи, 11:21. «Рука руку не очистит от зла, а семя праведных спасется».

[227] Пророки, Йехезкель, 1:11. «И лики их и крылья их разделены сверху, и два (крыла) соприкасаются у одного и другого, а два – покрывают тела их».

[228] Писания, Псалмы, 86:2. «Сохрани душу мою, ибо благочестив я, спаси Ты, Всесильный мой, раба Твоего, полагающегося на Тебя!»

[229] Мишна, раздел Незикин, трактат Авот, часть 2, мишна (закон) 5.

Два светила

173) «„И когда человек умирает, что написано о ней, об этой душе: „Когда пойдешь ты, она поведет тебя, когда ляжешь, будет охранять тебя, а когда пробудишься", для возрождения мертвых, „будет беседовать с тобою"[230]. Спрашивает: „Это хорошо для возрождения мертвых, чтобы поддерживала она" тело „человека", для возрождения из мертвых, „но вознаграждение для души в мире будущем – что это?"»

174) И отвечает: «„Но Творец облачает ее", душу, „как вначале, в облака величия, и как вначале поместит ее в облик, который наподобие тела, состоящего из двухсот сорока восьми (РАМАХ) органов, поместит также в облик, включенный в двести сорок восемь светов, распространяющихся от этого облика"». Ибо «облик» в гематрии РАМАХ (248), «„о котором сказано: „И сказал Он: „Если и есть между вами пророк Творца, в видении (досл. в облике) Я открываюсь ему"[231]. И в облачениях облаков величия". И написано о нем: „И Я увижу ее, чтобы помнить вечный союз"[232] – это светящее зеркало. „Во сне говорю с ним"[231] – это зеркало, которое не светит, состоящее из трехсот шестидесяти пяти (ШАСА) светов, как числовое значение „йешенá (יְשֵׁנָה) сплю)", то есть: „Я сплю"[233]. Одно" зеркало для души „в этом мире, одно" зеркало – оно для души „в мире будущем. И они" светят „в деянии рук Творца"» – то есть в душах.

175) «„И тайна их: „Это имя Мое вовеки"[234]. Йуд-хэй (יְ"ה) с имя Мое (шми שְׁמִי)" – в гематрии „ШАСА (365)"», «и это

---

[230] Писания, Притчи, 6:22. «Когда пойдешь ты, она поведет тебя, когда ляжешь, будет охранять тебя, а когда пробудишься, будет беседовать с тобою».

[231] Тора, Бемидбар, 12:6. «И сказал Он: „Слушайте слова Мои. Если и есть между вами пророк Творца, в видении Я открываюсь ему, во сне говорю с ним"».

[232] Тора, Берешит, 9:16. «И будет радуга в облаке, и Я увижу ее, чтобы помнить вечный союз между Всесильным и между всяким живым существом от всякой плоти, которая на земле».

[233] Писания, Песнь песней, 5:2. «Я сплю, но бодрствует сердце мое. Голос! Стучится друг мой: „Отвори мне, сестра моя, подруга моя, голубка моя, чистая моя, ибо голова моя росою полна, кудри мои – каплями (росы) ночной"».

[234] Тора, Шмот, 3:15. «И сказал еще Всесильный Моше: „Так скажи сынам Исраэля: „Творец, Всесильный отцов ваших, Всесильный Авраама, Всесильный Ицхака и Всесильный Яакова, послал меня к вам. Это имя Мое вовеки и это памятование Мое из рода в род"».

памятование Мое из рода в род»²³⁴. «„Вав-хэй (ו״ה) с памятование Мое (зихри́ זִכְרִי)" – в гематрии "РАМАХ (248). И воззвания опускаются и поднимаются пред Ним: „Воздайте славу образу Царя"» – то есть душе.

176) «„То есть: „И сотворил Всесильный человека в образе Его, в образе Всесильного сотворил Он его"²³⁵ – то есть Он создает его в двух формах"», первая – «в образе Его»²³⁵, а вторая – «в образе Всесильного»²³⁵. То есть – «„в двух обликах:

1. О которых сказано: „Ибо не видели вы никакого образа"²³⁶, а об остальных" запрещенных "образах написано: „Изваяний образа какого-либо"²³⁶.

2. „И облик Творца он зрит"²³⁷. И шестьсот тринадцать (ТАРЬЯГ) ангелов поднимают эту душу в этих образах, все они – „И лики их и крылья их разделены"²²⁷, чтобы исполнить речение, в котором сказано о них: „И поднял Я вас на крыльях орлиных и принес вас к Себе"²³⁸».

177) «„Подобно тому, как вышли из Египта, когда шли в облаках величия и во всем том великолепии, подобно этому будет выход души из ее тела, являющегося зловонной каплей, чтобы идти в два сада", в высший Эденский сад и в нижний Эденский сад, „небо и земля которых сотворены именем АВАЯ (הויה), и благодаря Ему сказано: „Возвеселятся небеса, и возрадуется земля"²³⁹. В этот момент исполнится в человеке: „И не будет более скрываться Учитель твой"²⁴⁰ от тебя"», «скрываться»²⁴⁰

---

²³⁵ Тора, Берешит, 1:27. «И сотворил Всесильный человека в образе Его, в образе Всесильного сотворил Он его; мужчиной и женщиной сотворил Он их».

²³⁶ Тора, Дварим, 4:15-16. «И очень оберегайтесь ради душ ваших, ибо не видели вы никакого образа в день, когда говорил Творец вам на Хореве из огня. Дабы вы не развратились и не сделали себе изваяний образа какого-либо кумира в образе мужчины или женщины».

²³⁷ Тора, Бемидбар, 12:8. «Устами к устам говорю Я ему, и явственно, а не загадками, и облик Творца он зрит. Почему же не убоялись вы говорить против раба Моего, против Моше?»

²³⁸ Тора, Шмот, 19:3-4. «А Моше поднялся к Всесильному, и воззвал к нему Творец с горы, сказав: „Так скажи дому Яакова и говори сынам Исраэля: „Вы видели, что Я сделал Египту, и поднял Я вас на крыльях орлиных и принес вас к Себе"».

²³⁹ Писания, Псалмы, 96:11. «Возвеселятся небеса, и возрадуется земля, зашумит море и все наполняющее его».

²⁴⁰ Пророки, Йешаяу, 30:20. «И даст вам Творец хлеб скудный и воду мерою, и не будет более скрываться Учитель твой от тебя, и очи твои будут видеть Учителя твоего».

– это как сказано: «„Двумя прикрывает он лицо свое"[241], но: „И очи твои будут видеть Учителя твоего"[240]. И со стороны этих двух обликов удостоился наш учитель Моше, да пребудет с ним мир, учитель всех пророков и мудрецов. Сказал великий светоч", т.е. рабби Шимон, верному пастырю: „Ты удостоился при жизни своей того, чего удостоятся праведники после своей жизни. Благословенна участь твоя!"»

Пояснение статьи. Малхут называется обликом, потому что в ней место раскрытия Хохмы, называемой видением. И есть два свойства в облике:

Первое – когда она в зивуге с Зеир Анпином, и хасадим властвуют в Малхут так же как в Зеир Анпине, и хотя свечение Хохмы включено в эти хасадим, что в Малхут, оно нисходит сверху вниз, потому что их основа – хасадим, а не Хохма. И поэтому этот облик называется светящим обликом, потому что светит сверху вниз. И он является свойством Зеир Анпина, поскольку она с ним в зивуге и включается в него. И этот облик считается свойством вав-хэй (ו"ה) де-АВАЯ (הויה), потому что хасадим – это ВАК, и это свойство вав-хэй (ו"ה).

Второе – когда эта Хохма, являющаяся свойством йуд-хэй (י"ה), раскрывается в Малхут. И хотя она здесь тоже в зивуге с Зеир Анпином, но господствует Хохма, что в Малхут, а не хасадим Зеир Анпина. И известно, что Хохма не притягивается сверху вниз, и поэтому считается обликом, который не светит внизу. И тогда написано о ней: «Это имя Мое вовеки»[234], где «вовеки (леола́м לְעֹלָם)»[234] написано без вав (ו), что означает скрытие, поскольку нужно скрыть его, чтобы не притягивать вниз, что является корнем всех трехсот шестидесяти пяти (ШАСА) запретительных заповедей, что в Торе. И поэтому приводится намек на это: «имя Мое (шми)»[234] с йуд-хэй (י"ה) – в гематрии ШАСА (365). Ибо йуд-хэй (י"ה), являющееся свойством Хохмы и ГАР, означает – «это имя Мое вовеки (леола́м לְעֹלָם)»[234], поскольку нужно скрыть (леаали́м לְהַעֲלִים) его. Однако свойство «светящий облик», являющееся свечением хасадим, – это заповедь притягивать его сверху вниз, и это корень всех двухсот сорока восьми (РАМАХ) исполнительных заповедей, и поэтому написано о нем: «И это памятование Мое из рода в род»[234], и на это приводится намек, что вав-хэй (ו"ה) с «памятование Мое (зихри́

---

[241] Пророки, Йешаяу, 6:2. «Над ним возвышаются серафимы, шесть крыльев у каждого из них: двумя прикрывает он лицо свое и двумя прикрывает он ноги свои, а с помощью двух летает».

זִכְרִי)»²³⁴ – гематрия РАМАХ (248). Поскольку света хасадим – это вав-хэй (ו״ה), и это двести сорок восемь (РАМАХ) светов, соответствующих двумстам сорока восьми (РАМАХ) исполнительным заповедям, притягивающим эти двести сорок восемь светов. И душа праведника, выполнившего двести сорок восемь исполнительных заповедей, облачается после его кончины в эти двести сорок восемь (РАМАХ) светов.

И это смысл сказанного: «Творец облачает ее, как вначале, в облака величия»²⁴², и это свойство семи облаков, которые представляют собой хасадим соответственно семи сфирот ХАГАТ НЕХИМ. И с помощью этих облачений «поместит ее в обличие, которое наподобие тела, состоящего из двухсот сорока восьми (РАМАХ) органов», то есть облачается в двести сорок восемь светов светящего облика, «о котором сказано: „И сказал Он: „...Если и есть между вами пророк Творца, в видении (в облике) Я открываюсь ему"²³¹». «В облике (бамаръа́ בַּמַּרְאָה)»²³¹ – в гематрии РАМАХ (248). И о нем написано: «И Я увижу ее (радугу), чтобы помнить вечный союз»²³² – это светящий облик (досл. зеркало). Ибо к нему относится видение и свет, так как он нисходит сверху вниз, и хотя основа его – хасадим, вместе с тем называется видением, потому что эти хасадим состоят из свечения Хохмы.

«Во сне говорю с ним»²³¹ – это облик (досл. зеркало), который не светит, то есть свойство йуд-хэй (י״ה), о котором написано: «Это имя Мое вовеки (леола́м לְעֹלָם)»²³⁴, то есть господство Хохмы, что в Малхут, как мы уже объясняли, которую нужно скрыть, чтобы светила не иначе, как снизу вверх. И в тот час, когда она господствует сама по себе, без хасадим, это тьма, а не свет.²⁴³ И это смысл сказанного: «состоящее из трехсот шестидесяти пяти (ШАСА) светов, как числовое значение „йешена́ (יְשֵׁנָה сплю), то есть: „Я сплю"²³³», – потому что она тогда в свойстве «перекрытие глаз», что называется тьмой и сном, и об этом говорит Писание: «Я сплю»²³³. «Одно в этом мире» – один облик действует в этом мире, то есть в свойстве Малхут, которая является обликом, который не светит. «Одно в мире

---

²⁴² См. выше, п. 174.
²⁴³ См. Зоар, главу Берешит, часть 1, комментарий Сулам, со слов: «Затем вышла тьма, и вышли в ней семь других букв алфавита. Распространение свечения семи нижних сфирот Абы ве-Имы из точки шурук считается выходом тьмы, поскольку Хохма находится в ней без хасадим и не светит...»

будущем» – и один облик, когда Малхут находится в свойстве Бины, передающей хасадим, и тогда она – светящий облик. «И они – в деянии рук Творца», и два эти облика светят в душах, которые являются деянием рук Творца.

И это смысл сказанного: «И тайна их: „Это имя Мое вовеки"[234]. Йуд-хэй (י״ה) с „имя Мое (шми שְׁמִי)" – ШАСА (365)»[244]. Потому что свойство Хохмы – это йуд-хэй (י״ה), которую нужно скрыть. И поэтому написано «вовеки (леолáм לְעֹלָם)»[234] без вав (ו), поскольку это корень трехсот шестидесяти пяти (ШАСА) запретительных заповедей, что в Торе, как уже объяснялось. И поэтому «имя Мое (шми שְׁמִי)» йуд-хэй (י״ה) – в гематрии ШАСА (365). Вав-хэй (ו״ה) с «памятование Мое (зихри זִכְרִי)»[234] – РАМАХ (248), потому что хасадим, включающиеся в Хохму, нисходящие сверху вниз, являются свойством вав-хэй (ו״ה), т.е. ВАК, поскольку их основа – это хасадим, и притягивать их – заповедь, и это корень всех двухсот сорока восьми (РАМАХ) исполнительных заповедей. Как мы уже объясняли, что это намек на «памятование Мое (зихри זִכְרִי)»[234] вав-хэй (ו״ה) – в гематрии РАМАХ (248).

И эти два облика – это два образа, и Зеир Анпин – это «светящий облик», а образ Малхут – это свойство «облик, который не светит». И это смысл сказанного: «То есть: „И сотворил Всесильный человека в образе Его, в образе Всесильного сотворил Он его"[235], – то есть Он создает его в двух формах»[245], потому что «образ Его»[235] указывает на форму «светящий облик», а «образ Всесильного (Элоким)»[235] указывает на форму «облик, который не светит», так как Малхут называется Элоким. А об облике, который не светит, сказано: «Ибо не видели вы никакого образа»[236]. А о тех, кто нарушает это, сказано: «Дабы вы не развратились и не сделали себе изваяний образа какого-либо»[236]. И это смысл сказанного: «А об остальных образах», то есть деяниях грешников, которые хотят притянуть здесь свойство образа, «написано: „Изваяний образа какого-либо"[236]». Однако о светящем облике сказано: «И облик Творца он зрит»[237]. И поэтому от светящего облика, который является свойством двухсот сорока восьми (РАМАХ) исполнительных заповедей, исходят двести сорок восемь ангелов, поднимающих душу, а от облика, который не светит, являющегося

---
[244] См. выше, п. 175.
[245] См. выше, п. 176.

свойством трехсот шестидесяти пяти (ШАСА) запретительных заповедей, исходят триста шестьдесят пять ангелов, скрывающих душу, а вместе их шестьсот тринадцать (ТАРЬЯГ). И это смысл сказанного: «И шестьсот тринадцать (ТАРЬЯГ) ангелов поднимают эту душу». И смысл того, что триста шестьдесят пять запретительных заповедей исходят от свойства скрытия имени, в тайне сказанного: «Это имя Мое вовеки (леола́м לְעֹלָם)»[234], как мы уже объясняли. И это смысл сказанного: «Все они – „и лики их и крылья их разделены"[227]», – то есть нет в них зивуга и притягивания от йуд-хэй (י״ה), которые являются свойством лика, а они скрывают ее свечение снизу вверх. И это смысл сказанного: «Чтобы исполнить речение, в котором сказано о них: „И поднял Я вас на крыльях орлиных и принес вас к Себе"[238]». Потому что орел является свойством средней линии, поскольку это исправление, чтобы Хохма светила не иначе, как снизу вверх, приходит от него.[246] И поэтому это исправление называется орлиными крыльями, так как это покрытие называется крыльями, а средняя линия называется орлами. И это смысл сказанного: «Чтобы идти в два сада»[247] – т.е. две Малхут, так как Малхут называется садом. «Небо и земля которых сотворены именем АВАЯ (הויה)» – потому что Малхут в свойстве светящего облика – это вай-хэй (ו״ה), а Малхут в свойстве облика, который не светит, – это йуд-хэй (י״ה), и у них обеих полная АВАЯ (הויה). «Небо и земля которых» означает – зивуг Зеир Анпина и Малхут, что в них, потому что Зеир Анпин называется небом, а Малхут называется землей. Потому что в двух этих свойствах есть зивуг Зеир Анпина и Малхут, но в светящем облике господствует Зеир Анпин, т.е. его свойство хасадим, а в облике, который не светит, господствует Малхут, т.е. ее свойство Хохмы. А в грядущем будущем раскроется зивуг йуд-хэй (י״ה) и устранятся крылья орлиные, о которых говорилось выше. И это смысл сказанного: «В этот момент исполнится в человеке: „И не будет более скрываться Учитель твой"[240]». Потому что отменятся эти крылья.

---

[246] См. Зоар, главу Берешит, часть 1, п. 50. «Разногласие, которое было исправлено согласно высшему подобию...»
[247] См. выше, п. 177.

Я и Он

178) «"Другое объяснение. "Сохрани душу мою, ибо благочестив я"²⁴⁸. Почему? Чтобы я был благочестив с Я (ани אֲנִי)". То есть чтобы соединил и передал Хесед от АВАЯ, Зеир Анпина, этому Я, то есть Малхут, "о которой сказано: "Я (ани אֲנִי) и Он (ваху́ וָהוּ)"», «Я (ани אֲנִי)» – Малхут, «и Он (ваху́ וָהוּ)» – Зеир Анпин. «"Горе тому, кто отделяет Я от Он", то есть тому, кто отделяет Зеир Анпина от Малхут. "Как сказано: "Он сотворил нас, а не мы"²⁴⁹», где «Он» означает – Зеир Анпин. «"Ибо все это – одно целое", то есть Я и Он – это одно целое, "без разделения. Это смысл сказанного: "Смотрите же ныне, что Я – это Я ... Я умерщвляю и оживляю, Я поражаю и исцеляю, и нет спасителя от руки Моей"²⁵⁰. Я – АВАЯ, Я – Он, а не другой. И это Я (ани אֲנִי) от Адни (אדנ"י)". Иначе говоря, Я (ани אֲנִי) – это Адни (אדנ"י), в котором есть буквы ани (אֲנִי). "АВАЯ – это средняя линия", то есть Зеир Анпин.

179) «"И поскольку имя АВАЯ (הוי"ה)", Зеир Анпин, – "оно в правой стороне, т.е. Хесед, сказал: "Сохрани душу мою"²⁴⁸, "ибо благочестив я (ани אֲנִי)"²⁴⁸ означает – "ибо буду благочестив с тобой, с Я (ани אֲנִי), т.е. Адни (אדנ"י), и это Гвура". Иначе говоря, чтобы я соединил АВАЯ (הוי"ה), Хесед, с Адни (אדנ"י), Гвурой, и низойдут хасадим от АВАЯ (הוי"ה) к Адни (אדנ"י), и она тоже станет Хеседом. "И в Тиферет", средней линии, "соединяются два этих имени", АВАЯ Адни, и сочетаются в таком виде "АВАЯАДНИ (יאהדונה"י)", потому что средняя линия соединяет Хесед, т.е. АВАЯ (הוי"ה), с Гвурой, т.е. Адни (אדנ"י). "И тайна этого, о Хеседе и Гвуре", являющимися двумя линиями, – сказано о них: "И лики их и крылья их разделены"²²⁷», потому что «лики их» – это свойство ХАБАД, и две линии, правая и левая, то есть Хохма и Бина, они разделены. И также два крыла – это две линии, которые отличаются друг от друга, и поэтому они разделены. «"А о Тиферет", т.е. средней линии, "называемой: "Творец – муж битвы"²⁵¹, потому что воюет с левой линией, и уменьшает ее,

---

²⁴⁸ Писания, Псалмы, 86:2. «Сохрани душу мою, ибо благочестив я! Спаси Ты, Всесильный мой, раба Твоего, полагающегося на Тебя!»

²⁴⁹ Писания, Псалмы, 100:3. «Узнайте, что Творец – Он Всесильный, Он сотворил нас, а не мы – народ Его и паства Его».

²⁵⁰ Тора, Дварим, 32:39. «Смотрите же ныне, что Я – это Я, и нет Всесильного, кроме Меня. Я умерщвляю и оживляю, Я поражаю и исцеляю, и нет спасителя от руки Моей».

²⁵¹ Тора, Шмот, 15:3. «Творец – муж битвы, Творец имя Его».

чтобы соединить с правой, чтобы быть одной,²⁵² „что написано: „И два соприкасаются у одного (досл. у мужа)"²²⁷, поскольку два этих имени", АВАЯ (הוי״ה) АДНИ (אדנ״י), „соединяются в нем вместе", и поэтому: „А два – покрывают тела их"²²⁷, что два этих крыла соединяются в гуф (теле) и становятся одним целым. И „Тиферет называется гуф (тело)", и это тайна: „А тело его как хризолит"²⁵³». И также в двух линиях, правой и левой, что в ГАР, Хохме и Бине, т.е. двух именах АВАЯ (הוי״ה) ЭКЕ (אהי״ה), о которых сказано: «И лики их ... разделены»²²⁷, тоже соединяются и сочетаются вместе с помощью средней линии, т.е. Даат. И сочетаются следующим образом: «„АВАЯЭКЕ (יאהדונהי)"».

---

²⁵² См. Зоар, главу Лех леха, п. 22, со слов: «Экран де-хирик, на который выходит средняя линия, происходит от свойства суда, имеющегося в Малхут...»

²⁵³ Писания, Даниэль, 10:5-6. «И поднял я взор, и увидел: вот человек, одетый в льняные одежды, и бедра его препоясаны уфазским золотом. А тело его как хризолит, и лицо подобно молнии, а глаза как факелы горящие, а руки и ноги его будто из меди сверкающей, и голос его подобен гулу толпы».

Трижды становился Давид рабом

180) «„Написано: „Спаси Ты, Всесильный мой, раба Твоего, полагающегося на Тебя!"²⁴⁸, „Обрадуй душу раба Твоего"²⁵⁴, „Дай силу Твою рабу Твоему"²⁵⁵. Трижды становился Давид рабом в этом прославлении, и это соответствует тем разам, которые установили авторы Мишны, что человек должен быть рабом в молитве. В первых благословениях" должен быть „как раб, воздающий благословения пред своим Господином. В средних – как раб, просящий подарок у своего Господина. В последних" благословениях – „как раб, благодарящий пред Господином своим за подарок, который получил от Него, и пошел себе"».

181) «„И это трижды, когда человек должен сделать себя рабом со стороны работы. И постановили авторы Мишны, что нет иной работы, кроме молитвы. И три праотца называются рабами с ее стороны, то есть по имени Шхины, являющейся работой Творца. И так же" называется „Моше – раб Творца. И поэтому: „Ибо Мне сыны Исраэля рабы"²⁵⁶. Однако в отношении других" свойств, что в ней, „весь Исраэль является свойством ангелов"²⁵⁷ – со стороны" свойства „Малхут", что в ней. „И почему называется" Малхут „работой? – Это как присуще женщине быть работающей для мужа своего, и как присуще сыновьям быть работающими для отца своего"».

---

²⁵⁴ Писания, Псалмы, 86:4. «Обрадуй душу раба Твоего, ибо к Тебе, Господин мой, возношу душу свою».
²⁵⁵ Писания, Псалмы, 86:16. «Обратись ко мне и помилуй меня, дай силу Твою рабу Твоему и помоги сыну рабы Твоей».
²⁵⁶ Тора, Ваикра, 25:55. «Ибо Мне сыны Исраэля рабы. Мои рабы они, которых Я вывел из земли Египетской. Я – Творец Всесильный ваш».
²⁵⁷ Мишна, раздел Моэд, трактат Шаббат, часть 14, мишна (закон) 4.

Давид становился бедным, благочестивым и рабом

182) «„И Давид становился бедным, благочестивым и рабом. И это смысл сказанного: „Ибо беден и обездолен я!"[258]; „Сохрани душу мою, ибо благочестив я!"[248]; „Спаси Ты, Всесильный мой, раба Твоего, полагающегося на Тебя!"[248]. Он становился бедным у врат Царя", и это Малхут, „о которой сказано: „Господин мой, открой уста мои, и язык мой возвестит хвалу Тебе!"[259] „Господин мой (Адни)"[259] – это чертог, и он становился бедным у врат чертога Царя", и это Адни, т.е. Малхут. „И что написано: „Приклони, Творец, ухо Твое, ответь мне"[258]. И это нижняя Шхина", т.е. Малхут, „которая является ухом, принимающим молитвы и слышащим их. Как сказано: „Ибо не презрел Он и не отверг молитву бедного, и не скрыл лица Своего от него, и когда он воззвал к Нему – услышал"[260]».

183) «„Поскольку он становился бедным и нищим со стороны далет (ד) слова один (эхад אֶחָד)", т.е. Малхут в первом состоянии в тот момент, когда получает от левой линии, и тогда она бедная (дала́ דַּלָה), и далет указывает, что бедная (дала́ דַּלָה), „чтобы просить спасения от алеф-хет (א"ח)" слова эхад (אֶחָד один), и это Зеир Анпин, называемый в этом состоянии Малхут братом (ах אח), а Малхут – сестрой, будучи тогда на одной ступени, нисходящей от Бины, как брат и сестра, „и это средний столб", т.е. Зеир Анпин, „чтобы выполнить с помощью него: „Обеднел я, но Он спас меня"[261], чтобы не умер Машиах бен Эфраим". Ибо Машиах бен Эфраим исходит от Малхут в тот момент, когда она питается от левой линии, которая полна судов. „И" еще „просил" Давид „у Него в этих вратах для Исраэля, которые бедны, исполнить в них: „И бедный народ Ты спасаешь"[262]». И поэтому он делал себя бедным, так как это свойство левой линии.

---

[258] Писания, Псалмы, 86:1. «Молитва Давида. Приклони, Творец, ухо Твое, ответь мне, ибо беден и обездолен я!»

[259] Писания, Псалмы, 51:17. «Господин мой, открой уста мои, и язык мой возвестит хвалу Тебе!»

[260] Писания, Псалмы, 22:25. «Ибо не презрел Он и не отверг молитву бедного, и не скрыл лица Своего от него, и когда он воззвал к Нему – услышал».

[261] Писания, Псалмы, 116:6. «Хранит Творец простодушных; обеднел я, но Он спас меня».

[262] Пророки, Шмуэль 2, 22:28. «И бедный народ Ты спасаешь, и взором Своим унижаешь надменных».

184) «„А затем просил для коэнов", т.е. правой линии, Хеседа, „чтобы служение вернулось на свое место, и делал себя рабом. А после того, как давал им Тору со стороны Хеседа, чтобы воздать далет (דָּ"לֶת) из Торы", – то есть Тора, и это Зеир Анпин, средняя линия, соединяет Хесед, что в правой линии, с Гвурой левой линии, и тогда воздает далет, то есть Малхут, которая получает хасадим и становится богатой, что является тайной двух букв гимель (ג) далет (ד), пишущихся одна за другой. „И поэтому стал благочестив (хасид)", и получается, что установил тем самым свойство трех линий, Хесед Гвура Тиферет. Когда делал себя бедным, чтобы установить левую линию. И делал себя рабом, чтобы установить служение коэнов, являющихся правой линией. И делал себя благочестивым (хасид), чтобы установить среднюю линию, чтобы передавала Хесед Малхут. И после того, как установил три линии ХАГАТ, „и когда пришел к трем высшим сфирот", ХАБАД, „провозгласил и сказал: „Творец, не было надменно сердце мое, и не возносились глаза мои, и не следовал я за великим и недостижимым для меня"[263]», т.е. не касался их.

185) «„Шломо сказал: „Ведь Бина принадлежит Моше, буду просить о высшей Хохме (мудрости), которая выше ступени Моше. Что написано: „Думал я: „Стану мудрым", но мудрость далека от меня"[264], ибо не была дана ему высшая Хохма. Спрашивает: „Но ведь написано: „И Творец дал мудрость Шломо"[265]?" И отвечает: „Это нижняя Хохма", т.е. Малхут, „и он хотел подняться снизу вверх", т.е. из нижней Хохмы хотел постичь высшую Хохму, „и она отдалилась от него. Потому что даже к Бине нет человека в мире, который смог бы подняться, кроме Моше, тем более выше" Бины, „к высшей Хохме. Ведь с ее стороны мудрец лучше пророка. И хотя пояснили"» изречение: «Думал я: „Стану мудрым", но мудрость далека от меня»[264] «„путем толкования о красной корове", поскольку не может понять смысл ее, – „ведь семьдесят ликов у Торы"», что и это тоже заложено в изречении.

---

[263] Писания, Псалмы, 131:1. «Песнь ступеней Давидова. Творец, не было надменно сердце мое, и не возносились глаза мои, и не следовал я за великим и недостижимым для меня».

[264] Писания, Коэлет, 7:23. «Все это испытал я мудростью; думал я: „Стану мудрым", но мудрость далека от меня».

[265] Пророки, Мелахим 1, 5:26. «И Творец дал мудрость Шломо, как говорил ему. И был мир между Хирамом и Шломо, и оба они заключили союз».

Тайны Эльазара, Йоси, Йегуды, Июдая, Абы, и рабби Шимона и его товарищей

186) «„Рабби Эльазар, встань, чтобы обновить речения пред Шхиной, чтобы быть помощью отцу твоему, ибо имя твое вызывает это", потому что Эльазар (אֶלְעָזָר) – это буквы „эзер Эль (עֵזֶר אֵל помощь Всевышнего)", то есть Всевышний (אֵל) – справа", свойство Хесед, „помощь (эзер עֵזֶר)" – слева", свойство Гвура. Это смысл сказанного: „Сделаю ему помощь против него"[266], потому что Малхут, которая выстраивается слева, – о ней сказано: «Помощь против него»[266]. «„В чем" она становится ему помощью? „В хорошем сéмени (зéра זֶרַע), и это" буквы „помощь (эзер עֵזֶר) в обратном"» порядке. Объяснение. Помощь (эзер עֵזֶר) – это левая линия, а любая помощь, которая не соединена с правой, нет у нее семени и никакого распространения, а когда соединяется с правой, это наоборот, что от нее все семя, и в имени Эльазар (אֶלְעָזָר): правая и левая находятся в единстве, потому что Эль (אֵל) – это правая линия, а эзер (עֵזֶר) – левая. И поэтому помощь (эзер עֵזֶר) в нем превращается в семя (зера זֶרַע), когда нет у него семени, но только от нее.

187) «„И пусть встанет рабби Йоси с тобой, являющийся совершенным троном для Господина своего. Ибо Йоси (יוֹסֵי) восходит к числовому значению „трон (акисэ הַכִּסֵּא)", т.е. пэй-вав (פ"ו 86), „и это в числовом значении Элоким (אֱלֹהִים)", т.е. Малхут. „И встанет с ним рабби Йегуда (יְהוּדָה), в котором" буквы „великолепие (ход הוֹ"ד), и в нем" буквы „йуд-хэй (י"ה)", указывающие на первое состояние Малхут, когда она ГАР, „и в нем" буквы „АВАЯ (הויה) далет (ד)", то есть указывает на Зеир Анпин, называемый АВАЯ (הויה), и на Малхут, называемую далет (ד), до того как она соединена в зивуге с АВАЯ. И далет (ד) эта является свойством „четырех созданий", о которых сказано: „И лики их и крылья их разделены"[267], – все они", поскольку еще нет в них единства правой и левой, и они готовы „принять" среднюю линию, которая соединит их. И поэтому это четыре создания, потому что после единства правой и левой они считаются тремя

---
[266] Тора, Берешит, 2:18. «И сказал Творец Всесильный: „Нехорошо человеку быть одному, сделаю ему помощь против него"».
[267] Пророки, Йехезкель, 1:11. «И лики их и крылья их разделены сверху, и два (крыла) соприкасаются у одного и другого, а два – покрывают тела их».

созданиями, т.е. тремя линиями, в каждой из которых четыре лика. „И от него", от Йегуды, „исходит Давид, который благодарит Творца, на ступени благодарений. И это со стороны Ход (הוֹד великолепия). И встанет с ним рабби Элай (אֶלְעָאי), который в гематрии Ябок (יַבֹּ״ק), сведущий (баки בָּקִי) в Галахе"».

188) «„И встанет с ним рабби Йюдай (יוֹדַאי), который в числовом значении Эль (אֵ״ל), как и ангелы, Михаэль (מִיכָאֵל) и т.д., записанные с именем Эль (אֵל)". И это означает: „Так же как: „Есть в руке моей сила"[268], что означает – укрепление. „И тайна Эль (אֵל) следующая: алеф (א) – это лик человека", так как она в виде тела и двух рук,[269] „а ламед (ל) – это три создания, у которых по четыре лика у каждого, и намек на три эти создания – три йуд (י), равные ламед (ל). И они – в начале трех АВАЯ (הויה), и это: „Творец (АВАЯ) – Царь, Творец (АВАЯ) царствовал, Творец (АВАЯ) будет царствовать вовеки"[270], то есть три йуд (י), которые в начале трех АВАЯ (הויה), указывают на три создания, у каждого из которых четыре лика, потому что в каждом имени есть четыре буквы АВАЯ (הויה). И это тайна буквы ламед (ל) имени Эль (אֵל). „И встанет рабби Аба (אַבָּא) с ними, который в числовом значении далет (ד 4), то есть четыре создания"». Объяснение. Так как они являются свойствами Хесед и Гвура – правая и левая. И рабби Йюдай (יוֹדַאי), который в числовом значении Эль (אֵ״ל), – это свойство Хесед. И это тайна трех созданий, где у каждого создания четыре лика, то есть что они соединены в средней линии, как уже объяснялось. А рабби Аба – это Гвура и левая линия. И поэтому на него указывает числовое значение далет (ד 4), и это тайна четырех созданий, что указывает, что их еще не соединила средняя линия, как объяснялось в предыдущем пункте.

189) «„Рабби Шимон – он как дерево, а рабби Эльазар и его товарищи, которых пятеро, как мы упомянули, – они как большие ветви", отходящие „от этого дерева, похожие на руки и ноги"», руки – это Хесед и Гвура, а ноги – Нецах и Ход.

---

[268] Тора, Берешит, 31:29. «Есть в руке моей сила сделать вам зло. Но Всесильный отца вашего прошлой ночью сказал мне так: „Берегись, не говори с Яаковом ни хорошего, ни плохого!"»

[269] См. Зоар, главу Балак, п. 159. «„Другое объяснение. „Ибо Ты совершил чудо" – т.е. создал алеф (אלף)"».

[270] Слова, произносимые в утренней молитве, при извлечении книги Торы в субботу, во время обрезания и в других особых местах различных молитв и благословений.

Объяснение. Рабби Шимон и его сын, рабби Эльазар, – это средняя линия, Даат Тиферет Есод, представляющие собой ствол (гуф) этого дерева. А рабби Йюдай – это Хесед, а рабби Аба – это Гвура, как мы уже объясняли. А рабби Элай – это Нецах. А рабби Йегуда – Ход. И здесь недостает рабби Ицхака и рабби Хии. И выглядит так, что это было до Идры, а затем эти порядки изменились. И было десять учеников в Идра раба, как и перечислены там их имена. А затем осталось семеро, как упомянуто в конце Идры.

«Победителю», «благодарите», «воспевайте, праведники», «хвалите», «мелодия», «напев», «песня», «благословение» и т.д.

190) «„Встань, рабби Шимон, и обновятся речения из уст твоих в этом изречении"»: «Руководителю (досл. победителю): на шушан-эдут; михтам Давиду, для поучения»[271], „где говорит „сначала: „Победителю (ламенацéах לַמְנַצֵּחַ)"[271], где" буквы „Нецах (נֵצַח)", что означает „нигун цах (נִגּוּן צַח чистая мелодия). И в ней называется: „Творец – муж битвы"[272] – для народов мира, и милосердие и суд – над Исраэлем. И тайна этого: „А при погибели нечестивых – торжество"[273]. Поэтому, когда Творец побеждает грешников, есть чистая мелодия. „Мем-ламед (מ"ל)" слова ламенацéах (לַמְנַצֵּחַ победителю) – „это тайна семидесяти имен, которые есть у Него, а с Нецахом и Ходом – это семьдесят два (ע"ב), как числовое значение Хесед (חֶסֶד). И тайна этого: „Блаженство в деснице Твоей вовек (нецах נֵצַח)"[274]», когда Нецах – он справа, и это Хесед.

191) После того как выяснил, что ламенацéах (לַמְנַצֵּחַ победителю) – это сфира Нецах, говорит: «„Ход (הוֹד) – о нем" сказано: „Благодарите (хóду הוֹדוּ) Творца"[275]. Праведник (цадик) – о нем" сказано: „Воспевайте, праведники, о Творце"[276]. И о нем: „Воспойте Яакову радость"[277]», что указывает на единство Тиферет Есод Малхут. Ибо «воспойте» – это Есод, в котором воспевание, Яаков – это Тиферет, «радость» – это Малхут. «„Тиферет – о

---

[271] Писания, Псалмы, 60:1. «Руководителю: на шушан-эдут; михтам Давиду, для поучения».

[272] Тора, Шмот, 15:3. «Творец – муж битвы, Творец имя Его».

[273] Писания, Притчи, 11:10. «При благоденствии праведных ликует город, а при погибели нечестивых – торжество».

[274] Писания, Псалмы, 16:11. «Ты укажешь мне путь жизни, полнота радостей пред Тобой, блаженство в деснице Твоей вовек».

[275] Писания, Диврей а-ямим 1, 16:8 «Благодарите Творца, призывайте имя Его, возвестите среди народов деяния Его».

[276] Писания, Псалмы, 33:1. «Воспевайте, праведники, о Творце, прямодушным положено восхвалять».

[277] Пророки, Йермияу, 31:6. «Ибо так сказал Творец: «Воспойте Яакову радость и ликуйте пред всеми народами; провозглашайте, славьте и говорите: „Спаси, Творец, народ Твой, остаток Исраэля!"»

нем" сказано: „Хвалите Всевышнего"[278]. „Алелуйа (הַלְלוּיָהּ)"[278] – хвалите (алелу הַלְלוּ) Творца (Йа יָהּ). И там АВАЯ (הויה)", так как Тиферет называется АВАЯ. „В мелодии и напеве, Хесед и Гвура", мелодия – это Хесед, а напев – это Гвура, „в песне и в благословении, Хохма и Бина", песня – это Хохма, благословение – это Бина, „в „счастлив (ашрей אַשְׁרֵי)"[279] – Кетер. В прославлении – Малхут"».

192) И объясняет: «„Псалом (мизмо́р מִזְמוֹר)", являющийся Гвурой, – „в нем" буквы „тайна (раз רָ״ז), и в нем" буквы „изъян (мум מו״ם), со стороны мелодии Торы и мелодии молитвы"», потому что левая линия, когда она господствует сама по себе, – превращается свет (ор אוֹר) в тайну (раз רָ״ז), являющуюся обратной стороной света, и поэтому «и в нем изъян (мум מו״ם)», потому что есть в нем удерживание внешних (желаний). И все это – со стороны святости. А псалом «„от мелодии ситры ахра – это" буквы „мум зар (מוּם זָר чужой изъян)", и поэтому сказали: „Мелодия в доме – разруха в доме"[280]. И это свойство „нида (отлученная), рабыня, дочь язычника, блудница. И это буквы мизмор (מִזְמוֹר)", т.е. раз (רָ״ז) мум (מו״ם). „Нигун (נִגּוּן)", т.е. Хесед, „там" буквы „ган (גַּ״ן сад)", т.е. Малхут, „и в этом вся красота мелодии (нигун נִגּוּן), в которой восхваление", как это восхваление (алель הַלֵּל), „что в ночь хранимых, – она для Творца, чтобы вывести их из земли Египта". Иначе говоря, не любая мелодия – это Хесед (милость), но только красота мелодии склоняется к Хеседу, который представляет собой восхваление выхода из Египта, когда она склоняется к Хеседу. „Ашрей (אַשְׁרֵי счастлив)", и это Кетер, „с которого начинает мир прославлять", подобно Кетеру, который является началом сфирот. То есть: „Счастлив народ, чья судьба такова"[281]. В благословении (браха́ בְּרָכָה)", и это Бина, это подобно: „Благословлять буду Творца во всякое время"[282], потому что изобилие Бины не прекращается. В хвале (теила́ תְּהִלָּה)", и это Малхут, „то есть:

---

[278] Писания, Псалмы, 150:1. «Алелуйа. Хвалите Всевышнего в святилище Его, хвалите Его на небосводе силы Его».

[279] Псалмы, начинающиеся со слова ашрей (счастлив). Псалом 84, 144, 145, 146 в Псалмах Писания.

[280] См. Вавилонский Талмуд, трактат Сота, лист 48:1.

[281] Писания, Псалмы, 144:15. «Счастлив народ, чья судьба такова, счастлив народ, у которого Творец (АВАЯ) – Всесильный (Элоким) его».

[282] Писания, Псалмы, 34:2. «Благословлять буду Творца во всякое время; хвала Ему непрестанно в устах моих».

„Хвала Ему непрестанно в устах моих"²⁸²», потому что уста указывают на Малхут.

193) Возвращается к объяснению изречения: «Победителю: на шушан-эдут; михтам Давиду, для поучения»²⁷¹, где «победителю»²⁷¹ он уже пояснил, что это Нецах. И продолжает: «"На шушан-эдут"²⁷¹ – это Ход, и это шушан (роза), в которой красное преобладает над белым. Что значит эдут (свидетельство)? Это праведник, представляющий собой союз", то есть Есод, „который включен в небо и в землю", то есть в Зеир Анпин и в Малхут. „Это смысл сказанного: „Призываю в свидетели вам сегодня небо и землю"²⁸³», что указывает на единство Тиферет, Есода и Малхут, потому что «призываю в свидетели»²⁸³ – это Есод, «небо и землю»²⁸³ – это Тиферет и Малхут. «„Что значит михтам (מִכְתָּם)?" Это буквы „мах там (מַךְ תָּם скромный непорочный). Мах (מַךְ скромный) – это праведник", т.е. Есод, „там (תָּם непорочный) – это средний столп", т.е. Тиферет, и это свойство гуф, „ступень Яакова, человека непорочного. Тело и союз", т.е. Тиферет и Есод, „мы считаем одним целым". И поэтому мах там (מַךְ תָּם скромный непорочный) – они в одном слове михтам (מִכְתָּם). „Для поучения"²⁷¹ – это Хесед и Гвура, откуда дана Тора, чтобы учить и обучать"».

И в этом изречении есть все семь сфирот ХАГАТ НЕХИМ. Поскольку «учить» – это Хесед и Гвура. «Михтам (изречение)» – это Тиферет. «Победителю (ламенацéах לַמְנַצֵּחַ)» – это Нецах. «На шушан» – это Ход. «Эдут» – это Есод. «Давиду» – это Малхут.

194) «Сказал ему (верный пастырь): „Ты правильно говоришь, однако (Писание говорит): „Руководителю (досл. победителю): на шминит"²⁸⁴, что означает – „чтобы не отодвигался Нецах от Ход, то есть от восьмой (шминит) сфиры". Поэтому „сказал: „Руководителю (досл. победителю): на шминит"²⁸⁴», а не говорит: «Руководителю (досл. победителю): на шушан»²⁷¹, как ты сказал. «Сказал великий светоч (рабби Шимон): „В таком случае", если ты настолько точен, нужно спросить более того, – „ведь твоей ступенью является Бина, почему же постановили,

---

²⁸³ Тора, Дварим, 4:26. «Призываю в свидетели вам сегодня небо и землю, что сгинете, сгинете скоро с земли, куда вы переходите через Ярден, чтобы овладеть ею; не пробудете долго на ней, ибо (иначе) истреблены будете».

²⁸⁴ Писания, Псалмы, 12:1. «Руководителю: на шминит; псалом Давида».

что дан Ход Моше, как сказано: „И дай ему от величия (ход) твоего"²⁸⁵?"»

195) «Сказал ему (верный пастырь): „Ты хорошо спросил". А причина в том, что „хэй (ה) де-йуд-хэй (י"ה) де-АВАЯ (הויה) „поднимается", удваиваясь, „в букву йуд (י)" де-йуд-хэй (י"ה), „и это пятью десять, являющиеся пятьюдесятью вратами Бины, и их распространение от Хесед до Ход, и это пять" сфирот, и „десять в каждой сфире – итого пятьдесят" сфирот, получающих пятьдесят врат Бины, „и поэтому от Бины до Ход – всё это одно распространение". И поэтому, когда говорят Ход – ведь это в совокупности Бина. „А затем приходит праведник", т.е. Есод, „и один получает все пятьдесят врат" Бины, „так как он приравнивается ко всем пяти", так как Есод включает все пять сфирот ХАГАТ Нецах Ход, „и называется „всё (כָּל)", что в гематрии пятьдесят, „поскольку принимает все пятьдесят врат. И так же невеста", т.е. Малхут, „принимает все"» пятьдесят врат, и поэтому называется невестой (כַּלָּה), т.е. всё (כָּל), так же как и Есод, указывающий на пятьдесят врат, с добавкой хэй (ה), поскольку является нуквой. «Сказал рабби Шимон: „Теперь всё, безусловно, сложилось как следует"». Объяснение. Однако тот, кто не удостоился Бины, а удостоился пяти сфирот ХАГАТ Нецах Ход, он удостаивается со стороны их самих, но не удостаивается распространения пятидесяти врат Бины, что в них.

196) «„И еще". В буквах „Победителю (ламенацéах לַמְנַצֵּחַ)"²⁷¹ – есть там мем-ламед (מ"ל) с Нецах (נֵצַח)" и это мем-ламед (מ"ל) из хашмаль (חַשְׁמַל)", мем-ламед (מ"ל) „от хаш (חַשׁ)", то есть начальные буквы хайóт эш (חיות אש огненные создания), „и это Ход и Нецах, соответствующие двум губам", верхняя губа – это Нецах, а нижняя губа – это Ход, „и поэтому называются эти губы „бормочущие огненные создания (хайот эш мемалелóт חיות אש ממללות)". А в Хагига²⁸⁶ – до каких пор действие меркава (строения)? И постановили (мудрецы): от „И являлся Я (ва-эрá וָאֵרָא)"²⁸⁷ до „хашмаль (חַשְׁמַל)", где хашмаль (חַשְׁמַל) –

---

²⁸⁵ Тора, Бемидбар, 27:20. «И дай ему от величия твоего, чтобы слушалось его все общество сынов Исраэля».
²⁸⁶ См. Вавилонский Талмуд, трактат Хагига, лист 13:1.
²⁸⁷ Тора, Шмот, 6:2-3. «И говорил Всесильный с Моше и сказал ему: „Я Творец (АВАЯ). И являлся Я Аврааму, Ицхаку и Яакову как Владыка Всемогущий (Эль Шадай), но (под) именем Моим Творец (АВАЯ) Я не был известен им"».

это начальные буквы хайот эш мемалелóт (חיות אש ממללות бормочущие огненные создания). „Потому что со стороны Гвуры называются" Нецах и Ход „хайот эш (огненные создания). И река, исходящая от испарины этих" огненных созданий, – „это Есод. Все эти три", НЕХИ, „являются строением (меркава) великолепия (тиферет) Адама"», т.е. Зеир Анпина.

Объяснение. Здесь он объясняет слово «Победителю (ламенацéах) ַלְמְנַצֵּחַ)»[271], над Нецах и Ход вместе. И это смысл сказанного: «Там мем-ламед (מ״ל) с Нецах (נֶצַח)», поскольку мем-ламед (מ״ל) из хашмаль означает бормочущие (мемалелот ממללות). И нет речи иначе, как с помощью двух губ, т.е. Нецах и Ход. И поэтому, когда есть слово маль (מַ״ל) с Нецах, маль указывает на Ход. Ибо в соединении с Ход становится Нецахом у говорящего. И заодно выясняет, что со стороны Гвуры называются Нецах и Ход бормочущими огненными созданиями (хайот эш мемалелóт), которые представляют собой начальные буквы хашмаль (חַשְׁמַל). А Есод – это огненная река, выходящая от испарины Нецах и Ход. И эти НЕХИ являются строением (меркава) для Тиферет, который является сутью Зеир Анпина. И это смысл сказанного: «До каких пор действие меркава (строения)? И постановили: от „И являлся Я (ва-эрá וָאֵרָא)"[287] до „хашмаль (חַשְׁמַל)"», то есть до бормочущих огненных созданий, на которых указывают начальные буквы хашмаль, и это Нецах и Ход, и Есод, включающий их.

197) «„Действие строения (меркава) – это Малхут", поскольку она сделана посредством этого строения (меркава), т.е. НЕХИ, „и в трех них" в НЕХИ, – „это Хохма Бина Даат" этой Малхут, потому что ХАБАД де-Малхут образуются от рошей НЕХИ Зеир Анпина. „И поэтому постановили авторы Мишны, что не истолковывается действие строения (меркава) одним человеком, но только если он мудрец и понимает из собственного знания"», – то есть тот, кто удостоился ХАБАД. Ибо мудрец (хахáм חָכָם) – это Хохма (חָכְמָה). И понимает (мевин מֵבִין) – это Бина (בִּינָה). Из собственного знания (даатó דַּעְתּוֹ) – это Даат (דַּעַת).

Меркава Матата

198) «"И есть строение (меркава) ниже" НЕХИ "Зеир Анпина, и это Матат", называемый "малый Адам. И в его строение (меркава), представляющее собой ПАРДЕС (פַּרְדֵס)²⁸⁸, текут воды Торы", подобно реке, воды которой текут и устремляются с большой силой в сторону моря, "выходящие из его ПАРДЕСа, к трем из четырех, о которых сказано: "Четверо вошли в ПАРДЕС"²⁸⁹, т.е. Бен Зома и Элиша, и Бен Абуйа, которые пострадали из-за стремительного потока вод Хохмы, называемых ПАРДЕС. Кроме рабби Акивы, который вошел с миром и вышел с миром. "И мы уже это учили"».

Объяснение. Строение (меркава) Матата – это четыре ангела Михаэль Гавриэль Уриэль Рефаэль, и это строение (меркава) называется ПАРДЕС. И о ней (меркаве) сказано: «Четверо вошли в ПАРДЕС»²⁸⁹, и Хохма, исходящая из этого ПАРДЕСа, называется водами. И в этих водах потерпели неудачу Бен Абуйа и Бен Зома, и Элиша, – кроме рабби Акивы, который вошел с миром и вышел с миром.²⁸⁹

199) «"Ибо он", Матат, – "это птица, которую видел Рабба бар Бар Хана на берегу моря Торы,²⁹⁰ и это море", т.е. Малхут, распространяется и "достает ему до лодыжек", т.е. до окончания его Нецаха и Хода, называемых лодыжками. "А голова его достигает высоты небес", т.е. Зеир Анпина. И те, кто потерпели неудачу в нем, т.е. в свойстве ПАРДЕС, как уже объяснялось, "эти трое не потерпели неудачу в нем из-за того, что есть в нем много вод" Хохмы, "но из-за того, что текут эти воды" Хохмы, что в нем.²⁸⁹ Иначе говоря, они резкие и сильные, с судами. "И это уже объяснялось"».

200) Буквы «"алеф-бет-гимель (אב״ג) включают их", строение (меркаву) Матата, так как алеф-бет-гимель (אב״ג) – "они" в гематрии "шесть, поскольку они расцениваются соответственно шести буквам", которые есть в этом имени "Матата (Метатро́н מְטַטְרוֹ״ן). Четвертая" буква – "это далет (ד)". И это смысл слов:

---

²⁸⁸ ПАРДЕС (פַּרְדֵס) – аббревиатура слов пшат (פשט), ремез (רמז), друш (דרוש), сод (סוד) – простое понимание, намек, истолкование, тайна.
²⁸⁹ См. Вавилонский Талмуд, трактат Хагига, лист 14:2.
²⁹⁰ См. Вавилонский Талмуд, трактат Бава батра, лист 73:2.

„Голос тонкой тишины"²⁹¹ – то есть Малхут, „куда входит Царь, и она – человек (адам), чтобы воссесть на трон"». Ибо Малхут – это свойство «человек (адам)», сидящий на этом троне Матата.

201) «„Алеф (א) йуд-йуд (י״י) – высшие воды и нижние воды", – что в форме этой алеф (א): верхняя йуд (י) – это высшие воды, свойство Зеир Анпин, а нижняя йуд (י) – это нижние воды, свойство Малхут, „когда между ними всего лишь толщина волоса, и это вав (ו)", что посередине формы алеф (א), которая „протянута между" двумя этими йуд (י) „в (свойстве) небосвода", то есть экрана, „который отделяет воды от вод, чтобы было разделение между нуквой и захаром. Поэтому (написано): „И будет он отделять"²⁹². И тайна этого" – это сочетание „АВАЯАДНИ (יאהדונהי)", т.е. сочетание из двух имен АВАЯ Адни. „Верхняя йуд (י)" этого сочетания – „это высшие воды, зхарим. Нижняя йуд (י)" этого сочетания – „это нижние воды, некевот. Шесть букв" алеф-хэй-далет-вав-нун-хэй (אהדונה), „что между" двумя йуд (י), „которые в числовом значении вав (ו)", – это „Матат, который представляет собой вав (ו), что между" двумя йуд (י) формы „алеф (א)"».

Объяснение. АВАЯ – это Зеир Анпин, а Адни – это Малхут, и когда они в зивуге, сочетаются два эти имени друг с другом, и выходит сочетание АВАЯАДНИ (יאהדונהי). И тогда считается Зеир Анпин, что он в основном – в первой йуд (י) этого сочетания, являющейся свойством высшей Хохмы, а Малхут считается, что она в основном – в свойстве нижней йуд (י) этого сочетания, являющейся свойством нижней Хохмы, а все шесть букв, которые между ними, указывают на Есод, соединяющий Зеир Анпин и Малхут друг с другом. И известно, что в будние дни Матат служит для соединения Зеир Анпина и Малхут в месте Есода, и поэтому говорит, что шесть букв, которые между верхней йуд (י) и нижней йуд (י), указывают на Матата, поскольку говорит о единстве будних дней.²⁹³

202) «„И еще. Йуд (י) – это точка", свойство высшей Хохмы, „вав (ו) – это колесо", которое вращается в шести сфирот ХАГАТ

---

²⁹¹ Пророки, Мелахим 1, 19:12. «И после землетрясения – огонь. „Не в огне Творец". И после огня – голос тонкой тишины».
²⁹² Тора, Берешит, 1:6. «И сказал Всесильный: „Да будет свод посреди вод, и будет он отделять воды от вод"».
²⁹³ См. Предисловие Тикуней Зоар, в конце второго листа.

НЕХИ, „и нет движения в колесе в шести окончаниях, по числовому значению вав (6), но только лишь в этой точке", когда всё, что в ХАГАТ НЕХИ, она получает о том йуд (י). „И эта точка является единством всего и свидетельствует о том единстве", т.е. Бесконечности, „и нет у него другого, и постановили о нем мудрецы, что нужно соединить его, чтобы воцарить его над небом и над землей, и над четырьмя сторонами мира". И это скрытый смысл алеф (א). „Бет (ב) – это небо и земля", т.е. Зеир Анпин и Малхут. „Гимель (ג) – это столп, несущий их", т.е. Есод. „Далет (ד) – это четыре создания" этого строения (меркава). „Хэй (ה) – это трон", т.е. Малхут. „Вав (ו) – это шесть ступеней к трону", т.е. ХАГАТ НЕХИ. „И еще. Алеф-бет-гимель-далет-хэй-вав-заин-хэт-тэт (אבגדהוזחט) – это Адам", то есть девять первых сфирот Зеир Анпина. „Йуд (י) – это его единство", то есть „Малхут, десятая" сфира Зеир Анпина, называемого „Адам". И это АВАЯ (היוה) в наполнении алефами (א), в числовом значении Адам (אָדָם 45). „Девять" сфирот Зеир Анпина – „они соответствуют девяти буквам. Счастливы Исраэль, знающие тайну своего Господина"».

Дым и запах воскурения

ГЛАВА ПИНХАС

203) «„Другое объяснение. „Повели сынам Исраэля и скажи им: „Жертву Мне, хлеб Мой в огнепалимые жертвы Мне, в благоухание, приятное Мне"²⁹⁴. Рабби Йегуда сказал: „При жертвоприношении есть дым, и есть запах, и есть благоухание. Дым – со стороны суда. Это смысл сказанного: „Ибо тогда воздымится гнев Творца"²⁹⁵. „Поднялся дым в ноздри (досл. нос) Его, и огонь пожирающий – из уст Его"²⁹⁶. Благоухание – это милосердие". Это смысл сказанного: „И благоухание твоих ноздрей (досл. носа), как (благоухание) яблок"²⁹⁷».

204) «Сказал верный пастырь: „Но ведь оба они, дым и запах, – они в носу и называются свидетельством. Один" – он в носу, как написано: „Поднялся дым в нос Его"²⁹⁶. А второй" – как написано: „И благоухание твоих ноздрей (досл. носа), как (благоухание) яблок"²⁹⁷. И в таком случае, почему один, т.е. дым, называется судом, а второй", т.е. запах, „называется милосердием?" И отвечает: „Но в носу есть два проема", т.е. два отверстия, „и о левом" отверстии „сказано: „Поднялся дым в нос Его"²⁹⁶, то есть суд. „Что значит „поднялся"²⁹⁶? Но", этот дым поднялся „из сердца, которое слева, и оно соответствует Гвуре. А справа нисходит к нему руах, чтобы охладить его, и успокоить в свое время со стороны Хеседа. И там мозг", то есть „Хохма, которая справа, – „желающий обрести мудрость обратится на юг"²⁹⁸. А Бина", являющаяся Хохмой левой линии, „она в сердце, соответвующем левой стороне, – „желающий разбогатеть обратится на север"²⁹⁸, и поэтому: „Поднялся дым в ноздри Его"²⁹⁶, – то есть „от Бины", которая в левой стороне, „к Хохме, которая в правой. И" Хохма „принимает его с радостью, с мелодией левитов"».

---

²⁹⁴ Тора, Бемидбар, 28:1-2. «И говорил Творец Моше, сказав: „Повели сынам Исраэля и скажи им: „Жертву Мне, хлеб Мой в огнепалимые жертвы Мне, в благоухание, приятное Мне, соблюдайте приносить Мне в положенное время"».

²⁹⁵ Тора, Дварим, 29:19. «Не изволит Творец простить ему, ибо тогда воздымится гнев Творца и ярость Его против того человека, и ляжет на него вся клятва, записанная в этой книге, и сотрет Творец имя его из поднебесной».

²⁹⁶ Писания, Псалмы, 18:9. «Поднялся дым в ноздри Его, и огонь пожирающий – из уст Его; угли разгорались от Него».

²⁹⁷ Писания, Песнь песней, 7:9. «Подумал я: взберусь я на пальму, за ее ветви схвачусь я, и да будут груди твои, как грозди винограда, и благоухание твоих ноздрей, как (благоухание) яблок».

²⁹⁸ См. Вавилонский Талмуд, трактат Бава батра, лист 25:2.

205) «„И этот дым не поднимается иначе, как с помощью огня, разгорающегося с помощью дров (досл. деревьев), то есть органов, исполненных заповедями", называемых „дровами жертвы всесожжения". А владеющие Торой, их Тора – она горит благодаря им", благодаря заповедям, „огонь в силе Гвуры, и поднимается дым благодаря им. В Бине" – называется „дым сжигания жертвы"».

206) «„И когда дым поднимался в нос, он назывался воскурением. Это смысл слов: „Возлагают воскурение пред Тобой (досл. в ноздри Твои)"²⁹⁹. И нет ничего, что отменяло бы смерть в мире, как воскурение, представляющее собой связывание суда с милосердием вместе с благоуханием в ноздрях (досл. в носу). Ведь таргум связь (кешер קֶשֶׁר) – это воскурение (ктиру קְטִירוּ)". И поэтому «воскурение (кторет קְטֹרֶת)» указывает на связь (кешер קֶשֶׁר). «Сказал рабби Йегуда: „Счастлив наш удел, ибо обрели мы скрытые речения", чтобы понять их „в раскрытии. Еще сказал великий светоч, что поскольку молитва она как жертвоприношение, поэтому тот, кто произносит питом а-кторет после восхваления Давиду, он устраняет смерть из дома"».

Пояснение статьи. Суды, поднимающиеся от левой линии до ее соединения с правой линией,³⁰⁰ называются дымом, однако эти суды не поднимаются и неизвестны в качестве исправления, но с помощью экрана де-хирик, который поднимает среднюю линию, как уже объяснялось,³⁰¹ что этот экран де-хирик называется огнем и дровами (деревьями), с помощью которых сжигается жертва, и это указывает на уменьшение ГАР левой линии, и от них поднимается дым, так как они являются судами левой линии прежде ее соединения с правой. И различаются в жертвоприношении две особенности: первая – дым, представляющий собой суды левой линии, отделенной от правой; вторая – благоухание, представляющее собой большие свечения, выходящие после соединения левой линии с правой в виде ВАК Хохмы, светящих снизу вверх, как присуще запаху,

---

²⁹⁹ Тора, Дварим, 33:10. «Учат законам Твоим Яакова и учению Твоему Исраэль; возлагают воскурение пред Тобой и всесожжение на жертвенник Твой».

³⁰⁰ См. Зоар, главу Берешит, часть 1, п. 34, со слов: «Затем вышла тьма, и вышли в ней семь других букв алфавита...»

³⁰¹ См. Зоар, главу Лех леха, п. 22, со слов: «Экран де-хирик, на который выходит средняя линия, происходит от свойства суда, имеющегося в Малхут...»

который поднимается через нос снизу вверх, а не так, как еда и питье, входящие в тело сверху вниз.

И это смысл сказанного: «При жертвоприношении есть дым, и есть запах, и есть благоухание. Дым – он со стороны суда. Это смысл сказанного: „Ибо тогда воздымится гнев Творца"295»302. Потому что это суды, поднимающиеся от левой линии, прежде чем она соединяется с правой линией. «Благоухание – это милосердие. „И благоухание твоих ноздрей, как (благоухание) яблок"297». И это ВАК левой линии, соединяющиеся с правой, представляющее собой облачение ВАК Хохмы в хасадим, которые возносят аромат.

И об этом спрашивает верный пастырь: «Но ведь оба они, дым и запах, – они в носу и называются свидетельством»303. Объяснение. Ибо дым, являющийся судами левой линии, поскольку он отделен от правой, находится не в своем корне, а в Бине, потому что там вышли две линии, правая и левая, отделенными друг от друга, пока не пришел Зеир Анпин и не соединил их в свойстве средней линии. И когда они в Зеир Анпине, они уже пришли туда в свойстве «Трое выходят благодаря одному, один находится в трех»304, и в таком случае, уже пришли к нему две линии, правая и левая, когда они в единстве. И получается, что источник дыма – только в Бине. И из нее выходит дым посредством единства в средней линии, и соединяется с правой, являющейся свойством Хохмы, потому что правая линия Бины называется Хохмой, и она является свойством хасадим.305 И после того как соединились линии друг с другом и облачились Хохма левой в хасадим правой, и прекратился дым, то пробуждаются еще, – дым с Хохмой, подслащенной в Бине, – и поднимаются по двум отверстиям хотэма, разделяясь там: дым по левому отверстию, и запах, т.е. Хохма, облаченная в хасадим, по правому отверстию хотэма. И дым, который в месте левого отверстия хотэма, не считается теперь судом, ведь уже соединились Хохма и хасадим друг с другом посредством Хохмы и Бины, но считается свидетелем, поскольку дым и запах находятся там в двух отверстиях хотэма

---

302 См. выше, п. 203.
303 См. выше, п. 204.
304 См. Зоар, главу Берешит, часть 1, п. 363, «Трое выходят благодаря одному, один находится в трех...»
305 См. Зоар, главу Цав, п. 151.

в качестве двух свидетелей, свидетельствующих о большом действии средней линии, в силу которой соединились правая и левая: дым свидетельствует на суровые суды, которые были в левой линии до ее соединения с правой, а благоухание свидетельствует о мере величия и восхваления другого света, в котором соединились правая и левая линии. Таким образом, дым, стоящий в носу, не является свойством суда, но наоборот, он является свидетелем действия средней линии, и благодаря его свидетельству оберегается это единство от любого удерживания в мире. И это смысл сказанного: «Дым и запах, – они в носу и называются свидетельством», и это не так, как у рабби Йегуды, сказавшем, что «дым – со стороны суда»[302], ведь это ни что иное, как свидетельство, как уже выяснилось. А свойство хотэм Зеир Анпина смотри выше.[306]

И это смысл сказанного: «Но в носу есть два проема» – т.е. два отверстия носа, «и о левом сказано» – т.е. о левом отверстии, «„Поднялся дым в нос Его"[296]. Что значит „поднялся"[296]? Но из сердца, которое слева», потому что сердце – это свойство Бины, которое в левой линии, то есть Хохма, что в левой. «Хохма, которая справа», – потому что это свойство правой линии, то есть хасадим.[305] «И поэтому: „Поднялся дым в ноздри Его"[296] от Бины к Хохме, которая в правой», – так как дым, являющийся судами, что в левой линии без правой, будучи Хохмой без хасадим,[307] источник которого в Бине, как уже объяснялось, поднимается и подслащается в Хохме правой, представляющей собой хасадим. «И принимает его с радостью» – потому что правая принимает левую с большой радостью, ибо также и правая не совершенна без своего соединения с левой, так как правая без левой – это Хесед, ГАР. «С мелодией левитов» – поскольку это единство образуется во время мелодии, воспеваемой левитами над жертвой.

---

[306] См. Зоар, главу Насо, Идра раба, п. 223. «„Хотэм Зеир Анпина. Мы учили в Сифра ди-цниута хотэм Зеир Анпина. По хотэму познается парцуф. С помощью этого хотэма выясняется сказанное в изречении: „Поднялся дым из ноздрей Его и пожирающий огонь из уст Его; угли разгорались от Него"...»

[307] См. «Предисловие книги Зоар», п. 14, со слов: «Сказано, что „оно стоит и не стоит". С одной стороны, строение уже стоит во всем совершенстве – ведь место зивуга вернулось на свое место в пэ де-рош, и Бина и ЗОН вернулись на ступень, как и ГАР светов, и восполнилось имя Элоким. Однако с другой стороны, еще не стоит строение имени, ибо оно „находится глубоко и скрыто в имени" Элоким...»

И известно, что так же как Зеир Анпин поднимается в Бину и становится в ней свойством средней линии, благодаря его экрану де-хирик, уменьшающему ГАР левой линии, и соединяющему две эти линии друг с другом, таким же образом затем и Зеир Анпин считается правой линией, а Малхут – левой, и нужно свойство средней линии, чтобы соединила их друг с другом. И души Исраэля с помощью занятий Торой и заповедями поднимают МАН в качестве экрана де-хирик, и становятся для них свойством средней линии, и если бы не МАН, которые поднимают души Исраэля, не соединились бы Зеир Анпин и Малхут друг с другом.[308] И этот МАН, который поднимают, то есть экран де-хирик, – он с помощью заповедей, которые выполняют. Однако зажечь его таким образом, чтобы уменьшил ГАР левой линии, это происходит с помощью Торы, и это смысл сказанного: «И этот дым не поднимается иначе»[309] – потому что не поднимается этот дым, но только с помощью действия средней линии, как уже говорилось в начале пояснения, и поэтому он не поднимается иначе, «как с помощью огня, разгорающегося с помощью дров (досл. деревьев), то есть органов, исполненных заповедями, дров жертвы всесожжения», – душ, называемых органами Шхины,[310] и говорит: «Нефашот, рухот и нешамот к Творцу и Шхине Его, как органы к телу»[310]. И с помощью многочисленных заповедей, которые выполняют эти органы, они поднимают экран де-хирик. «А владеющие Торой, их Тора – она горит благодаря им, огонь в силе Гвуры, и поднимается дым благодаря им», – то есть с помощью Торы, которой занимаются эти органы, они зажигают огонь в экране, который поднимается, чтобы произвел свое действие уменьшения ГАР левой линии и соединения его с правой. И с помощью этого поднимается дым, являющийся свойством судов левой линии, прежде чем соединяется с правой. Ибо незаметен и не поднимается, пока не появляется средняя линия с экраном де-хирик, как уже объяснялось. «В Бине дым сжигания жертвы» – и этот дым, когда он еще в Бине, то есть до соединения, называется

---

[308] См. Зоар, главу Берешит, часть 2, п. 253, со слов: «Пояснение сказанного. Белый свет – это свет хасадим, свет Зеир Анпина, обозначаемый буквами йуд-хэй-вав (יהו) имени АВАЯ (יהוה). А синий или черный свет – это свет Нуквы, обозначаемый последней хэй (ה) имени АВАЯ (יהוה)...»

[309] См. выше, п. 205.

[310] См. Зоар, главу Беар, п. 33. «Хотя отцы установили молитвы вместо жертвоприношений, – это только для того, чтобы приблизить нефашот, рухот и нешамот, являющихся разумными, к Творцу и Шхине Его, как органы к телу».

дымом деревьев сожжения. «И когда дым поднимался в нос, он назывался воскурением»[311], – а после того, как соединялись Бина и Хохма, и поднимался этот дым в нос, как уже говорилось, тогда назывался там дым воскурением, «как воскурение, представляющее собой связывание суда с милосердием вместе с благоуханием в ноздрях (досл. в носу)», потому что в носу связан дым с благоуханием в одно целое, и тогда они называются двумя свидетелями, как уже объяснялось.

---

[311] См. выше, п. 206.

Три молитвы

207) «Сказал верный пастырь: „Теперь нужно знать – как установили молитвы соответственно жертвам. Но" это „три молитвы. Соответствующая – „Одного ягненка приноси утром"³¹² – это утренняя молитва (шахарит), о которой сказано: „И поднялся Авраам рано утром к тому месту, где стоял пред ликом Творца"³¹³. И постановили мудрецы, что нет иного стояния (амида), кроме молитвы. „А другого ягненка приноси в сумерки"³¹² – это соответствует послеполуденной молитве, которую установил Ицхак. И о ней сказано: „И вышел Ицхак беседовать в поле под вечер"³¹⁴. И нет иной беседы, кроме молитвы. Вечерняя молитва (арвит), она соответствует особым органам (эмурим)³¹⁵ и тукам (пдарим), сжигаемым на жертвеннике каждую ночь. И о ней сказано: „И достиг он того места и заночевал там, ибо зашло солнце"³¹⁶. И нет иного достижения, кроме молитвы"».

208) «„Поскольку мы в этом месте", следует спросить, „почему написано: „И взял он из камней этого места и положил себе в изголовье, и лег на том месте"³¹⁶, – разве не было у него подушек и перин, чтобы лежать" на них? И отвечает: „Но поскольку жених пришел к невесте, хотя и не привык он лежать иначе, чем на подушках и перинах, а она дает ему камни, чтобы лечь, он должен всё принять по желанию сердца. И мы уже учили,³¹⁷ и то же сказано в первом изложении. То, что написано: „И сказал Яаков, увидев их"³¹⁸. Сказал рабби Шимон: „Сядь и скажи изречение"».³¹⁹

---

³¹² Тора, Шмот, 29:39. «Одного ягненка приноси утром, а другого ягненка приноси в сумерки».

³¹³ Тора, Берешит, 19:27. «И поднялся Авраам рано утром к тому месту, где стоял пред ликом Творца».

³¹⁴ Тора, Берешит, 24:63. «И вышел Ицхак молиться (досл. беседовать) в поле под вечер, и поднял он глаза свои и увидел: вот верблюды идут».

³¹⁵ Эмурим – части жертв, которые сжигались на жертвеннике: две почки, перепонка с печени и курдюк.

³¹⁶ Тора, Берешит, 28:11. «И достиг (досл. столкнулся) он того места и заночевал там, ибо зашло солнце. И взял он из камней этого места и положил себе в изголовье, и лег на том месте».

³¹⁷ См. Зоар, главу Берешит, часть 2, п. 216. «„И достиг он этого места, и заночевал там, когда зашло солнце", – указывает на то, что человеку запрещено пользоваться постелью днем...»

³¹⁸ Тора, Берешит, 32:3. «И сказал Яаков, увидев их: „Стан Всесильного это". И нарек он имя месту тому Маханаим».

³¹⁹ Продолжение далее, в п. 238.

Объяснение. Яаков – это Зеир Анпин, который называется Яаков. И он слит с мохин де-хасадим от Имы, наполнение которых не прекращается. А здесь написано: «И взял он из камней этого места и положил себе в изголовье»[316], что означает, что он взял экран Нуквы, называемый камнями, и привлек к ней свечение левой линии, что и называется ночлегом. И он спрашивает, почему Зеир Анпин это сделал, ведь он привык всё делать в свете дня с хасадим Имы? И отвечает на это: «Но поскольку жених пришел к невесте, хотя и не привык он лежать иначе, чем на подушках и перинах, а она дает ему камни, чтобы лечь, он должен всё принять по желанию сердца». Объяснение. Потому что атара Зеир Анпина не восполняется иначе как с помощью зивуга нуквы.[320] И поэтому он принимает также постель из камней ее по желанию сердца, и с большой страстью.

209) «Сказал рабби Пинхас: „Всматривался я, „хранение" – это, безусловно, в сердце. И поэтому „храни" – это в сердце", то есть в Малхут, „а не в другом месте. „Помни" – это в захаре, то есть в разуме (моах)", то есть в Зеир Анпине, „который восседает и властвует над сердцем. И нет памятования иначе, как в разуме. И поэтому: „Помни (день субботний)"[321] – это для захара", т.е. Зеир Анпина, „а „Храни (день субботний)"[322] – это для некевы", т.е. Малхут. „Разум (моах), являющийся захаром", т.е. Зеир Анпин, „восседает и властвует над сердцем", т.е. Малхут. „Сердце восседает и властвует над печенью. Печень – это Сам и змей друг в друге. И они – одно целое, и это перепона печени и печень. И поэтому в жертвоприношении перепона печени – это змей. Печень – это еда захара, которым является свойство Сам"».

210) «Сказал рабби Шимон: „Конечно, это так. И это красиво, и является выяснением этого, и таковы тайна и скрытый смысл жертвоприношения. Печень берет сначала, ее и перепону ее, и это Сам и" змей, „пара его. И все эти вены, что в печени, – это воинства и станы их. И получение их – это то, что они едят

---

[320] См. Зоар, главу Балак, п. 438, в комментарии Сулам, со слов: «Объяснение. Известно, что до зивуга Зеир Анпина с Малхут у Зеир Анпина есть только лишь свойство хасадим. И свечение Хохмы есть в нем только в час, когда Зеир Анпин соединяется с Малхут...»
[321] Тора, Шмот, 20:7. «Помни день субботний, чтобы освящать его».
[322] Тора, Дварим, 5:11. «Храни день субботний, чтобы освящать его, как заповедал тебе Творец Всесильный твой».

туки и жир жертвы. Это смысл сказанного: „И тук, который на них"³²³. И тогда все приближается к сердцу"».

Объяснение. Это подобно тому, что Зоар приводит выше,³²⁴ где говорит, что ситра ахра, – «Всё желание „конца всякой плоти" направлено только на плоть», то есть ГАР Хохмы, светящие в левой линии, прежде чем она соединяется с правой, так как от светов исправления не могут получить ничего по причине, выясненной там в комментарии Сулам, и поэтому «при жертвоприношении желание приносящего его в жертву поднимается к одному месту, к святости, а плоть жертвы поднимается к другому месту»³²⁴, – то есть плоть жертвы поднимается к ситре ахра, а желание владельца жертвы и коэна поднимается к святости, и это означает, что жертва предназначена для соединения Зеир Анпина с Малхут. И в начале зивуга притягивается свечение ГАР Хохмы левой линии на данный момент, ибо это свечение – оно для того, чтобы питать ситру ахра, чтобы не исчезли их жизненные силы. И это свечение считается плотью жертвы, поднимающейся для пожирания ситрой ахра. А желание жертвоприношения поднимается к единству Зеир Анпина и Малхут. И внимательно изучи тайну выжимки, которую получает ситра ахра и все народы мира от свечения этого зивуга.

И получается, что приношение (акрава́т הַקְרָבַת) жертвы на жертвенник, что означает приблизить (лекаре́в לְקָרֵב) Малхут к Зеир Анпину, сначала питает ситру ахра, поскольку в начале зивуга Зеир Анпина с Малхут пробуждаются ГАР Хохмы левой линии разделения, чтобы светить и питать ситру ахра, корень которых Сам и змей, называемые печенью и перепоной печени.

И это смысл сказанного им: «Печень берет сначала» – то есть с начала подготовки зивуга Зеир Анпина и Малхут, «ее и перепону ее, и это Сам и пара его», являющиеся корнями всей ситры ахра, «и все эти вены, что в печени», – то есть силы, распространяющиеся от них. И эти ГАР левой линии разделения, которые ситра ахра получает, называются туком. И это смысл сказанного: «И получение их – это то, что они едят туки и жир жертвы», – так, что жертвоприношение, поднимающееся соединить Зеир Анпин и Малхут, называемые мозгом и сердцем,

---

³²³ Тора, Ваикра, 3:4. «И обе почки, и тук, который на них, который над стегнами, и перепону, что над печенью, вместе с почками да отделит он это».
³²⁴ См. Зоар, главу Ноах, п. 130.

оно вначале питает ситру ахра, Сама и змея, называемые печенью и перепоной печени. А затем оно поднимается и соединяет мозг и сердце, Зеир Анпина с Малхут. И изучи далее,[325] где это подробно выясняется.

211) «„А сердце принимает от всего жертвоприношения только лишь исповедь, которая производится в нем, поднимающуюся с этим дымом и молитвой, которая совершается над этим жертвоприношением". А затем „сердце приносит в жертву мозгу желания единства коэнов в нем, и радости левитов. Этот мозг", т.е. Зеир Анпин, – „это свет, приходящий от высшего мозга", т.е. Арих Анпина. „А" высший „мозг приносит жертву скрытому от всех, который не познается вовсе", т.е. Кетеру. „И всё соединяется одно с другим. И этот мозг", т.е. Зеир Анпин, „доставляет наслаждение всем"» – всем высшим.

212) «„Вены, что в печени, – это ишим (אִשִׁים сжигаемые жертвы)", т.е. ангелы ситры ахра, „и все эти воинства их. Печень – это как мы сказали", что это Сам, „перепона" печени, „т.е. некева, – это нуква его. И почему" называется „перепона? Это потому, что не соединяется с захаром", т.е. Самом, „но только когда у нее остается время после прелюбодеяния, которым она занимается. И оставляет его". И перепона (досл. излишек) – это от слова остатки, ибо оставляет захара, и откладывает его на остаток всех своих прелюбодеяний. „Еще". Поэтому называется „некева излишком, поскольку когда она хочет соединиться", чтобы ввести в грех „человека, она становится для него сначала как остатки, без всякой важности", иначе говоря, без сил властвовать над человеком, потому что грех – он вначале с толщину волоса. „А потом она мало-помалу приближается к нему, пока не становится с ним одним соединением", когда он больше не может отделиться от нее. „И от этих вен, что в печени, распространяются другие силы во множестве видов, и все они берут особые органы (эмурим) и туки (пдарим)", сжигаемые на жертвеннике ночью, „и все они включены в печень"», т.е. в Сама.

213) «„Сердце, которое „является главным в святости", т.е. Малхут, „принимает и приносит в жертву мозгу, как мы учили.[326] Сердце пребывает над двумя почками", т.е. Нецахом и Ходом,

---

[325] См. ниже, п. 410, комментарий Сулам.
[326] См. выше, п. 211.

„и это два херувима. И они (почки) являются советницами"», в тайном смысле сказанного: «Почки советуют»[327], иначе говоря, выстраивают наполнение, нисходящее от Зеир Анпина к Малхут, в тайне – небеса, перемалывающие МАН для праведников, и это праведник и праведность, то есть Есод и Малхут. „И они далеки и близки, правая и левая". Ибо под властью Нецаха, являющегося правой линией, они близки. А под властью Хода, который в левой стороне, они далеки. „И все получают и едят" от свечения зивуга, вызываемого жертвоприношением, „каждый как полагается ему, пока все не связывается в одно целое"».

214) «„Жертвы Всесильному – дух сокрушенный"[328], – это приносится в жертву сердцу, т.е. дух сокрушенный, исповедь и молитва. Ведь, безусловно: „А дух (руах) возвратится к Всесильному (Элоким), Который дал его"[329], – то есть дух сокрушенный поднимается к Всесильному, и это Малхут, называемая сердцем. „А печень", т.е. Сам, „приносит его в жертву сердцу, потому что она" стала „добрым его защитником. И всё это является единой связью в этом жертвоприношении"».

Объяснение. Ибо вследствие того, что печень наслаждается от приношения жертвы, поскольку получает свечение ГАР левой линии разделения с начала подготовки зивуга,[330] поэтому обвинитель становится защитником и хорошим советником над сокрушенным духом человека, приносящего жертву, чтобы это было принято сердцем. Когда делает это ради собственного блага, то не примется свечение его зивуга. И это смысл сказанного: «А печень приносит его в жертву сердцу, потому что она – добрый его защитник», так как обвинитель стал защитником.

215) «„От печени", которая соответствует Саму, „выходят все болезни и все недуги всем органам тела, и пребывают в нем. Сердце", т.е. Малхут, „оно самое чистое из всех" органов тела, „и от него исходит всё благо и всё здоровье всех органов

---

[327] См. Вавилонский Талмуд, трактат Брахот, лист 61:1. «Сказали мудрецы: „Почки советуют, а сердце понимает..."»
[328] Писания, Псалмы, 51:19. «Жертвы Всесильному – дух сокрушенный; сердце сокрушенное и удручённое, Всесильный, не отвергай».
[329] Писания, Коэлет, 12:7. «И прах возвратится в землю, чем он и был, а дух (руах) возвратится к Всесильному (Элоким), Который дал его».
[330] См. выше, п. 210.

в целом, и вся сила, и вся радость, и всё совершенство, необходимые всем органам"».

Жертвы

Раайа меэмана

216) «Сказал верный пастырь: "Жертвоприношения" призваны "лишь для того, чтобы отдалить нечистые стороны и приблизить святые стороны. И мы учили в первом изложении, что в них, в венах, которые в печени", являющихся воинствами Сама, как мы уже говорили, – "есть среди них большие, и среди них есть большие и маленькие, и распространяются от них в разные стороны. И они берут особые органы (эмурим) и туки (пдарим), пожираемые" на жертвеннике "каждую ночь. Потому что жертвоприношение – оно полностью Творцу"», а ситра ахра берет только от особых органов (эмурим) и туков (пдарим).

217) «Сказал великий светоч (рабби Шимон): "Верный пастырь, но ведь ты раньше сказал, что жертвоприношения Творца лишь для того, чтобы сблизить йуд (י) с хэй (ה) вав (ו) с хэй (ה). Однако несмотря на то, что все жертвоприношения необходимо приносить пред Ним", пред Творцом, "Он распределяет всем станам пожирание жертв, каждому – как положено ему. Разумным", то есть стороне святости, дает "пищу Торы и питье вина и воды Торы", то есть средней линии, называемой Торой, когда все света исправляются с ее помощью. "Естественным, и это демоны, которые как люди", то есть ситре ахра, "дает им ту естественную пищу, к которой нисходит их огонь, чтобы пожрать ее"», – т.е. свечения, исходящие от левой линии разделения, без исправления средней линией, называемой Торой.

218) «"Как постановили мудрецы: если удостаивались" Исраэль, "он опускался как огненный лев пожирать жертвы; а если не" удостаивались, "опускался туда как огненный пес. И так же, когда человек умирает, – если он удостоился, нисходит образ льва, чтобы принять его душу, а если не" удостоился, нисходит "образ пса, о котором сказал Давид: "Спаси от меча душу мою, от пса – единственную мою"[331]"».

219) «"И поскольку Творец хотел спасти от них тела Исраэля и их души, повелел Он совершать жертвоприношения животных и тел вместо них", чтобы не властвовали в них ситра ахра,[330]

---

[331] Писания, Псалмы, 22:21. «Спаси от меча душу мою, от пса – единственную мою».

чтобы выполнить: "Если голоден враг твой, накорми его хлебом, а если испытывает жажду, напои его водою"[332], и тогда обвинитель становится защитником.[333] "Но Творец не принимает ничего" от этого жертвоприношения, "кроме желания сердца и сокрушения сердца. Это смысл сказанного: "Жертвы Всесильному – дух сокрушенный; сердце сокрушенное и удрученное, Всесильный, не отвергай"[328]. Наподобие глиняных сосудов, о которых сказано: "разбились – очистились"[334]».

220) «"Коэн – это мозг", соответствующий Зеир Анпину, представляющему собой правую сторону, "Леви – это сердце", соответствующее Малхут, которая в левой стороне, "Исраэль – тело (гуф)", т.е. средняя линия, потому что души Исраэля, когда поднимаются в МАН, становятся средней линией между Зеир Анпином и Малхут.[335] "И сказано о них: "Коэны – служением своим, и левиты – на возвышениях своих, а Исраэль – на местах своих". И если печень", т.е. Сам, "хочет принести в жертву сердцу туки, которые нечисты, она берет только лишь жир чистого тука". Объяснение. ГАР левой линии разделения являются нечистым туком. ВАК Хохмы левой линии, соединенные с правой посредством средней линии, – это свойство чистого тука. "Ибо они так же, как есть в теле (гуф): чистый тук и нечистый тук, чистая кровь, без загрязнения, и мутная загрязненная кровь. Ибо кровеносные сосуды сердца – это святые воинства. А сосуды печени", т.е. Сама, – "это нечистые воинства. Поскольку так же станы злого начала и станы доброго начала – эти поставлены над сосудами сердца, а эти поставлены над сосудами печени. И так же два народа", соответствующие им: "Исраэль", являющиеся свойствами сосудов сердца, "и народы мира"», являющиеся свойствами сосудов печени.

221) «Сказал ему верный пастырь: "Ты совершенно верно говоришь. Но даже Исраэль – не все они равны. Потому что есть среди них сыны Малхут, со стороны святой Малхут, которая состоит из десяти сфирот и из всех АВАЯ (הויה) и названий. И

---

[332] Писания, Притчи, 25:21-22. «Если голоден враг твой, накорми его хлебом, а если испытывает жажду, напои его водою. Ибо горящие угли собираешь ты на голову его, и Творец воздаст тебе».
[333] См. выше, п. 214.
[334] См. Мишна, раздел Таарот, трактат Келим, мишна (закон) 1.
[335] См. выше, п. 206, комментарий Сулам, со слов: «И известно, что так же как Зеир Анпин поднимается в Бину и становится в ней свойством средней линии, благодаря его экрану де-хирик...»

есть среди них, которые подобны животным, и сказано о них: „И вы – овцы Мои, овцы паствы Моей человеческой вы"³³⁶. И те, что подобны стаду, их жертвоприношения – это добрые деяния, над которыми поставлены ангелы, приносящие жертвы" хороших деяний „пред Творцом, на местах своих"».

222) «„И те, кто сыны Творцу (АВАЯ), как написано: „Сыны вы Творцу Всесильному вашему"³³⁷. Ведь „из-за прегрешений ваших разделяются буквы АВАЯ (הויה)", когда нет высшего зивуга йуд-хэй (יה) и нет зивуга Зеир Анпина с Малхут, т.е. вав-хэй (וה). „А их исправление – это Тора, представляющая собой имя АВАЯ (הויה), чтобы сблизить буквы с помощью своего жертвоприношения: йуд (י) с хэй (ה)", и это зивуг Абы ве-Имы, „вав (ו) с хэй (ה)"», и это зивуг Зеир Анпина с Малхут.

223) «„Ведь во всех жертвоприношениях, как" тех, что в свойстве „животных, так и" свойств „ангелов, поставленных над заповедями, и также" тех, которые представляют собой „свойства Малхут, а также", которые „в свойстве имени" АВАЯ (הויה). „Всё это требует" жертвы, чтобы „поднести к Творцу" зивуг четырех „святых букв" АВАЯ (הויה). „И восседает Он," Творец, с четырьмя буквами АВАЯ (הויה), „на четырех созданиях ангелов", и это Михаэль Гавриэль Уриэль Рефаэль, представляющие собой строение (мерква) в Брия. „И восседает Он", Творец, с четырьмя буквами АВАЯ (הויה), „на четырех основах", огонь ветер вода земля (прах), то есть свойства ХУГ ТУМ, что в Ецира, т.е. свойстве Есод, „от которых были созданы четыре естественных создания", т.е. ХУГ ТУМ, что в мире Асия. И Творец – „Он сближающий воду с огнем", которые представляют собой свойства двух линий, Хесед и Гвура, и это свойство йуд-хэй (יה), „и ветер с землей", т.е. Тиферет, называемую ветром, с Малхут, называемой землей, и это вав-хэй (וה). „Это смысл сказанного: „Он творит мир в высях Своих"³³⁸. И точно так же Он сближает" четыре создания ангелов, сближая „Михаэля, являющегося водами разума, с Гавриэлем, являющегося огнем разума", и это правая и левая линии, и свойство йуд-хэй (יה). „И Он сближает Уриэля, являющегося воздухом, т.е. есть дух

---

³³⁶ Пророки, Йехезкель, 34:31. «И вы – овцы Мои, овцы паствы Моей человеческой вы. Я – Всесильный ваш, – слово Творца!»

³³⁷ Тора, Дварим, 14:1. «Сыны вы Творцу Всесильному вашему. Не делайте на себе надрезов и не делайте плеши меж ваших глаз по умершему».

³³⁸ Писания, Иов, 25:2. «Держава и страх при Нем, Он творит мир в высях Своих».

разума, с Рефаэлем, являющимся землей, т.е. прахом разума", и это вав-хэй (וה). „Ибо как только Творец уходит из их среды, нет у них силы"».

224) «„И если скажешь, что обо всех жертвоприношениях написано: „Творцу", как же можно говорить, что есть разделение в буквах" АВАЯ (הויה), а это жертвоприношение призвано сейчас соединить их? И отвечает: „Но это сказано о тех ступенях, которые были сотворены и названы именем Его, а не то, чтобы они – это Он сам. Это смысл сказанного: „Каждого, названного именем Моим, и во славу Мою сотворил Я его, создал Я его и сделал Я его"[339]. И есть буквы АВАЯ (הויה) в Ацилуте, в которых нет разделения и прекращения, которые как источники" для всех миров, „которые поят деревья. И о тех, что сотворены", иначе говоря, по отношению к АВАЯ (הויה), который облачен в мир Брия, „уподоблены" четыре буквы Ацилута: „йуд (י) – голове (рош), вав (ו) – телу (гуф), хэй (ה) хэй (ה)" уподоблены „десяти пальцам"».

225) «„Однако причина причин", т.е. Бесконечный, „что над всеми, который называется АВАЯ (הויה)", иначе говоря, свет Его облачен в АВАЯ (הויה), „сказано о Нем: „И кому уподобите вы Меня, чтобы Я сравним был с ним, чтобы сказать: „Святой"?"[340] „И кому уподобите вы Всевышнего, и какой образ сопоставите с Ним?"[341] „Я, Творец (АВАЯ), не менялся"[342]. Прегрешения" нижних „не касаются Его, чтобы отделить в Нем буквы йуд (י) от хэй (ה), вав (ו) от хэй (ה), потому что нет в Нем разделения. И о Нем сказано: „Не водворится у Тебя зло"[343]. Он господствует над всеми, и нет того, кто бы господствовал в Нем. Он держит всё, и нет того, кто бы удержался в Нем. И Он не называется АВАЯ (הויה) и всеми именами, но лишь при распространении Его света к ним", к ступеням, что в четырех мирах АБЕА. „И когда

---

[339] Пророки, Йешаяу, 43:7. «Каждого, названного именем Моим, и во славу Мою сотворил Я его, создал Я его и сделал Я его».

[340] Пророки, Йешаяу, 40:25. «И кому уподобите вы Меня, чтобы Я сравним был с ним, чтобы сказать: „Святой"?»

[341] Пророки, Йешаяу, 40:18. «И кому уподобите вы Всевышнего, и какой образ сопоставите с Ним?»

[342] Пророки, Малахи, 3:6. «Ибо Я, Творец, не менялся, и вы, сыновья Яакова, не исчезли».

[343] Писания, Псалмы, 5:5. «Ибо не Бог, желающий беззакония, Ты, не водворится у Тебя зло».

Он уходит из них, нет у Него от сути Его никакого имени из них вовсе. „Глубоко-глубоко, – кто Его постигнет?"[344]».

226) «„Нет света, который Он может созерцать, чтобы не затмился, даже высший Кетер", Ацилута, „так как свет Его сильнее всех ступеней и всех небесных воинств, высших и нижних. Сказано о Нем (в отношении сути Его): „Сделал мрак укрытием Себе"[345]. А о Хохме и Бине (сказано): „Облако и мгла вокруг Него"[346]. И тем более остальные сфирот, и тем более создания, и тем более основы, которые мертвы", без жизненных сил. „Он окружает все миры, и не окружает их со всех сторон, наверху и внизу, и с четырех сторон, вне Себя. И нет того, кто бы вышел из-под Его власти наружу. Он наполняет все миры, и другой не наполняет их"».

227) «„Он оживляет" все миры, „и нет над Ним другого Всесильного, чтобы дал ему жизнь. Это смысл сказанного: „И Ты даешь им всем жизнь"[347]. И о Нем сказал Даниэль: „А все живущие на земле считаются ничем в сравнении с Ним; и по воле Своей поступает Он с воинством небесным"[348] – Он связывает и соединяет один вид с другим наверху и внизу. И нет иной близости четырех основ друг с другом, но только Творец, когда Он находится меж ними"».

228) «„Сразу, как только те, что называются „сыны вы Творцу Всесильному вашему"[337], которые со стороны АВАЯ (הויה), „прегрешили, Он удаляется из букв" де-АВАЯ (הויה), „и они остались в разделении. И в чем заключается исправление этого – в том, чтобы сблизить буквы в Творце, йуд (י) с хэй (ה)", и это зивуг Хохмы и Бины, „вав (ו) с хэй (ה)", и это зивуг Тиферет

---

[344] Писания, Коэлет, 7:24. «Далеко то, что было, и глубоко-глубоко, – кто Его постигнет?»

[345] Писания, Псалмы, 18:12. «Сделал мрак укрытием Себе, шатром вокруг Себя; темнота вод – тучи небесные».

[346] Писания, Псалмы, 97:2. «Облако и мгла вокруг Него, справедливость и правосудие – основание престола Его».

[347] Писания, Нехемия, 9:6. «Ты, Творец, един, Ты сотворил небеса, небеса небес и все воинство их, землю и все, что на ней, моря и все, что в них, и Ты даешь им всем жизнь, и воинство небесное преклоняется пред Тобою».

[348] Писания, Даниэль, 4:32. «А все живущие на земле считаются ничем в сравнении с Ним; и по воле Своей поступает Он с воинством небесным и с живущими на земле, и нет никого, кто противился бы Ему и сказал бы Ему: „Что делаешь Ты?"»

и Малхут. „И точно также эти рабы его", которые со стороны Матата, и они „со стороны созданий", Михаэля Гавриэля Уриэля Рефаэля, „которые своими грехами приводят к тому, что уходит" Его божественное присутствие „от них. В чем заключается их исправление – в том, чтобы" снова „привести к нисхождению Творца к ним, и сблизить их" друг с другом. „И так же те, что от четырех основ", огонь ветер вода земля, „и они" называются „стадо Творца", которые грехами своими „привели к подъему Творца от них. В чем заключается исправление – в том, чтобы приблизить их к Творцу"».

229) «„И поэтому во всех них Он заповедал жертвоприношение Творцу", т.е. для того, чтобы соединить буквы АВАЯ (היוה), которые разделились и которые удалились, как уже объяснялось. „Жертву Мне, хлеб Мой в огнепалимые жертвы Мне"[349]. „Одного ягненка приноси утром, а другого ягненка приноси в сумерки"[350]. И написано: „Двух горлиц или двух молодых голубей"[351]. Каждый вид идет к своему виду" и соединяется с ним. „Творец сближает всё в этом месте, ибо Он – причина всего, и нет Всесильного кроме Него, и нет никого, кто мог бы сблизить эти силы, кроме Него"».

230) «„Однако силы народов-идолопоклонников – они со стороны разделения. Горе тому, кто вызвал своими прегрешениями приведение" к разделению „в буквах, созданиях и основах, ибо тотчас удалился Творец из Исраэля, и народы-идолопоклонники войдут меж ними. Нет у них", у народов-идолопоклонников, „сближения с Творцом. Ведь нет жертвоприношений вне святой земли", в месте народов. „И поэтому постановили мудрецы: „Живущий вне святой земли подобен тому, у которого нет Творца"[352]. В то время, когда верный пастырь произносил эти слова, низошли все святые буквы" из Ацилута, „и святые создания", что в Брия, „и четыре основы", что в Ецира и Асия, „к

---

[349] Тора, Бемидбар, 28:1-2. «И говорил Творец Моше, сказав: „Повели сынам Исраэля и скажи им: „Жертву Мне, хлеб Мой в огнепалимые жертвы Мне, в благоухание, приятное Мне, соблюдайте приносить Мне в положенное время"».

[350] Тора, Бемидбар, 28:4. «Одного ягненка приноси утром, а другого ягненка приноси в сумерки».

[351] Тора, Ваикра, 5:7. «А если не хватает его достатка на агнца, то принесет в повинную жертву свою за то, что согрешил, двух горлиц или двух молодых голубей Творцу, одну (птицу) в очистительную жертву и одну в жертву всесожжения».

[352] См. Вавилонский Талмуд, трактат Ктубот, лист. 110:2.

нему. И благословили его и сказали: „Благодаря тебе, верный пастырь, низошел к нам Творец, и сблизились вид с видом его. Благословен ты для Творца в четырех основах. Теперь прояснилось всё как положено". (До сих пор Раайа меэмана).

231) «Провозгласил и сказал: „Полагайся на Творца и делай добро, селись на земле и паси веру"[353]. „Полагайся на Творца"[353] – как подобает, „и делай добро"[353] – т.е. соверши „исправление святого союза, чтобы ты был исправляющим его и хранящим его как подобает. И если будешь это делать, ты будешь здесь, на этой земле", то есть будешь обитать на этой земле. „И она будет питаться от тебя, и кормится от тебя та высшая вера"», – Малхут. То есть: «Паси веру»[353].

232) «„И еще. „Наслаждайся ради Творца, и Он исполнит желания сердца Твоего"[354]. Все это исправляется в исправлении союза. Когда исправляется союз, исправляется всё. И Пинхас, поскольку возревновал к этому союзу, удостоился всего. И мало того, он еще защищает весь Исраэль, и в нем исполняется: „Наслаждайся ради Творца"[354], так как он восходит и связывается наверху, с первым светом, который Творец создал и скрыл, – с тем светом, которым наслаждался Авраам, и с которым первосвященник Аарон был связан"».

233) «„После того как поднялся" Пинхас, „чтобы стать главным коэном, не упоминается в отношении него убиение Зимри, и не пристало ему. Для того, чтобы не удерживался вообще ветвями ситры ахра. И не подобает вспоминать это о нем. Ибо каждый, кто убивает, – есть у него ветви ситры ахра. А Пинхас уже закрепился в правой", в первосвященстве, „и нет у него удела в ситре ахра вовсе, и поэтому не упоминается здесь" имя его, „поскольку то, что кажется восхвалением, позор для него, и нисхождение с высшей ступени, в которой он закрепился. И поэтому написано: „Убитого, который был убит"[355], – просто", и также: „А имя убитой"[355], – но не упоминается кем"».

---

[353] Писания, Псалмы, 37:3. «Полагайся на Творца и делай добро, селись на земле и храни (досл. паси) веру».

[354] Писания, Псалмы, 37:4. «Наслаждайся ради Творца, и Он исполнит желания сердца Твоего».

[355] Тора, Бемидбар, 25:14-15. «И имя мужа израильтянина убитого, который был убит вместе с мидьянитянкой, – Зимри, сын Салу, предводитель отчего дома колена Шимона. А имя убитой мидьянитянки – Козби, дочь Цура, главы племен отчих домов в Мидьяне».

234) «Сказал рабби Пинхас: "Счастливо поколение, слышащее реченное тобой в Торе. И счастлив мой удел, что я удостоился этого". Сказал рабби Шимон (рабби Пинхасу): "Счастливо поколение, в котором находишься ты и благочестие твое". Пока они сидели и превозносили друг друга, вошел рабби Эльазар, сын рабби Шимона, и застал их там. Сказал рабби Пинхас: "Конечно же, сказано: „И сказал Яаков, когда увидел их: „Стан Всесильного это""[356]. Сказал ему рабби Шимон: "Эльазар, сын мой, сядь, сын мой, и скажи" это „изречение". Сел рабби Эльазар».

235) «Провозгласил и сказал: "И Яаков пошел своим путем, и встретили его ангелы Всесильного"[357]. Спрашивает: "Что значит: „И встретили его"[357]?" И отвечает: "Однако есть встреча к добру, а есть встреча ко злу, и есть встреча к молитве. Но в час, когда он отправился в Харан, что написано: „И достиг он того места"[358]. Ибо вечернюю молитву (арвит) произнес он в этом месте", и это Малхут, называемая местом, как сказано: „Вот место со Мной"[359], – потому что вечерняя молитва (арвит) подобает этому месту"». Ибо вечерняя молитва (арвит) является состоянием исправления Малхут – то есть то, что он сказал, что нет иного достижения, кроме молитвы.

236) «"Еще. „И достиг он того места"[358] – это славословие"», то есть согласно тому, что сказал, что нет иного достижения, кроме примирения, ибо зашло святое солнце", т.е. Зеир Анпин, „к луне", к Малхут, „муж к жене. Отсюда следует, что не пристало мужу входить к жене, если не с желательными словами, чтобы расположить ее, ведь написано: „И достиг он того места"[358], то есть сказал ей благосклонные речи, „а затем: „И заночевал там"[358]. Когда Яаков пришел из Харана, что написано: „И встретили его"[357], – потому что" Малхут „послала уговорить его, чтобы пришел к ней"».

---

[356] Тора, Берешит, 32:3. «И сказал Яаков, когда увидел их: „Стан Всесильного это". И нарек он имя месту тому Маханаим».

[357] Тора, Берешит, 32:2. «И Яаков пошел своим путем, и встретили его ангелы Всесильного».

[358] Тора, Берешит, 28:11. «И достиг он того места, и заночевал там, ибо зашло солнце. И взял он из камней этого места и положил себе в изголовье, и лег на том месте».

[359] Тора, Шмот, 33:21. «И сказал Творец: „Вот место со Мной: стань на этой скале"».

Объяснение. Потому что Зеир Анпин является свойством правой линии, а Малхут – свойство левой. И так же как есть разногласие между правой и левой линиями,[360] так же оно было между Зеир Анпином и Малхут, и в состоянии уменьшения луны Зеир Анпин поборол Малхут, так как она уменьшилась и вышла из левой линии, и поэтому должен Зеир Анпин расположить ее, т.е. вернуть ей свечение левой линии.[361] И это смысл сказанного: «Не пристало мужу входить к жене, если не с желательными словами, чтобы расположить ее». Потому что сначала он привлекает ей свечение левой линии для расположения, а затем он совершает зивуг с ней, и передает ей верные хасадим. А иногда наоборот, Малхут располагает Зеир Анпина. И это в тот час, когда Зеир Анпин пребывает в ВАК, она добивается благосклонности, чтобы совершил зивуг с ней, и благодаря этому вернутся к нему ГАР, в тайном смысле сказанного: «Добродетельная жена – венец мужу своему»[362]. И это смысл сказанного: «Когда Яаков пришел из Харана», – когда он был в катнуте, называемом Харан, «что написано: „И встретили его"[357], – потому что послала уговорить его, чтобы пришел к ней"», – чтобы соединился с ней, и благодаря этому вернутся к нему ГАР.

237) «„И сказал Яаков, когда увидел их"[356]. Спрашивает: „Что значит: „Когда увидел их"[356]?" И отвечает: „Это дневные ангелы" – Зеир Анпина, называемого днем. „И ночные ангелы" Малхут, называемой ночью, „были. И были скрыты от него, а затем раскрылись ему. И поэтому: „Когда увидел их"[356]. Написано: „Стан Всесильного это"[356]. Отсюда ясно, что были те, что днем, и те, что ночью. Те, которые ночью, написано о них: „Стан Всесильного (Элоким)"[356], так как Малхут называется Элоким, а те, что днем, написано о них: „Это (Зэ)"[356], потому что Зеир Анпин называется Зэ. „И поэтому: „И нарек он имя месту тому Маханаим"[356] – два стана. А теперь святые станы я вижу здесь", т.е. стан рабби Шимона и стан рабби Пинхаса. „Благословен мой путь, что пришел я сюда"».

Объяснение. Эти ангелы дня и ночи были от свечения зивуга. И до этих пор, пока находился в Харане, он их не видел.

---

[360] См. Зоар, главу Берешит, часть 1, п. 44.
[361] См. Зоар, главу Берешит, часть 2, п. 215, комментарий Сулам.
[362] Писания, Притчи, 12:4. «Добродетельная жена – венец мужу своему, а позорная – как гниль в костях его».

Однако теперь, в состоянии зивуга, увидел их. И это смысл сказанного: «И они были скрыты от него, а затем раскрылись ему». И поэтому написано: «Когда увидел их»[356].

ГЛАВА ПИНХАС

Встреча – это умиротворение

Раайа меэмана

238) «„Однако встреча – это умиротворяющие речи. Потому что когда жених приходит к невесте, нет возможности у жениха соединиться с невестой, но только при помощи умиротворяющих речей, а затем проведет с ней ночь. То есть: „Ибо зашло солнце"[358]".[363]

239) «Сказал верный пастырь: „В таком случае, что означает: „Ибо зашло солнце"[358]? Ведь в отношении истолкования постановили"», что «ибо зашло» – «„означает угасание. То есть: „Ибо зашло солнце"[358] – что угас свет солнца. „Однако отсюда мы учим, что соединяющийся ночью со своей женой должен погасить свечу. Но днем не принято мудрецами использовать постель, а ночью, в уединении. И поэтому, когда произошел ночлег? – Говорит Писание: „Ибо зашло солнце"[358] – то есть после того, когда солнце ушло из мира"».

240) «„И поэтому, так же как нужно укрываться от солнца, нужно укрываться и от ангелов, которые со стороны добра, что справа, во множестве станов, и" от тех ангелов, которые „со стороны зла, когда идет в левой стороне, во множестве станов. И поэтому, после того как настало утро, сказал: „Когда увидел их"[356], потому что ночью он их не видел. „И со стороны Яакова, который был человеком непорочным", т.е. средняя линия, „не было с ним никого, кроме станов Царя и Царицы", называемых ангелами дня и ангелами ночи. „И поэтому: „И нарек он имя месту тому Маханаим (станы)"[356], во множественном числе, то есть два стана. Об этих ангелах дня", которые относятся к Зеир Анпину, называемому днем, „написано: „Когда увидел их: „Стан Всесильного это"[356]. Потому что Зеир Анпин называется Зэ (это). „А когда пришли ангелы ночи", т.е. Малхут, называемой ночью, „когда собрались к нему, чтобы охранять его, сказал: „И нарек он имя месту тому Маханаим (станы)"[356], т.е. два стана. И не надо усложнять, что ведь написано: «Когда увидел их»[356] – написано, когда он возвратился от Лавана, ибо нет раннего и позднего в Торе.

---

[363] Объяснение выше, в п. 236.

241) Собирается объяснить то, что вначале, в отношении «и достиг он того места»³⁵⁸, сказал: «И нет иного достижения, кроме молитвы»³⁶⁴. И это вечерняя молитва (арвит). А затем говорит: «Однако встреча – это умиротворяющие речи. Потому что когда жених приходит к невесте, нет возможности у жениха соединится с невестой, но только при помощи умиротворяющих речей»³⁶⁵. И согласно этому: «И достиг он того места»³⁵⁸ означает – соединение жениха и невесты. И это то, что он объясняет и говорит: «„Потому что молитва – это невеста", т.е. Малхут. „Это смысл сказанного: "Со мной из Леванона, невеста, со мной из Леванона приди"³⁶⁶. Ведь Малхут „называется здесь „со мной"³⁶⁶, и в письменной Торе сказано о ней: „Вот место со Мной"³⁵⁹». Таким образом место означает – Малхут, как и «со Мной»³⁵⁹. «„И поскольку" Малхут „называется местом в этом мире, сказано о ней: „И достиг он того места, и заночевал там"³⁵⁸». Объяснение. Потому что «и достиг он того места»³⁵⁸ означает, что встретил Малхут, называемую местом и называемую молитвой, и называемую невестой. И поэтому объяснением будет, что жених, которым является Яаков, т.е. свойство Зеир Анпина, встретил невесту и вошел к ней, – т.е. к Малхут, называемой невестой. И также можно сказать, что достижение в том, что установил вечернюю молитву (арвит), так как установление молитвы тоже означает соединение жениха и невесты, поскольку невеста – это свойство Малхут. И два этих объяснения являются одним целым.

242) «„И поэтому она говорит: „Кто дал бы мне в пустыне пристанище для путников!"³⁶⁷, потому что тогда она была властью сама по себе, а не с теми, кто определяет ее как вину вместе с собой, без жениха ее. И в любое время, когда человек молится, спешит Творец и оберегает его. И тайный смысл этого: „А муж тот удивляется ей"³⁶⁸. И нет иного мужа, кроме Творца. Это смысл сказанного: „Творец – муж битвы"³⁶⁹, „И

---

³⁶⁴ См. выше, п. 207.
³⁶⁵ См. выше, п. 238.
³⁶⁶ Писания, Песнь песней, 4:8. «Со мной из Леванона, невеста, со мной из Леванона приди. Взгляни с вершины Аманы, с вершины Сенира и Хермона, от львиных логовищ, от леопардовых гор».
³⁶⁷ Пророки, Йермияу, 9:1. «Кто дал бы мне в пустыне пристанище для путников! Оставил бы я народ свой и ушел бы от них! Ибо все они прелюбодеи, сборище изменников».
³⁶⁸ Тора, Берешит, 24:21. «А муж тот удивляется ей, молчит, желая понять, осчастливил ли Творец путь его или нет».
³⁶⁹ Тора, Шмот, 15:3. «Творец – муж битвы, Творец имя Его».

было, прежде чем он кончил говорить, и вот выходит Ривка"[370], подобно: „И выйдет как молния стрела Его"[371]».

Объяснение. Ночью, которая является временем тьмы, – это состояние власти судов, т.е. власти левой линии, и известно, что власть левой линии без правой – это тьма.[372] Поскольку власть правой, являющейся светом хасадим, – это свет дня, и поэтому нужно вознести вечернюю молитву (арвит), для ее зивуга с Зеир Анпином, средней линией, когда она оберегается от ситры ахра, чтобы не притянула от нее это наполнение сверху вниз. И так же как ночь является властью левой во временном отношении, так и пустыня является властью левой в отношении места, и поэтому это место змея, аспида и скорпиона. И это смысл сказанного: «„Кто дал бы мне в пустыне пристанище для путников!"[367] – потому что тогда она была властью сама по себе». Иначе говоря, Шхина ждет и говорит: «Кто дал бы мне в пустыне»[367], которая является местом власти левой линии, быть в зивуге с Тиферет и Есодом, называемыми путниками. И это смысл сказанного: «Пристанище для путников»[367], потому что возносящий вечернюю молитву (арвит) устанавливает ее в этом зивуге, и тогда она называется властью сама по себе. То есть наполнение Хохмы, что в ней, остается в ее распоряжении, и не притягивается сверху вниз, потому что это исправление средней линии, которой являются Тиферет и Есод.[373] И это смысл слов: «Тогда она была властью сама по себе». И такой установки ждет Малхут и говорит: «Кто дал бы мне»[367]. «А не с теми, кто определяет ее как вину вместе с собой, без жениха ее», – поскольку тогда она оберегаема, чтобы не притянули от нее наполнение Хохмы сверху вниз, ибо они ставят ее на чашу вины, и отделяют ее от ее жениха, который является средней линией, и это смысл сказанного: «И в любое время, когда человек молится, спешит Творец и оберегает его», потому что благодаря этой молитве человек соединяет Малхут с Творцом, то есть средней линией, которая спешит и оберегает ее от

---

[370] Тора, Берешит, 24:15. «И было, прежде чем он кончил говорить, и вот выходит Ривка, которая родилась от Бетуэля, сына Милки, жены Нахора, брата Авраама, и кувшин ее на плече ее».

[371] Пророки, Зехария, 9:14. «И Творец явится над ними, и выйдет как молния стрела Его, и Владыка Творец в шофар затрубит и пойдет в ураганах юга».

[372] См. Зоар, главу Берешит, часть 1, п. 34, со слов: «Затем вышла тьма, и вышли в ней семь других букв алфавита...»

[373] См. Зоар, главу Берешит, часть 1, п. 50. «Разногласие, которое было исправлено согласно высшему подобию...»

внешних и грешников, чтобы те не притягивали от нее сверху вниз. «И тайный смысл этого: „А муж тот удивляется ей"³⁶⁸» – то есть Творец ждет соединения с ней. «И было, прежде чем он кончил говорить, и вот выходит Ривка»³⁷⁰, – и это указывает на то, что прежде чем заканчивает возносить свою молитву, происходит зивуг, что и является смыслом слов: «И вот выходит Ривка»³⁷⁰. Ибо Ривка (רִבְקָה) – это буквы молния (абара́к, הַבָּרָק), «подобно: „И выйдет как молния стрела Его"³⁷¹», где молния указывает на зивуг, выстреливающий как стрела.

243) «„И если скажете: „Ведь постановили, что к десятерым Шхина спешит и приходит, а к одному она не приходит, но только после того как он сядет", – и как же я сказал, что в любой час, когда человек молится, Творец спешит, то есть даже к одному человеку? И отвечает, что это объясняется следующим образом: „К десятерым, и это свойство йуд (י), спешит хэй (ה)". Иначе говоря, если есть йуд-хэй (י"ה), а это мохин Хохмы и Бины, потому что йуд (י) включает также хэй (ה), приходит Шхина, то есть хэй (ה). „К одному, а это вав (ו)", иначе говоря, что вав (ו) – она одна, без йуд-хэй (י"ה), „пока не сядет" и не получит мохин де-йуд-хэй (י"ה), „не приходит к нему вторая хэй (ה)" де-АВАЯ (הויה). „И скрытый смысл этого, что в том месте, где нет йуд-хэй (י"ה), хэй (ה)", т.е. Малхут, „не приходит туда. А тот, кто хочет соединить буквы" йуд-хэй (י"ה) вав-хэй (ו"ה), „должен умолять о милости и милосердии, и поэтому написано: „И умолял я Творца в то время, говоря: „Владыка (Всесильный! Ты начал показывать рабу Твоему величие Твое и крепкую руку Твою)"³⁷⁴, ибо во Владыке (Адни), а это Шхина, она в молении. А у Творца просят милосердия. До сих пор"» толкование вечерней молитвы (арвит).

Объяснение. Мольбы – они добавляют прелесть Шхине, чтобы она была достойна зивуга, а милосердие – это свойство мохин средней линии, которые состоят из двух линий, правой и левой, и это йуд-хэй (י"ה). И для того чтобы соединить буквы АВАЯ (הויה), нужно привлечь милосердие, т.е. мохин де-йуд-хэй (י"ה), к Творцу, и мольбы умножают прелесть Шхины в Его глазах, и тогда осуществляется это единение. То есть как мы

---

³⁷⁴ Тора, Дварим, 3:23-24. «И умолял я Творца в то время, говоря: „Владыка Творец! Ты начал показывать рабу Твоему величие Твое и крепкую руку Твою; да кто же тот бог на небе и на земле, который сделал бы подобное деяниям Твоим и подвигам Твоим?!"»

уже объясняли, что Шхина приходит только когда есть в Зеир Анпине мохин де-йуд-хэй (י״ה).

244) «"Одного ягненка приноси утром, а другого ягненка приноси в сумерки"³⁷⁵ – это тайна ягненка Милосердного, о которых постановили мудрецы: „В отношении ягнят Милосердного – зачем тебе?³⁷⁶", что означает – „то, что скрыто за скрытием мира, будет скрыто за твоим облачением. Так же как облачение скрывает тело, точно так же нужно скрыть тайны Торы. Тем более тайна жертвоприношений, которые подобны близости жены с мужем"», ибо поэтому называется «жертва (корба́н קׇרְבָּן)» – от слова «близость (кирва́ קִרְבָה)». Скрытие мира означает – дополнительное скрытие, которое есть в мире. Потому что «отведут (глаза свои)» Йонатан переводит – «скроют».³⁷⁷

245) «"И какова близость их обоих", мужа и жены? „Она должна быть в скрытии, и так же жертвоприношение – нужно скрыть его от прелюбодеев, дерзких грешников, у которых нет ни стыда, ни скромности. И это несколько видов незаконнорожденных: дети от кровосмешения, дети от отлученной (нида נִדָה)", отлученная означает, что отошла (над נָד) хэй (ה) от нее, и это Шхина, которая называется хэй (ה), „и на ее месте находится рабыня, дочь бога чужого, блудница. И это тайный смысл сказанного: „Под тремя трясется земля, четырех она не может носить: раба, когда он делается царем, и негодяя, когда он досыта ест хлеб, ненавистную (женщину), вышедшую замуж, и рабыню, наследующую госпоже своей"³⁷⁸. Потому что хэй (ה) отошла со своего места, и это Царица, и это доброе начало. И вошла вместо нее рабыня, и это злое начало"».

---

³⁷⁵ Тора, Шмот, 29:39. «Одного ягненка приноси утром, а другого ягненка приноси в сумерки».

³⁷⁶ См. Вавилонский Талмуд, трактат Брахот, лист 10:1.

³⁷⁷ Тора, Ваикра, 20:4-5. «А если народ земли отведут глаза свои от того человека, когда он даст от своего потомства Молеху, так чтобы не умертвить его, то обращу Я лицо Мое против того человека и против его семейства и искореню его и всех блудно следующих за ним, чтобы следовать блудно за Молехом, из среды их народа».

³⁷⁸ Писания, Притчи, 30:21-23. «Под тремя трясется земля, четырех она не может носить: раба, когда он делается царем, и негодяя, когда он досыта ест хлеб, ненавистную (женщину), вышедшую замуж, и рабыню, наследующую госпоже своей».

246) «"И скрытый смысл этого: "Как бы язва видится мне в доме"[379] – т.е. нечистая кровь женщины в отлучении. И как там с язвой: "Пусть уединит его коэн на семь дней"[380], так же: "Пусть семь дней будет она в отлучении своем"[381]. Благословенны те органы, которые освящаются в час соития, ибо они называются дровами жертвы всесожжения. Ведь включены в них святые огни от имени АВАЯ (הויה)", т.е. Зеир Анпина, "которое удерживается в их огне.[382] И поэтому: "Огнями славьте Творца"[383]. И поэтому ягнята Милосердного – это: "Одного ягненка приноси утром, а другого ягненка приноси в сумерки"[375]».

247) Окончание и «"совершенство этого изречения: "И десятую часть эфы тонкой муки"[384]. То есть: "Счастлив тот, кто извлекает из своего мозга каплю тонкой муки, чистой, без отбросов, во время зивуга, и на нее указание в букве йуд (י) от Адни (אדני)"», и поэтому написано: «И десятую часть»[384], так как она включена в десять сфирот. «"И она: "Смешана с четвертью ина выжатого масла"[384] – то есть она смешана" из четырех, и это "Микра, Мишна, Талмуд, Каббала"», над которыми праведники выжимают себя, и поднимают МАН для ее зивуга.

---

[379] Тора, Ваикра, 14:35. «И придет тот, чей дом, и сообщит коэну, говоря: "Как бы язва видится мне в доме"».

[380] Тора, Ваикра, 13:26. «А если осмотрит его коэн, и вот, нет на пятне белых волос, и оно не ниже кожи, и оно потемнело, пусть уединит его коэн на семь дней».

[381] Тора, Ваикра, 15:19. «И если женщина будет иметь истечение, кровью будет ее истечение в плоти ее, пусть семь дней будет она в отлучении своем, а всякий коснувшийся ее нечист будет до вечера».

[382] См. выше, п. 205.

[383] Пророки, Йешаяу, 24:15. «Поэтому огнями славьте Творца, на островах морских – имя Творца, Всесильного Исраэля».

[384] Тора, Бемидбар, 28:5. «И десятую часть эфы тонкой муки, смешанной с четвертью ина выжатого масла, в хлебное приношение».

ГЛАВА ПИНХАС

Меркава Йехезкеля

248) «„Йехезкель, видя Шхину из клипот", то есть через облачения, „увидел с ней десять сфирот без всякого разделения. И они представляют собой мозг, который внутри всех них. Увидел он их из реки Квар (כְּבָר), что внизу", и это рéхев (רֶכֶב колесница), что внизу в Матате, потому что Квар (כְּבָר) это буквы рехев (רֶכֶב). „И она: „Колесницы Всесильного – десятками тысяч (риботáим רִבֹּתַיִם) тысячи ШиНАН (שִׁנְאָן)"³⁸⁵, каждое рибо – это десять тысяч", риботаим – „это двадцать тысяч, вычитая из них две, которых нет"», потому что «ШиНАН (שִׁנְאָן)»³⁸⁵ – это буквы «ше-эйнан (שֶׁאֵינָן которых нет)». «Тысячи»³⁸⁵ – это две тысячи, которых нет. «„Остаются восемнадцать тысяч, как счет восемнадцати миров". То есть Есод, называемый восемнадцатью, „включающий десять сфирот, который облачился в тэт-тэт (ט״ט) от Матата (מְטַטְרוֹן). И это тэт-тэт (ט״ט) от тотафóт (טֹטָפֹת), о чем сказано: „И будут они начертанием (тотафóт טֹטָפֹת) меж глазами твоими"³⁸⁶. Что представляют собой эти глаза. Это те, что наверху, о которых сказано: „И я увидел видения Всесильного"³⁸⁷. Что это за видения? Это десять видений Матата, которые видел" Йехезкель, „как свечу внутри светильника. Девять" видений – „открытых, и одно – скрытое"».

Объяснение. Несмотря на то, что Йехезкель видел Шхину, облаченную в облачения БЕА, как выясняется у Йехезкеля, вместе с тем он видел тайну единства десяти сфирот, и это Зеир Анпин и Малхут. Иначе говоря, он видел Шхину, соединенную с Зеир Анпином. И это смысл сказанного: «Йехезкель, видя Шхину из клипот», клипот означает «облачения», «увидел с ней десять сфирот без всякого разделения» – то есть Зеир Анпин, представляющий собой девять первых сфирот, был соединен с Малхут без всякого разделения. И эти десять сфирот – это моах (досл. мозг), облаченный в паним, однако он видел их, когда

---

³⁸⁵ Писания, Псалмы, 68:18. «Колесницы Всесильного – десятками тысяч ангелов (ШИНАН שִׁנְאָן), Господин мой среди них, Синай, – в святости».

³⁸⁶ Тора, Дварим, 6:6-8. «Да будут слова эти, которые Я заповедую тебе сегодня, в сердце твоем. И повторяй их сыновьям своим, и говори о них, сидя в доме твоем, и идя дорогою, и когда ты ложишься, и когда ты встаешь. И повяжи их в знак на руку твою, и будут они начертанием меж глазами твоими».

³⁸⁷ Пророки, Йехезкель, 1:1. «И было: в тридцатый год, в пятый день четвертого месяца. И я среди изгнанников при реке Квар, – открылись небеса, и я увидел видения Всесильного».

они облачены в Матата, потому что во время изгнания облачен зивуг Зеир Анпина и Малхут в Матата. И это смысл сказанного: «И они представляют собой мозг, который внутри всех них. Увидел их из реки Квар (כְּבָר), что внизу», то есть он видел их только лишь из облачения в реку Квар, потому что Матат называется рекой Квар.[388] Квар (כְּבָר) это буквы рехев (רֶכֶב), и поэтому сказано о Матате: «„Колесницы Всесильного – десятками тысяч (риботáим רִבֹּתַיִם)..."[385] ... как счет восемнадцати миров». Потому что Зеир Анпин и Малхут, когда они в зивуге с помощью Есода, – называется тогда Есод восемнадцатью мирами, и это потому, что тогда нисходят десять сфирот прямого света от Есода к Малхут, и поднимаются десять сфирот отраженного света от Малхут к Зеир Анпину. И поскольку этот зивуг в свойстве Хохмы, сфирот которой исчисляются в тысячах, поэтому они считаются двумя десятками тысяч, десять тысяч прямого света, и десять тысяч отраженного света, которые включены в Матата, как мы уже говорили. И поэтому сказано тогда: «Колесницы Всесильного – десятками тысяч (риботáим רִבֹּתַיִם)»[385], так как Матат, который является меркавой (строением) Элоким, – есть в нем двадцать тысяч светов. Однако несмотря на то, что зивуг – он с Малхут, но сущности Малхут недостает и в Малхут, потому что Малхут, являющаяся свойством манула, была скрыта, и вместо нее используется Есод де-Малхут, который является свойством мифтеха,[389] и поэтому, если мы здесь уточняем, то недостает двух сфирот из двадцати, потому что недостает Малхут десяти сфирот прямого света, и Малхут десяти сфирот отраженного света, и там есть только восемнадцать сфирот. И на это указывает Писание: «Тысячи ШИНАН (שִׁנְאָן)»[385], поскольку двух сфирот, являющихся двумя тысячами, нет, так как они были скрыты. И это смысл сказанного: «Вычитая из них две, которых нет, – остаются восемнадцать тысяч, как счет восемнадцати миров», – то есть Есод во время зивуга, который по этой причине называется восемнадцатью мирами. И он облачен в Матата. И это смысл сказанного: «Который облачился в тэт-тэт (ט״ט) от Матата (מְטַטְרוֹן)», – которые указывают на девять (тэт ט) прямого света и девять (тэт ט) отраженного света. И это тайна: «Тэт-тэт (ט״ט) от тотафóт (טֹטָפֹת), о чем сказано: „И будут они начертанием меж глазами твоими"[386]», – то есть света

---

[388] См. «Предисловие к Тикуней Зоар», лист 4:1.
[389] См. «Предисловие книги Зоар», п. 42, со слов: «Поэтому сказано: „И эта печать" – которая утвердилась в Бине, „была утверждена и скрыта в ней, подобно тому, как кто-то прячет всё, закрывая под один ключ"...»

Хохмы в Малхут, называемые эйнаим. И это смысл сказанного: «Что представляют собой эти глаза. Это те, что наверху, о которых сказано: „И я увидел видения Всесильного"[387]», потому что видения – это света Хохмы, называемые эйнаим. «Что это за видения? Это десять видений Матата», то есть десять сфирот Малхут, облаченные в Матата, – они называются видениями. Ведь ви́дения и ви́дение есть только в Малхут, потому что нет раскрытия свечения Хохмы ни в какой сфире, только в Малхут.[390] Однако он получил видения Малхут не от самой Малхут, а из облачения в Матата. И это смысл сказанного: «Которые видел, как свечу внутри светильника», – т.е. как свечу, стоящую внутри светильника, стенки которого из стекла, и он видит свечение этой свечи изнутри стеклянных стенок. Так видел Йехезкель видения Шхины, называемой свечой, изнутри келим Матата, называемого светильником. Но хотя мы и говорим, что он видел видения Малхут, когда мы уточняем, это всего лишь девять, потому что Малхут де-Малхут была скрыта, и вместо нее используется свечение Есода, называемое мифтеха, как мы уже объясняли. И это смысл сказанного: «Девять – открытых, и одно – скрытое», потому что он видел только девять свечений, девяти первых сфирот Малхут, но видение Малхут де-Малхут он не видел, так как она недоступна и скрыта.

249) «„Одно видение, которое он видел в самом начале из этих десяти" видений, „это то, о котором сказано: „Над сводом же, который над головами их, словно образ сапфирового камня, в виде престола"[391], и несмотря на то, что уже разъяснялось" это изречение „выше, нужно ввести в него новое (разъяснение)"».

250) «„Сказал Творец высшим станам: „Каждый, кто будет молиться, будь он сильным, будь он умным, будь он богатым, – сильный он по заслугам", что преодолевает злое начало, „мудрый он в Торе, а богатый он в заповедях, – не войдет он в этот чертог, пока не увидите в нем этих признаков, что он сам осуществил свои исправления". И поэтому постановили авторы Мишны: если рав подобен ангелу Владыки воинств, ищите Тору из уст его", что означает – „тот, кто будет отмечен этими

---

[390] См. Зоар, главу Берешит, часть 1, п. 340, со слов: «И, кроме того, так же как высшая Хохма является началом (решит ראשית), так же и нижняя Хохма считается началом (решит ראשית)...»

[391] Пророки, Йехезкель, 1:26. «Над сводом же, который над головами их, словно образ сапфирового камня, в виде престола, и над образом престола – образ, подобный человеку, на нем сверху».

признаками в облачении его, принимайте молитву его. Первый признак – если был отмечен в молитве его синетой, что в" четырех "краях цицит, – ибо" синета "подобна небосводу, которым является Матат", – и получается, что он подобен ангелу Владыки воинств, "образ которого – это синета в цицит"».

251) «„И поэтому, меру цицит постановили мудрецы: талит, которым маленький мальчик покрывает голову и большую часть себя, и это тот, о котором сказано: „И маленький мальчик будет водить их"³⁹². И это Матат, называемый маленьким отроком. „И он пребывает в четырех созданиях, которых четыре, и он включает в себя шесть ступеней трона", то есть ХАГАТ НЕХИ, „которых шесть, и поскольку он состоит из десяти, облачается в него десять сфирот" Зеир Анпина и Малхут Ацилута, „которых десять. И в нем является Творец в Своей Шхине пророкам, так как он состоит из десяти сфирот. А со стороны Шхины", облаченной в Матата, „которая является десятой" сфирой, „и она является синетой, что в цицит", получается, что также Матат – „он синий всех цветов"». Иначе говоря, что все цвета включились в синий.

252) «„И именно она", Малхут, называемая синетой, „является завершением десяти сфирот. И в нем: „И завершена была вся работа Скинии"³⁹³ – поскольку она является завершением всего. И" синета (тхелет תְּכֵלֶת) – „это от слова невеста (кала כַּלָּה). И это смысл сказанного: „И было в день, когда завершил Моше возводить Скинию"³⁹⁴. И постановили мудрецы, что написано: „Завершил (калот כַּלֹּת)"», от слова «невеста (кала כַּלָּה)", и поэтому называется Шхина синетой (тхелет תְּכֵלֶת). «„И она синий свет, что в свече, пожирающий туки и всесожжения"».³⁹⁵

---

[392] Пророки, Йешаяу, 11:6. «И волк будет жить (рядом) с ягненком, и леопард будет лежать с козленком; и телец, и молодой лев, и вол (будут) вместе; и маленький мальчик будет водить их».

[393] Тора, Шмот, 39:32. «И завершена была вся работа Скинии Шатра собрания; и сделали сыны Исраэля (работу); во всем, как повелел Творец Моше, так сделали они».

[394] Тора, Бемидбар, 7:1. «И было в день, когда завершил Моше возводить Скинию, – и помазал ее, и освятил ее и все ее принадлежности, и жертвенник и все его принадлежности, и помазал он их, и освятил их».

[395] См. Зоар, главу Берешит, часть 2, п. 254. «И синий свет свечи всегда пожирает и уничтожает...»

Объяснение. Свет левой линии, что в Малхут, представляющий собой свечение Хохмы, называется синетой. И причина того, что называется синетой, – он говорит:

3. Потому что «она является завершением десяти сфирот», то есть как в сказанном: «И каждое завершение Он обследует»[396], а также: «Завершение мудрости (хохма) – возвращение и добрые дела»[397], что означает – результат и цель, потому что свечение Хохмы в Малхут, является результатом всех девяти первых сфирот.

4. Как в сказанном: «И завершена была вся работа Шатра собрания»[393]. Ибо синета (тхелет תְּכֵלֶת) является языком завершения, так как ее свечение завершает все сфирот.

5. Потому что синета (תְּכֵלֶת) – она от слова невеста (кала כַּלָּה), ибо Малхут является невестой Зеир Анпина.

6. Она называется синетой (תְּכֵלֶת) потому, что она от слова уничтожение (клая́ כְּלָיָה): «И она синий свет, что в свече, пожирающий туки и всесожжения». Ведь суды, приходящие со свечением Хохмы, уничтожают и пожирают всё.[395] И она является свойством синей нити в цицит, потому что белые нити символизируют света хасадим, а синяя нить – свечение Хохмы, что в Малхут.

253) «„И о ней", то есть о свете Хохмы, что в ней, называемым синетой (тхелет תְּכֵלֶת), „сказал Йехезкель: „Словно образ сапфирового камня, в виде престола"[391]. Чудесная сила этого камня в том, что тот, кто обретает его, – свет ада не властен над ним. И нет огня в мире, способного испортить его, и никаких видов металла". Ибо если ударяют по сапфировому камню молотом, расколется молот об него, а сам он не будет поврежден, как сказали мудрецы. „Тем более вода не приносит вред ему. Поэтому тот, кто обретает его, исполняется в нем изречение: „Когда переходить будешь через воды – с тобой Я"[398]. И все высшие и нижние ситры ахра трепещут пред ним. Синева моря – для него сказано: „Когда переходить будешь через воды – с тобой Я"[398], потому что благодаря этой чудесной силе" света синеты, что в Малхут, называемого сапфировым камнем: „Коня

---

[396] Писания, Иов, 28:3. «Положил Он тьме конец, и каждое завершение Он обследует – камня тьмы и тени смертной».

[397] См. Вавилонский Талмуд, трактат Брахот, лист 17:1.

[398] Пророки, Йешаяу, 43:2. «Я призвал тебя по имени твоему, Мой ты! Когда переходить будешь через воды – с тобой Я, и через реки – они не потопят тебя, когда сквозь огонь пойдешь – не обожжешься, и пламя не сожжет тебя».

и всадника его поверг Он в море"³⁹⁹, и это правитель Египта"», который потонул в море благодаря силе этого света синеты.

254) «„Эту заповедь" синеты „боятся высшие и нижние, морские станы трепещут пред ней, и станы небосвода, являющегося синетой, трепещут пред ней, станы синего пламени огня ада", т.е. синеты ситры ахра, „трепещут пред ней"». Объяснение. Потому что в тот момент, когда раскрыт свет синеты, что в Малхут, т.е. свечение Хохмы, раскрываются вместе с ним очень суровые суды, обрушивающие страх и дрожь на всех внешних.⁴⁰⁰

255) «„И синета – это суд", потому что имя Малхут – это „Адни (אני)", и это буквы „суд (дина דִּינָא). И это суд Малхут суда. И два цвета записаны в талит: один – белый, а другой – синий. И о двух этих цветах сказано: „И под ногами Его словно изделие из кирпича сапфирового"⁴⁰¹. „Кирпича (ливнат לבנת)" – это белый (лаван לָבָן) цвет сапфира, потому что сапфир состоит из двух цветов, представляющих собой милосердие и суд, то есть белый", являющийся милосердием, „и черный, являющийся черным оттенком синего. И на два" этих цвета „указали мудрецы: „С какого момента провозглашают Шма в утренней молитве? Когда начинает различать между синим и белым, потому что дочь Царя", то есть Малхут, являющая собой „возглашение Шма, то есть единство Творца, – она состоит из этих двух цветов", белого и синего, „и это АВАЯ (הויה) Адни (אדני)", АВАЯ (הויה) – тайна белого, Адни (אדני) – тайна синего, чтобы были „милосердие и суд. Так же как Творец", т.е. Зеир Анпин, „состоит из двух цветов", т.е. свойств „АВАЯ (הויה) Адни (אדני), чтобы были милосердие и суд, „то есть престол суда и престол милосердия"».

256) «„Словно образ сапфирового камня, в виде престола"³⁹¹. Спрашивает: „(Если сапфировый камень – это белый цвет, что в цицит), „что значит: „В виде престола"³⁹¹?" И отвечает: „Но это соответствует престолу, у которого есть семьдесят два моста", т.е. семьдесят два цвета от имени АБ (ע"ב), „так

---

³⁹⁹ Тора, Шмот, 15:1. «Тогда воспел Моше и сыны Исраэля эту песнь Творцу, и сказали так: „Воспою Творцу, ибо высоко вознесся Он; коня и всадника его поверг Он в море"».
⁴⁰⁰ См. Зоар, главу Насо, Идра раба, п. 219.
⁴⁰¹ Тора, Шмот, 24:10. «И увидели они Всесильного Исраэля, и под ногами Его словно изделие из кирпича сапфирового и как небесная суть по чистоте».

будет этот человек записан в семидесяти двух связях и звеньях цицит, соответственно семидесяти двум мостам этого престола. И это восемнадцать связей и звеньев в каждой стороне" из четырех сторон его одежды, то есть пять связей и тринадцать звеньев, и четырежды восемнадцать – это АБ (ע"ב 72), "потому что престол, то есть хэй (ה)", Малхут, – "она в каждой стороне у четырех созданий этого престола, которых четыре"», согласно четырем сторонам его облачения.

257) «„И шесть ступеней этого престола, и они – вав (ו), и это Матат, включающий четыре создания. И это смысл сказанного: „И маленький мальчик будет водить их"³⁹², и это – Михаэль Гавриэль Уриэль Рефаэль. И Матат – это шесть ступеней престола", т.е. ХАГАТ НЕХИ, где каждая состоит из ста, "равнозначные шестистам", полная "цицит (צִיצִת) с двумя йуд (י) имеет такое значение", шестьсот. "И если недостает одной йуд (י)" из цицит (צִצִת), "восполняет (огласовка) хирик вместо нее", которая как йуд (י). "И в каждой из четырех сторон краев его одежды есть цицит", равнозначная шестистам, "и" вместе "с тринадцатью звеньями цицит, это шестьсот тринадцать"».

258) «„И еще. Шесть ступеней у престола" – это вав (ו), "в тайне" наполнения ее, "это вав (וָאוּ), равная по числовому значению тринадцати, на которую", на эту вав (וָאוּ), "указывают три слова" из соединения семидесяти двух букв от трех изречений: „И двинулся"⁴⁰², „И вошел"⁴⁰³, „И простер"⁴⁰⁴,⁴⁰⁵ и это" три слова „вау (וְהוּ) ани (אֲנִי) вау (וָהוֹ)", начальные буквы которых вав-алеф-вав (ו' א' ו'), такие: **вав**-хэй-вав (וְהוּ), **алеф**-нун-йуд (אֲנִי), **вав**-хэй-вав (וָהוֹ). "И есть пять узлов" в цицит, которых "пять в каждой стороне" из четырех краев одежды, а наполнение хэй (ה), то есть "алеф (א), – это сама одежда, и она одна для всех них. И с помощью буквы хэй (ה) восполняется хай (ח"י 18), и это тэт-тэт (ט"ט)" от Матата. И хай (ח"י 18) указывают на создание (хая חַיָּה). "И будет создание в каждой стороне" с

---

⁴⁰² Тора, Шмот, 14:19. «И двинулся ангел Всесильного, шедший перед станом Исраэля, и пошел позади них. И двинулся облачный столп, (шедший) перед ними, и встал позади них».

⁴⁰³ Тора, Шмот, 14:20. «И вошел он между станом Египта и станом Исраэля, и было облако и мрак, и осветил ночь, и не приближался один к другому всю ночь».

⁴⁰⁴ Тора, Шмот, 14:21. «И простер Моше руку свою на море, и гнал Творец море сильным восточным ветром всю ночь, и сделал море сушею, и расступились воды».

⁴⁰⁵ См. Зоар, главу Бешалах, п. 173.

четырех краев, и будет „состоять из четырех созданий", потому что четыре края включают в себя друг друга. „И у каждого создания четыре лика и четыре крыла, и вместе их тридцать два лика и крыла. И они зависят от" четвертого „создания" из четырех, „то есть от" лика „человека (адам)"», то есть человека, облаченного в цицит.

259) «„И их", цицит, – „их тридцать два", как мы уже объясняли, „как числовое значение йуд (יֹ"י) хэй (הֵ"א) хэй (הֵ"א), их совершенство – это вав (וָ"אי), то есть тринадцать звеньев, что в каждом из четырех краев.[406] И эта вав (וָ"אי) соединяется со всеми четырьмя созданиями", что в четырех краях, „и восполняет" имя йуд хэй вав хэй (יֹ"י הֵ"א וָ"אי הֵ"א) „наверху", в Зеир Анпине и Малхут Ацилута, „и восполняет внизу", в этих созданиях. „Поскольку средний столб, и это Матат, – он для того, чтобы восполнять наверху, как Тиферет" Ацилута, „потому что имя его", Матата, – „оно как имя Господина его", Тиферет, и было сотворено в образе Его по подобию Его, и он", Матат, „включает все ступени сверху вниз", т.е включает все четыре святых создания, Михаэля, Гавриэля и т.д., „и он удерживается посередине. И это смысл сказанного: „А средний засов, внутри брусьев, проходит от края до края"[407]».

260) «„И он", Матат, „состоит из четырех ликов и четырех крыльев каждого из созданий, что наверху", в ЗОН, „и они АВАЯАДНИ (יְאֲדֹנָהִי)", иначе говоря, сочетания АВАЯ и Адни, т.е. Зеир Анпина и Малхут. „Тогда воспел Моше"[399]. Так как Зеир Анпин – „есть в каждом его создании четыре лика и четыре крыла", которые в числовом значении аз (אָ"ז тогда), то есть восемь, „подобно этому: аз (אָ"ז 8) во льве, аз (אָ"ז 8) в орле, аз (אָ"ז 8) в быке, аз (אָ"ז 8) в человеке (адам), и это тридцать два лика и крыла, которые в гематрии четырежды аз (אָ"ז 8)"».

261) «„И эти четыре лика", и это четыре буквы „АВАЯ (הויה), и четыре крыла", и это четыре буквы Адни (אדני), „соответствующие четырем золотым одеяниям", т.е. свойство Адни (אדני), „и четыре белых одеяния", т.е. свойство АВАЯ (הויה), „в которые облачался коэн, чтобы искупить Исраэль. И они соответствуют словам: „Владыка (Адни), открой уста мои", которые произносят

---
[406] См. выше, п. 257.
[407] Тора, Шмот, 26:28. «А средний засов, внутри брусьев, проходит от края до края».

в начале молитвы Амида, „и" сама „молитва, поскольку в молитве" – есть в ней „АВАЯ (הויה) в каждом завершении восемнадцати благословений молитвы. И восемнадцать раз АВАЯ (הויה) – есть в них АБ (ע״ב 72) букв, соответствующие числовому значению „вайехулу (וַיְכֻלּוּ и были завершены)"[408], и это свойство Есод, называемое коль (כל всё), потому что восемнадцать АВАЯ (הויה) „включены в праведника, оживляющего (хай חַ״י) миры"», и это скрытый смысл «вайехулу (וַיְכֻלּוּ и были завершены)»[408].

262) «„И в четырех созданиях", поскольку в каждом создании есть „АВАЯ Адни, т.е восемь" букв „в каждой стороне, – это тридцать две буквы. И тринадцать букв, имеющихся от" начальных букв, что в трех словах „вау (וְהָיוּ) ани (אֲנִי) вау (וְהָיוּ), и это вав (וָא״ו)", которая в гематрии тринадцать, – „таким образом тринадцать, где высшие и нижние включены" в эту вав (וָא״ו), как мы уже объясняли. „С их помощью довершается человек (адам), который в гематрии МА (מ״ה 45), и это средний столб"». Потому что тридцать две буквы АВАЯ (הויה) Адни (אדני), которые есть в каждой стороне, с тринадцатью буквами, что в вав (וָא״ו), это в числовом значении МА (מ״ה 45), согласно числовому значению Адам (אָדָם 45).

---

[408] Тора, Берешит, 2:1. «И были завершены небо и земля, и всё воинство их».

ГЛАВА ПИНХАС

Четыре клипы, окружающие четыре создания

263) «"Наверху, в Древе жизни", т.е. в Зеир Анпине, "нет клипот. "Так как нельзя входить в царские врата одетому во вретище"⁴⁰⁹. Внизу, в Матате, есть клипот, так как он", Матат, "в образе среднего столба", Зеир Анпина, "поскольку в то время, когда Творец вне Его Малхут", то есть в то время когда эта Малхут в изгнании, "Он укрывается под ликом и крыльями Его раба", т.е. Матата. "И это смысл сказанного: "И воссел на херувима, и полетел"⁴¹⁰», – и это Матат, называемый херувимом, и называется колесницей (рехев רֶכֶב), как мы уже объясняли.

264) «"И эти клипот, окружающие эти четыре создания Матата, это:

1. "Пустынность (тоу)". И о ней написано: "И вот сильный и могучий ветер, разбивающий горы и сокрушающий скалы пред Творцом, – не в ветре Творец"⁴¹¹.

2. "Хаотичность (боу)". И о ней написано: "А после ветра – гром. Не в громе Творец"⁴¹¹.

"И это две скорлупы (клипы)", то есть "зеленая" клипа "и белая" клипа, "что в клипот ореха. Одна, т.е. пустынность, – это зеленая линия; вторая, т.е. хаотичность, – это влажные камни,⁴¹² и это твердая скорлупа (клипа), как влажный камень. Соответственно этим двум клипот есть солома и мякина в пшенице"».

265) «"Третья клипа", окружающая четыре создания Матата, – "она тонкая. И она соответствует отрубям пшеницы, потому что здесь она пристает к пшенице, и ее не могут отделить оттуда, пока не перемолют ее на жерновах, которые соответствуют" зубам, "перемалывающим во рту человека, которыми нужно

---

⁴⁰⁹ Писания, Мегилат Эстер, 4:2. «И дошел он до царских ворот, так как нельзя входить в царские врата одетому во вретище».

⁴¹⁰ Пророки, Шмуэль 2, 22:11. «И воссел на херувима, и полетел, и появился на крыльях ветра».

⁴¹¹ Пророки, Мелахим 1, 19:11-12. «И сказал: "Выйди и стань на горе пред Творцом". И вот, Творец проходит, и сильный и могучий ветер, разбивающий горы и сокрушающий скалы пред Творцом, – не в ветре Творец. А после ветра – гром. Не в громе Творец. А после грома – огонь. Не в огне Творец. А после огня – голос тонкой тишины».

⁴¹² См. Зоар, глву Берешит, часть 1, п. 22. «Камни дырявые и влажные…»

перемалывать речения Торы, пока не станет как мука тонкого помола. И при помощи сита, которым являются губы, выявляются отбросы, и это отруби Торы, пока не станет закон (алаха) мукой тонкого помола, – в этот момент сердце и мозг, и все органы тела, в которые распространяется душа, берут эту" алаху, которая как мука тонкого помола, "и душа питается ею как тело питается тем, что в" материальном "мире. „Ведь одно против другого создал Всесильный"[413], что есть „хлеб тела, и" есть „хлеб души. Это смысл сказанного: „Идите, ешьте хлеб мой"[414]".

266) «„И эта клипа, – это как клипа, прилипающая к ядру (моах) ореха, и в то время, когда кожура (клипа) мягкая, эта клипа нетрудно отделяется от ядра ореха, но в то время, когда орех сухой, человеку трудно устранить ее оттуда, потому что противоречие остается на своем месте. И поэтому Творец наказал человеку совершить возвращение в дни его молодости, прежде чем состарится в нем злое начало. Это смысл сказанного: „Перед сединой вставай"[415], что означает – „до своей седины" встань к возвращению. „И эта клипа – она огонь, и о ней сказано: „А после грома – огонь. Не в огне Творец"[411]. Четвертая" клипа, окружающая четыре создания Матата, – „это бездна"», то есть: «И тьма над бездной»[416], и это «„полость в орехе, о которой сказано: „Голос тонкой тишины"[411], и туда входит Царь". И о ней написано: „И изнутри него словно сверкание (хашмаль) – изнутри огня"[417]».

267) «„И эти" четыре „клипы – они записаны в четырех органах тела. В легком, где есть влажность, от которой есть сирхот (плевры) легкого, соединяющие доли (досл. крылья) легкого друг с другом, и ослабляющие его". И о нем написано: „Ноги ее

---

[413] Писания, Коэлет, 7:14. «В день благоволения – радуйся, а в день бедствия – узри, ведь одно против другого создал Всесильный с тем, чтобы ничего не искать человеку после Него».

[414] Писания, Притчи, 9:5. «Идите, ешьте хлеб мой и пейте вино, мною растворенное».

[415] Тора, Ваикра, 19:32. «Перед сединой вставай и испытывай почтение к облику старца, и бойся Всесильного твоего. Я – Творец».

[416] Тора, Берешит, 1:2. «Земля же была пустынна и хаотична, и тьма над бездной, и дух Всесильного витал над поверхностью вод».

[417] Пророки, Йехезкель, 1:4-5. «И увидел я: вот ураганный ветер пришел с севера, большое облако и огонь разгорающийся, и сияние вокруг него, и изнутри него словно сверкание (хашмаль) – изнутри огня. И изнутри него – подобие четырех созданий, и вид их подобен человеку у них».

нисходят к смерти, на преисподнюю опираются стопы ее"[418]. И там „могучий ветер, разбивающий (горы)"[411], бьющий по долям (досл. крыльям) легкого человека, и это дух, возмущающий тело человека". И это первая клипа, называемая у Йехезкеля ураганным ветром. „И это тот ветер, который подчинил себе Элияу, и поднялся при помощи его наверх. И об этом сказано: „И вознесся Элияу в вихре в небо"[419]. И этот ветер (руах) ударяет по легкому, пьющему разного рода напитки, и в них: „И дух (руах) Всесильного витал над поверхностью вод"[416] – это клипа духа святости. Слева – ураганный ветер, о них сказано: „Сердце мудрого (склоняется) вправо, а сердце глупца – влево"[420]».

Пояснение статьи. Итак, Писание говорит: «И увидел я: вот ураганный ветер пришел с севера, большое облако и огонь разгорающийся, и сияние вокруг него, и изнутри него словно сверкание (хашмаль) – изнутри огня. И изнутри него – подобие четырех созданий...»[417] Ведь Писание перечисляет здесь четыре клипы, и это: ураганный ветер, большое облако, огонь разгорающийся, и сияние. А затем говорит, что внутри этих четырех клипот есть четыре создания: лев, бык, орел, человек. И он задается вопросом: почему четыре святых создания находятся внутри этих четырех клипот? И это смысл сказанного: «Наверху, в Древе жизни»[421], – т.е. в Зеир Анпине Ацилута, «нет клипот»[421] – нет клипот на его четыре создания. «Внизу, в Матате, есть клипот»[421] – так как четыре создания Матата находятся в четырех вышеупомянутых клипот.

И для того чтобы объяснить нам внутренний смысл этих четырех клипот, он сравнивает их с четырьмя клипот, – пустынность (тоу) и хаотичность (боу), и тьма, и дух Всесильного, – что в действии начала творения; и с четырьмя де-Элияу, и это – сильный и могучий ветер, разбивающий горы, гром, огонь, голос тонкой тишины; и с четырьмя клипот пшеницы – мякина (моц), солома (тевен), отруби (субин), шелуха (мурсан); и с четырьмя клипот ореха, внутри которых четыре мохин ореха, потому что

---

[418] Писания, Притчи, 5:5. «Ноги ее нисходят к смерти, на преисподнюю опираются стопы ее».

[419] Пророки, Мелахим 2, 2:11. «И было, когда они шли, идя и разговаривая, вот, (появилась) колесница огненная и кони огненные, и отделили они их одного от другого; и вознесся Элияу в вихре в небо».

[420] Писания, Коэлет, 10:2. «Сердце мудрого (склоняется) вправо, а сердце глупца – влево».

[421] См. выше, п. 263.

моах (ядро) ореха разделен на четыре части. И приводит все эти сравнения, чтобы пришло одно и научило другому.

И вот эти четыре, что в действии начала творения, и четыре Йехезкеля, и четыре Элияу, – мы уже выясняли их внутренний смысл и сравнение их друг с другом выше,[422] и внимательно изучи там. Потому что невозможно объяснять настолько подробно дважды. И суть всего этого, что так же как в начале создания миров вышли четыре стадии, – и это первое сокращение, и экран первого сокращения, и второе сокращение, и экран второго сокращения, – так же каждый из элементов, выясняемых из семи мелахим де-Некудим, – выходят в них эти четыре стадии. И они – четыре действия начала творения, и четыре – Йехезкеля, и четыре – Элияу, так как первое сокращение называется в действии начала творения пустынностью (тоу), а у Йехезкеля – ураганным ветром, а у Элияу – сильным и могучим ветром, разбивающим горы, а в пшенице называется мякиной, а в орехе называется зеленым (цветом). И экран первого сокращения называется в действии начала творения хаотичностью (боу), а у Йехезкеля – большим облаком, а у Элияу – громом, а в пшенице называется соломой, а в орехе называется белой клипой (кожурой). И второе сокращение называется в действии начала творения тьмой, а у Йехезкеля – огнем разгорающимся, а у Элияу – огнем, а в пшенице – отрубями, а в орехе – клипой (кожурой), пристающей к ядру (моах). И экран второго сокращения называется в действии начала творения бездной, и духом Всесильного, витающим над поверхностью вод, а у Йехезкеля называется сиянием (нога) и сверканием (хашмаль), а в пшенице называется шелухой, то есть очень тонкие отходы муки,[423] а в орехе называется полостью ореха, а у Элияу называется голосом тонкой тишины, потому что там присутствует Царь.

И поясним только то, что не выяснено там.[422] И это смысл сказанного: «Соответственно этим двум клипот есть мякина и солома в пшенице»[424], – потому что они клипот первого сокращения и экран первого сокращения, у которых нет никакого соприкосновения с девятью первыми сфирот, и поэтому нет у мякины и соломы никакого соприкосновения с моахом, то есть

---

[422] См. Зоар, главу Берешит, часть 1, пп. 17-28.
[423] См. Мишна, раздел Зраим, трактат Хала, часть 2.
[424] См. выше, п. 264.

с пшеницей. И это то, что написано: «Третья клипа»[425], являющаяся свойством второго сокращения, когда Малхут уже поднялась в Бину, и подсластилась в свойстве милосердия, поэтому «она тонкая», будучи подслащенной, «и она соответствует отрубям пшеницы, потому что здесь она пристает к пшенице», поскольку здесь Малхут поднялась в Бину и подсластилась в свойстве милосердия, и отпечаталась поэтому во всех девяти первых сфирот, являющихся зерном (моах) пшеницы, и считается, что ее суды пристали к сути пшеницы, и это смысл сказанного: «И ее не могут отделить оттуда, пока не перемолют ее на жерновах, которые соответствуют (зубам), перемалывающим во рту человека, которыми нужно перемалывать речения Торы, пока не станет как мука тонкого помола», – то есть нужно поднять МАН, чтобы привлечь свечение АБ САГ де-АК, чтобы опустить Малхут из Бины на свое место, и тогда раскрываются ГАР Бины, называемые мукой тонкого помола. И это смысл сказанного: «И в то время, когда кожура (клипа) мягкая»[426], то есть когда светят в ней света хасадим, называемые водой, «эта клипа нетрудно отделяется от ядра ореха». Но когда нет у нее хасадим, трудно отделить Малхут от Бины. И это смысл сказанного: «Но в то время, когда орех сухой, человеку трудно устранить ее оттуда». Однако притяжение хасадим происходит только посредством экрана второго сокращения, представляющего собой четвертую клипу. И это смысл сказанного: «Четвертая – это бездна, полость в орехе, о которой сказано: „Голос тонкой тишины"[411], и туда входит Царь», потому что «четвертая», являющаяся экраном второго сокращения, куда уже притягиваются хасадим, – тогда уже можно опустить Малхут из Бины, чтобы раскрылись ГАР, называемые «Царь». И это смысл сказанного: «И туда входит Царь», потому что там подобает, чтобы раскрылись ГАР. И это свойство «четыре святых создания», называемые четырьмя моахами ореха.

И вот ты обнаруживаешь, что четыре клипы – это четыре ступени, называемые раскрытием ГАР. Поскольку при первом сокращении исчезли все света, и экран, называемый хаотичностью (боу), привлек хасадим на первое сокращение, и там

---

[425] См. выше, п. 265.
[426] См. выше, п. 266.

еще нет начала для существования миров,[427] пока не появляется третья клипа, возникающая в результате подъема Малхут в Бину, и благодаря этому образуется начало и возможность выхода ГАР.[427] А затем, когда вышел экран второго сокращения в хасадим, называемый голосом тонкой тишины, тогда можно опустить Малхут из Бины и раскрыть ГАР. И это смысл сказанного: «И туда входит Царь». И тогда, после того как Малхут опускается из Бины, раскрываются ГАР в виде трех линий и Малхут, получающей их, называемые четырьмя созданиями. Таким образом, эти четыре клипы – не что иное, как четыре ступени одна за другой, пока не раскрываются эти четыре создания. И поэтому считается, что эти четыре клипы облачены друг в друга, пока во внутренней их части не раскрываются и не устанавливаются четыре создания.

И это то, что сказано: «И эти (четыре) клипы – они записаны в четырех органах тела»[428], и это – легкое, сердце, печень и селезенка. И легкое – это верхняя клипа, представляющая собой экран второго сокращения, и это тайна плевр, имеющихся в легком, потому что влажность, которая в легком, пьющем разного рода напитки, – это свойство Бины, и ураганный ветер первого сокращения ударяет по ним, и вторгается Малхут ураганного ветра в Бину, и в Бине образуются плевры, т.е. экраны второго сокращения. И это смысл сказанного: «В легком, где есть влажность, от которой есть плевры легкого», и «ноги ее нисходят к смерти»[418], то есть в ее окончании есть Малхут манулы, от которой эта смерть, однако сами плевры – они подслащены свойством Бины. И объясняет, как образуются плевры. И это смысл сказанного: «И там „могучий ветер, разбивающий (горы)"[411], бьющий по долям (досл. крыльям) легкого человека, и это дух, возмущающий тело человека», то есть ураганный ветер, являющийся Малхут первого сокращения, «и этот ветер ударяет по легкому, пьющему разного рода напитки», – и перемешивается ураганный ветер с водами Бины, и образуются плевры. И это смысл сказанного: «И в них: „И дух Всесильного витал над поверхностью вод"[416]», т.е. экран второго сокращения,[422] – «это клипа духа святости», иначе говоря, после того как устраняется эта клипа, раскрывается дух святости,

---

[427] См. Зоар, главу Берешит, часть 1, п. 3, со слов: «В свойстве суда, т.е. в свойстве Малхут мира АК, прежде чем она подсластилась в Бине, в свойстве милосердия, мир не мог существовать...»

[428] См. выше, п. 267.

т.е. ГАР. А место клипы Малхут первого сокращения, называемой ураганным ветром, – оно в сердце, и это смысл сказанного: «Слева» – т.е. сердце, которое в левой стороне легкого, «ураганный ветер» – пребывает в нем ураганный ветер первого сокращения. «О них сказано: „Сердце мудрого (склоняется) вправо"[420]» – то есть получает свойство экрана второго сокращения, и это свойство «и дух Всесильного витал»[416], от легкого, которое с правой стороны сердца, „а сердце глупца – влево"[420]» – в котором есть ураганный ветер, и он не достоин получения света.

268) «„Давид устранил его", ураганный ветер, „из сердца и убил его. Это смысл сказанного: „И сердце мое опустело во мне"[429], – поскольку устранил ураганный ветер, осталось в сердце пустое пространство вместо него. „И поэтому удостоился того, что повеял северный ветер", т.е. свечение Хохмы, исходящее от левой линии, „в его киноре", т.е. Малхут, „и сказано о нем: „Так сказал Творец: „От четырех ветров приди, веяние (жизни)"[430], и он играл на нем, на киноре, четырьмя видами мелодий: простой песней, и это йуд (י), и двойной песней, и это йуд-хэй (י"ה), тройной песней, и это йуд-хэй-вав (יה"ו), и четверной песней, и это" четыре буквы „йуд-хэй (י"ה) вав-хэй (ו"ה). Итого", вместе „их десять букв. И Давид произвел соответственно им десять видов псалмов, и это: восславление (ашрей) и учение (маскиль), и напев (мизмор), и изречение (михтам) и т.д.[431] И они восходят к семидесяти двум ликам", т.е. к семидесяти двум светам, „как числовое значение этих десяти букв"» АВАЯ в четырех (бе-рибуа), упомянутом выше.

269) «„И когда они восходят к семидесяти двум видам мелодии", что является свойством ГАР от имени АБ (ע"ב), то есть „когда уходит власть греха и губителя, и ярости, и гнева, в которых бьется ураганный ветер", т.е. Малхут первого сокращения, как

---

[429] Писания, Псалмы, 109:22. «Потому что беден и нищ я, и сердце мое опустело во мне».

[430] Пророки, Йехезкель, 37:9. «Но Он сказал мне: пророчествуй веянию (жизни), пророчествуй, сын человеческий, и скажешь веянию (жизни): так сказал Творец: „От четырех ветров приди, веяние (жизни), и войди в этих мертвых, и оживут они"».

[431] См. Зоар, глву Ноах, п. 256, со слов: «И это одна из десяти ступеней: дирижирование (ницуах), мелодия (нигун), учение (маскиль), изречение (михтам), напев (мизмор), песнь (шир), восславление (ашрей), молитва (тфила), благодарность (одаа), хвала (алелуйя). И из них Давид составил книгу псалмов…»

мы уже говорили, "в четырех сторонах, восходящих к десяти кетерам", как уже объяснялось с четырьмя буквами АВАЯ, где в песне двойной, тройной и четверной – это десять букв, и восходят к числовому значению АБ (ע"ב 72), и тогда они подчиняют "семьдесят два народа", и это семьдесят народов, и Эдом и Ишмаэль. "Это смысл сказанного: „А при погибели нечестивых – торжество"[432]". Ведь когда исчезают эти четыре клипы, – грех, губитель, гнев и ярость, – раскрываются ГАР, что и называется торжеством, то есть семьдесят два вида мелодии.

270) «„Поскольку Михаэль Гавриэль Нуриэль Рефаэль", являющиеся четырьмя созданиями меркавы, "управляют четырьмя добрыми основами человека, и это – вода огонь ветер земля", т.е. ХУГ ТУМ, "и у каждого из них есть четыре лика" – льва быка орла человека. А "грех и губитель, гнев и ярость, висят над белой желчью, и это легкое, в котором они образуют плевру, и над красной желчью, что в печени, которая окрашивается в красный цвет Марсом. И в зеленой желчи, что удерживается в печени, которая является мечом ангела смерти, о которой сказано: „Последствия от нее горьки, как полынь, остры, как меч обоюдоострый"[433]. И в черной желчи, и это Лилит", которая является спутником "Юпитера, и это власть селезенки, являющейся печалью, нижней преисподней, бедностью и тьмой, плачем и трауром, и голодом"».

Объяснение. Четыре добрых основы человека, вода огонь ветер земля, – это свойство четырех созданий, Михаэль Гавриэль Нуриэль Рефаэль, которые во внутренних свойствах четырех клипот: ураганный ветер, большое облако, огонь разгорающийся и сияние. Так же как четыре создания облачены во внутренние свойства этих четырех клипот, так и четыре основы, что в человеке, облачены в четыре клипы – грех, губитель, гнев и ярость. И грех соответствует сиянию, губитель соответствует огню разгорающемуся, гнев соответствует ураганному ветру, ярость соответствует большому облаку.

И это смысл сказанного: «Поскольку Михаэль Гавриэль Нуриэль Рефаэль управляют четырьмя добрыми основами

---

[432] Писания, Притчи, 11:10. «При благоденствии праведных ликует город, а при погибели нечестивых – торжество».
[433] Писания, Притчи, 5:4. «Последствия от нее горьки, как полынь, остры, как меч обоюдоострый».

человека, и это – вода огонь ветер земля». Иначе говоря, вода-огонь-ветер-земля являются свойствами четырех созданий в человеке, как и эти четыре ангела. «И у каждого из них есть четыре лика» – то есть как и четыре высших создания, у каждого из которых есть четыре лика. И так же как высшие создания облачены в четыре клипы, и это – ураганный ветер, большое облако, огонь разгорающийся и сияние, так и четыре создания, что в человеке, и это – огонь-ветер-вода-земля, облачены в четыре клипы: грех, губитель, гнев и ярость. И это смысл сказанного: «Висят над белой желчью, и это легкое в котором они образуют плевру», потому что в легком пребывает клипа нóга (сияние), являющаяся экраном второго сокращения,[434] которая в человеке называется грехом, и от него плевры, что в легком. «И над красной желчью, что в печени, которая окрашивается в красный цвет Марсом», – и она соответствует клипе огня разгорающегося, которая от второго сокращения, и суды в ней не из-за нее самой, а из-за ее смешения с Малхут, и поэтому называется огнем разгорающимся, поскольку разгорается от другого огня, и поэтому говорит: «Которая окрашивается в красный цвет Марсом», поскольку красноватость приходит к ней из-за другой красноты. А в человеке называется эта клипа губителем. «И в зеленой желчи, что удерживается в печени, которая является мечом ангела смерти». И она соответствует клипе ураганного ветра, исходящей от Малхут первого сокращения, от которой наступает смерть.[435] И это смысл сказанного: «Которая является мечом ангела смерти». А в человеке эта клипа называется гневом. «И в селезенке, являющейся печалью, нижней преисподней, бедностью и тьмой, плачем и трауром, и голодом» – это свойство клипы большого облака, которая исходит от экрана первого сокращения, которая в человеке называется яростью. И внутри этих четырех клипот, – грех, губитель, гнев и ярость, – облачены четыре основы огонь-ветер-вода-земля, являющиеся свойством четырех созданий, что в человеке.

271) «„Сразу, как только уходят эти" четыре „клипот из человека, властвует над ним Древо жизни в семидесяти двух ликах" от свечения Малхут. И они АВАЯ бе-рибуа (досл. в квадрате),

---

[434] См. выше, п. 267.
[435] См. Зоар, главу Ваеце, п. 23. «„От силы света Ицхака"– святости, „и осадков вина" – клипот, из них обоих „выходит одна сложная форма", состоящая из добра и зла, „включающая захар и некева (мужскую и женскую часть) как одно целое"...»

„такое: йуд (י), йуд-хэй (י״ה), йуд-хэй-вав (יה״ו), йуд-хэй (י״ה) вав-хэй (ו״ה)", которое в гематрии АБ (ע״ב 72), „поскольку имеется десять" букв, „висящих с четырех сторон, и это" четыре буквы „АВАЯ (הויה), о которых сказано: „Так сказал Творец: „От четырех ветров приди, веяние (жизни)"[430]. Это дух Машиаха, о котором сказано: „И снизойдет на него дух Творца"[436], и это дух Малхут, „когда Он", АВАЯ, т.е. Зеир Анпин, „веет в правое ухо сердца, где Хохма со стороны Хеседа, в котором „желающий обрести мудрость обратится на юг"[437], – в Хохму. И Хесед веет в Бину", а затем в Зеир Анпин, а затем в Малхут. „Ибо" когда веет „в Хохму – это йуд (י). В Бину – это хэй (ה). В Тиферет – это вав (ו). В Малхут – это хэй (ה). Йуд-хэй (י״ה) вав-хэй (ו״ה)", т.е. Зеир Анпин, „бьется во всех четырех" этих сфирот, и становится четырьмя сочетаниями: когда он бьется в Хохме – он йуд (י), когда он бьется в Бине – он йуд-хэй (י״ה), а в Тиферет – он йуд-хэй-вав (יה״ו), а в Малхут – он йуд-хэй (י״ה) вав-хэй (ו״ה), „которые восходят к десяти" буквам, соответствующим десяти сфирот. И числовое их значение – „это АБ (ע״ב 72)", и это Хохма, т.е. „замысел сердца"».

272) «„Это йуд (יו״ד) хэй (הֵ״א) вав (וָא״ו) хэй (הֵ״א)", которое в гематрии МА (45), и это Зеир Анпин, „правая его сторона – это вода, и это великая рука", т.е. Хесед и правая линия, „а левая его сторона – это огонь, и это сильная рука", т.е. Гвура и левая линия. „В среднем столбе", что между ними, – „это рука вознесенная", т.е. Тиферет, и это средняя линия, „и это дух святости. И весь он – сын йуд-хэй (יֵ״ה בֵּן)"», поскольку у него есть мохин де-ГАР от йуд-хэй (י״ה).

273) «„Ибо дух этого существа в офаним"[438] – „из-за того, что будет там дух, чтобы идти, они шли"[438]. В нем", в этом духе, „содержатся вода и огонь, так как" этот дух „включен в них обоих, и бьется в сосудах мозга, являющегося водой", и это Хохма, „и в сосудах сердца, являющегося огнем", и это Бина. „А" место „духа – оно в долях (досл. крыльях) легкого"», как уже объяснялось.

---

[436] Пророки, Йешаяу, 11:2. «И снизойдет на него дух Творца, дух мудрости и понимания, дух совета и силы, дух знания и боязни Творца».
[437] См. Вавилонский Талмуд, трактат Бава батра, лист 25:2.
[438] Пророки, Йехезкель, 1:20. «Из-за того, что будет там дух, чтобы идти, они шли, – там дух, чтобы идти. И офаним поднимались подле них, ибо дух этого существа в офаним».

274) «„В каждом из органов тела – находятся" в нем эти четыре, которые представляют собой „колеса моря Торы", являющейся водой, „и колеса небосвода, являющегося огнем. Все они поднимаются и опускаются в нем", в этом органе. И эта вода, являющаяся правой линией и Хеседом, опускается. А огонь, являющийся левой линией и Гвурой, поднимается, потому что левая линия светит не иначе, как снизу вверх.[439] „И он", этот дух, т.е. Тиферет и средняя линия, – „место его" посередине, „между небосводом и морем", т.е. правой и левой. „Кли его", этого духа, т.е. Тиферет, – „это земля", являющаяся прахом, „и это Шхина"».

275) «„И как птицы, крылья которых раскрыты, чтобы принять ветер, дабы летать с помощью него, так же все органы тела открыты во множестве источников, во множестве суставов, во множестве сосудов, во множестве отделов сердца, и отделов мозга, чтобы принять его", этот дух, т.е. среднюю линию. „Потому что если бы он не веял в отделах сердца, то огонь, что в сердце", т.е. средняя линия, „сжег бы все тело". Иначе говоря, если бы средняя линия, называемая духом, не соединяла правую и левую друг с другом, то суды левой стороны, являющиеся огнем в сердце, сожгли бы тело, потому что свечение левой без правой – это суровые и горькие суды. „И множество лестниц", т.е. ступеней, „и комнат, из сосудов трахеи сердца и трахеи легкого, – исправляются все у него"», у духа, являющегося средней линией.

---

[439] См. Зоар, главу Берешит, часть 1, п. 50. «Разногласие, которое было исправлено согласно высшему подобию...»

Голос и речь

276) «„Когда поднимается речь", то есть в начале возникновения речи в человеке, „над долями (досл. крыльями) легкого, она становится там голосом. В этот момент" сказано: „Ибо птица небесная донесет голос"[440], „Голос Творца над водами"[441], потому что он поднимается „со стороны вод", являющихся правой линией. „И это мозг, куда поднимается через доли легкого. „Голос Творца высекает пламя огня"[442] – это со стороны сердца", являющегося левой стороной, и это огонь. „Когда" все это „выходит из уст", т.е. Малхут, „то называется речью"».

277) «„И соответственно двум долям (досл. крыльям) легкого", т.е. двум половинам легкого, „раскрывающим свои крылья, чтобы получить этот голос, – и это то, что написано: „И лики их и крылья их разделены сверху"[443], так как доли (досл. крылья) легкого отделены друг от друга, – „так же и губы", их две, „которые берут эту речь и возносят ее наверх"».

278) «„И подобно тому, что их пять долей (досл крыльев) легкого", т.е. пять разделений, которые в двух его половинах, „все они открыты, без плевры, чтобы принять этот голос, такими должны быть пять исправлений, что в устах, все они открыты без плевры, и это пять исправлений": буквы „алеф-хэт-хэй-аин (אחהע)" выходят „в горле", буквы „бет-вав-мем-фэй (בומפ)" выходят „в губах, гимель-йуд-хаф-куф (גיכק) – в нёбе, далет-тэт-ламед-нун-тав (דטלנת) – в языке, заин-самех-шин-рейш-цади (זסשרצ) – в зубах"».

279) «„И речь будет в них без плевры и задержки вовсе. Это смысл сказанного: „И было, прежде чем он кончил говорить, и вот, выходит Ривка"[444], а Ривка – „это молитва, являющаяся речью. И поэтому мы учили: „Если молитва на моих устах

---

[440] Писания, Коэлет, 10:20. «Даже в мыслях своих не кляни царя, и в спальных покоях своих не кляни богача, ибо птица небесная донесет голос и обладающий крыльями перескажет слово».

[441] Писания, Псалмы, 29:3. «Голос Творца над водами, Всевышний величия прогремел, Творец над множеством вод».

[442] Писания, Псалмы, 29:7. «Голос Творца высекает пламя огня».

[443] Пророки, Йехезкель, 1:11. «И лики их и крылья их разделены сверху, и два (крыла) соприкасаются у одного и другого, а два – покрывают тела их».

[444] Тора, Шмот, 24:15. «И было, прежде чем он кончил говорить, и вот, выходит Ривка, которая родилась от Бетуэля, сына Милки, жены Нахора, брата Авраама, и кувшин ее на плече ее».

постоянна, знаю я, что она принимается"⁴⁴⁵. Если есть плевра, и выходит с задержкой, „знаю я, что она отклонена"⁴⁴⁵, поскольку есть здоровая плевра, и это трефа⁴⁴⁶"».

280) «„И этот голос – это Шма Исраэль", т.е. единство шести слов Шма Исраэль,⁴⁴⁷ являющееся единством Зеир Анпина, называемого голосом, „в котором: „И слышал я голос крыльев их"⁴⁴⁸. И это АВАЯ", т.е. Зеир Анпин, „являющийся голосом, когда выходит, чтобы принять Шхину в молитве шепотом, являющейся речью", т.е. Малхут, называемая речью. „И о ней сказано: „Господин мой, открой уста мои"⁴⁴⁹ – все органы", то есть все двести сорок восемь светов Хеседа Зеир Анпина, называемые двумястами сорока восемью органами, „крылья их", то есть Малхут, что в каждом органе, – „все они открыты в двухстах сорока восьми словах, которые в четырех отрывках возглашения Шма, с помощью которых нисходит этот голос"». Объяснение. Потому что первый отрывок – это «Шма Исраэль»⁴⁴⁷ с «Благословенно имя величия царства Его вовеки»⁴⁵⁰, в которых есть двенадцать слов. А второй отрывок – это «И возлюби»⁴⁵¹, в котором есть сорок два слова. А третий отрывок – это «И будет, если послушаетесь»⁴⁵², в котором есть сто двадцать два слова. А следующий отрывок – это отрывок цицит, в котором есть шестьдесят девять слов.⁴⁵³ И вместе это двести сорок пять слов, и с тремя словами «Творец Всесильный твой, истина», которые кантор

---

⁴⁴⁵ См. Мишна, раздел Зраим, трактат Брахот, часть 5, мишна (закон) 5.

⁴⁴⁶ Трефа – то, что считается изъяном, делающим жертву непригодной к жертвоприношению.

⁴⁴⁷ Тора, Дварим, 6:4. «Слушай, Исраэль! Творец – Всесильный наш, Творец один».

⁴⁴⁸ Пророки, Йехезкель, 1:24. «И слышал я шум (досл. голос) крыльев их, подобный шуму множества вод, словно голос Всемогущего, когда они шли, рев, как голос стана; когда они вставали, опускали крылья свои».

⁴⁴⁹ Писания, Псалмы, 51:17. «Господин мой, открой уста мои, и язык мой возвестит хвалу Тебе!»

⁴⁵⁰ Благословение молитвы «Шма Исраэль».

⁴⁵¹ Тора, Дварим, 6:5-9. «И возлюби Творца Всесильного твоего всем сердцем твоим и всей душой твоей, и всем достоянием твоим...»

⁴⁵² Тора, Дварим, 11:13-21. «И будет, если послушаетесь заповедей Моих, которые Я заповедую вам сегодня, чтобы любили вы Творца Всесильного вашего и служили Ему всем сердцем вашим и всей душой вашей...»

⁴⁵³ Тора, Бемидбар, 15:37-41. «И сказал Творец Моше, говоря: „Говори сынам Исраэля и скажи им, чтобы они делали себе кисти на краях одежд своих во всех поколениях своих и вставляли в кисти края (одежды) синюю нить. И будет вам кистью, чтобы вы видели это и помнили все заповеди Творца, и исполняли их..."»

произносит громким голосом, это двести сорок восемь слов. А одиночка должен добавить поэтому: «Творец – Царь верный», чтобы восполнить двести сорок восемь.[454]

281) «"И когда" этот голос "опускается", чтобы принять Шхину в молитве Амида, "множество птиц щебечут ему", являющихся двумястами сорока восемью светами Шхины, и это свойство речь, и поэтому щебечут, "все они, в различных видах мелодий, над органами тела", и это двести сорок восемь светов Зеир Анпина, "являющихся ветвями дерева, и над всеми крыльями, что в каждом органе", т.е. над Малхут, что в каждом органе, называемой крылом, "где обиталище птицы, которая Адни", т.е. этой Малхут. Потому что двести сорок восемь светов Малхут обитают над свойством крыло, которое есть во всех двухстах сорока восьми светах Зеир Анпина, так как каждое свойство получает от соответствующего ему свойства в высшем. "Ведь в каждой ветви" Зеир Анпина "находится" эта Малхут "открытой для мужа своего". И это скрытый смысл сказанного: "Господин мой, открой уста мои"[449], и это открытый вход" для Зеир Анпина „в молитве Амида, когда нет ни одного органа из двухсот сорока восьми органов Шхины, который не открывает, чтобы принять" Зеир Анпин. „И поэтому называется" Шхина „разговором ангелов-служителей", так как она является свойством речи, „и она – щебетание птиц, которые являются душами, пребывающими в органах" Шхины, называемых птицами. „И это разговор пальм, которые являются ветвями этого дерева"», т.е. органы Зеир Анпина, т.е. свойства крыльев, что в каждой ветви, где пребывает Адни, и это речь.

Объяснение. Каждый парцуф разделен на правую и левую линии, и это двести сорок восемь органов, являющихся келим де-хасадим, в правой линии, и триста шестьдесят пять сухожилий, которые являются келим для светов левой линии, т.е. свечения Хохмы, и они в левой стороне. И Зеир Анпин называется голосом, и основой его является свечение хасадим, и поэтому его единство в возглашении Шма – оно в двухстах сорока восьми словах для передачи хасадим. А затем, в молитве Амида, он соединяется с Малхут, называемой речью, основой которой является свечение Хохмы. И когда Малхут получает хасадим от Зеир Анпина в молитве Амида, она получает в свои келим хасадим, называемые двумястами сорока восемью органами

---

[454] См. Новый Зоар, мидраш Рут, пп. 114-116.

Шхины. И тайна единства голоса и речи – это единство хасадим и Хохмы, подобных голосу и речи, ибо так же, как нет речи без голоса, нет реальности свечения Хохмы без хасадим, поскольку Хохма не может светить без облачения хасадим.[455] И поэтому Шхина жаждет получить хасадим от Зеир Анпина, чтобы раскрылась ее речь, являющаяся свойством Хохмы.

И это смысл сказанного: «И этот голос – это Шма Исраэль»[456], потому что единство Шма Исраэль – оно для Зеир Анпина, чтобы привлечь хасадим в свои двести сорок восемь органов, являющиеся келим де-хасадим, чтобы затем передать Шхине, «когда выходит, чтобы принять Шхину в молитве шепотом», т.е. в молитве Амида. И там он принимает ее и передает ей хасадим. И он говорит, что каждое свойство в высшем передает соответствующему ему свойству в нижнем. Ведь несмотря на то, что мы говорим, что двести сорок восемь органов Зеир Анпина получают и передают эти хасадим, имеется в виду свойство Малхут в каждом органе Зеир Анпина, у которой есть связь с общей Малхут. И это смысл сказанного: «Все органы, крылья их, – все они открыты в двухстах сорока восьми словах». «Крылья их», то есть свойства Малхут, имеющиеся в двухсот сорока восьми органах Зеир Анпина, – они являются получающими эти хасадим и передающими двумстам сорока восьми органам Малхут. И это смысл сказанного: «И когда опускается»[457] – т.е. в молитве Амида, «множество птиц щебечут ему» – и это двести сорок восемь органов Малхут, называемой птицей. «И над всеми крыльями, что в каждом органе, где обиталище птицы», – то есть, что двести сорок восемь органов этой птицы, называемых двумястами сорока восемью птицами, пребывают над двумястами сорока восемью крыльями, что в двухстах сорока восьми органах Зеир Анпина, и получают от них хасадим таким образом, что каждый орган из Малхут получает от соответствующего ему свойства в Малхут, которая в каждом органе Зеир Анпина.

282) «"И в то время, когда нисходит АВАЯ к Адни в каждом из органов", – когда каждый орган из АВАЯ, которым является Зеир Анпин, передает соответствующему ему органу в Малхут, т.е. Адни, – "сказано о них: „Когда они вставали, опускали

---

[455] См. Зоар, главу Берешит, часть 1, п. 34, со слов: «Затем вышла тьма, и вышли в ней семь других букв алфавита...»
[456] См. выше, п. 280.
[457] См. выше, п. 281.

крылья свои"⁴⁴⁸». «Когда они вставали»⁴⁴⁸ – указывает на единство молитвы Амида, когда крылья, являющиеся органами Малхут, спокойные. «„И это тайна хашмаль" – буквы слов хайот эш хашот мемалелот, – „то есть огненные животные, иногда хашот (молчат), иногда мемалелот (бормочут). И сказали авторы Мишны: „В Мишне мы учили, что когда эта речь исходит из уст Творца, – хашот (молчат), а когда эта речь не исходит из уст Творца, – мемалелот (бормочут)". И это означает: „В тот момент, когда голос и речь соединяются вместе", т.е. Зеир Анпин и Малхут, „и они" сочетание „АВАЯАДНИ (יְאָהֳדֹנָהי)", и это просходит в молитве Амида, „они хашот (молчат). Но в то время, когда их лики", свойство Зеир Анпина, „и их крылья", свойство Малхут, „разделены, когда АВАЯ отделен от Адни, он", АВАЯ, „пребывает в четырех ликах этих созданий, и все они открыты. И ему соответствуют" крылья этих созданий, являющихся свойством Адни, и свойством речи, „мемалелот (бормочущие), чтобы просить пищу" у Зеир Анпина, „поскольку: „И пища для всех в нем"⁴⁵⁸. Адни", т.е. Малхут, „находится в крыльях этих созданий. И все они открыты, чтобы получать от этих созданий"».

Объяснение. Когда Зеир Анпин и Малхут, называемые голосом и речью, находятся в состоянии зивуга, т.е. в молитве Амида, тогда основа власти – она у Зеир Анпина, являющегося свойством хасадим, а речь, т.е. свечение Хохмы и свойство Адни, хотя тоже светит, вместе с тем считается речью шепотом, то есть без власти. А в то время, когда нет зивуга, тогда проявляется власть Малхут, т.е. свойства речи, свечение Хохмы. И это смысл сказанного: «В тот момент, когда голос и речь соединяются вместе, и они АВАЯАДНИ (יְאָהֳדֹנָהי), они хашот (молчат)», – поскольку тогда власть у хасадим Зеир Анпина. «Но в то время, когда их лики и их крылья разделены ... ему соответствуют мемалелот (бормочущие)». Потому что тогда видна власть Малхут, являющейся свойством речи.

283) Создания, что в Ецира, «„ревут голосом, являющимся" Зеир Анпином, называемым „АВАЯ. И все они в правой линии", т.е. в хасадим. „Офаним", которые в Асия, „щебечут речью, и это" от Малхут, называемой „Адни, и они в левой линии. С

---

⁴⁵⁸ Писания, Даниэль, 4:9. «Листья его прекрасны и плоды обильны, и пища для всех в нем, в тени его укрывались звери полевые, в ветвях его жили птицы небесные, и от него питалось все живое».

помощью серафимов", которые в Брия, „соединяются голос и речь", Зеир Анпин и Малхут, и они „посередине", и два этих имени, АВАЯ Адни, – они облачаются в них в полном единстве, и сочетаются друг с другом, „АВАЯАДНИ (יְאָהֲדֹוָנָהִי)". О них" сказано: „И птица будет летать"⁴⁵⁹. И это смысл сказанного: „И подлетел ко мне один из серафимов"⁴⁶⁰, т.е. Матат. „И сказано о них: „Ибо птица небесная донесет голос"⁴⁶¹, – и это со стороны АВАЯ, облаченного в Матата, „и обладающий крыльями перескажет слово"⁴⁶¹, – и это со стороны Адни, облаченного в Матата, „и эти серафимы: „Шесть крыльев у каждого из них"⁴⁶², то есть со стороны буквы вав (ו)", облаченной в них, „которая является средней линией, включающей правую и левую", и в ней шесть сфирот ХАГАТ НЕХИ. „И она включает в себя шесть слов" единства Шма Исраэль. „И признак этого: „Двумя прикрывает он лицо свое и двумя прикрывает он ноги свои, а с помощью двух – летает"⁴⁶²».

284) От «И увидел я»⁴⁶³ до «образ, подобный человеку»⁴⁶⁴, он считает первым исправлением, и там четыре клипы, в которых эти четыре создания. И тайна Матата, что по отношению к этим четырем созданиям, – это небосвод, который над головами этих созданий, и управляющий ими. А относительно Малхут – это свойство «трон». И все они являются первым исправлением. «А второе исправление: „И над образом престола – образ, подобный человеку, на нем сверху"⁴⁶⁴, где человек означает – „решимо книги Торы", т.е. Малхут, которая является решимо Зеир Анпина, называемого Торой, „и она: „Подобно красоте

---

⁴⁵⁹ Тора, Берешит, 1:20. «И сказал Всесильный: „Да воскишит вода кишением существа живого и птица будет летать над землею под сводом небесным"».

⁴⁶⁰ Пророки, Йешаю, 6:6. «И подлетел ко мне один из серафимов, и в руке его уголь горящий, который взял он щипцами с жертвенника».

⁴⁶¹ Писания, Коэлет, 10:20. «Даже в мыслях своих не кляни царя, и в спальных покоях своих не кляни богача, ибо птица небесная донесет голос и обладающий крыльями перескажет слово».

⁴⁶² Пророки, Йешаю, 6:2. «Над ним возвышаются серафимы, шесть крыльев у каждого из них: двумя прикрывает он лицо свое и двумя прикрывает он ноги свои, а с помощью двух летает».

⁴⁶³ Пророки, Йехезкель, 1:4-5. «И увидел я: вот ураганный ветер пришел с севера, большое облако и огонь разгорающийся, и сияние вокруг него, и изнутри него словно сверкание (хашмаль) – изнутри огня. И изнутри него – подобие четырех созданий, и вид их подобен человеку у них».

⁴⁶⁴ Пророки, Йехезкель, 1:26. «Над сводом же, который над головами их, словно образ сапфирового камня, в виде престола, и над образом престола – образ, подобный человеку, на нем сверху».

человека, чтобы пребывать в доме"⁴⁶⁵». Иначе говоря, эта Малхут – она подобна красоте человека, с указанием на это подобие, но не красота его самого. И также здесь то, что сказано: «Подобно красоте человека»⁴⁶⁵, с указанием на это подобие, указывает на Малхут, по отношению к которой Матат является троном.

---

[465] Пророки, Йешаяу, 44:13. «Плотник протягивает шнурок, отмечает его (дерево) резцом, отделывает его рубанками, и циркулем отмечает, и делает его по образу человека, подобно красоте человека, чтобы пребывать в доме».

Возглашение Шма, и цицит, и тфилин, и ремешки

285) «„И постановили мудрецы: „Каждый, произносящий возглашение Шма утренней и вечерней молитв, словно выполняет: „И размышляй о ней днем и ночью"[466], т.е. поскольку возглашение Шма включает в себя правую и левую линии, являющиеся свойствами дня и ночи, как он заключает далее,[467] и объясняет: „Ибо белый талит", то есть талит с цицит относительно свойства белого, что в нем, а не относительно синеты, что в нем, – „он в правой линии со стороны Хеседа. И сказано о нем: „Творец – Царь, восседающий на троне милосердия и поступающий милостиво"[468]. И также: „И упрочится престол милосердием (хесед)"[469]. Хесед (חֶסֶד) равен АБ (ע״ב 72)", что указывает на семьдесят два „звена и узла, что в талите"», – то есть четырежды восемнадцать.[470]

286) «„А есть талит со стороны Матата, и это тэт-тэт (ט״ט)" Матата (מְטַטְרוֹן), „включающий восемнадцать", которые имеются „между узлами и звеньями с каждой стороны" талита, „то есть пять узлов, соответствующие пяти частям Торы, и тринадцать звеньев", то есть тринадцать витков, которые сплетены на цицит, „они соответствуют тринадцати мерам милосердия, что в Торе, и сказано о них, что тринадцатью способами истолковывается Тора"». И это тринадцать свойств милосердия, исходящие из тринадцати исправлений дикны Арих Анпина.

287) «„О ней", о Малхут, „сказано: „Образ, подобный человеку, на нем сверху"[464]. То есть Малхут – „она в виде Тиферет, и это: „Красота (тиферет) человека на нем, сверху, и она называется по имени его", Тиферет, „и это йуд-хэй-вав-хэй (יו״ד ה״א וא״ו ה״א)". И это является тайной изречения: „Каждого, названного именем Моим, и во славу Мою сотворил Я его,

---

[466] Пророки, Йеошуа, 1:8. «Да не отходит эта книга Торы от уст твоих, и размышляй о ней днем и ночью, чтобы в точности исполнять все написанное в ней, тогда удачлив будешь на пути твоем и преуспеешь».
[467] См. далее, п. 290.
[468] Молитва Слихот.
[469] Пророки, Йешаяу, 16:5. «И упрочится престол милосердием, и воссядет на нем в правде в шатре Давидовом судья, ищущий правды и стремящийся к правосудию!»
[470] См. выше, п. 256.

создал Я его и сделал Я его"⁴⁷¹. И поэтому: „Подобный человеку, на нем сверху"⁴⁶⁴, – это Шхина, которая в виде среднего столба", т.е. Тиферет, „в четырех ликах и десяти сфирот, и они Адам" – то есть десять букв йуд-хэй-вав-хэй (יו״ד ה״א וא״ו ה״א), которые в гематрии Адам (אָדָם 45). „И четыре лика человека (адам), представляющие собой четыре" простых „буквы" АВАЯ (הויה), и вместе „их – четырнадцать букв (י״ד), и о них" сказано: „И через (וּבְיַד) пророков представляться буду"⁴⁷²».

288) «„И еще", цицит „называется хай (חַ״י 18)", так как это тринадцать звеньев и пять узлов, „со стороны праведника", т.е. Есода, „поскольку благодаря ему", т.е. с помощью его единства, „называются Творец и Его Шхина по имени Адам", т.е. АВАЯ (הויה) с наполнением алеф (א), которое в гематрии Адам (אָדָם 45), „который является средним столбом", то есть Зеир Анпин, – это йуд-хэй-вав (יו״ד ה״א וא״ו), которые в гематрии „тэт-ламед (ט״ל 39), и Его Шхина хэй (ה״א), и благодаря хэй (ה)" восполняется „имя Адам (אָדָם). Потому что тэт-ламед (ט״ל 39) таким образом равен в числовом значении йуд-хэй-вав (יו״ד ה״א וא״ו), и это" праведник, называемый хай (живой חַ״י), – „ниспосылающий росу (таль טל)", т.е. йуд-хэй-вав (יו״ד ה״א וא״ו), „к хэй (ה״א)", Шхине, и Есод – „он узел талит, и он хай (חַ״י 18) миров" в каждой стороне, то есть пять узлов и тринадцать звеньев, „который связывает" и соединяет „Творца и Шхину Его со всех сторон, в четырех крыльях этого талита"», т.е. ХУГ ТУМ.

289) «„Тфилин – они являются" свойством „левой" линии, „это смысл сказанного: „Клялся Творец десницей Своей и мышцей силы Своей"⁴⁷³. „Десницей Своей"⁴⁷³ – это Тора, „мышцей силы Своей"⁴⁷³ – это тфилин. Четыре отрывка", которые в тфилин, – „это" четыре буквы „АВАЯ (הויה). Адни (אדני) – это чертог для четырех букв", которые представляют собой четыре отрывка, „в четырех отделениях тфилин. Узел тфилы руки – это „праведник, оживляющий миры", т.е. Есод, „являющийся связью их обоих", АВАЯ (הויה) Адни (אדני), „на левой руке. Узел" тфилы „головы – это средний столб", т.е. Тиферет, „в котором наверху соединяются

---

⁴⁷¹ Пророки, Йешаяу, 43:7. «Каждого, названного именем Моим, и во славу Мою сотворил Я его, создал Я его и сделал Я его».

⁴⁷² Пророки, Ошеа, 12:11. «И говорил Я пророкам, и умножал Я видения, и через пророков представляться буду».

⁴⁷³ Пророки, Йешаяу, 62:8. «Клялся Творец десницей Своей и мышцей силы Своей: не дам Я зерно твое в пищу врагам твоим, и не будут пить чужеземцы вино твое, над которым трудился ты».

АВАЯ (הויה) ЭКЕ (אהיה), являющиеся Хохмой и Биной"». Потому что Зеир Анпин поднимается и соединяет Хохму Бину, называемые АВАЯ (הויה) ЭКЕ (אהיה), и становится там (свойством) Даат.

290) «„Возглашение Шма – это единство, которое посередине", т.е. единство, которое в ХАГАТ, „и оно включено между цицит и тфилин", когда кисти (цициёт) в качестве белого цвета, что в них, – они с правой стороны его, а тфилин – с левой. „Потому что все отрывки из глав цицит и тфилин, – они включены в единство возглашения Шма, и со стороны среднего столба – это талит и тфилин, о которых сказано: „И да будет это тебе знаком на руке твоей и напоминанием над глазами твоими"[474]. И сказано: „Чтобы они делали себе цицит"[475]».

Объяснение. Это три единства. Единство, которое в ХАБАД, – это АВАЯ (הויה) ЭКЕ (אהיה), Хохма и Бина, соединенные с помощью Даат, и это узел тфилин головы. Единство, которое в НЕХИ, – это АВАЯ (הויה) Адни (אדני), соединенные с помощью Есода, и это узел тфилин руки. И единство, которое в ХАГАТ, – это АВАЯ (הויה) Элоким (אלהים), соединенные с помощью Тиферет. И это смысл сказанного: «Возглашение Шма», т.е. Тиферет, – «это единство, которое посередине», т.е. между верхним единством, АВАЯ (הויה) ЭКЕ (אהיה), и нижним единством, АВАЯ (הויה) Адни (אדני), так как оно посередине между ними, в ХАГАТ. А Тиферет – это свойство средней линии, которая включает правую и левую, поэтому возглашение Шма – это свойство талит и тфилин, и талит – справа, а тфилин – слева.

291) «„Шин (ש) тфилин – это закон для Моше с Синая", как написано: „И увидят все народы земли, что имя Творца наречено над тобой, и устрашатся тебя"[476]. И постановили: „Что такое имя АВАЯ (הויה)? Это тфилин головы", т.е. шин (ש) шин (ש) тфилин, которые видны на них с двух сторон снаружи. „Два шин (ש) – это шестьсот". Шин (ש) шин (ש) – „это шесть

---

[474] Тора, Шмот, 13:9. «И да будет это тебе знаком на руке твоей и напоминанием над глазами твоими, дабы было учение Творца на устах твоих, ибо сильной рукою вывел тебя Творец из Египта».

[475] Тора, Бемидбар, 15:37-38. «И сказал Творец Моше, говоря: „Говори сынам Исраэля и скажи им, чтобы они делали себе цицит (кисти) на краях одежд своих во всех поколениях своих и вставляли в цицит края (одежды) синюю нить"».

[476] Тора, Дварим, 28:10. «И увидят все народы земли, что имя Творца наречено над тобой, и устрашатся тебя».

ступеней" ХАГАТ НЕХИ, что в Зеир Анпине, где правая шин (ש) – это ХАГАТ, а левая шин (ש) – это НЕХИ. „И с семью ветвями, которые в двух шин (ש)", потому что у правой шин (ש) есть три рош, а у левой есть четыре рош, и вместе их семь рош, семь ветвей, таким образом, „тринадцать, и вместе их – шестьсот тринадцать (ТАРЬЯГ תרי״ג)". Потому что семь ветвей и шесть ступеней – это тринадцать, а гематрия двух шин (ש) – это шестьсот. „И нет у тебя заповеди, которая не была бы равнозначна всей Торе"». И поэтому сказано о ней: «И увидят все народы земли, что имя Творца наречено над тобой»[476].

292) «„Подобно этому", также как тфилин указывает на шестьсот тринадцать (ТАРЬЯГ תרי״ג), „так каждая заповедь – это АВАЯ (הויה)", и считается, „что йуд-хэй (יה)", что в ней, „с имя Мое (шми שְׁמִי)"[477], равно тремстам шестидесяти пяти (ШАСА שס״ה)" запретительным заповедям, „вав-хэй (וה)", что в ней, „с памятование Мое (зихри זִכְרִי)"[477], равно двумстам сорока восьми (РАМАХ רמ״ח)" исполнительным заповедям,[478] и вместе это – шестьсот тринадцать (ТАРЬЯГ תרי״ג), „и поэтому каждая заповедь расценивается как шестьсот тринадцать (ТАРЬЯГ תרי״ג). И ведь постановили, что Шма Исраэль", т.е. возглашение Шма, включающее тфилин и цицит,[479] – „оно включает в себя шестьсот тринадцать со стороны цицит", поскольку цицит (צִיצִית) в гематрии шестьсот, и вместе с тринадцатью звеньями, что в них, – это шестьсот тринадцать (ТАРЬЯГ תרי״ג). „И шестьсот тринадцать (ТАРЬЯГ תרי״ג) со стороны тфилин", то есть в двух шин (ש), что в них, как мы уже объясняли в предыдущем пункте, и так „это в любом месте"».

293) «„И будут они начертанием (тотафот טֹטָפֹת)"[480] – это буквы тэт (טט) пат (פַּת), „тэт (טט)" – это в гематрии „хай (חי 18) миров, и это праведник", т.е. Есод. „Ему соответствует Матат", потому что Есод облачается в Матата. „Пат (פַּת) – это Тиферет (תִּפְאֶרֶת)", и это буквы: украсил (תאר) пат (פַּת). „Матат – это конь Тиферет", то есть Тиферет восседает на нем. „Потому что в него", в Матата,

---

[477] Тора, Шмот, 3:15. «И сказал еще Всесильный Моше: „Так скажи сынам Исраэля: „Творец, Всесильный отцов ваших, Всесильный Авраама, Всесильный Ицхака и Всесильный Яакова, послал меня к вам. Это имя Мое вовеки и это памятование Мое из рода в род"».

[478] См. выше, п. 175.

[479] См. выше, п. 290.

[480] Тора, Дварим, 6:8. «И навяжи их в знак на руку твою, и будут они начертанием между глазами твоими».

„облачаются все сфирот", то есть иной раз облачается в него Тиферет, иной раз – Есод, иной раз – Малхут. „И так он для них – как тело для души. И когда Творец уходит от него, остается" Матат „немым, ибо нет у него ни голоса, ни речи. Получается, что Творец и Его Шхина – они голос и речь для каждого ангела, и" они – „в каждом голосе и речении Торы, и в каждом голосе молитвы, и в каждой заповеди, и во всех местах правления Его в высших и нижних. Он – жизнь всего. Он включает в Себя все"».

294) «„И нет Адни (אדני) без АВАЯ (הויה), как нет речи без голоса, и нет голоса без речи. И это истина в мире Ацилут", где нет разделения между Зеир Анпином и Малхут, являющимися голосом и речью. „Однако в мире разделения", т.е. в трех мирах БЕА, „есть голос без речи". Но в Ацилуте они соединены, „и узел тфилин, и это Шадай", т.е. Есод, „включен в них наверху и внизу. И это праведник, оживляющий миры, который включен между голосом и речью"», и соединяет их.

295) «„Тем временем, вот повстречался старцу верный пастырь, и сказал: „Старик, старик! Тфилин и цицит, и отрывок в мезузе, – это три заповеди, включенные в возглашение Шма, а возглашение Шма – это четвертая заповедь". И они соответствуют ХУГ ТУМ, потому что цицит и тфилин соответствуют Хеседу и Гвуре,[479] и возглашение Шма – это Тиферет, соединяющая их, а мезуза – это Малхут. „И цицит упоминается три раза" соответственно трем линиям. „А в тфилин упоминается дважды знак", т.е. Есод, „соответственно двум узлам: узел тфилы руки и узел тфилы головы. А в цицит нужно отчетливо выделить заин (ז) в слове помните (тизкеру תִּזְכְּרוּ)", потому что эта заин (ז) указывает на Малхут, которая является седьмой сфирой, и она является синетой, что в цицит, от которой зависит памятование.[481] „А в мезузе", т.е. в Малхут, „имя Шадай (שדי) – снаружи, а имя АВАЯ (הויה) – внутри"», потому что есть в ней два зивуга, внешний зивуг – с Есодом, а внутренний – с Тиферет. Все это указал верный пастырь старцу, чтобы понял сам.

296) На эти вопросы, которые перед нами, отвечает верный пастырь. «„А отрывки непонятные и раскрытые зачем?[482] И зачем мера длины цицит и ширина ее, что установили длину каждой кисти (цицит) двенадцать пальцев по большому пальцу",

---
[481] См. выше, п. 252.
[482] Разбирается далее, в п. 310.

т.е. ширина двенадцати больших пальцев?[483] „И зачем заповедь синеты (тхелет): треть – кисть, и две трети – ветвь?[484] И почему между узлами", что в цицит, должно быть расстояние с большой палец?[485] И почему каждое звено должно быть тройным" – то есть три сплетения?[486] „И так же тфилин – почему они в моах, и почему они напротив сердца; и мера ремешков – почему они до сердца слева, и до табура справа?[487] И ремешок руки – почему должен обматывать средний палец, называемый ама?[488]"»

297) И отвечает: «„Однако, безусловно, важной одеждой является только, когда есть у нее три на три в каждой стороне" из четырех сторон, „итого – двенадцать. И они соответствуют четырем белым одеяниям", соответствующим Зеир Анпину, т.е. четырем буквам АВАЯ (הויה), и четырем золотым одеяниям", которые соответствуют Малхут, т.е. четырем буквам Адни (אדני), и четырем одеяниям простого коэна", т.е. Матата. „И со стороны благословения простого коэна намекают: „Да не будет благословение простого коэна незначительным в твоих глазах". И поэтому „синета это: треть – кисть", т.е. переплетенная, когда переплетена на цицит тринадцатью звеньями, так как соответствует четырем белым одеяниям, т.е. Зеир Анпину, являющемуся корнем, „и две трети – ветвь"»[484] – т.е. должна висеть подобно ветвям на дереве. Объяснение. Этим объясняется, почему длина цицит двенадцать больших пальцев, – потому что это соответствует двенадцати видам одеяний. Белые одеяния, являющиеся четырьмя Зеир Анпина, и золотые одеяния, являющиеся четырьмя Малхут, и одеяния простого коэна, являющиеся четырьмя Матата. Также разъяснилось, почему синета это: треть – кисть, и две трети – ветвь. Потому что «треть – кисть» соответствует белым одеяниям, т.е. четырем Зеир Анпина, который является корнем, а «две трети – ветвь» соответствуют восьми одеяниям Малхут и Матата, которые являются ветвями Зеир Анпина. А почему измерения производится по большому пальцу, а не по остальным, он объясняет далее.[489]

---

[483] Разбирается далее, в п. 297.
[484] Для того, чтобы нить цицит была красивой, необходимо, чтобы все позвонки (отрезки между узлами) вместе составляли треть длины, а свисающие концы нитей — две трети.
[485] Разбирается далее, в п. 301.
[486] Разбирается далее, в п. 298.
[487] Разбирается далее, в п. 456, и см. в Тикуней Зоар, лист 9:2.
[488] Разбирается далее, в п. 299.
[489] См. далее, п. 301.

298) «„И каждое звено" должно быть „тройным", из трех, т.е. из трех переплетений, по той причине, что „каждые три – со стороны святости", и это три линии. „Это смысл сказанного: „Трижды воздадут Тебе святость"⁴⁹⁰. И Исраэль – это три", т.е. коэны, левиты, исраэлиты, „для того чтобы" подчинить начальников ситры ахра, о которых сказано: „И начальников (шалиши́м שָׁלִשִׁם) над всем"⁴⁹¹. Потому что цицит – она со стороны среднего столба", т.е. Тиферет, „который является третьим у праотцев", так как праотцы – это ХАГАТ, „а всё тройное" – корень его семьдесят два слова, начинающийся „вав-хэй-вав (והי) йуд-ламед-йуд (יל״י),⁴⁹² где каждое слово в нем тройное", из трех букв, „со своей стороны. Звено состоит из трех тройных переплетений. И" это звено – „это Шхина", и это тайна: „Трижды воздадут Тебе святость"⁴⁹⁰, и она тройная в среднем столбе", потому что получает от среднего столба три линии, что в нем, и поэтому „она состоит из трех ветвей праотцев", т.е. из НЕХИ, которые являются ветвями ХАГАТ, называемых праотцами. „И они шин (ש) от шаббат (שַׁבָּת)", у которой есть три рош, и это НЕХИ, дочь (бат בַּת) от шаббат (שַׁבָּת), указывающая „на Шхину, которая является единственной дочерью". И это „звено", и это „синета, что в цицит"».

299) «„Благословенно тело, которое так записано в Шхине, и Творец на крыльях заповеди", т.е. в тринадцати звеньях, что в заповеди цицит. „И записан в ремешке тфилы руки на среднем пальце, в трех витках, и это как звено, обвитое в три витка вокруг пальца. И это тоже соответствует трем линиям, как в звене цицит, и их – четырнадцать звеньев. И записан в узле тфилин, включающем два узла", – узел тфилы руки и узел тфилы головы, и они тоже тройные. „И восходят пятнадцать троек". Поскольку „два узла в одном узле – считается тройным"», и поэтому их пятнадцать троек. Объяснение. Тринадцать звеньев, что в цицит, – это тринадцать троек, и еще с одной тройкой ремешка руки на среднем пальце, – это четырнадцать троек, и с тройкой, что в узле тфилин, включающем в себя два узла, – и он как средняя линия, считающаяся тройкой, поскольку включает в себя три линии, – их пятнадцать.

---

⁴⁹⁰ Благословение при повторении посланником общества молитвы Амида.
⁴⁹¹ Тора, Шмот, 14:7. «И взял он шестьсот колесниц отборных и все колесницы Египта, и начальников над всем».
⁴⁹² См. Зоар, главу Бешалах, п. 173.

300) «„Тринадцать" тройных „звеньев – есть в них тридцать девять витков, как числовое значение „роса (таль טַל)". И вместе с сутью тринадцати звеньев, которые в числовом значении „один (эхад אֶחָד)", они равны бен (בֵּ"ן 52). И это" указывает на „сын (бен בֵּן) йуд-хэй (יה), т.е. среднюю линию"», – Зеир Анпин.

301) «„Каждый узел – он в виде правой ладони. Каждое звено – оно в виде пальца, в котором есть три фаланги, соответствующие трем виткам. И так – в каждом пальце есть три фаланги, кроме большого пальца", в котором есть только две фаланги. „И эта мера между одним и другим узлом, что в цицит", каким должно быть расстояние, „в полный большой палец, – это мера носа (хо́тем חוֹטֶם), и это мера между правым и левым глазом (аин עַיִן), и мера правого и левого уха (о́зен אוֹזֶן), и мера каждой губы (сафа́ שָׂפָה), и мера языка (лашо́н לָשׁוֹן), одна мера для всех полотнищ (ерио́т יְרִיעוֹת)"».

Объяснение. После того как средняя линия соединила две линии, правую и левую, друг с другом, и Хохма, что в левой, включилась в хасадим, что в правой, а хасадим, что в правой, включились в Хохму, что в левой, различаются в самой средней линии три линии. Две линии, правая и левая, потому что она привела к их свечению, и действие их соединения друг с другом, что является формой средней линии. Однако в месте, где она не сможет раскрыть действие их соединения друг с другом, как например в рош, – и это потому, что ГАР Хохмы уменьшились посредством средней линии, и нет их, и действие соединения двух линий не видно там вовсе, но только относительно ВАК Хохмы, которые в гуф, а не в рош, – получается, что в рош есть у средней линии только две линии, которые она унаследовала от высшего. Однако самого ее действия, т.е. средней линии, там недостает, и она включает только две линии. И поэтому есть два свойства в пальцах:

1. Свойство большого пальца, в котором есть только две фаланги, что соответствует средней линии, что в рош, в которой есть только две линии.

2. Остальные пальцы, в которых есть три фаланги, соответствующие средней линии, что в гуф.

И это означает сказанное им: «Каждый узел – он в виде правой ладони» – т.е. что есть в нем только хасадим, являющиеся правой линией. «Каждое звено – оно в виде пальца, в котором есть три фаланги», – т.е. что светит в нем также и Хохма, и видно также действие средней линии. И есть в ней три линии, и это – три фаланги и три витка. «И так – в каждом пальце есть три фаланги, кроме большого пальца», – потому что в большом пальце есть только две фаланги, и это указывает на то, что его собственное действие не видно в этом месте, «и эта мера между одним и другим узлом, что в цицит, в полный большой палец», поскольку так же, как связь цицит, – она в виде правой ладони, так же и между двумя узлами – она в виде правой ладони, и действие средней линии не видно там, и поэтому мера ее – с большой палец, так как в нем есть только две фаланги. И этим он выяснил вопрос,[493] что мера большого пальца действует во всех сфирот де-рош, потому что действие средней линии не видно в них. И это смысл сказанного: «Это мера носа (хо́тем חוֹטֶם), и это мера между правым и левым глазом (аин עַיִן), и мера правого и левого уха (о́зен אוֹזֶן), и мера каждой губы (сафа́ שָׂפָה), и мера языка (лашо́н לָשׁוֹן)» – т.е. всех сфирот, и это – эйнаим и озен хотэм пэ, и лашон. И это скрытый смысл сказанного: «Одна мера для всех полотнищ (ериот)», потому что одна мера указывает на меру правой линии, т.е. свойство хасадим, и эта мера действует во всех сфирот рош. И знай, что в Идре раба рабби Шимон объяснил другим образом. Так как он разделяет между свойством Аба ве-Има, что в рош, и ИШСУТ, что в рош, и говорит, что только в свойстве Аба ве-Има, что в рош, есть в средней линии только две линии, но в свойстве ИШСУТ, что в рош, есть в средней линии три линии. И так он пояснил в большинстве случаев.[494]

302) «„Ама – это мера гуф в четырех сторонах и вверху, и внизу, и это шесть амот, и в каждой аме – три части", то есть свойство трех линий,[495] и есть „восемнадцать (хай ח״י) частей в шести амот, и это скрытый смысл восемнадцати движений, совершаемых с лулавом", которые мы совершаем с ним „в шести сторонах, – три движения в каждой стороне. И о них сказано: „Статью своей ты подобна пальме"[496], потому что пальма восходит за семьдесят лет, и это свойство семи нижних сфирот, что в

---

[493] См. выше, п. 296.
[494] См. Зоар, главу Насо, Идра раба, п. 189.
[495] См. объяснение в предыдущем пункте.
[496] Писания, Песнь песней, 7:8. «Статью своей ты подобна пальме, а персями – гроздьям».

гуф, где раскрывается Хохма, которая и является этим уровнем, но не в рош, как мы уже выяснили. И поэтому уподобляется эта ступень, представляющая собой ГАР, пальме. „И это мера ступени", и она только в гуф, которую „микве (מִקְוֵה) Исраэль", т.е. Зеир Анпин, передает „Шхине", так как микве (מִקְוֵה) – это буквы уровень (кома קוֹמָה), т.е. этот уровень гуф Зеир Анпин передает Малхут. И мы совершаем движение лулавом четыре раза при произнесении восхваления Алель, „и это четырежды хай (ח״י 18), и эти четыре" раза „равны АБ (ע״ב 72)"». А имя АБ (ע״ב) – это корень трех линий. И это тайна изречений: «И двинулся»[497], «И вошел»[498], «И простер»[499].[500]

303) «„И тайна этих созданий, их уровень", – это скрытый смысл изречения: „И обратные стороны их, и высоки они, и трепетны они, и возвышения их"[501]. „И обратные стороны их"[501] – это четыре создания нижнего строения (меркава)", которые бормочут. „И высоки они"[501] – т.е. четыре создания, которые в среднем строении (меркава)", т.е. Зеир Анпине. „И возвышения их"[501] – это четыре создания третьего строения (меркава)", от Бины. „И всех вместе – их двенадцать". А четыре создания третьего строения – эти „полны глаз"[501] вокруг всех четырех", т.е. вокруг четырех созданий третьего, высшего строения. И это тайна: „Творец, Творец, Творец (АВАЯ, АВАЯ, АВАЯ)"», – т.е. это тайна трех АВАЯ, что в «Творец царствовал, Творец – Царь, Творец будет царствовать во веки веков». И в них двенадцать букв. «Творец – Царь (мéлех מֶלֶךְ)», с сеголем, – это среднее строение (меркава). «Творец царствовал (малáх מָלַךְ)», с патахом, – это третье, верхнее строение. «Творец будет царствовать (имлóх יִמְלֹךְ)» – это нижнее строение.

---

[497] Тора, Шмот, 14:19. «И двинулся ангел Всесильного, шедший перед станом Исраэля, и пошел позади них. И двинулся облачный столп, (шедший) перед ними, и встал позади них».
[498] Тора, Шмот, 14:20. «И вошел он между станом Египта и станом Исраэля, и было облако и мрак, и осветил ночь, и не приближался один к другому всю ночь».
[499] Тора, Шмот, 14:21. «И простер Моше руку свою на море, и гнал Творец море сильным восточным ветром всю ночь, и сделал море сушею, и расступились воды».
[500] См. Зоар, главу Бешалах, п. 173.
[501] Пророки, Йехезкель, 1:18. «И обратные стороны их, и высоки они, и трепетны они, и возвышения их полны глаз у всех четырех».

Склонения и выпрямления

304) «„И обладающие этой ступенью записаны в этих" трех строениях (меркавот) „в молитве. В каком месте?" И отвечает: „Но каждый склоняющийся склоняется при произнесении: „Благословен", а каждый выпрямляющийся выпрямляется при произнесении имени". И есть „четыре выпрямления и четыре склонения"», т.е. два выпрямления и склонения в благословении праотцев, в начале и конце, и два выпрямления и склонения, в «Благодарим», в начале и конце. «„И вот он указывает здесь на эти выпрямления и склонения, и ведет и приводит того, чьи четыре стороны мира его, и поднимает и опускает того, чьи небо и земля", т.е. как с лулавом, „и это шесть окончаний – небо и земля и четыре стороны, и они соответствуют трем первым благословениям", и это ХАГАТ, „и трем последним благословениям", и это НЕХИ. И в них восемь склонений и выпрямлений, и „в „делающий мир в высях Своих" есть четыре, и это склонение и выпрямление влево, и склонение и выпрямление вправо. И это" подобно стоящему напротив своего рава, когда его правая сторона соответствует левой стороне его рава, а его левая сторона соответствует правой стороне его рава, и поэтому „он посылает приветствие в его левую и правую стороны", когда его правая сторона соответствует „левой стороне его рава, и" левая его сторона соответствует „правой стороне его рава"».

305) «„Таким образом их двенадцать, как склонений, так и выпрямлений"», т.е четыре склонения и выпрямления в благословении праотцев, в начале и конце, четыре склонения и выпрямления в «Благодарим», четыре склонения и выпрямления в «Делающий мир», вправо и влево. «„И в них семьдесят два глаза", поскольку будучи шестью окончаниями, то есть теми, у кого четыре стороны и небо и земля, – они его, как мы уже сказали, таким образом, шестью двенадцать равны семидесяти двум. И поскольку они притягивают Хохму в тайне выпрямлений, поэтому называются глазами. „Шесть склонений – есть в них восемнадцать (хай חי) движений, три" движения „в каждом склонении, так как нужно склонить голову и тело, и копчик", пока не растянутся „восемнадцать позвонков", что указывает на соответствие Есоду, называемому хай (חי), и это указание на то, что нужно включить в эти шесть склонений Есод. И двенадцать склонений и выпрямлений „равны семидесяти двум", как уже говорилось. „В этих семидесяти двух глазах (эйнаим)

Творца", которые передаются Малхут, "светят семьдесят два крыла Шхины, и она встает над ними, и называется стояние (амида)", и это молитва Амида, "потому что вначале была" Малхут "в падении", то есть в состоянии склонения, "и нужно поставить ее с помощью имени АВАЯ (הויה)", то есть выпрямить ее с помощью имени, "в восемнадцати (хай חיי) мирах", т.е. с помощью Есода, называемого хай (חיי живой), "и с помощью четырех выпрямлений, что в шести благословениях, и это Тиферет, включающий три первых благословения и три последних благословения"».

306) «"И нужно произвести склонение в восемнадцати (חַיי) мирах", т.е. в мере Есода, называемого хай (חַיי), "это вав-вав вав (ו"יו)", потому что каждый благословляющий склоняется при произнесении "благословен", и это Есод, называемый благословенным, "а каждый выпрямляющийся выпрямляется при признесении имени АВАЯ (הויה), являющемся средним столбом", т.е. Тиферет, называемый АВАЯ (הויה), "и праведник", называемый благословенным, "и они вав-вав вав (ו"יו)", где Тиферет – это вав-вав (ו"י) с наполнением, а Есод – это вав (ו). "И эти" три вав (ו) "указаны" в начальных буквах трех отрывков: "И двинулся (ваиса́ וַיִּסַּע)"[497], "И вошел (ваявó וַיָּבֹא)"[498], "И простер (ваéт וַיֵּט)"[499]. И это тайна семидесятидвухбуквенного имени.[500] "Верхняя вав-вав (ו"י)", т.е. Тиферет, "включена в выпрямление и склонение", и поэтому есть в нем два вав (ו). Но Есод, включенный только в склонение, – есть в нем одна вав (ו). "И все они", все три вав (ו), "достигают хай (חַיי 18)" соответственно "восемнадцати благословениям молитвы"».

307) «"Четыре склонения – они при произнесении Адни (אדני), четыре выпрямления – они при произнесении АВАЯ (הויה), и это средний столб", называемый АВАЯ (הויה), "и Шхина", называемая Адни (אדני). "Оживляющий (хай חַי) миры", т.е. Есод, "соединяет их", АВАЯ (הויה) Адни (אדני) друг с другом, "и это АВАЯАДНИ (יְאֲהדֹוָנָהִיּ)", т.е. буквы АВАЯ (הויה) Адни (אדני) в сочетании, и они в гематрии "амен (אָמֵן)", т.е. девяносто один, "в каждом" окончании благословения "из восемнадцати благословений" этой молитвы, есть АВАЯ (הויה), и это "восемнадцать (хай חיי) раз" четыре буквы "АВАЯ (הויה)", и восемнадцатью четыре – это семьдесят два, и "это семьдесят два глаза, светящие в семидесяти двух крыльях, которые восемнадцать раз" четыре буквы "Адни (אדני)"».

Объяснение. Хотя он и говорит в предыдущем пункте, что склонения – они в Есоде, то есть в отношении единства, потому что Есод всегда слит с Малхут, однако склонение означает падение Малхут, – т.е. ей недостает ГАР, подобно склоняющемуся и нагибающему голову, – и нужно поднять ее и выпрямить ее голову, указывающую на ГАР, под воздействием Зеир Анпина, называемого АВАЯ (הויה). И поэтому он говорит: «Четыре склонения – они при произнесении Адни (אדני)», поскольку в нем падение, «четыре выпрямления – они при произнесении АВАЯ (הויה)», поскольку в нем находится сила выпрямления Малхут, «оживляющий (хай חי) миры соединяет их» – Есод, он соединяет их друг с другом.

308) «„И тайна изречения: „И обратные стороны их, и высоки они и трепетны, и возвышения их"[501], написанного о созданиях,[502] – "и обратные стороны их"[501] означает „крылья", и это Малхут, „и высоки они,"[501] означает „лики", и это Зеир Анпин, „и возвышения их"[501], которые над ними", являющиеся свойством Бины, „полны глаз"[501] вокруг четырех них, и все они счетверены" по четыре буквы. И вроде трудно понять сказанное им, что семьдесят два глаза – они в Зеир Анпине. И поэтому он говорит: „И все это – истина", иначе говоря, что все три свойства, т.е. крылья, лики, глаза, – все они включены в Зеир Анпин, который называется истиной, и доказательство этому, что говорят: „Семьдесят ликов у Торы", таким образом, у Торы, т.е. Зеир Анпина, есть у нее глаза и есть у нее лики. Однако частным образом считаются „крылья", что „это Адни (אדני)", т.е. Малхут; „лики – это АВАЯ (הויה)", т.е. Зеир Анпин; а „глаза – это Эке (אהיה)", т.е. Бина. И эти три имени Адни (אדני) АВАЯ (הויה) Эке (אהיה) „достигают в числовом значении ябок (יב״ק)", и это начальные буквы слов йихуд (יחוד), браха (ברכה), кдуша (קדושה). Имя „Адни (אדני)" указывает на свойство „действие. АВАЯ (הויה)" – на свойство „речь. А Эке (אהיה)" – на свойство „мысль"».

309) «„В каждом глазу – это мера большого пальца, и это средняя вав (ו)", т.е. свойство средней линии, у которой есть только две части, и недостает верхней части. „Потому что в большом пальце есть только две фаланги, и это тайна йуд (י) йуд (י). Соответственно хотэму" называется большой палец „вав (ו)", т.е. средняя вав (ו), „а соответственно двум отверстиям носа, что в нем", представляющих собой правую и левую,

---
[502] См. выше, п. 303.

которые не как одно целое,⁵⁰³ они называются „йуд (י) йуд (י)". И эта вав (ו) с двумя йуд (י) „достигают йуд (יו) хэй (הֵ)", т.е. каф-вав (כ"ו 26). „И это „и создал (вайцер וַיִּיצֶר)", где в начале слова есть вав (ו) с двумя йуд (י), что указывает на меру большого пальца, – „это мера любого свойства йуд (יו) хэй (הֵ)", т.е. ГАР, „в любом месте его власти", этих ГАР, „в каждом органе". Иначе говоря, в каждом органе есть рош и гуф, и в свойстве рош, которое есть в органе, властвует свойство большого пальца, т.е. хасадим. „Каждый орган", то есть цельный орган, „как например: „Простирает крылья свои, берет его, несет его на своем крыле"⁵⁰⁴», когда там есть крылья, которые являются последним нижним свойством органа, где свойство пальца с тремя фалангами. А есть орган, где свойство большого пальца с двумя фалангами, потому что это высшее свойство, т.е. йуд-хэй (י"ה), что в нем.

310) «„Нет органа во всем его строении (меркава), чтобы не был всем органом", иначе говоря, чтобы не был полным органом, „по своей форме", – т.е. рош и гуф, как мы уже объясняли в предыдущем пункте. „И в любом месте мы обнаружим, что „и лики их и крылья их разделены сверху"⁵⁰⁵, т.е. в свойстве ГАР этого органа, где властвует свойство большого пальца, когда правая и левая линии, что в средней линии, разделены, как мы уже говорили. „И это соответствует открытым разделам, что в тфилин", которые соответствуют свойству ГАР, которые разделены, „чтобы получить Тору", которой является Зеир Анпин, и это ГАР, т.е. глаза и лики, как мы уже говорили. „А когда они внизу", т.е. в свойстве ВАК, тогда есть зивуг в свойстве средней линии, и также между Зеир Анпином и Малхут, т.е. правой и левой линиями, и тогда „эти отрывки", которые в тфилин, – „они закрыты, соответственно АВАЯАДНИ (יְאֲהֲדֹוְנַהֵי), что над ними. Ликами своими и крыльями своими"», и это Зеир Анпин и Малхут, которые здесь соединены друг с другом, и до сих пор эти отрывки скрыты. И здесь их лики и крылья не разделены, так как это снизу, то есть ВАК.⁵⁰⁶

---

⁵⁰³ См. выше, п. 301, в комментарии Сулам.

⁵⁰⁴ Тора, Дварим, 32:11. «Как орел пробуждает свое гнездо, над птенцами своими парит, простирает крылья свои, берет его, несет его на своем крыле».

⁵⁰⁵ Пророки, Йехезкель, 1:11. «И лики их и крылья их разделены сверху, и два (крыла) соприкасаются у одного и другого, а два – покрывают тела их».

⁵⁰⁶ И прояснился вопрос, заданный выше, в п. 296.

311) «„А Творец записывает в Исраэле соответственно им", соответственно ликам и крыльям созданий, „в молитве, чтобы Исраэль были дружны с ними", с этими созданиями, „чтобы склоняться всем телом (гуф) в восемнадцати благословениях молитвы, для того чтобы воцарить над собой" в каждом своем органе „амен", то есть свойство „АВАЯАДНИ (יְאֲהדֹוָנָהִ"י)", которое в гематрии амен (אָמֵן), так как склонением притягивает Адни (אדני), а выпрямлением притягивает АВАЯ (הויה), а затем с помощью оживляющего (חי) миры соединяются и облачаются оба они в свойство АВАЯАДНИ (יְאֲהדֹוָנָהִ"י).[507] „И сказал Творец" этим ангелам, т.е. четырем этим созданиям: „Тот, кто не записан пред вами, чтобы быть склоняющимся при произнесении „Благословен", и выпрямляющимся при произнесении „Творец (АВАЯ)", на уровне гуф, – не войдет его молитва в Мой чертог, которым является Адни (אדני)". То есть не принимайте речей его над своими крыльями и ликами. Ибо каждый, кто молится в Адни (אדני) и присоединяет вместе с ним АВАЯ (הויה), которое является ликами этих ангелов", т.е. четырех этих созданий, тогда сказано об этих созданиях: „И лики их и крылья их разделены сверху"[505], в свойстве их ГАР, „чтобы получить" потом единство „АВАЯАДНИ (יְאֲהדֹוָנָהִ"י)", в их ВАК, „в словах молитвы, исходящих из уст этого человека"».

312) «„И отвечающий „амен (אָמֵן)" больше, чем благословляющий. Поскольку об Адни (אדני) АВАЯ (הויה), произнесенных" просто „в молитве" человека, сказано: „И лики их и крылья их разделены"[505], так как соответственно АВАЯ (הויה) – они с ликами", а соответственно „Адни (אדני) – они с крыльями". И это смысл сказанного: „Одного херувима – с одного края"[508], и это АВАЯ (הויה), „и одного херувима – с другого края"[508], и это Адни (אדני), когда они разделены. Потому что единство АВАЯ (הויה) Адни (אדני), в сочетании, не происходит в благословениях молитвы, а в молитве Амида. „Но когда посланник общества повторяет молитву, и отвечает „амен (אָמֵן)", тем самым соединяя и сочетая друг с другом АВАЯ (הויה) Адни (אדני), которые в гематрии амен (אָמֵן), и поэтому он больше, чем благословляющий, „так как он во втором соединении", т.е. в нижнем соединении де-ВАК, „поскольку во втором соединении соединяются два

---

[507] См. выше, п. 307.
[508] Тора, Шмот, 25:19. «Сделай одного херувима – с одного края, и одного херувима – с другого края; из самой крышки сделайте херувимов на обоих ее концах».

имени" АВАЯ (הויה) Адни (אדני). „Вначале", в первом соединении, соответствующем ГАР, „петли шли параллельно одна другой,⁵⁰⁹ над брусьями, и это связь пальцев", потому что брусья (крашим קְרָשִׁים) – это те же буквы, что и узлы (кшарим קְשָׁרִים). Ведь тогда Скиния не едина, в свойстве АВАЯАДНИ (יְאֲהדֹוָנָ"הִי), „но при" повторе посланником общества, т.е. в молитве Амида, и отвечает „амен (אָמֵן)", и это единство АВАЯАДНИ (יְאֲהדֹוָנָ"הִי), которое в гематрии амен (אָמֵן 91), тогда: „И будет Скиния единым целым"⁵¹⁰, так как в ней они соединены друг с другом"», – указывают на АВАЯ (הויה) Адни (אדני). Поэтому больше тот, кто отвечает «амен (אָמֵן)» в молитве Амида, чем тот, кто благословляет в остальных благословениях этой молитвы.

---

[509] Тора, Шмот, 26:5. «Пятьдесят петель сделай по краю наружной полосы одного полотнища и пятьдесят петель сделай по краю наружной полосы другого полотнища. Петли на одном полотнище должны быть расположены точно напротив петель на другом полотнище».

[510] Тора, Шмот, 26:6. «И сделай пятьдесят золотых крючков, и соедини полотнища друг с другом крючками, и будет Скиния единым целым».

Глава Пинхас

Иногда молчат, иногда бормочут

313) «„Третье исправление – это порядок речи молитвы, в которой огненные бормочущие создания. И это смысл сказанного: „И увидел я словно сверкание (хашмаль) в образе, подобном огню, дом для него вокруг"[511]. Это тайна сверкания (хашмаль), – то есть огненные животные, иногда молчат, иногда бормочут".[512] И они тайна – общество, слушающее чтение книги Торы: „так как они молчат у книги Торы, в то время когда речь исходит из уст чтеца, поскольку это им важно так, словно они получают Тору на горе Синай. И в то время, когда" Творец „сказал: „Я (анохи́ אָנֹכִי)", не были слышны ни голос, ни другая речь этих Его созданий"». И поэтому, когда чтец Торы – он вместо Творца на Синае, должны быть молчащими в это время.

314) «„Подобно этому" то, что мы сказали о Я (анохи́ אָנֹכִי), так это всегда, „когда речь исходит из уст Творца, огненные создания молчат". Ибо тогда время единства голоса и речи, и прекращается Хохма, и начинается власть хасадим, что и является состоянием молчания их. „А в то время, когда молчал", то есть когда еще нет единства между голосом и речью, тогда „огненные создания бормочут.[512] И это смысл сказанного: „И весь народ, видят они голоса"[513], то есть голос этих созданий, издававших рев, „и сполохи"[513], когда эти создания выходили с речью, со многими видами мелодий пред Царем"», – и это было до того, как начинал Творец говорить. А когда говорил: «Я (анохи́ אָנֹכִי)», эти создания замолкали, и слышалась только Его [речь], как мы уже объясняли. «„И те, что молчат" во время чтения „книги Торы, – они в виде этих созданий", которые молчат во время речи Творца, как мы уже сказали. „И наказал Творец ввести" эти создания в палату „в образе, подобном огню, дом для него"[511]». И это свойство суровых судов, раскрывающихся в момент раскрытия Хохмы,[514] – как дом для них, чтобы оберегать их от внешних, чтобы те не питались от них.

---

[511] Пророки, Йехезкель, 1:27. «И увидел я словно сверкание (хашмаль) в образе, подобном огню, дом для него вокруг, – от вида чресл его и вверх; и от вида чресл его и вниз я видел подобие огня и сияние вокруг него».

[512] См. выше, п. 282.

[513] Тора, Шмот, 20:15. «И весь народ, видят они голоса и сполохи, и голос шофара, и гору дымящуюся. И увидел народ, и дрогнули они и стали поодаль».

[514] См. Зоар, главу Насо, Идра раба, п. 219. «„И есть раскрытие глаз во благо, а есть раскрытие глаз во зло"...»

315) «„И еще. Те, что молчат в молитве, во время восемнадцати благословений", потому что там единство, „войдут в палату этого образа"», то есть: «В образе, подобном огню, дом для него вокруг»[511], иначе говоря, чтобы это было для них наградой в грядущем будущем. «„И еще. Это те, что молчат ради Алахи́ (закона)", т.е. молчат, чтобы услышать и понять Алаху́ (закон) из уст своего рава, „о которой сказано, что вознаграждение за Алаху́ – это понимание. Войдут в палату, которая является чертогом этого образа Торы", являющейся огнем, „о которой сказано: „Ведь таково слово Мое, как огонь, – сказал Творец, – и как молот расколет оно скалу"[515]. И это скала, о которой сказано: „И говорите скале на глазах у них, и даст она воды свои"[516], то есть Малхут. „Ведь для тех, кто занимаются Торой лишма, выходят воды Торы исправленными, и сказано о них: „И напоишь общину и скот их"[516]. А для тех, которые не занимаются ею лишма, выходят горькие воды, и сказано о них: „И делали горькою жизнь их тяжким трудом"[517] – это трудноразрешимый вопрос (кушья́ קוּשְׁיָא), „над глиной (бе-хо́мер בְּחוֹמֶר)"[517] – это принцип „тем более" (каль ва-хо́мер קַל וָחוֹמֶר),[518] „и кирпичами (леве́ним לְבֵנִים)"[517] – это выяснение (либу́н לִבּוּן) Алахи́"».

---

[515] Пророки, Йермияу, 23:29. «Ведь таково слово Мое, как огонь, – сказал Творец, – и как молот расколет оно скалу».

[516] Тора, Бемидбар, 20:7-8. «И говорил Творец с Моше, сказав: „Возьми посох и собери общину, ты и Аарон, брат твой, и говорите скале на глазах у них, и даст она воды свои, и извлечешь ты для них воду из скалы, и напоишь общину и скот их"».

[517] Тора, Шмот, 1:14. «И делали горькою жизнь их тяжким трудом над глиной и кирпичами, всяким трудом в поле, и всякой работой, к которой насильно принуждали их».

[518] Каль ва-хомер – один из приемов вывода законов из текста Торы, который заключается в том, что если в Торе приведены два случая, легкий (каль) и сложный (хамур), причем легкий случай сопровождается ограничением, это ограничение можно распространить и на более сложный случай.

ГЛАВА ПИНХАС

И ноги их – нога прямая

316) «„Четвертое и пятое исправление – это „от вида чресл его и вверх; и от вида чресл его и вниз"[511], о которых сказано: „Голени созданий – как все"[519], и они в сфирот Нецах и Ход", потому что Нецах и Ход называются бедрами, и „от вида чресл его и вверх"[511] – это Нецах, а „от вида чресл его и вниз"[511] – это Ход. „От Матата знак – в воинстве его, и он в виде цадик (צַדִּיק)", и это Есод, потому что праведник, являющийся Есодом Зеир Анпина, – „это знак в воинстве, что наверху", в Ацилуте, „а Матат – это знак, который в воинстве, что внизу", в Брия, и „Матат (מְטַטְרוֹן) в нем – Шадай (שַׁדַּי)", т.е. он в гематрии Шадай (שַׁדַּי), о нем сказано: „И существа эти устремлялись вперед и возвращались, подобно молнии"[520]».

317) «„А ноги их – нога прямая"[521], потому что ноги вредителей – все они кривые. „А ноги их"[521], т.е. ноги этих святых созданий, сказано о них: „А ноги их – нога прямая"[521], – и это со стороны существа, которым является Исраэль, Исраэль включает три создания, о которых сказано: „Праотцы – именно они являются строением (меркава)"[522]».

Объяснение. Потому что скрытый смысл прямоты исходит от средней линии, которая является прямой, поскольку не отклоняется ни вправо, ни влево, но она прямо посередине их. Тогда как ситра ахра и вредители – они отклоняются влево, и поэтому они кривые. И это смысл сказанного: «„А ноги их – нога прямая"[521], – и это со стороны существа, которым является Исраэль», то есть со стороны средней линии, называемой Исраэль, «Исраэль включает три создания», то есть ХАГАТ, поскольку он является средней линией. Тогда как ситра ахра и вредители, которые не желают средней линии, – их ноги искривлены в левую сторону. И это смысл сказанного: «Ноги вредителей – все они кривые».

---

[519] См. Зоар, Главу Бешалах, п. 269. «„И мы ведь учили, что выше Аравота – это небосвод созданий", – четырех созданий, называемых лев-бык-орел-человек. „Копыта святых животных и возвышенность их – они как все", что под ними, потому что высший включает в себя всех, кто ниже него...»
[520] Пророки, Йехезкель, 1:14. «И существа эти устремлялись вперед и возвращались, подобно молнии».
[521] Пророки, Йехезкель, 1:7. «А ноги их – нога прямая, и ступня ног их, как ступня ног тельца, и сверкают, словно блестящая медь».
[522] Мидраш, Берешит раба, глава 82, п. 6.

318) «„И ступня ног их, как ступня ног тельца"⁵²¹, потому что они „со стороны создания, называемого быком"», который является левой линией, и поэтому у них «ступня ног тельца»⁵²¹. «„И сверкают, словно блестящая медь (нехóшет נְחֹשֶׁת)"⁵²¹, то есть со стороны убегающего змея (наха́ш נָחָשׁ), что в море, поднимающегося к нему по суше"», то есть поднимающегося, чтобы воевать со змеем, что на суше, и змей (нахаш נָחָשׁ) и медь (нехошет נחשת) – это захар и некева, что в сиянии (нóга), и поэтому сказано: «И сверкают, словно блестящая медь (нехóшет נְחֹשֶׁת)»⁵²¹, то есть со стороны змея (нахаш נָחָשׁ), светящего в них. «„Устремлялись вперед (рацó רָצוֹא)"⁵²⁰, сказанное о созданиях, – „это со стороны Нуриэля (נוּרִיאֵל), который в гематрии рацо (רָצוֹא 297). „И возвращались"⁵²⁰, сказанное о созданиях, – „это со стороны Шадай (שַׁדַּי), потому что „и возвращались (ва-шов וְשׁוֹב)"⁵²⁰ в гематрии (שַׁדַּי 314). И он в гематрии Матат (מְטַטְרוֹן 314)"». Это уже выяснялось ранее.⁵²³

319) «„И когда слышали Исраэль голос" Торы и молитвы „с востока, они устремлялись на восток, и таким же образом – на запад, и так же – на юг и на север. Сказал Творец ангелам-служителям: „Те, что спешат на молитву заповеди, и спешат, чтобы услышать урок в субботу, и спешат, чтобы исполнить Мою волю, и совершают возвращение, – принимайте их в чертог этого образа", т.е. в чертог Нецаха и Хода. „Ибо по этим признакам, что они спешат" к Торе и заповедям, „и возвращаются", совершая возвращение, т.е. устремляясь вперед и возвращаясь, – „они товарищи вам. Потому что они бегут и возвращаются в Торе", как те создания, которые устремлялись вперед и возвращались, „в реченном Алахой, и они записаны вместе с вами. Вводите их в этот чертог"».

320) «„Так, когда Исраэль молятся, Михаэль облетает мир за один перелет, а Гавриэль облетает за два перелета, и когда речь исходит от Исраэля согласно закону (алаха הֲלָכָה), в молитве, и во всех заповедях, когда Шхина там, они бегут к ней", к Шхине, „и возвращаются с ней", со Шхиной, „с посланием своего Владыки", чтобы соединить ее с АВАЯ (הויה). „И в любом месте, где они слышат" голос Торы, „когда Творец там, они

---

⁵²³ См. Зоар, главу Ваеце, п. 71. «И всё это увидел Яаков в своем сне. Увидел ангела Матата, „старшего в доме Его" – т.е. Творца, „управлявшего всем, что у Него", который властвует над миром именем Шадай и поднимается наверх во время подъема имени Владыки его...»

устремляются к этому голосу, и возвращаются благодаря ему с посланием своего Владыки. А в любом голосе, в котором нет АВАЯ (הויה), и речи, в которой нет Адни (אדני), не устремляются" Михаэль и Гавриэль „и не возвращаются туда. И поэтому: „А ноги их – нога прямая"[521]. „Ведь прямы пути Творца (АВАЯ הויה)"[524] – в том месте, где есть АВАЯ (הויה)", то есть свойство средней линии, там прямой путь,[525] а если нет там АВАЯ (הויה) – этот путь непрямой"».

321) «„И еще. „А ноги их – нога прямая"[521]. Сказали авторы Мишны, что молящийся должен устанавливать ноги свои во время молитвы как ангелы-служители", т.е. ноги его должны быть прямыми. „Как ступня ног тельца"[521], т.е. быть записанным с ними" таким образом. „И поэтому постановили мудрецы, что молящийся должен направить ноги свои, как сказано: „И ступня ног их, как ступня ног тельца"[521]. И сказал Творец" ангелам-служителям: „Словно они записаны в молитве так, чтобы направляли свои ноги как вы, открывайте им врата этого чертога, чтобы входили в этот образ"», Нецаха и Хода.

---

[524] Пророки, Ошеа, 14:10. «Кто мудр, да разумеет это, благоразумный пусть поймет это: ведь прямы пути Творца – праведники пройдут по ним, а грешники споткнутся на них».
[525] См. выше, п. 317.

ГЛАВА ПИНХАС

Зрение, слух, обоняние и речь

322) «„Шестое исправление. „Я видел подобие огня"[511]. То, что говорит здесь: «Я видел»[511], чего не было сказано до сих пор, – это потому, что «„здесь настоящее видение. Сказал Творец: „Тот, кто войдет в этот образ, и будет в своей молитве, сердце его – наверх, к имени АВАЯ (הויה), а глаза его – внизу, в имени Адни (אדני), – введите его в этот чертог". Поскольку „он подобен этим ангелам", о которых написано: „И обратные стороны их"[526] – наверху, в АВАЯ (הויה), „и трепетны они"[526] – внизу, и это соответствует Шхине, являющейся трепетом пред Творцом (АВАЯ (הויה))"».

323) «„И в зрении, слухе, обонянии и речи пребывает АВАЯ (הויה)", потому что зрение и слух – это йуд-хэй (יה), обоняние и речь – это вав-хэй (וה). „В выполнении, в осязании, служении, и прохождении пребывает Адни (אדני). И это видение" – это видение, „что в свете и при свече, о котором сказано: „А Тора – свет"[527]. Обоняние" – это обоняние „жертвоприношений, которыми являются молитвы. Речь – она в Торе, речь – она в молитве, а выполнение – оно [выполнение] заповеди, и использование заповеди, и осязание ее, и прохождение ее. А зрение и слух, где нет Торы и заповеди, – Творец и Шхина Его не пребывают там. Потому что Творец пребывает в видении", т.е. свойстве Хохма, „и также Шхина Его. Ибо Тора – это „а Тора – свет"[527], а видение Его – это Шхина", потому что Хохма раскрывается только в Малхут,[528] так как „АВАЯ (הויה)", т.е. Зеир Анпин, сказал: „В видении Я открываюсь ему"[529], и это Шхина"», являющаяся Его видением.

324) «„Мысль, которая внутри" органов восприятия зрение-слух-обоняние-речь, – „это Бина (בִּינָה)", состоящая из букв „сын йуд-хэй (בֶּן יָה), потому что Исраэль", т.е. Зеир Анпин, называемый сыном, „поднялся в мысль", т.е. йуд-хэй

---

[526] Пророки, Йехезкель, 1:18. «И обратные стороны их, и высоки они, и трепетны они, и возвышения их полны глаз у всех четырех».

[527] Писания, Притчи, 6:23. «Ибо заповедь – свеча, а Тора – свет, и путь жизни – назидательные наставления».

[528] См. Зоар, главу Берешит, часть 1, п. 340, со слов: «И, кроме того, так же как высшая Хохма является началом (решит ראשית), так же и нижняя Хохма считается началом (решит ראשית)...»

[529] Тора, Бемидбар, 12:6. «И сказал Он: „Слушайте слова Мои. Если и есть между вами пророк Творца, в видении Я открываюсь ему, во сне говорю с ним"».

(ה). „Размышление – это мудрость (хохма), потому что мудрому достаточно намека", т.е. размышления, прежде чем он придет к исправленной мысли. „Мудрость (хохма) взошла в мысли, т.е. Бине. Ведь мысль и размышление – всё это одно целое, потому что Хохма познаётся только в Бине, а Бина – в сердце. И поэтому мысль – она в сердце, и размышление – оно в сердце"».

Объяснение. Хохма, которая в правой линии, – это свойство Абы ве-Имы, где Хохма неизвестна, и есть там только хасадим. Поскольку Хохма, что в правой, это только Хесед,[530] и поэтому считается неизвестной. Ведь в Абе ве-Име йуд (י) не выходит из воздуха (авир אויר), тогда как Бина – это свойство ИШСУТ, в которых йуд (י) выходит из воздуха (אויר), и Хохма раскрывается в ней в ее левой линии, и это свойство «сердце».[530] И поэтому она известна, и считается, что Хохма на своем месте – она исчезает, поскольку является там только Хеседом, но она нисходит в Бину, и там она известна. И это смысл сказанного: «Размышление – это мудрость (хохма), потому что мудрому достаточно намека», – так как Хохма на своем месте, она как размышление, которое непостижимо, которое еще не пришло к раскрытию мысли. «Мудрость (хохма) взошла в мысли, т.е. Бине», – потому что Хохма познаётся в месте Бины, а не на своем месте. И это смысл сказанного: «Поэтому мысль – она в сердце, и размышление – оно в сердце», – иначе говоря, даже размышление находится не в месте Хохмы, а в месте Бины, называемой сердцем, и там есть правая и левая, Хохма и Бина, где Хохма – размышление, а Бина – это мысль.

325) «„И также" есть „слышание" в Торе, поскольку „заповедь – слушать" чтение „книги Торы. И также в носу (хотэм) есть приятное благоухание Творцу (АВАЯ הויה). Шхина – это жертвоприношение Творцу (АВАЯ הויה), жертва всесожжения Его, а молитва – она как жертвоприношение". Ибо посредством жертвоприношения или молитвы поднимается Шхина к Творцу, „как приятное благоухание Ему. И приближается к нему в молитве. И также о речи" написано: „Ведь таково слово Мое, как огонь, – сказал Творец"[531]. Последняя „хэй (ה)" де-АВАЯ, „т.е. Шхина, – это речь Его"».

---

[530] См. выше, п. 206.
[531] Пророки, Йермияу, 23:29. «Ведь таково слово Мое, как огонь, – сказал Творец, – и как молот расколет оно скалу».

326) «„Так же как Шхина является образом Его, слышанием Его, приятным благоуханием Его, речью Его, – в голове (рош), так она в руках – выполнение заповеди Его, в теле – она склонение Его, в молитве – она выпрямление Его", и также „в молитве – она стояние (амида) Его", поскольку получение ГАР называется выпрямлением и стоянием, как уже говорилось. „Потому что она стоит пред Ним в любом месте, и склоняется к Нему, и падает в ноги Ему при падении ниц, чтобы просить у Него милосердия к своим сыновьям, она смиренна по отношению к Нему, и она стыдится Его"».

327) «„И не как плохая служанка", зовущаяся „Лилит, которая дерзка и нет у нее смирения, и нет у нее стыда, она мать великого сброда. И поэтому сказал Шломо: „Доблестная жена – венец мужу своему"[532] – и это Шхина, „а позорная – как гниль в костях его"[532] – это служанка Лилит. „Ведь Шхина – это Царица, ее служанка – это Лилит, и нет у нее ни смирения, ни стыда пред Творцом, и таковы ее сыновья, являющиеся великим сбродом, и в будущем Творец устранит ее и сыновей ее из мира, так как они являются незаконнорожденными от девяти свойств аснат машгахат (אסנ"ת משגח"ת)". И это начальные буквы слов: изнасилованная (анусá אנוסה), ненавистная (снуа́ שנואה), отлученная (нида́ נידה), подмена (тмура́ תמורה), мятежная (море́дет מורדת), продажная (схура́ שכורה), разведенная (груша́ גרושה), дерзкая (хацуфа́ חצופה), смешанная (таарóвет תערובת), – „и это незаконнорожденные, согласно мудрецам"».

328) «„И также Шхина – это служение Творцу, Его единство – в праведнике, оживляющем миры", т.е. Есоде, „а" Шхина – „она поступь Его. „Праведность перед Ним пойдет"[533], чтобы выполнить волю Его". И это Шхина называется праведностью. И также: „И случилось, что он еще не кончил говорить, как выходит Ривка"[534], то есть Шхина, называемая Ривкой, „которая выходит к Нему, чтобы выполнить волю Его". И также „в видении, слышании, обонянии, речи, действии, теле, служении, прохождении, и в каждом органе, она является заповедью служить Ему и выполнять волю Его"».

---

[532] Писания, Притчи, 12:4. «Доблестная жена – венец мужу своему, а позорная – как гниль в костях его».

[533] Писания, Псалмы, 85:14. «Праведность перед Ним пойдет, и направит (ее) по пути стоп Его».

[534] Тора, Берешит, 24:15. «И случилось, что он еще не кончил говорить, как выходит Ривка, которая родилась у Бетуэля, сына Милки, жены брата Авраама Нахора, и кувшин на ее плече».

329) «„И сыновья ее", Шхины, т.е. Исраэль, – „они тоже по образу ее, т.е. перенявшие смирение, перенявшие стыд, все они подобны свойствам ее. И поэтому заповедал Творец Моше: „А ты высмотри из всего народа людей доблестных, боящихся Всесильного, людей правдивых, ненавидящих корысть"[535]. „Людей доблестных"[535] – с правой стороны, и это Авраам", т.е. Хесед, который стал Хохмой, потому что во время гадлута Зеир Анпина поднимаются ХАГАТ и становятся ХАБАД, как известно, „и там видение Торы: „От десницы Его пламя Закона им"[536]. „Боящихся Всесильного (Элоким)"[535] – они со стороны Ицхака", и он является Гвурой, которая стала Биной, „и там слышание, как сказал пророк Хавакук: „Творец, услышал я весть Твою, испугался!"[537] „Людей правдивых"[535] – со стороны Яакова", и это Тиферет, который стал Даат, „ибо там благоухание приятное Творцу (АВАЯ), в хотэме. „Ненавидящих корысть"[535] – со стороны речи", т.е. Малхут, „четвертого столба", т.е. свойство „Адама Ришона, который соединился с праотцами" и считается для них как Малхут.[538] И эта Малхут называется Адам, потому что „это три создания – лев, бык и орел", т.е. ХАГАТ, „в видении, слышании и обонянии" как уже говорилось, а четвертый столб по отношению к ним – лик „человека (адам) в речи"», то есть Адам Ришон.

330) «„И поставишь (их) над ними тысяченачальниками"[535] – то есть со стороны буквы алеф (א)" де-Адни (אדני), „и „стоначальниками"[535] – то есть со стороны буквы далет (ד)" де-Адни (אדני), и это смысл того, что „четыреста лет находились Исраэль в порабощении в Египте, „пятидесятиначальниками"[535] – то есть нун (נ)" де-Адни (אדני), „и десятиначальниками"[535] – то есть йуд (י)" де-Адни (אדני).

---

[535] Тора, Шмот, 18:21. «А ты высмотри из всего народа людей доблестных, боящихся Всесильного, людей правдивых, ненавидящих корысть, и поставишь (их) над ними тысяченачальниками, стоначальниками, пятидесятиначальниками и десятиначальниками».

[536] Тора, Дварим, 33:2. «И сказал он: „Творец от Синая выступил и воссиял от Сеира им, озарил от горы Паран, и явился из среды мириадов святых; от десницы Его пламя Закона им"».

[537] Пророки, Хавакук, 3:2. «Творец, услышал я весть Твою, испугался! Творец, деяние Твое, которое Ты сделал для меня посреди лет, пусть живет оно! Посреди лет сообщи – в гневе о милосердии вспомни!»

[538] См. Зоар, главу Ваехи, п. 803, со слов: «Поэтому Адам Ришон считается свойством Малхут, и он дополнил строение (меркава) праотцев до числа „четыре". А иначе, „как бы могли праотцы взойти к совершенному строению", состоящему из четырех...»

331) «„Исраэль известны в этих свойствах, что они – сыны Творца и Шхины Его, чтобы были среди них „люди доблестные"[535], то есть как: „Доблестная жена – венец мужу своему"[532], то есть они – обладающие милостью (хесед)", что соответствует Хеседу Зеир Анпина, „боящиеся Всесильного (Элоким)"[535] – соответствует Гвуре Зеир Анпина, „люди правдивые"[535] – соответствует Тиферет Зеир Анпина, „а не люди лживые, ибо сыны „Исраэля не сделают несправедливости, и не станут они говорить лживое, и не будет в устах их языка обмана"[539]. И „ненавидящие корысть"[535] – соответствует Малхут, „как человек, радующийся своей участи. А не как великий сброд, сыновья плохой служанки", Лилит, „которые как змей, перед которым вся земля, как сказано: „А змей – прах пища его"[540], и вместе с тем, „он боится досыта насыщаться прахом, потому что боится, что ему может не хватить. И так корыстные люди, которые не могут насытиться всем богатством, что в мире"».

332) «„И поэтому постановили авторы Мишны: „Не истолкование главное, а действие"[541]. Ведь Творец скрыт в тайнах Торы – с помощью чего Он познается? С помощью заповедей, и они – Шхина, которая является образом Его. Так же как Творец скромен, так же и Шхина скромна. Он милостив (хасид), и она милостива, Он сильный, и она сильнее всех народов мира, Он – истина, а она – вера, Он – пророк, и она – пророчица, Он – праведник, и она – праведница. Он – царь, а она – царство. Он мудрый, и она мудрая. Он понимающий, а она – понимание Его. Он – корона, а она – венец Его, венец великолепия (тиферет). И поэтому постановили мудрецы: тот, кто неискренен (досл. тот, у кого внутренняя суть не то, что снаружи), не войдет в дом учения. То есть как образ Творца, который является Его внутренней сутью, а Шхина Его – она снаружи, Он – Его внутренняя суть изнутри, а" Шхина – „Его внешняя часть снаружи, и не отличается та, что снаружи, от Того, кто внутри, чтобы была

---

[539] Пророки, Цфания, 3:13. «Остаток Исраэля не сделают несправедливости, и не станут они говорить лживое, и не будет в устах их языка обмана, ибо они пастись будут и лежать, и никто не потревожит их».
[540] Пророки, Йешаяу, 65:25. «„Волк и ягненок будут пастись вместе, и лев, как вол, есть будет солому, а змей – прах пища его; не будут они причинять зла и не будут губить на всей горе святой Моей", – сказал Творец».
[541] Мишна, раздел Незикин, трактат Авот, часть 1, мишна (закон) 17.

известна как создание Его, и нет там никакого разделения", и это смысл сказанного: „Изнутри и снаружи покрой его"⁵⁴²».

333) «„И поскольку это АВАЯ (הויה) скрытый изнутри, не называется иначе как Шхина Его, Адни (אדני). И поэтому сказали мудрецы: „Я пишусь не так, как читаюсь. В этом мире Я пишусь как АВАЯ (הויה), а читаюсь как Адни (אדני). Но в мире будущем Я пишусь как АВАЯ (הויה) и читаюсь как АВАЯ (הויה). Чтобы милосердие было со всех сторон. И поэтому наказал Творец ангелам-служителям: тот, у кого внутренняя часть не будет соответствовать внешней во всех органах, внутренних и внешних, не войдет в этот чертог. И поэтому говорит Писание: „Он твердыня, совершенно деяние Его"⁵⁴³, „Непорочен будь пред Творцом Всесильным твоим"⁵⁴⁴», то есть то, что у него внутри и снаружи, должно совпадать.

---

⁵⁴² Тора, Шмот, 25:11. «И покрой его чистым золотом, изнутри и снаружи покрой его, и сделай на нем золотой венец вокруг».
⁵⁴³ Тора, Дварим, 32:4. «Он твердыня, совершенно деяние Его, ибо все пути Его – праведны; Всесильный верен, и нет несправедливости, праведен и справедлив Он».
⁵⁴⁴ Тора, Дварим, 18:13. «Непорочен будь пред Творцом Всесильным твоим».

Радуга, тфилин, цицит, синета, белое и возглашение Шма

334) «„Седьмое исправление: „Как вид радуги, появляющейся в облаках в день дождя"⁵⁴⁵. Сказали мудрецы: „От: „И увидел я: (вот ураганный ветер и т.д.)"⁵⁴⁶ и до: „Как вид радуги"⁵⁴⁵, – именно они являются действием строения (маасе мерках)". И сказали мудрецы: „Рабби Акива истолковывает действие строения (маасе мерках): „Низошел огонь с небес и окружил деревья, и собирались ангелы-служители, как в наслаждениях жениха и невесты"⁵⁴⁷», потому что строение (мерках) – это единство АВАЯ (הויה) Адни (אדני), называемых женихом и невестой, и поэтому завершается действие строения (маасе мерках) изречением: «Как вид радуги»⁵⁴⁵, «поскольку нет единства и связи, и строения (мерках) у имени АВАЯ (הויה) в Адни (אדני), но только благодаря праведнику", т.е. Есоду, „называемому радугой, в котором строение (мерках), что наверху, а это АВАЯАДНИ (יֲאֲהֲדֲוֲנָהֵ), совершенно"».

335) «„Шхина – это действие начала творения (маасе берешит). И постановили: „Не истолковывают действия начала творения двоим"⁵⁴⁸, потому что ветви Древа", и это эти создания, „они разделены сверху крыльями этих созданий,⁵⁴⁹ АВАЯ – справа, Адни – слева". Поскольку Зеир Анпин – это свойство хасадим, что справа, а Малхут – это свойство левой, без единства друг с другом. И получается, что „жених – он справа, а невеста – она слева. И когда вводят их под хупу,⁵⁵⁰ в сопровождении многих видов мелодий, Исраэль должны пробудить их снизу", к этому единству, „воспеваниями и прославлениями, и всеми видами мелодий в молитве, ибо вот они входят под хупу"», т.е. (приходят) к единству.⁵⁵⁰

---

⁵⁴⁵ Пророки, Йехезкель, 1:28. «Как вид радуги, появляющейся в облаках в день дождя, так и вид этого сияния вокруг – это вид образа величия Творца. И увидел я и упал на лицо свое, и услышал голос говорящий».
⁵⁴⁶ Пророки, Йехезкель, 1:4-5. «И увидел я: вот ураганный ветер пришел с севера, большое облако и огонь разгорающийся, и сияние вокруг него, и изнутри него словно сверкание (хашмаль) – изнутри огня. И изнутри него – подобие четырех созданий, и вид их подобен человеку у них».
⁵⁴⁷ См. Вавилонский Талмуд, трактат Хагига, лист 14:2.
⁵⁴⁸ См. Вавилонский Талмуд, трактат Хагига, лист 11:2.
⁵⁴⁹ См. выше, п. 312.
⁵⁵⁰ См. Зоар, главу Трума, п. 126.

336) «„И Исраэль должны дать" кольцо „посвящения" от жениха „невесте, с помощью узла тфилы руки, чтобы" Шхина „была связана" с Зеир Анпином, „и увенчать их тфилой головы", что означает – привлечь к ним мохин де-ГАР. „И это украшение, как сказано: „Украшение свое повяжи на себя"[551]. И три витка ремня" на среднем пальце, „что соответствует трем святостям, и это: „Свят, свят, свят!" – трижды воздадут Тебе святость"[552].[553] И нужно благословить их семью благословениями, которые являются семью благословениями провозглашения Шма: в утренней молитве (шахарит), два – перед ней и одно – после нее; и вечером, два – перед ней, и два – после нее"».

337) «„И невеста под хупой", т.е. в единстве провозглашения Шма, называемого хупой,[550] „она в виде крыльев заповеди, которые позолочены в цицит", то есть переплетены вместе с синетой, которая является свечением Хохмы, исходящим от левой стороны Бины, называемой золотом. И поэтому цицит словно позолочены с синетой. „И синета и белое", что в цицит, „это престол суда и престол милосердия, включенные друг в друга", потому синета – это суд, а белое – это милосердие. „И множество узлов и звеньев вокруг" цицит, „со множеством жемчужин и драгоценных камней", то есть светов Хохмы и хасадим, „наполненных чудесными свойствами (сгулот), окружающими их в виде колокольчиков и гранат[554] облачений Царя и Царицы, которые являются четырьмя одеяниями сына", Зеир Анпина, „и четырьмя золотыми одеяниями", Малхут, „которые со стороны двух имен АВАЯ (הויה) Адни (אדני). Как имя Его, так и престол Его, так и хупа Его, так и облачение Его. Имя Его записано во всем (бе-коль)", и это Есод, называемый всем (коль), „когда хочет войти в чертог Свой, чтобы быть там жениху со своей невестой, в восемнадцати благословениях молитвы", где восемнадцать указывает на Есод, „который „как вид радуги"[545]», являющейся Есодом, как мы уже говорили.

---

[551] Пророки, Йехезкель, 24:17. «От стенаний удержись, по умершим траур не совершай, украшение свое повяжи на себя и обувь свою одень на ноги свои, и не закрывай (лицо) до усов твоих, и хлеба (других) людей не ешь».

[552] Благословение при повторении посланником общества молитвы Амида.

[553] См. выше, п. 298. «„И каждое звено" должно быть „тройным", из трех, т.е. из трех переплетений, по той причине, что „каждые три – со стороны святости", и это три линии. „Это смысл сказанного: „Трижды воздадут Тебе святость"...»

[554] См. Зоар, главу Балак, п. 435.

Действие строения и молитва

338) «„Не истолковывают действия строения (меркава) одному, ведь истолковывающий одному", этот один „вместе с ним, – их уже двое в этом истолковании. И не должен там звучать голос в его молитве, но „только губы ее шевелились, голоса же ее не было слышно"[555]. И в этом скрытый смысл: „А посторонний, который приблизится, смерти предан будет"[556]. И так это в молитве, каждый молится скрытно, чтобы молитва его не была слышна другому, и он хочет скрыть свою речь по отношению к нему", чтобы не была слышна, „должен свою речь сделать скрытой, и тогда другой не услышит его. И поэтому постановили мудрецы: каждый, чей голос звучит в его молитве, – это из-за недостатка веры"».

339) «„И поэтому огненные создания наверху бормочут подобно ветвям этого Древа", являющимся ангелами-служителями, „которые собирались там на наслаждения жениха и невесты.[557] В каком-то месте?" – Это в" единстве „возглашения Шма", и это хупа,[550] „и там" сказано: „И слышал я голос крыльев их"[558], поскольку там нет нижнего единства АВАЯАДНИ (אֲהֲדֹנָה‎), и поэтому они бормочущие.[559] „И их шестьдесят четыре с четырьмя крыльями", иначе говоря, четыре создания, каждое из которых состоит из четырех, это шестнадцать созданий, и у каждого создания четыре крыла, четырежды шестнадцать – это шестьдесят четыре. И крылья тоже состоят друг из друга, и в каждом крыле есть четыре крыла. И в таком случае нужно умножить „четырежды шестьдесят четыре, что равно двумстам пятидесяти шести (рейш-нун-вав רנ״ו)‎. И это: „Воспойте (рану רָנּוּ) Яакову радость"[560]. Когда? Когда отомстит своим ненавистникам,

---

[555] Пророки, Шмуэль 1, 1:13. «Ханна же говорила в сердце своем: только губы ее шевелились, голоса же ее не было слышно; и Эйли счел ее пьяною».
[556] Тора, Бемидбар, 3:10. «И Аарону и сыновьям его поручи соблюдать их священнослужение; а посторонний, который приблизится, смерти предан будет».
[557] См. выше, п. 334.
[558] Пророки, Йехезкель, 1:24. «И слышал я шум (досл. голос) крыльев их, подобный шуму множества вод, словно голос Всемогущего, когда они шли, рев, как голос стана; когда они вставали, опускали крылья свои».
[559] См. выше, п. 303.
[560] Пророки, Йермияу, 31:6. «Ибо так сказал Творец: „Воспойте Яакову радость и ликуйте пред всеми народами; провозглашайте, славьте и говорите: „Спаси, Творец, народ Твой, остаток Исраэля!"»

и сожжет их идолов. Это смысл сказанного: „А при погибели нечестивых – торжество (рина́ רִנָּה)"[561]». В гематрии рейш-нун-вав (רנ"ו 256) вместе с обобщающим.

340) «„И шестьдесят четыре зависят от восьми" раз „тогда (аз אז)", потому что тогда (аз אז) указывает на восемь букв единства АВАЯАДНИ (יְאֲהֲדוֹנָהי)"[562] „И так шестьдесят четыре", которые восходят „из восьми" раз „тогда (аз אז)", если умножишь их „на четыре стороны", они равны „двумстам пятидесяти шести (рейш-нун-вав רנ"ו). И когда доходит до тридцати двух, и это аз (אז) аз (אז) аз (אז) аз (אז), т.е. хэт (ח) хэт (ח) хэт (ח) хэт (ח)", равные тридцати двум, „соединяется" с ними „йуд (י) в каждой стороне, чтобы быть хай (ח"י 18) АВАЯ (הויה)", т.е. Есод, называемый хай (חי), соединяется с АВАЯ (הויה) „в восемнадцати (ח"י) благословениях молитвы, в которых есть восемнадцать (ח"י хай) раз АВАЯ (הויה), которые равны семидесяти двум (ע"ב)" буквам, „в тот момент, когда соединяется АВАЯ (הויה) с Адни (אדני), в восемнадцати (ח"י хай) мирах, то есть АВАЯАДНИ (יְאֲהֲדוֹנָהי)", с помощью Есода, называемого оживляющим (хай חי) миры, „сразу же огненные создания замолкают", потому что во время единства они молчат.[563] „Что написано о них: „Когда они вставали, опускали крылья свои"[558], что означает – „когда вставали Исраэль в молитве", и тогда это время единства, „опускали свои крылья, то есть не были известны до этого часа"». Иначе говоря, замолкали.

341) «„И это означает: „Только губы ее шевелились"[555] – то есть это крылья этих созданий, „голоса же ее не было слышно"[555]. Почему когда было сверкание (хашма́ль חַשְׁמַל)[564]" до этого, „огненные создания бормочут (мемалело́т מְמַלְלוֹת)", а сейчас „они молчат? И поэтому установили молитву в молчании. И так же действие строение (меркава) в молчании, чтобы молчаливо говорил там сам с собой. Три молитвы установили, и в каждой восемнадцать" раз „АВАЯ (הויה), и это семьдесят две буквы в каждой молитве", в восемнадцати завершениях, что

---

[561] Писания, Притчи, 11:10. «При благоденствии праведных ликует город, а при погибели нечестивых – торжество».

[562] См. выше, в п. 260 и в Тикуней Зоар, 38 исправление, стр. 78.

[563] См выше, п. 314.

[564] Пророки, Йехезкель, 1:4-5. «И увидел я: вот ураганный ветер пришел с севера, большое облако и огонь разгорающийся, и сияние вокруг него, и изнутри него словно сверкание (хашмаль) – изнутри огня. И изнутри него – подобие четырех созданий, и вид их подобен человеку у них».

„в восемнадцати благословениях", а трижды семьдесят два – „это двести шестнадцать" букв, „и они включены в Хесед, и это" трижды „семьдесят два с тридцатью двумя путями" Хохмы, „и это двести пятьдесят без двух", то есть равны двумстам сорока восьми (РАМАХ), и это Хесед, „которые включены в средний столб"», т.е. Хесед.

342) «„Из жертвоприношения мы учим о молитве, и молитву учим из жертвоприношения. Как сказано" в молитве: „И слышал я голос крыльев их"[558], как мы уже говорили, „и так с херувимами", которые являются свойством жертвоприношения, т.е. единством АВАЯ (הויה) Адни (אדני), образующимся при жертвоприношении, сказано: „Тогда слышал он голос, говорящий ему"[565]». И мы учим молитву из жертвоприношения, и написано о нем: «Голос, говорящий»[565], что указывает на голос и речь, то есть АВАЯ (הויה) Адни (אדני), и также в молитве, – хотя сказано только: «И слышал я голос крыльев их»[558], и не упомянута с ним речь, – так же и там речь внутри. «„И так же, как подножие" жертвенника, „по которому поднимаются и опускаются жертвы и всесожжения, так и в молитве поднимаются два ангела и опускаются два. И как на Синае, на который взошли Моше и Аарон, и спустились", и получается, „что поднялись двое и спустились двое. И в этой заповеди" молитвы „подразумеваются все заповеди, что в Торе"».

Объяснение. Известно, что средняя линия исправляет линии так, чтобы Хесед светил сверху вниз, а свечение Хохмы светило снизу вверх.[566] И поэтому свечение Хеседа называется нисхождением, а свечение Хохмы – подъемом. И это смысл сказанного: «Как сказано: „И слышал я голос крыльев их"[558], и так с херувимами: „Тогда слышал он голос, говорящий ему"[565]». Голос – это свечение хасадим Зеир Анпина. Речь – это свечение Хохмы. И мы учим одно из другого, что в: «И слышал я голос крыльев их»[558], сказанном в молитве, так же и речь включена внутри, как и с херувимами, то есть что есть в молитве как свечение хасадим, так и свечение Хохмы. И это смысл сказанного: «И так же, как подножие, по которому поднимаются и

---

[565] Тора, Бемидбар, 7:89. «И когда входил Моше в Шатер собрания, чтобы говорить с Ним, тогда слышал он голос, говорящий ему поверх покрытия, что на ковчеге свидетельства, меж двух херувимов; и говорил Он ему».

[566] См. Зоар, главу Берешит, часть 1, п. 50. «Разногласие, которое было исправлено согласно высшему подобию...»

опускаются», то есть было в нем как свечение Хохмы, которое является свойством «поднимаются», так и свечение хасадим, которое является свойством «опускаются». «Так и в молитве поднимаются два ангела и опускаются два» – что и здесь есть два вида свечения, посредством подъема и посредством нисхождения, т.е. Хохма и хасадим. И это смысл сказанного: «И в этой заповеди подразумеваются все заповеди, что в Торе», – потому все заповеди Торы включены в два эти света, так как двести сорок восемь (РАМАХ) исполнительных заповедей – это свойство хасадим, а триста шестьдесят пять (ШАСА) запретительных заповедей – это исправления свечения Хохмы.

343) «„И так, когда рабби Акива заговорил о действии строения (меркава), уста его были Синаем, а голос его был лестницей, по которой поднимались и спускались ангелы. При каждой речи его парил над ним ангел Матат. Он основа (рехев) для Шхины, потому что включены в него сфирот среднего столба", которым является Зеир Анпин, „и это йуд хэй вав хэй (יו״ד ה״א וא״ו ה״א) – они внутри, а Шхина, состоящая из десяти сфирот, она снаружи" по отношению к нему. „И Творец и Шхина Его – это основа (рехев) и строение (меркава). Средний столб – это основа (рехев) для Причины причин", т.е. Бесконечности, „а Шхина Его – она основа (рехев) для среднего столба. А Причина причин", т.е. Бесконечность, – „Он соединяет всё, и выстраивает всё, и светит во всём. Свет Его проходит через душу (нешама) и тело (гуф), и облачение (левуш), и нет в Нем изменения и взаимодействия, и счета, и образа, и подобия, из всех строений (меркава), и обликов, и подобий, представляющихся взору разума. Высшие и нижние ступени – они основа (рехев) и строение (меркава) относительно Него, а над Ним нет того, кто бы восседал"».

344) «„Радуга (кéшет קֶשֶׁת) – признак ткия-шварим-труа.[567] И они – признак строения (меркава) праотцев. Ткия – это Авраам, шварим – это Ицхак, труа – это Яаков, поскольку сказано о нем: „И трубление (труа) Царю в нем"[568]. И три цвета видны в ней", в радуге, – „белый, красный, зеленый. А со стороны

---

[567] Виды трубления в шофар.
[568] Тора, Бемидбар, 23:21. «Не усмотрел обмана в Яакове, не видел нечестия в Исраэле, – Творец Всесильный его с ним, и трубление Царю в нем».

Гвуры называется" Есод: „Луки героев ломаются"[569]. А с правой стороны", т.е. Хеседа, называется: „Как вид радуги, появляющейся в облаках в день дождя"[570]. Когда появляется в дождливый день, проявляется милосердие, а когда появляется без дождя, проявляется суд. А если вперемешку между дождем и солнцем, показывает, что суд и милосердие взаимовключены. И это шин (ש) от Шадай (שַׁדַּי)", указывающая на „три ветви праотцев, и это: „Творец (АВАЯ הויה) – Всесильный наш (Элокейну אֱלֹהֵינוּ), Творец (АВАЯ הויה)"[571], которые являются тремя именами соответственно трем ветвям праотцев", т.е. ХАГАТ. „И в них", в этих трех именах, „четырнадцать букв, в числовом значении дай (יד достаточно) от Шадай (שַׁדַּי)", а Шадай (שַׁדַּי) – это Есод Зеир Анпина. „А облачение Шадая (שַׁדַּי) – это Матат (מְטַטְרוֹן), который в гематрии Шадай (שַׁדַּי)"».

(До сих пор Раайа меэмана)

---

[569] Пророки, Шмуэль 1, 2:4. «Луки героев ломаются, а слабые препоясываются силою».

[570] Пророки, Йехезкель, 1:28. «Как вид радуги, появляющейся в облаках в день дождя, так и вид этого сияния вокруг – это вид образа величия Творца. И увидел я и упал на лицо свое, и услышал голос говорящий».

[571] Тора, Дварим, 6:4. «Слушай, Исраэль! Творец – Всесильный наш, Творец один».

Произносящий псалом Давида каждый день

345) «Сказал рабби Шимон: „Тот, кто открыл вход, пусть скажет".[572] Сказал рабби Эльазар: „Мы учили, что каждый, кто произносит псалом Давида каждый день трижды, является обитателем мира будущего. И мы уже изучали смысл этого"», – потому что написано в нем: «Открываешь руку Твою»[573], что является молитвой на пищу. И спрашивает: «„Если" это означает „из-за пропитания и пищи всех миров", нужно было сказать два раза, „потому что это два раза каждый день, утром и вечером. Как написано: „Даст же Творец вам вечером мяса в пищу, а утром хлеба досыта"[574]. Почему нужно говорить трижды каждый день?" И отвечает: „Но два раза – это для питания людей и всего мира, а один раз – чтобы дать силу тому месту, руки которого открыты"».

346) «„И два этих питания" людей „отличаются друг от друга", потому что одно – для богатых, а другое – для бедных. „И все три питания записаны здесь", в псалме Давида. Первое: „И Ты даешь им пищу вовремя"[575] – это пища богатых, которым дает много пищи вовремя. И это первое. Второе, как написано: „И насыщаешь всякого живущего благоволением"[573] – это пища бедных, которые насыщаются благоволением, а не множеством еды. Третье, как написано: „Открываешь руку Твою"[573] – это сила того места, при открытии рук которого выходит благоволение и насыщение всего"».

Объяснение. Руки – это две линии, правая и левая. И известно, что прежде, чем соединила их средняя линия, их свечение было очень скудным. Потому что правой линии недоставало ГАР, а левая линия была с Хохмой без хасадим, что является тьмой, а не светом.[576] И это называется, что руки закрыты, поскольку исходит от них лишь скудное и сокращенное

---

[572] Это продолжение сказанного рабби Эльазаром выше, в п. 237.
[573] Писания, Псалмы, 145:16. «Открываешь руку Твою и насыщаешь всякого живущего благоволением».
[574] Тора, Шмот, 16:8. «И сказал Моше: „Даст же Творец вам вечером мяса в пищу, а утром хлеба досыта, ибо услышал Творец ропот ваш, который вы поднимаете против Него. А мы что? – Не на нас ропот ваш, а на Творца!"»
[575] Писания, Псалмы, 145:15. «Глаза всех к Тебе устремлены, и Ты даешь им пищу вовремя».
[576] См. Зоар, главу Берешит, часть 1, п. 34, со слов: «Затем вышла тьма, и вышли в ней семь других букв алфавита...»

свечение, которое исправляется после раскрытия этих рук. И тогда это свойство еды бедных. А затем, когда средняя линия пробудила экран де-хирик, и уменьшила левую линию, с помощью чего соединила ее с правой,[577] тогда соединяется Хохма, что в левой, с хасадим, что в правой, и свет светит во всем совершенстве. И это считается открытием рук из (состояния) их закрытости. И с этого момента нисходит в мир еда богатых. И есть здесь три разновидности:

1. Пища бедных, исходящая с того момента, когда руки закрыты, и исправляется после раскрытия рук.

2. Пища богатых, нисходящая после того, когда раскрылись руки.

3. Это сила средней линии, раскрывшая эти руки с помощью экрана хирик, что в ней.

И это смысл сказанного: «„И Ты даешь им пищу вовремя"[575] – это пища богатых», потому что получают после открытия рук, которое вовремя. «„И насыщаешь всякого живущего благоволением"[573] – это пища бедных, которые насыщаются благоволением», то есть скудное свечение, от которого получали перед раскрытием рук, а теперь благодаря раскрытию рук облачилась их пища в хасадим, но в любом случае они сейчас насыщены благоволением, а не множеством еды, поскольку получили ее до раскрытия рук. «„Открываешь руку Твою"[573] – это сила того места, при открытии рук которого выходит благоволение и насыщение всего», – и это место экрана де-хирик, что в средней линии, с помощью которого открываются эти руки.

347) «„Еще. Я так учил, что" должен говорить „не больше, чем дважды" псалом Давида, „для пищи и пропитания, произносимый каждый день, и эти" два раза „являются обязательными для человека. А если сказал больше, это не для выполнения долга, но для восхваления внутри прославлений этих песнопений царя Давида. В чем причина? Это потому, что не подобает просить о пропитании, но только после молитвы", потому что молитва – „это пропитание Господина его, и Царь должен есть первым, а затем будут есть рабы Его"».

---

[577] См. Зоар, главу Лех леха, п. 22, со слов: «Экран де-хирик, на который выходит средняя линия, происходит от свойства суда, имеющегося в Малхут...»

ГЛАВА ПИНХАС

Отведал я соты мои с медом, пил я вино мое с молоком

348) «„Это смысл сказанного: „Пришел я в сад мой, сестра моя, невеста, набрал я мирры с бальзамом моим; отведал я соты мои с медом, пил я вино мое с молоком"[578]. А затем: „Ешьте, друзья! Пейте до упоения, любимые!"[578] „Отведал я соты мои"[578] – это молитва сидя"», то есть от «Создающий свет» до провозглашения Шма. «„С медом"[578] – это провозглашение Шма". И объясняет: „Отведал я соты мои (яари יְעָרִי)"[578] – это молитва сидя", поскольку „ведь тот Леванонский лес (яар יַעַר)", который является миром Брия, включает „Создающий свет", и офаним и святые создания, – все они называются лесом деревьев, и ростками, что в нем. „С медом"[578] – это провозглашение Шма, которое слаще всего, со множеством нектара и сладости"».

349) «„Пил я вино мое"[578] – это молитва стоя, являющаяся притяжением высшего выдержанного вина"», то есть свечения Хохмы, что в Бине, и поэтому сказано о нем: «Пил я вино мое»[578]. «„И это в трех первых благословениях" молитвы стоя, соответствующих ХАБАД. „С молоком"[578] – это три последних благословения", соответствующих НЕХИ. И свечение хасадим называется молоком. „И включились одни в другие" – т.е. свечение Хохмы и хасадим включаются друг в друга. „До сих пор – это пища Царя. И после того как поел Царь, „ешьте, друзья"[578], – наверху", то есть ангелы, „пейте до упоения, любимые"[578], – внизу"», т.е. души.

350) «„До сих пор нет необходимости" восславлять „за пропитание, но после этой молитвы", то есть после того как поел Царь, как мы уже сказали. „И какова причина того, что в послеполуденной молитве (минха)" говорят псалом Давида „перед молитвой? Это потому, что" послеполуденная молитва (минха) соответствует Ицхаку, который является судом, и поэтому „прежде, чем пребывает суровый суд", то есть до молитвы, „пока лик Царя светит" милостью (хесед), „должен сказать псалом Давида в этом порядке пропитания", в трех состояниях,[579] „ибо после" этой молитвы, „когда суд пребывает и нависает над миром, не время для этого". Подошел рабби Пинхас и поцеловал его».

---

[578] Писания, Песнь песней, 5:1. «Пришел я в сад мой, сестра моя, невеста, набрал я мирры с бальзамом моим; отведал я соты мои с медом, пил я вино мое с молоком. Ешьте, друзья! Пейте до упоения, любимые!»

[579] См. выше, п. 346.

ГЛАВА ПИНХАС

И было однажды, пришли сыны Всесильного

351) «Сказал рабби Йегуда рабби Шимону: „Скажи, господин наш, красивые речения Рош а-шана". Провозгласил рабби Шимон и сказал: „И было в день"[580] – в любом месте, где говорится „и было", это" выражение „страдания. „И было в дни" – это страдание. Безусловно, „и было в день" – это день, в котором есть страдание, и это Рош а-шана, день, в котором пребывает суровый суд над миром. И также: „И было в день, когда пришел Элиша в Шунем"[580], – это было в день Рош а-шана". И поэтому: „И было в день, когда пришли сыны Всесильного"[581], – это был день Рош а-шана"».

352) «„Рош а-шана – он всегда два дня. Какова причина? Это для того, чтобы Ицхак", т.е. левая линия, которая является свойством Рош а-шана, „состоял из суда и милосердия", т.е. „двух дней, и не" будет Ицхак „один, потому что если бы находился один", то есть не состоял из милосердия, „то разрушил бы мир, и поэтому написано" о Иове „дважды: „И было в день"[581]. „И было в день"[582]».

353) «„Пришли сыны Всесильного"[581] – это большая судебная палата, сыны Всесильного, конечно", когда „сыны Царя", т.е. Исраэль, „приближены до них. И это семьдесят правителей, всегда окружающие Царя, и они выносят приговор миру, „чтобы предстать пред Творцом"[581]. Спрашивает: „Разве пред Творцом предстают?" И отвечает: „Но в час, когда они собираются судить" мир, „первый суд всего, это: кто тот, кто не уважает святое имя, и не уважает Тору и служителей Его. И так же: кто тот, кто не заботится о почитании святого имени", т.е. Шхины, „чтобы не осквернялось на земле. И кто тот, кто не заботится о почитании Творца", т.е. Зеир Анпина, „тот, кто не отдает почести этому имени. „И пришел также Сатан среди

---

[580] Пророки, Мелахим 2, 4:8. «И было в день, когда пришел Элиша в Шунем, а там была женщина знатная, и упросила она его (к себе) есть хлеб; и когда бы он ни проходил, всегда заходил туда поесть».
[581] Писания, Иов, 1:6. «И было в день, когда пришли сыны Всесильного, чтобы предстать пред Творцом, и пришел также Сатан среди них».
[582] Писания, Иов, 2:1. «И было в день, когда пришли сыны Всесильного, чтобы предстать пред Творцом, и пришел также Сатан среди них, чтобы предстать пред Творцом».

них"[581]. „Также"[581] – приведено, „чтобы включить нукву Сатана", то есть Лилит. „И также: „Чтобы предстать пред Творцом"[581] – т.е. что также" Сатан „заботится об уважении этого имени"», иначе говоря, приходит жаловаться на это.

ГЛАВА ПИНХАС

Праведник и плохо ему, грешник и хорошо ему

354) «„Здесь разделились первые столпы мира. Один сказал, что Иов был из благочестивых (хасидов) народов мира. А другой сказал, что был из благочестивых (хасидов) Исраэля, и он был наказан, чтобы искупить мир. Ибо однажды рав Амнуна нашел Элияу. Сказал ему: „Разумеется, мы учили, что „есть праведник и плохо ему, грешник и хорошо ему"[583]. Сказал" рав Амнуна, что объяснение такое: „Праведник, то есть каждый, у которого уменьшены грехи этого мира, – взыскивают с него в этом мире, и поэтому – „праведник и плохо ему"[583]. А каждый, у которого многочисленны грехи и уменьшены заслуги, – дают ему вознаграждение в этом мире", и поэтому – „грешник и хорошо ему"[583]. Сказал ему: „Суды Владыки мира глубоки, но в час, когда Творец желает искупить прегрешения поколения, ударяет их по руке их, и излечиваются все они. Пример с врачом, который наносит удар", т.е. пускает кровь, „по руке, чтобы спасти все органы. Как сказано: „И он изранен преступлениями нашими"[584]».

---

[583] См. Вавилонский Талмуд, трактат Брахот, лист 7:1.
[584] Пророки, Йешаяу, 53:5. «И он изранен преступлениями нашими, сокрушен грехами нашими, наказание за благополучие наше – на нем, и ранами его исцеляемся мы».

ГЛАВА ПИНХАС

Рош а-шана

355) «„Как мы учили, в этот день, Рош а-шана, когда устанавливаются семьдесят престолов, чтобы вести суд мира, сколько их, защитников и обвинителей, стоящих наверху, – тех, кто склоняется вправо, к оправданию, и тех, кто склоняется влево, к обвинению, чтобы напомнить о провинностях мира и о провинностях каждого. И поэтому человек должен" раскаяться и „выяснить свои грехи, – каждый как он есть. Поскольку тот, кто выясняет свои грехи" пред Творцом, – „суд его передается не иначе, как в руки одного лишь святого Царя, благословен Он. А тот, кого судит Творец, – это к добру, и поэтому просил царь Давид: „Суди меня, Всесильный"[585], – Ты, а не другой. И также Шломо сказал: „Чтобы Он вершил суд раба Своего"[586], – Он, а не другой. А" высшая „судебная палата – они отделены от Него"».

356) «„И поэтому нужно выяснить грехи каждого органа, и всё, что он совершил в частности. Это смысл сказанного: „О грехе моем сообщил я Тебе"[587], а затем: „И снял Ты вину греха моего. Сэла!"[587] Откуда нам это известно? – От Моше. Как написано: „О, совершил этот народ грех"[588]. А об Исраэле написано: „Согрешили мы, ибо оставили Творца"[589]. Ведь если скажешь, что изречение Моше, – оно от одного, но в обществе не надо" подробно выяснять их грехи, „то ведь приведено это изречение"» – «Согрешили мы, ибо оставили Творца"[589], и оно от общества. «„А если скажешь, что это в обществе, но их посланник не должен" выяснять грехи, „то ведь написано:

---

[585] Писания, Псалмы, 43:1. «Суди меня, Всесильный, и вступись в спор мой с народом неправедным, от человека лживого и несправедливого избавь меня».

[586] Пророки, Мелахим 1, 8:59. «И да будут эти слова мои, которыми я молился пред Творцом, близки к Творцу Всесильному нашему день и ночь, чтобы Он вершил суд раба Своего и суд народа Своего, Исраэля, изо дня в день».

[587] Писания, Псалмы, 32:5. «О грехе моем сообщил я Тебе и вины моей не скрыл; сказал я: „Признаюсь в проступках моих Творцу". И снял Ты вину греха моего. Сэла!»

[588] Тора, Шмот, 32:31. «И возвратился Моше к Творцу, и сказал: „О, совершил этот народ грех великий, и сделали они себе божества золотые"».

[589] Пророки, Шмуэль 1, 12:10. «И возопили они к Творцу, и сказали: „Согрешили мы, ибо оставили Творца и служили Баалам и Аштортам; теперь же спаси нас от руки врагов наших, и мы будем служить Тебе"».

„И возвратился Моше к Творцу"⁵⁹⁰, и написано: „И сделали они себе"⁵⁸⁸. И в чем причина? Это из-за того, что каждый, кто выясняет свои грехи", – высшая „судебная палата отделяются от него" и не обвиняют его. „Потому что человек близок сам к себе", а близкий непригоден выступать свидетелем, и поэтому „он не судится соответственно"» себе самому.

357) «„И еще. Ведь он не оставляет обвинителя, чтобы тот указал на его вину и изъян, потому что этот человек был первым и сказал, и не дает место сказать другому, – тогда Творец прощает ему. Это смысл сказанного: „А сознающийся и оставляющий, будет помилован"⁵⁹¹».

358) «„В дни Рош а-шана, судебная палата устанавливают престол для Царя, чтобы судить мир, и Исраэль входят первыми судиться пред Ним, чтобы умножилось милосердие", – то есть прежде, чем пробудится гнев на грешников мира, – „чтобы давал его „и суд народа Своего, Исраэля, изо дня в день"⁵⁸⁶. Что значит „изо дня в день"⁵⁸⁶?" И отвечает: „Но это два этих дня Рош а-шана. И почему это два дня? Потому что это две палаты суда, соединяющиеся вместе: высший суд, являющийся суровым, с нижним судом, являющимся мягким. И оба они присутствуют"».

Объяснение. Потому что смысл трубления в шофар – пробудить суды экрана де-хирик средней линии, чтобы соединить две линии, правую и левую, друг с другом.⁵⁹² И есть два действия в этом экране де-хирик по отношению к левой линии: первое действие – от свойства манулы, являющейся суровым судом, и второе действие – от свойства мифтехи, являющейся мягким судом.⁵⁹³ И вот эта манула скрыта в ГАР каждой ступени, а мифтеха – в ВАК каждой ступени. И поэтому называется манула высшей судебной палатой, а мифтеха – нижней судебной палатой. И они всегда светят друг в друге, потому что нуждаются друг в друге, так как мифтеха принимает силу суда от манулы, а

---

⁵⁹⁰ Тора, Шмот, 5:22. «И возвратился Моше к Творцу, и сказал: „Господин мой! Почему Ты содеял зло этому народу, почему Ты послал меня?"»
⁵⁹¹ Писания, Притчи, 28:13. «Скрывающий свои преступления не добьется успеха, а сознающийся и оставляющий, будет помилован».
⁵⁹² См. Зоар, главу Эмор, п. 193, в комментарии Сулам.
⁵⁹³ См. Зоар, главу Лех леха, п. 22, со слов: «Экран де-хирик, на который выходит средняя линия, происходит от свойства суда, имеющегося в Малхут...»

манула получает свечение подслащения от мифтехи. И это смысл сказанного: «Потому что это две палаты суда, соединяющиеся вместе: высший суд, являющийся суровым», и это манула, скрытая в ГАР, «с нижним судом, являющимся мягким», и это мифтеха, место которой в ВАК. «И оба они присутствуют» – потому что светят друг в друге, как мы уже сказали. И поэтому первый день Рош а-шана является свойством ГАР, и манула господствует там. И это суровый суд. А второй день Рош а-шана – это свойство ВАК, где господствует мифтеха.

359) «„И об этом не знали вавилоняне, тайну шварим и ткия, так как не знали, что нужны они оба: труа – это суровый суд; три шварим – это мягкий суд". И поэтому похоже на того, кто стонет в сердце своем, „и он ослаб. Они", вавилоняне, „не знали", какие из этих двух нужны, и поэтому „совершали оба. А мы знаем" оба, что оба они нужны, „и совершаем их оба.[594] И всё выходит на путь исправления"».

360) «Провозгласил и сказал: „Трубите в шофар в новомесячье, во время скрытия (луны), – для праздничного дня нашего"[595]. „Трубите в шофар в новомесячье"[595] – что такое „в новомесячье"[595]?" И отвечает: „Это мягкий суд, который называется новым. „Во время скрытия"[595] – это суровый суд", называемый „Страхом Ицхака.[596] Суд, который скрыт всегда", т.е. манула, „и не является открытым судом", поскольку он скрыт в ГАР, как мы уже говорили. „Ибо закон – это мягкий суд", т.е. мифтеха, пребывающая открыто. „А постановление – это суд", включенный „в милосердие. И оба они – вместе", как объяснялось в предыдущем пункте. „И поэтому есть два дня" в Рош а-шана, „и оба они – в одном свойстве"», как объяснялось в предыдущем пункте.

361) «„Счастлив народ, знающие трубление"[597]. Не написано: „Слышащие", или: „Совершающие трубление", а: „Знающие

---

[594] См. Зоар, главу Эмор, п. 195, со слов: «Пояснение сказанного. Ты уже узнал о двух исправлениях, совершаемых с помощью трубления в шофар...»

[595] Писания, Псалмы, 81:4. «Трубите в шофар в новомесячье, во время скрытия (луны), – для праздничного дня нашего».

[596] Тора, Берешит, 31:53. «Всесильный Авраама и бог Нахора пусть вершат суд между нами, Всесильный отца их. И поклялся Яаков Страхом отца своего, Ицхака».

[597] Писания, Псалмы, 89:16. «Счастлив народ, знающие трубление. Творец, в свете лица Твоего ходят они».

трубление"⁵⁹⁷. Потому что" только „мудрецы, селящиеся в атмосфере земли святости, – они являются знающими трубление. Тайна трубления – это как написано: „Сокрушишь их жезлом железным"⁵⁹⁸.⁵⁹⁴ Кто народ как Исраэль, которые знают высшие тайны своего Господина, чтобы войти пред Ним и связаться с Ним. И все те, что знают тайну трубления, приблизятся, чтобы идти в свете лика Творца. И это первый свет, который Творец скрыл для праведников. И поэтому должны знать его"» – трубление.

---

⁵⁹⁸ Писания, Псалмы, 2:9. «Сокрушишь их жезлом железным, как сосуд горшечника, разобьешь их».

Глава Пинхас

Перепона печени, желчь, трахея, пищевод и шофар

362) «"Написано: "Перепону от печени"⁵⁹⁹, и написано: "И перепону над печенью"⁶⁰⁰. "Перепону от печени"⁵⁹⁹ означает "женщина прелюбодейная", и это Лилит, "идущая и выходящая от печени", то есть от Сама, чтобы совращать мир и обвинять их. И оставляет захара заниматься прелюбодеянием. И поэтому" написано: "Перепону от печени"⁵⁹⁹, "перепону над печенью"⁶⁰⁰, и это потому, "что после того, как она совершает прелюбодеяние, она поднимается над ним.⁶⁰¹ Она "чело развратницы"⁶⁰², возвышающейся над своим мужем", и это Сам, называемый "печенью, в желчном гневе, и это "сварливая жена"⁶⁰³ и гнев, поскольку она властвует над своим захаром", то есть "чело развратницы"⁶⁰², властвующей над печенью", Самом, потому что она "сварливая жена"⁶⁰³ и гнев"». И поэтому называется «перепона над печенью»⁶⁰⁰.

363) «"Перепону от печени"⁵⁹⁹ – это потому, что "выходит от печени", т.е. Сама, своего мужа, как мы уже объясняли, "чтобы вредить всему миру и заниматься прелюбодеянием со всеми. А затем она поднимается к захару с "челом развратницы"⁶⁰², с дерзким лицом, и тогда она "над печенью"⁶⁰⁰. И еще. Она называется "перепоной от печени"⁵⁹⁹ с другой стороны, ибо после того как выходит развратничать со всеми, она дает остатки своему мужу, и это – "перепона от печени"⁵⁹⁹». Потому что перепона (йотéрет יוֹתֶרֶת) от слова остатки (шираим שְׁיָרַיִם). Объяснение. Потому что перепона печени – она от свойства Сам, который является судами захара, но из-за того, что она прелюбодействует с другими, примешаны к ней также суды нуквы.

---

⁵⁹⁹ Тора, Ваикра, 9:10. «А тук и почки, и перепону от печени грехоочистительной жертвы воскурил он на жертвеннике, как повелел Творец Моше».

⁶⁰⁰ Тора, Ваикра, 3:4. «И обе почки, и тук, который на них, который над стегнами, и перепону над печенью, вместе с почками да отделит он это».

⁶⁰¹ См. также далее, в п. 378.

⁶⁰² Пророки, Йермияу, 3:2-3. «Взгляни на возвышенности и посмотри, где не прелюбодействовали с тобою? У дорог сидела ты ради них, как араб в пустыне, и осквернила ты землю блудом своим и злом своим. И задержаны были дожди и не было позднего дождя; но чело развратницы было у тебя, ты не захотела устыдиться».

⁶⁰³ Писания, Притчи, 21:9. «Лучше жить на углу кровли, нежели со сварливою женою в общем доме».

364) «"От печени и перепоны", т.е. Сама и Лилит, "выходит желчь, являющаяся мечом ангела смерти, от которого исходят горькие капли, чтобы убивать людей. Это смысл сказанного: "Последствия от нее горьки, как полынь"[604]. И эта желчь "висит на печени, все болезни и смерть зависят от нее", – от клипы, которая называется желчью. "И в этот день Рош а-шана она кружится по миру, чтобы собрать все грехи, что в мире, и тогда все органы, которыми является Исраэль, – они в беде, потому что" Исраэль – "они органы Шхины", как сказано: "Душа человека – свеча Творца"[605], что означает, что душа человека – она от свечи Творца, "которой является святая Шхина. И тогда", в Рош а-шана, "весь Исраэль в беде, и они берут шофар, чтобы пробудить с его помощью эти ткия-шварим-труа"».

Раайа меэмана

365) «Сказал верный пастырь: "Конечно, после того как органы и сосуды сердца, уподобляемые Исраэлю, находятся в беде, нужно пробудить в трахее, которая является свойством шофар, и это трахея легкого, ибо после того как доли легкого не смогут успокоить гнев желчи, одолевающей сосуды сердца и все сосуды органов тела, тот самый дух", т.е. свойство хасадим, "который веет в них, поднимается в трахею, а это шофар, т.е. будущий мир". Потому что шофар – это свойство Бины, называемой будущим миром. "Ибо так постановили, что пищевод подобен этому миру", свойству Малхут, "в котором еда и питье", т.е. мохин хасадим и Хохмы, называемые едой и питьем; "трахея подобна будущему миру", Бине, "в котором нет еды и питья"», ибо эти мохин не раскрываются там, в Бине, а в Малхут.

366) «"И после того как уходит (шат שָׁט) вав (ו) от пищевода (вешет וֶשֶׁט) из-за множества еды, которую награбил, удлинился и" из вав (ו) сделался нун (ן), и из пищевода (вешет וֶשֶׁט) "стал Сатан (שָׂטָן). И кто был причиной этого", то есть: "Люди бродили (шату שָׁטוּ) и собирали"[606]». «Бродили (шату שָׁטוּ)» от слова

---

[604] Писания, Притчи, 5:4. «Последствия от нее горьки, как полынь, остры, как меч обоюдоострый».

[605] Писания, Притчи, 20:27. «Душа человека – свеча Творца, исследующая все тайники утробы».

[606] Тора, Бемидбар, 11:7-8. «Ман же был похож на семя кориандровое, а вид его, как вид хрусталя. Люди бродили и собирали, и мололи в жерновах или толкли в ступе, и варили в котле, и делали из него лепешки, и был вкус его, как вкус нежного масла».

«глупость (штут שְׁטוּת)», ибо это вызвало, – «„их глупость (штут שְׁטוּת), – что они перемешались с необузданным великим сбродом, страсть которых еда и питье, и грабеж, и насилие, "ради разорения бедных, ради стенания обездоленных"⁶⁰⁷. Из-за изогнутой нун (נ) уклонялись, ибо ели без перемалывания. Что написано о них: „Еще не было пережевано мясо меж зубами у них, как воспылал гнев Творца на народ"⁶⁰⁸. Поскольку „распространилась вав (ו) от бродили (шату שָׁטוּ)", и образовалась нун (נ), т.е. Сатан (שָׂטָן). А „тот, чей дух склонен, это" изогнутая „нун (נ)", иначе говоря святость стала изогнутой нун (נ), а ситра ахра – распрямленной нун (ן), "и это привело к тому, что распространился Сатан в еде и питье, и возобладал над всеми органами и сосудами в трехстах шестидесяти пяти (ШАСА שס"ה) запретительных заповедях" в трехстах шестидесяти пяти днях солнца. „Как числовое значение а-Сатан (הַשָּׂטָן)", который в гематрии триста шестьдесят пять (שס"ה) "без одного. И это день Дня искупления", которого недостает ему, "потому что нет в нем еды и питья"». И поэтому Сатан не властен в День искупления, и недостает ему дня до трехсот шестидесяти пяти дней.

Объяснение. Включение Хохмы в хасадим друг в друга в Нецахе и Ходе, называются перемалыванием. В тайне: «Небеса, перемалывающие МАН для праведников». А великий сброд усиливают левую линию и притягивают свою еду и питье от левой без правой, что считается – без перемалывания. И это смысл сказанного: «Из-за изогнутой нун (נ) уклонялись, ибо ели без перемалывания». Поскольку из-за того, что ели без перемалывания, пристал к ним Сатан, и святость в них стала изогнутой нун (נ), так как дух святости воспарил от них.

367) «„И" День искупления – „он как своего рода трахея" легкого, являющегося Биной и будущим миром, как мы уже сказали. „И это вав (ו), сын (бен בֵּן) йуд-хэй (יָ"הּ), от Бины. И для него постановили авторы Мишны: „Видящий трахею (канэ קָנֶה) во сне удостаивается мудрости (хохма)". Это смысл сказанного: „Приобретай мудрость (хохма) ... приобретай разум (бина)"⁶⁰⁹,

---

⁶⁰⁷ Писания, Псалмы, 12:6. «Ради разорения бедных, ради стенания обездоленных, ныне подымусь, – говорит Творец, – помогу спасением».
⁶⁰⁸ Тора, Бемидбар, 11:33. «Еще не было пережевано мясо меж зубами у них, как воспылал гнев Творца на народ, и поразил Творец народ ударом очень сильным».
⁶⁰⁹ Писания, Притчи, 4:7. «Начало мудрости: приобретай мудрость и всем твоим достоянием приобретай разум».

ибо нет трахеи меньше их обоих, и это йуд (י) – Хохма, хэй (ה) – Бина", потому что нет Бины без Хохмы, и нет Хохмы без Бины. „И поэтому нужно пробудить шофаром, который является трахеей", как мы уже говорили, „и это будущий мир, мир продолжительный, долготерпеливый", получающая от Арих Анпина, „от которого присутствуют тринадцать свойств милосердия, которые в гематрии вав (וָאו 13), алеф (א) – это свойство „долго", два вав (ו) – это свойство „терпеливый"».

368) «„И высшая Има – это ткия со стороны Авраама", являющегося Хеседом. „Шварим – со стороны Ицхака", являющегося Гвурой, „труа – со стороны Яакова", являющегося Тиферет. „Нижняя Шхина", т.е. Малхут, – „это связь их всех", поскольку она принимает всех. Кешер (קשר связь) – это аббревиатура слов ткия-шварим-труа, „потому что куф (ק) – ткия (תְּקִיעָה), шин (ש) – шварим (שְׁבָרִים), рейш (ר) – труа (תְּרוּעָה). И все они трижды в Шхине. Это смысл сказанного: „Трижды воздадут Тебе святость"[610].[611] Потому что голос не может выйти" из тела „наружу иначе, как через уста. И так же нельзя отделять Шхину от Творца. Потому что о Творце сказано: „Голос Творца высекает языки огня"[612]. И Шхина является молитвой всех уст. И эти являются признаками: ткия-шварим-труа-ткия, ткия-шварим-ткия, ткия-труа-ткия"». (До сих пор Раайя меэмана). А выяснение трубления найдешь выше.[613]

369) «„Берем шофар, чтобы пробудить с его помощью труа и ткия", то есть „суровый суд в милосердии", потому что труа – это суровый суд, а ткия – это милосердие. „А шварим"-ткия – „это мягкий суд в милосердии", потому что шварим – это мягкий суд,[614] а ткия – это милосердие. „И тогда пробуждаются таким образом наверху, чтобы перемешаться друг в друге"», суд – в милосердии, а милосердие – в суде.

---

[610] Благословение при повторении посланником общества молитвы Амида.
[611] См. выше, п. 298. «„И каждое звено" должно быть „тройным", из трех, т.е. из трех переплетений, по той причине, что „каждые три – со стороны святости", и это три линии. Это смысл сказанного: „Трижды воздадут Тебе святость"…»
[612] Писания, Псалмы, 29:7. «Голос Творца высекает языки огня».
[613] См. Зоар, главу Эмор, п. 195.
[614] См. выше, п. 360.

Глава Пинхас

Раайа меэмана

370) «„И в первом изложении, – сказал верный пастырь, – благодаря этому смягчился Сатан (שָׂטָן), и сморщилась нун (ן) от пищевода (вешет וֶשֶׁט)" и снова стала вав (ו), „и то, что" пищевод (вешет וֶשֶׁט) „стал Сатаном (שָׂטָן),"[615] снова вернулся теперь и стал пищеводом (вешет וֶשֶׁט), как и вначале. Потому что: „Голос – голос Яакова"[616], так как „Исраэль – их сила не в еде и питье, как у остальных народов, которые наследуют этот мир, сила которых в еде и питье. Но" Исраэль, – „сила их в этом голосе, который является будущим миром, продолжительным миром, который создан буквой йуд (י), и поскольку глас шофара", т.е. мохин Зеир Анпина, называемые голосом, который получают от шофара, т.е. Бины, „выходит от него", от йуд (י), т.е. Хохмы, „сказали мудрецы: „Не менее десяти шофарот"[617], т.е. соответственно букве йуд (י). „Ибо посредством буквы йуд (י) образовался, безусловно, продолжительный мир, и это вав (ו), мир будущий", т.е. получающий мохин будущего мира, как мы уже объясняли. „А посредством буквы хэй (ה) создал этот мир, и это малая хэй (ה)", т.е. Малхут, „в которой еда и питье Торы"», т.е. мохин Хохмы и хасадим, называемые едой и питьем.

371) «„И есть еще другая тайна. Ибо после того как был вынесен приговор в двух буквах хэй (ה) хэй (ה), которые являются двумя палатами суда", Бины и Малхут, „кто может отменить приговор их обеих?" Только „йуд-вав (י״ו)" де-АВАЯ (הויה), „потому что буква хэй (ה)" де-АВАЯ (הויה) – „это высшая Има", Бина, „йуд (י) – это Аба", Хохма. „И что написано: „Всякий обет и всякий клятвенный зарок для изнурения души"[618], и это хэй (ה)", называемая душой (нефеш), – „муж ее может допустить, и муж ее может отменить"[618], где йуд (י) – это муж первой хэй (ה), являющейся Биной, а вав (ו) – это муж последней хэй (ה), являющейся Малхут. Поэтому они могут отменить приговор этих двух хэй (ה). „И поэтому нужно пробудить голос, то есть вав (ו)", Зеир Анпин, „десятью шофарот (трублениями), то есть йуд (י)", чтобы были отменены суды, что в этих двух хэй (ה),

---

[615] См. выше, п. 366.
[616] Тора, Берешит, 27:22. «И подошел Яаков к Ицхаку, отцу своему, и он дотронулся до него, и сказал: „Голос – голос Яакова, а руки – руки Эсава"».
[617] Мишна, раздел Моэд, трактат Рош а-шана, часть 4, мишна (закон) 6.
[618] Тора, Бемидбар, 30:14. «Всякий обет и всякий клятвенный зарок для изнурения души – муж ее может допустить, и муж ее может отменить».

Бине и Малхут. „И главное в них, чтобы каждый признак", от ткия-шварим-труа-ткия, ткия-шварим-ткия, ткия-труа-ткия, „был на одном дыхании, в устах, и это – десятая" часть „от десяти"».

372) «Как только услышали эти речения рабби Шимон и товарищи, сказали: „Благословен Всесильный за то, что мы удостоились слышать речения от того, кто называется наставником всех пророков, наставником всех мудрецов, наставником всех ангелов-служителей, когда Творец и Шхина Его говорят по слову его. И Он написал через него эти тайны, о подобных которым не было слышно с момента дарования Торы и до сих пор"».

373) «Сказал верный пастырь ему (рабби Шимону): „Великий светоч, восполни тайны первого письма, чтобы объяснить их, потому что все главы высших собраний и все главы нижних собраний, – все они готовы услышать эти речения из уст твоих и твои пояснения, ибо великая радость пробудится благодаря им наверху и внизу. Не успокаивайтесь – ни ты, ни все твои товарищи!"» (До сих пор Раайа меэмана).

Печень и сердце

374) «„В труа и ткия, и шварим, – всё смягчается одно в другом", то есть подслащаются все суды. „И всё, что держит печень, она жертвует сердцу, так как оно является царем, чтобы питать ее. И это сердце – не в его обычаях и не в его желаниях смутные действия народа его, но оно выбирает все ясное и все чистое", и это – „все заслуги, и все хорошие деяния; а всю ту смуту и муть, и грязь, являющиеся плохими деяниями, оставляет печени, и это Сам, о котором сказано: „Эсав ... человек волосатый"[619], и всем сосудам ее, являющимся остальными народами-идолопоклонниками. Это смысл сказанного: „И понесет козел на себе все их грехи"[620]. Что такое „все их грехи (авонота́м עֲוֹנֹתָם)"[620]? Это буквы „грехи чистого (авоно́т там עֲוֹנֹת תָם)", того, о котором сказано: „А Яаков – человек чистый"[621]. А грехи народа его – они в пульсирующих сосудах" и жилах, „что в сердце"».

375) «„И поэтому воспаление и проказа, и лишай, что во всех органах, находятся в печени, – от загрязнений, которые остались в ней. От сердца приходит здоровье ко всем органам, ибо это так: когда сердце взяло все чистое и ясное, и прозрачное, печень берет то, что находится из нечистого и мутного, и выбрасывает всем остальным органам, – которые являются остальными народами, иными, идолопоклонниками, – не по их воле. А из самых-самых отходов печени, берет селезенка", и это Лилит, „о которой сказано: „Да будут светила"[622] без буквы вав (ו), потому что была создана Лилит, так как светила (меоро́т

---

[619] Тора, Берешит, 27:11. «И сказал Яаков Ривке, матери своей: „Ведь Эсав, брат мой, человек волосатый, я же человек гладкий"».
[620] Тора, Ваикра, 16:22. «И понесет козел на себе все их грехи в землю необитаемую, и отошлет козла в пустыню».
[621] Тора, Берешит, 25:27. «И выросли отроки, и стал Эсав человеком, сведущим в охоте, человеком поля; а Яаков – человек чистый, живущий в шатрах».
[622] Тора, Берешит, 1:14. «И сказал Всесильный: „Да будут светила на своде небесном, чтобы отделять день от ночи; и будут они для знамений, и для времен (назначенных), и для дней и лет"».

מְאֹרֹת) означают проклятие, как сказано: „Проклятие (меера́т מְאֵרַת) Творца на доме нечестивого"[623]».[624]

---

[623] Писания, Притчи, 3:33. «Проклятие Творца на доме нечестивого, а обитель праведников Он благословляет».

[624] См. Зоар, главу Берешит, часть 1, п. 393. «„Да будут светила (меорот מארת)" написано без буквы вав (ו), потому что всё зависит от нее. „Да будут светила (меорот מארת)" включает также создание Лилит в мире. И поэтому написано без вав (ו), что означает проклятие…»

ГЛАВА ПИНХАС

Селезенка и желчь

Раайа меэмана

376) «"Еще сказал в первом изложении. Сказал верный пастырь: "Но ведь постановили о нем мудрецы: "Селезенка смеется", и это: "Смех глупца"⁶²⁵. И поэтому постановили мудрецы Мишны: "Горе тому, кому подыгрывает время"⁶²⁶, потому что получает мир свой при жизни своей. А Коэлет сказал: "Лучше гнев, чем смех"⁶²⁷, что означает – гнев печени, и это желчь, плеть Творца, плеть, чтобы бить ею праведников в этом мире дурными болезнями и язвами, ибо она лучше, чем смех, которым насмехается над нами селезенка", т.е. Лилит, "в грязи этого мира, когда время подыгрывает им богатством". Потому что эти получают в этом мире вознаграждение за добрые дела, которые делали, чтобы потерять их из мира будущего. И праведники получают наказание за грехи в этом мире, для того чтобы унаследовать мир будущий. "И еще. Яд селезенки – он ползает во прахе, то есть сильнее, чем яд желчи"».

377) «"И поскольку великий сброд – они дрожжи, что в тесте", то есть, что перемешались с Исраэлем, как дрожжи в тесте, "а народы мира подобны мякине, – этот великий сброд задерживают Исраэль в изгнании больше, чем народы-идолопоклонники. Как установили мудрецы: "Кто задерживает? Дрожжи в тесте задерживают"⁶²⁸, потому что" великий сброд "прилепились к Исраэлю, как дрожжи в тесте. Но народы мира не более, чем мякина, которую унесет ветер"».

---

⁶²⁵ Писания, Коэлет, 7:6. «Ибо как треск терниев под котлом, так смех глупца, – также и это суета».
⁶²⁶ См. Вавилонский Талмуд, трактат Брахот, лист 7:2.
⁶²⁷ Писания, Коэлет, 7:3. «Лучше гнев, чем смех, ведь от суровости лица добреет сердце».
⁶²⁸ См. Вавилонский Талмуд, трактат Брахот, лист 17:1.

ГЛАВА ПИНХАС

Козел отпущения и печень, и сердце

378) «„И еще. „И понесет козел на себе"⁶²⁰. Когда желание его", Сатана, „наговаривать на Исраэль пред Творцом. И он несет все те грехи, которые может вынести, пока не становится тяжело, – „как ноша тяжелая, невыносимо тяжелы"⁶²⁹ для него эти грехи", которые несет он „на крыльях его. Что он делает: поднимается на высшую гору, как осел, желающий подняться на высокую гору, и как тяжелая ноша станут тяжелыми для него грехи. Когда он наверху и желает подняться еще, [осилив] ту небольшую часть пути, которая осталась ему, ноша становится нестерпимо тяжелой для него, и он бросается вниз, и под тяжестью веса, который падает на него, все его органы разрываются на куски, пока не остается в нем ни одного целого органа. И также произошло с Самом и змеем, т.е. печенью и перепоной печени, злым началом и супругой его, развратницей. И оттуда: любая дочь бога чужого" называется „развратница"».

Скрытый смысл козла для Азазеля уже как следует выяснился выше,⁶³⁰ а здесь верный пастырь добавляет другой скрытый смысл. Ибо корень всей ситры ахра – это Сам и змей, являющиеся захаром и некевой. И объяснение заключается в том, что Сам исходит от судов захара, иначе говоря, что все наказания, приходящие за грехи, исходящие от судов захара, были поручены Саму. А змей, его нуква, – она от судов нуквы, и все наказания, приходящие за грехи, исходящие от судов нуквы, были поручены ей. И известно, что два этих вида суда являются корнями для всех видов грехов, что в мире. И скрытый смысл Азазеля наверху, сказал верный пастырь, что это все количество тех обвинений, которые Сам и змей несут на себе, чтобы преподнести их пред Творцом, чтобы Он дал им право наказать Исраэль. Из-за свойства их судов. И Азазель, что наверху, уподобляется ослу, несущему ношу, так и козел для Азазеля – он несет на себе все наговоры Сама и змея, корень которых – два вида вышеупомянутых судов.

И выяснилось там,⁶³⁰ что если два эти вида судов соединяются, они могут разрушить весь мир. И исправление для них – оно посредством средней линии, с помощью которой суды

---

⁶²⁹ Писания, Псалмы, 38:5. «Ибо грехи мои прошли (захлестнули) голову мою; как ноша тяжелая, невыносимо тяжелы они для меня».
⁶³⁰ См. Зоар, главу Ахарей мот, пп. 116-118.

нуквы отменяют суды захара, посредством экрана де-хирик ее, отменяющего ГАР свечения левой линии.[630] «Когда желание его наговаривать на Исраэль пред Творцом» – то есть, когда Сам и змей посылают высшего Азазеля наговаривать на Исраэль. Жалоба означает наговор – «Пойду, нажалуюсь на них в царском доме»[631]. «И он несет все те грехи, которые может вынести, пока не становится тяжело, – „как ноша тяжелая, невыносимо тяжелы"[629] для него эти грехи», т.е. как суды захара, так и суды нуквы, которые невыносимо тяжелы. «Что он делает: поднимается на высшую гору», чтобы пробудить суды захара, т.е. он поднимается в левую линию, которая называется высшей горой, так как эти три линии называются горами. «Когда он наверху» – когда он уже в левой линии, то есть в свойстве ВАК левой линии, «и желает подняться еще, [осилив] ту небольшую часть пути, которая осталась ему», – то есть хочет подняться в ГАР левой, где нет единства правой, и все суды захара исходят оттуда. «Ноша становится нестерпимо тяжелой для него, и он бросается вниз», – иначе говоря, суды нуквы, которые в его ноше, отягощают его в месте ГАР левой линии, чтобы отменить их с помощью средней линии, исправляющей это вследствие отправления Азазеля в пустыню, совершаемого Исраэлем внизу. И тогда «он бросается вниз» – то есть бросается вниз со всей левой линии, иначе говоря, чтобы и ВАК левой линии, которые оставляет левая линия, он не захотел получать. Потому что ситра ахра бежит от средней линии и ее исправлений. «И также произошло с Самом и змеем», которые являются посланниками Азазеля, т.е. «злым началом и супругой его, развратницей», потому что Сам – это злое начало, а змей, супруга его, – это развратница. Ибо захар и некева должны быть видом по виду его, и поскольку Сам – он от судов захара, должна была его супруга тоже быть от этих судов. Однако она от судов нуквы, как уже было сказано. И откуда у нее эти суды? – Потому, что супруг ее, Сам, не дает ей, но она прелюбодействует с другими высшими силами, и получает от них суды нуквы. И поэтому называются Сам и супруга его «злое начало и развратница». И это смысл сказанного: «Оттуда: любая дочь бога чужого – развратница». Потому что нуква Сама является источником всех развратниц, что в мире. И дочь бога чужого получает от нее. И это скрытый смысл сказанного: «„Перепону над печенью"[600], – что после того как

---

[631] См. Вавилонский Талмуд, трактат Гитин, лист 56:1, и также комментарий Раши.

она совершает прелюбодеяние, она поднимается над ним, она „чело развратницы"[632], возвышающейся над своим мужем»[633], ибо после того как она прелюбодействует с другими силами и получает от них суды нуквы, она возвышается затем над своим супругом, Самом, потому что суды нуквы более суровы, чем суды захара. (До сих пор Раайа меэмана).

379) «Сказал рабби Пинхас (рабби Шимону): „Этот путь был установлен для меня, чтобы услышать эти речения от Атика Йомина. Счастлив мир, в котором ты пребываешь, горе миру, когда они останутся сиротами и не будут знать речений Торы как подобает. Конечно же, это так, что печень", т.е. Сам, „берет всё, добро и зло, и хотя блуждает и собирает все грехи Исраэля, он также собирает все их заслуги, чтобы осуществить свой наговор". Поскольку лжец должен вначале сказать правду, чтобы ему поверили. „И всё, и то и другое", заслуги и прегрешения, „он приближает к сердцу, а сердцу свойственно брать лишь самое чистое и ясное, и прозрачное из всего", то есть заслуги, „как ты сказал, а остальную муть и грязь", т.е. грехи, „оно возвращает печени, и она всё принимает поневоле, как написано: „И понесет козел на себе"[620]. (Как объяснялось в предыдущем пункте). А я повторяю это", после того как ты уже сказал, „чтобы подсластились в устах подобно сладости меда. Счастлива участь моя, что удостоился я этого, видеть это своими глазами"».

380) «Еще он провозгласил и сказал: „Творец, не было надменно сердце мое, и не возносились глаза мои"[634]. Это изречение произнес Давид в час, когда он шел по берегу реки, и сказал: „Владыка мира, разве был в мире человек, который бы благодарил и восхвалял своего Господина как я?" Встретилась ему жаба, сказала: „Давид, не гордись! Я сделала больше тебя, когда отдала свое тело указанию своего Господина, как

---

[632] Пророки, Йермияу, 3:2-3. «Взгляни на возвышенности и посмотри, где не прелюбодействовали с тобою? У дорог сидела ты ради них, как араб в пустыне, и осквернила ты землю блудом своим и злом своим. И задержаны были дожди и не было позднего дождя; но чело развратницы было у тебя, ты не захотела устыдиться».
[633] См. выше, п. 362.
[634] Писания, Псалмы, 131:1. «Песнь ступеней Давидова. Творец, не было надменно сердце мое, и не возносились глаза мои, и не следовал я за великим и недостижимым для меня».

написано: „И воскишит река жабами"⁶³⁵, и исполнили его.⁶³⁶ И еще. Я восхваляю и пою днем и ночью, без перерыва". Тотчас сказал Давид: „Творец, не было надменно сердце мое, и не возносились глаза мои"⁶³⁴. „Творец, не было надменно сердце мое"». (Отсутствует продолжение).

---

⁶³⁵ Тора, Шмот, 7:28-29. «И воскишит река жабами, и поднимутся они, и войдут в твой дом, и в твой спальный покой, и в твою постель, и в дом твоих слуг, и в (дом) твоего народа, и в твои печи, и в твои квашни. И на тебя, и на твой народ, и на всех твоих слуг поднимутся жабы».

⁶³⁶ См. Зоар, главу Ваэра, п. 153. «„И поднялась жаба", ведь следовало сказать – жабы, во множественном числе. Но это была одна жаба, и она порождала (других), и наполнилась ими земля...»

Роза

381) (Отсутствует начало статьи). «„Это жертва, которая в любой день и в любое время Творцу. И Шхина включилась в нее среди всех остальных множеств" своих, которыми являются Исраэль. „И все эти работы выводят ее из колючек, то есть из среды остальных народов. Так Исраэль, все то время, пока они глухи сердцем, и не начинают возвращения, не возносят аромат, и не извлекает их из колючек. Но когда начинают возвращение, сразу же возносят аромат, и извлекает их из колючек, и Кнессет Исраэль", т.е. Малхут, „будет наслаждаться ими. Как написано: „Отвори мне, сестра моя, подруга моя"[637], – потому что всё то время, пока роза закрыта, нет у нее аромата, и не поднимается из колючек, и пребывает среди них, как они сказали. А Творец не отправил нас идти этим путем, но учиться этому"».

---

[637] Писания, Песнь песней, 5:2. «Я сплю, но бодрствует сердце мое. Голос! Стучится друг мой: „Отвори мне, сестра моя, подруга моя, голубка моя, чистая моя, ибо голова моя росою полна, кудри мои – каплями (росы) ночной"».

Орел

382) «Пока они сидели, появился один орел, снижаясь» в полёте, «и взял одну розу из них, и удалился. Сказали: „Отсюда и далее отправимся в наш путь". Встали и пошли. И до сих пор все шли путём рабби Пинхаса, по которому рабби Шимон шёл, – он и рабби Эльазар, и остальные товарищи, и рабби Пинхас с остальными товарищами».

383) «Провозгласил и сказал рабби Пинхас об этом (об орле, который взял розу): „Руководителю (досл. победителю). На шушан-эдут. Михтам Давиду, для поучения"[638]. Что значит – „для поучения"[638]? То есть для обучения людей мудрости. И уже объяснялось. „Шушан-эдут (досл. роза свидетельства)"[638] – это большой синедрион", т.е. Малхут, облачающая Бину, и мохин Бины называются эдут (свидетельством). „Михтам Давиду"[638] – т.е. знак, который подавали Давиду на шушан-эдут, что выиграет эту войну, „когда послал Йоава в Арам-Наараим, а Арам собрался вести войну против них". Сказал рабби Пинхас: „Это шушан-эдут, находящийся здесь, когда звёзды, что в небе, и Шхина – над нами, и с ней – высшие ступени", то есть мохин Бины, называемые эдут (свидетельством), „и она – святая помощь, чтобы возносить восхваления, она – шушан (роза), в совершенстве как подобает". Встали и пошли. Одни – сюда, а другие – туда. Рабби Пинхас пошёл и заночевал в деревне Акимин, а рабби Ицхак и рабби Хия – с ним».

384) «Тем временем, поднявшись рано, чтобы идти, сели и ждали утреннего света. Поднял глаза рабби Хия и увидел звёзды скипетра», т.е. звёзды, которые исходят от задней части (ахораим) светового скипетра, «бегущие непрерывно. Сказал: „Конечно, сколько раз я спрашивал об этих звёздах"», – на что они указывают.

385) «Сказал рабби Пинхас: „Эти звёзды скипетра известны в воззрении товарищей, потому что Творец создал все эти звёзды небосвода, большие и малые, и все они благодарят и восхваляют Творца, и когда приходит их время благословлять,

---

[638] Писания, Псалмы, 60:1-2. «Руководителю. На шушан-эдут. Михтам Давиду, для поучения. Когда воевал он с Арам-Наараим и с Арам-Цовой, и возвратился Йоав, и поразил двенадцать тысяч из Эдома в Гэй Мэлах».

называет их Творец по имени, как написано: „Всех их по имени называет Он"[639]. И тогда они бегут и посылают вперед скипетр света, отправляя благословлять Господина их в том месте, где они исчислены. Это смысл сказанного: „Поднимите глаза ваши ввысь и посмотрите, Кто создал их"[639]. Тем временем показался свет. Встали и пошли».

Объяснение. Все ступени, находящиеся в ГАР, называются звездами или небесными звездами. И невозможно притянуть от них свечение Хохмы, называемое числом или счетом,[640] сверху вниз. И это смысл сказанного: «Посмотри-ка на небо и сосчитай звезды. Сумеешь счесть их?»[641] Однако сам Творец раскрывает в них на их месте свойство числа и счета, являющееся свечением Хохмы, но они светят снизу вверх. И это смысл сказанного: «Исчисляет количество звезд, всех их по имени называет»[642]. Имя означает – постижение. Потому что то, что не постигаем, мы не называем по имени. И в то время, когда Творец собирает их, чтобы раскрыть в них это число, в тайне: «Исчисляет количество звезд»[642], тогда от множества света они возвращают отраженный свет снизу вверх, определяемый как скипетр, и на них указывают на земле в тайне «звезда скипетра». И это смысл сказанного: «И тогда они бегут и посылают вперед скипетр света ... в том месте, где они исчислены».

---

[639] Пророки, Йешаяу, 40:26. «Поднимите глаза ваши ввысь и посмотрите, Кто создал их. Выводящий по числу воинства их, всех их по имени называет Он, от Великого могуществом и Мощного силой никто не скроется».

[640] См. Зоар, главу Пкудей, п. 28. «„И покой этого „корня Ишая", Малхут, „называемый славой Творца, не будет исчислен, и никогда в нем не будет производиться расчет. И в чем причина? В том, что над всем тем, в чем присутствует расчет, благословение не пребывает там в совершенстве"...»

[641] Тора, Берешит, 15:5. «И вывел Он его наружу, и сказал: „Посмотри-ка на небо и сосчитай звезды. Сумеешь счесть их?" И сказал Он ему: „Таково будет потомство твое"».

[642] Писания, Псалмы, 147:4. «Исчисляет количество звезд, всех их по имени называет».

ГЛАВА ПИНХАС

Большой орел и царь Шломо

386) «Пока они шли, показался большой орел, и кружился над их головами, и завис над ними. Сказал рабби Пинхас: „Это, безусловно, время благоволения. Теперь, в этот час, открываются врата милосердия для всех тех, кто находится на ложе болезни, и это время для излечения их. И [это] невзирая на то, что они узники царя", то есть они привязаны к своему ложу. „Ибо этот орел – он знак милосердия"», потому что лик орла – это свойство средней линии, являющейся милосердием.

387) «Провозгласил и сказал: „Как орел пробуждает свое гнездо, над птенцами своими парит"[643]. Нет в мире никого, кто бы так милосердно относился к своим детям, как орел. И уже объяснялось, что написано: „И сожрут его птенцы орлов"[644], – поскольку он милосерден к сыновьям своим. И поскольку сейчас время милосердия, появился этот орел и кружит над нами. В этот час – милосердие ко всем тем больным, что лежат на больничном ложе. И это то, что написано: „Творец, утром услышь голос мой!"[645] – это утро Авраама", являющегося Хеседом, „и пробуждение его"», Хеседа.

388) «Тем временем покружился орел и пролетел перед ними. Сказал рабби Пинхас: „Орел, орел! Что ты делаешь у нас? Если ты прибыл по посланию Господина своего, – то вот мы, здесь. Если ты с чем-то другим пришел, – мы ведь здесь наготове". Вознесся орел ввысь, и скрылся от них. А они сели».

389) «Сказал рабби Хия: „Этот – царя Шломо, он – чудо, как мы учили. Большой орел являлся царю Шломо каждый день, и царь Шломо садился на крылья его, и проносил тот его четыреста парсаот за один час. Куда он его переносил? В Тармод в пустыне, в горах. Это одно место у гор тьмы, которое называется горами в пустыне. И это не то место, где тармодияне селятся, но Тармод, который в пустыне в горах, где

---

[643] Тора, Дварим, 32:11. «Как орел пробуждает свое гнездо, над птенцами своими парит, простирает крылья свои, берет его, несет его на своем крыле».

[644] Писания, Притчи, 30:17. «Глаз, насмехающийся над отцом и пренебрегающий покорностью к матери, – выклюют его вороны дольные и сожрут его птенцы орлов».

[645] Писания, Псалмы, 5:4. «Творец, утром услышь голос мой! Утром обращусь я с молитвой к Тебе, уповать на Тебя буду!»

собираются все духи" и силы "ситры ахра. И этот орел долетал туда в одночасье"».

390) «"Когда орел останавливался на этом месте", в Тармоде, "а Шломо писал, писал и посылал его туда, и благодаря этому спасался от этих духов. А орел всматривался в эту тьму гор, в место, где Аза и Азаэль закованы в железные цепи, вогнанные в бездны, и нет возможности у человека в мире войти туда, и даже птице небесной, кроме Билама"».

391) «"И когда этот орел всматривался в великую тьму, он снижался в полете, и брал царя Шломо под свое левое крыло, и укрывал его. И орел стоял на этих цепях" Азы и Азаэля, "и шел, приближаясь к ним. Тогда Шломо доставал перстень, на котором он высек святое имя, и клал в рот орла. И тотчас они", Аза и Азаэль, "говорили все, что хотел царь Шломо. И оттуда Шломо познавал мудрость. Это смысл сказанного: „И отстроил (ва-и́вен וַיִּבֶן) Тармод в пустыне, на земле"[646]. Спрашивает: „Разве строение он сделал на земле? Но что такое: „И отстроил (ва-и́вен וַיִּבֶן)"[646]?" Это означает – понимание (авана́ הֲבָנָה), „что всматривался с пониманием и познавал это место", Тармод, „чтобы познавать в нем мудрость"». Пояснение этой статьи найдешь выше.[647]

---

[646] Пророки, Мелахим 1, 9:17-18. «И отстроил Шломо Гэзер, и нижний Бэйт-Хорон, и Баалат, и Тадмор в пустыне, на земле».
[647] См Зоар, главу Мишпатим, п. 345, в комментарии Сулам.

Роза 2

392) «Пока они сидели, вот этот орел подходит к ним, и одна роза во рту у него, и он оставил ее перед ними и ушел. Увидели они и возрадовались. Сказал рабби Пинхас: "Разве не сказал я вам, что этот орел уходит и приходит по посланию своего Господина! Эта роза – намек на розу свидетельства (шушан-эдут), о которой я говорил. И Творец послал его нам"».

393) «Провозгласил, как вначале, и сказал: "Руководителю (досл. победителю). На шушан-эдут. Михтам Давиду, для поучения"[638]. Спрашивает: "Разве роза (шушан) – это свидетельство (эдут)? Что это за свидетельство, которое свидетельствует?" И отвечает: "Однако эта роза является свидетельством действия начала творения, и она является свидетельством Кнессет Исраэль, и она является свидетельством высшего единства, и это оно. Ведь в розе есть тринадцать листьев, и все они находятся на одном корне, и есть у нее пять жестких лепестков снаружи, укрывающих эту розу и защищающих ее"».

394) «"И все это – в тайне мудрости, потому что тринадцать листьев" указывают на "тринадцать свойств милосердия, которые наследует Кнессет Исраэль", Малхут, "свыше", от тринадцати свойств Арих Анпина, "и все они содержатся в одном корне, являющемся одним союзом", т.е. Есоде Зеир Анпина, с помощью которого Малхут получает тринадцать свойств милосердия Арих Анпина. И поэтому корень тринадцати листьев розы, что под ними, – это "пример союза, который является основой всего. Пять жестких лепестков, окружающих ее, – это пятьдесят врат", т.е. (сфирот) ХАГАТ Нецах Ход Бины, каждая из которых состоит из десяти, "и это пять сотен лет, по которым проходит Древо жизни"», Зеир Анпин. Потому что он получает в месте Бины, сфирот которой исчисляются в сотнях, и это – пятьсот лет.

395) Эта роза – «"она является свидетельством действия начала творения,[648] поскольку любое действие начала творения – все они являются известными словами в познании, находящимися в числовом значении Элоким (אלהים) действия начала творения", и это Бина, "и образа наверху и образа внизу. Образ

---

[648] См. выше, п. 393.

наверху, т.е. в свойстве будущего мира", Бины, "и образ внизу, в свойстве Кнессет Исраэль"», Малхут.

396) «"Роза – это свидетельство действия начала творения, пребывающего во всех этих признаках", то есть тринадцати свойствах милосердия и пяти сфирот ХАГАТ Нецах Ход. "Как написано: "Вначале сотворил Всесильный"[649] – это роза", так она – Бина, и она – Малхут, ибо она образ наверху и образ внизу, как объяснялось в предыдущем пункте. "Тринадцать листьев – это тринадцать слов от "(Вначале сотворил) Всесильный"[649] до „(и дух) Всесильного"[649] и это: "Небо и землю. Земля же была пуста и хаотична, и тьма над бездною, и дух"[649] – это тринадцать листьев розы", указывающие на тринадцать свойств. "Пять жестких" лепестков, "окружающие эти" тринадцать, – "это: "Витал над водою. И сказал"[649]», то есть, от Всесильный (Элоким) слов: «И дух Всесильного»[649] до Всесильный (Элоким) слов: «И сказал Всесильный»[649]. «"И это пять других", указывающих на пять сфирот ХАГАТ Нецах Ход, как мы уже сказали. "А затем: "Да будет свет"[649] – это основа и корень этой розы, в которой" включены и "содержатся все" ступени».[650]

397) Эта роза – «"свидетельство единства,[648] потому что пять жестких лепестков, являются теми корнями и единством, в которых содержатся эти тринадцать листьев. "Слушай, Исраэль, Творец – Всесильный наш, Творец"[651] – они" соответствуют "пяти лепесткам розы. "Один"[651] – это основа и корень, в котором содержатся все они, потому что "Один (эха́д אֶחָד)"[651] – это тайна, которая в гематрии тринадцать. И это перстень Царя"».

Пояснение статьи. Рост этой розы – это тринадцать внутренних листьев и пять лепестков на них снаружи. И говорит,[648] что эта роза, – она в двух свойствах, что в ней, тринадцать и пять, – является свидетельством действия начала творения, т.е. Бины, и свидетельством Кнессет Исраэль, т.е. Малхут, и свидетельством высшего единства, т.е. Зеир Анпина и Малхут. И объясняет,[652] что это свидетельство для Кнессет Исраэль, т.е.

---

[649] Тора, Берешит, 1:1-3. «Вначале сотворил Всесильный небо и землю. Земля же была пуста и хаотична, и тьма над бездною, и дух Всесильного витал над водою. И сказал Всесильный: "Да будет свет". И был свет».
[650] См. в начале «Предисловия книги Зоар».
[651] Тора, Дварим, 6:4. «Слушай, Исраэль, Творец – Всесильный наш, Творец один!»
[652] См. выше, п. 394.

Малхут, потому что в Малхут есть два эти свойства: пять сфирот ХАГАТ Нецах Ход, которые она получает от Бины, а внутри них мохин гадлута, нисходящие от тринадцати свойств милосердия. Таким образом, рост этой розы – это свидетельство ступеней Малхут. И выясняет,[653] как роза является свидетельством действия начала творения, поскольку в действии начала творения тоже указаны два эти свойства. Ибо есть там трижды Всесильный (Элоким), т.е. «сотворил Всесильный»[649], «и дух Всесильного»[649], «и сказал Всесильный»[649], и вот – от «сотворил Всесильный»[649] до «и дух Всесильного»[649] – это тринадцать слов, указывающих на мохин гадлута, а от «и дух Всесильного»[649] до «и сказал Всесильный»[649] есть пять слов, указывающих на пять сфирот ХАГАТ Нецах Ход. Таким образом, два эти вида роста, что в розе, являются свидетельством действия начала творения. И выясняет,[654] каким образом два свойства этой розы являются свидетельством единства Зеир Анпина и Малхут. Потому что пяти лепесткам розы соответствуют пять слов: «Слушай, Исраэль, Творец – Всесильный наш, Творец»[651], и это пять сфирот ХАГАТ Нецах Ход, потому что «Слушай, Исраэль»[651] – это Нецах и Ход, «Творец – Всесильный наш, Творец»[651] – это ХАГАТ. «Один»[651] – это Малхут, соединяющаяся с ХАГАТ Нецах Ход Зеир Анпина. И с помощью их единства раскрываются тринадцать свойств милосердия, являющиеся состоянием мохин гадлута. И поэтому „Один (эха́д אֶחָד)"[651] – в гематрии тринадцать. И это смысл сказанного: «„Слушай, Исраэль, Творец – Всесильный наш, Творец"[651] – они пять лепестков розы», потому что они соответствуют пяти жестким лепесткам, растущим на розе. И они сами являются теми ХАГАТ Нецах Ход, что в Зеир Анпине. «„Один"[651] – это основа и корень, в котором содержатся все они», – то есть Малхут, с которой соединяются все пять сфирот Зеир Анпина. «Тайна, которая в гематрии тринадцать», – так как с единством Малхут с Зеир Анпином раскрываются тринадцать свойств милосердия. «Перстень Царя» – ведь поэтому Малхут называется перстнем Царя, т.е. печатью Его, так как совершенство Его действий зависит от нее.

398) «„Смотри, подобно розе среди шипов, так Исраэль среди народов-идолопоклонников, и также Кнессет Исраэль", т.е. Малхут, „среди остального множества поставленных" над этими народами „правителей. Все то время, пока эта роза стоит

---

[653] См. выше, п. 395.
[654] См. выше, п. 397.

закрытой, когда она не раскрыта, нет у нее аромата, и не поднимают ее и не извлекают из этих колючек. В час, когда эта роза раскрыта, и она возносит аромат, тогда извлекают ее из этих колючек. И Кнессет Исраэль будет наслаждаться от них. Как сказано: „Отвори мне, сестра моя, подруга моя"[655]. И Творец послал ее к нам", т.е. орла, принесшего им розу, „лишь с тем, чтобы нам идти нашим путем"» со Шхиной.

Объяснение. В час, когда Малхут получает от левой линии, она закрыта и нет в ней аромата, ведь она является свечением Хохмы, – поскольку Хохме в ней недостает хасадим, и она не может светить без хасадим.[656] Но после того как получает силу от Зеир Анпина, являющегося средней линией, тогда раскрывается из своей закрытости, и издает хороший аромат, то есть свечение Хохмы, облаченное в хасадим Зеир Анпина, и это смысл сказанного: «Отвори мне, сестра моя, подруга моя»[655]. (До сих пор Раайа меэмана).

---

[655] Писания, Песнь песней, 5:2. «Я сплю, но бодрствует сердце мое. Голос! Стучится друг мой: „Отвори мне, сестра моя, подруга моя, голубка моя, чистая моя, ибо голова моя росою полна, кудри мои – каплями (росы) ночной"».

[656] См. Зоар, главу Берешит, п. 301. «Воды „застывшего моря", т.е. Малхут, вбирают все воды мира и собирают их в себе...»

Внутренние органы

399) «Сказал рабби Эльазар своему отцу: „Я уже слышал" объяснение, „что такое перекрытые органы", т.е. внешние органы, „в тайне жертвоприношения. Но другие органы", внутренние, – „в чем их тайна?" Сказал рабби Шимон рабби Эльазару: „Эльазар, сын мой, все остальные органы, что изнутри, – это высшая тайна"».

400) «„Смотри, сердце мы уже учили. Но сердце – это сжигающий огонь, и если бы высший Царь не уготовил для него доли (досл. крылья) легкого, приносящие пред ним ветер от ветра, веющего от высших благовоний", от ГАР Зеир Анпина, сердце „спалило бы мир за одну секунду"». Объяснение. Потому что в сердце властвует левая линия Бины, которая из-за отсутствия хасадим может спалить мир, а легкое – это правая линия, являющаяся свойством Хесед, и потому этот ветер, являющийся Хеседом правой линии, исходящий от ГАР Зеир Анпина, подслащает ее.[657]

401) «Провозгласил и сказал: „И Творец обрушил на Сдом и на Амору потоки серы и огня"[658]. Почему Он сжег их? Это потому, что доли легкого не приносили ветер в тот час" на свечение левой линии, что в сердце. И поэтому спалило их свечение этой левой линии. „И тайна этих долей легкого – это тайна: „Крылья голубки покроются серебром"[659]. Поскольку голубка, являющаяся свойством Малхут, основа которой от левой линии Бины, от свойства сердца, должна быть покрыта серебром, т.е. свойством хасадим. И когда она покрылась серебром, она является свойством ангелов „Рефаэль и Цадкиэль", исходящих от нее для исцелений и спасения мира. „И о них сказано: „Делает Он ветрами ангелов Своих"[660], чтобы всегда веять перед сердцем"», т.е. светить (свойством) хасадим.

---

[657] См. далее, в обозрении Сулам, п. 4.
[658] Тора, Берешит, 19:24. «И Творец обрушил на Сдом и на Амору потоки серы и огня, от Творца, с небес».
[659] Писания, Псалмы, 68:14. «Если лежать будете между камнями очага, крылья голубки покроются серебром, а перья – золотом зеленовато-желтым».
[660] Писания, Псалмы, 104:4. «Делает Он ветрами ангелов Своих, служителей Своих – огнем пылающим».

Раайа меэмана

402) «В первом изложении сказал верный пастырь (рабби Шимону): „Великий светоч, всё, что ты сказал, это правильно. Однако мозг – это вода", то есть Хохма, что в правой, являющаяся свойством хасадим,[661] „сердце – это огонь", то есть Хохма, что в левой линии Бины, являющаяся свойством судов, „и оба они – это милосердие и суды: этот", мозг, – „престол милосердия, это", сердце, – „престол суда. А Творец – Он Царь, встающий с престола суда, которым является сердце, и садящийся на престол милосердия, которым является мозг"».

403) «„И когда прегрешения умножаются над органами, и над сосудами сердца, являющимся престолом суда, сказано о сердце: „И царь встал в гневе своем, от винного пиршества"[662], и это вино Торы. А в то время, когда доли легкого веют над сердцем", сказано: „И гнев царя утих"[663]. Ибо две доли легкого" – это тайный смысл: „И будут херувимы простирающими крылья кверху, прикрывающими своими крыльями покрытие (капо́рет כַּפֹּרֶת)"[664], что является искуплением (капара́т כַּפָּרַת) сердца"».

Объяснение. Сердце (лев לֵב) – это свойство тридцати двух (לב) тропинок мудрости (хохма), то есть Хохмы левой линии Бины, и это сжигающий огонь, как мы уже сказали, потому что в момент раскрытия Хохмы, она сопровождается суровыми судами, чтобы сжечь грешников и внешних, и всех желающих приблизить притяжение Хохмы сверху вниз.[665] И эти суды не успокаиваются, пока не начинается власть хасадим, то есть ветер, которым две доли легкого веют, как мы уже говорили. И это смысл сказанного: «И царь встал»[662], потому что свечение Хохмы называется стоянием. И говорит, что «царь встал в гневе своем»[662], то есть в тот момент, когда раскрываются суровые суды, которые со свечением этой Хохмы, от

---

[661] См. выше, п. 204.
[662] Писания, Мегилат Эстер, 7:7. «И царь встал в гневе своем, (оторвавшись) от винного пиршества, (и вышел) в дворцовый сад; а Аман стал просить царицу Эстер о жизни своей, ибо видел, что решена ему царем злая участь».
[663] Писания, Мегилат Эстер, 7:10. «И повесили Амана на дереве, которое он приготовил для Мордехая, и гнев царя утих».
[664] Тора, Шмот, 25:20. «И будут херувимы простирающими крылья кверху, прикрывающими своими крыльями покрытие, а лики их будут обращены друг к другу, и к покрытию будут наклонены лики херувимов».
[665] См. Зоар, главу Насо, Идра раба, п. 219.

дома винного пиршества, что это вставание – оно от свойства винного пиршества, и это Хохма, которая в левой линии.[666] И это смысл сказанного: «И над сосудами сердца, являющимся престолом суда, сказано о сердце: „И царь встал в гневе своем"[662]», потому что свечение Хохмы, что в сердце, являющееся свечением Хохмы, которое в левой линии Бины, не светит иначе, как во время появления суровых судов. И это смысл слов: «И царь встал»[662] – в свечении Хохмы, «в гневе своем»[662] – в суровых судах, «„от винного пиршества"[662], и это вино Торы» – это указывает на то, что говорится о свечении Хохмы, которую притягивает Зеир Анпин, называемый Торой. И это Хохма левой линии Бины. И эти суды не успокаиваются, но только когда начинается власть хасадим, как мы уже сказали. И это смысл сказанного: «А в то время, когда доли легкого веют над сердцем, „и гнев царя утих"[663]», – то есть во время власти духа долей легкого, являющегося Хеседом.

404) «„А благодаря чему „и гнев царя утих"[663]? Потому что: „Слышал он голос"[667] – это голос Торы, голос произнесения Шма", являющийся средней линией, т.е. хасадим, соединяющей правую и левую друг с другом под властью хасадим. И тогда успокаиваются эти суды, как объяснялось в предыдущем пункте. „И говорил Он ему"[667], и это состояние раскрытия Хохмы, что в Малхут, называемое речью, – оно в молитве, что на устах, и это: „Господин мой, уста мои открой, и рот мой произнесет хвалу Тебе"[668]». И это Малхут.

405) «„И тот дух, который веет в долях легкого", т.е. хасадим, раскрывающиеся с помощью Хохмы, что в правой, как мы объяснили в предыдущем пункте, „он выводит этот голос через трахею (канэ́ קָנֶה), и это: „Приобретай (кнэ קְנֵה) мудрость ... приобретай (кнэ קְנֵה) разум"[669], потому что голос, а это Зеир Анпин, т.е. вав (ו), – это сын йуд-хэй (י"ה), являющихся Хохмой и Биной. „И сказано о нем: „Так сказал Творец: „От четырех

---

[666] См. Зоар, главу Берешит, часть 2, Обозрение Сулам, п. 8. «Еда означает мохин свойства хасадим, свойство „чистый воздух (авира дахья)", т.е. мохин Абы ве-Имы. Питье – это мохин свечения Хохмы, свойство „вино, радующее Творца и людей"…»
[667] Тора, Бемидбар, 7:89. «И когда входил Моше в Шатер собрания, чтобы говорить с Ним, то слышал он голос, говорящий ему поверх покрытия, что на ковчеге свидетельства, меж двух херувимов; и говорил Он ему».
[668] Слова, с которых начинается молитва стоя.
[669] Писания, Притчи, 4:7. «Начало мудрости: приобретай мудрость и всем твоим достоянием приобретай разум».

ветров приди, дух (жизни)"⁶⁷⁰, – то есть четырех букв АВАЯ (הויה)" Зеир Анпина. „И это дух, который бьется во всех сосудах сердца. И сказано о них: „Куда направлял их этот дух, туда и шли они"⁶⁷¹».

406) «Сказал великий светоч (верному пастырю): „Конечно, верный пастырь, твоя ступень – это та, на которой: „И гнев царя утих"⁶⁶³. Потому что ступень верного пастыря – это средняя линия, то есть Зеир Анпин, называемый голосом, благодаря которому успокоились эти суды, как мы уже объясняли. „Счастлив народ, чья судьба такова (шекáха שֶׁכָּכָה)"⁶⁷², – в гематрии Моше (מֹשֶׁה). Сказал ему (верный пастырь): „Благословен ты, великий светоч, потому что ты свеча, горящая пред Царем и Царицей, свеча Творца, – это душа твоя"».

407) «Сказал ему, (рабби Шимон верному пастырю): „Ты ведь сказал" толкование – „мозга и сердца, и долей легкого. Две почки что собой представляют?" Сказал верный пастырь: „Мы ведь постановили в отношении долей легкого: „Делает Он ветрами ангелов Своих"⁶⁶⁰, что это хасадим, называемые ветрами (рухот), „почки – это: „Служителей Своих – огнем пылающим"⁶⁶⁰, т.е. судами. „И эти две доли легкого и две почки, они соответствуют четырем созданиям престола", где доли легкого – это свойства лев и орел, т.е. хасадим, а две почки – это бык и человек, т.е. гвурот. „А престол – это сердце, которое посередине"», являющееся престолом суда.

408) «„И также мозг – есть у него четыре создания", где мозг – это престол милосердия. „И кто они? Это зрение, слух, обоняние, речь. Зрение – это лев", т.е. Хохма, „слух – это бык", т.е. Бина, „обоняние – это орел", т.е. Зеир Анпин, „и четыре лика и четыре крыла есть у каждого. Речь – это человек", т.е. Малхут. „Он включен наверху", т.е. в пэ де-рош, „и внизу", в гуф, „потому что о руках, что в теле (гуф)", сказано: „И руки наши

---

⁶⁷⁰ Пророки, Йехезкель, 37:9. «Но Он сказал мне: „Пророчествуй духу (жизни), пророчествуй, сын человеческий, и скажешь духу (жизни): так сказал Творец: „От четырех ветров приди, дух (жизни), и войди в этих мертвых, и оживут они"».

⁶⁷¹ Пророки, Йехезкель, 1:12. «И каждый шел в направлении своего лика; куда направлял их этот дух, туда и шли они; не оборачиваясь в шествии своем».

⁶⁷² Писания, Псалмы, 144:15. «Счастлив народ, чья судьба такова, счастлив народ, у которого Творец (АВАЯ) – Всесильный (Элоким) его».

распростерты как орлы небесные. Тело – это человек", иначе говоря, это свойство Малхут, которая слита со средней линией, являющейся телом. „А ноги" – сказано о них: „И ступни ног их, как ступни ног тельца"⁶⁷³, т.е. склоняются к лику быка, являющемуся Гвурой. „И о теле (гуф), т.е. человеке, сказано: „Вторая колесница (меркава)"⁶⁷⁴, т.е. строение (меркава) Малхут, называемой второй (мишнэ́ מִשְׁנֶה). „Мишна (מִשְׁנָה), – написано", то есть можно прочитать это с нун (נ), огласованной камацем, „что является языком Мишны"», то есть Мишны, которая является этой Малхут.

Объяснение. Он выясняет перед нами три строения (меркава):

1. Строение (меркава) мозга, являющееся престолом милосердия. И его четыре создания ХУБ ТУМ – это зрение, слух, обоняние, речь.

2. Строение (меркава) сердца, являющееся престолом суда. И четыре его создания ХУГ ТУМ – это две доли легкого, и обе являются свойством хасадим, но только правая и левая линия хасадим, и две почки, и обе они являются свойством Гвуры, но только правая и левая линия Гвуры.

3. Строение (меркава) тела, у которого есть две раздвоенности: в свойстве руки, и обе они являются свойством милосердия, и поэтому обе они называются орлами небесными, и они похожи на вышеупомянутые доли легкого; и есть у него две ноги, и обе они являются свойством гвурот, подобно двум почкам, и поэтому сказано о них обеих: «И ступни ног их, как ступни ног тельца»⁶⁷³. И это бык, Гвура.

И тело (гуф), включающее их все, – это Малхут, являющаяся ликом человека, пребывающая над этими руками и ногами. И он говорит, что поэтому называется это тело вторичным строением, несмотря на то что оно является третьим строением, потому что название «мишнэ (מִשְׁנֶה вторая)» указывает на Малхут, называемую «Мишна (מִשְׁנָה)», и это не означает второе строение (меркава). И то, что не считает строение Зеир Анпина, это потому, что нет в нем нового. Ибо считает первым престолом мозг, который является престолом милосердия. И

---

⁶⁷³ Пророки, Йехезкель, 1:7. «А ноги их – нога прямая, и ступни ног их, как ступни ног тельца, и сверкают, словно блестящая медь».
⁶⁷⁴ Тора, Берешит, 41:43. «И возвел его на вторую колесницу и возглашали перед ним: „Преклоняйтесь!" И поставил его над всею землею египетскою».

также Зеир Анпин является его свойством. Вторым престолом является престол суда, и это Бина, в которой корень всей левой линии. Третьим престолом является престол Малхут, в которой левая линия исправлена средней линией. И с помощью этого уже выяснились все эти свойства, и не надо учитывать больше. (До сих пор Раайа меэмана).

409) «„Селезенка – что это?" Провозгласил великий светоч", т.е. рабби Шимон, „и сказал: „И вновь увидел я всех притесненных, которые созданы под солнцем"[675], и вот образ притесненных, – кто они", эти „притесненные? Это дети, которые еще нуждаются в матери своей, которые уходят из мира, забираемые ангелом смерти". Спрашивает: „Разве ангел смерти убивает их – ведь он притесняет их?" И отвечает: „Но возвращается к этому, говоря: „И от руки их притеснителей сила, но нет им утешителя"[675]. Кто является той силой", что убивает? „Это смысл сказанного: „Да будут светила на своде небесном"[676], и это светила (меоро́т מְאֹרֹת)" без буквы вав (ו), и это Лилит, которая поставлена над этим притеснением"», так как светила (меоро́т מְאֹרֹת) без вав (ו) означают проклятие.

410) «„И она", Лилит, „называется селезенкой, и она идет и забавляется с детьми, а затем" убивает их и „вызывает в них гнев и слезы, чтобы оплакивать их. Селезенка считается сродни печени", т.е. Саму, являющемуся ангелом смерти. „Эта", печень, „создана во второй день" действия начала творения. „А эта", селезенка, „создана в четвертый день действия начала творения. И поэтому нет хорошего знака" для какого-либо начинания „во второй и четвертый (дни). Печень – это смерть для больших, селезенка – это смерть для маленьких"».

Пояснение сказанного. Второй день действия начала творения – это Гвура, т.е. левая линия, о которой сказано: «У входа грех лежит»[677]. И в конце левой линии вышел Сам, являющийся

---

[675] Писания, Коэлет, 4:1. «И вновь увидел я всех притесненных, которые созданы под солнцем, и вот слезы притесненных, но нет им утешителя, и от руки их притеснителей сила, но нет им утешителя».

[676] Тора, Берешит, 1:14. «И сказал Всесильный: „Да будут светила на своде небесном, чтобы отделять день от ночи; и будут они для знамений, и для времен (назначенных), и для дней и лет"».

[677] Тора, Берешит, 4:7. «Ведь если исправишься, прощен будешь, а если не исправишься, у входа грех лежит, и к тебе его влечение, – но ты властвуй над ним!»

ангелом смерти, и он называется печенью, и с желчью, что в печени, он берет души людей и умерщвляет их. Потому что желчь – это меч ангела смерти,[678] поскольку печень – это суды захара, а желчь – это свойство судов манулы, от которой (исходит) смерть.[679] И это вышло в конце левой линии, являющейся вторым днем действия начала творения. А в четвертый день действия начала творения была создана Малхут, и вначале вышла в свойстве левой линии, в состоянии «два больших светила», и была как второй день, являющийся первым состоянием Малхут, а затем уменьшилась до точки под Есодом, и отстроилась снова от свойства ниже хазе Зеир Анпина, как уже объяснялось.[680] И от уменьшения луны, которое произошло, вышла клипа, называемая Лилит, которая под Малхут, как Сам, который под левой линией.

И эти дети, которые нуждаются в матери своей, это те, что получили мохин от первого состояния Малхут, называемые мохин де-еника (питания), когда властвовали в ней ГАР левой линии, то есть ГАР Хохмы, и тогда во время уменьшения луны усиливается над ними та самая Лилит, и убивает их, и забирает их души. И они считаются притесненными, поскольку это дети, в которых нет никакого изъяна. И Лилит властвует над ними только по причине уменьшения луны. Тогда как те, над которыми властвует ангел смерти, – это по причине изъяна в них из-за манулы, как мы объяснили выше.[679] И поэтому возглашает о них: «И вот слезы притесненных, но нет им утешителя»[675]. И она называется селезенкой.

И получается, что селезенка и печень являются одним видом, потому что обе они от нечистоты, что в левой линии, только печень, то есть Сам и ангел смерти, она от второго дня, то есть самой левой линии, а селезенка, то есть Лилит, она от нечистоты Малхут, строящейся от левой линии, которая является свойством четвертого дня. И это смысл сказанного: «Селезенка считается сродни печени» – потому что обе они от нечистоты левой линии. «Эта создана во второй день» – то есть от самой левой линии, «а эта – в четвертый» – то есть Малхут,

---

[678] См. выше, п. 364. «„От печени и перепоны", т.е. Сама и Лилит, „выходит желчь, являющаяся мечом ангела смерти, от которого исходят горькие капли, чтобы убивать людей"...»

[679] См. Зоар, главу Ваеце, п. 27, со слов: «И того, кто связался с блудной женщиной, Зоар называет глупцом...»

[680] См. Зоар, главу Берешит, часть 1, пп. 110-115.

строящаяся от левой линии. «И поэтому нет хорошего знака во второй и четвертый», потому что в обоих вышли ангелы смерти: «печень», являющаяся ангелом смерти, Самом, – «это смерть для больших», которая умерщвляет всех взрослых людей, как уже объяснялось; «селезенка», Лилит, – «это смерть для маленьких», которая умерщвляет только маленьких, находящихся в свойстве мохин де-еника, как мы уже говорили.

Раайа меэмана

411) «И в первом изложении сказал верный пастырь: „Конечно же, это так, что печень – это ступень Эсава. Эсав – он красный", то есть весь он – кровь, „он собирает все крови, как чистые, так и мутные, и не различает между добром и злом, между нечистой кровью и чистой, потому что не делает различия между ними. Сердце – это Исраэль, так как различает между добром и злом, между нечистой кровью и чистой, и берет лишь ясную и чистую, что в этой крови, как выбирающий пищу из отходов"».[681]

412) «„А после того как сердце, которым является Яаков", т.е. Зеир Анпин, „берет ясное, что в крови, и это наверху, и остается печень, и это Эсав", т.е. Сам, „в отходах" этой крови, „он гневается на него желчью, которая является адом, созданным во второй день" действия начала творения, который является „смертью больших.[682] „И она", желчь, „является плохой" нуквой Сама, „и называют ее чужой женой, трудной работой, чуждой работой"».[683]

413) «„И поскольку от нее пробуждается гнев на печень, постановили мудрецы в Мишне: „Каждый гневающийся – словно занимается идолопоклонством". И мало того, что жар и лихорадка во всех болезнях органов тела только от желчи", но в час болезни „она загорается языками пламени над сосудами печени и желает сжечь все тело. И она как море, когда оно бушует, и волны моря взметаются до небес, желая выйти из своих границ и разрушить мир; если бы не Шхина, которая для больного подобна песку, окружающему море, чтобы не

---

[681] См. в обозрении Сулам, п. 12.
[682] См. выше, п. 410.
[683] См. Обозрение Сулам, п. 14.

вышло из берегов, – и Шхина так же, когда она окружает тело и укрепляет его, как сказано: „Творец укрепит его на одре болезни"⁶⁸⁴».⁶⁸³

414) «„И поэтому постановили авторы Мишны, что посещающий больного не должен садиться в изголовье, потому что Шхина над его головой, и не в изножье, потому что ангел смерти находится в изножье. И это не для каждого человека, а для среднего. Но для завершенного праведника: „Творец укрепит его на одре болезни"⁶⁸⁴, над головой его, а Шхина окружает его до самых ног. И поэтому сказано о Яакове: „И подобрал он ноги свои на ложе"⁶⁸⁵, поскольку это Шхина, о которой сказано: „А земля – подножие ног Моих"⁶⁸⁶, и также Шхина называется ложем. „А законченного грешника окружает со всех сторон ангел смерти, и это злое начало", потому что ангел смерти – это злое начало. „Когда ангел смерти окружает его со всех сторон, и меч его", т.е. желчь,⁶⁸⁷ „и лицо его зеленеет от одной капли из тех трех, которые" желчь „роняет в него.⁶⁸⁸ И это смысл сказанного: „Но последствия от нее горьки, как полынь"⁶⁸⁹. Печень – это захар", т.е. Сам, „а перепона печени – это некева его"». (До сих пор Раайа меэмана).⁶⁸³

415) «„Желудок – это одна из шестидесяти ступеней, что в смерти, и она называется спячкой", потому что желудок спит,⁶⁹⁰ „и это Асирта (עֲסִירְטָא), то есть шестая ступень ангела смерти,⁶⁹¹ и поскольку она приходит издали, она со стороны смерти, но не смерть на самом деле. И намек – одна шестидесятая смерти"».⁶⁹² (До сих пор текст Зоара).

---

⁶⁸⁴ Писания, Псалмы, 41:4. «Творец укрепит его на одре болезни, все ложе поменял Ты в недуге его».

⁶⁸⁵ Тора, Берешит, 49:33. «И закончил Яаков завещать сыновьям своим, и подобрал он ноги свои на ложе. И скончался он и приобщился к своему народу».

⁶⁸⁶ Пророки, Йешаяу, 66:1. «Так сказал Творец: „Небо – престол Мой, а земля – подножие ног Моих. Что это за дом, который вы (можете) построить Мне, и где место покоя Моего?"»

⁶⁸⁷ См. выше, п. 364.

⁶⁸⁸ См. Зоар, главу Пкудей, п. 316. «„И мы учили, что одна капля из тех, что на нем", на мече, „горька"...»

⁶⁸⁹ Писания, Притчи, 5:3-4. «Ибо сотовый мед источают уста чужой (женщины), и глаже елея небо (речь) ее. Но последствия от нее горьки, как полынь, остры, как меч обоюдоострый».

⁶⁹⁰ См. Вавилонский Талмуд, трактат Брахот, лист 61:2.

⁶⁹¹ См. Зоар, главу Пкудей, п. 919. «„Внутри этого чертога стоит другой правитель"...»

⁶⁹² См. Обозрение Сулам, п. 11.

Глава Пинхас

Раайа меэмана

416) «Сказал верный пастырь: "Поскольку тело – оно от Древа познания добра и зла, нет такого органа в теле, в котором бы не было злого начала и доброго начала", и это – "для средних. И у завершенных праведников" тоже есть в каждом органе "два начала, являющиеся захаром и некевой", но "оба они хорошие, потому что они как жених и невеста. А у законченных грешников есть в каждом органе два злых начала, захар и некева, – со стороны Сама и змея"».

417) «"И поэтому со стороны Древа познания добра и зла", которые для средних, "есть в желудке две ступени" добра и зла. "Ибо так постановили мудрецы: желудок спит. И есть сон, который является одной шестидесятой в смерти. И" есть "сон, который является одной шестидесятой в пророчестве. И поэтому постановили главы этого собрания, как написано: "И сновидения ложные рассказывают"[693]. Но ведь написано: "Во сне говорю Я с ним"[694]. Это не противоречие: здесь – через демона", т.е. ситру ахра, которая со стороны зла, что во сне человека, "а здесь – через ангела", который со стороны добра, что в сновидении человека. "Сновидение через ангела – это одна шестидесятая в пророчестве. Сновидение через демона – это ложь, со стороны смерти, и это солома. И так установили: как не может быть урожая без соломы, так не может быть сновидения без ненужного в нем"».

418) «"Омасум (ицто́мха) – это желудок со снимающейся пленкой", иначе говоря, он похож на желудок со снимающейся пленкой, что у птицы.[690] "И постановили мудрецы: "Желудок перемалывает, поскольку он принимает всё и перетирает, и посылает" эту пищу "всем органам. Если органы – без прегрешений, как постановили мудрецы, что есть факторы, задерживающие жертвоприношение, и тот, кого Творец посылает принять подарок его", т.е. жертвоприношение, "не спускается, чтобы принять его. Потому что есть подарок, который Творец принимает через льва, о котором сказано: "И лик льва – справа

---

[693] Пророки, Зехария, 10:2. «Ибо идолы говорят пустое, и чародеи прорицают ложь и сновидения ложные рассказывают, суетой утешают, поэтому бродят они, как овцы; кричать будут, потому что нет пастыря».
[694] Тора, Бемидбар, 12:6. «И сказал Он: "Слушайте слова Мои. Если и есть между вами пророк Творца, в видении Я открываюсь ему, во сне говорю Я с ним"».

у (всех) четырех"⁶⁹⁵, и Творец пребывает над ним, и нисходит в нем, чтобы принять этот подарок. А есть подарок, который он получает через быка, о котором сказано: „И лик быка – слева у (всех) четырех"⁶⁹⁵». Ицтомха означает – омасум, то есть согласно комментарию Раши,⁶⁹⁰ однако в Ваикра раба, третьей главе, написано: «Из пищевода – в исто́мху, из истомхи – в омасум». Значит, что истомха – это вход в желудок, а не омасум.⁶⁹⁶

419) «„А есть подарок, который Он принимает через орла, о котором сказано: „И лик орла у (всех) четырех"⁶⁹⁵. И это две горлицы или два голубя. А есть подарок, который Он получает через человека, о котором написано: „Человек из вас, который принесет жертву Творцу"⁶⁹⁷, в образе того, о котором написано: „И образ их ликов – лик человека"⁶⁹⁵. Поскольку эти четыре создания являются свойством четырех букв АВАЯ (הויה), потому что лев-бык – это йуд-хэй (י״ה), а орел-человек – это вав-хэй (ו״ה). „Потому что АВАЯ (הויה) нисходит к ним, чтобы принять жертвоприношение"», т.е. свойство четырех созданий.

420) «„А есть природные создания", т.е. ангелы, „поставленные над телами, представляющие собой четыре основы", огонь-ветер-вода-прах, „и они чистые. И в противоположность им – четыре хищных создания", т.е. ангелы-губители, „нечистые, поставленные над четырьмя видами желчи, и это – белая желчь, красная желчь, зеленая желчь и черная желчь"», являющиеся вредителями мира,⁶⁹⁸ когда вся температура при всех болезнях приходит от желчи.

421) «„А есть разумные создания", и это четыре ангела Михаэль-Гавриэль-Уриэль-Рефаэль, „окружающие престол", т.е. Малхут. „А есть над ними и возвышеннее их, и это божественные создания со стороны святости", т.е. ХУГ ТУМ Зеир Анпина. „И есть создания ситры ахра, и они называются иными богами, а божественность (элокиют) святости" называется „живым Всесильным. И эти божественности святости

---

⁶⁹⁵ Пророки, Йехезкель, 1:10. «И образ их ликов – лик человека, и лик льва – справа у (всех) четырех, и лик быка – слева у (всех) четырех, и лик орла у (всех) четырех».

⁶⁹⁶ См. Обозрение Сулам, п. 10.

⁶⁹⁷ Тора, Ваикра, 1:2. «Говори сынам Исраэля и скажи им: „Человек из вас, который принесет жертву Творцу, – из скота, из крупного и из мелкого, приносите жертву вашу"».

⁶⁹⁸ См выше, п. 413.

называются Всесильным божественности, и причиной надо всем: „Всевышний (Эль) – Владыка над всеми деяниями"[699]. И каждый вид следует своему виду. И поскольку есть иные божества, сказано о них: „Истребится приносящий жертвы божествам, а не одному лишь Творцу"[700]. – Для того чтобы не смешивался живой Всесильный с иными божествами"». (До сих пор Раайа меэмана).

422) «„Этот истомха (желудок) берет и играет, и посылает всем сторонам внизу", т.е. органам тела, „и от него питаются нижние. От тех осадков пьют внизу все те духи и стороны, питающиеся ночью, от этих органов и пдарим[701]", сжигаемых на жертвеннике ночью. „А остальные берут остальные органы, а печень берет всё и приносит в жертву сердцу, как мы учили.[702] И это смысл сказанного: „И лик льва – справа"[695]. И поэтому является над жертвенником в виде льва, пожирающего жертвы. Отсюда и далее все остальные органы – они в свойстве тела (гуф), подобного высшему"».

Раайа меэмана

423) «Сказал верный пастырь (рабби Шимону): „Великий светоч, конечно истомха берет всё до шести часов, и выпекает, потому что желудок", и это истомха,[703] – „это печение, а легкое – это питье. Сердце – это царь, а эти двое", желудок и легкое, „это, конечно, печение и питье, чтобы дать царю, из всего набора яств и напитков, потому что оно глава над всеми и избранное из всех, то есть как написано: „Набрал я мирры с бальзамом моим; отведал я соты мои с медом, пил я вино мое с молоком"[704]. А затем: „Ешьте, друзья! Пейте до упоения, любимые!"[704]. И это воинства и станы царя, раздающего им пищу через начальника пекарей", которым является желудок. „Пейте

---

[699] Слова благословения «Создающий свет», произносимого в субботней молитве.
[700] Тора, Шмот, 22:19. «Истребится приносящий жертвы божествам, а не одному лишь Творцу».
[701] Пдарим – внутренний жир сжигаемых жертв.
[702] См. выше, п. 374.
[703] См. выше, п. 418.
[704] Писания, Песнь песней, 5:1. «Пришел я в сад мой, сестра моя, невеста, набрал я мирры с бальзамом моим; отведал я соты мои с медом, пил я вино мое с молоком. Ешьте, друзья! Пейте до упоения, любимые!»

до упоения, любимые!"⁷⁰⁴ – через начальника напитков"», которым является легкое.⁷⁰⁵

424) «„И печень находится у человека справа, и поэтому: „И лик льва – справа у (всех) четырех"⁶⁹⁵, т.е. справа от царя, которым является сердце. Селезенка – она слева. И эти – они от ситры ахра", потому что печень – это Сам, повелитель Эсава, а селезенка – это Лилит, как мы уже сказали. „И лик быка – слева"⁶⁹⁵, т.е. что напиток вина разбавлен водой для царя". Поскольку вино – оно слева. „А лев, пожирающий жертвы, – это печень, которая собирает пищу", то есть молитвы, которые вместо жертвоприношений, „пред царем, которым является сердце"». И поэтому она справа, потому что еда приходит справа, а вино – слева.⁷⁰⁶ И всё это – во время изгнания, как выяснится далее.

425) «„И можно возразить на это: если печень – это Эсав, как он устанавливает пищу для сердца", которым является Яаков?⁷⁰⁷ И отвечает: „Но, разумеется, сердце – оно как Ицхак", т.е. левая линия, „а печень – это Эсав, который охотится за добычей. И говорит ему: „Пусть поднимется мой отец и ест от добычи сына своего"⁷⁰⁸. Это молитвы от бедных, которые все время изгоняются", и не принимаются наверху. „И Ицхак – он все время в страдании и печали из-за того, что они не умеют выстраивать намерение в молитве, и поэтому не сказал (Эсав): „И ест от моей добычи", а: „И ест от добычи сына своего"⁷⁰⁸, т.е. Исраэля, как сказано: „Сын Мой, первенец Мой, Исраэль"⁷⁰⁹. Подобно этому – нет пищи у Исраэля в изгнании, но только через народы мира"».⁷¹⁰

426) «„Но когда они на земле Исраэля, питание их через Шхину, и будут две доли легкого поить народ Исраэль, и это управляющий напитками, как мы уже говорили. И две почки, они – управляющий выпечкой, поскольку готовят семя,

---

⁷⁰⁵ См. Обозрение Сулам, п. 10.
⁷⁰⁶ См. Обозрение Сулам, п. 12.
⁷⁰⁷ См. выше, п. 411.
⁷⁰⁸ Тора, Берешит, 27:31. «И приготовил также и он яства и принес отцу своему, и сказал он отцу своему: „Пусть поднимется мой отец и ест от добычи сына своего, чтобы благословила меня твоя душа!"»
⁷⁰⁹ Тора, Шмот, 4:22. «И передай Фараону, что так сказал Творец: „Сын Мой, первенец Мой, Исраэль"».
⁷¹⁰ См. Обозрение Сулам, п. 13.

нисходящее из мозга, и готовят воду, которую получают от долей легкого. И после того как поест царь, которым является сердце, сказано о двух ее почках: „Ешьте, друзья!"[704], а двум долям легкого: „Пейте до упоения, любимые!"[704]»[711]

427) «„Потому что сердце – это престол суда; четыре создания, которые являются его посланниками, – это две доли легкого и две почки", т.е. Хесед и Гвура, и Нецах и Ход, где доли легкого – это состояние: „И лики их, и крылья их разделены сверху"[712], чтобы принять над собой царя, и это: „Дух мудрости и понимания, дух совета и силы, дух знания и боязни Творца"[713].[714] И это – сидящий на престоле, т.е. сердце", и это – престол суда, „когда все эти биения следуют за ним как воины за своим царем"».[715]

428) «„А дух, веющий от двух долей легкого, веет на два отверстия носа (хотэм),[716] и он холодный и остужающий слева, и теплый справа; а со стороны мозга, который является престолом милосердия, – холодный ветер, он справа, и это Хесед, а теплый слева, и это Гвура, и там сердце. Мозг перемешан посредством их обеих", правой и левой. „И сердце тоже перемешано из холода и тепла", т.е. посредством духа долей легкого, веющего на него, „и мозг тоже" перемешан из холода и тепла, „потому что" мозг и сердце „получают друг от друга"».

429) «„А отстои их всех берет селезенка и ее станы, являющиеся рабами и рабынями. И о них сказал Шломо: „Приобрел я рабов и рабынь"[717]. Две почки называются огнепалимыми жертвами, по имени огнепалимых жертв, что наверху, о которых

---

[711] См. Обозрение Сулам, п. 21.
[712] Пророки, Йехезкель, 1:11. «И лики их, и крылья их разделены сверху, и два (крыла) соприкасаются у одного и другого, а два – покрывают тела их».
[713] Пророки, Йешаяу, 11:2. «И снизойдет на него дух Творца, дух мудрости и понимания, дух совета и силы, дух знания и боязни Творца».
[714] См. выше, п. 310.
[715] См. Обозрение Сулам, п. 22.
[716] См. выше, п. 206.
[717] Писания, Коэлет, 2:7. «Приобрел я рабов и рабынь, и были у меня домочадцы; также крупного и мелкого скота у меня было больше, чем у всех, бывших предо мной в Йерушалаиме».

сказано: „Огнепалимыми жертвами Творцу и Его уделом будут питаться"[718]».

430) «„А в трахее шесть колец, о которых сказано: „Воздайте Творцу сыны сильных"[719], потому что по ним восходит голос, делящийся на шесть голосов Шхины. А седьмой поднимается в уста, являющиеся престолом. И шесть колец трахеи – они подобны шести ступеням престола царя, которым являются уста, а трахея – это лестница, по которой: „Ангелы Всесильного восходят и нисходят по ней"[720], где ангелы Всесильного, – „это суеты, исходящие от сердца, и веяния воздуха, нисходящие в сердце, чтобы охладить его жар, чтобы оно не сожгло тело (гуф)"».

431) «„И когда нисходит это веяние, оно нисходит в нескольких веяниях, как царь со своими воинствами, и доли легкого принимают это веяние, которое является царем над ними, как я сказал: „И лики их, и крылья их разделены"[712] – это для того, чтобы принять царя над собой,[721] и также: „И будут херувимы простирающими крылья кверху"[722]».

432) «„Если органы человека удостаиваются в заповедях высшего царя, которым является дух святости, он нисходит по лестнице, которой является горло, во множестве святых духов, о которых сказано: „Делает Он ветрами ангелов своих"[723], и они восходят, чтобы принять суеты, что в сердце, о которых сказано: „Служителей Своих – огнем пылающим"[723]. И о них сказано: „Голос Творца высекает языки огня"[724]. Потому что сердце – это Адни (אדני), от которого поднимаются языки огня в уста, и это

---

[718] Тора, Дварим, 18:1. «Не будет у коэнов, левитов, у всего колена Леви, доли и удела вместе с Исраэлем; огнепалимыми жертвами Творцу и Его уделом будут питаться».
[719] Писания, Псалмы, 29:1. «Псалом Давида. Воздайте Творцу, сыны сильных, воздайте Творцу честь и могущество!»
[720] Тора, Берешит, 28:12. «И снилось ему: вот лестница поставлена на землю, а вершина ее достигает небес; и вот ангелы Всесильного восходят и нисходят по ней»
[721] См. выше, п. 427.
[722] Тора, Шмот, 25:20. «И будут херувимы простирающими крылья кверху, прикрывающими своими крыльями покрытие, а лики их будут обращены друг к другу, и к покрытию будут наклонены лики херувимов».
[723] Писания, Псалмы, 104:4. «Делает Он ветрами ангелов Своих, служителей Своих – огнем пылающим».
[724] Писания, Псалмы, 29:7. «Голос Творца высекает языки огня».

АВАЯ (הויה). И нисходят с ним множество духов святости, т.е. от четырех букв АВАЯ (הויה), о которых сказано: „Так сказал Творец: „От четырех ветров приди, дух (жизни)"⁷²⁵".⁷²⁶

433) «„Трахея (канэ́ קָנֶה) – это: „Приобретай (кнэ קְנֵה) мудрость ... приобретай (кнэ קְנֵה) разум"⁷²⁷, и они с правой стороны" трахеи, „и это Хесед"», о котором сказано: «Приобретай (кнэ קְנֵה) мудрость (хохма)»⁷²⁷, «„и с левой стороны" трахеи, „и это Гвура"», о которой сказано: «Приобретай (кнэ קְנֵה) разум (бина)»⁷²⁷. «„Тиферет – она посередине трахеи, и это лестница (сулам סֻלָּם)", и это знание (даат). „В теле содержится" ВАК, и это „две руки", т.е. Хесед и Гвура, „и тело (гуф), и союз (брит)", т.е. Тиферет и Есод, „и две ноги", т.е. Нецах и Ход. И ВАК этого тела (гуф) – они „соответствуют шести кольцам, что в трахее"».⁷²⁸

434) «„А когда АВАЯ (הויה) нисходит к сердцу, к Адни (אדני), соединяется суд с милосердием внутри сердца, и это АВАЯАДНИ (יְאָהְדֹוָנָהִי). А когда Адни (אדני) поднимается в уста, в молитве: „Господин мой (Адни אדני), уста мои открой, чтобы принять" имя „АВАЯ (הויה) в устах, соединяются там два эти имени в полном единстве, и это АВАЯАДНИ (יְאָהְדֹוָנָהִי), подобно тому, как они соединились в сердце. И поэтому постановили авторы Мишны: „Тот, у кого внутри не то, что снаружи, не должен входить в дом учения", то есть если их сердце и уста не равны"». То есть так же, как есть единство АВАЯ (הויה) Адни (אדני) в сердце, должно быть и единство АВАЯ (הויה) Адни (אדני) на устах. (До сих пор Раайа меэмана).⁷²⁹

435) «„Трахея. Вот шесть колец, что в трахее, включены вместе, и они называются сынами сильных, выводят ветер, чтобы веять на мир, и приходят со стороны Гвуры, и когда соединяются вместе, они наподобие шофара", который является свойством Бины, „и эти называются шофаром", и это свойство „шофар

---

⁷²⁵ Пророки, Йехезкель, 37:9. «Но Он сказал мне: пророчествуй духу (жизни), пророчествуй, сын человеческий, и скажешь духу (жизни): так сказал Творец: „От четырех ветров приди, дух (жизни), и войди в этих мертвых, и оживут они"».
⁷²⁶ См. Обозрение Сулам, п. 17.
⁷²⁷ Писания, Притчи, 4:7. «Начало мудрости: приобретай мудрость и всем твоим достоянием приобретай разум».
⁷²⁸ См. Обозрение Сулам, п. 18.
⁷²⁹ См. Обозрение Сулам, п. 17.

овна Ицхака". И это "сильные сынов Башана, как написано: "Воздайте Творцу, сыны сильных"[719]. И это "сильные Ицхака, извлекающие дух и голос. И этот голос выходит и встречает дождевые облака, и слышен созданиям, что снаружи. И поэтому написано: "И гром могущества Его кто постигнет?!"[730], поскольку, разумеется, оно исходит со стороны Гвуры, и поэтому: "Всевышний величия прогремел, Творец над множеством вод"[731]. "Всевышний величия гремит", – не написано, а: "Всевышний величия прогремел"[730], это означает, что приводит в действие ахораим, "то есть что Он гремит через сынов сильных. И нет того, кто умел бы восхвалить этот голос. Это означает: "Кто постигнет?!"[730]»[728]

Раайа меэмана

436) «"И в первом изложении провозгласил верный пастырь и сказал: "Горе им, людям, ибо они глухи сердцем, с закрытыми глазами, поскольку не знают они органов своего тела, на чем они устанавливаются, потому что в трахее содержатся три силы:

1. Суета, и это пламя огня, исходящее из сердца, и разделяющееся на семь сует, о которых сказал Коэлет.

2. Воздух, входящий в него снаружи.

3. Во́ды долей легкого, которые связаны с трахеей.

4. И из этих трех образуется голос, то есть из воды, воздуха и огня. И каждое делится на семь, и это семь пламеней, семь воздухов, семь потоков"».[732]

437) «"И когда встретились пламени сердца с дождевыми облаками, которыми являются доли легкого, через трахею легкого, – это смысл сказанного: "И гром могущества Его кто постигнет?!"[730] И с помощью него сердце понимает в Бине, и это в сердце слева, и это Гвура. А Хесед – он справа, и это воды долей легкого, и там Хохма, являющаяся мозгом". Иначе говоря, Хесед и Гвура поднимаются и становятся Хохмой и Биной. "И от него: "Источник садов, колодезь вод живых, текущих с

---

[730] Писания, Иов, 26:14. «Это край Его путей, а как слышна малейшая частица Его! И гром могущества Его кто постигнет?!»
[731] Писания, Псалмы, 29:3. «Голос Творца над водами, Всевышний величия прогремел, Творец над множеством вод».
[732] См. Обозрение Сулам, п. 19.

Леванона (לְבָנוֹן)"⁷³³, и это белизна (лавнони́т לַבְנוּנִית) мозга, и стекают они по трахее легкого после того как поднялись облака Бины к мозгу"».⁷³²

438) «„И скрытый смысл этого: „Кто она, поднимающаяся из пустыни словно столбы дыма"⁷³⁴, и это дым жертвоприношения, поднимающийся от сердца к мозгу, когда никакие ветры в мире не могут сдвинуть его со своего места. Хохма (חָכְמָה)" – это буквы „сила (ко́ах כֹּח) МА (מ"ה)", потому что она „сила (ко́ах כֹּח) – в сердце, МА (מ"ה) – в мозге. Трахея – это Тиферет, она включает шесть сфирот" ХАГАТ НЕХИ, „представляющие собой шесть ступеней к престолу, и это Има, чтобы низошла Хохма к ней от мозга к сердцу, ибо благодаря ей сердце понимает. И поэтому" написано: „Приобретай (кнэ קְנֵה) мудрость (хохма) … приобретай (кнэ קְנֵה) разум (бина)"⁷²⁷, ибо по ней нисходит Аба", т.е. Хохма, „и по ней поднимается Аба. И это лестница, по которой поднимаются двое и спускаются двое"». Потому что Аба ве-Има включены друг в друга, и нисходят Аба ве-Има от мозга к сердцу, и поднимаются Аба ве-Има от сердца к мозгу. (До сих пор Раайа меэмана).⁷³⁵

439) «„Пищевод, который проглатывает пищу, и оттуда она входит во все органы, и она на ступени огнепалимых жертв. Огнепалимые жертвы – они приносятся сразу, и проглатывают и берут всё от высшего огня, включающего эти огнепалимые жертвы. И это скрытый смысл слов: „Огнепалимыми жертвами Творцу и Его уделом будут питаться"⁷³⁶. Эти" огнепалимые жертвы „едят и проглатывают, а остальные так не едят"».⁷³⁷

440) «„И все жители мира, что снаружи, не знают, как едят, и не знают их тайну. Но те ступени, что внутри, они знают и берут от них. Потому что пищевод – нет у него проверки снаружи, поскольку не знают, но изнутри знают и берут, пока не

---

⁷³³ Писания, Песнь песней, 4:15. «Источник садов, колодезь вод живых, текущих с Леванона».

⁷³⁴ Писания, Песнь песней, 3:6. «Кто она, поднимающаяся из пустыни словно столбы дыма, окуриваемая миррою и фимиамом, и всякими порошками торговца (благовониями)».

⁷³⁵ См. Обозрение Сулам, пп. 19-20.

⁷³⁶ Тора, Дварим, 18:1. «Не будет у коэнов, левитов, у всего колена Леви, доли и удела вместе с Исраэлем; огнепалимыми жертвами Творцу и Его уделом будут питаться».

⁷³⁷ См. Обозрение Сулам, п. 7.

войдет в место обмолота, и не перетрется, и не станет готовым. А печень берет всё, как мы учили, и от этих огнепалимых жертв выходят ступени, которые принимают до печени. И кто они? Это те, что мелют", т.е. зубы, „которые едят жертвы и перемалывают. И поэтому, когда был разрушен Храм, написано: „И перестанут молоть мелющие, ибо мало их стало"[738]. Это те, что перемалывают сначала"».[739]

441) «„Когда перемолото, те, что властвуют над ними, проглатывают и принимают, и называются пищеводом. Почему" называется пищеводом? „Но это потому, что пищевод, форма вав (ו)" пищевода, – „она как согнутый пищевод (вешет וֶשֶׁט), а затем отправляется (шат שָׁט) есть и пить вино и воду, как написано: „Люди бродили (шату שָׁטוּ) и собирали"[740] еду, чтобы есть и пить вино и воду. И это возлияние вина и возлияние воды"».[741]

442) «„Через этот пищевод (вешет וֶשֶׁט) входят и втягиваются в легкое эти срафим (שְׂרָפִים), своим пламенем берут напиток, и называются легким в одном соединении" с легким, „и всё втягивается в них. И всех их берет каждый, как полагается ему. И когда был разрушен Храм и отменились мелющие, „ибо мало их стало"[738], их всех.[742] Ибо уменьшили свой облик и пищу, и нет дня, в который не было бы проклятия". Вознес рабби Шимон голос свой и сказал: „Горе Йерушалаиму, святому городу, горе народу, которые всё это благо потеряли, и сильные поставленные правители понизили свой облик". Об этом плакали товарищи. Сказали: „Ой, рабби! Когда ты уйдешь из мира, кто раскроет такие глубокие скрытые тайны, которые не были слышны со дней царя Шломо до сих пор. Счастливо поколение, слышащее эти слова, счастливо поколение, в котором пребываешь ты. Горе поколению, которое останется сиротой без тебя"».

---

[738] Писания, Коэлет, 12:3. «В тот день, когда задрожат стерегущие дом, и скрючатся мужи сильные, и перестанут молоть мелющие, ибо мало их стало, и омрачатся глядящие в окна».

[739] См. Обозрение Сулам, пп. 6-7.

[740] Тора, Бемидбар, 11:7-8. «Ман же был похож на семя кориандровое, а вид его, как вид хрусталя. Люди бродили и собирали, и мололи в жерновах или толкли в ступе, и варили в котле, и делали из него лепешки, и был вкус его, как вкус нежного масла».

[741] См. Обозрение Сулам, пп. 6-8.

[742] См. Обозрение Сулам, п. 8.

Обозрение Сулам

1) Жертвоприношение или молитва, которая вместо жертвоприношения, это подъем МАН, чтобы соединить Нукву, т.е. Адни (אדני), с АВАЯ (הויה), т.е. Зеир Анпином. И поэтому оно считается едой, как написано: «Жертву Мне, хлеб Мой в огнепалимые жертвы»[743]. И тело (гуф) человека соответствует АВАЯ (הויה), включающую все четыре мира АБЕА, где голова (рош) и грудь (хазе) – это Ацилут и Брия, рош до хазе соответствует Зеир Анпину, а тело до хазе соответствует Нукве, потому что Брия – это жена Ацилута. А от хазе и ниже – это Ецира и Асия. И так же как два эти мира, Ецира и Асия, смешаны с нечистыми клипот, так же есть в теле человека от хазе и ниже органы, соответствующие нечистым клипот, которые соответствуют и перепоне печени, и желчи, и селезенке. И Зоар выясняет каждый орган, что в человеке, согласно его корню в общей АВАЯ (הויה), что в АБЕА, называемой Адам, что в АБЕА, потому что все четыре мира АБЕА считаются как один человек (адам), и одно имя АВАЯ (הויה) Ацилута – это свойство йуд (י) и рош, а Брия – это свойство хэй (ה) до хазе, а Ецира – это вав (ו), а Асия – это последняя хэй (ה). И Ецира и Асия – они от хазе и ниже. И после того как он выясняет корень каждого органа, что он представляет собой в человеке де-АБЕА, выясняет действия приношения человеком жертвы, или произносимой им молитвы, как он поднимается в МАН к Малхут, которой является сердце, и действия, производимые в жертвоприношении в каждом органе, пока достигает Малхут требуемым образом, чтобы она была достойна МАНа к Зеир Анпину. И также выясняет понятие вод захаров, которые Зеир Анпин опускает на воды нукв, что в Малхут, и тайну их зивуга.

2) И вначале выясним это вкратце, потому что жертвоприношение, являющееся этим свойством МАН, поднимается и устанавливается, как это присуще пище и питью, входящим в тело человека через пищевод и остальные внутренние органы, пока не становятся кровью, и печень отправляет эту кровь сердцу, а сердце берет самое ясное и чистое, что в этой крови, и отправляет ее органам, а мутную кровь оставляет в печени.

---

[743] Тора, Бемидбар, 28:1-2. «И говорил Творец Моше, сказав: „Повели сынам Исраэля и скажи им: „Жертву Мне, хлеб Мой в огнепалимые жертвы Мне, в благоухание, приятное Мне, соблюдайте приносить Мне в положенное время"".

Таков путь жертвы или молитвы, которая вместо жертвы, и она сначала приходит к мелющим, что в АВАЯ (הויה) де-АБЕА, и это свойство «зубы, перемалывающие пищу», а от перемалывающих – в омасум (ицтомха) и в желудок, и там она перемалывается вторично. И смысл этого перемалывания зубами, которое в жертвоприношении или в молитве, – это разногласие, что между двумя линиями, правой и левой, до выхода средней линии, когда каждая хочет отменить другую, где правая линия хочет отменить власть Хохмы, что в левой, и дать власть только хасадим, а левая линия, наоборот, хочет отменить власть хасадим и дать власть только Хохме. И так они все время стирают и уменьшают друг друга, пока не сотрутся обе, и одна из них в конце не остается властителем. И вначале усиливается правая над левой, и правая властвует. И это посредством перетирания и перемалывания, что с помощью зубов, и с помощью этого перемалывания пища проглатывается и приходит в омасум (ицтомха). И поскольку эти МАН входят внутрь тела, то пробуждается сила левой линии, и начинает новое перемалывание, являющееся перемалыванием омасума (ицтомха). И там разногласие более сильное, и поэтому перемалывание более тонкое, и в этом перемалывании усиливается в конце левая линия, и вследствие ее власти, которой является власть Хохмы левой, преображается МАН и становится кровью, т.е. светом Хохмы, в тайне: «А кровь – это душа (нефеш)», – то есть светом жизни, которым является Хохма. Однако в этом состоянии сила смерти, что в нем, больше света жизни из-за нечистой крови, замешанной в него. Поскольку это свойство ГАР Хохмы, суды которой очень суровы, и разрушают мир, как известно. И поэтому после того, как превратились эти МАН в свойство «кровь», берет сначала печень, то есть Сам, всю эту кровь, включающую в себя как чистую, так и нечистую кровь, ведь они перемешаны друг с другом, и протягивает их сердцу, то есть Малхут, в качестве левого строения Бины, которое считается царем, и сердце выясняет чистое и ясное, что в крови, т.е. свойство ВАК Хохмы, готовое соединиться в нем с правой, а остальное, являющееся нечистой кровью, оставляет печени и ее стороне, то есть Саму и его свите. И тогда начинается опускание вод захаров от Зеир Анпина, и это свойство дух (руах), соединяющийся с водами нукв, что в сердце. И становятся одним целым.

3) И эти воды захаров – это свойство хасадим, которые нисходят из мозга, являющегося свойством ГАР Зеир Анпина, и

оттуда нисходит руах, являющийся свойством хасадим, к хотэму, то есть к Тиферет Зеир Анпина, и также к пэ, т.е. к Малхут Зеир Анпина, а руах, который от мозга, входит в два отверстия хотэма, и это правая и левая линии, включенные в Тиферет Зеир Анпина,[744] и там нисходит через трахею к легкому, и две доли легкого веют этим руахом, который является свойством хасадим и водами захаров, сердцу, и тогда облачается Хохма, что в сердце, в хасадим, что в руахе. И также Зеир Анпин, то есть АВАЯ (הויה), соединяется с Малхут, Адни (אדני), согласно соединению МАН и МАД. И об этом сказано: «Жертву Мне, хлеб Мой в огнепалимые жертвы»[743], ведь кроме того, что от этого зивуга исполняется просьба приносящего жертву или молящегося, но и все миры получают от этого зивуга, каждый согласно своему уровню, потому что зивуг ЗОН светит сначала вообще всем мирам, а малое свечение от этого зивуга приходит к этому человеку, чтобы выполнить его просьбу.[745] И получается, что человек, приносящий жертву или молящийся, кроме того, что исправил себя, он исправляет все миры в целом. И поэтому также строение его тела указывает на АВАЯ (הויה), включающее все четыре мира АБЕА, как мы уже говорили, а есть АВАЯ (הויה), включающая пять миров, т.е. АК и АБЕА.[746] Однако действие этого человека не доходит до мира Адам Кадмон. И даже до мира Ацилут не доходит, а только до Зеир Анпина Ацилута. И поэтому этот рош соответствует только Зеир Анпину Ацилута, а от пэ до хазе соответствует Брия и Нукве Зеир Анпина Ацилута, потому что Брия – это жена Ацилута. А от хазе и ниже соответствует двум мирам, Ецира и Асия, как мы уже сказали.

4) И нужно здесь точно понять как и что представляет собой форму молитвы, и как она восходит наверх, к Нукве Зеир Анпина, и становится пищей для Нуквы и для Зеир Анпина, в скрытом смысле сказанного: «Жертву Мне, хлеб Мой в огнепалимые жертвы»[743], ведь молитва – она вместо жертвоприношения. И дело в том, что приносящий жертву или молящийся, – он ведь ради того просимого, что есть у Творца, и об этом сказали, что нет молитвы иначе, как в сердце. И это желание облачается в части его души, и части его души – это действительно поднимающиеся наверх, когда они пересекают все воздушные пространства, пока не приходят к Нукве Зеир Анпина Ацилута, как

---

[744] См. Зоар, главу Насо, Идра раба, п. 223.
[745] См. Введение в науку Каббала, п. 161, где указана причина этого.
[746] См. Введение в науку Каббала, п. 3.

уже было подробно выяснено,⁷⁴⁷ – таким образом, что просимое облачено в части его души, а части его души поднимаются и становятся МАНом для зивуга Зеир Анпина и Нуквы, и он называется едой, потому что зивуг называется хлебом и пищей, как написано: «И не ведал при нем ничем, кроме хлеба, который он ест»⁷⁴⁸. И с помощью этого ты также поймешь, почему молитва или жертвоприношение стало МАНом, чтобы пробудить этот зивуг, – потому что сверху ничего не дается иначе, как через зивуг ЗОН, как известно. И поэтому, если Творец хочет исполнить желание молящегося, то он нуждается в зивуге. И получается, что каждая молитва, достойная наполнения, пробуждает зивуг ЗОН, чтобы передали это наполнение молящемуся, поскольку вначале обязательно приходит свечение этого зивуга к высшим мирам, пока не приходит в конце к человеку, который молится.⁷⁴⁹ А точнее, те части души, которые поднялись к Нукве Зеир Анпина, и стали МАНом, чтобы пробудить этот зивуг, они сами становятся местом получения для свечения зивуга, исполняющего просьбу молящегося, и возвращаются к нему с выполнением просьбы. Таким образом, есть у частей души, которые поднимаются в МАН, два назначения:

1. Пробудить зивуг для исполнения просьбы молитвы.

2. Чтобы стали готовы быть местом получения, для получения наполнения молитвы.

3. И оба они приходят одновременно.

5) И ты уже узнал, что ничто не меняется, пока по нему не пройдет последовательность трех линий, исходящих от точек холам-шурук-хирик,⁷⁵⁰ и говорит, что нельзя посеять семя иначе, как в свойстве этих трех точек.⁷⁵⁰ И по этой причине нужен МАН, то есть молитва, как мы уже объясняли, чтобы войти сначала в гуф Нуквы в качестве перемалывающих, где получает власть одной линии, правой, а оттуда – в омасум (ицтомха) и в желудок, в которых этот МАН принимает власть левой линии, вследствие чего эти МАН превратились в кровь. И печень принимает их и передает сердцу. И от двух долей легкого, веющих этим духом (руах) на сердце, получают эти МАН действие

---

⁷⁴⁷ См. Зоар, главу Ваякель, п. 131, комментарий Сулам.
⁷⁴⁸ Тора, Берешит, 39:6. «И оставил он все, что у него, в руках Йосефа, и не ведал при нем ничем, кроме хлеба, который он ест. И был Йосеф красив станом и красив видом».
⁷⁴⁹ См. Введение в науку Каббала, п. 161.
⁷⁵⁰ См. Зоар, главу Берешит, п.38.

средней линии, которым является зивуг. И тогда довершаются МАН,[751] и образуется место получения, чтобы получить свечение этого зивуга для выполнения просьбы молящегося.

6) И это смысл сказанного: «И от этих огнепалимых жертв выходят ступени, которые принимают до печени. И кто они? Это те, что мелют, которые едят жертвы и перемалывают»[752]. Ибо после того как эта еда приняла власть левой линии, она превратилась в кровь, и печень принимает ее вначале, и передает сердцу.[753] Но до этого нужна власть правой линии, как мы уже объясняли. И это ступени, которые называются перемалывающими зубами, принимающие МАН перед печенью, и они выходят в силу тех огнепалимых жертв, что в правой линии, т.е. суды, что в точке холам, вследствие подъема Малхут в Бину.[754] И эти огнепалимые жертвы действуют в этих зубах. И поэтому с помощью их перемалывания, представляющем собой войну правой и левой линий друг с другом, как мы уже говорили, усиливается правая линия. И это смысл сказанного: «Когда перемолото»[755] – т.е. после того как закончилась война между правой и левой линиями, называемая перемалыванием, и правая победила, тогда «те, что властвуют над ними», – т.е. суды правой линии, называемые огнепалимыми жертвами, которые победили и властвуют над МАНом, «проглатывают и принимают» – они берут и проглатывают МАН, «и называются пищеводом» – это суды правой линии, проглатывающие МАН, они называются пищеводом.

7) И это смысл сказанного: «Пищевод, который проглатывает пищу, и оттуда она входит во все органы, и она на ступени огнепалимых жертв»[756]. Потому что прежде чем МАН включаются в огнепалимые жертвы правой линии, – а эти огнепалимые жертвы исходят от подслащения Малхут в Бине, – они недостойны включиться в гуф Нуквы, и получать от свечения

---

[751] См. выше, Обозрение Сулам, пп. 2-3.
[752] См. выше, п. 440.
[753] См. выше, Обозрение Сулам, п. 2.
[754] См. Зоар, главу Берешит, часть 1, п. 9. «Высшая точка, Арих Анпин, посеяла внутри чертога ИШСУТ три точки: холам, шурук, хирик...»
[755] См. выше, п. 441.
[756] См. выше, п. 439.

этого зивуга.⁷⁵⁷ Поэтому считается огонь этого подслащения проглатыванием, когда проглатывает МАН и вводит их в гуф Нуквы. И поэтому этот огонь подслащения, что от правой линии, называется «пищевод, который проглатывает пищу», потому что вводит ее, чтобы включиться в гуф Нуквы. И это смысл сказанного: «И оттуда она входит во все органы». И объясняет свои слова: «Огнепалимые жертвы – они приносятся сразу», то есть эти огнепалимые жертвы, называемые пищеводом, вначале приносятся в жертву к этим МАН, «и проглатывают», т.е. вводят их в гуф, «и берут всё от высшего огня, включающего эти огнепалимые жертвы», т.е. огонь точки холам, от которых огнепалимые жертвы. «И это скрытый смысл слов: „Огнепалимыми жертвами Творцу и Его уделом будут питаться"⁷¹⁸», – потому что коэны, являющиеся свойством правой линии, едят и получают эти огнепалимые жертвы. А тот, у кого нет этого огня правой линии, не сможет получить этот МАН, поскольку он без подслащения Бины, и это смысл сказанного: «Эти едят и проглатывают» – то есть огнепалимые жертвы, включенные в пищевод, «а остальные так не едят» – потому что остальные органы, у которых нет этого огня правой линии, не смогут принять эти МАН и включить их в гуф. Иначе говоря, те органы, у которых есть только сила левой линии, являющиеся свойством внешней части мохин, они даже не постигают, что есть свойство этого огня, проглатывающего МАН. И это смысл сказанного: «И все жители мира, что снаружи, не знают, как едят»⁷⁵⁸, – потому что те, кто не удостоился внутренней сути, не знают, что есть этот огонь подслащения, съедающий МАН, как мы уже сказали. «Но те ступени, что внутри», – то есть те, которые удостоились внутренней сути мохин, «они знают и берут от них», – они знают и постигают эти огнепалимые жертвы. И это смысл слов: «Пищевод – нет у него проверки снаружи, поскольку не знают», – потому что в отношении внешнего нет даже понятия о существовании этого огня. И найдешь, что начало включения в внутреннюю суть этих мохин, – оно посредством получения этого огня.

---

⁷⁵⁷ См. Зоар, главу Берешит, часть 1, п. 3, со слов: «В свойстве суда, т.е. в свойстве Малхут мира АК, прежде чем она подсластилась в Бине, в свойстве милосердия, мир не мог существовать...»
⁷⁵⁸ См. выше, п. 440.

8) И это смысл сказанного: «Через этот пищевод входят»[759], – потому что вход в тело (гуф) происходит с помощью огня, что в правой линии, и это пищевод, «и втягиваются в легкое» – иначе говоря, пока МАН не входит в омасум (ицтомха) и в печень, и в сердце, на которое веют доли легкого, и тогда втягивается и включается этот МАН в легкое, «эти срафим» – то есть МАН, который становится кровью в сердце, и она там как огонь сжигает из-за судов левой линии,[760] «своим пламенем берут напиток» – то есть они включаются в воду, являющуюся свойством хасадим, «и называются легким в одном соединении» – то есть что пламени сердца, являющиеся Хохмой, после того как входят в одно соединение в водой, т.е. с хасадим, называются вместе легким (реа́ רֵיאָה), и это буквы «видение (реия́ רְאִיָה)», т.е. что светят в них свечением Хохмы, включенным в хасадим, и называется видением. И это смысл сказанного: «Но это потому, что пищевод, форма вав (ו) – она как согнутый пищевод»[761], – т.е. что это форма линии как вав (ו), но не просто линия как вав (ו), представляющая собой среднюю линию, но согнутая линия, то есть правая линия, являющаяся свойством ВАК без рош,[754] и рош ее согнутый. «А затем отправляется есть»[761] – ибо из-за того, что он согнутый, он проглатывает пищу, и вводит внутрь тела (гуф), как мы уже объясняли. И это смысл сказанного: «И когда был разрушен Храм и отменились мелющие»[759] – потому что разрушение Храма было из-за того, что левая линия пересилила правую, и тогда отменились мелющие, и это война правой и левой линий, которая в зубах, потому что правая отменилась, и поэтому МАН, поднимаемый Исраэлем, не входят в гуф высшего, и это смысл слов: «Ибо уменьшили свой облик»[759] – потому что форма правой линии отменилась, и поэтому уменьшили пищу, так как МАН не входит в гуф высшего.

9) И после того как произошло первое перемалывание посредством зубов в усилении правой линии, чтобы привести к проглатыванию МАН в теле (гуф) высшего, нисходит этот МАН ко второму перемалыванию к омасуму (ицтомха), и в этом перемалывании усиливается левая линия.[762] И это смысл сказанного: «Желудок перемалывает, поскольку он принимает всё

---

[759] См. выше, п. 442.
[760] См. выше, Обозрение Сулам, п. 2.
[761] См. выше, п. 441.
[762] См. выше, Обозрение Сулам, п. 2.

и перетирает, и посылает всем органам»⁷⁶³, – так как в этом перемалывании усиливается левая линия и превращает это в свойство «кровь», то есть Хохму левой линии, которая красного цвета, в скрытом смысле сказанного: «Ибо кровь – это душа (нефеш)»⁷⁶⁴. А то, что не превращается в кровь, выходит наружу в виде отходов, и это смысл сказанного: «От тех осадков пьют внизу»⁷⁶⁵ – то есть отходов.

10) Однако тебе следует знать, что суть еды – это свечение хасадим, и она входит в омасум (ицтомха), чтобы быть перемолотой и войти под власть огня левой линии только для того, чтобы восполниться и стать включающей в себя Хохму, что в левой линии. А суть питья, то есть питья вина, – это свечение Хохмы, что в левой, но она не восполняется иначе, как только если входит под власть правой линии, и включается в хасадим правой. И это смысл сказанного: «Омасум (ицтомха) берет всё до шести часов, и выпекает»⁷⁶⁶, – потому что МАН, приходящий в омасум (ицтомха), включается в шесть сфирот ХАГАТ НЕХИ, что в гуф Малхут, и огонь, который в омасуме (ицтомха), выпекает МАН. Объяснение. Как у пекаря, который кладет хлеб на огонь, нет намерения сжечь какую-то часть хлеба, но для того, чтобы хлеб стал сладким в жа́ре огня, так и суть МАНа еды – это хасадим, и они входят в огонь левой линии жертвоприношения только лишь для включения и восполнения, подобно выпечке хлеба на огне. И это смысл сказанного: «Желудок – это печение, а легкое – это питье», потому что желудок, которым является омасум (ицтомха), выпекает МАН, чтобы включить в них свечение Хохмы, что в нем. А легкое, которое является правой линией и хасадим, принимает вино, которое является свечением Хохмы, чтобы включить в них свечение хасадим. «Сердце – это царь, а эти двое», желудок и легкое, «это, конечно, печение и питье, чтобы дать царю», – потому что сердце, которое является сутью строения Малхут, что слева от Бины, оно берет от них то, что подобает ему, а после того как сердце получило, оно дает и распределяет всем органам, то есть «как написано: „Набрал я мирры с бальзамом моим; отведал я соты мои с медом, пил я вино мое с молоком"⁷⁰⁴. А затем: „Ешьте,

---

⁷⁶³ См. выше, п. 418.
⁷⁶⁴ Тора, Дварим, 12:23. «Только будь твердь, чтобы не есть крови, ибо кровь – это душа; не ешь же души вместе с плотью».
⁷⁶⁵ См. выше, п. 422.
⁷⁶⁶ См. выше, п. 423.

друзья! Пейте до упоения, любимые!"⁷⁰⁴ И это воинства и станы царя, раздающего им пищу через управляющего пекарями», – то есть посредством подслащения левой линии, что в омасуме (ицтомха). «„Пейте до упоения, любимые!"⁷⁰⁴ – через управляющего напитками», – то есть посредством подслащения правой, что в легком.

11) И не является объяснением, что эти МАН приходят из омасума (ицтомха) напрямую к сердцу, являющемуся царем, а из омасума (ицтомха) эти МАН спускаются в желудок и т.д., и в печень, а печень передает сердцу. А свойство желудка указывает на состояние исхода мохин, приходящих вследствие власти левой линии, потому что Хохма тогда находится без хасадим, и кроме того, что уходит свечение хасадим, но также и свечение Хохмы, что в левой, считается, словно ушло, потому что Хохма не может светить без хасадим.⁷⁶⁷ И это смысл сказанного: «Желудок – это одна из шестидесяти ступеней, что в смерти, и она называется спячкой»⁷⁶⁸, – поскольку в любом месте, где упоминается спячка, имеется в виду это свойство, «Асирта (עֲסִירְטָא), то есть шестая ступень ангела смерти». И там, в этом состоянии спячки, властвует злой дух, называемый Асирта, и это шестая ступень ангела смерти,⁷⁶⁹ и этот Асирта властвует над теми, которые не хотят расставаться с левой линией, являющейся свойством: «У входа грех лежит»⁷⁷⁰. Но те, что приходят, чтобы прилепиться к правой, – считается эта сила ангела смерти свойством исправления Хохмы, в тайне сказанного: «Думал я: „Стану мудрым", но мудрость (хохма) далека от меня»⁷⁷¹.⁷⁷² И это смысл сказанного: «И поскольку она приходит издали» – т.е. из-за того, что эта сила приходит исправить Хохму, чтобы была издали, «она со стороны смерти» – можно только сказать о нем, что он со стороны свойства смерти, «но не смерть» – но это не смерть на самом деле, и поэтому: «Намек –

---

⁷⁶⁷ См. Зоар, главу Берешит, часть 1, п. 34, со слов: «Затем вышла тьма, и вышли в ней семь других букв алфавита...»
⁷⁶⁸ См. выше, п. 415.
⁷⁶⁹ См. Зоар, главу Пкудей, п. 919. «„Внутри этого чертога стоит другой правитель"...»
⁷⁷⁰ Тора, Берешит, 4:7. «Ведь если исправишься, прощен будешь, а если не исправишься, у входа грех лежит, и к тебе его влечение, – но ты властвуй над ним!»
⁷⁷¹ Писания, Коэлет, 7:23. «Всё это испытал я в мудрости. Думал я: „Стану мудрым", но мудрость далека от меня».
⁷⁷² См Зоар, главу Ваигаш, п. 39, со слов: «Пояснение статьи. Сначала выясним, что такое сон и пробуждение в их корне...»

одна шестидесятая смерти» – и поэтому приводится намек: одна шестидесятая, что в смерти, указывающий на то, что это не смерть на самом деле, как уже выяснилось.

12) И после того как эти МАН превращаются в кровь с помощью омасума (ицтомха) и желудка и т.д., принимает их печень, и ты уже узнал, что кровь указывает на свечение Хохмы, что в левой линии, в свойстве: «Ибо кровь – это душа (нефеш)»[764], поскольку есть в ней запрещенная часть, и это ГАР левой линии, и есть в ней разрешенная часть, и это ВАК левой линии, и они называются кровью чистой и кровью нечистой. И поскольку сердце – это свойство Малхут святости, Нуквы Зеир Анпина Ацилута, как она сможет коснуться нечистой крови? И поэтому ей нужен посредник со стороны ситры ахра, и это печень, чтобы она получила чистую кровь и нечистую вместе, и передала ей. И эта Малхут отбирает из нее кровь чистую и ясную, т.е. ВАК левой линии, а ГАР левой линии она оставляет в печени, и не касается его. И это смысл сказанного: «Конечно же, это так, что печень – это ступень Эсава»[773], – то есть правителя Эсава, которым является Сам,[774] «он собирает все крови, как чистые, так и мутные, и не различает между добром и злом, между нечистой кровью и чистой»[773], – т.е. между запрещенным ГАР левой линии, являющимся мутной кровью, и между разрешенным ВАК левой линии, который чист. «Сердце – это Исраэль»[773], иначе говоря, это Малхут, от которой получают Исраэль, «так как различает между добром и злом, между нечистой кровью и чистой, и берет лишь ясную и чистую, что в этой крови»[773], – то есть только ВАК Хохмы, которые являются ясными и чистыми, как уже объяснялось.

13/1) И это смысл сказанного: «И можно возразить на это: если печень – это Эсав, как он устанавливает пищу для сердца»[775], которым является Яаков? И этот вопрос указывает на то, что говорит: «Печень – это ступень Эсава, ... сердце – это Исраэль»[773]. И непонятно: как может быть, чтобы печень, являющаяся правителем Эсава, устанавливала пищу для сердца, которым является Исраэль? И отвечает: «Но, разумеется, сердце – оно как Ицхак»[775], – т.е. что сердце не является Исраэлем, но это Шхина в свойстве левой линии, которая наподобие Ицхака,

---

[773] См. выше, п. 411.
[774] См. выше, п. 210.
[775] См. выше, п. 425

являющегося левой линией Зеир Анпина. «Печень – это Эсав, который охотится за добычей»[775], – потому что печень, являющаяся ступенью Эсава, получает всю кровь, нечистую и чистую, и передает сердцу, являющемуся Шхиной. «И говорит ему: „Пусть поднимется мой отец и ест от добычи сына своего"[776]. Это молитвы от бедных, которые все время изгоняются»[775]. Объяснение. Те, которые не умеют направлять свою молитву на то, чтобы просить свечение средней линии, объединяющей правую и левую в свойстве Даат, те, что молятся о привлечении ГАР левой линии, светящей без единства средней линии, – они называются бедными, потому что молитва их не принимается, а изгоняется к ситре ахра. И поэтому в тот момент, когда печень, являющаяся ступенью Эсава, собирает нечистую кровь и кровь чистую, и передает их сердцу, она говорит: «И ест от добычи сына своего»[776], – то есть, чтобы принял молитвы этих бедных, и дал им требуемое ими, и светил этим свойством ГАР левой линии в мире, потому что все стремление ситры ахра заключается в том, чтобы Шхина согласилась светить свойством ГАР левой линии в мирах.[777] И это смысл сказанного: «И Ицхак», то есть Шхина, «он все время в страдании и печали из-за того, что они не умеют выстраивать намерение в молитве», – то есть не умеют направлять свою молитву в среднюю линию, и поэтому он в страдании и печали, потому что он не принимает их молитву, а принимает от печени только чистую кровь, то есть свойство ВАК левой линии, но ГАР левой линии, представляющие собой молитвы бедных, он прогоняет от себя и оставляет в печени, как уже объяснялось, и эти бедные вынуждены получать желаемое ими от печени, являющейся правителем Эсава. И это смысл сказанного: «Подобно этому – нет пищи у Исраэля в изгнании, но только через народы мира», – так же как эти бедные вынуждены получать требуемое ими от печени, являющейся правителем Эсава, поскольку Шхина не сможет дать им просимое ими из-за того, что это нечистая кровь, как мы уже объясняли, так же Исраэль в изгнании, когда они не слиты со средней линией, а находятся под властью левой, вынуждены тоже получать просимое ими от правителей народов, и это по той же причине, сказанной о бедных. «Но когда они на земле

---

[776] Тора, Берешит, 27:31. «И приготовил также и он яства и принес отцу своему, и сказал он отцу своему: „Пусть поднимется мой отец и ест от добычи сына своего, чтобы благословила меня твоя душа!"»

[777] См. Зоар, главу Ноах, п. 130. «Всё желание „конца всякой плоти" направлено только на плоть. И по этой причине исправление плоти в любом месте – только для него…»

Исраэля»⁷⁷⁸ – то есть слиты со средней линией, «питание их через Шхину»⁷⁷⁸ – тогда смогут получать свое питание от сердца, являющегося Шхиной, то есть свечение ВАК левой линии, принимаемое сердцем, т.е. Шхиной, и не получают от печени, т.е. Сама.

13/2) И вот ты видишь, как ситра ахра, то есть печень, наслаждается от каждой жертвы, ведь сердце оставляет у нее ГАР левой линии, как мы уже сказали, и с помощью этого ты поймешь то, что сказал рабби Шимон выше: «Наслаждается ли „конец всякой плоти"», т.е. ситра ахра, «от жертв, которые Исраэль приносили на жертвенник?»⁷⁷⁹ И это тайна жертвоприношения козла в начале месяца и козла Азазелю.⁷⁸⁰ И это смысл сказанного выше: «И всё, что держит печень, она жертвует сердцу, так как оно является царем»⁷⁸¹, то есть как нечистую кровь, так и чистую, как уже объяснялось. «И это сердце, не в его обычаях и не в желаниях его – смутные действия народа его», – то есть смутная кровь, исходящая от ГАР левой линии, «но оно выбирает все ясное и все чистое» – то есть чистую кровь, исходящую от ВАК левой линии. «А всю ту смуту и муть, и грязь, являющиеся плохими деяниями, оставляет печени», – ведь ситра ахра наслаждается от каждого жертвоприношения, как мы уже сказали. И это означают слова: «Это смысл сказанного: „И понесет козел на себе все их грехи"⁷⁸²» – так как это свойство козел для Азазеля, как мы уже сказали.

14) И известно, что в конце судов левой линии раскрывается клипа от манулы, называемая грехом и смертью, в тайне сказанного: «У входа грех лежит»⁷⁷⁰. И эта клипа – это свойство желчи, зависящей от печени, потому что печень – это суды левой линии, называемой Сам, а в конце нее раскрывается желчь, в тайне сказанного: «Но последствия от нее горьки, как полынь»⁷⁸³, так как она является мечом ангела смерти. И это смысл сказанного: «Он гневается на него желчью, которая

---

⁷⁷⁸ См. выше, п. 426.
⁷⁷⁹ См. Зоар, главу Ноах, статью «Таинства жертвоприношений», пп. 118-121.
⁷⁸⁰ См. Зоар, главу Ноах, п. 99 и п. 129.
⁷⁸¹ См. выше, п. 374.
⁷⁸² Тора, Ваикра, 16:22. «И понесет козел на себе все их грехи в землю необитаемую, и отошлет козла в пустыню».
⁷⁸³ Писания, Притчи, 5:4. «Но последствия от нее горьки, как полынь, остры, как меч обоюдоострый».

является адом, созданным во второй день»⁷⁸⁴, потому что второй день – это левая линия, а желчь является концом левой линии, и эта желчь несет гнев в печень, а печень наказывает грешников, которые прилепляются, чтобы питаться от ГАР левой линии, что в ней, через эту желчь. «Смерть больших» – потому что через клипу желчи приходит смерть большим, т.е. каждому человеку, кроме маленьких, умирающих от Лилит, являющейся селезенкой, как мы еще выясним. Но смерть каждого человека – от желчи, являющейся свойством манулы, как мы уже объясняли.⁷⁸⁵ «И мало того, что жар и лихорадка во всех болезнях органов тела только от желчи, она загорается языками пламени над сосудами печени и желает сжечь все тело»⁷⁸⁶, ибо после того как печень получает ГАР левой линии, то, что сердце оставляет в ней, – в тот момент, когда пробуждается желчь и посылает каплю в печень, тогда уходят эти ГАР оттуда, ибо из любого места, где пробуждается манула, уходят ГАР.⁷⁸⁷ И получается, что все сосуды печени загораются огнем судов этой желчи. «И она как море, когда оно бушует»⁷⁸⁶, – и оно бушует из-за песка, который ограничивает его, «и волны моря взметаются до небес, желая выйти из своих границ и разрушить мир»⁷⁸⁶, – иначе говоря, в час, когда пробуждается левая линия в этом море, и хочет раскрыть ГАР левой, что и означает – «взметаются до небес», чтобы раскрыть эти ГАР, которые при этом разрушили бы мир судами этих ГАР левой линии, поэтому когда морские волны касаются песка, окружающего море, и в них есть от судов манулы, то сразу же уходит ГАР левой линии от этих волн, коснувшихся песка, что на этом море, и тогда: «Опустились в бездны»⁷⁸⁸. Ведь море – оно как печень, где волны моря – это свойство ГАР левой линии, как есть в печени, и также как в час, когда они хотят раскрыть этот ГАР миру, они не могут из-за песка, устраняющего ГАР из них, так же и когда грешники приходят питаться от печени этими ГАР левой линии, что в ней, ГАР не могут раскрыться из-за желчи, находящейся в ней, которая тут же пробуждается и устраняет эти ГАР.

---

⁷⁸⁴ См. выше, п. 412.
⁷⁸⁵ См. Зоар, главу Ваеце, п. 27, пояснение сказанного, со слов: «И того, кто связался с блудной женщиной, Зоар называет глупцом и говорит, что „этот глупец идет за ней"...»
⁷⁸⁶ См. выше, п. 413.
⁷⁸⁷ См. Зоар, главу Ваеце, пп. 23-27.
⁷⁸⁸ Писания, Псалмы, 107:25-26. «И сказал Он, и восставал ветер бурный, и поднял Он волны его. Поднялись они в небо, опустились в бездны; в бедствии растаяла душа их»

15) И все это – грешникам, желающим питаться от печени, которая возбуждает на них желчь и ограничивает их, чтобы не могли питаться от ГАР. Однако праведников ограничивает Шхина, чтобы не питались от ГАР, потому что они всегда слиты со Шхиной, и так же как Шхина принимает только ВАК левой линии, так же и праведники. И это смысл сказанного: «Если бы не Шхина, которая для больного подобна песку, окружающему море, чтобы не вышло из берегов»[786], – что если у праведника случится какой-то грех, и все время усиливается в нем сила левой линии, исходящая от печени, и он заболевает, тогда Шхина оберегает его, чтобы не оступился с ГАР левой линии, так же как песок, оберегающий море, и как желчь, оберегающая печень. «Потому что Шхина над его головой, и не в изножье, потому что ангел смерти находится в изножье»[789]. Объяснение. Ведь несмотря на то, что Шхина оберегает его, он все-таки может в конце отделиться от нее, и снова прегрешить. И это означает, что в изножье больного всё еще находится ангел смерти. Потому что концом называются ноги, и это смысл сказанного: «И это не для каждого человека, а для среднего. Но для завершенного праведника: „Творец укрепит его на одре болезни"[790], над головой его, а Шхина окружает его до самых ног»[789], – потому что он уверен в защите Шхины навечно. И это смысл сказанного: «А законченного грешника окружает со всех сторон ангел смерти, и это злое начало. Когда ангел смерти окружает его со всех сторон, и меч его»[789], – то есть желчь, являющаяся мечом ангела смерти, стережет его, чтобы не питался от печени. Как уже объяснялось: «И лицо его зеленеет от одной капли»[789], иначе говоря, ГАР, называемые паним (лицом), зеленеют от одной капли желчи, то есть эти ГАР уходят из-за нее, как уже говорилось. «Печень – это захар, а перепона печени – это некева его»[789], то есть нуква этой печени – это не желчь, а перепона печени, которая перемешана из судов захара и судов нуквы,[791] из-за того, что она развратничает с другими.[791] Но желчь – это только суды нуквы. И разница между желчью и селезенкой в том, что несмотря на то, что обе они являются судами нуквы, желчь – она от свойства

---

[789] См. выше, п. 414.
[790] Писания, Псалмы, 41:4. «Творец укрепит его на одре болезни, все ложе поменял Ты в недуге его».
[791] См. выше, п. 363.

судов манулы, а селезенка – она от свойства судов мифтехи, как это подробно объяснялось выше.⁷⁹²

16) И после того как сердце получает чистую и ясную кровь от печени, т.е. ВАК Хохмы, оно ведь полно суда, потому что прежде, чем Хохма облачается с хасадим, что в правой, вся она – суд. И это смысл сказанного: «Сердце – это огонь»⁷⁹³, а также: «Сказано о сердце: „И царь встал в гневе своем"⁷⁹⁴»⁷⁹⁵. И поэтому сердце, то есть Малхут, нуждается сейчас в зивуге с Зеир Анпином, чтобы передал ей дух хасадим, и когда она совершает зивуг с Зеир Анпином, тогда спускается дух хасадим из моаха (мозга), то есть ГАР Зеир Анпина, к хотэму (носу), то есть Тиферет Зеир Анпина, и спускается этот дух хасадим через два отверстия хотэма к трахее легкого, т.е. к Бине де-Малхут, а от двух долей легкого приходит этот дух хасадим к сердцу. И тогда облачается Хохма, что в сердце, в эти хасадим, и этим довершается свечение зивуга, от которого приходит ко всем мирам, пока не приходит к молящемуся, чтобы восполнить ему просимое в его молитве. И это смысл сказанного: «Этот – престол милосердия, это – престол суда»⁷⁹³, то есть моах Зеир Анпина – это престол милосердия, а сердце, то есть Малхут, – это престол суда, из-за Хохмы без хасадим, имеющейся там. «А Творец – Он Царь, встающий с престола суда, которым является сердце, и садящийся на престол милосердия, которым является мозг»⁷⁹³, иначе говоря, совершает зивуг с сердцем, и тогда нисходит милосердие к сердцу из мозга. И престол милосердия мозга – он правит.

17) И это смысл сказанного: «Если органы человека удостаиваются в заповедях»⁷⁹⁶ – т.е. когда молитва его принята, «высшего царя, которым является дух святости», – т.е. дух хасадим Зеир Анпина, «он нисходит по лестнице, которой является горло, во множестве святых духов», – то есть дух хасадим нисходит из мозга в трахею, в четырех ветрах (видах духа), соответствующих его четырем буквам АВАЯ (הויה), «о которых

---

⁷⁹² См выше, п. 410, комментарий Сулам.
⁷⁹³ См выше, п. 402.
⁷⁹⁴ Писания, Мегилат Эстер, 7:7. «И царь встал в гневе своем, (оторвавшись) от винного пиршества, (и вышел) в дворцовый сад; а Аман стал просить царицу Эстер о жизни своей, ибо видел, что решена ему царем злая участь».
⁷⁹⁵ См выше, п. 403, комментарий Сулам.
⁷⁹⁶ См выше, п. 432.

сказано: „Делает Он ветрами ангелов Своих"⁷⁹⁷», то есть эти ветры – это рухот хасадим, которые Зеир Анпин посылает Малхут, и поэтому они называются посланниками, «и они восходят, чтобы принять суеты, что в сердце», – то есть эти рухот хасадим принимают Хохму левой линии, что в сердце, называемую эвелями (суетами),⁷⁹⁸ «о которых сказано: „Служителей Своих – огнем пылающим"⁷⁹⁷», то есть эти суды, что в суетах, – они служители хасадим, так как с их помощью включаются эти хасадим в свечение Хохмы, и это состояние зивуга Зеир Анпина и Малхут, которые являются этим мозгом и сердцем, как уже выяснилось. И этот зивуг происходит в двух местах: одно – в пэ де-рош, в качестве соединения рош с гуф, что там, в свойстве нёбо и горло; и второе место – это в сердце, то есть в Малхут. И в зивуге, что в сердце, Хохма, что в сердце, является главной, а хасадим, что в Зеир Анпине дополняют ее. А в зивуге, что в пэ, хасадим являются главным, а Хохма, поднимающаяся туда с эвелями, что в сердце, – они только дополняют эти хасадим. И это смысл сказанного: «А когда АВАЯ (הויה)»⁷⁹⁹, то есть Зеир Анпин, «нисходит к сердцу, к Адни (אדני)», к Малхут, «соединяется суд с милосердием внутри сердца» – то есть Хохма левой линии с хасадим Зеир Анпина, «и это АВАЯАДНИ (יְאהֳדֹוָנָהי)», указывающее на зивуг Зеир Анпина и Малхут, которые представляют собой АВАЯ (הויה) Адни (אדני) в сочетании друг с другом. «А когда Адни (אדני) поднимается в уста, в молитве: „Господин мой (Адни אדני), уста мои открой", чтобы принять АВАЯ (הויה) в устах, соединяются там два эти имени в полном единстве, и это АВАЯАДНИ (יְאהֳדֹוָנָהי), подобно тому, как они соединились в сердце», – но разница в том, что в устах (пэ) хасадим являются главными, а в сердце Хохма является главной, как мы уже объяснили.

18) И они поднимаются и опускаются через трахею, являющуюся лестницей, когда ветры хасадим спускаются из мозга через эту трахею к сердцу, а эвели сердца, то есть Хохма, поднимаются через эту трахею к голове (рош). И эта трахея является свойством Бины Малхут, соединенной с рош, т.е.

---

⁷⁹⁷ Писания, Псалмы, 104:4. «Делает Он ветрами ангелов Своих, служителей Своих – огнем пылающим».

⁷⁹⁸ См. Зоар, главу Ваеце, п. 15, со слов: «Для того чтобы понять сказанное, надо выяснить, что представляют в корне своем семь сует святости и семь сует скверны...», и Зоар, главу Тазриа, статью «Есть преимущество у мудрости перед глупостью, пп. 97-103.

⁷⁹⁹ См. выше, п. 434.

Зеир Анпином, потому что любой нижний, получающий от высшего, получает в то, что наиболее чисто в нем, и Бина, которой является трахея, является наиболее чистым кли из всех келим, что в Малхут. И это смысл сказанного: «Трахея (канэ́ קָנֶה) – это: „Приобретай (кнэ קְנֵה) мудрость ... приобретай (кнэ קְנֵה) разум"[800]»[801] – то есть Бина включает десять сфирот, и это Хохма и Бина и Хесед и Гвура и Тиферет и НЕХИ. И это смысл сказанного: «Содержится: две руки, и тело (гуф), и союз (брит), и две ноги» – и это шесть окончаний, соответствующие шести кольцам, что в трахее, а Хохма и Бина – они наверху, в верхней части трахеи. И все они – сфирот Бины, и это смысл сказанного: «Вот шесть колец, что в трахее ... приходят со стороны Гвуры»[802], – то есть от Бины, которая в левой линии, «и когда соединяются вместе» – и когда две линии Бины, правая и левая, соединяются вместе с помощью средней линии, «они наподобие шофара» – т.е. Бины в тот момент, когда она создает Зеир Анпин, который является голосом, исходящим из шофара,[803] то есть в свойстве «трое выходят благодаря одному, один находится в трех»[804]. «И эти называются шофаром ... сильные Ицхака» – то есть суды левой линии, называемые Ицхаком, «извлекающие дух и голос», т.е. среднюю линию, Зеир Анпин, называемый духом и голосом, который рождается и выходит посредством того, что подслащает эти суды в Бине, называемой шофаром. «И этот голос выходит и встречает дождевые облака» – то есть в час, когда средняя линия выходит и встречает суды, что в Бине, называемые дождевыми облаками, «и слышен созданиям, что снаружи», – тогда гром судов слышен снаружи. Поскольку прежде, чем приходит средняя линия в Бину, чтобы соединить правую и левую линии, что в ней, не слышны суды левой линии, и они неизвестны, чтобы в них была какая-то важность. «И поэтому написано: „И гром могущества Его кто постигнет?!"[805], поскольку, разумеется, они исходят со стороны Гвуры»[802] – то есть прежде, чем выходит средняя

---

[800] Писания, Притчи, 4:7. «Начало мудрости: приобретай мудрость и всем твоим достоянием приобретай разум».

[801] См. выше, п. 433.

[802] См. выше, п. 435.

[803] См. «Предисловие книги Зоар», п. 239.

[804] См. Зоар, главу Берешит, часть 1, п. 363. «Трое выходят благодаря одному, один находится в трех, входит между двумя, двое питают одного, и один питает многие стороны...»

[805] Писания, Иов, 26:14. «Это край Его путей, а как слышна малейшая частица Его! И гром могущества Его кто постигнет?!»

линия, называемая голосом, кто постигнет их, чтобы они назывались Его могуществом. И это смысл сказанного: «"Гремит", – не написано, а: "Всевышний величия прогремел"[731] – то есть что он гремит через сынов сильных»[802], – т.е. что раскрыл эти суды и могущество левой линии Бины. «И нет того, кто умел бы восхвалить этот голос»[802], – и нет того, кто бы постиг возвышенность этого голоса, который является средней линией, раскрывающей всё это, «это означает: "Кто постигнет?!"[730]»[802]. И это второе объяснение этого изречения: «Кто постигнет?!»[730] – что сначала это объяснение могущества левой линии Бины, а затем объяснение, что это средняя линия.

19) И это смысл сказанного верным пастырем: «Потому что в трахее содержатся три силы: пламя огня, исходящее из сердца»[806], где суды Хохмы; «воздух», т.е. руах Зеир Анпина, «входящий в него снаружи», который приходит к нему через отверстия хотэма; «третья – воды долей легкого, которые связаны с трахеей». «И из этих трех», то есть ХАГАТ, «воды́» – Хеседа, что в долях легкого, «огня» – Гвуры, восходящей из сердца, и «ветра» – Тиферет. «И каждое делится на семь» – соответственно ХАГАТ НЕХИМ, что в каждом. И это смысл сказанного: «И когда встретились пламени сердца»[807], которые являются Хохмой левой линии, что в сердце, и это суды и огонь от недостатка хасадим, и если встречаются «с дождевыми облаками, которыми являются доли легкого», и это хасадим, и облачается Хохма, что в сердце, с хасадим, что в долях легкого, «через трахею легкого», – то есть благодаря облачению Хохмы в хасадим, раскрывается Хохма в трахее легкого. И это смысл сказанного: «И с помощью него сердце понимает ... и там Хохма, являющаяся мозгом ... И от него: „Источник садов, колодезь вод живых, текущих с Леванона (לְבָנוֹן)"[808], и это белизна (лавнони́т לַבְנוֹנִית) мозга, и стекают они по трахее легкого», – потому что хасадим, являющиеся свойством белого цвета, опускаются из мозга через трахею легкого к сердцу, как мы уже объясняли. То есть: «После того как поднялись облака Бины», являющиеся судами левой линии, «к мозгу», то есть после того как поднялись облака Бины, представляющие собой суды левой линии, что в сердце, чтобы получить хасадим от мозга, и тогда

---

[806] См. выше, п. 436.
[807] См. выше, п. 437.
[808] Писания, Песнь песней, 4:15. «Источник садов, колодезь вод живых, текущих с Леванона».

стекают хасадим от мозга к ним. И это смысл сказанного: «И скрытый смысл этого: „Кто она, поднимающаяся из пустыни словно столбы дыма"[809], и это дым жертвоприношения, поднимающийся от сердца к мозгу»[810], потому что суды Хохмы, прежде чем они соединились с хасадим, называются дымом жертвоприношения, т.е. свойство облаков Бины. И этот дым поднимается к мозгу, чтобы облачиться в хасадим, что в нем. И благодаря этому восполняется Хохма, что в сердце, «когда никакие ветры в мире не могут сдвинуть его со своего места» – то есть не могут помешать его свечению.

20) И это смысл сказанного: «Хохма (חָכְמָה) – сила (кóах כֹּחַ) МА (מ"ה)»[810], потому что Хохма (חָכְמָה) – это буквы сила (кóах כֹּחַ) МА (מ"ה), что указывает на то, что она «сила (кóах כֹּחַ) – в сердце, МА (מ"ה) – в мозге». Иначе говоря, она не восполняется иначе, как с помощью этой силы (кóах כֹּחַ), то есть этих пламеней, поднимающихся от сердца к мозгу, которые являются свечением Хохмы, и от хасадим, опускающихся от мозга к сердцу, т.е. свойству МА, указывающему на хасадим, в тайне: «Что (МА) узнал ты, что понял ты?», и от этих двух восполняется Хохма, как мы уже объяснили. «Трахея – это Тиферет, она включает шесть сфирот, представляющие собой шесть ступеней к престолу, и это Има». Потому что трахея в своей совокупности является свойством Бины, в тайне: «Приобретай (кнэ קְנֵה) мудрость ... приобретай (кнэ קְנֵה) разум»[800], и включает шесть сфирот ХАГАТ НЕХИ,[811] когда ХАГАТ НЕХИ, включенные в трахею, являются шестью ступенями к престолу – Бине. «Чтобы низошла Хохма к ней от мозга к сердцу, ибо благодаря ей сердце понимает», – потому что благодаря нисхождению Хохмы из мозга, который является Хохмой правой линии, т.е. хасадим, чтобы облачить Хохму левой линии Бины, которая в сердце, раскрывается совершенство Бины в сердце, в тайне: «Сердце понимает». «И поэтому: „Приобретай (кнэ קְנֵה) мудрость (хохма) ... приобретай (кнэ קְנֵה) разум (бина)"[727], ибо по ней нисходит Аба, и по ней поднимается Аба, и это лестница», – потому что Аба, являющийся свойством Хохмы правой линии, нисходит от мозга к сердцу, и также после того, как взаимовключается с Хохмой

---

[809] Писания, Песнь песней, 3:6. «Кто она, поднимающаяся из пустыни словно столбы дыма, окуриваемая миррою и фимиамом, и всякими порошками торговца (благовониями)».
[810] См. выше, п. 438.
[811] См. выше, Обозрение Сулам, п. 18.

левой линии, что в сердце, снова поднимается через трахею в мозг. И также Има, являющаяся свойством Хохмы, что в Бине, т.е. Хохма левой линии, которая есть в сердце, поднимается через эту трахею к мозгу, чтобы облачиться в хасадим, и после того, как включилась в хасадим, она снова опускается к сердцу. И получается: «поднимаются двое», т.е. Аба ве-Има, «и спускаются двое», т.е. Аба ве-Има, как выяснилось.

21) И выяснилось выше,[812] что два управляющих служат сердцу, которое является царем, – управляющий напитками, представляющий собой две доли легкого, и управляющий пекарями, представляющий собой омасум (ицтомха), когда управляющий напитками облачает Хохму в хасадим, а управляющий пекарями облачает хасадим Хохмой. И это говорится о зивуге Зеир Анпина и Малхут для питания миров, но в зивуге для порождения душ считаются две почки управляющим пекарями, в тайне, что они облачают семя, нисходящее из мозга, для порождения душ. И это смысл сказанного: «Потому что сердце – это престол суда; четыре создания, которые являются его посланниками, – это две доли легкого и две почки»[813]. Потому что две доли легкого – это два создания, т.е. правая и левая линия Хеседа, которые являются управляющим напитками. А две почки – это два создания суда, и это управляющий пекарями, как мы уже объясняли. И они несут этот престол, которым является сердце, то есть служат ему, как уже объяснялось.

22) И выяснилось выше,[814] что в отношении келим считается, что правая линия – горячая, а левая линия – холодная. А после того как произвела действие средняя линия с экраном де-хирик, и соединила правую и левую линии друг с другом, и вышли мохин, правая линия стала холодной, а левая линия – горячей. И это то, что написано здесь: «А дух, веющий от двух долей легкого, веет на два отверстия носа (хотэм), и он холодный и остужающий слева, и теплый справа»[815], ведь из-за того, что этот дух поднимается снизу вверх, от легкого к двум отверстиям носа (хотэм), они считаются согласно

---

[812] См. выше, Обозрение Сулам, п. 10.
[813] См. выше, п. 427.
[814] См. Зоар, главу Ваэра, п. 41, со слов: «Выяснение статьи. Здесь приводятся три вида названий четырех свойств ХУБ ТУМ, представляющих собой три линии, исходящие от трех точек холам-шурук-хирик, и принимающую их Малхут...»
[815] См. выше, п. 428

свойству келим правой и левой линий, что холодный – он слева, а теплый – справа. «А со стороны мозга, который является престолом милосердия», – и этот дух передается от него сверху вниз с помощью средней линии, являющейся свойством престола милосердия, – «холодный ветер, он справа, и это Хесед, а теплый слева, и это Гвура», потому что со стороны средней линии преобразуются эти света, когда горячий – он слева, а холодный – справа. (До сих пор Обозрение Сулам).

ГЛАВА ПИНХАС

Семь небосводов

Раайа меэмана

443) «Провозгласил верный пастырь и сказал: "Ведь написано: "И уста наши (были бы наполнены) благословением как просторы небосвода"[816]. И есть семь небосводов: Вило́н (завеса), Раки́я (небосвод), Шхаки́м (небеса), Зву́ль (обитель), Мао́н (пристанище), Махо́н (основание), Араво́т (поднебесье)". И называется "Шхаким (небеса), потому что в них жернова, перемалывающие МАН для праведников", и это Есод и Малхут, называемые праведник и праведность, "в грядущем будущем"», – т.е. от наполнения Бины, которая называется «в грядущем будущем». «"И они называются Шхаким (שְׁחָקִים) по имени: "И изотри (вешаха́кта וְשָׁחַקְתָּ) его мелко", и это Нецах и Ход, о них сказано: "И небеса изольют праведность"[817], и это нижняя Шхина"», т.е. Малхут, называемая праведностью, к которой стекает наполнение от Шхаким.

444) Первый небосвод, и это Малхут, называется «"Вилон (завеса), так как на нем вводит" наполнение "вечером, и выводит", то есть передает, "на рассвете", ибо тогда время отдачи. А второй называется "Ракия (небосвод), и это Есод, и на нем светят солнце и луна, являющиеся средним столбом", т.е. Тиферет, "и нижняя Шхина", т.е. Малхут. Иначе говоря, Есод соединяет Зеир Анпин и Малхут друг с другом, и светят оба они благодаря ему. "Это смысл сказанного: "И поместил их Всесильный на своде небесном, чтобы светить над землей"[818]. И праведник", т.е. Есод, называется "знак", когда он "соединяет Нецах и Ход. И" называется "свидетельство", когда он "соединяет Тиферет и Малхут"».

---

[816] Молитва шахарит в Рош а-шана.
[817] Пророки, Йешаяу, 45:8. «Кропите, небосклоны, сверху, и небеса изольют праведность, раскроется земля, и принесут спасение, и праведность произрастет разом. Я, Творец, создал это».
[818] Тора, Берешит, 1:17. «И поместил их Всесильный на своде небесном, чтобы светить над землей».

ГЛАВА ПИНХАС

Нецах и Ход

445) «"Нецах и Ход – это две половины" одного "тела, подобно двум близнецам, и поэтому называются Шхаким (небеса), оба вместе – это вав (ו"ו) от пищевода (вешет וֶשֶׁט) с левой стороны, и они – два мелющих с правой стороны"».

Объяснение. Ибо на самом деле правая линия и левая противоречат друг другу, так как правая линия исходит от свойства холам, который представляет собой подъем Малхут в Бину и уход ГАР, а левая линия исходит из точки шурук, которая означает, что Малхут снова опустилась из Бины, и снова вышли ГАР.[819] И в таком случае отменилась правая линия, словно ее и не было, ведь Малхут снова опустилась из Бины. Однако от хазе и выше Зеир Анпина – он питается от свойства, соответствующего ему от [места] в хазе и выше Арих Анпина, где его облачают Аба ве-Има, в которых йуд (י) не выходит из воздуха (авир אויר),[820] что означает, что Малхут не опускается из Бины, и они никогда не получают воздействие левой линии, и поэтому от хазе и выше Зеир Анпина, хотя и вышла левая линия, она не отменила правую линию, поскольку она питается от высших Абы ве-Имы. Тогда как от хазе и ниже Зеир Анпина, где две эти линии, правая и левая, называются Нецах и Ход, и они питаются от свойства, соответствующего им от хазе и ниже Арих Анпина, где находятся ИШСУТ, в которых раскрывается левая линия, и йуд (י) выходит из воздуха (авир אויר), поэтому когда раскрывается левая линия, т.е. Ход, сразу же отменяется Нецах, ибо когда вернулся гадлут, разумеется, что там больше нет катнута. Но и в ИШСУТ есть паним и ахораим, когда в свойстве паним де-ИШСУТ тоже властвует правая линия и йуд (י) не выходит из воздуха (авир אויר), как в Абе ве-Име, и поэтому когда Нецах и Ход Зеир Анпина получают от ИШСУТ, есть устойчивость у правой линии также и после выхода левой линии, так как эта правая линия получает силу от правой линии де-паним ИШСУТ.

И поэтому есть в Нецахе и Ходе Зеир Анпина два состояния. Если они в состоянии ахораим, то есть получают от ахораим де-ИШСУТ, тогда отменяется Нецах вследствие выхода Хода,

---

[819] См. Зоар, главу Берешит, часть 1, п. 9. «Высшая точка, Арих Анпин, посеяла внутри чертога ИШСУТ три точки: холам, шурук, хирик...»
[820] См. Зоар, Берешит, часть 1, п. 308. «Теперь выясняется различие между зивугом высшего мира Бины и зивугом нижнего мира Бины...»

подобно гадлуту, отменяющему катнут. А если они получают от паним Ишсут, тогда правая линия остается в своей силе также и после выхода левой линии.

И это смысл сказанного им: «Нецах и Ход – это две половины тела, подобно двум близнецам», – то есть Нецах и Ход являются двумя половинками одного тела, так как правая линия – это выход катнута, а левая линия – это выход гадлута того же тела (гуф), то есть той же ступени, и в этом отношении гадлут должен был отменить катнут, но вместе с тем, обе они остаются в своей власти, как два близнеца, то есть только в состоянии паним ИШСУТ, как мы уже объясняли, «и поэтому называются Шхаким (небеса)», потому что каждый властвует сам по себе, и они воюют друг с другом и крошат друг друга, как сказано выше: «Оба вместе – это вав (ו״י) от пищевода (вешет וֶשֶׁט), с левой стороны», что в отношении ахораим ИШСУТ, а это левая линия, обе они считаются одной ступенью, потому что левая отменяет правую. И вав (ו״י) пищевода (вешет וֶשֶׁט) указывает на них. То есть эта вав (ו״י) пищевода (вешет וֶשֶׁט) удлинилась, и стал Сатан (שָׂטָן), потому что было без перемалывания.[821] «И они – два мелющих с правой стороны», поскольку в отношении состояния паним де-ИШСУТ, являющегося правой линией, есть сила также у правой стороны, т.е. Нецаха, и тогда они две разделенные ступени, которые воюют друг с другом. И это два мелющих, которые перемалывают МАН праведникам.

446) «„И взял Моше кости Йосефа с собою"[822] – т.е. кости праведника, основы (есод) мира, что является ступенью Йосефа-праведника. И о них", о Нецахе и Ходе, „сказано: „Жертву Мою, хлеб Мой, в огнепалимые жертвы Мне"[823], и нет иного хлеба (лехем לחם), кроме Торы". То есть Нецах и Ход, которые воюют (нилхамим נלחמים) друг с другом, в действии перемалывания, как уже объяснялось. И о них сказано: „Идите, ешьте хлеб мой"[824], и они", Нецах и Ход, – „это гроздья"

---

[821] См выше, п. 366.
[822] Тора, Шмот, 13:19. «И взял Моше кости Йосефа с собою, ибо (Йосеф) клятвенно наказал сынам Исраэля, говоря: „Вспомнив, помянет вас Всесильный, и вы вынесите мои кости отсюда с собою"».
[823] Тора, Бемидбар, 28:2. «Повели сынам Исраэля и скажи им: „Жертву Мою, хлеб Мой, в огнепалимые жертвы Мне, в приятное благоухание Мне, соблюдайте приносить Мне в его пору назначенную"».
[824] Писания, Притчи, 9:5. «Идите, ешьте хлеб мой и пейте вино, мною растворенное».

винограда, передаваемые через „праведника", т.е. Есод. „И этот праведник", Есод, „называется плодовым деревом, и из-за него сказано: „И понесли ее на шесте, по два"⁸²⁵. И почему „на шесте"⁸²⁵», а не сказано: «И понесли ее на древе»? «„Это потому, что не было там праведника"», называемого древом. Потому что Есод, являющийся средней линией, не соединил две грозди, т.е. Нецах и Ход, чтобы они включились друг в друга. И поэтому остались «на шесте, по два»⁸²⁵, без включения в праведника.

447) «„И из-за них", Нецаха и Хода, чтобы они не разделялись, „сказано о нем", о праведнике, т.е. Есоде: „Вовеки не даст пошатнуться праведнику"⁸²⁶, т.е. что этот Есод, „не пошатнется", соединяя Нецах и Ход, „поскольку он дерево, о котором сказано: „Есть ли на ней дерево или нет"⁸²⁷. И из-за того, что плохо говорили об этой земле, искоренили это дерево, т.е. праведника", Есод, „и привели" к тому, что „И понесли ее на шесте, по два"⁸²⁵, – что Нецах и Ход были „вав (ו) вав (ו)"», без соединения Есода, так как праведник пошатнулся из-за того, что плохо говорили о земле.

448) «„О них", о Нецахе и Ходе, „сказано", в грехе Древа познания, что Хава „выжала виноград"⁸²⁸, потому что Нецах и Ход называются гроздьями винограда,⁸²⁹ а виноград – это свойство свечения Хохмы, что в левой линии, которое нельзя притягивать сверху вниз,⁸³⁰ и это притяжение сверху вниз определяется как выжимание винограда, и в этом грех Древа познания. „Праведник, т.е. Есод, в нем тайна (сод)", потому что в Есоде (יסוד) есть буквы сод (סוד тайна), „и это вино, выдержанное в его винограде с шести дней начала творения", поскольку Есод сохраняет виноградины, являющиеся свечением Хохмы, чтобы не выжимали их, то есть, чтобы не притягивали его сверху вниз, а только снизу вверх. А шесть дней начала творения – „это

---

⁸²⁵ Тора, Бемидбар, 13:23. «И дошли они до долины Эшколь, и срезали там ветвь с одной гроздью винограда, и понесли ее на шесте, по два; и от гранатовых яблок (взяли) и от инжира».
⁸²⁶ Писания, Псалмы, 55:23. «Возложи на Творца бремя твое, и Он поддержит тебя, вовеки не даст пошатнуться праведнику».
⁸²⁷ Тора, Бемидбар, 13:20. «„И какова земля, тучна она или тоща, есть ли на ней дерево или нет; крепитесь (духом) и возьмите от плодов земли". И дни эти – дни первинок винограда».
⁸²⁸ Мидраш раба, глава Берешит, часть 19, п. 5.
⁸²⁹ См. выше, п. 446.
⁸³⁰ См. Зоар, главу Берешит, часть 1, п. 50. «Разногласие, которое было исправлено согласно высшему подобию...»

шесть ступеней" ХАГАТ НЕХИ "буквы вав (ו)", и это Тиферет, средняя линия, то есть от нее Есод получает защитную силу.[830] „И они" называются „серафимы (срафи́м שׂרפים), когда они вав (ו) вав (ו)" без единства. Как сказано: „Шесть крыльев, шесть крыльев у каждого"[831], то есть дважды вав (ו), и они называются серафимами относительно „левой линии", что в них. „И они извлекают воду от свойства правой", что в них. „И они испытывают жажду из-за пламени, что в них со стороны Гвуры", то есть, „и черпают" воду „со стороны Хеседа"».

449) «„И о них", о Нецахе и Ходе, „сказано: „Делает Он ветрами ангелов Своих"[832] – со стороны среднего столба", Зеир Анпина, иначе говоря, это ветры (рухот), исходящие от Зеир Анпина в доли легкого,[833] „веющие на сердце. И это десятая ступень в духе (руах) святости", т.е. Малхут, „которая между ними", между Нецахом и Ходом, „а он", Есод, – „вав (ו), это буква в воинстве Его, включающая шесть частей двух ног", т.е. Нецаха и Ходa, у каждой из которых есть три части, потому что это средняя линия, „о которых написано: „Ноги его – столбы мраморные (шеш שש)"[834], и это праведник, являющийся знаком союза"», включающий шесть (шеш שש) Нецаха и Ходa. И объясняет здесь имя Цваот (воинства), называемое Есодом, и это буквы знака в воинстве Его, поскольку включает шесть частей Нецаха и Ходa, то есть ХАГАТ НЕХИ.

450) «„Верхняя вав (ו)", которая в двух вав (ו"ו) с наполнением, – „это Тиферет", так как она является средней линией „между шестью частями, что в двух руках, и поэтому тело (гуф) и союз (брит), т.е. Тиферет и Есод, называются „вав (ו) вав (ו)", т.е. два вав от вав (ו"ו) с наполнением. „И мы считаем их одним. И они", Нецах и Ход, „простирающие крылья кверху"[835], соответственно верхней вав (ו), что над ними", т.е. Тиферет, „и с

---

[831] Пророки, Йешаяу, 6:2. «Пред Ним стоят серафимы; шесть крыльев, шесть крыльев у каждого: двумя прикрывает он лицо свое и двумя прикрывает он ноги свои, и двумя летает».

[832] Писания, Псалмы, 104:4. «Делает Он ветрами ангелов Своих, служителей Своих – огнем пылающим».

[833] См. выше, Обозрение Сулам, п. 3.

[834] Писания, Песнь песней, 5:15. «Ноги его – столбы мраморные, поставленные на золотых подножиях, вид его – как Леванон, юноша, как кедры».

[835] Тора, Шмот, 25:20. «И будут херувимы простирающими крылья кверху, прикрывающими своими крыльями покрытие, а лики их будут обращены друг к другу, и к покрытию будут наклонены лики херувимов».

его стороны называются" Нецах и Ход "истинными пророками", поскольку Тиферет называется истиной. „Прикрывающие своими крыльями"⁸³⁵ союз", т.е. Есод, „И это вторая вав (ו), являющаяся праведником, основой (есод) мира. И поэтому Нецах и Ход перемалывают МАН для праведников, которые со стороны праведника, основы (есод) мира, находящегося между ними", потому что праведник, Есод, это средняя линия между Нецахом и Ходом, и получает от них МАН, который они перемалывают, „и поэтому называются" Нецах и Ход „перемалывающими"».

451) «„А со стороны пищевода", для которого есть прежде перемалывание зубами, сказано: „Люди бродили и собирали"⁸³⁶, и это собрание постановлений" суда, "что в Мишне", т.е. МАН, что поднимают Исраэль вследствие занятий Торой и Мишной, и поднимается в свойство высшего пищевода,⁸³⁷ потому что бродили (шату שָׁטוּ) – это буквы вешет (וֶשֶׁט пищевод). „И мололи в жерновах"⁸³⁶. Отсюда следует, что тот, кто извлекает речения Торы" из своих уст, "должен перемолоть их зубами", то есть выяснить их как следует, „и произносить совершенные слова, и эти слова называются совершенными. А другие" слова, „которые они позорят, потому что съедают эти слова, глотая, так как не перемалывают их в своих мелющих, и зубами своими", то есть не проясняют как следует речения Торы, которые извлекают из своих уст, – „что написано о них: „Еще не было пережевано мясо меж зубами у них, как воспылал гнев Творца на народ"⁸³⁸, поскольку" они происходят „от корня того, кто сказал: „Дай же мне глотнуть"⁸³⁹, то есть от злодея Эсава. „И Нецах и Ход называются херувимами"». И поэтому изречение: «Простирающими крылья кверху»⁸³⁵ указывает на Нецах и Ход, как объяснялось в предыдущем пункте.

---

⁸³⁶ Тора, Бемидбар, 11:7-8. «Ман же был похож на семя кориандровое, а вид его, как вид хрусталя. Люди бродили и собирали, и мололи в жерновах или толкли в ступе, и варили в котле, и делали из него лепешки, и был вкус его, как вкус нежного масла».

⁸³⁷ См. выше, Обозрение Сулам, п. 7.

⁸³⁸ Тора, Бемидбар, 11:33. «Еще не было пережевано мясо меж зубами у них, как воспылал гнев Творца на народ, и поразил Творец народ ударом очень сильным».

⁸³⁹ Тора, Берешит, 25:30. «И сказал Эсав Яакову: „Дай же мне глотнуть от этого красного, красного (адом), ибо устал я". Потому нарек ему имя Эдом».

Сказала суббота: «А мне Ты не дал пары»

452) «„И их восемь" сфирот – „Хохма, Бина, Гдула (величие), Гвура, Тиферет, Малхут, Нецах, Ход. Праведник", Есод, – „венец на голове его, потому что нет у него пары. И что представляет собой венец (атара) его? Это высший Кетер. И в отношении него постановили авторы Мишны, что в будущем мире нет ни еды, ни питья, но праведники сидят и их венцы на головах их. То есть они постановили: „Сказала суббота пред Творцом: „Всем дням Ты дал пару, а мне Ты не дал пары"[840]».

Объяснение. Потому что выяснилось, что есть две Малхут, и это мифтеха и манула. Мифтеха означает – Малхут, подслащенная в Бине, и называемая венцом Есода, поскольку она часть от девяти первых сфирот, а не от самой Малхут.[841] А вторая – это манула, которая является сутью Малхут, и она была скрыта в рош Атика, и от нее в Ацилуте есть одно лишь свечение, и это тоже только в ГАР парцуфов, то есть от хазе и выше, а от хазе и ниже нет никакого воспоминания о ней.[841] Считается, что есть свойство Малхут только от хазе и выше, и это свойство «лик человека», однако от хазе и ниже, после Есода, есть там только мифтеха, то есть венец Есода, и это свойство Малхут, подслащенной в Бине, а от свойства манулы, являющегося настоящей Малхут, там нет ничего. Также известно, что Малхут манулы не включена ни в какую сфиру, потому что ее место под Есодом, а не выше его. Но Малхут мифтехи, то есть Малхут, поднявшаяся в Бину, стала нуквой в левой линии, что в каждой сфире, т.е. в Бине, в Гвуре и Ходе. Поскольку, когда эта Малхут поднялась в Бину, Бина стала нуквой для Хохмы. И также Гвура стала нуквой для Хеседа. И также Ход стал нуквой для Нецаха.

И это смысл сказанного: «И их восемь», то есть пар: «Хохма, Бина» – это одна пара, «Гдула (величие), Гвура» – вторая пара, «Тиферет, Малхут» – третья пара», то есть Малхут, что выше хазе, у которой есть свечение манула, как мы уже объясняли; «Нецах, Ход» – это четвертая пара. Однако «праведник»,

---

[840] Мидраш раба, глава Берешит, часть 11, п. 8.
[841] См. «Предисловие книги Зоар», п. 41, со слов: «И мы уже знаем, что Атик установился во втором сокращении, т.е. поднял нижнюю хэй (ח) в свои никвей эйнаим ...»

т.е. Есод, – «венец на голове его, потому что нет у него пары», поскольку супругой Есода должна быть Малхут манулы, место которой в окончании десяти сфирот, но она была скрыта и не находится там, как мы уже объясняли, а венец Есода служит вместо нее. Но «что представляет собой венец (атара) его? Это высший Кетер» – потому что это мифтеха, которая является свойством Бины, называемой высшим Кетером, и она не является супругой Есода, так как только Малхут манулы является его супругой. «И в отношении него постановили авторы Мишны, что в будущем мире», то есть Бине, «праведники сидят и их венцы на головах их». Ибо в то время, когда Зеир Анпин поднимается в Бину, являющуюся будущим миром, Малхут мифтехи становится венцом на голове его, в тайне сказанного: «Доблестная жена – венец мужу своему»[842], – таким образом, Малхут мифтехи не является супругой Есода, а его высшим Кетером. «То есть они постановили: „Сказала суббота"», то есть Есод, «„пред Творцом: „Всем дням"» – то есть всем сфирот от Хохмы до Ход, «„Ты дал пару"» – как уже объяснялось, «„а мне Ты не дал пары"[840]» – потому что парой ее является Малхут манулы, которая была скрыта, как уже объяснялось. (До сих пор Раайа меэмана).

---

[842] Писания, Притчи, 12:4. «Доблестная жена – венец мужу своему, а позорная – как гниль в костях его».

ГЛАВА ПИНХАС

Аин (ע) де-Шма (שְׁמַע), далет (ד) де эхад (אֶחָד), имя аин (ע)

453) «Провозгласил рабби Шимон и сказал: „Слушай (шма שְׁמַע), Исраэль, Творец (АВАЯ) – Всесильный наш (Элокейну), Творец (АВАЯ) один (эхад אֶחָד)!"[843] В Шма (שְׁמַע) написана большая аин (ע), далет (ד) де-эхад (אֶחָד) тоже большая. И это признак – свидетель (עֵד), то есть как написано: „Свидетель Творец у вас"[844]. Остаются буквы шин-мем (ש״מ)" от Шма (שְׁמַע), „с открытой мем (מ). Какова причина того, что это не закрытая мем (ם)?" Иначе говоря, в чем различие между открытой мем (מ) и закрытой мем (ם)? „Это потому, что закрытая мем (ם) – это высший Царь", т.е. Бина, „а открытая мем (מ)" – указывает на то, что „это нижний Царь", т.е. Малхут. И шин-мем (ש״מ) де-Шма (שְׁמַע) указывают на Малхут. „А другие буквы" от эхад (אֶחָד) „остались алеф-хэт (א״ח). „Слава Всесильного – таить дело"[845], – написано"».

Объяснение. Известно, что есть два состояния в Малхут. Первое – когда она большая, как Зеир Анпин, и она облачает левую линию Бины, и тогда она закрытая мем (ם), как Бина, то есть что перекрылись ее света.[846] И в этом состоянии называются Зеир Анпин и Малхут братом и сестрой, ибо тогда оба они – дети Бины, так как Зеир Анпин облачает правую линию Бины, а Малхут – левую линию Бины. И второе состояние – оно после того как она уменьшилась до свойства от хазе и ниже Зеир Анпина, и спустилась под ступень Зеир Анпина, и становится свойством жены Зеир Анпина, то есть становится получающей от Зеир Анпина, но света ее открылись, и она светит нижним во всем совершенстве.[847] И тогда она называется открытой мем (מ), потому что открылась из своей закрытости. И в двух словах, Шма (שְׁמַע) и эхад (אֶחָד), есть три сочетания: шем (שם), эд (עד) ах (אח). Шин-мем (ש״מ) – это Малхут,

---

[843] Тора, Дварим, 6:4. «Слушай, Исраэль, Творец – Всесильный наш, Творец один!»
[844] Пророки, Шмуэль 1, 12:5. «И сказал он им: „Свидетель Творец у вас и свидетель сегодня помазанник Его, что вы не нашли ничего за мною"».
[845] Писания, Притчи, 25:2. «Слава Всесильного – таить дело, а слава царей – исследовать дело».
[846] См. Зоар, главу Берешит, часть 1, п. 301. «„Воды застывшего моря", т.е. Малхут, „вбирают все воды мира и собирают их в себе"…»
[847] См. Зоар, главу Берешит, часть 1, пп. 110-115.

называемая «имя (שם)». Свидетель (эд עֵד) – это Зеир Анпин, как сказано: «Свидетель Творец (АВАЯ הויה)»⁸⁴⁴. Брат (ах אח) – это тоже Зеир Анпин, как написано: «Отвори мне, сестра моя»⁸⁴⁸. И разница между свидетелем и братом в том, что свидетель – это когда Зеир Анпин передает Малхут открытые мохин из высшего Эдена, а брат – это когда Зеир Анпин находится в состоянии ахораим с Малхут, то есть в первом состоянии, когда Зеир Анпин и Малхут считаются братом и сестрой. И это смысл сказанного: «В Шма (שְׁמַע) написана большая аин (ע), далет (ד) де-эхад (אֶחָד) тоже большая», что указывает на раскрытые мохин Зеир Анпина, когда Зеир Анпин называется «свидетель Творец (АВАЯ הויה)», то есть как написано: «Свидетель Творец у вас»⁸⁴⁴. «Остаются буквы шин-мем (ש"מ) с открытой мем (מ)», что указывает на Малхут, когда она во втором состоянии, и уже открылись ее света, поскольку она получает большие мохин Зеир Анпина, называемого свидетелем. Таким образом, сочетания шин-мем (ש"מ) аин-далет (ע"ד) указывают на зивуг Зеир Анпина и Малхут во втором состоянии, когда Малхут – открытая мем (מ), и это смысл слов: «Какова причина того, что это не закрытая мем (ם)?» – то есть почему эта Малхут не закрытая. И отвечает: «Закрытая мем (ם) – это высший Царь» – то есть Малхут называется закрытой мем (ם) в час, когда она облачает высшего Царя, то есть Бину, иначе говоря, в первом состоянии. «Открытая мем (מ) – это нижний Царь», т.е. когда Малхут является собственным свойством, когда она под Зеир Анпином, тогда она называется открытой мем (מ). И поскольку она здесь получает от наполнения Зеир Анпина свойство «свидетель (эд עֵד)», разумеется, она открытая мем (מ). А сочетание [букв] брат (ах אח) указывает на Зеир Анпина, что в первом состоянии Малхут, и сейчас, во втором состоянии, он остался без действия. И это смысл сказанного: «Другие буквы остались алеф-хэт (א"ח)» – иначе говоря, остались без действия, поскольку теперь уже уменьшилась Малхут, и скрылась от того, чтобы быть свойством «сестра Зеир Анпину». И это тайна: «Слава Всесильного – таить дело»⁸⁴⁵, ибо несмотря на то, что в первом состоянии были Зеир Анпин и Малхут в состоянии «два больших светила», братом и сестрой, все же это не было во славу Малхут, потому что света ее были скрыты, но

---

[848] Писания, Песнь песней, 5:2. «Я сплю, но бодрствует сердце мое. Голос! Стучится друг мой: Отвори мне, сестра моя, подруга моя, голубка моя, чистая моя, ибо голова моя росою полна, кудри мои – каплями (росы) ночной».

теперь, во втором состоянии, несмотря на то, что уменьшилась и скрылась от большой ступени, но благодаря этому открылись ее света в свойстве зивуга шем (שֵׁם имя) эд (ע״ד свидетель), и она передает всем мирам, и это «слава Всесильного (Элоким)». И все это вышло посредством «таить дело».

454) «„Обнаружил я в книге рава Амнуна Савы: „Каждый, кто соединяет это единство каждый день, уготована ему радость свыше от свойства этих букв – шин-мем (ש״מ)" де-Шма (שְׁמַע) „с этой стороны", с начала этого изречения, алеф-хэт (א״ח)" де-эхад (אֶחָד) „с той стороны", с конца изречения, „и соединяет буквы, и начинает" соединять „в обратном порядке": то есть алеф (א) от алеф-хэт (א״ח), что в конце изречения, перед шин (ש) от шин-мем (ש״מ), что в начале изречения, „а завершает прямым порядком": вначале мем (מ) де-Шма (שְׁמַע), а затем хэт (ח) де-эхад (אֶחָד). „И признак: „Возрадуюсь (эсма́х אֶשְׂמַח)", то есть присоединяется сочетание эсмах (אֶשְׂמַח). „Как написано: „Возрадуюсь я в Творце"849. Именно так. И это – в святом единстве", на которое указывают буквы эсмах эд (אֶשְׂמַח ע״ד возрадуюсь свидетель). И это красиво. И так это в книге Ханоха, который сказал подобное этому: „Что тот, кто соединяет это единство каждый день, – радость уготована ему свыше"».

455) «„Еще" следует иметь в виду в слове Шма (שְׁמַע), что „есть в нем шин-мем (ש״מ), которые включают большую аин (ע). Это семьдесят имен в свойстве святых праотцев"», то есть семьдесят два имени, что в ХАГАТ, называемые праотцами,850 основа которых – семьдесят имен, в свойстве «семьдесят членов синедриона и два свидетеля»851. «„И это тайна Шма (שְׁמַע): имя (шем שֵׁם) семидесяти (аин ע). Имя – это Малхут, включающая семьдесят имен. Исраэль АВАЯ Элокейну АВАЯ – это четыре отдела, что в тфилин", являющиеся четырьмя мохин, – Хохма, Бина, правая (сторона) Даат и левая (сторона) Даат, „которые содержит ах (אָח брат)" де-эхад (אֶחָד), – „тот, что сказал: „Отвори мне, сестра моя"848, т.е. Зеир Анпин. „Далет (ד) де-эхад (אֶחָד) – „это узел тфилин" головы, который в форме далет (ד), „которые содержит" Малхут. „И эта тайна передана

---

849 Писания, Псалмы, 104:34. «Да благоволит Он к словам моим, возрадуюсь я Творцу (досл. в Творце)».
850 См. Зоар, главу Бешалах, пп. 172-174.
851 См. Зоар, главу Бешалах, п. 163. «„И два украшения со стороны Абы ве-Имы, и это – семьдесят два имени. И мы учили, что со стороны Хеседа их семьдесят, и два свидетеля"...»

мудрецам, чтобы не раскрывать ее". Замолчал рабби Шимон. Заплакал и засмеялся. Сказал: „Скажу я" эту тайну, „ибо, безусловно, присутствует" высшее „благоволение, – ведь нет такого поколения, как это, пока не придет царь Машиах, чтобы было у них право раскрывать"».

ГЛАВА ПИНХАС

Ремни и узел тфилин руки

456) «"Два ремня выходят – с одной стороны и с другой стороны", т.е. справа и слева, "и это свойства двух бедер, что" от хазе и "ниже этого брата (ах אח)", Зеир Анпина, т.е. Нецах и Ход Зеир Анпина, "в которые включены истинные пророки. Ибо свыше", над головой, "выходят два ремня, являющиеся свойством двух рук", окружающих голову "справа и слева", т.е. Хесед и Гвура, "и далет (ד)", т.е. Малхут, "включена в них", в эти Хесед и Гвуру, в свойстве – узел тфилин головы. "А затем спускается" Малхут, "и простерлись" эти ремни, т.е. "бедра вниз, поскольку после того как она включается наверху", в далет (ד) узла тфилин "подобающим образом, она спускается вниз", к НЕХИ, "чтобы включиться в свои воинства", т.е. передать населяющим БЕА. "И когда она включается" там в НЕХИ, "включается в конец этих бедер, и запись йуд (י), святого союза", т.е. Есода, находится "над ней сверху, тогда она соединяется в полном единстве"» с Зеир Анпином.

Объяснение. Несмотря на то, что в первом состоянии Малхут пребывает в скрытии и застывании, как мы уже объясняли, и может светить только после того как будет находиться во втором состоянии,[852] вместе с тем келим второго состоянии способны получить только лишь хасадим, а не Хохму. И поэтому, для того чтобы она смогла получить также Хохму, должны пробудить вначале строение Малхут со стороны первого состояния, чтобы получить оттуда келим для получения Хохмы, а затем, для того чтобы она смогла получить света и отдавать, опускают ее во второе состояние. И это смысл сказанного: «Ибо свыше выходят два ремня» – т.е. Хесед и Гвура, что выше хазе Зеир Анпина, «и далет (ד) включена в них» – т.е. пробуждение первого состояния Малхут, где ее ступень равна ХАГАТ Зеир Анпина, когда ХАГАТ Зеир Анпина облачают правую линию Бины, а Малхут – левую линию Бины, и тогда Малхут называется далет (ד) от выражения «бедная (далá דלה) и нищая», потому что света ее застыли, и она не может передавать БЕА. Однако из этого состояния привлекают к ней совершенные келим, пригодные для получения Хохмы. И для того, чтобы она могла передавать БЕА как подобает, должны привлечь ее ко второму состоянию, т.е. уменьшить ее до свойства от хазе и ниже Зеир Анпина, и чтобы она была нижней ступенью под Есодом Зеир

---
[852] См. выше, п. 453.

Анпина, и тогда она сможет отдавать.⁸⁵² И это смысл сказанного: «После того как она включается наверху подобающим образом, она спускается вниз», – ибо после того как она стала единством выше хазе как подобает, в свойстве далет (ד) узла тфилин, чтобы привлечь к себе совершенные келим, эту Малхут притягивают ниже хазе Зеир Анпина, «чтобы включиться в свои воинства», – чтобы она могла передавать жителям БЕА, потому что в первом состоянии она была закрыта, и не могла ничего передать. И это второе ее состояние является основой ее совершенства. И это смысл сказанного: «И когда она включается в конец этих бедер, и запись йуд (י), святого союза, – над ней сверху», – то есть после того как она уменьшилась, чтобы быть ступенью под НЕХИ Зеир Анпина, и это является свойством второго состояния, «тогда она соединяется в полном единстве» – тогда она соединяется с Зеир Анпином в полном единстве. Тогда как наверху, в свойстве единства де-далет (ד) узла тфилин, указывающем на первое состояние, не были Зеир Анпин и Малхут в полном единстве, но были в состоянии ахораим друг к другу.

457) «„Йуд (י) – это свойство союза", т.е. Есод, „и каждый, кто оберегает этот союз, он спасаем наверху и спасаем внизу. Пинхас, поскольку он возревновал за этот союз, был спасен от высшего суда и от нижнего суда, и поэтому записалась эта йуд (י) внутри него", т.е. в имени его, – „это то, что написано: „Пинхас (פִּינְחָס), сын Эльазара, сын Аарона коэна"⁸⁵³».

458) «„Эта йуд (י) не должна удаляться от тфилы руки", т.е. узел тфилы руки, который в форме йуд (י), указывающей на Есод, как мы уже говорили, „чтобы не создавал разделения" между Есодом, т.е. йуд (י), и тфилой руки, т.е. Малхут. „И вся радость ее", Малхут, – „в этой йуд (י)", Есоде. „Эта йуд (י) – она в захаре, а не в нукве. Он", Есод, называется „праведник (цадиќ צַדִיק), она", Малхут, называется „праведность (цедеќ צֶדֶק)", без йуд (י), потому что йуд (י) – она в захаре, а не в некеве. „И поэтому она", йуд (י), „близка к ней", к тфиле руки, „и тот, кто отдаляет ее", йуд (י), „от этого места", от Малхут, т.е. тфилы руки, – „далек он от наслаждений мира будущего"», то

---

⁸⁵³ Тора, Бемидбар, 25:10-11. «И говорил Творец Моше так: „Пинхас, сын Эльазара, сын Аарона-коэна, отвратил гнев Мой от сынов Исраэля, возревновав ревностью Моей среди них, и не истребил Я сынов Исраэля в ревности Моей"».

есть не удостоится изобилия, исходящего от зивуга Есода и Малхут, привлекаемого из высшего Эдена, называемого будущим миром.

459) «„В захаре – это праведник (цадик צַדִּיק), а нуква – это праведность (цедек צֶדֶק), без йуд (י); он – мужчина (иш אִישׁ)", с йуд (י), „а она – женщина (ишá אִשָּׁה), без йуд (י). И поэтому ее радость – приблизиться к ней", к йуд (י), „и насладиться с ней" в зивуге. „Того, кто отдаляет это наслаждение, отдаляют его от высшего Эдена. И поэтому написано: „Ибо возносящих Меня превознесу, а бесславящие Меня посрамлены будут"[854]».

---

[854] Пророки, Шмуэль 1, 2:30. «Поэтому так говорит Творец Всесильный Исраэля: „Думал Я, что дом твой и дом отца твоего ходить будут предо Мною вовек. Но теперь, – слово Творца, – не будет этого у Меня, ибо возносящих Меня превознесу, а бесславящие Меня посрамлены будут"».

ГЛАВА ПИНХАС

И взял он копье в руку свою[855]

460) «„Смотри, Пинхас встал перед сильным судом Ицхака и спас от беды", т.е. остановил поветрие, которое исходит от суровых судов левой линии, называемых Ицхак. „Поэтому он дополнил" йуд (י) „к Пинхасу (פִּנְחָס), т.е. свойство Ицхака", чтобы был в гематрии Ицхак (יִצְחָק). „Спас от беды, как написано: „И встал Пинхас, и совершил суд, и прекратился мор"[856]. Спас от беды пред судом Ицхака, чтобы защитить Исраэль. И поэтому они включены друг в друга в счете"», иначе говоря, Пинхас (פִּנְחָס) в гематрии Ицхак (יִצְחָק).

461) «„И если скажешь: ведь счет", являющийся свойством Хохмы,[857] „зависит только от глаз ее", то есть от свечения Хохмы, что в Малхут, потому что глаза (эйнаим) – это Хохма, а Хохма не раскрывается иначе, как в Малхут, но не в другой сфире,[858] „а здесь" ты ставишь в зависимость „этот счет наверху от Ицхака", который является левой линией Зеир Анпина. И отвечает: „Но так оно и есть, безусловно", что этот счет, являющийся Хохмой, зависит от Ицхака, „потому что Ицхак зависит и нисходит в то место, которое называется эйнаим (глаза)", т.е. он нисходит к Хохме, что в Малхут, „где совершаются суды всего мира", потому что корень всех судов, что в мире, – в Хохме, „ибо эти ее глаза – это семьдесят судебных кресел, представляющих собой место судов, вершимых в мире, и называемых семьюдесятью членами синедриона". Поскольку число семьдесят (аин ע) – оно потому, что они исходят от ее глаз (эйнаим עיינין). „И поэтому все это является одним целым, так как Ицхак и они", глаза Малхут, „идут как одно целое", потому что эта Малхут строится от Ицхака, и глаза (эйнаим) ее – от него, т.е. от левой линии, и поэтому оба они являются одним целым. „И все правильно"».

---

[855] Тора, Бемидбар, 25:7-8. «И увидел Пинхас, сын Эльазара, сын Аарона-коэна, и встал он из среды общины, и взял он копье в руку свою, и вошел вслед за мужем израильтянином в шатер, и пронзил обоих, мужа израильтянина и женщину в чрево ее; и прекратилось поветрие у сынов Исраэля».

[856] Писание, Псалмы, 106:30. «И встал Пинхас, и совершил суд, и прекратился мор».

[857] См. Зоар, главу Пкудей, п. 28, со слов: «Объяснение. Светом Хохма называются света „числа" или „счёта", т.е. свойство ГАР в ней...»

[858] См. Зоар, главу Берешит, часть 1, п. 340, со слов: «И, кроме того, так же как высшая Хохма является началом (решит ראשית), так же и нижняя Хохма считается началом (решит ראשית)...»

462) «„Пинхас – это Ицхак, поскольку Пинхас встал и вел суд" Зимри и Козби, "и облачился в сильную Гвуру, являющуюся левой линией, называемую Ицхаком. И благодаря этому" действию "Пинхас удостоился правой линии", то есть удостоился священства, называемого Хесед. "Здесь левая включается в правую. „Отвратил гнев Мой"[853], – что значит: „Отвратил гнев Мой"[853]?" И отвечает: "Это три правителя, что в преисподней, называемые – губитель, гнев и ярость. Ибо Пинхас видел ту ярость, которая распространяется и исходит со стороны Ицхака. Что сделал? Облачился он в" ступень "Ицхака, который является корнем ярости, и тогда удерживал эту ярость подобно тому, кто удерживает другого и возвращает его назад"». Объяснение. Ярость – это суды захара, то есть суды, исходящие от левой линии, которой является Ицхак. И когда Исраэль прегрешили в поклонении идолам, то есть в привлечении левой линии сверху вниз, распространилась на них эта ярость, и тогда облачился Пинхас в левую линию, в Ицхака, являющегося корнем этой ярости, поэтому удерживал ее, подобно человеку, удерживающему другого, и отодвигал ее назад, как мы еще выясним.

463) «„И тогда вел суд и вершил суд. Вел суд: когда каждый, берущий себе язычницу, – ревнители наказывают его". И позволено наказывать Зимри. „И вершил суд – как написано: „И пронзил обоих"[855]. И поэтому здесь написано: „Отвратил гнев Мой"[853], а в другом месте написано: „Отвратил Он десницу Свою пред врагом"[859], как" отвратил, сказанное "там, означает – назад, так же" отвратил, сказанное "здесь, означает – назад, и поэтому йуд (י)", которая добавилась здесь, "в Пинхасе (פִּינְחָס), это йуд (י), что в Ицхаке (יִצְחָק)", которая указывает на Есод.[860] "И все это: "От сынов Исраэля (досл. над сынами Исраэля)"[853], ибо когда увидел он эту ярость, он увидел, что она опускалась на головы Исраэля"». И поэтому написано: «Отвратил гнев Мой над сынами Исраэля»[853].

Объяснение. Потому что не сказано: «Устранил гнев Мой», а: «Отвратил гнев Мой»[853], что указывает на то, что не отменил эту ярость полностью, а отодвинул ее только от свойства паним, но оставил ее в свойстве ахораим. Ибо это суровые

---

[859] Писания, Мегилат Эйха, 2:3. «В пылу гнева сразил Он всю мощь Исраэля, отвратил Он десницу Свою пред врагом; и запылал Он в среде Яакова, как огонь пламенеющий, что (все) пожирает вокруг».
[860] См. выше, п. 457.

суды, нисходящие с Хохмой, чтобы изгнать внешних и грешников, желающих притягивать от нее сверху вниз.[861] И на это приводит доказательство из Писания: «Отвратил Он десницу Свою»[859], и это ни в коем случае не означает, что устранил эту десницу, а вернул ее назад. И так же: «Отвратил гнев Мой»[853], что здесь, не означает, что устранил ярость, но вернул ее в ахораим, и там она находится, чтобы изгнать внешних и грешников. И поэтому сказано: «Над сынами Исраэля»[853], потому что только от сынов Исраэля, слитых со свойством паним, – от них отвратил он эту ярость, а не от грешников, слитых с ахораим.

---

[861] См. Зоар, главу Насо, Идра раба, п. 219.

Мем (מ) вав (ו) тав (ת) – признак ангела смерти

464) О том, что написано: «И увидел Пинхас, сын Эльазара, сын Аарона-коэна, и встал он из среды общины, и взял он копье в руку свою»⁸⁵⁵, спрашивает: «"Что увидел?" И отвечает: „Увидел мем (מ), что эта буква парила по небосводу, а эта" буква "является признаком ангела смерти, поскольку мем (מ) хочет расположиться с буквой вав (ו) и буквой тав (ת)", и будет сочетание мáвет (מות смерть). "Что сделал Пинхас? Когда облачился в Ицхака, тогда взял эту букву мем (מ) и похитил ее" у ангела смерти, "и соединил ее с собой. Как только увидел ангел смерти, что Пинхас унес эту мем (מ) с собой, сразу же возвратился назад"».

465) Спрашивает: «"В чем причина" этого? И отвечает: „Потому что, когда возревновал Пинхас в сердце своем, он облачился в Ицхака, и возвысился, чтобы быть в числовом значении рейш-хэт (ר"ח 208), ибо таково числовое значение имени его, рейш-хэт (ר"ח 208), и таково числовое значение Ицхака (יִצְחָק).⁸⁶² Когда он увидел букву мем (מ) парящей по небосводу, похитил ее и соединил с собой, и сразу же сделалось рейш-мем-хэт (רמח)", потому что эта мем (מ) соединилась с гематрией рейш-хэт (ר"ח 208), что в имени его, и образовалось сочетание рейш-мем-хэт (רמח копье). "И это смысл слов: „И взял он копье (рóмах רֹמַח) в руку свою"⁸⁵⁵».

466) «"Поскольку буква мем (מ) была первым признаком Адаму Ришону о возведении смерти над миром, потому что эта буква парит над головой человека в час, когда написано: "И взяла от плода его (мипирьё מִפִּרְיוֹ)"⁸⁶³. Мипирьё – это "буквы мем (מ) пирьё (פְּרִיוֹ плода его), и" эта мем (מ) "ждала" буквы "вав-тав (ות) в то время, о котором написано: "И ела (ватохáль וַתֹּאכַל), и дала (ватитéн וַתִּתֵּן) ... и открылись (ватипакáхна וַתִּפָּקַחְנָה)"⁸⁶³, тогда была возведена смерть над миром"».

---

⁸⁶² См. выше, п. 460.
⁸⁶³ Тора, Берешит, 3:6-7. «И увидела жена, что дерево хорошо для еды, и что оно вожделенно для глаз и желанно дерево для познания; и взяла от плода его, и ела; и дала также мужу своему вместе с собой, и он ел. И открылись глаза их обоих, и узнали, что наги они, и сшили листья смоковницы, и сделали себе опоясанья».

467) И также «„Пинхас увидел теперь эту букву мем (מ), которая парила над головами Исраэля. И как он увидел ее – он увидел форму открытой мем (מ), наполненной кровью. Когда увидел ее, сказал: „Ведь она, безусловно, является признаком ангела смерти". Тут же похитил ее, и упомянул над ней непроизносимое (досл. истолкованное) имя Творца, и опустил эту букву к себе. И то, что был" Пинхас (פִּינְחָס) в гематрии „рейш-хэт (ר"ח) 208), – соединились теперь буквы рейш-хэт (ר"ח) с мем (מ), и образовалось сочетание рейш-мем-хэт (רמח копье). Тогда: „И взял он копье (ро́мах רֹמַח) в руку свою"⁸⁵⁵. И об этом написано: „От сынов Исраэля, возревновав ревностью Моей"⁸⁵³, ибо возревновал за святое имя, которое они соединяли с другой властью. „Среди них"⁸⁵³ – что значит: „Среди них"⁸⁵³?" И отвечает: „Потому что он шел и входил между множеством масс, между множеством великих, и отдал себя смерти ради них", чтобы спасти их, поэтому написано: „Среди них"⁸⁵³. Но тайный смысл этого: „Среди них (бетоха́м בְּתוֹכָם)"⁸⁵³ – это буквы бетох мем (בְּתוֹךְ מ внутри мем), поскольку внутри мем (מ) была та ревность, которой возревновал"».

Пояснение статьи. Смысл букв мем (מ) вав (ו) тав (ת) уже подробно выяснялся.⁸⁶⁴ Что мем (מ) – это свойство захара ситры ахра, то есть суды захара, раскрывающиеся с Хохмой, а тав (ת) – это суды нуквы, то есть суды манулы, от которой наступает смерть. А вав (ו) – это Есод, соединяющий мем (מ) с тав (ת). И не было приговора смерти над миром прежде, чем совершили зивуг эти две буквы мем (מ) тав (ת) посредством вав (ו). Ибо тогда манула получила силу умерщвлять живое.

И это смысл сказанного: «Поскольку буква мем (מ) была первым признаком Адаму Ришону о возведении смерти над миром, потому что эта буква парит над головой человека в час, когда написано: „И взяла от плода его (мипирьё́ מִפִּרְיוֹ)"⁸⁶³ – мем (מ) пирьё́ (פִּרְיוֹ плода его)»⁸⁶⁵, потому что Древо познания – это свойство Малхут со стороны левой линии, а суть греха была в том, что привлек Хохму, что в ней, сверху вниз, по воле Сама и змея, которые ввели его в искушение. И когда он начал ее привлекать, сразу же раскрылись суды захара ситры ахра, и это мем (מ), которая парила над головой (рош) Адама Ришона, то есть над его ГАР, называемыми рош. И это смысл сказанного: «В

---

⁸⁶⁴ См. «Предисловие книги Зоар», пп. 212-213.
⁸⁶⁵ См. выше, п. 466.

час, когда написано: „И взяла от плода его (ми-пирьё מִפִּרְיוֹ)"³⁵³ – мем (מ) пирьё (פְּרִיוֹ плода его)», – то есть в час, когда он начал притягивать Хохму, являющуюся этим плодом, по совету змея, раскрылась эта мем (מ). Однако захар клипы еще не в силах умертвить, потому что смерть приходит со стороны тав (ת), т.е. манулы. И это означает: «И ждала вав-тав (ות)», то есть мем (מ) ждала буквы вав-тав (ות), являющиеся нуквой ситры ахра, от которой приходит смерть после того, как она совершает зивуг с мем (מ). И это смысл сказанного: «В то время, о котором написано: „И ела (ватохаль וַתֹּאכַל), и дала (ватитен וַתִּתֵּן) ... и открылись (ватипакахна וַתִּפָּקַחְנָה)"⁸⁶³, тогда была возведена смерть над миром», – так как в конце еды, т.е. в конце этого притягивания, раскрываются эти вав (ו) тав (ת), в тайне сказанного: «У входа грех лежит»⁸⁶⁶. И тогда мем (מ) произвела зивуг с вав-тав (ות), и пришла смерть в мир.

И это смысл сказанного: «Пинхас увидел теперь эту букву мем (מ), которая парила над головами Исраэля. И как он увидел ее. Он увидел форму открытой мем (מ), наполненной кровью»⁸⁶⁷, – то есть наполненную нечистой кровью, и это притягивание сверху вниз, называемое нечистой кровью, то есть из-за греха Пеора, и там он видел форму буквы мем (מ), являющуюся судами захара ситры ахра, которые ждут того, чтобы совершить зивуг с нуквой ситры ахра, т.е. вав-тав (ות), и нести смерть. «Тут же похитил ее» – то есть похитил ее у ситры ахра, и соединил ее со святостью. Потому что когда эта мем (מ) с нечистой кровью, а в ней пребывают в состоянии паним, т.е. когда есть желание притянуть ее сверху вниз несмотря на то, что она полна судов, тогда она во власти ситры ахра, и ситра ахра притягивает от нее смерть, как мы уже объясняли. Но если ставят мем (מ) и нечистую кровь, что в ней, в состояние ахораим, то есть отталкивают это притягивание из-за судов, что в ней, то она возвращается к святости, чтобы эти грешники не притягивали от нее сверху вниз.⁸⁶¹ И это смысл сказанного: «Упомянул над ней непроизносимое (досл. истолкованное) имя Творца, и опустил эту букву к себе», – средняя линия, т.е. Зеир Анпин, является истолкованным именем, то есть четырехбуквенным именем. И известно, что средняя линия уменьшает ГАР левой,

---

⁸⁶⁶ Тора, Берешит, 4:7. «Ведь если исправишься, прощен будешь, а если не исправишься, у входа грех лежит, и к тебе его влечение, – но ты властвуй над ним!»

⁸⁶⁷ См. выше, п. 467.

так как в них содержатся ситра ахра и грешники, и поэтому для того, чтобы буква мем (מ) установилась, чтобы быть оберегающей святость, он должен был сначала упомянуть над ней истолкованное имя Зеир Анпина, чтобы уменьшить ГАР левой, и тогда: «И опустил эту букву к себе» – то есть она опустилась и стала частью святости. И это смысл сказанного: «И то, что был рейш-хэт (ח"ר 208)», – то есть то, что Пинхас облачился в Хохму левой линии, то есть свойства Ицхака (יִצְחָק), который в гематрии рейш-хэт (ח"ר 208), чтобы властвовать над мем (מ),[868] «образовалось сочетание рейш-мем-хэт (רמח копье)», – он стал теперь свойством копье (ромах רֹמַח), и теми судами, что в нем, убил Зимри и Козби. И это произошло с помощью этого копья (ромах רֹמַח), и остановил мор (поветрие). И это смысл сказанного: «Ибо возревновал за святое имя, которое они соединяли с другой властью», – потому что мем (מ), которая была в руках ситры ахра, на самом деле относилась к святому имени, чтобы быть на страже за Хохму от присасывания внешних, как мы уже говорили. И это смысл сказанного: «Поскольку внутри мем (מ) была та ревность, которой возревновал», то есть возревновал за то, что эта мем (מ) – она в руках ситры ахра, как выяснилось.

И это смысл сказанного: «Как только увидел ангел смерти, что Пинхас унес эту мем (מ) с собой, сразу же возвратился назад», – иначе говоря, когда Пинхас оттолкнул эту мем (מ) назад (ле-ахор), то есть отговорил ее быть паним, то есть отменил ее притягивание, и поставил ее сзади (бе-ахор), то есть оттолкнул ее притягивание,[869] и поскольку эта буква мем (מ) является всей силой ангела смерти, то вместе с ней был отодвинут назад (ле-ахор) также и ангел смерти, то есть не мог больше действовать смертью. И это смысл сказанного: «Сразу же возвратился назад» – и поэтому прекратился мор.

468) Спрашивает: «„Какова причина, что" возревновал „мем (מ)?" И отвечает: „Потому что она – знак смерти, знак сорока (мем מ) ударов палкой, она – знак четырех смертных приговоров суда. И оттуда она поднимается и опускается, опускается и поднимается. Когда она поднимается" в числе, „она мем (מ), а когда опускается, она далет (ד). Опускается к четырем (далет ד)", т.е. четырем сторонам, распространяющимся от захара и

---

[868] См. выше, п. 464.
[869] См. выше, п. 467, со слов: «И это смысл сказанного: „Пинхас видел теперь эту букву мем (מ), которая парила над головами Исраэля..."»

некевы нечистоты, и из-за них четыре смертных приговора суда. И оттуда поднимаются к сорока (мем מ). То есть сорок (мем מ) – это знак и келим ангела смерти. И это взял Пинхас и встал внутри мем (מ), и поэтому: „И не истребил Я сынов Исраэля в ревности Моей"[853]».

Объяснение. Мем (מ) – это свойство судов захара, нисходящих с раскрытием Хохмы сверху вниз, как мы уже говорили, и эти суды еще не являются состоянием смерти, но только ударов и страданий, однако в конце тех судов пробуждается манула, являющаяся свойством смерти, как сказано: «У входа грех лежит»[866], как уже объяснялось в предыдущем пункте. И это смысл сказанного: «Мем (מ), потому что она – знак смерти», так как от нее нисходит и распространяется смерть, как сказано: «У входа грех лежит»[866]. «Она – знак сорока (мем מ) ударов палкой, она – знак четырех смертных приговоров суда», иначе говоря, в мем (מ) есть два эти свойства: свойство ударов палкой, и свойство четырех смертных приговоров, как мы уже сказали. «И оттуда она поднимается и опускается, опускается и поднимается. Когда она поднимается, она мем (מ), а когда опускается, она далет (ד)». Иначе говоря, наверху, в месте раскрытия этой мем (מ), она только удары палкой и нет в ней смерти. И это смысл сказанного: «Поднимаются к сорока (мем מ)» – т.е. когда она поднимается на свое место, она только сорок ударов палкой, но не [приговор] к смерти. Однако: «И опускается к четырем (далет ד)», ибо когда она опускается, т.е. в конце своем, вниз, раскрываются четыре смертных приговора суда, исходящих от манулы, как сказано: «У входа грех лежит»[866]. И поэтому: «То есть сорок (мем מ) – это знак и келим ангела смерти». Иначе говоря, поскольку мем (מ) опускается в конце своем, чтобы быть в свойстве четырех смертных приговоров, поэтому пользуется ею ангел смерти, чтобы нести ею смерть. «И это взял Пинхас» – эту мем (מ) из ее состояния наверху, пока она еще была там, в ситре ахра, только в свойстве сорока ударов палкой, это свойство взял Пинхас, и установил и соединил ее со святостью, как мы уже объясняли в предыдущем пункте. И это смысл сказанного: «И встал внутри мем (מ)» – то есть соединил ее со святостью, со свойством Хохмы святости, чтобы была защитой от внешних, как мы уже объясняли в предыдущем пункте. И свечение Хохмы называется вставанием. Это означает: «И встал» – то есть получил свечение Хохмы, «внутри мем (מ)» – то есть эта мем (מ) защищала ему эту Хохму вокруг от внешних. Ибо в таком виде он установил ее в святости.

469) Спрашивает: «„И как Пинхас отвратил гнев Творца, ведь написано: „И было умерших от мора двадцать четыре тысячи"[870], если бы никто из них не умер, я бы сказал: „Отвратил гнев Мой"[853], но если все эти умерли, какой смысл" говорить: „Отвратил гнев Мой … и не истребил Я сынов Исраэля"[853]?" И отвечает: „Но, конечно, выяснение этого следующее: горе человеку, портящему свое семя, горе тому, кто не оберегает свое семя как подобает", ибо все эти умерли от мора, „но, ни в коем случае, чтобы умер даже один из Исраэля. Но колено Шимона – когда пришли великий сброд, перемешались с женщинами из колена Шимона после того как обратились к вере, и породили сыновей: часть из них умерли из-за тельца, и часть из них умерли из-за мора, а другие, которые остались, умерли здесь. Это смысл сказанного: „И было умерших от мора"[870]. „Тех, что умерли от мора", – не написано, а „умерших", указывает на то, что умерли уже раньше"», ибо грешники называются мертвыми.

470) «„И поскольку были защищены Исраэль, и все это святое семя, все были сосчитаны и не было недостатка даже в одном из них. И поэтому написано: „И не истребил Я сынов Исраэля"[853] – это значит, что остальных", которые не из сынов Исраэля, „истребил. И также: „Отвратил гнев Мой от сынов Исраэля"[853]. От сынов Исраэля отвратил, но от других, представлявших собой великий сброд, не отвратил. И поэтому отмечает Писание, говоря: „От сынов Исраэля"[853]. И поэтому были исчислены сыны Исраэля, как и в начале, и соединил их Творец с Собой. Подобно этому в изготовлении тельца, как написано: „И пало из народа"[871]. Все они были из великого сброда. И чтобы показать, что они не были из сынов Исраэля, что написано затем: „И собрал Моше всё общество сынов Исраэля"[872]». Учит тому, что все они были целы.

---

[870] Тора, Бемидбар, 25:9. «И было умерших от мора двадцать четыре тысячи».
[871] Тора, Шмот, 32:28. «И сделали сыны Леви по слову Моше: и пало из народа в тот день около трех тысяч человек».
[872] Тора, Шмот, 35:1. «И собрал Моше всё общество сынов Исраэля, и сказал им: „Вот слова, которые Творец велел исполнить"».

ГЛАВА ПИНХАС

«Возьмите от вас приношение», а не от великого сброда

471) «„Возьмите от вас приношение"⁸⁷³. Сначала написано: „От каждого человека, расположенного сердцем, берите приношение Мне"⁸⁷⁴ – то есть вообще от всех", даже от великого сброда. „Когда же великий сброд сделали золотого тельца, и умерли из-за них те, кто умерли, захотел Творец успокоить народ Исраэля, сказал им: „Соберитесь все в одной стороне". Это смысл сказанного: „И собрал Моше всё общество сынов Исраэля"⁸⁷² – самих по себе, сказал им: „Сыны мои! Я хочу пребывать среди вас – Скиния Моя будет с вами". И поэтому написано: „Возьмите от вас приношение"⁸⁷³ – от вас, а не от другого, Я не хочу, чтобы у других была связь со Мной, и с вами. И поэтому весь" великий сброд „был уничтожен. Также и здесь, ведь они были от этого плохого ствола", как написано о них: „И было умерших от мора"⁸⁷⁰, и они были из великого сброда, установивших супружеские связи с коленом Шимона, как уже объяснялось. Мертвые" издавна, „конечно, мертвые", поскольку это великий сброд, называемые мертвыми даже при жизни своей, как уже объяснялось, „но не от Исраэля. И поэтому исчислил их, как написано: „Произведите поголовное исчисление (досл. вознесите голову)"⁸⁷⁵ сынов Исраэля, что означает – „поднимите их голову"».

472) «Сказал рабби Эльазар: „Отец, насколько были бы прекрасны твои слова, если бы не было над ними противоречия". Сказал ему: „Скажи, сын мой". Сказал ему: „Написано ведь: „И прилепился (ваицамéд וַיִּצָּ֣מֶד) Исраэль к Баал-Пеору"⁸⁷⁶. И мы учили, что соединились Исраэль с Баал-Пеором: как тот браслет (цамúд צָמִיד), соединенный с человеком и его украшениями, – так соединились Исраэль с Баал-Пеором"». Ведь Исраэль тоже

---

⁸⁷³ Тора, Шмот, 35:5. «Возьмите от вас приношение Творцу; каждый, побужденный сердцем своим, пусть принесет его, приношение Творцу: золото и серебро, и медь».

⁸⁷⁴ Тора, Шмот, 25:1-2. «И сказал Творец Моше, говоря: „Скажи сынам Исраэля, пусть возьмут Мне приношение; от каждого человека, расположенного сердцем, берите приношение Мне"».

⁸⁷⁵ Тора, Бемидбар, 1:2. «Произведите поголовное исчисление всей общины сынов Исраэля по семействам их, по отчим домам их, по числу имен, всех мужчин поголовно».

⁸⁷⁶ Тора, Бемидбар, 25:3. «И прилепился Исраэль к Баал-Пеору. И возгорелся гнев Творца на Исраэль».

прегрешили, а не только великий сброд. «Сказал ему: „Эльазар, это так: „И прилепился Исраэль к Баал-Пеору"⁸⁷⁶. Но ведь я не сказал, что Исраэль были чисты от этого греха, а сказал, что очистились от смерти, ибо не пребывала над ними смерть"».

473) «Сказал ему: „Но ведь написано: „Возьми всех глав народа, и повесь их"⁸⁷⁷», – значит это были Исраэль. «Сказал ему: „Глав народа (а-ам הָעָם)"⁸⁷⁷, разумеется", т.е. великого сброда, которые называются просто народом, „но не" написано: „Глав сынов Исраэля". И от „народа (а-ам הָעָם)"⁸⁷⁷ мы должны научиться"» тому, что в любом месте, где написано «народ (а-ам הָעָם)» – это великий сброд. «„Здесь написано: „Народа"⁸⁷⁷, и там написано: „И увидел народ, что медлит Моше ... и собрался народ"⁸⁷⁸, „И пало из народа"⁸⁷¹. И все эти «народ» – это великий сброд. «„Но, смотри: „И прилепился Исраэль к Баал-Пеору"⁸⁷⁶, – написано, но не поклонялись" Баал-Пеору, „что следует из конца этого изречения, где написано: „И ел народ и поклонялся"⁸⁷⁹, но не написано: „И ел и поклонялся Исраэль", а „народ", – написано. И если написано: „И прилепился Исраэль"⁸⁷⁶, что значит: „И ел народ"⁸⁷⁹», следовало написать: «И ел Исраэль»? «Но это то дурное семя", т.е. великий сброд, который брал в жены женщин Исраэля, как уже объяснялось, „были грехом Исраэля"».

474) Другое объяснение. «„То, что написано: „И прилепился Исраэль к Баал-Пеору"⁸⁷⁶. Смотри: „И прилепился Исраэль в Баал-Пеоре", – не написано, а „к Баал-Пеору"⁸⁷⁶. Это потому, что" только „украшение и силу дали Баал-Пеору, без знания, поскольку поклонение Пеору было в том, чтобы оголить ягодицы и извлечь перед собой кипящие испражнения, и это поклонение наслаждало его, и укреплялся от этого. А Исраэль, когда это видели, думали, что этим позорят его и портят его, потому что об идолопоклонстве написано: „Уйди (цэ צֵא)" – скажешь

---

⁸⁷⁷ Тора, Бемидбар, 25:4. «И сказал Творец Моше: „Возьми всех глав народа, и повесь их пред Творцом против солнца, и отвратится палящий гнев Творца от Исраэля"».

⁸⁷⁸ Тора, Шмот, 32:1. «И увидел народ, что медлит Моше спуститься с горы, и собрался народ против Аарона, и сказали ему: „Встань, сделай нам божества, которые пойдут перед нами; ибо этот муж, Моше, который вывел нас из земли Египта, – не знаем мы, что стало с ним"».

⁸⁷⁹ Тора, Бемидбар, 25:1-2. «И поселился Исраэль в Шиттиме, и начал народ блудодействовать с дочерьми Моава, и приглашали они народ к жертвам божеств своих; и ел народ и поклонялся божествам их».

этому"⁸⁸⁰», и это от слова «испражнения (цоа́ צוֹאָה)», «"и они", Исраэль, "тем, что позорили идолопоклонство, срамили себя, не зная об этом. И этих искупил Пинхас, и устранил мор" от них, "как написано: „И искупил вину сынов Исраэля"⁸⁸¹».

Раайа меэмана

475) «Сказал верный пастырь: „(Написано): "Отвратил гнев Мой"⁸⁵³. Что значит: "Отвратил гнев Мой"⁸⁵³?" И отвечает: "Но есть три правителя преисподней: один – над кровопролитием, и один – над кровосмешением, и еще один – над идолопоклонством. И они" называются "губитель, гнев и ярость. И она, ярость, – та, что парила в мире"», и о ней сказано: «Отвратил гнев Мой»⁸⁵³. «Сказал: "Отвратил гнев Мой от сынов Исраэля"⁸⁵³, но не сказал: "От народа", когда" объяснением "было бы – великий сброд. Ибо сказано: "И пало из народа в тот день около трех тысяч человек"», что означает – из великого сброда, и здесь не написано: «Отвратил гнев Мой от народа», а «от сынов Исраэля»⁸⁵³, – учит тому, что от великого сброда не отвратил этот гнев. «"Ибо так мы установили. И спрашивали великого светоча"», рабби Шимона.

476) «"И что написано: "Возьмите от вас приношение Творцу"⁸⁷³ – от вас, "а не от великого сброда, потому что не называется" Исраэль "обществом и соединением, пока не устраняется из них великий сброд; в то время, когда" великий сброд, "якобы, перемешиваются среди них, словно не были одним народом. И поэтому: "Возьмите от вас приношение"⁸⁷³, а не от участия другого", т.е. великого сброда, "ибо не хочу Я примешивать других между Мною и вами"».

477) «"И мало того, когда великий сброд примешаны в Исраэле, что написано: "Стали во главе враги его"⁸⁸². А Исраэль, после того как были устранены из них" великий сброд, – "что

---

⁸⁸⁰ Пророки, Йешаяу, 30:22. «И скверной считать будете вы покрытие из серебра твоего (для) истуканов и одеяние из золота (для) литого идола твоего; ты отбросишь их, как нечистое, "уйди" – скажешь этому».

⁸⁸¹ Тора, Бемидбар, 25:12-13. «Поэтому скажи: "Вот Я заключаю с ним Мой союз мира. И будет он ему и потомству его союзом вечного священнослужения за то, что возревновал он за Всесильного своего и искупил вину сынов Исраэля"».

⁸⁸² Писания, Мегилат Эйха, 1:5. «Стали во главе враги его, неприятели благоденствуют, ибо Творец обрек его на скорбь за многие преступления; маленькие дети его пошли в плен впереди врага».

написано: „Произведите поголовное исчисление (досл. вознесите голову) всей общины сынов Исраэля"[875]. И мало того, но сказал Творец: „Я хочу обитать вместе с вами". Это смысл сказанного: „Пусть сделают Мне Святилище, и Я буду обитать среди них"[883]».

478) «„И мало того, когда сыны Исраэля в изгнании, сказано о них: „Кто задерживает? Дрожжи в тесте"[884]. И установили ведь авторы Мишны: „В то время, когда великий сброд являются главенствующими над Исраэлем, якобы, они словно устранили власть Творца и пришли к законам идолопоклонства. И поэтому кричат, говоря: „Творец, Всесильный наш, властвовали над нами владыки, кроме Тебя"[885]».

479) «„Другое объяснение. „Пинхас..."[853] Встань великий светоч, и открой речения твои пред Шхиной". Встал великий светоч (рабби Шимон) и сказал: „В первом изложении сказано так: „Смотри, Пинхас встал перед сильным судом Ицхака, и спас от беды, то есть остановил мор, как написано: „И встал Пинхас, и совершил суд, и прекратился мор"[886]. И сделал это, „чтобы защитить Исраэль. И поэтому равны они друг другу в счете, потому что Пинхас (פִּינְחָס) – это в числовом значении Ицхак (יִצְחָק)"». И здесь нужно обновить речения.

480) «Провозгласил и сказал: „Элияу, любимец высшего Царя", т.е. Пинхас, потому что Элияу – это Пинхас, „увидел мем (מ) от смерти (מָוֶת), парящей в воздухе, похитил ее и соединил с рейш-хэт (ר"ח), так как это Ицхак (יִצְחָק), и он в числовом значении Пинхас (פִּינְחָס), и с этой мем (מ) восполнилось сочетание рейш-мем-хэт (רמ"ח). А затем он увидел вав (ו) от смерти, парящей по небосводу, и похитил ее и поместил ее в рейш-мем-хэт (רמ"ח), и восполнилось" сочетание „ромах

---

[883] Тора, Шмот, 25:8. «Пусть сделают Мне Святилище, и Я буду обитать среди них».
[884] См. Вавилонский Талмуд, трактат Брахот, лист 17:1.
[885] Пророки, Йешаяу, 26:13. «Творец, Всесильный наш, властвовали над нами владыки, кроме Тебя, только с Тобою упоминать будем имя Твое».
[886] Писание, Псалмы, 106:30. «И встал Пинхас, и совершил суд, и прекратился мор».

(רֹמַח копье). И это смысл сказанного: „И взял он копье в руку свою"887».888

481) «„И с помощью чего он может похитить эти две буквы мем-вав (מ"ו)? – С помощью двух духов, сохранявшихся для него свыше, которые участвовали в Пинхасе (פִּינְחָס), и это пнэй хас (פְּנֵי חָס лики щадящего), с помощью этих двух ликов он сжалился над Исраэлем, чтобы не исчезли из-за силы этих обоих", Зимри и Козби, „и он пронзил их обоих двумя буквами мем-вав (מ"ו). То есть", как написано: „Возревновав ревностью Моей среди них"853».

482) «„И почему" Пинхас „взаимодействовал с Ицхаком? Потому что Ицхак отдал себя смерти, и поэтому он соединился с Ицхаком, – чтобы был ему помощью. Ибо со стороны двух оленят ланей участвовали в нем Авраам и Яаков, где Авраам, ступень которого Хесед, участвовал в хас (חָס) Пинхаса (פִּינְחָס), Яаков – это пнэй (פְּנֵי) Пинхаса (פִּינְחָס), поскольку сказано о нем: „Когда он проходил Пнуэль (פְּנוּאֵל)"889, а это буквы „лик (пнэй פְּנֵי) Творца (Эль אֵל). Потому что в час, когда мир находится в беде, и есть праведник в мире, ревнующий за союз, соединяются с ним праотцы, и ради них сказал Моше в беде Исраэля: „Вспомни Авраама, Ицхака и Исраэля, рабов Твоих"890. И благодаря этим трем буквам йуд-хэй-вав (יה"ו) от Элияу (אֵלִיָּהוּ) он удостоился хэй (ה) от пророка (а-нави הַנָּבִיא), и это пророк Элияу (Элияу а-нави אֵלִיָּהוּ הֲנָבִיא), и восполнилось с его помощью йуд-хэй (י"ה) вав-хэй (ו"ה)"».

Объяснение сказанного. Ты уже узнал, что мем (מ) от смерти (мавет מָוֶת) является судами захара, приходящими с Хохмой. А вав (ו) смерти (мавет מָוֶת) – это Есод, присоединяющий манулу к мем (מ), и образуется сочетание мавет (מָוֶת смерть). Потому что смерть приходит от манулы. Однако вав (ו) смерти (мавет

---

887 Тора, Бемидбар, 25:7-8. «И увидел Пинхас, сын Эльазара, сын Аарона-коэна, и встал он из среды общины, и взял он копье в руку свою, и вошел вслед за мужем израильтянином в шатер, и пронзил обоих, мужа израильтянина и женщину в чрево ее; и прекратилось поветрие у сынов Исраэля».
888 См. выше, п. 467.
889 Тора, Берешит, 32:32. «И засияло ему солнце, когда он проходил Пнуэль, а он хромает на бедро свое».
890 Тора, Шмот, 32:13. «Вспомни Авраама, Ицхака и Исраэля, рабов Твоих, которым Ты клялся Тобою и говорил им: „Умножу ваше потомство, как звезды небесные, и всю эту землю, о которой Я сказал, дам потомству вашему, и владеть будут вечно"».

מָוֶת) тоже является свойством манулы, но она свойство судов просто нуквы, и манула в ней познается только в тав (ת). Однако сила вав (ו) действенна, чтобы пробудить тав (ת), манулу, и поэтому она является свойством Есод, чтобы соединить мем (מ) с тав (ת). И вот эту тав (ת) смерти (мавет מָוֶת) невозможно присоединить к святости, так как она – свойство Малхут, которая была скрыта. Однако мем-вав (מ"ו) относятся к исправлениям святости, потому что мем (מ), являющаяся судами захара, нужна для сохранения Хохмы,[888] а вав (ו), являющаяся судами нуквы, нужна для уменьшения ею ГАР левой линии, так как от них все жизненные силы ситры ахра.

И это смысл сказанного: «Увидел мем (מֵם) от смерти (мавет מָוֶת), парящей в воздухе, похитил ее и соединил с рейш-хэт (ר"ח), и это Ицхак (יִצְחָק)»[891], потому что рейш-хэт (ר"ח 208) – это числовое значение Ицхак (יִצְחָק), который указывает на Хохму, что в левой линии, и он соединил с ней мем (מ) для того, чтобы сохранить рейш-хэт (ר"ח), то есть Хохму, от внешних и грешников, как мы уже говорили. «И ею восполнилось сочетание рейш-мем-хэт (רמ"ח)», потому что рейш-хэт (ר"ח 208) с мем (מ) – это рейш-мем-хэт (רמ"ח 248). «А затем он увидел вав (ו) от смерти (мавет מָוֶת)» – и это суды нуквы, уменьшающие ГАР Хохмы левой линии, которая является всей жизненной силой внешних, как мы уже сказали, «и восполнилось рóмах (רוּמָה копье)» – и этим копьем он пронзил Зимри и Козби, ибо забрал все их жизненные силы, т.е. ГАР левой линии, к которой прилепляются ситра ахра, и от нее они живут. И это смысл сказанного: «И с помощью чего он может похитить эти две буквы?»[892], то есть спрашивает: с помощью какой силы их основа от ситры ахра, то есть от сочетания (букв) мем-вав-тав (мавет מָוֶת), произведших мор, – а он вернул их к святости? И отвечает: «С помощью двух духов, сохранявшихся для него свыше, которые участвовали в Пинхасе (פִּינְחָס), и это пнэй хас (פְּנֵי חָס лики щадящего)», где пнэй (פְּנֵי лики) – это дух (руах) средней линии, который похитил мем (מ) и вернул ее назад (ле-ахор) посредством того, что вернул мохин де-паним, и это свойство «пнэй (פְּנֵי)», а вав (ו) была похищена с помощью хас (חָס), являющегося свойством правой линии, куда включились суды нуквы, что в этой вав (ו), чтобы увеличить силу этой правой линии над левой, поскольку эта вав (ו) уменьшает ГАР левой линии. И это смысл сказанного:

---

[891] См. выше, п. 480.
[892] См. выше, п. 481.

«С помощью этих двух ликов он сжалился над Исраэлем, чтобы не исчезли», – то есть с помощью этих двух линий, правой и средней, которые притянули и соединили эти мем-вав (מ"ו) с рейш-хэт (ר"ח). И это смысл сказанного: «Из-за силы этих обоих». Потому что обе эти силы нужны: мем (מ) нужна для сохранения, а вав (ו) нужна для уменьшения ГАР левой линии, чтобы они больше не увеличивались.

И это смысл сказанного: «И почему взаимодействовал с Ицхаком?»[893] И отвечает: «Потому что Ицхак отдал себя смерти» – то есть был связан на жертвеннике, где уменьшился ГАР его левой линии,[894] и он достиг ВАК Хохмы, т.е. свойства мохин де-паним, «и поэтому он соединился с Ицхаком, – чтобы был ему помощью». Потому что он должен был облачиться в ВАК Хохмы, и это рейш-хэт (ר"ח) де-ромах (רוֹמַח копья). «Ибо со стороны двух оленят ланей» – и это суды захара и суды нуквы, властвующие в лани, т.е. в Малхут,[895] «участвовали в нем Авраам и Яаков» – то есть правая линия и средняя, как мы уже выяснили. «Где Авраам, ступень которого Хесед, участвовал в хас (חָס) Пинхаса (פִּינְחָס)», – и он тот, кто похитил вав (ו) смерти (мавет מָוֶת), как мы объясняли, «Яаков – это пнэй (פְּנֵי) Пинхаса (פִּינְחָס)», – и он тот, кто похитил мем (מ) смерти (мавет מָוֶת), как уже объяснялось. И получается, что благодаря тому, что все три линии облачились в Пинхаса, потому что пнэй хас (חָס) – это Авраам и Яаков, а числовое значение рейш-хэт (ר"ח), что в имени его, – это Ицхак (יִצְחָק). И это смысл сказанного: «Потому что в час, когда мир находится в беде, и есть праведник в мире, ревнующий за союз, соединяются с ним праотцы», т.е. три праотца, являющиеся тремя линиями, которые облачились в Пинхаса, возревновавшего за союз. И эти три линии – это тайна трех букв йуд-хэй-вав (יה"ו) де АВАЯ (הויה), передающих наполнение последней хэй (ה) де-АВАЯ (הויה), которой завершается имя АВАЯ (הויה). И это смысл сказанного: «И благодаря этим трем буквам йуд-хэй-вав (יה"ו) от Элияу (אֵלִיָּהוּ)», поскольку Элияу – это Пинхас, он тоже удостоился трех линий, т.е. йуд-хэй-вав (יה"ו), поскольку соединился с именем Элияу, «он удостоился хэй (ה) от пророка (а-нави́ הַנָּבִיא)» – тоже удостоился последней хэй (ה) де-АВАЯ (הויה), и присоединяют эту хэй

---

[893] См. выше, п. 482.
[894] См. Зоар, главу Ваикра, п. 304. «„В этот день увенчивается Ицхак", Гвура и левая линия...»
[895] См. Зоар, главу Мецора, пп. 61-62.

(ה) пророка (а-нави́ (הַנָּבִיא) к Элияу (אֵלִיָּהוּ), «и это пророк Элияу (Элияу а-нави אֵלִיָּהוּ הֹ׳, נָבִיא), и восполнилось с его помощью АВАЯ (הויה)», и восполнился в имени йуд-хэй (י״ה) вав-хэй (ו״ה).

ГЛАВА ПИНХАС

Йуд (י), которой удостоился Пинхас – это йуд (י) де-Шадай (שַׁדַּי)

483) «"Йуд (י), которой удостоился Пинхас", когда Пинхас (פִּינְחָס) в полном написании, с йуд (י), – "это потому, что возревновал за союз, удостоился этого союза", так как дополнительная к нему йуд (י) указывает на союз. "И это два йуд (י): высшая йуд (י) – от АВАЯ (הויה), посредством которой заключил для Авраама союз между десятью пальцами рук; и малая йуд (י) – она от Адни (אדני), с помощью которой заключил союз между десятью пальцами ног. И она является святой буквой, которая украшается высшей записью (решимо)"».

Объяснение. Знак союза включает два действия, обрезание и подворачивание, означающие – обрезание крайней плоти и притягивание мохин. И это свойство йуд (י), которой удостоился Пинхас (פִּינְחָס). И объясняет: «И это два йуд (י)» – поскольку так же, как есть знак союза внизу, в атаре Есода, который является свойством средней линии, так же есть знак союза наверху, в ГАР, в свойстве Даат, являющемся средней линией. То есть в экране де-хирик, что в нем, уменьшающем ГАР левой линии, и это свойство обрезание (милá), и соединяющем левую линию с правой, и раскрываются мохин де-ХАБАД, и это йуд-хэй (י"ה). И это подворачивание (приá פריעה), то есть буквы парá (פרע раскрыл) йуд-хэй (י"ה). И это смысл сказанного: «Высшая йуд (י) – от АВАЯ (הויה), посредством которой заключил для Авраама союз между десятью пальцами рук». И это тайна союза языка (брит а-лашóн ברית הלשון), т.е. Даат. Потому что руки – это Хохма и Бина, в тайне: «Вознесите ваши руки к святости»[896], а язык (лашóн לשון) – это свойство Даат, т.е. средняя линия, в которой экран де-хирик, и это тайна знака союза, и это свойство йуд (י) де-АВАЯ (הויה), т.е. высшая Хохма. «Малая йуд (י) – она от Адни (אדני), с помощью которой заключил союз между десятью пальцами ног», – то есть атара (венец) Есода, который является средней линией раглин (ног), т.е. Нецаха и Хода. И вследствие обрезания (мила מילה) и подворачивания (приá פריעה), раскрывается в нем нижняя Хохма для Малхут. «И она является святой буквой, которая украшается высшей записью», –

---

[896] Писания, Псалмы, 134:2. «Вознесите ваши руки к святости и благословите Творца».

то есть это венец (атара́), венчающийся на высшем Есоде, т.е. Есоде Зеир Анпина.

484) «"И эта" малая йуд (י) "всегда записывается для мира", иначе говоря, она записывается на всех ступенях мохин, когда без нее не раскрывается никакая ступень, "она – знак субботы, знак тфилин, знак праздников, знак де-Шадай (שׁדי), записываемая "на косяках дома твоего и на вратах твоих"[897], и это йуд (י) де-Шадай (שׁדי). "И будут Исраэль записаны в ней, в ремешках их", т.е. в узле тфилин руки, который в виде йуд (י), "и в их союзе", т.е. обрезании, и будут они записаны в ней, "так как они – сыны Малхут, сыны чертога святого Царя", и это Малхут, называемая чертогом. То есть, что они получат мохин нижней Хохмы, которые исходят от этой Малхут. И удостаиваются этого благодаря соблюдению союза. "И в" занятиях "Торой они записаны в высшей букве йуд (י)" де-АВАЯ (הויה), т.е. удостаиваются высшей Хохмы, поскольку они сыны высшего Царя, как мы объясняли. И вот сказано: "Сыны вы Творцу (АВАЯ) Всесильному вашему"[898]», то есть в том смысле, что они получают от йуд (י) де-АВАЯ (הויה), и она от Зеир Анпина, называемого АВАЯ.

485) «"И буква йуд (י) от Шадай (שׁדי)", являющаяся знаком союза, – "это звено от цепочки на шее демона, т.е. злого начала", потому что Шадай (שׁדי) – это буквы шед (שד демон) йуд (י), "чтобы не навредил человеку. И о нем сказал Давид: "Спаси от меча душу мою, от пса – единственную мою"[899]. Потому что злое начало – "это змей, это пес, это лев, о котором сказал Давид: "В засаде, в потаенном месте, как лев в укрытии подстерегает"[900]. А пророк назвал его медведем, как написано: "Как медведь, подстерегает меня, как лев в засаде"[901]. И это "в качестве примера животного, т.е. всех хищных зверей, которые раздирают.

---

[897] Тора, Дварим, 11:18-20. «И возложите эти речи Мои на сердце ваше и на душу вашу, и повяжите их в знак на руку вашу, и будут они налобной повязкой меж глаз ваших. И учите им ваших сыновей говорить о них, сидя в доме твоем и идя дорогой, и ложась, и вставая. И напиши их на косяках дома твоего и на вратах твоих».

[898] Тора, Дварим, 14:1. «Сыны вы Творцу Всесильному вашему. Не делайте на себе надрезов и не делайте плеши меж ваших глаз по умершему».

[899] Писания, Псалмы, 22:21. «Спаси от меча душу мою, от пса – единственную мою».

[900] Писания, Псалмы, 10:9. «В засаде, в потаенном месте, как лев в укрытии подстерегает, чтобы схватить несчастного, поймать в сеть».

[901] Писания, Мегилат Эйха, 3:10. «Как медведь, подстерегает меня, как лев в засаде».

И это в качестве примера любого человека, согласно его прегрешениям", т.е. соответственно греху, так он и называется, львом или медведем и т.д. „И это уже выяснялось"».

486) «„И этот", злое начало, – „он пес и змей, и ревущий осел, когда сажают на него верхом душу, и сразу же, когда становится известно, что этот наездник, который сидит на нем верхом, он грешник, написано о нем: „И падет всадник его навзничь"[902]. И тайна этого: „Ибо упадет падающий с него"[903]. И поэтому сказал Иов: „Не падаю я с вас"[904]. И праведник, который восседает на нем, связывает его узлом ремней тфилин. Знак тфилин, то есть буква йуд (י) де-Шадай (שַׁדַּי), – это кольцо (звено цепи) на шее его. Шин (ש) тфилин – это цепь на шее его"».

487) «„И на нем восседал Элияу и вознесся на небо, как написано: „И вознесся Элияу с вихрем в небо"[905]. И на нем: „И отвечал Творец Иову из бури"[906]. И поэтому постановили мудрецы Мишны о нем: „Кто называется сильным? Покоряющий свое злое начало"[907]. И есть тот, кому оно становится ослом, который не делает бед своему всаднику. И это те, что прикладывают усилия в легком и тяжелом (каль ва-хо́мер). И поэтому сказано об Аврааме: „И встал Авраам рано утром, и оседлал своего осла"[908], и поэтому сказано о Машиахе: „Беден и восседает на осле"[909]».

---

[902] Тора, Берешит, 49:17. «Будет Дан змеем на дороге, аспидом на пути, который язвит ногу коня, и падет всадник его навзничь».

[903] Тора, Дварим, 22:8. «Когда будешь строить новый дом, то сделай ограду для крыши твоей, чтобы не навести тебе крови на дом твой, ибо упадет падающий с него».

[904] Писания, Иов, 12:3. «И у меня сердце как у вас, не упал я ниже вас (досл. не падаю я с вас), и у кого нет, как у этих».

[905] Пророки, Мелахим 2, 2:11. «И было, когда они шли, идя и разговаривая, вот, (появилась) колесница огненная и кони огненные, и отделили они их одного от другого; и вознесся Элияу с вихрем в небо».

[906] Писания, Иов, 38:1-2. «И отвечал Творец Иову из бури и сказал: „Кто это омрачает мысль неразумными словами?"»

[907] Мишна, раздел Незикин, трактат Авот, часть 4, мишна (закон) 1.

[908] Тора, Берешит, 22:3. «И встал Авраам рано утром, и оседлал своего осла, и взял с собой двух отроков своих и сына своего Ицхака, и наколол дров для жертвы всесожжения, и встал, и пошел на место, о котором сказал ему Всесильный».

[909] Пророки, Зехария, 9:9. «Возликуй, дом Циона, кричи от радости, дочь Йерушалаима: вот царь твой придет к тебе, праведник и спасенный он, беден и восседает на осле и на осленке, сыне ослиц».

Пояснение сказанного. Ибо злое начало получает силу вредить и уводить человека с левой линии. И грешник из-за своего греха увеличивает силу левой линии над правой так, что падает вследствие этого во власть злого начала, называемого многими именами согласно серьезности греха человека. И это смысл сказанного: «Это змей, это пес, это лев ... в качестве примера любого человека, согласно его прегрешениям»[910], ибо согласно виду греха, которым оно заставляет прегрешить человека, так оно и называется. И это смысл сказанного: «И буква йуд (י) от Шадай (שַׁדַּי) – это звено от цепочки на шее демона, т.е. злого начала», потому что йуд (י) де-Шадай (שַׁדַּי) – это знак союза, т.е. средняя линия, в которой экран де-хирик, уменьшающий ГАР левой линии, являющихся всей силой злого начала, а праведник, оберегающий, связывает его, чтобы не могло ввести его в грех. И это подобно тому, как сбрасывает звено с цепочки на шее его, и властвует над ним. «Шин (ש) тфилин – это цепь на шее его», что указывает на три линии.

И это смысл сказанного: «И этот – он пес и змей, и ревущий осел, когда сажают на него верхом душу»[911], потому что каждому человеку дается злое начало, чтобы подчинил его себе и восседал на нем верхом. И все совершенство приходит вследствие злого начала, если он одолевает его, как сказали мудрецы: «Всем сердцем своим (досл. сердцами своими)»[912] – двумя своими началами, добрым началом и злым началом. Таким образом, если удостаивается и восседает на злом начале, он удостаивается всего. И это смысл сказанного: «И на нем восседал Элияу и вознесся на небо, как написано: „И вознесся Элияу с вихрем в небо"»[913], потому что этот вихрь – это злое начало, которое он покорил и воссел на него верхом, и удостоился вознестись на небо. И также: «И отвечал Творец Иову из бури»[906] – потому что удостоился покорить эту бурю. «И поэтому постановили мудрецы Мишны о нем: „Кто называется сильным? Покоряющий свое злое начало"[907]» – потому что, если он покоряет его, удостаивается всего вышеназванного совершенства. «И есть тот, кому оно становится ослом, который не делает бед своему всаднику», – то есть тому, кто

---

[910] См. выше, п. 485.
[911] См. выше, п. 486.
[912] Тора, Дварим, 6:5. «И возлюби Творца Всесильного твоего всем сердцем своим, и всей душой своею, и всем существом своим».
[913] См. выше, п. 487.

удостаивается покорить его в определенной мере, становится для него это злое начало ослом, на котором он восседает, и это злое начало больше никогда не приносит ему бед. «И это те, что прикладывают усилия в легком и тяжелом (каль ва-хомер)», то есть выполняют легкие (кало́т קלות) заповеди как трудные (хаму́рот חמורות). И тогда злое начало становится для них ослом (хамо́р חמור). Потому что ва-хо́мер (וחומר) – это буквы хамор (חמור). «И поэтому сказано об Аврааме: „И встал Авраам рано утром, и оседлал своего осла"[908], и поэтому сказано о Машиахе: „Беден и восседает на осле"[909]», – потому что они удостоились покорить злое начало, пока оно не стало для них ослом, чтобы восседать на нем, дабы привести их к совершенству.

488) «„И поэтому йуд (י) от Шадай (שַׁדַּי)", т.е. знак союза, „и это звено от цепи", т.е. экран, что в средней линии, „его боятся все демоны и вредители", так как он уменьшает ГАР левой линии, являющийся всех их жизненной силой, „и сразу, как только видят йуд (י) де-Шадай (שַׁדַּי) на мезузах врат, они бегут, потому что о ней", о йуд (י) де-Шадай (שַׁדַּי), „сказано: „Чтобы заковать их царей в оковы, а знать их – в железные цепи"[914]. Тем более", когда они бегут, „когда видят ее в букве тфилин, что на этих руках", то есть в узле тфилы руки. „И о записанных в нем, в знаке союза на их плоти", сказано: „Но чужой, который приблизится, предан будет смерти"[915], то есть злое начало, называемое чужим, будет предано смерти, „ибо нет другого чужого, кроме злого начала, подобного всем хищным зверям и птицам"», как уже объяснялось.

489) «„И поэтому: „Вспомни же, кто тот невинный, что погиб"[916], – это Пинхас, который возревновал за союз", потому что невинный (наки́ נקי) – это буквы ревностный (кени́ קני), „и записано было о нем, что он – сын Царя и Царицы. Ибо когда возревновал мысленно, удостоился буквы йуд (י) де-АВАЯ (הויה)", т.е. высшей Хохмы, и стал сыном Царя. „А когда возревновал в действии, удостоился буквы йуд (י) от Адни (אדני)", которая является нижней Хохмой, и стал сыном Царицы. „И это

---

[914] Писания, Псалмы, 149:8. «Чтобы заковать их царей в оковы, а знать их – в железные цепи».

[915] Тора, Бемидбар, 1:51. «И при выдвижении Скинии пусть собирают ее левиты; и при остановках Скинии пусть возводят ее левиты; но чужой, который приблизится, предан будет смерти».

[916] Писания, Иов, 4:7. «Вспомни же, кто тот невинный, что погиб, и где справедливые уничтожены были».

Хохма в начале", сочетание АВАЯАДНИ (יְאֲהֲדֹוָנָהִ"י), являющееся йуд (י) де-АВАЯ (הויה), „и Хохма в конце", сочетание АВАЯАДНИ (יְאֲהֲדֹוָנָהִ"י), являющееся йуд (י) де Адни (אדני). „И поскольку Адам Ришон был записан в двух" этих йуд (י), „постановили о нем мудрецы, что он первый в мысли и последний в действии", потому что АВАЯ (הויה) – это свойство мысли, а Адни (אדני) – это свойство действия. „Пока произносил эти речи, он исчез от них. Сказал рабби Эльазар: „Счастлива наша доля, что удостоились мы услышать речи от обитателей мира будущего"».

490) «„И в первом изложении" сказал: „Поэтому скажи"[917], то есть, что Творец сказал Моше: „Клянусь тебе, если есть у тебя желание"», – сказать ему: «Вот я заключаю с ним мой союз мира», «„а если нет" у тебя желания сказать ему, – „скажи". Так сказал „рабби Пинхас бен Яир"». Ибо «поэтому»[917] – это язык клятвы. «Подошла эта тень и ударила по глазам рабби Абы, и сказала ему: „Разве не было известно Творцу, есть у него желание сказать ему или нет"», настолько, что должен был сказать ему о сомнении: так или иначе, скажи? «Сказал ему: „Если открыто Творцу, кто скажет, что открыто другим? И поэтому" сказал ему так: „Поэтому скажи"», – относительно других.[918]

---

[917] Тора, Бемидбар, 25:12. «Поэтому скажи: „Вот я заключаю с ним мой союз мира"».
[918] См. выше, пп. 131-132.

Исраэль – органы Шхины

491) «„И еще сказано в первом изложении: „Руководителю (досл. победителю). На шушан-эдут (досл. роза свидетельства). Михтам Давиду"[919]. Знак показали Давиду" посредством розы, что он победит в войне, „когда он послал Йоава в Арам-Наараим и в Арам-Цову вести с ними войну".[920] Сказал верный пастырь: „Роза свидетельства (шушан-эдут) – это свидетельство Шхины, и она" называется „роза свидетельства, поскольку является свидетельством того, что стоит над нами, и свидетельствует о нас пред Царем, и высшие святые ступени с ней, и она – святая помощь" нам „в" вознесении „благословений"». Поэтому называется розой свидетельства (шушан-эдут). «Сказал верный пастырь: „(Она называется) розой свидетельства, потому что" Шхина – „она свидетельство об Исраэле, что они – ее органы, а она – душа над ними. Она – помощь с неба, о которой написано: „То Ты услышь с неба"[921], – это святая помощь, о которой сказано: „Брайта тебе поможет"[922]», потому что Шхина называется Брайтой.

492) «„Прочно жилище твое, и строй в скале твое гнездо"[923]. „Прочно (эйта́н אֵיתָן)" – это буквы „Брайта (та́ния תַּנְיָא)", т.е. Мишна и Брайта. „Ибо там", в Мишне и Брайте, – „это гнездо высшего орла, т.е. Шхины, и о ней сказано: „Как орел пробудит свое гнездо, над птенцами своими воспарит"[924], так они – разница алахот и мишнайот, называемые птенцами. „И любая речь, исходящая из уст этой Брайты", то есть из разницы этих законов (мишнайот), „которые извлек, как для имени АВАЯ (הויה), так и в Торе, и также в молитве, и также в благословении, и

---

[919] Писания, Псалмы, 60:1-2. «Руководителю. На шушан-эдут. Михтам Давиду, для поучения. Когда воевал он с Арам-Наараим и с Арам-Цовой, и возвратился Йоав, и поразил двенадцать тысяч из Эдома в Гэй Мэлах».

[920] См. выше, п. 383.

[921] Пророки, Мелахим 1, 8:31-32. «Когда согрешит человек пред ближним своим, и потребует (тот) от него клятвы, чтобы заклинать его, и придет он (для) клятвы пред жертвенник Твой в этот дом, то Ты услышь с неба и рассуди рабов Твоих, обвиняя виновного, возлагая пути (проступки) его на голову его, и оправдывая правого, воздавая ему по правде его».

[922] См. Вавилонский Талмуд, трактат Ирувин, лист 20:1.

[923] Тора, Бемидбар, 24:21. «И увидел он Кени, и изрек он притчу свою, и сказал: „Прочно жилище твое, и строй в скале твое гнездо"».

[924] Тора, Дварим, 32:11. «Как орел пробудит свое гнездо, над птенцами своими воспарит, прострет крылья свои, возьмет его, понесет его на своем крыле».

также в любой заповеди, что написано о ней: „Прострет крылья свои"⁹²⁴, – тот самый орел, который является речью", т.е. Шхина, называемая речью, „в которой АВАЯ (הויה)", то есть Зеир Анпин, являющийся голосом, этот орел «прострет крылья свои»⁹²⁴.

493) «„Возьмет его, понесет его на своем крыле"⁹²⁴. Спрашивает: „Что значит: „На своем крыле"⁹²⁴?" И отвечает: „То есть на том органе человека, с помощью которого он выполнил заповедь Творца (АВАЯ), называемом крылом Шхины. И поэтому: „Понесет его на своем крыле". „Понесет"⁹²⁴ означает – „как: „Да обратит (досл. принесет) Творец лик Свой к тебе"⁹²⁵».

494) «„А что значит: „И строй в скале твое гнездо"⁹²³? Но Давид сказал" о Шхине: „Творец – скала моя и крепость моя"⁹²⁶. Точно также и мудрец", т.е. изучающий Мишну, „у которого есть закон прочный, как скала, которую не может расколоть молот всеми противоречиями в мире, в ней гнездится этот орел", то есть Шхина, „а все условия называются ее гнездами", Шхины. „И поэтому: „Если попадется тебе птичье гнездо"⁹²⁷, и это Шхина, называемая птицей, „то есть случайным образом, однажды, подобно гостю, и как приходящий на постоялый двор, поскольку оказался в данный момент на постоялом дворе"».

495) «„А есть" мудрецы, то есть изучающие Мишну, „которые в своей Мишне" – постоянная „обитель для Шхины. Это смысл сказанного: „И пусть соблюдают сыны Исраэля субботу, чтобы сделать субботу в своих поколениях союзом вечным"⁹²⁸. В своих поколениях (ле-дорота́м לְדֹרֹתָם) отсутствуют буквы, и это от слова обитель (дира́ דִּירָה). А есть авторы Мишны, Тора которых является их ремеслом, от которых Шхина не отходит во все дни их. Но в этих", о которых говорит Писание: „Если

---

⁹²⁵ Тора, Бемидбар, 6:26. «Да обратит Творец лик Свой к тебе и установит для тебя мир».

⁹²⁶ Пророки, Шмуэль 2, 22:1-2. «И произнес Давид Творцу слова песни этой в день, когда спас Творец его от рук всех врагов его и от руки Шаула; и сказал: „Творец – скала моя и крепость моя, и спаситель мой"».

⁹²⁷ Тора, Дварим, 22:6-7. «Если попадется тебе птичье гнездо на дороге, на каком-либо дереве или на земле, птенцы или яйца, и мать сидит на птенцах или на яйцах, то не бери матери, (которая) над детьми. Отсылая, отошли мать, а детей возьми себе, чтобы было хорошо тебе, и продлились дни твои».

⁹²⁸ Тора, Шмот, 31:16. «И пусть соблюдают сыны Исраэля субботу, чтобы сделать субботу в своих поколениях союзом вечным».

попадется тебе птичье гнездо"⁹²⁷, в них Шхина случайным образом – иногда пребывает над ними и находится с ними, а иногда с ними не находится"».

496) «„И скрытый смысл этого: иногда, когда находится с ними" Шхина, сказано: „Не бери матери"⁹²⁷, но он не отсылает мать, которой является Шхина, „а иногда, когда не находится с ними", сказано: „Отсылая, отошли мать"⁹²⁷, потому что он не достоин находиться с ней. „Птенцы"⁹²⁷ – это авторы Мишны, „или яйца"⁹²⁷ – это авторы Микры. О тех, кто не учат постоянно, сказано: „Отсылая, отошли мать"⁹²⁷, но о тех, кто учат постоянно", сказано: „Не бери матери над детьми"⁹²⁷, однако он не отсылает ее. „А есть авторы законов, которые подобны звездам. И это смысл сказанного: „И ведущие многих путем справедливости – как звезды, во веки веков"⁹²⁹. И они не как звезды, о которых сказано: „И все воинство их поблекнет"⁹³⁰, а как эти звезды будущего мира, которые стоят всегда, во веки веков"». И поэтому сказано: «Как звезды, во веки веков»⁹²⁹.

---

⁹²⁹ Писания, Даниэль, 12:3. «А мудрые будут сиять как сияют небеса, и ведущие многих путем справедливости – как звезды, во веки веков».
⁹³⁰ Пророки, Йешаяу, 34:4. «И истлеет все воинство небесное, и свернутся, как свиток книжный, небеса, и все воинство их поблекнет, как блекнет лист с виноградной лозы и как увядший (лист) со смоковницы».

ГЛАВА ПИНХАС

Сделаем Адама в образе Нашем, по подобию Нашему

497) «„И сказал Всесильный: „Сделаем Адама""[931] – после того как каждый мастер завершил свою работу, сказал им Творец: „Одно ремесло Мне осталось выполнить, чтобы в нем было участие всех нас. Соединитесь все вместе, чтобы с помощью этого каждый выполнил свою часть, а Я буду взаимодействовать с вами, давая ему от Моей части". То есть, как написано: „Сделаем Адама в образе Нашем, по подобию Нашему"[931]. И постановили мудрецы, что нет другого Адама, кроме Исраэля. Это смысл сказанного: „И вы – овцы Мои, овцы паствы Моей, вы – человек (адам)"[932], вы – человек, а не идолопоклонники, и поэтому: „Возрадуется Исраэль с создающими его"[933]».

498) «Сказал великий светоч (рабби Шимон): „Разумеется, тот мудрец, который скрылся в скале этого змея, сказал это. Ведь написано о нем: „Прочно (досл. могуче) жилище твое, и строй в скале твое гнездо"[923]. Потому что три праотца называются могучими, а четвертый", т.е. Моше, – „могуче жилище твое"[923], поскольку в нем поселяется закон (алахá)", т.е. Шхина, „о которой сказано: „Учение Моше с Синая". И он распространяется на шестьдесят десятков тысяч (рибо) Исраэля, и он светит им Торой, как солнце, которое укрывается ночью и светит всем звездам и созвездиям". Так Моше – если бы он не скрывался в этой скале, не мог бы светить Исраэлю. „И нет иной ночи, кроме изгнания, и это: „Страж, что же с ночью? Страж, что же с ночью?"[934], что указывает на изгнание, и тогда Моше скрывается в скале. „И раскрывается днем", во время избавления, „о котором сказано: „Утром на рассвете"[935], и это утро

---

[931] Тора, Берешит, 1:26. «И сказал Всесильный: „Сделаем Адама в образе Нашем, по подобию Нашему. И властвовать будут они над рыбой морской и над птицей небесной, и над скотом, и над всею землей, и над всем ползучим, что ползает по земле"».

[932] Пророки, Йехезкель, 34:31. «И вы – овцы Мои, овцы паствы Моей, вы – человек. Я – Всесильный ваш. Слово Владыки Творца!»

[933] Писания, Псалмы, 149:2. «Возрадуется Исраэль Создателю своему (досл. с создающими его), сыновья Циона возликуют о Царе своем».

[934] Пророки, Йешаяу, 21:11. «Пророчество о Думе. Ко мне взывает из Сеира: „Страж, что же с ночью? Страж, что же с ночью?"»

[935] Тора, Берешит, 44:3. «Утром на рассвете эти люди были отосланы, они и ослы их».

Авраама, о котором сказано: „А утром увидите славу Творца"[936]. „Жив Творец! Полежи до утра"[937]».

499) «Тем временем, вот вышел верный пастырь из этой скалы», и открылся рабби Шимону, «и сказал: „Великий светоч, что выйдет у меня из того, что я скрываюсь от тебя, я ведь не оставил место, ибо не вошел, чтобы скрыться от тебя, и не нашел", чтобы я мог в нем скрываться от тебя, – „в таком случае, мне больше нечего скрыть от тебя"».

500) «Сказал ему великий светоч (верному пастырю): „После того как было сказано: „Сделаем Адама в образе Нашем, по подобию Нашему"[931], что означает, что говорит потом: „И сотворил Всесильный человека в образе Его"[938]?" Сказал ему: „То, что постановили об этом авторы Мишны", о том, что Он спрашивал ангелов о создании человека (адам), „и некоторые из них сказали: „Да будет создан", а некоторые сказали: „Да не будет создан", но Творец создал его, как написано: „И сотворил Всесильный человека в образе Его"[938]. Сказал ему: „Если так, Он не включил в него одну часть" ангелов, и не сделал в их облике, а в облике Царя, в Его образе и по Его подобию, и это" исключительно „образ подобия Его формы". Сказал: „Так выходит"» из твоих слов.

501) «Сказал (верный пастырь): „Ни в коем случае", не сказал я, что он не состоит из всех ангелов и созданий, „ведь я сказал тебе, что он был сотворен из всех" ангелов и созданий, „и Он поставил его над всеми созданиями. Но если бы каждый давал свою часть" Адаму, получилось бы, что „в то время, когда гневался бы на него, каждый бы приходил и забирал у него свою часть, – „ибо что он значит?"[939]»

502) «„Но Творец создал его по Своему подобию, и это Малхут святости", называемая подобием, „которая является

---

[936] Тора, Шмот, 16:7. «А утром увидите славу Творца, ибо услышал Он ропот ваш; а мы – что? Что роптать вам на нас?»

[937] Писания, Мегилат Рут, 3:13. «Переночуй эту ночь, а утром, если выкупит он тебя, то хорошо, пусть выкупит, а если он не захочет выкупить тебя, то я тебя выкуплю, (как) жив Творец! Полежи до утра».

[938] Тора, Берешит, 1:27. «И сотворил Всесильный человека в образе Его, в образе Всесильного сотворил Он его; мужчиной и женщиной сотворил Он их».

[939] Пророки, Йешаяу, 2:22. «Оставьте человека, чье дыхание в ноздрях его, ибо что он значит?»

обликом всего", так как все обитатели БЕА включены в нее, „и в нее всматривался Творец и создавал мир, и все создания, которых создал в мире, и включил в нее высших и нижних без всякого разделения, и включил в нее десять сфирот, и все имена, и названия, и явления. И причина над всем, потому что Он Владыка над всем, и нет Всесильного, кроме Него, и не находится Он в высших и нижних меньше, чем в ней, потому что она – связь их всех, и совершенство их всех, чтобы выполнить в Нем: „И царство Его над всем властвует"[940]. И поскольку не находится причина над всем в высших и нижних, даже в одном из них, меньше, чем в ней", если она не включается в Него, „и называется верой Исраэля, а со стороны причины над всем сказано о ней: „Ибо не видели вы никакого образа"[941], но со стороны" включения ею „остальных созданий, сказано о ней: „И облик Творца он зрит"[942]».

503) «Подошел великий светоч и остальные товарищи и пали ниц перед ним, и сказали: „Конечно, теперь нет того, кто бы смог взять у него", у человека (адам), „его часть", ибо „ни один в мире не дал в него свою часть, но" только „Творец мира, причина над всем, и от Него зависит наказание или вознаграждение его, а не от ангела или серафима, и ни от какого-либо создания в мире. И поэтому постановили мудрецы Мишны: „Смешивающий имя небес с чем-то другим искореняется из мира"[943]. Сразу, как только услышал эти слова, сказанные рабби Шимоном, великим светочем, возрадовался верный пастырь. И также все товарищи благословили его», верного пастыря, «и сказали: „Верный пастырь, если человек приходит в мир только для того, чтобы услышать это, – довольно ему!"»

504) «„Счастлив тот, кто в последнем изгнании старается познать Шхину, оказывать ей почтение всеми заповедями, и терпеть из-за нее множество притеснений, как сказано:

---

[940] Писания, Псалмы, 103:19. «Творец в небесах утвердил престол Свой, и царство Его над всем властвует».
[941] Тора, Дварим, 4:15. «И очень оберегайтесь ради душ ваших, ибо не видели вы никакого образа в день, когда говорил Творец вам на Хореве из огня».
[942] Тора, Бемидбар, 12:8. «Устами к устам говорю Я ему, и явственно, а не загадками, и облик Творца он зрит. Почему же не убоялись вы говорить против раба Моего, против Моше?»
[943] См. Вавилонский Талмуд, трактат Санедрин, лист 63:1.

„Награда за терпение – притеснение (и страдание)"⁹⁴⁴», иначе говоря: «По страданию – награда»⁹⁴⁵, «„И лег в том месте"⁹⁴⁶». «И лег (ва-ишкáв וַיִּשְׁכַּב)»⁹⁴⁶ – это буквы «и есть двадцать две (ве-еш каф-бэт וְיֵשׁ כ״ב)», «„что означает: если есть двадцать две буквы Торы", т.е. что он совершенен в Торе, „Шхина лежит с ним"».

---

⁹⁴⁴ См. Вавилонский Талмуд, трактат Брахот, лист 6:2.
⁹⁴⁵ Мишна, раздел Незикин, трактат Авот, часть 5, мишна (закон) 23.
⁹⁴⁶ Тора, Берешит, 28:11. «И достиг того места, и ночевал он там, ибо зашло солнце. И взял он из камней этого места и положил себе в изголовье, и лег в том месте».

Что значит «сущее»? – Хохма

505) Спрашивает: «"Что значит „сущее"?" И отвечает: «"Это Хохма", которая является сущим „из ничего (ме-а́ин מֵאַיִן)", иначе говоря, которая исходит из Кетера, называемого неведомым (аин אַיִן). Поскольку в месте, где есть высшая Шхина", т.е. Бина, „есть там Хохма". Потому что Хохма раскрывается не иначе, как в Бине, „и ради нее сказано: „Чтобы дать сущее во владение любящим Меня"[947], потому что Хохма, которая в Бине, светит только в Хеседе, а слитые с Хеседом называются любящими Творца, и только они смогут унаследовать сущее, то есть Хохму, так как есть у них Хесед. „То есть: „И творящий милость (хесед) тысячам любящих Меня"[948] – со стороны любви Хеседа". Потому что тысячи – это свойство Хохмы, и совершает милость (хесед), чтобы облачить Хохму в хасадим. „И сущее, являющееся Хохмой, – это для правой линии", и она светит только при облачении в Хесед, что в правой линии, „поскольку так постановили: „Желающий обрести мудрость (хохма) обратится на юг"[949]. И поэтому" написано: „Чтобы дать сущее во владение любящим Меня"[947]», так как есть у них Хесед, являющийся правой линией.

506) «"Смотри, в скрытых, в свойствах Творца, то свойство, в котором усердствуют, и напоминают о нем, сказано о нем: „В той мере, в которой человек отмеряет, отмеряют ему"[950]. То есть дают ему в той мере, в которой он упомянул. „И семьдесят ликов у Торы", то есть семьдесят свойств, потому что семь свойств ХАГАТ НЕХИМ, каждое из них состоит из десяти, и их семьдесят. И это смысл того, что у Торы семьдесят ликов. „И это: „На всяком месте, где помяну имя Мое, (Я приду к тебе и благословлю тебя)"[951]. И следовало сказать: „Ты упомянешь имя Мое". Но" объяснением является – „в той мере, в которой Я

---

[947] Писания, Притчи, 8:21. «Чтобы дать сущее во владение любящим Меня, и сокровищницы их наполню».

[948] Тора, Шмот, 20:6. «И творящий милость тысячам (поколениям) любящих Меня и соблюдающих Мои заповеди».

[949] См. Вавилонский Талмуд, трактат Бава батра, лист 25:2.

[950] Мишна, раздел Нашим, трактат Сота, часть 1, мишна (закон) 7.

[951] Тора, Шмот, 20:21. «Жертвенник земляной сделай Мне и приноси на нем твои всесожжения и твои мирные жертвы: твой мелкий и твой крупный скот. На всяком месте, где помяну имя Мое, Я приду к тебе и благословлю тебя».

упоминаю Свое имя, в этой мере „Я приду к тебе и благословлю тебя"[951]». (До сих пор Раайа меэмана).

507) «„Согласно жребию выделены будут уделы каждому, многочислен ли он или малочислен"[952]. Рабби Йегуда провозгласил и сказал: „Узнал я, что все, что сделает Всесильный, пребудет вовек, к этому нельзя прибавить и от этого нельзя убавить"[953]. Царь Шломо, чья мудрость превосходит (мудрость) всех жителей мира", сам „не знает, что все, что сделал Всесильный, пребудет вовек", – настолько, „что он сказал: Узнал я, (что все...)"[953], то есть узнал „то, чего другой человек не знает?"»

508) И отвечает: «„Но, разумеется, мудрость царя Шломо превзошла (мудрость) всех жителей мира, и что он знал, не знал никто другой. Смотри, остальные мастера, что в мире, – когда тот делает какую-то работу, он смотрит и вглядывается в нее один раз, и второй, и выполняет ее, а потом добавляет к ней или убавляет от нее. Но Творец не так – Он извлекает эту работу в ее истинном виде из пустоты, у которой нет вообще никакой реальности, и она устанавливается действительно как подобает, когда Ему не нужно добавлять и убавлять от нее. И поэтому написано: „И увидел Всесильный все созданное Им, и вот – хорошо очень"[954]». И об этом сказал царь Шломо: «Узнал я ... к этому нельзя прибавить и от этого нельзя убавить»[953].

---

[952] Тора, Бемидбар, 26:56. «Согласно жребию выделены будут уделы каждому, многочислен ли он или малочислен».

[953] Писания, Коэлет, 3:14. «Узнал я, что все, что сделает Всесильный, пребудет вовек, к этому нельзя прибавить и от этого нельзя убавить. И сделал Всесильный так – чтобы боялись Его».

[954] Тора, Берешит, 1:31. «И увидел Всесильный все созданное Им, и вот – хорошо очень. И был вечер и было утро – день шестой».

ГЛАВА ПИНХАС

Все, что сделает Всесильный, пребудет

509) «„Еще. „Все, что сделает Всесильный"[953], – т.е. то, что сделает „для исправления мира, конечно, это „пребудет вовек"[953]». Но вредители и ситра ахра устранятся в конце исправления, и они не вечны. «Рабби Ицхак сказал: „В таком случае, что" означает: „И сделал Всесильный так – чтобы боялись Его"[953]?" То есть это указывает на нечистые силы (ситру ахра), нагоняющие страх на мир. „Но мы это изречение учили следующим образом, и это высшая тайна между товарищами. Это изречение нужно было так сказать: „Что все, что сделал Всесильный, пребудет вовек", что означает: „Все, что сделает"[953]? И написано ведь: „То, что было, – это и есть, а то, что будет, – уже было"[955], а ты говоришь: „Все, что сделает"[953]».

510) И отвечает: «„Но мы поймем это из другого изречения. Написано: „Глаз, который не видел иных божеств, но лишь Тебя, сделает Он уповающему на Него"[956]. Говорит: „Сделает Он"[956], „сделаешь Ты", – следовало сказать". Говорит: „Уповающему на Него"[956], „уповающему на Тебя", – следовало сказать". И отвечает: „Однако высшее место – оно то, что исходит и выходит, и зажигает все свечи", т.е. все сфирот Зеир Анпина и Малхут, „в каждой стороне", как в правой, так и в левой. „И называется будущим миром", т.е. Бина, „и из него выходит одно дерево", Зеир Анпин, „чтобы быть поливаемым и исправиться. И это дерево является высшим и важнее всех остальных деревьев. И это уже объяснялось. И этот будущий мир, который исходит и выходит, исправляет это дерево всегда, и поливает его", т.е. дает ему мохин, „и исправляет его своей работой", т.е. Бина исправляет келим Зеир Анпина, чтобы он был достоин получить от нее мохин.[957] „И венчает его украшениями", т.е. ГАР. „Родники не прекращаются у него вовек и вовеки веков"».

---

[955] Писания, Коэлет, 3:15. «То, что было, – это и есть, а то, что будет, – уже было; и Всесильный взыщет за преследуемого».

[956] Пророки, Йешаяу, 64:3. «И никогда не слышали, не внимали; глаз, который не видел иных божеств, но лишь Тебя, даст (досл. сделает) Он уповающему на Него».

[957] См. Зоар, главу Берешит, часть 1, п. 3, со слов: «В свойстве суда, т.е. в свойстве Малхут мира АК, прежде чем она подсластилась в Бине, в свойстве милосердия, мир не мог существовать...»

511) «„От этого дерева", т.е. Зеир Анпина, „зависит вера", т.е. Малхут, называемая верой,⁹⁵⁸ „она пребывает в нем из всех остальных деревьев"», в тайне сказанного: «Как яблоня меж лесных деревьев, так любимый мой меж юношей»⁹⁵⁹. «„Осуществление всего находится в нем", поскольку он средняя линия, осуществляющая всё. „И поэтому написано: „Все, что сделает Всесильный, пребудет вовек"⁹⁵³. Несомненно, это было, это есть, и это будет. „К этому нельзя прибавить и от этого нельзя убавить"⁹⁵³. И поэтому написано в Торе: „Не прибавляй к этому ничего и ничего не убавляй от этого"⁹⁶⁰. Это дерево является Торой", потому что Зеир Анпин называется Торой. „И это место исправляет Всесильный (Элоким)", т.е. Бина, „всегда. Просто Элоким – это Гвура от бесконечности и непостижимости"», то есть Бина, которая называется Гвурой, в тайне сказанного: «Я разум (бина), у меня сила (гвура)»⁹⁶¹. «„Как сказано: „Нет постижения разума Его"⁹⁶², т.е. Бины Его. И поэтому написано: „Всесильный (а-Элоким הָאֱלֹהִים)"⁹⁵³, а не Элоким (אֱלֹהִים)", потому что Элоким (אֱלֹהִים) без определяющей хэй (ה) указывает на Малхут. „И поэтому делал-будет делать всегда, как родник, воды которого не прекращаются в поколения"».

512) «„Поэтому написано: „И сделал Всесильный так – чтобы боялись Его"⁹⁵³, что означает, „что установил это дерево в полном исправлении настолько, что оно включено в каждую сторону", правую и левую, „наверху и внизу", т.е. в Бину и в Малхут, „чтобы боялись Его"⁹⁵³, и ни в каком поколении не подменяли Его никем другим"».

513) «Сказал рабби Аба: „Конечно, ты хорошо сказал. Но нужно еще рассмотреть то, что сначала" он сказал: „Сделает"⁹⁵³, а затем" говорит: „И сделал Всесильный"⁹⁵³. В чем разница между тем и этим?" И отвечает: „Но, конечно же, сделает и исправит для этого Древа", Зеир Анпина, „чтобы не прекращались воды

---

⁹⁵⁸ См. Зоар, главу Ваикра, п. 273.
⁹⁵⁹ Писания, Песнь песней, 2:3. «Как яблоня меж лесных деревьев, так любимый мой меж юношей! В тени его сидела я и наслаждалась, и плод его сладок был небу моему».
⁹⁶⁰ Тора, Дварим, 13:1. «Все, что Я заповедую вам, строго исполняйте; не прибавляй к этому ничего и ничего не убавляй от этого».
⁹⁶¹ Писания, Притчи, 8:14. «У меня совет и понимание; я разум, у меня сила».
⁹⁶² Пророки, Йешаяу, 40:28. «Разве не знаешь ты, разве не слышал ты? Всесильный мира, Творец, сотворивший концы земли, не утомляется Он и не устает, нет постижения разума Его».

его в поколения", потому что воды Бины не прекращаются в поколения, так как они исходят от высших Абы ве-Имы, зивуг которых никогда не прекращается. „А затем", когда написано: „Сделал"[953], что Он сделал? Но сделал Всесильный (а-Элоким)", т.е. Бина, „другое Древо", т.е. Малхут, „ниже него, и не сделает" его „таким", как Зеир Анпин. Другими словами, Бина не даст ему никогда не прерывающееся наполнение, как дает Зеир Анпину. „И поэтому написано о нем: „Сделал"[953], а не „сделает", потому что это нижнее Древо", т.е. Малхут, – „Он сделал его и установил его" в свойстве левой линии, являющейся судом, „для того чтобы тот, кто входит в высшее Древо", Зеир Анпин, „вошел под власть" нижнего Древа, Малхут, „и обнаружил нижнее Древо, и боялся входить" в высшее Древо, „но только надлежащим образом"».

514) «„Смотри, что это" нижнее Древо, Малхут, „охраняет тот вход" Зеир Анпина, „и поэтому называется" Малхут „стражем Исраэля", поскольку она оберегает Зеир Анпин, называемый Исраэлем. „И это нижнее Древо сделал" Всесильный (а-Элоким), т.е. Бина, „чтобы оно поливалось и питалось от высшего Древа", Зеир Анпина. „И поэтому не написано: „Сделает", а „сделал"[953], т.е. сделал его стражем, и чтобы оно питалось от Зеир Анпина. „В чем смысл" того, что сделал его стражем? „Для того чтобы боялись его жители мира и не приближались к нему, но лишь те, которые достойны приблизиться, а не другие, и будут оберегать жители мира пути Торы, и не отклонятся ни вправо, ни влево"», а будут слиты со средней линией.

ГЛАВА ПИНХАС

Согласно жребию

515) «"Смотри, об этом Древе", Малхут, "в котором пребывают все воинства" БЕА, "сказал Давид: "Ты поддержка жребия моего"⁹⁶³. Что значит: "Жребия моего?"⁹⁶³ Это тот жребий, в который включен Давид", т.е. Малхут. "И поэтому написано: "Согласно (аль пи פִּי עַל) жребию"⁹⁵², что указывает на Малхут, называемую устами (пэ). "И также: "По слову Творца", как сказано: "И умер там … по слову (עַל פִּי) Творца"⁹⁶⁴. И это Малхут. "И поэтому написано: "Жребию (а-гораль הַגּוֹרָל)" – с определяющей хэй (ה), чтобы указать на Малхут. "Счастлива участь тех, кто занимается Торой денно и нощно и знают пути Его. И они едят каждый день высшую пищу" от изобилия Хохмы, "как сказано: "Мудрость (хохма) дает жизнь владеющим ею"⁹⁶⁵. Потому что Тора, что наверху", т.е. Зеир Анпин, "питается от этого места", от Хохмы. "И вот сказано о них: "Вот, рабы Мои вкушать будут"⁹⁶⁶».

516) «Рабби Аба провозгласил и сказал: "И раздавался голос над небосводом"⁹⁶⁷ – это голос", т.е. Зеир Анпин, "который включен в этот небосвод", т.е. Есод Зеир Анпина, "взаимодействующий с ним. И это: "Памятью сделал Он чудеса Свои"⁹⁶⁸ – то есть этот небосвод, являющийся Есодом, называемым памятью. "И этот небосвод стоит над ними, над этими созданиями", о которых сказано: «И раздавался голос над небосводом, который над головами их»⁹⁶⁷. «"И это – тот" небосвод, "что создан во второй день" действия начала творения, о котором сказано: "Отделять воды от вод"»⁹⁶⁹ – высшие воды от нижних вод.

---

⁹⁶³ Писания, Псалмы, 16:5. «Творец – мера удела моего и чаша моя, Ты поддержка жребия моего».

⁹⁶⁴ Тора, Дварим, 34:5. «И умер там Моше, раб Творца, на земле Моава, по слову Творца».

⁹⁶⁵ Писания, Коэлет, 7:11-12. «Хороша мудрость с наследием, и (она) преимущество для зрящих солнце. Ибо под сенью мудрости – под сенью богатства. Но предпочтительней знание, – мудрость дает жизнь владеющим ею».

⁹⁶⁶ Пророки, Йешаяу, 65:13. «Поэтому так сказал Владыка Творец: "Вот, рабы Мои вкушать будут, а вы – голодать, вот рабы Мои пить будут, а вы – жаждать, вот рабы Мои радоваться будут, а вы опозорены будете"».

⁹⁶⁷ Пророки, Йехезкель, 1:25. «И раздавался голос над небосводом, который над головами их, когда они останавливались, опустив крылья свои».

⁹⁶⁸ Писания, Псалмы, 111:4. «Памятью сделал Он чудеса Свои; милостив и милосерден Творец».

⁹⁶⁹ Тора, Берешит, 1:6-7. «И сказал Всесильный: "Да будет небосвод посреди вод, и будет он отделять воды от вод". И сотворил Всесильный небосвод, и отделил воды под небосводом от вод, которые над ним. И было так».

Объяснение. Эти создания – они в Брия, а небосвод – это Есод Зеир Анпина, завершающий Ацилут, который над головами этих созданий. И это небосвод, разделяющий между Ацилутом, представляющим собой высшие воды, и между (миром) Брия, представляющим собой нижние воды. И Малхут Ацилута находится на этом небосводе, который является Есодом Зеир Анпина, и это смысл сказанного: «А над небосводом, который над головами их ... образ престола»[970]. И Зеир Анпин – он сидящий на этом престоле, и это смысл сказанного: «И над образом престола – образ, подобный человеку (адам), на нем сверху»[970]. Потому что АВАЯ (הויה), т.е. Зеир Анпин, с наполнением алеф (א), – это в числовом значении Адам (אדם 45).

517) «„И установили, что семь небосводов – они высоко-высоко", которые соответствуют ХАГАТ НЕХИМ, что в Есоде. „Конечно, Вилон (завеса)", который соответствует Малхут, что в нем, „вообще не используется, так как" Малхут – „нет у нее ничего своего, но только то, что" Зеир Анпин „дает ей. И бедные включаются в нее, и это скрытый смысл того, что написано: „И вот, в бедности моей приготовил я для дома Всесильного моего"[971]», – потому что Давид был включен в Малхут, которая является бедной, как мы уже сказали, и поэтому сказал: «И вот, в бедности моей»[971]. «„И этот небосвод", Завеса (вилон), т.е. Малхут, „вводит зарю и выводит сумерки, потому что ночью" Малхут „выводит свои воинства во все стороны, в правую и в левую, и властвует над этими воинствами и отрядами", поскольку тогда это правление Малхут. „А на заре она собирает все свои воинства и вводит их в отверстие их", другими словами, в их свойство нуквы, „и они не властвуют. Потому что утро включает их всех. Как сказано: „Возвещать утром милость Твою, и веру Твою – по ночам"[972]. И это уже объяснялось"».

Объяснение. Малхут строится от левой линии Бины, которая является свойством Хохмы, что в левой, а Зеир Анпин – это

---

[970] Пророки, Йехезкель, 1:26. «А над небосводом, который над головами их, подобный сапфировому камню образ престола, и над образом престола – образ, подобный человеку, на нем сверху».

[971] См. Писания, Диврей а-ямим 1, 22:14. «И вот, в бедности моей приготовил я для дома Творца сто тысяч талантов золота и тысячу тысяч талантов серебра, а меди и железа – без веса, потому что много его было, и деревьев, и камня приготовил я, а к этому (еще) ты добавишь».

[972] Писания, Псалмы, 92:1-3. «Псалом. Песнь на день субботний. Хорошо благодарить Творца, превозносить величественное имя Твое. Возвещать утром милость Твою, и веру Твою – по ночам».

свойство правой линии Бины, свойство хасадим. И поэтому есть две власти. Ибо в час власти левой линии без правой – это тьма, потому что Хохма не может светить без хасадим.[973] И поэтому в час правления Малхут, то есть состояния правления левой линии, – это тьма и называется ночью. Но тогда это в полную силу ее правления, как написано: «Встает она еще ночью»[974], и властвует над всеми своими воинствами, т.е. над ступенями, распространяющимися от левой линии. И в противоположность этому есть правление дня, т.е. Зеир Анпина, являющегося правлением света хасадим. Однако Зеир Анпин состоит также и из свечения Хохмы, что в Малхут. И это смысл сказанного: «А на заре она собирает все» – ибо тогда отменяется сила правления Малхут и свечения ее Хохмы, и поэтому: «И вводит их в отверстие их, и они не властвуют», то есть возвращаются в свойство нуквы, так как свечение Хохмы уходит от них. «Потому что утро включает их всех» – так как свечение Хохмы включено тогда в Есод Зеир Анпина, называемый утром, но тогда есть власть только у хасадим.

518) «„И голос", т.е. Зеир Анпин, „есть над этим небосводом, от которого питается этот небосвод", потому что Есод получает от Зеир Анпина. „В час, когда пробуждается этот голос, все воинства не перемещаются, и в отношении них нет иного позволения, как только стоять на месте"». И это скрытый смысл сказанного: «И раздавался голос над небосводом, который над головами их, когда они останавливались, опустив крылья свои»[967], – то есть в тот момент, когда голос пробуждается над их головами, тогда они стоят на месте, – «„и эти воинства приближаются и ждут той милости (хесед), которая нисходит" от голоса, т.е. Зеир Анпина, „к этому небосводу", т.е. Есоду, „и благословляются благодаря ему", т.е. получают от этого небосвода. „И поэтому он", Зеир Анпин, „над небосводом, что над их головами"». И они не могут получать иначе, как от этого небосвода, являющегося Есодом.

519) «„Смотри: „А над небосводом, который над головами их, подобный сапфировому камню образ престола"[970]. „Подобный сапфировому камню"[970] – это камень Исраэля", т.е. Малхут. „И

---

[973] См. Зоар, главу Берешит, часть 1, п. 34, со слов: «Затем вышла тьма, и вышли в ней семь других букв алфавита...»
[974] Писания, Притчи, 31:15. «Встает она еще ночью, раздает пищу в доме своем и урок служанкам своим».

это скрытый смысл того, что написано: „И отваливали камень от устья колодца"[975]. Один камень спустился сверху", т.е. Малхут, „когда Исраэль хотели унаследовать землю. И написано о нем: „Жребий", то есть: «Согласно жребию»[952, 976]. «„И" этот жребий, – „он говорил: „Этот удел – такому-то, а этот удел – такому-то. И этот камень спустился под престол царя", т.е. Малхут, которая является престолом Зеир Анпина. „Конечно: „Оттуда оберегает камень Исраэля"[977], – написано. И поэтому: „Согласно жребию"[952], т.е. Малхут, „безусловно, „выделены будут уделы каждому"[952]».

520) «Рабби Ицхак и рабби Йегуда шли из Уши в Луд. Встретился им рабби Эльазар. Побежали за ним. Сказали: „Конечно же, мы побежим за Шхиной". Когда настигли его, сказали: „Разумеется, мы соединимся с тобой, и услышим нечто новое"».

521) «Провозгласил и сказал: „Слушайте Меня, следующие за праведностью, ищущие Творца"[978], – то есть те, что идут" и следуют „за верой", т.е. Малхут, называемой праведностью, „разумеется, они „следующие за праведностью"[978], и они „ищущие Творца"[978], разумеется. „Если вы хотите познать веру, и удерживаться в этой праведности, не смотрите на нее саму по себе", без Зеир Анпина, „как остальные жители мира", которые прилепляются к Малхут без Зеир Анпина, т.е. к левой линии без правой, „навлекая этим смерть на себя, а: „Смотрите на скалу, из которой высечены вы, и в глубину рва, из которого извлечены вы"[978]». То есть соединить ее с Зеир Анпином, и с Абой ве-Имой.

---

[975] Тора, Берешит, 29:3. «И собирались туда все стада, и отваливали камень от устья колодца, и поили овец, и возвращали камень на устье колодца, на свое место».
[976] См. выше, п. 515.
[977] Тора, Берешит, 49:24. «Но тверд остался лук его, и распространилась сила его при поддержке Могучего Яакова; оттуда оберегает камень Исраэля».
[978] Пророки, Йешаяу, 51:1. «Слушайте Меня, следующие за праведностью, ищущие Творца! Смотрите на скалу, из которой высечены вы, и в глубину рва, из которого извлечены вы».

Жертвоприношения

522) «„Повели сынам Исраэля и скажи им: „Жертву Мне, хлеб Мой"[979]. Написано: „Желанны ли Творцу всесожжения и жертвы так же, как послушание гласу Творца?"[980] Творец не желает, чтобы человек грешил и приносил жертвы за свой грех, но жертвоприношение, которое без греха, – это совершенное (шалéм שלם) жертвоприношение, и называется мирной жертвой (шламим שְׁלָמִים). И также постоянное жертвоприношение" – оно совершенное, „и это несмотря на то, что" постоянное жертвоприношение „искупает за грехи", все же оно является совершенным жертвоприношением.

523) «Рабби Аба провозгласил: „Жертвы Всесильному – дух сокрушенный"[981]. Постановлено в этом изречении, что Творец не желает, чтобы человек приносил жертву за свой грех, а желает дух сокрушенный. И люди не знают, что говорят. И я так слышал от великого светоча, что когда человек собирается совершить грехи свои, он притягивает на себя дух со стороны скверны, и этот дух возносится над человеком и властвует над ним в каждом его желании. И эта сторона скверны", от которой притягивается этот дух, „увеличивается в силе своей и укрепляется, и властвует над ним по своему желанию. Приходит человек и управляет им, чтобы очиститься, очищают его"» свыше.

524) «„В то время, когда существовал Храм", грешащий „приносил свою жертву. Всё искупление висело на нем, пока он не раскаивался и не разбивал тот дух" со стороны скверны, который навлекал на себя своим грехом, „от вознесенности его, и не принижал его. И это разбиение той ступени скверны", от которой исходил этот дух, „и когда разбивался этот дух скверны, и он приносил свою жертву, – это та" жертва, „которая принималась с благоволением, как подобает"».

---

[979] Тора, Бемидбар, 28:2. «Повели сынам Исраэля и скажи им: „Жертву Мне, хлеб Мой в огнепалимые жертвы Мне, в благоухание, приятное Мне, – соблюдайте вы, принося Мне в положенное время"».
[980] Пророки, Шмуэль 1, 15:22. «И сказал Шмуэль: „Желанны ли Творцу всесожжения и жертвы так же, как послушание гласу Творца? Ведь послушание лучше, чем жертвы; повиновение – чем тук овнов"».
[981] Писания, Псалмы, 51:19. «Жертвы Всесильному – дух сокрушенный; сердце сокрушенное и удрученное, Всесильный, не отвергай».

525) «„А если этот дух скверны не сокрушен, его жертва ничто, и она отдается псам, потому что это жертва не Творца, а жертва псов. И поэтому „жертвы Всесильному"[981] как подобает – это „дух сокрушенный"[981], чтобы стал сокрушен этот дух скверны, и не властвовал. И поэтому о том, кто сокрушает его как следует, написано: „Дух уходит и не вернется"[982]. Этот человек будет уверен, что не вернется к нему никогда. „Сердце сокрушенное и удрученное"[981] – тот, кто не возносится в гордыне и не наслаждается удовольствиями мира, „Всесильный, не отвергай"[981], потому что Он в почете у него"».

526) «„Повели сынам Исраэля"[979] – что значит: „Повели"? Это идолопоклонство,[983] т.е. чтобы не вводил себя в совершение греха духом скверны, что является настоящим идолопоклонством"».

527) «Рабби Эльазар провозгласил: „Пришел я в сад мой, сестра моя, невеста"[984]. Это изречение объяснялось. Но есть здесь скрытый смысл относительно жертвоприношения. И мы всё это изучали". Сказал ему рабби Шимон: „Это хорошо, что ты начал эти речения, но ты скрыл их", сказав: «И мы всё это изучали», – «„скажи"» то, что ты узнал о жертвоприношении. «Сказал (рабби Эльазар): „Потому что я это видел в книге Ханоха. И изучал", – поэтому сказал, что мы всё это изучали. «Сказал (рабби Шимон): „Скажи то, что ты увидел и услышал"».

528) «Сказал: „Всё это – одно целое. Творец сказал это: „Пришел Я в сад Мой"[984], потому что все жертвоприношения, что в мире, когда они поднимаются" к МАН, „все они входят сначала в Эденский сад, являющийся свойством Кнессет (собрание) Исраэль", т.е. Малхут. „И как это вначале, и начало жертвоприношения", как я сказал, когда они входят сначала в Эденский сад, то есть „в час, когда человек исповедуется в своих грехах над жертвой, и в час заклания и кропления крови на жертвенник"», тогда поднимается МАН в Эденский сад, и тогда сказал Творец, т.е. Зеир Анпин: «Пришел Я в сад Мой»[984],

---

[982] Писания, Псалмы, 78:38-39. «А Он, милостивый, прощает грех и не губит, и много (раз) отвращал гнев Свой и не пробуждал всей ярости Своей. И помнил Он, что плоть они – дух уходит и не вернется».
[983] См. Вавилонский Талмуд, трактат Санедрин, лист 56:2.
[984] Писания, Песнь песней, 5:1. «Пришел я в сад мой, сестра моя, невеста, набрал я мирры с бальзамом моим; отведал я соты мои с медом, пил я вино мое с молоком. Ешьте, друзья! Пейте до упоения, любимые!»

и это Эденский сад Малхут, потому что МАН жертвы пробуждают этот зивуг.

529) «"Теперь нужно рассмотреть, как эти духи (рухот) святости наслаждаются этим", этим подъемом МАН жертвоприношений. "И что означает, что жертва эта из скота, ведь важнее было бы, если бы человек сокрушил тот дух", который навлек своим грехом, "и совершить возвращение, – каков смысл заклания скота и сожжения его на огне жертвенника?"»

530) И отвечает: «"Но скрытый смысл вот в чем. Поскольку есть скотина (беэма́ בְּהֵמָה), возлежащая на тысяче гор", то есть Малхут, являющаяся свойством АВАЯ (הויה) с наполнением хэй (ה), что в числовом значении беэма (בְּהֵמָה 52), "и тысячу гор поедает она каждый день, и все они"», – все эти тысяча гор, являющиеся ступенями Хохмы, исходящими от левой линии, потому что Хохма называется тысячей, в тайне сказанного: «И я научу тебя (ва-ааалефха́ וַאֲאַלֶּפְךָ) мудрости»[985], – «"называются скот (беэмо́т בְּהֵמוֹת) на тысяче гор"[986]. И об этом мы учили, что есть скотина, пожирающая скот. И из чего они", этот скот? "Они из огня. И их всех слизывает эта скотина", т.е. Малхут, "одним слизыванием. И это смысл сказанного: "Ибо Творец Всесильный твой – пожирающий огонь Он, Всевышний ревнитель"[987]. И все воды Ярдена", т.е. Есода Зеир Анпина, "которыми он наполнялся в течение шести лет", – то, что он получает от ХАГАТ НЕХИ Зеир Анпина, называемых шестью годами, – "делает их одним глотком", то есть одним глотанием. Это смысл сказанного: "Остается спокоен, хотя бы Ярден устремился в пасть его"[988]».

531) «"Тайна этого, что закваска всего этого"» «скота на тысяче гор»[986], т.е. свечения Хохмы, что в левой линии, «"является существом и основой того скота, что внизу, потому что дух

---

[985] Писания, Иов, 33:31-33. «Внимай, Иов, слушай меня и молчи, (пока) я говорю. Если есть у тебя слова – ответь мне, говори, ибо я хотел бы тебя оправдать. Если же нет, – ты слушай меня и молчи, и я научу тебя мудрости».

[986] Писания, Псалмы, 50:8-10. «Не за жертвы твои укорять буду тебя, и всесожжения твои предо Мной всегда. Не возьму быка из дома твоего, козлов – из загонов твоих, потому что Мои все звери лесные, скот на тысяче гор».

[987] Тора, Дварим, 4:24. «Ибо Творец Всесильный твой – пожирающий огонь Он, Всевышний ревнитель».

[988] Писания, Иов, 40:23. «Поднимется ли река – не страшно ему; остается спокоен, хотя бы Ярден устремился в пасть его».

распространяется от них вниз, и этот дух формируется внизу в скоте", т.е. становится духом скотины внизу. „И когда человек грешит, он приносит скотину в жертву, и этот дух скотины поднимается и возвращается на свое место", к высшей скотине, т.е. Малхут, „и этот дух распространяется во всем скоте", который на тысяче гор, упомянутых выше. „И все те, что от этого вида", то есть ситра ахра, исходящая от левой линии, „приближаются и подходят, и наслаждаются туком и этой кровью, которые являются облачением этого духа,"[989] потому что с их стороны этот дух", то есть от левой стороны, „и все они наслаждаются и питаются, и становятся защитниками этого человека", потому что обвинитель становится заступником.[990] И МАН этой жертвы „входит через пищевод, как мы учили.[991] И поэтому жертвоприношение приходит от этой скотины"».

532) «Сказал рабби Шимон: „Благословен сын мой для Творца, о тебе сказано: „Возрадуются отец твой и мать твоя, и возликует родительница твоя"[992]. „Возрадуются отец твой"[992], что наверху", и это Зеир Анпин, „и мать твоя"[992] – это Кнессет Исраэль", то есть Малхут. „И возликует родительница твоя"[992] – это дочь праведника рабби Пинхаса бен Яира", мать рабби Эльазара. „Эльазар, сын мой, скажи: это правильно в отношении жертвоприношения скота", но „что означает жертвоприношение птиц. Ведь написано: „А если из птиц всесожжение, жертва его"[993]. Сказал ему: „Не видел, однако я изучаю из того, что сказано о скоте, о том, что сказано о птицах, но не говорю, потому что не видел, и до сих пор не слышал"».

533) «Сказал ему: „Эльазар, ты хорошо сказал. Однако, тайна жертвоприношений – там есть много тайн, и они не переданы для раскрытия никому, кроме истинных праведников, у которых не исчезает тайна их Господина. Тайна жертвоприношений – это тайна этих святых созданий. Четыре облика запечатлены

---

[989] См. выше, Обозрение Сулам, п. 13.
[990] См. Зоар, главу Ваера, п. 385. «В Йом Кипур следует вести себя с Сатаном спокойно и доставить ему удовольствие через козла отпущения, которого приносят ему в жертву, то есть его отправляют в пустыню, где его (Сатана) место. И тогда он становится добрым заступником Исраэля...»
[991] См. выше, Обозрение Сулам, п. 7.
[992] Писания, Притчи, 23:25. «Возрадуются отец твой и мать твоя, и возликует родительница твоя».
[993] Тора, Ваикра, 1:14. «А если из птиц всесожжение, жертва его Творцу, то принесет он из горлиц или из молодых голубей жертву свою».

на престоле, и это престол святого Царя", то есть Малхут, являющаяся престолом Зеир Анпина, и это – „лик быка, лик орла, лик льва, лик человека. Лик человека включает их все". Потому что лев бык орел – это три линии, а лик человека – это Малхут, принимающая их, и поэтому она включает их все. „И все" четыре „лика смотрят одни на других, и включаются одни в другие, и от них распространяются во многие стороны, и десятки тысяч, наверху и внизу, и нет им меры, исчисления и счета"».

534) «„Лик быка", являющийся левой линией, – „от него распространяется дух скота для четырех видов, включенных как один, и это следующие: коровы и овцы, и козлы, и козы. И эти предназначены для жертвоприношения. И поскольку" жертвоприношение – „оно из них, эти святые воинства, распространяющиеся от лика этого быка, приближаются" с помощью этого жертвоприношения „к их основе (есод), и наслаждаются от этой основы и облачения их. И если бы не было в них основы этого мира", то есть жертвы, поднимающейся к ним, „они" бы „туда не приблизились"», к своей основе, которой является лик быка.

535) «„Так же, как есть доставление наслаждения святой Шхине от духов праведников", поднимающихся к ней в МАН, „и она приближается, чтобы принять этот дух праведника и наслаждается им, потому что тот же дух исходит от нее, так же эти" воинства, распространяющиеся от лика быка, „наслаждаются со стороны их основы", которой является лик быка, „и наслаждаются тем облачением, приносимым в жертву" их основе, т.е. жертвой, „потому что этот дух" жертвоприношения – „он от облачения их духа, и поэтому они наслаждаются ими"».

536) «„Лик орла – от него распространяется дух птицам", поскольку дух, который в птицах, исходит от лика орла. „А орел – он в двух сторонах", он в правой и в левой сторонах, потому что орел – это Тиферет, средняя линия, включающая правую и левую. „И это смысл изречения: „И птица будет летать (веóф йеофéф וְעוֹף יְעוֹפֵף)"[994], указывающего на „два духа. И поэтому распространяется и нисходит жертвоприношение птицы справа и слева"», потому что жертвоприношение скота совершается не иначе, как от лика быка, представляющего собой левую

---

[994] Тора, Берешит, 1:20. «И сказал Всесильный: „Да воскишат воды кишением существа живого, и птица будет летать над землею по своду небесному"».

линию, как мы уже говорили, а жертвоприношение птицы – оно от лика орла, включающего две линии.

537) «"С любой чистой стороны", что у птицы, "приносятся в жертву только голубь и горлицы, потому что они на самом деле для своей пары больше, чем у всех остальных птиц. И они гонимы, но не прогоняют, и преданы друг дружке, самка своему партнеру, и поэтому жертва – из них. И нисходят и приближаются эти духи святости, наслаждающиеся своими основой и сущностью"», как уже говорилось.

538) «"И если скажешь: как распространяется то немногое, что восходит от голубя или от горлицы, во многих высших сторонах и воинствах, у которых нет меры? Или" восходящее "от одной скотины – тоже" следует спросить так? И отвечает: "Смотри, одна тонкая свеча горит – весь мир наполняется ее светом. Маленькое дерево зажигает дерево большое. И это уже выяснялось выше – как подъем МАН человека питает все высшие миры"».[995]

539) «"До сих пор" выяснилось "жертвоприношение с двух сторон, запечатленных на престоле", т.е. от лика быка для скота, и от лика орла для птиц. "Теперь следует спросить: ведь это четыре образа, запечатленных на престоле, какова причина того, что нет жертвоприношения от других" образов? И отвечает: "Но, безусловно, есть жертвоприношение от всех. Потому что лев, запечатленный на престоле, – в час, когда жертвоприношение совершенно, опускается этот лев и входит в огонь, и съедает, и наслаждается оттуда. А человек, запечатленный на престоле, – этот человек является сущностью всего. И совершает жертвоприношение там" лику человека, т.е. Малхут, "своего духа и души своей, и высший человек (адам) наслаждается нижним человеком (адам). И каждый вид приближается к своему виду и наслаждается от него именно своим, и от основы его"».

540) «"И если скажешь: ведь у льва нет основы внизу в этом жертвоприношении?" Поскольку у лика быка есть основа внизу – в скоте. У лика орла есть основа внизу – в птицах. У человека есть основа внизу – в духе (руах) и душе (нефеш) человека, приносящего жертву. Но у льва нет никакой основы внизу. И

---

[995] См. выше, Обозрение Сулам, п. 1, и «Введение в науку Каббала», п. 161.

отвечает: „Лев включен во всех, потому что он справа, и это Хесед, а Хесед включает всех. И поэтому он ест во всех", кто ниже его, „а все остальные", бык, орел, человек, „не едят от него, потому что он правая сторона", и он выше них. „Таким образом, все четыре образа, запечатленных на престоле, приближаются к жертве, и поэтому это совершенная жертва. И когда они наслаждаются основой и сущностью своими, тогда нисходит дух, чтобы зажечь нижние свечи"», то есть происходит зивуг Зеир Анпина и Малхут.

541) «„Коэны, левиты и исраэлиты дают основу и сущность ступеням выше их", от которых они исходят, „и каждая ступень дает своей основе" наверху. „Вначале – четыре образа престола, как мы уже сказали" в предыдущем пункте, „где каждый вид соответствует своему виду. Лик быка – все лики", т.е. воинства и станы, „распространяющиеся к этим видам, о которых мы говорили, все они приближаются к своей сущности и основе", – лику быка. И так же „лик орла, как мы уже говорили", и так же „лик льва, как мы уже говорили", и так же „лик человека, совершающего жертвоприношение, дух и душа которого приносятся в жертву высшему человеку (адам)"», т.е. Малхут.

542) «„Коэн, соединяющий" над жертвой „святое имя, приближается к высшему коэну", т.е. Хеседу Зеир Анпина, „тому, кто входит в Храм святая святых", т.е. Есод Малхут, „и этот приближается к ней, и зажигает" свечи Малхут, „своим исправлением в свечении лика, соответственно коэну, что внизу", приносящему жертву. „Левиты, исполняющие в радости мелодию" во время жертвоприношения, – „эта их сторона", то есть Гвура Зеир Анпина, „радуется и являет свет лика. Исраэль, приносящие жертву, стоят над жертвой в молитве, потому что молитва была над всеми" жертвами, – „приближается к ним скрытый святой Исраэль Сава и являет свет лика"».

543) «„Каждый вид приближается к своему виду, и всё идет за своей основой", которая наверху, „нижние ступени пробуждают ступени высшие, и несмотря на то, что все они пробуждаются, и ступени, запечатленные на престоле", т.е. четыре создания, „пробуждаются для ступеней, которые на земле, так как они являются их основой", т.е. лик быка – для скота, лик орла – для птиц, как мы уже говорили, „и так же эти высшие скрытые ступени, – все они пробуждаются и приближаются к трапезе"

жертвоприношения, „и наслаждаются, но ни у одной из них нет права есть, ни у высших ступеней, ни у нижних, и получать какое-либо наслаждение, пока высший Царь", т.е. Зеир Анпин, „не поел и не насладился, и не дал им разрешения"».

544) «„После того как Он дал им разрешение, каждый наслаждается и ест. То есть как написано: „Набрал я мирры с бальзамом моим"[996] – это высшие ступени", Зеир Анпина. „Мирру с бальзамом моим"[996] едят и наслаждаются как подобает; и это" единство „правой руки", т.е. Хеседа, „с левым бедром", т.е. Ходом. „Отведал я соты мои с медом"[996] – это Яаков с Рахелью", т.е. единство Тиферет с Малхут. „Это еда как подобает", поскольку только здесь написано о еде. „Пил я вино мое с молоком"[996] – это единство левой руки с правым бедром", т.е. Гвуры с Нецахом. „Таким образом, всё это – высшие ступени, от которых вначале наслаждается святой Царь. И это Его еда и Его наслаждение. До сих пор – еда святого Царя вначале"».

Объяснение. Писание учитывает три вида единений Хохмы и хасадим, и это – единство запаха, и единство еды, и единство питья. И ты уже узнал разницу между рош и гуф.[997] И вот единство запаха – оно в рош, в хотэме, и сущность его – Хохма, но поскольку это свечение Хохмы, что в левой линии, оно принимается не иначе, как снизу вверх, что является свойством НЕХИ де-рош. И поэтому запах, который является свойством левой линии, что в нем, – это Ход, и он облачается, в свет Хеседа де-гуф. И это то, что сказано: «„Мирры с бальзамом моим"[996] – это правая рука с левым бедром», т.е. Хесед де-гуф с Ход де-рош. А единство еды – это сущность хасадим, и оно в гуф, и это общее единство Зеир Анпина и Малхут. И это смысл сказанного: «„Отведал я соты мои с медом"[996] – это Яаков с Рахелью», т.е. Зеир Анпин с Малхут. «Это еда как подобает» – то есть это основной зивуг Зеир Анпина и Малхут. И единство питья – оно тоже в гуф, как и еда, но его сущностью является Хохма левой линии, то есть именно питье вина, но питье молока – это Хесед, и так же – воды́. И это смысл сказанного: «„Пил я вино мое с молоком"[996] – это единство левой руки с правым бедром», потому что вино – это левая сторона гуф, то

---

[996] Писания, Песнь песней, 5:1. «Пришел я в сад мой, сестра моя, невеста, набрал я мирры с бальзамом моим; отведал я соты мои с медом, пил я вино мое с молоком. Ешьте, друзья! Пейте до упоения, любимые!»
[997] См. выше, Обозрение Сулам, п. 3.

есть Гвура, а молоко – это Нецах гуф. И не удивляйся, почему хасадим на более низкой ступени, чем Хохма, – потому что в отношении запаха: Хохма находится в рош, а хасадим – в Хеседе де-гуф. И так же относительно питья: Хохма – в Гвуре, а хасадим – в Нецахе. И это потому, что Хохма не сможет быть главной над Хеседом, облачающим ее, но только в том случае, когда этот Хесед – он от ступени ниже нее. И потому это единство – оно единство Хохмы Хода де-рош с Хеседом де-гуф. А Хохма Гвуры де-гуф – с Хеседом, что в Нецахе де-гуф. Потому что правая сторона, т.е. Хесед, находящаяся на одной ступени с левой, т.е. Хохмой, – она всегда выше и важнее ее. Потому что Хесед – это свойство Кетера и Хохмы этой ступени, а Хохма – это свойство Бины и ТУМ, которые вернулись на эту ступень.[998]

545) «„А отсюда и далее дает" Царь, т.е. Зеир Анпин, „позволение четырем образам, запечатленным на престоле, и всем тем, кто распространяется от них, наслаждаться и есть. Это смысл сказанного: „Ешьте, друзья! Пейте до упоения, любимые!"[996] „Ешьте, друзья!"[996] – это четыре образа, о которых мы сказали", лев бык орел человек, „Пейте до упоения, любимые!"[996] – то есть все те, кто распространяется от них. И все они едят и распространяются, и наслаждаются как подобает, и лики их светят. И все миры пребывают в радости, и каждый, как на высших ступенях, так и на нижних, приближается к своей основе", то есть каждый – к свойству, соответствующему ему: Хесед – к лику льва, Гвура – к лику быка, и т.д., „и наслаждаются. Это тайна и сокровенный смысл жертвоприношения как подобает"».

546) «Подошли рабби Эльазар и рабби Аба, и остальные товарищи, и пали ниц пред ним», перед рабби Шимоном. «Сказал рабби Аба: „Если бы Тора не была передана на горе Синай, но сказал бы Творец: „Вот бен Йохай", который передаст вам „Тору и Мои тайны, миру было бы достаточно. Горе, когда ты уйдешь из мира, – кто зажжет тогда свечи Торы, все станет мрачным с этого дня. Ведь пока не придет царь Машиах, не будет поколения, подобного этому поколению, в котором пребывает рабби Шимон"».

---

[998] См. Зоар, главу Ваякель, п. 130, в комментарии Сулам.

547) «Сказал рабби Шимон: „Об этой тайне", о которой говорилось выше,[999] – „нельзя ему, человеку, ничего отведать, пока не вкусит высший Царь. И что она собой представляет", пища его? „Это молитва", которая вместо жертвоприношения. „Молитва человека подобна этой", о которой мы говорили выше, в жертвоприношении.[1000] „Вначале вызывают четыре образа, запечатленных на престоле", чтобы они пребывали „над этими творениями, над птицами и над скотом, когда рухот (дух)" этих четырех созданий „распространяются над ними, чтобы они были для жертвы", поскольку это „творения, основа духа которых в этом мире, – она от них", от четырех этих созданий,[1001] то есть: „Как многочисленны дела Твои, Творец!"[1002] Потому что творения, дух которых годится для жертвоприношения, – происходит распространение над ними четырех образов", что на престоле, „предназначенных для этих жертвоприношений, то есть то, что мы говорим: „И офаним и святые создания"[1003], т.е. четыре создания, которые на престоле, „и все те другие воинства, распространяющиеся от них"».

548) «„А затем великий коэн соединяет святое имя,[1004] и это: „Любовью вечной возлюбил Ты нас"[1005], где любовь – это Хесед, свойство коэна. „Единство", которое коэн соединяет, – „это: „Слушай, Исраэль! Творец – Всесильный наш, Творец один"[1006]. А затем левиты,[1004] которые пробуждаются, чтобы играть мелодию, и это: „И будет, если послушаетесь ... Берегитесь, чтобы не прельстилось сердце ваше"[1007], и это соответствует левой линии, Гвуре, „и это песнопение левитов", т.е. что песнопения левитов – они от левой линии, „чтобы пробудить эту сторону", левую сторону, „этим жертвоприношением", т.е. молитвой, которая вместо жертвоприношения. „А затем Исраэль,[1004]

---

[999] См. выше, п. 544.

[1000] См. выше, п. 534 и далее.

[1001] См. выше, п. 534 и п. 538.

[1002] Писания, Псалмы, 104:24. «Как многочисленны дела Твои, Творец! Всех мудростью сотворил Ты, полна земля созданиями Твоими».

[1003] Молитва «Создающий свет».

[1004] Как объясняется выше, в жертвоприношении, в п. 542.

[1005] Из утренней молитвы Шма.

[1006] Тора, Дварим, 6:4. «Слушай, Исраэль! Творец – Всесильный наш, Творец один».

[1007] Тора, Дварим, 11:13-21. «И будет, если послушаетесь заповедей Моих, которые Я заповедую вам сегодня, чтобы любили вы Творца Всесильного вашего и служили Ему всем сердцем вашим и всей душой вашей...»

и это: „Истинно и непоколебимо, и верно"¹⁰⁰⁸, указывающее на Исраэля Саву, стоящему над жертвой, – и это десять высших ступеней, внутренняя суть всего", то есть десять сфирот, „находящегося на столе". И это: «Истинно и непоколебимо, и верно, и существует...»¹⁰⁰⁸

549) «„Но нет позволения ни у одного из них есть и протягивать руку к жертве", т.е. к молитве, „пока высший Царь", то есть Зеир Анпин, „ест. И это – три первых и три последних благословения", что в молитве Восемнадцать благословений, и там это зивуг Зеир Анпина и Малхут. И это тайна еды Царя. „После того как Он поел, Он дает позволение четырем образам", то есть четырем созданиям, что на троне, „и всем тем сторонам, что распространяются от них, чтобы они ели"».

550) «„Тогда человек, который является образом, включающим все остальные образы, принижает (себя) и падает ниц, и отдает себя и свой дух человеку (адам), что наверху,¹⁰⁰⁹ стоящему над этими образами, включающему все эти образы, чтобы пробудился по отношению к нему как подобает. И это" сказать: „К тебе, Творец, душу свою возношу"¹⁰¹⁰, чтобы пробудить другие образы и все, распространяющиеся из них"». То есть то, что говорят в псалме Давиду: „Возгласят ... воспоют"¹⁰¹¹, „Расскажут ... говорить будут"¹⁰¹², – что указывает на эти образы, распространяющиеся от них. „И все они вкушают и наслаждаются" этой молитвой – „каждый как ему подобает"». (Смотри выше, в Обозрении Сулам, где подробно объясняется понятие подъема молитвы в МАН, и как она принимается наверху и т.д., и нет необходимости подробно объяснять здесь).

551) «„Отсюда и далее пусть расскажет человек о страданиях своего сердца. Это смысл сказанного: „Ответит тебе Творец в день бедствия"¹⁰¹³, как беременной, пребывающей в мучениях

---

¹⁰⁰⁸ С этих слов начинается благословение, которое произносят после возглашения Шма утренней молитвы.
¹⁰⁰⁹ Как объясняется выше, с жертвоприношением, п. 539.
¹⁰¹⁰ Писания, Псалмы, 25:1. «Давиду. К Тебе, Творец, душу свою возношу».
¹⁰¹¹ Писания, Псалмы, 145:7. «Память о великом благе Твоем возгласят и справедливость Твою воспоют».
¹⁰¹² Писания, Псалмы, 145:11. «О славе царства Твоего расскажут и о мощи Твоей говорить будут».
¹⁰¹³ Писания, Псалмы, 20:1-2. «Руководителю. Псалом Давиду. Ответит тебе Творец в день бедствия, укрепит тебя Всесильный Яакова».

своих, чтобы все они стали заступниками человека. И поэтому написано: „Счастлив народ, чья судьба такова"¹⁰¹⁴».

552) «Рабби Шимон шел в Тверию. Встретил его Элияу, сказал ему: „Приветствую моего господина". Сказал ему рабби Шимон: „Чем занимается Творец на небосводе?" Сказал ему: „Жертвоприношениями Он занимается, и говорит новые речения от имени твоего, счастлив ты. И пришел я, чтобы первым поприветствовать тебя миром. И одну вещь я хотел попросить у тебя, чтобы ты прояснил мне. В небесном собрании задали вопрос: в будущем мире нет еды и питья, но ведь написано: „Пришел я в сад мой, сестра моя, невеста…"⁹⁹⁶, – тот, у кого нет еды и питья, скажет: „Отведал я соты мои с медом, пил я вино мое с молоком"⁹⁹⁶?"»

553) «Сказал рабби Шимон: „А Творец что вам ответил?" Сказал ему: „Творец сказал: „Так ведь" есть „бен Йохай". Сказал: „И пришел я спросить тебя". Сказал рабби Шимон: „Сколькими милостями одарил Творец Кнессет Исраэль, и от большой любви, которой любил ее, изменял Свои действия, из тех, которые Ему" свойственно „делать, – ведь хотя не приняты у Него еда и питье", все же „из-за Своей любви к ней, Он ел и пил. Поскольку, когда Он приходил к ней, выполнял ее желание. Невеста, входящая под хупу и желающая есть, – нет правила, чтобы и жених ее ел с ней, несмотря на то, что не свойственно ему так поступать. Это смысл сказанного: „Пришел я в сад мой, сестра моя, невеста"⁹⁹⁶, – поскольку пришел к ней, чтобы идти с ней под хупу, „отведал я соты мои с медом, пил я вино мое с молоком"⁹⁹⁶"».

554) «„И мы учим у Давида, который пригласил Творца, и Он изменил свои действия, которые были свойственны Творцу, и Творец принял и исполнил желание его. Поскольку он пригласил Царя и Царицу с Ним. Это смысл сказанного: „Встань, Творец, ради покоя Своего, – Ты и ковчег могущества Твоего"¹⁰¹⁵, – то есть Царь и Царица вместе, и чтобы не разделять между ними, изменил келим и изменил действия Царя"».

---

¹⁰¹⁴ Писания, Псалмы, 144:15. «Счастлив народ, чья судьба такова, счастлив народ, у которого Творец (АВАЯ) – Всесильный (Элоким) его».
¹⁰¹⁵ Писания, Псалмы, 132:8. «Встань, Творец, ради покоя Своего, – Ты и ковчег могущества Твоего».

555) «„Это то, что написано: „Коэны Твои облекутся праведностью, и приверженцы Твои возликуют, ради Давида, раба Твоего"[1016]. „Коэны Твои облекутся праведностью"[1016], „левиты (облекутся праведностью)", – следовало сказать, потому что праведность – она со стороны левитов". То есть Малхут в свойстве левой стороны называется праведностью. И левая линия является свойством левитов. „И приверженцы Твои возликуют"[1016], „левиты Твои возликуют", – следовало сказать, потому что ликование и пение – они со стороны левитов", то есть с левой стороны, а он изменил и сказал: „Коэны Твои"[1016], „и приверженцы Твои"[1016], потому что они с правой стороны"».

556) «„Сказал ему Творец: „Давид, у Меня так не принято". Сказал Давид: „Ради Давида, раба Твоего, не отвергай лица помазанника Своего"[1016]. Исправление, которое я произвёл, не изменит его". Сказал ему (Творец): „Давид, поскольку ты пригласил Меня, Мне нужно выполнить твоё желание, а не Своё". И мы учим из этого принятое в мире, что если кто-то приглашает другого, – тому, кто приходит к нему, следует ему выполнять его желание, даже если это не принято у него"».

557) «„Так: „И взял он из камней того места"[1017], когда пришёл жених к невесте", потому что Яаков – это свойство Тиферет, а место – это свойство Малхут, а Тиферет и Малхут – это жених и невеста, „хотя он привык возлежать на подушках и перинах, а она дала ему камни, чтобы лежать на них, он принял всё по желанию сердца. Это смысл сказанного: „И лёг на том месте"[1017] – на этих камнях, хотя у него так не принято"».

558) «„И здесь так же: „Отведал Я соты Мои с мёдом"[996] – хотя у Него так не принято, сделал это „из-за любви к невесте. И вместе с тем", только „в доме невесты, а не в другом месте. На Своём месте Он не ест и не пьёт, на её месте – ест и пьёт. Это смысл сказанного: „Пришёл Я в сад Мой"[996] т.е. в Эденский сад, являющийся местом Малхут. И также „ангелы, которых Творец послал к Аврааму, не ели и не пили на своём месте, но ради Авраама ели и пили". Сказал ему (Элияу): „Рабби, клянусь

[1016] Писания, Псалмы, 132:9-10. «Коэны Твои облекутся праведностью, и приверженцы Твои возликуют, ради Давида, раба Твоего, не отвергай лица помазанника Своего».

[1017] Тора, Берешит, 28:11. «И достиг он этого места, и заночевал там, когда зашло солнце. И взял он из камней того места и положил себе в изголовье, и лёг на том месте».

тебе, это хотел сказать Творец, но для того, чтобы не вызывать признательность Себе перед Кнессет Исраэль, вознес это к тебе. Счастлив ты в мире, ибо Господин твой прославляется в тебе наверху. И о тебе написано: „Праведник, властвующий богобоязненно"[1018]».

Пояснение статьи. Зеир Анпин всегда слит наверху с Биной, являющейся свойством будущего мира, в котором нет еды и питья, потому что еда и питье – это мохин Хохмы, облаченные в хасадим.[1019] И известно, что Хохма раскрывается лишь в Малхут, и ни в какой другой сфире, которая выше нее.[1020] Получается, что еда и питье есть только лишь в Малхут. И это то, что сказано: «Ведь хотя не приняты у Него еда и питье»[1021], потому что мохин Хохмы не раскрываются в Зеир Анпине, но только хасадим, «поскольку, когда Он приходил к ней, выполнял ее желание», – когда приходит и соединяется с Малхут, тогда включается и Зеир Анпин в мохин еды и питья, как и Малхут. И это смысл сказанного: «И вместе с тем, в доме невесты, а не в другом месте»[1022], так как нет раскрытия Хохмы в другом месте, кроме ее места. И это смысл сказанного: «На своем месте Он не ест и не пьет», так как в месте Зеир Анпина мохин еды и питья не раскрываются.

559) «„Жертву Мне, хлеб Мой, в огнепалимые жертвы Мне"[1023]. Рабби Юдаи сказал: „В жертвоприношении есть дым и есть запах, и есть благоухание. Дым – это носители гнева, как написано: „Ибо тогда воздымится гнев Творца"[1024], и они", носители гнева, „наслаждаются дымом. И дым" означает –

[1018] Пророки, Шмуэль 2, 23:3. «Всесильный Исраэля сказал, мне говорил оплот Исраэля: „Властвующий над людьми должен быть праведником, властвующим богобоязненно"».

[1019] См. выше, п. 544.

[1020] См. Зоар, главу Берешит, часть 1, п. 340, со слов: «И, кроме того, так же как высшая Хохма является началом (решит ראשית), так же и нижняя Хохма считается началом (решит ראשית)...»

[1021] См. выше, п. 553.

[1022] См. выше, п. 558.

[1023] Тора, Бемидбар, 28:2. «Повели сынам Исраэля и скажи им: „Жертву Мне, хлеб Мой в огнепалимые жертвы Мне, в благоухание, приятное Мне, – соблюдайте вы, принося Мне в положенное время"».

[1024] Тора, Дварим, 29:19. «Не изволит Творец простить ему, ибо тогда воздымится гнев Творца и ярость Его против того человека, и ляжет на него вся клятва, записанная в этой книге, и сотрет Творец имя его из поднебесной».

„гнев в носу (хотэм).“[1025] Запах – это те, что называются яблоками". Сказал рабби Аба: „Как яблоки, это смысл сказанного: „И благоухание твоих ноздрей (досл. носа), как (благоухание) яблок"[1026]».[1027]

560) «„Одного агнца приноси утром"[1028]. Что значит – „утром"[1028]? Это утро Авраама", т.е. свет Хесед, как написано: „И встал Авраам рано утром"[1029]. Откуда нам известно, что это утро – оно утро Авраама?" Сказал рабби Эльазар: „Отсюда", поскольку написано: „Этим утром на рассвете (а-бóкер ор הַבֹּקֶר אוֹר)"[1030]. „Утром на рассвете (бóкер ор בֹּקֶר אוֹר)", – не написано, а: „Этим утром на рассвете (а-бóкер ор הַבֹּקֶר אוֹר)"[1030], с определяющей хэй (ה), „потому что это первый свет, созданный Творцом в действии начала творения, и поэтому" написано: „Приноси утром"[1028], то есть „известным утром, поскольку соответственно утру Авраама приносится эта жертва. Жертва, приносимая в сумерки, – она" соответствует „Ицхаку, и приносится в жертву соответственно вечеру Ицхака", и это свет Гвуры, которая является судом. „Откуда нам это известно? Поскольку написано: „И вышел Ицхак молиться в поле под вечер"[1031], и это вечер Ицхака. И мы это уже объясняли"».

Раайа меэмана

561) «„Эта заповедь – совершать послеполуденное жертвоприношение (минха) каждый день, и совершать дополнительное субботнее жертвоприношение (мусаф). А после него – соблюсти порядок личного хлеба, и левоны, и дополнительного

[1025] См. выше, п. 203.
[1026] Писания, Песнь песней, 7:9. «Подумал я: взберусь я на пальму, за ее ветви схвачусь я, и да будут груди твои, как грозди винограда, и благоухание твоих ноздрей, как (благоухание) яблок».
[1027] См. Зоар, главу Насо, Идра раба, пп. 141-142. «Седьмое исправление – сеарот прекращаются и видны две скулы (досл. яблони) в благовонном приношении, приятные и благовидные ...»
[1028] Тора, Бемидбар, 28:4. «Одного агнца приноси утром, а другого агнца приноси в сумерки».
[1029] Тора, Берешит, 22:3. «И встал Авраам рано утром, и оседлал своего осла, и взял с собой двух отроков своих и сына своего Ицхака, и наколол дров для жертвы всесожжения, и встал, и пошел на место, о котором сказал ему Всесильный».
[1030] Тора, Берешит, 44:3. «Утром (досл. этим утром) на рассвете эти люди были отосланы, они и ослы их».
[1031] Тора, Берешит, 24:63. «И вышел Ицхак молиться в поле под вечер, и поднял он глаза свои и увидел: вот верблюды идут».

жертвоприношения (мусаф) в начале месяца (рош ходеш). Великий светоч, каждый день нужно посылать дар Царю", Зеир Анпину, "через Малхут. И если она во владении своего мужа", т.е. в зивуге гадлута с Зеир Анпином, "нужно дать добавку, т.е. мусаф в субботу, и в начале месяца, и мусаф всех праздничных дней"».

562) «„Ибо она", Малхут, „является владением Единственного Его", Зеир Анпина, „а средний столб", Зеир Анпин, „является хозяином этого владения. И Яаков, установивший вечернюю молитву (арвит), – его ступень является (ступенью) среднего столба", Зеир Анпина. „Поэтому постановили авторы Мишны: вечерняя молитва – по своему решению (רְשׁוּת)", – что эта молитва, то есть Малхут, находится во владении (רְשׁוּת) ее Хозяина. „Ведь несмотря на то, что в изгнании, подобном ночи", и это время вечерней молитвы, „так как властвуют там Сам и змей, и все повелители его отрядов, а Шхина нисходит в изгнание с Исраэлем", все-таки она находится во владении своего Хозяина. Это смысл сказанного: „Я – Творец, это имя Мое, и славы Моей другому не отдам"[1032]».

563) «„И поэтому" написано: „И достиг он того места"[1033], поскольку нет иного достижения, кроме уговаривания" и примирения, „подобно тому, как: „Не проси меня"[1034]. Кнессет Исраэль уговаривала" Зеир Анпин, „чтобы не отходил от нее, потому что Творец", Зеир Анпин, „является местом мира. Что такое „мир"? Это Шхина. Потому таргум мир (עוֹלָם) – а́льма (עָלְמָא мир), и это от слова „девушка (улема עוּלֵימָא)", как ты говоришь: „А-альма́ (הָעַלְמָה девица)", то есть Малхут, когда она девственна. „И что написано о нем: „И заночевал там"[1033] – т.е. Зеир Анпин „договорился с ней ночевать там, в изгнании, со Шхиной. И если скажешь"», что «и достиг он того места»[1033]

[1032] Пророки, Йешаяу, 42:8. «Я – Творец, это имя Мое, и славы Моей другому не отдам, и хвалы Моей – идолам».

[1033] Тора, Берешит, 28:11. «И достиг он того места и заночевал там, ибо зашло солнце. И взял он из камней этого места и положил себе в изголовье, и лег на том месте».

[1034] Писания, Мегилат Рут, 1:16-17. «Но сказала Рут: „Не проси меня покинуть тебя и уйти от тебя обратно, потому что куда ты пойдешь – пойду и я, и где ты заночуешь, там заночую и я. Твой народ – мой народ и твой Всесильный – мой Всесильный. Где ты умрешь, там и я умру, и там похоронена буду. Так мне сделает Творец и так добавит, ибо (только) смерть разлучит меня с тобою!"»

означает «„что Яаков уговорил" Малхут,[1035] — это правильно", но следует объяснять также, что Малхут уговорила Яакова, т.е. Зеир Анпина, чтобы не отходил от нее в изгнании, как мы уже говорили. „И поскольку она в каждую ночь, т.е." состоянии „изгнания, — во владении (решу́т רְשׁוּת) своего мужа", как уже объяснялось выше, „постановили, что вечерняя молитва — по своему решению (решу́т רְשׁוּת)", потому что молитва — это Малхут, вечерняя — это изгнание, поскольку и тогда Малхут — во владении своего мужа. „И другое объяснение" того, что вечерняя молитва — по своему решению (решу́т רְשׁוּת), то есть объяснение в простом смысле, что не обязательно молиться, — „это солома для материального скота в „каль ва-хомер (легком и тяжелом)"[1036] — т.е. легко понять тому, кто представляет собой земную материю, а не обладающему разумом. „Опустились авторы Мишны и преклонились пред ним, и порадовались этому речению, и связали его множеством связей скрытых тайн", — то есть объяснили это многими видами тайн Торы. „И увенчали его, и вознесли к остальным товарищам, которые остались там"».

564) «Сказал верный пастырь (рабби Шимону): „Великий светоч, поэтому в остальных молитвах — это долг, ибо долговой вексель это на них — поддерживать" Малхут „в праведнике, оживляющем миры", т.е. в Есоде. „И о нем" сказали: „Тому, кто возлагает избавление на молитву, не будет причинен вред в течение всего этого дня", где избавление — это Есод, а молитва — это Малхут. „И с помощью чего она возлагается на Есод, — с помощью правой руки", Хеседа. „Это смысл сказанного: „Жив Творец! Полежи до утра"[1037]», т.е. пока не станет светить Хесед, называемый утром.[1038]

[1035] См. выше, п. 557.

[1036] Каль ва-хомер — один из приемов вывода законов из текста Торы, который заключается в том, что если в Торе приведены два случая, легкий (каль) и сложный (хамур), причем легкий случай сопровождается ограничением, это ограничение можно распространить и на более сложный случай.

[1037] Писания, Мегилат Рут, 3:13. «Переночуй эту ночь, а утром, если выкупит он тебя, то хорошо, пусть выкупит, а если он не захочет выкупить тебя, то я тебя выкуплю, (как) жив Творец! Полежи до утра».

[1038] См. выше, п. 560.

565) «„Когда настает время послеполуденной молитвы (минха)", и это тайна: „Вечером она приходит"[1039], то есть это предвечернее единство. „Это смысл сказанного: „И прилетела к нему голубка под вечер"[1040], потому что голубка – это Малхут. „Потому что это дар, посланный господину моему"[1041] в изгнании Эсава". Ибо вечер – это состояние изгнания. „А вот и сам он за нами"[1041] – т.е. Зеир Анпин идет за нами, чтобы вызволить ее из изгнания. „И еще. „Господину моему"[1041] – это Владыка всей земли, и это праведник", т.е. Есод. Поскольку „оттуда", из состояния зивуга минхи, который при наступлении вечера, сказано „о Йосефе-праведнике: „Первенец быков его – великолепие его"[1042], потому что единство минхи – оно от власти левой линии, называемой вечером, и поскольку минха – это послание господину моему, Есоду, т.е. Йосефу, поэтому и Йосеф стал свойством первенца быка, то есть левой линией. „И от него выйдет в будущем Машиах сын Эфраима", потому что Машиах сын Давида – это свойство правой линии, а Машиах сын Эфраима – это свойство левой линии. „И из-за него", из-за Машиаха сына Эфраима, „сказано: „И вот поднимается мой сноп и так и стоит, и вот окружают его ваши снопы, и кланяются они моему снопу"[1043], потому что Машиах сын Эфраима называется немым в изгнании.[1044] „А о праведнике" сказали: „Каждый склоняющийся склоняется при произнесении „благословен"". И поэтому сказано с его стороны: «И кланяются они моему снопу»[1043], т.е. Машиаху.

[1039] Писания, Эстер, 2:14. «Вечером она приходит, а утром она возвращается в другой, женский дом под надзор Шаашгаза, евнуха царского, стража наложниц; и больше уже не войдет к царю, разве только если пожелает ее царь и позовет по имени».

[1040] Тора, Берешит, 8:11. «И прилетела к нему голубка под вечер, и вот лист маслины сорвала клювом своим. И узнал Ноах, что убыли воды с земли».

[1041] Тора, Берешит, 32:17-19. «И дал в руки рабам своим каждое стадо особо, и сказал рабам своим: „Пойдите предо мною, и оставляйте расстояние от стада до стада". И приказал первому, сказав: „Когда встретит тебя Эсав, брат мой, и спросит тебя, говоря: „Чей ты? И куда идешь? И для кого эти, что пред тобою?" То скажешь: „Раба твоего Яакова; это дар, посланный господину моему Эсаву; а вот и сам он за нами"».

[1042] Тора, Дварим, 33:17. «Первенец быков его – великолепие его, а рога дикого буйвола – рога его; ими будет бодать он все народы вместе, до края земли – это десятки тысяч Эфраима, и это тысячи Менаше».

[1043] Тора, Берешит, 37:7. «И вот мы вяжем снопы среди поля, и вот поднимается мой сноп и так и стоит, и вот окружают его ваши снопы, и кланяются они моему снопу».

[1044] Слова „сноп (алума́ אֲלֻמָּה)" и „илем́ (אִלֵּם)" состоят из тех же букв.

566) «Сказал великий светоч (т.е. рабби Шимон): "Верный пастырь, о тебе сказано: "И взял Моше кости Йосефа"[1045], потому что" Моше – это Тиферет, называемый телом, а Йосеф – это Есод, называемый союзом, а "тело и союз мы считаем одним целым, и поэтому сказано о тебе: "И вот поднимается мой сноп (алуматѝ אֲלֻמָּתִי) и так и стоит"[1043], то есть Малхут, называемая Эль (אל) в изгнании. "Ибо такова молитва стоя", так как молитва – это Малхут. "И так: "Каждый выпрямляющийся выпрямляется при произнесении имени"[1046]", и это Тиферет, т.е. Моше, и поэтому сказано о нем: «Поднимается мой сноп»[1043]. «"А о праведнике: "Каждый склоняющийся склоняется при произнесении "благословен"[1046],[1047] и это: "И кланяются они моему снопу"[1043], ведь со стороны Тиферет это вставание – для Малхут, а со стороны Есода это преклонение – для Малхут. "Ибо ты включен в правую и левую стороны – в тело и в союз", которыми являются Тиферет и Есод, и Тиферет склоняется в правую сторону, а Есод склоняется в левую. "А затем поднимись над ними к Бине, чтобы раскрыть в ней пятьдесят врат свободы для Исраэля", т.е. привлечь большие мохин свободы, "чтобы исполнить: "Как в дни исхода твоего из земли Египта, явлю ему чудеса"[1048]. И поэтому утренняя молитва (шахарит) – она обязательна, а вечерняя (арвит)" молитва – "по своему решению"».

Объяснение. То есть как он выяснил выше, что «вечерняя молитва – по своему решению (решу́т רְשׁוּת)»[1049] означает, что молитва, т.е. Малхут, вечером, т.е. в состоянии изгнания, находится во владении (решу́т רְשׁוּת) своего мужа. Но не нужно притягивать к ней хасадим, потому что в изгнании невозможно притянуть хасадим, поскольку свет хасадим притягивается только днем, являющимся состоянием избавления. Однако утренняя молитва, которая возносится днем, – к ней обязательно нужно привлекать хасадим с помощью Есода,[1050] поскольку тогда – это время хасадим.

[1045] Тора, Шмот, 13:19. «И взял Моше кости Йосефа с собою, ибо (Йосеф) клятвенно наказал сынам Исраэля, говоря: "Вспомнив, помянет вас Всесильный, и вы вынесите мои кости отсюда с собою"».

[1046] См. Ари, «Шаар а-каванот», комментарии (молитвы) Амида, комментарий 2.

[1047] См. выше, п. 306.

[1048] Пророки, Миха, 7:15. «Как в дни исхода твоего из земли Египта, явлю ему чудеса».

[1049] См. выше, п. 563.

[1050] См. выше, п. 564.

567) «„В вечерней молитве (арвит)", Малхут – она „ашкивéйну (הַשְׁכִּיבֵנוּ уложи нас)"[1051], то есть „что она лежит (шохéвет שׁוֹכֶבֶת) меж рук Царя в изгнании", то есть не может она встать, а лежит. Потому что ночь – это состояние изгнания. „Когда наступает утро", являющееся состоянием избавления, праздник „Песах", свойство правой, т.е. Хесед Зеир Анпина, „охватывает ее справа", т.е. дает ей хасадим. „Однако о левой руке" Зеир Анпина, называемой „Ицхак", и это свойство „тишрей", – сказано о нем: „И случилось, что он еще не кончил говорить, как выходит Ривка"[1052] из изгнания", потому что избавление приходит от исправления левой стороны, которой является Ицхак. „И для того чтобы" Малхут „не вышла" из изгнания „со стороны суда", потому что левая сторона является судом, поэтому „Яаков", т.е. Зеир Анпин, „возложил наоборот руки свои"[1053], и расположил быка", т.е. левую, „в правой стороне", являющейся милостью (хесед), „а льва", т.е. правую, „расположил в левой стороне", являющейся судом. „Поэтому: „Слово Творца господину моему: „Сиди справа от Меня"[1054] – это праведник", т.е. Есод, „который соответствует Машиаху сыну Йосефа", являющемуся судом,[1055] „и сказал ему: „Сиди справа от Меня"[1054], так как это рука Авраама", т.е. Хеседа, во время „изгнания Ишмаэля"». То есть по той причине, что Яаков «возложил наоборот руки свои»[1053], сказал «господину моему»[1054], т.е. левой стороне Есода, а это Машиах сын Эфраима, являющийся судом, чтобы сидел с правой стороны, т.е. Хеседа, «„пока Я не сделаю врагов подножием твоим"[1054]».

[1051] Одно из благословений вечерней молитвы: «Уложи нас (ашкивейну הַשְׁכִּיבֵנוּ) спать, Творец Всесильный наш, с миром, и подними затем, Царь наш, к жизни...»

[1052] Тора, Берешит, 24:15. «И случилось, что он еще не кончил говорить, как выходит Ривка, которая родилась у Бетуэля, сына Милки, жены Нахора, брата Авраама, и кувшин на ее плече».

[1053] Тора, Берешит, 48:14. «И протянул Исраэль правую руку свою и возложил на голову Эфраима, а он младший, и левую руку свою на голову Менаше; возложил наоборот руки свои, ибо Менаше первенец».

[1054] Писания, Псалмы, 110:1. «Давиду. Псалом. Слово Творца господину моему: „Сиди справа от Меня, пока Я не сделаю врагов подножием твоим!"»

[1055] См. выше, п. 565.

ГЛАВА ПИНХАС

Дополнительная нефеш, дополнительная руах, дополнительная нешама

568) «„В это время пробудится дополнительный дух", и это „добавка" руаха „над Исраэлем. И это смысл изречения: „Изолью Я дух Мой на всякую плоть"[1056]. И будет спокойствие Исраэлю от народов мира, „и покой от врагов своих"[1057]. Чтобы было как в субботу, когда человеку добавляется дополнительная душа (нефеш) в субботу, и есть у него покой в ней. И если есть у нас покой в дополнительной душе (нефеш), тем более" у нас будет покой „в духе (руах), являющимся захаром"».

569) «„Танаи и амораи" слышали „дополнительную душу (нефеш) в субботу, которая для всего Исраэля вместе – одна", и это свойство Кетера, „однако для каждого человека – она согласно его делам", то есть каждому соответственно его ступени. „И мы учили" это – „тем более из возвращения, потому что весь Исраэль вместе, – в любое время", в случае „когда совершают возвращение, принимаются все. Это смысл изречения: „Как Творец Всесильный наш, каждый раз, когда мы взываем к Нему"[1058], потому что над всем Исраэлем вместе – „имя Творца коронованo над ними Кетером Его, который является высшим Кетером. И этот", высший Кетер, „является дополнительной душой (нешама) всего Исраэля" вместе „в субботний день и в праздничные дни. И поэтому установили в каждый день – для завершения", то есть завершать благословение, „именем АВАЯ (הויה), которое является печатью всех благословений этой молитвы, но не произносят мусаф без" свечения „этого Кетера", потому что Кетер имени АВАЯ (הויה) не светит каждый день, и поэтому заверяют печатью АВАЯ (הויה), которой является Зеир Анпин, и не произносят мусаф, который является Кетером Зеир Анпина. „А в субботу постановили говорить в мусаф: „Кетер

[1056] Пророки, Йоэль, 3:1. «И будет после того: изолью Я дух Мой на всякую плоть, и будут пророчествовать сыны ваши и дочери ваши, старцам вашим будут сниться сны, юноши ваши будут видеть видения».

[1057] Писания, Мегилат Эстер, 9:16. «И остальные иудеи, которые в областях царских, собрались, чтобы отстоять жизнь свою и покой от врагов своих, и убили из врагов своих семьдесят пять тысяч (человек), а на грабеж не простерли руки своей».

[1058] Тора, Дварим, 4:7. «Ибо кто народ великий, к которому боги были бы столь близки, как Творец Всесильный наш, каждый раз, когда мы взываем к Нему».

воздадут Тебе, Творец Всесильный наш"», потому что в субботу светит Кетер Зеир Анпина, и поэтому произносят мусаф. И этот Кетер Зеир Анпина является свойством дополнительной души (нешама), которая светит всему Исраэлю вместе, как мы объяснили.

570) «"Но к каждому из Исраэля так нисходит душа (нефеш) – согласно его ступени. Если он благочестив (хасид), дают ему дополнительную душу (нефеш) от свойства Хесед согласно его ступени. Если он сильный (гибор), боящийся греха, дают ему дополнительную душу (нефеш) от свойства Гвура. А если он человек непорочный, дают ему дополнительную душу (нефеш) от свойства истины. Потому что дополнительная нефеш – это Малхут, и она состоит из десяти сфирот", и поэтому "соответственно свойству человека", – так он получает от сфиры, что в Малхут, – "то есть является ли он главой мудрецов в Исраэле, или мудрецом, или разбирающимся в мудрости, или в Торе, о которой сказано: "Чтобы понять притчу и аллегорию"[1059], или в пророках, или в писаниях. Так дают ему дополнительную нефеш, называемую Кетер Малхут"», если он глава мудрецов в Исраэле.

571) И продолжает объяснять свои слова. «"А если он мудрец, как мы уже объясняли", кто такой "мудрец – делающий мудрым каждого человека, как сказано: "Всех мудростью сотворил Ты"[1060], дают ему оттуда дополнительную нефеш. И если он понимает одно из другого в Торе, дают ему дополнительную нефеш от Бины. А если он мудрец в Пророках и Писаниях, дают ему дополнительную нефеш от Нецаха и Хода. А если он завершенный праведник, оберегающий знак союза, знак субботы, знак праздников, знак тфилин, дают ему дополнительную нефеш от праведника", т.е. Есода. "Но в любом случае, дополнительная нефеш", которую получает один человек, – "она от Малхут"». И если говорят, что это Есод, то Есод, что в Малхут, и так с остальными сфирот.

572) «"А если это человек, в котором есть все эти вышеперечисленные свойства", – он сравнивается и уподобляется

[1059] Писания, Притчи, 1:5-6. «Послушает мудрый – и умножит познания, и разумный приобретет мудрые советы; чтобы понять притчу и аллегорию, слова мудрецов и загадки их».

[1060] Писания, Псалмы, 104:24. «Как многочисленны дела Твои, Творец! Всех мудростью сотворил Ты, полна земля созданиями Твоими».

всему Исраэлю вместе,[1061] – „дают ему Кетер в имени АВАЯ (הויה). Как написано: „Как Творец (ка-АВАЯ כהויה) Всесильный наш, каждый раз, когда мы взываем к Нему"[1058], „Нет святого как Творец (ка-АВАЯ כהויה)"[1062], и каф (כ как), предваряющая АВАЯ (הויה), – это свойство Кетера Зеир Анпина, являющегося дополнительной нешамой „от мира захара, т.е. Тиферет", и не как дополнительная нефеш одного человека, которая только от сфирот Малхут. „И это Царь, коронованный высшим Кетером" от Бины, „в которой Он будет царствовать в Своей Шхине, то есть дополнительной нефеш. А Кетер – это дополнительная нешама", получаемый от „АВАЯ (הויה), и это руах, о котором сказано: „Изолью Я дух (руах) Мой на всякую плоть"[1056]. И" этот руах, то есть АВАЯ (הויה), „состоит из десяти сфирот сверху вниз, наподобие этого: йуд (י) – это Хохма, хэй (ה) – Бина, вав (ו) включает шесть сфирот – от Хеседа до Есода, хэй (ה) – это Малхут. А каф (כ) от „как Творец Всесильный наш (ка-АВАЯ Элокейну כהויה אֱלֹהֵינוּ)"[1058] – это Кетер (корона) на голове" АВАЯ (הויה). „И это – нешама, которая добавляется в день субботний"» обществу Исраэлю вместе, или одиночке, у которого есть все десять свойств, что в Малхут.

573) «„И поскольку Причина причин чудесен и покрыт этим Кетером, а в субботы и праздники" этот Кетер „распространяется в имя АВАЯ (הויה)", поэтому „нет правления" тогда „у Сама и змея, и всех правителей его, и нет правления не у преисподней, т.е. у дурной нуквы Сама, и не у станов его, потому что все они прячутся пред станами Царя, как спрячутся народы мира, поклоняющиеся идолам, когда раскроется Машиах. Это смысл сказанного: „И войдут люди в пещеры скал"[1063], „И в расселинах скал"[1064]».

574) «„Встали танаи и амораи, и сказали: „Верный пастырь, ты важен как весь Исраэль, преисполнен всеми хорошими

[1061] См. выше, п. 569.
[1062] Пророки, Шмуэль 1, 2:2. «Нет святого как Творец, ибо нет другого, кроме Тебя, и нет твердыни как Всесильный наш».
[1063] Пророки, Йешаяу, 2:19. «И войдут люди в пещеры скал и в подземелья из страха пред Творцом и от блеска величия Его, когда Он встанет, чтобы сокрушить землю».
[1064] Пророки, Йешаяу, 7:19. «И придут, и расположатся все они в опустевших долинах, и в расселинах скал, и на всяком колючем кустарнике, и на всяком тернии».

качествами,¹⁰⁶⁵ несомненно, в тебе пребывает Тот, о котором сказано: „Нет святого как Творец (ка-АВАЯ כהויה) … Всесильный наш"¹⁰⁶², т.е. каф (כ как), предваряющая АВАЯ (הויה), которая указывает на Кетер АВАЯ (הויה).¹⁰⁶⁵ Ты – Кетер над каждым из Исраэля, потому что нет кроме тебя человека, который был бы Кетером над тобой, – ни глава мудрецов, ни мудрец, ни разумеющий, ни благочестивый, ни сильный, ни непорочный, ни пророк, ни праведник, ни царь", являющиеся десятью сфирот Малхут, от которых берут каждый из Исраэля.¹⁰⁶⁶ „Ты – в образе Творца", т.е. Зеир Анпина, являющегося миром захара, как мы уже объясняли. „Сын – он в облике Отца", поскольку Моше – сын Зеир Анпина, „как Исраэль" в общности своей, „когда сказано о них: „Сыны вы Творцу Всесильному вашему"¹⁰⁶⁷. Восполни заповедь Господина своего, ибо нет" заповеди „из всех этих заповедей твоих, чтобы не украсились ими Творец и Шхина Его наверху и внизу, – высшим Кетером, в каждом свойстве"».

575) «Провозгласил» верный пастырь «и сказал: „Танаи и амораи". И объясняет Зоар, „что каждый раз, когда" верный пастырь „звал всех товарищей и рабби Шимона вместе с ними" по имени танаев и амораев, „говорил им: „Я восславляю вас сообразно вашей знатности, потому вы сыновья знатных", то есть „Авраама, Ицхака и Яакова. Нет того, кто бы мог восславить вас, только Владыка мира, потому что даже вся Тора целиком, до бесконечности, зависит от вас. Подобно тому как сказано о Торе: „Длиннее земли мера ее и шире моря"¹⁰⁶⁸ – такова слава ваша. Но осуществится в вас то, что осуществилось во мне, – что радовался я величию Аарона, брата моего, как мы уже объясняли" в отношении Аарона – „сердце, которое радовалось величию брата своего, наденет урим и тумим"».

576) «„И танаи и амораи" слушали „все мусафы суббот и праздников, каждый мусаф, в котором говорят „Кетер", – отсюда они известны"», то есть от Кетера Зеир Анпина, о котором сказано: «Нет святого как Творец (ка-АВАЯ כהויה)»¹⁰⁶²,¹⁰⁶⁵ «„И все молитвы Исраэля, их аромат – он как аромат „мирры и

---

¹⁰⁶⁵ См. выше, п. 572.
¹⁰⁶⁶ См. выше, пп. 570-571.
¹⁰⁶⁷ Тора, Дварим, 14:1. «Сыны вы Творцу Всесильному вашему. Не делайте на себе надрезов и не делайте плеши меж ваших глаз по умершему».
¹⁰⁶⁸ Писания, Иов, 11:9. «Глубже преисподней – что знаешь ты? Длиннее земли мера ее и шире моря».

фимиама, и всяких порошков торговца"[1069]. И это в остальные дни, однако по субботам и праздникам", когда светит Кетер Зеир Анпина, как мы уже говорили, молитва „важнее" Творцу, „чем всевозможные виды благовоний"». Объяснение. Всевозможные виды благовоний и аромат – это свечение Хохмы левой линии, а Кетер, светящий в субботы и праздники, – это свет хасадим, но он намного важнее благовоний, светящих в остальные дни, являющихся свечением Хохмы.

577) «„Потому что в праздничные дни" молитвы „возвышеннее" и важнее „всех порошков торговца"[1069], о котором сказано", о порошке торговца (авкáт рохéль אַבְקַת רוֹכֵל): „И боролся (ва-еавéк וַיֵּאָבֵק) человек с ним"[1070]. Потому что молитва, которая ущербна, – борется с ней Сам, чтобы воевать с ней" и обвинять „за этот ущерб нарушения", имеющийся в молитве, то есть „за эту пыль (авáк אָבָק)" молитвы он поднимается и обвиняет, „и это возносится до небес"».

[1069] Писания, Песнь песней, 3:6. «Кто она, поднимающаяся из пустыни словно столбы дыма, окуриваемая миррою и фимиамом, и всякими порошками торговца (благовониями)».

[1070] Тора, Берешит, 32:25. «И остался Яаков один, и боролся человек с ним до восхода зари».

Вечерняя молитва

578) И есть два вида пыли, ибо «„пыль (ава́к אָבָק) Яакова", т.е. война его, – „она для того, чтобы защищать молитвы во многих станах заслуг, и это отряды и станы, которые собираются вместе с ним, чтобы защищать" молитву. „А пыль от ступени Сама́ поднимается во многих станах вины, чтобы обвинить" молитву. „И это вечерняя молитва (арвит), называемая лестницей Яакова, которая в ней, „и вот ангелы Всесильного восходят и нисходят по ней"[1071], – эти" молитвы „восходят", когда они являются „провинностями, и нисходят заслуги вместо них". Ибо станы защитников Яакова возобладали над станами обвинителей Сама́, „а эти восходят, когда они являются заслугами, и нисходят провинности вместо них", – потому что станы обвинителей Сама́ возобладали над ними, ведь эти станы „принижают их в многочисленных войнах"».

579) «„И они", защитники, – „обладатели щитов в войне Торы, пока эта война не станет слышна большим горам, т.е. Аврааму, Ицхаку и Яакову. Это смысл изречения: „Слушайте, горы, спор Творца"[1072]. Спор молитвы, спор Торы", – то есть спор защитников и обвинителей за Тору и молитву человека. „И эта война вечерней молитвы (арвит) – она до восхода зари. Потому что раббан Гамлиэль установил ее до восхода зари, так как время вечерней молитвы (арвит) – это вся ночь, но мудрецы сделали ограничение", и установили – „до полуночи"».

580) «„И поэтому", поскольку вечерняя молитва (арвит) действует до восхода зари, сказано: „И боролся человек с ним до восхода зари"[1070]. Что такое – заря? Это вечерняя молитва (арвит)", т.е. Шхина, „и мера ее – до утра Авраама, время которого – четыре часа.[1073] „И встал Авраам рано утром"[1074] – т.е. вначале первого часа, что в конце зари", и это Нецах Яакова,

---

[1071] Тора, Берешит, 28:12. «И снилось ему: и вот лестница поставлена на землю, а вершина ее достигает небес; и вот ангелы Всесильного восходят и нисходят по ней».
[1072] Пророки, Миха, 6:2. «Слушайте, горы, спор Творца, и твердыни, основы земли, ибо спор у Творца с народом Его и с Исраэлем спорить будет Он».
[1073] См. Вавилонский Талмуд, трактат Брахот, лист 26:1.
[1074] Тора, Берешит, 22:3. «И встал Авраам рано утром, и оседлал своего осла, и взял с собой двух отроков своих и сына своего Ицхака, и наколол дров для жертвы всесожжения, и встал, и пошел на место, о котором сказал ему Всесильный».

и там: „Руководителю: на аелет а-шахар (на восходе зари)"[1075], чтобы воздать Саму за повреждение левого бедра Яакова, т.е. Хода, о котором сказано: „Обрек меня на опустошение, целый день – скорбь (давá דָוָה)"[1076], и это буквы „Ход (הוד). Со стороны Хода, являющегося пятым тысячелетием, остался Храм разрушенным и пустынным"».

Объяснение. Малхут облачает Зеир Анпин от хазе и ниже, и занимает четыре сфиры НЕХИМ Зеир Анпина. И правая линия Малхут, а это Хохма Хесед Нецах, образуется от Нецаха Зеир Анпина. А ее левая линия, и это Бина Гвура Ход, образуется от Хода Зеир Анпина. А средняя ее линия, Даат Тиферет Есод, образуется от Есода и Малхут Зеир Анпина. И это смысл сказанного: «Что такое – заря? Это вечерняя молитва (арвит)», то есть Малхут, называемая вечерней молитвой (арвит), она называется зарею (шáхар שַׁחַר). И это указывает на суды, исходящие от черного (шахóр שָׁחוֹר) цвета. «И мера ее – до утра Авраама, время которого – четыре часа», поскольку мера Малхут – получить хасадим Зеир Анпина, называемого Авраам, и это четыре сфиры Зеир Анпина, НЕХИМ, откуда она получает наполнение Зеир Анпина. «„И встал Авраам рано утром"[1074] – т.е. вначале первого часа, что в конце зари", и это Нецах Яакова», потому что четыре часа этого утра – это НЕХИМ, и получается первый час – это Нецах Зеир Анпина, называемый Яаков.

И следует знать, что главное включение Сама – в Ход, потому что там его место в Малхут, так как ХАГАТ Нецах Ход соответствуют КАХАБ ТУМ. Таким образом, Малхут – это Ход. Однако в Нецах, т.е. в Зеир Анпин, у него вообще нет включения, только в тайне сказанного: «Из-за сорняка страдает капуста»[1077]. Поскольку вследствие подъема Малхут в Бину поднялось также и включение Сама в Нецах. Однако этот подъем Сама, чтобы включиться также и в Нецах, не на пользу ему, а наоборот, оттуда всё его крушение, потому что во время гадлута, когда Малхут снова опускается из Бины, выходят ГАР, принижающие и

[1075] Писания, Псалмы, 22:1. «Руководителю: на аелет а-шахар. Псалом Давида».
[1076] Писания, Мегилат Эйха, 1:13. «Ниспослал Он свыше огонь в кости мои, и тот иссушил их; раскинул Он сеть у ног моих, повернул меня вспять, обрек меня на опустошение, целый день – скорбь».
[1077] См. «Учение десяти сфирот», часть 12, таблицу вопросов и ответов объяснения терминов, вопрос 18. «Что значит: „Из-за сорняка страдает капуста"?»

склоняющие всю ситру ахра.[1078] И это смысл сказанного: «И это Нецах Яакова, и там: «„Руководителю: на аелет а-шахар"[1075], чтобы воздать Саму за повреждение левого бедра Яакова, т.е. Хода». Потому что в Нецахе Зеир Анпина – там место победы над ситрой ахра, после того как она поднимается и включается туда, как уже объяснялось, однако в левом бедре, и это Ход, там повредил Сам и т.д., поскольку там у него действительно есть включение. И это смысл слов: «О котором сказано: „Обрек меня на опустошение, целый день – скорбь (давá דָוָה)"[1076], Ход (הוד)», потому что там, в Ходе, – сущность Малхут, исправление которой в седьмом тысячелетии. И потому это разрушение захватывает немного от четвертого тысячелетия, т.е. Нецаха, и немного от шестого тысячелетия, т.е. Есода, тогда как в пятом тысячелетии, т.е. Ходе, «целый день – скорбь (давá דָוָה)»[1076], ибо от начала до конца – это разруха и опустошение. Это смысл сказанного: «Со стороны Хода, являющегося пятым тысячелетием, остался Храм разрушенным и пустынным», – потому что со стороны Хода нет вовсе никакого исправления до конца исправления, тогда как в Нецахе и Есоде есть небольшое исправление, как мы уже сказали.

[1078] См. Зоар, главу Ваэра, пп. 109-110. «„Пока не поднимется в северной стороне одно огненное пламя", – т.е. пока не раскроются суды Бины посредством подъема Малхут к ней...»

ГЛАВА ПИНХАС

Моше и два Машиаха, и радуга, и Малхут

581) «Сказал рабби Шимон: „Верный пастырь, это великолепие (ход) твое, в котором ты меч от твоего пророчества в левой стороне, и поскольку ты – „направлял Он десницу Моше"[1079], т.е. Нецах, который является началом (рош) зорь", так как Нецах и Ход называются двумя зорями, потому что ситра ахра включается в них обоих, как объяснялось в предыдущем пункте, и Нецах – это начало (рош) этих зорь, и с его стороны называется Малхут „любимой ланью"[1080]. И поэтому „провозгласил Давид: Победителю (ла-менацеах לַמְנַצֵּחַ): над предрассветной ланью (аелет а-шахар)"[1075], так как в него", в Нецах, „войдут те победители (менацхим מְנַצְּחִים) в войнах", поскольку нельзя победить в войне с ситрой ахра, но только в сфире Нецах, как уже объяснялось в предыдущем пункте. „И поскольку Нецах и Ход – это две зари, постановили в Мишне: когда провозглашают Шма на зорях. И не сказал: „На заре", а: „На зорях", – двух"». То есть имеются в виду Нецах и Ход, светящие нукве в два первых утренних часа, как объяснялось в предыдущем пункте, и они называются зорями.

582) «„И два Машиаха", которые исходят от двух Малхут, „пробудятся для них", для Нецаха и Хода. „Машиах бен Давид – он соответствует Нецаху, и связывается с утром Авраама", т.е. Хеседом, потому что от Нецаха Зеир Анпина нисходит Хесед к Малхут. „Это смысл сказанного: „Блаженство в деснице Твоей вовек (нецах נֶצַח)"[1081]. Ход" связывается „с Гвурой, и в него", в Ход, „включен Машиах бен Эфраим", потому что от Хода Зеир Анпина нисходит Гвура к Малхут, как мы уже объясняли. „Ты", Моше, верный пастырь, „посередине, так как твоя ступень – это Тиферет, поскольку средний столб", т.е. Тиферет, „связан с тобой, и Есод, оживляющий миры, – он на твоей ступени", и

[1079] Пророки, Йешаяу, 63:12. «Направлял Он десницу Моше прославленной мышцей Своей, рассек воды пред лицом их, чтобы сделать Себе имя вечное».

[1080] Писания, Притчи, 5:18-19. «Да будет источник твой благословен, и получай радость от жены юности твоей, любимой лани и прекрасной серны; пусть груди ее напоят тебя во всякое время; ее любви отдавайся постоянно».

[1081] Писания, Псалмы, 16:11. «Ты укажешь мне путь жизни, полнота радостей пред Тобой, блаженство в деснице Твоей вовек».

поэтому он – средняя линия между двумя Машиахами, которые соответствуют Нецаху и Ходу, ибо Есод является средней линией Нецаха и Хода. „И Хохма – справа: „Желающий обрести мудрость (хохма) обратится на юг"[1082]. А Бина – слева: „Желающий разбогатеть обратится на север"[1082]». И получается, что Хохму Хесед Нецах, которые справа, получает Машиах бен Давид от Нецаха Зеир Анпина, а Бину Гвуру и Ход получает Машиах бен Эфраим от Хода Зеир Анпина. А Моше, наш учитель, посреди них светит им Даатом Тиферет Есодом, соединяя двух Машиахов друг с другом.[1083]

583) «„Она", Малхут, – „радуга у тебя", потому что Малхут получает от него три цвета радуги, то есть три линии. „И эта", радуга, „является облачением Шхины, и облачением праведника", то есть Есода, „называемого союзом этой радуги. И это – знак субботы и знак праздника, и знак тфилин, и знак союза обрезания. И сказал: „Тот, кто не отмечен этим знаком, не войдет в это зеркало в этой комнате. А эта", Малхут, – „это посох, и средний столб", т.е. Зеир Анпин, „обращается с помощью нее к Хеседу", т.е. к правой линии, „для завершенных праведников, чтобы дать им заслуги в восемнадцати благословениях молитвы, и обращается к вине", т.е. к левой линии, „для грешников, чтобы привлечь их Гвурой к суду по делам их. А с помощью средней он продлевает срок для средних. И это – шин (ש)"», в которой есть три рош, соответствующие трем линиям.

584) «„Три цвета радуги", белый-красный-зеленый, и это три линии, – „это знак союза", то есть Есод, суть „радуги – единственная дочь, Царица-суббота", и это Малхут, получающая три эти цвета радуги от Есода. „И есть у нее", у Малхут, „шесть ступеней" ХАГАТ НЕХИ от Матата, „под ее властью, и это шесть дней действия, включенные в Матата, о которых сказано: „Шесть дней занимайся трудом своим"[1084]. Но единственная дочь", и это Малхут Зеир Анпина, – „суббота Творцу; совершающий труд во время нее смерти предан будет"».

[1082] См. Вавилонский Талмуд, трактат Бава батра, лист 25:2.
[1083] См. выше, п. 580.
[1084] Тора, Шмот, 23:12. «Шесть дней занимайся трудом своим, а в день седьмой пребывай в покое, чтобы отдохнул вол твой, и осел твой, и отдохнул сын рабыни твоей, и пришелец».

585) «„АВАЯ (הויה) называется в букве хэй (ה)", иначе говоря, буква хэй (ה) завершает имя АВАЯ (הויה). Потому что Зеир Анпин – это йуд-хэй-вав (יה"ו), а последняя хэй (ה) – это Малхут. „И от этой стороны – к правой, йуд-хэй-вав (יה"ו), где хэй (ה) – ее совершенство. И так в каждой стороне из шести окончаний" Зеир Анпина. Таким образом, хэй (ה) – это его совершенство. Ибо есть шесть сочетаний йуд-хэй-вав (יה"ו), в шести окончаниях Зеир Анпина, и это „йуд-хэй-вав (יה"ו), хэй-вав-йуд (הו"י), вав-йуд-хэй (וי"ה), йуд-вав-хэй (יו"ה), хэй-йуд-вав (הי"ו), вав-хэй-йуд (וה"י), и это восемнадцать (ח"י) букв, включенных в праведника, оживляющего (хай ח"י) миры", т.е. Есод, „а она", Малхут, „четверть ина в каждой стороне"». Иначе говоря, Малхут является четвертой буквой, и это последняя хэй (ה) в каждом сочетании из шести сочетаний, приведенных выше. И поэтому называется четвертью ина: четвертью – поскольку она четвертая буква, ина (הִין) – потому что она хэй (ה).

586) «„И она", Малхут, – „хэй (הא) со стороны истолкованного имени, йуд-хэй-вав (יוֹד הֵא וָאו). Йуд (יוֹד) – в Хеседе, хэй (הֵא) – в Гвуре, вав (וָאו) – в Тиферет". А последняя хэй (הֵא) – в Малхут. „Когда властвует эта роса (таль ט"ל)", т.е. йуд-хэй-вав (יוֹד הֵא וָאו), которое в гематрии тэт-ламед (ט"ל 39), „мудрецы запретили сорок работ без одной. И называются они основными работами (досл. отцами работ), потому что они соответствуют праотцам, которые властвуют над ними", т.е. ХАГАТ, называемым праотцами, так как йуд-хэй-вав (יוֹד הֵא וָאו) – это ХАГАТ, как мы уже объясняли, и они в гематрии „тридцать девять (таль ט"ל), то есть сорок без одной"».

587) «„И этими сорока работами без одной нанесли десять ударов плетью Адаму, и десять – Хаве, и десять – змею, и девять – земле". И это тридцать девять проклятий. „И поскольку властвуют тридцать девять", то есть йуд-хэй-вав (יוֹד הֵא וָאו), „в субботу, и это хэй (הֵא), не наносят удары в субботу. Поскольку эти тридцать девять – они не как тридцать девять" работ „в будни, которые со стороны раба Матата. И эти сорок без одной – это сев и пахота, и т.д."»[1085]

588) Сказал верный пастырь рабби Шимону: «„Старик, старик! Шхина называется землей Творца. Это смысл сказанного:

[1085] См. Вавилонский Талмуд, трактат Шаббат, лист 73:1.

"А земля – подножие ног Моих"¹⁰⁸⁶. Со стороны Хеседа" Шхина "называется водами. А со стороны Гвуры называется огнем. А со стороны центрального столба", т.е. Тиферет, называется "воздухом. А она" сама называется "землей", так как она является "землей для всех"», то есть принимает их все.

589) «„И поскольку дополнительная душа (нешама) распространяется в Шхине, являющейся Царицей-субботой, о которой сказано: „И царство Его над всем властвует"¹⁰⁸⁷, – оттуда это царство (малхут), которое властвует над землей, и над деревьями и саженцами. И поскольку это Древо жизни", – т.е. Зеир Анпин, "являющееся дополнительной душой (нешама), что в субботу,¹⁰⁸⁸ в нем ее порождения, – есть покой у земли, то есть Шхины"». Объяснение. Поскольку в субботу Малхут совершает зивуг с Древом жизни, то есть Зеир Анпином, поэтому есть у нее покой, так как все клипот склоняются в результате этого зивуга, и нет власти у всех миров, кроме ее власти.

590) «„И из-за того, что высшая Шхина", т.е. Бина, "распространяется на земле", т.е. Малхут, "и о ней", о Малхут, "сказано: „Корову красную без порока, у которой нет увечья, на которой не было ярма"¹⁰⁸⁹, запрещено вспахивать землю в субботу посредством быка. Как сказано: „На спине моей пахали пахари"¹⁰⁹⁰"» – то есть суды левой линии, ведь поэтому сказано о Малхут: «На которой не было ярма»¹⁰⁸⁹. «„И нижняя Шхина", Малхут, – „это „красная корова"¹⁰⁸⁹ со стороны Гвуры. "Без порока"¹⁰⁸⁹ – со стороны Хеседа, так как это ступень Авраама, о котором сказано: „Ходи предо Мною и будь непорочен"¹⁰⁹¹. Таким образом, Хесед – он без порока. "У которой нет увечья"¹⁰⁸⁹ – это со стороны среднего столба", т.е. Тиферет. „На которой не

---

¹⁰⁸⁶ Пророки, Йешаяу, 66:1. «Так сказал Творец: "Небо – престол Мой, а земля – подножие ног Моих. Что это за дом, который вы (можете) построить Мне, и где место покоя Моего?"»

¹⁰⁸⁷ Писания, Псалмы, 103:19. «Творец в небесах утвердил престол Свой, и царство Его над всем властвует».

¹⁰⁸⁸ См. выше, п. 572.

¹⁰⁸⁹ Тора, Бемидбар, 19:2. «Вот закон Учения, которое заповедал Творец так: "Говори сынам Исраэля, чтобы взяли тебе корову красную без порока, у которой нет увечья, на которой не было ярма"».

¹⁰⁹⁰ Писания, Псалмы, 129:3. «На спине моей пахали пахари, длинную борозду провели на ней».

¹⁰⁹¹ Тора, Берешит, 17:1. «И было Авраму девяносто лет и девять лет, и явил Себя Творец Авраму, и сказал Он ему: "Я Творец Всемогущий. Ходи предо Мною и будь непорочен"».

было ярма"[1089] – это со стороны высшей Шхины", т.е. Бины, "являющейся свободой, потому что в месте, где она властвует: „Но чужой, который приблизится, предан будет смерти"[1092], – когда нет права ни у ситры ахра властвовать, ни у Сатана, ни у губителя, ни у ангела смерти, так как они со стороны преисподней"».

591) «„И поэтому в будние дни Исраэль говорят: „А Он, милосердный, прощает грех и не губит, многократно отвращает гнев Свой и не пробуждает всей ярости Своей"[1093]. Потому что в будние дни нижняя Шхина облачается в эти клипот смерти и суда, а в субботу она освобождается от них, поскольку Древо жизни, а это сын йуд-хэй (י״ה)", т.е. что у него есть мохин йуд-хэй (י״ה), Хохмы и Бины, – "йуд-хэй-вав (יהו)", так как Зеир Анпин – это вав (ו) и есть у него мохин де-йуд-хэй (י״ה), и он "соединяется" в субботу "с хэй (ה)", т.е. Малхут. "В это время раскрывается покой этой хэй (ה) и всему, что под ней, и" поэтому "не надо говорить во время нее: „А Он, милосердный"[1093]. И кто они под ней? – это Исраэль. И в любом месте, где находятся Исраэль, пребывают защита и покой"».

592) «„И поэтому нельзя вспахивать землю и рыть ее", так как земля указывает на Малхут, "и это подобно тому, что наносит ущерб святой земле, которая является Шхиной, и нельзя пользоваться инструментами [обработки] земли в субботу, и даже перемещать камень, и просто инструмент (кли), чтобы был у них покой благодаря Шхине, называемой камнем, о которой написано: „А камень этот, который я поставил памятником"[1094], – в молитве", называемой памятником, потому что "она стояние (амида́) для Исраэля, так как благодаря ей у Исраэля есть существование в мире. И о ней сказано: „Оттуда оберегает камень

[1092] Тора, Бемидбар, 1:51. «И при выдвижении Скинии пусть собирают ее левиты; и при остановках Скинии пусть возводят ее левиты; но чужой, который приблизится, предан будет смерти».
[1093] Писания, Псалмы, 78:38. «А Он, милосердный, прощает грех и не губит, многократно отвращает гнев Свой и не пробуждает всей ярости Своей».
[1094] Тора, Берешит, 28:22. «А камень этот, который я поставил памятником, будет домом Всесильного; а из всего, что Ты дашь мне, посвящать буду десятину Тебе».

Исраэля"[1095]. „На одном камне семь глаз"[1096]. „Камень, отвергнутый строителями"[1097]».

593) «„И поэтому: „И пусть соблюдают сыны Исраэля субботу, чтобы сделать субботу в своих поколениях (ле-дорота́м לְדֹרֹתָם) союзом вечным"[1098], – должны соблюдать ее в их жилище (бе-дирата́м בְּדִירָתָם)"», так как «в своих поколениях (ле-дорота́м לְדֹרֹתָם)»[1098] означает – «их жилище (дирата́м דִירָתָם)», «„чтобы не выходили из владения Единого во владение многих. И это то, что постановили авторы Мишны: „Два выхода субботы, и их – четыре, то есть вынесение из владения во владение. И также внесение называется выходом.[1099] И этих Сама и змея – должны Исраэль их стеречь, чтобы они не вошли в жилище Шхины, являющейся владением Единого. Кто является владением многих? – Это обесчещенная, рабыня, блудница, отлученная, язычница, которые являются владением Сама и змея, и семидесяти правителей народов"».

[1095] Тора, Берешит, 49:24. «Но тверд остался лук его, и распространилась сила его при поддержке Могучего Яакова; оттуда оберегает камень Исраэля».

[1096] Пророки, Зехария, 3:9. «Ибо вот камень тот, который положил Я пред Йеошуа. На одном камне семь глаз, вот Я делаю резьбу на нем, – слово Создателя воинств, – и сниму грех той земли в один день».

[1097] Писания, Псалмы, 118:22. «Камень, отвергнутый строителями, лег в основу здания».

[1098] Тора, Шмот, 31:16. «И пусть соблюдают сыны Исраэля субботу, чтобы сделать субботу в своих поколениях союзом вечным».

[1099] См. Вавилонский Талмуд, трактат Шаббат, лист 1:1.

Набрал я мирры – пейте до упоения, любимые!

594) «„Провозгласил и сказал: „Пришел я в сад мой"[1100]. И в первом изложении" говорит: „Набрал я мирры с бальзамом моим"[1100] – т.е. правая рука с левым бедром. „Отведал я соты мои с медом"[1100] – т.е. Яаков с Рахелью. „Пил я вино мое с молоком"[1100] – т.е. левая рука с правым бедром". И объясняет. „Правая рука с левым бедром – это Хесед с Ходом. Яаков с Рахелью – это средний столб", т.е. Тиферет, „с Малхут. Левая рука с правым бедром – это Гвура с Нецахом"». Объяснение этого находится выше.[1101]

595) Спрашивает: «„А почему Он изменил Свои свойства таким образом?" И отвечает. „Однако тайна, о которой говорится здесь, в том, что Давид сказал здесь: „Коэны Твои облекутся праведностью, и приверженцы Твои возликуют"[1102]. И мы учили там: „Левиты (облекутся праведностью)", – следовало сказать.[1103] Сказал Творец: „Не принято у меня изменять Свои свойства, но после того, как ты пригласил Меня, Я должен исполнить твое желание". И отсюда мы учили, что даже если хозяин приглашает Царя, Он должен исполнить желание его. И поэтому постановили: всё, что говорит тебе хозяин, – делай, кроме „уйди". И вместе с тем, что этот смысл правильный, – ведь написано: „Я, Творец (АВАЯ), не менялся"[1104], но обо всех жертвоприношениях написано не иначе, как для Творца (АВАЯ)", в котором нет изменений, „как же может быть, чтобы изменил эти ступени Своего имени в жертвоприношении?"»

596) И отвечает. «„Однако: „Набрал я мирры"[1100] – это благословение „Создающий свет". „С бальзамом моим"[1100] – это „вечная любовь". „Отведал я соты мои"[1100] – это „Шма

[1100] Писания, Песнь песней, 5:1. «Пришел я в сад мой, сестра моя, невеста, набрал я мирры с бальзамом моим; отведал я соты мои с медом, пил я вино мое с молоком. Ешьте, друзья! Пейте до упоения, любимые!»
[1101] См. выше, п. 544.
[1102] Писания, Псалмы, 132:9-10. «Коэны Твои облекутся праведностью, и приверженцы Твои возликуют, ради Давида, раба Твоего, не отвергай лица помазанника Своего».
[1103] См. выше, п. 555.
[1104] Пророки, Малахи, 3:6. «Ибо Я, Творец, не менялся, и вы, сыновья Яакова, не исчезли».

Исраэль"[1105]. „С медом"[1100] – это „Благословенно имя величия царства Его вовеки"[1106]. „Пил я вино мое"[1100] – это „И будет, если послушаетесь"[1107] до „И сказал"[1108]. „С молоком"[1100] – от „И сказал"[1108] до „Истинно"[1109]. „Ешьте, друзья!"[1100] – это „три первых благословения и три последних благословения" молитвы «Восемнадцать»[1110]. „„Пейте до упоения, любимые!"[1100] – остальные благословения этой молитвы"».

597) «„А в первом изложении" сказал: „Это тайна этого жертвоприношения: коровы и овцы, и козлы, и козы – это четыре" лика из „лика быка. Лик орла и т.д. – это две горлицы или два голубя"[1111]. И нужно объяснить. Лев", являющийся Хеседом, „спускается к быку, являющемуся левой линией, т.е. Гвурой, для того чтобы Хесед связался с Гвурой", т.е. чтобы включали друг друга. „Человек (адам)", то есть Малхут, „спускается к орлу", то есть Тиферет, „являющемуся ступенью Яакова", для того чтобы Тиферет и Малхут произвели зивуг друг с другом. „Поэтому постановили авторы Мишны: красота Яакова была красотой Адама Ришона. И кто привел к подъему, чтобы он назывался Исраэлем?" – Творец, „как написано: „Не Яаков отныне наречено имя твое, но Исраэль будет имя твое"[1112], что означает – „пусть Исраэль будет основой для распространения между ними"».

Объяснение. Ибо основой Зеир Анпина являются хасадим, а основой Малхут является Хохма. И когда Зеир Анпин совершает зивуг с Малхут, включает также и Зеир Анпин в себя Хохму, а

[1105] Тора, Дварим, 6:4. «Слушай, Исраэль, Творец – Всесильный наш, Творец один!»

[1106] Благословение молитвы «Шма Исраэль».

[1107] Тора, Дварим, 11:13-21. «И будет, если послушаетесь заповедей Моих, которые Я заповедую вам сегодня, чтобы любили вы Творца Всесильного вашего и служили Ему всем сердцем вашим и всей душой вашей...»

[1108] Тора, Бемидбар, 15:37-41. «И сказал Творец Моше, говоря: „Говори сынам Исраэля и скажи им, чтобы они делали себе цицит (кисти) на краях одежд своих во всех поколениях своих и вставляли в цицит края (одежды) синюю нить ... Я – Творец Всесильный ваш, который вывел вас из земли египетской, чтобы быть вам Всесильным. Я – Творец Всесильный ваш"».

[1109] Завершение утренней молитвы Шма.

[1110] Молитва стоя после молитвы Шма, состоящая из восемнадцати благословений.

[1111] См. выше, п. 419.

[1112] См. Тора, Берешит, 32:29. «И сказал: „Не Яаков отныне наречено имя твое, но Исраэль, ибо ты боролся со Всесильным и людьми, и одолел"».

свечение Хохмы называется красотой. И это смысл сказанного: «Красота Яакова была красотой Адама Ришона», ибо Хохма Яакова, т.е. Зеир Анпина, приходит от Малхут, являющейся свойством Адама Ришона. И это означает – лик человека (адам). Но когда зивуг в свойстве больших ЗОН, и тогда Зеир Анпин называется Исраэль, нет тогда раскрытия Хохмы Малхут, а только хасадим Зеир Анпина господствуют в них обоих, как в Зеир Анпине, так и в Малхут. И это смысл сказанного: «„Но Исраэль будет имя твое"[1112], – пусть Исраэль будет основой для распространения между ними», – что в зивуге Исраэля с Малхут, то есть большого Зеир Анпина, тогда Исраэль, представляющий собой хасадим, является основой для распространения между ними, и нет раскрытия Хохмы Малхут. (До сих пор Раайа меэмана).

Тот, кто пренебрегает хлебными крохами

598) «„И десятую часть эфы"[1113]. Спрашивает: „Почему" десятую часть эфы? И отвечает: „Но десятая часть эфы соответствует Кнессет Исраэль, которая является десятой ступенью", т.е. Малхут, „и нуждается, чтобы была дана между двух рук", т.е. Хеседом и Гвурой Зеир Анпина, чтобы включать Хохму левой линии и хасадим правой, „и" тогда „она – тонкая хлебная мука, и она – хлеб. И поскольку" Малхут – „она хлеб, в мире не назначен правитель над хлебом пяти видов злаков, и это – пшеница и ячмень, и рожь, и т.д., и не поставил правителя над ними, но только – сам Творец"».

599) «„И поэтому тот, кто пренебрегает хлебом, и бросает его на землю, – нищета преследует его. И другой правитель поставлен над этим, и он преследует его, чтобы дать ему нищету, – и тот не уйдет из мира, пока не вознуждается в созданиях. И о нем написано: „Скитается он в поисках хлеба: где?"[1114] И это значит, „что он скитается, и будет ходить шатающийся и изгоняемый с места на место" в поисках хлеба – „где он? И нет того, кто взглянул бы на него. Это означает: „Где?"[1114] – Где „тот, кто смилостивится над ним, ибо не найдет он"». (До сих пор Зоар).

Раайа меэмана

600) «„И в первом изложении сказал верный пастырь: „Тот, кто пренебрегает хлебными крохами, и бросает их в месте, где не нужно. И тем более тот, кто пренебрегает крохами мозга, являющимися каплями семени, которые он бросает на землю; и сказано о них: „Ибо извратила всякая плоть путь свой на земле"[1115]. Или бросает их в отлученную, или в дочь язычника, или в рабыню, или в блудницу, и уж тем более, нечего говорить о том, кто пренебрегает крохами хлеба Торы, которые являются"

[1113] Тора, Бемидбар, 28:5. «И десятую часть эфы тонкой муки, смешанной с четвертью ина выжатого масла, в хлебное приношение».

[1114] Писания, Иов, 15:23. «Скитается он в поисках хлеба: где (найти его)? Знает, что готов в руке его день тьмы».

[1115] Тора, Берешит, 6:12. «И увидел Всесильный землю, что вот: развратилась она, ибо извратила всякая плоть путь свой на земле».

тайнами, что „в кончиках букв, и кетерами букв, о которых сказано: „Пользующийся кетером исчезнет"[1116]».

601) «„Тем более тот, кто передает тайны Торы, и скрытый смысл каббалы, и скрытый смысл действия начала творения, или скрытый смысл букв истолкованного имени людям, которые не порядочны, над которыми властвует злое начало, жена блудная, о которой сказано: „Потому что из-за жены блудной (нищают) до буханки хлеба"[1117]. И нет иного хлеба, кроме двадцати двух букв Торы. И нет иной буханки, кроме даже одной алахи"».

602) «„И в первом изложении не раскрыл тайну этих крошек, но лишь путем простого толкования, и не дал для них меру. Но постановили авторы Мишны, что мера крошек не менее, чем „с маслину", и тем более, если они „с яйцо". Потому что авторы Мишны строго определили в отношении них, до [размера] с маслину, до [размера] с яйцо, чтобы благословлять на них"» благословение на пищу.

[1116] Мишна, раздел Незикин, трактат Авот, глава 1, мишна (закон) 13.
[1117] Писания, Притчи, 6:26. «Потому что из-за жены блудной (нищают) до буханки хлеба; а мужняя жена душу дорогую уловляет».

«С маслину» и «с яйцо»

603) «„И путем тайны. Алеф-хэт (א״ח)" слова эхад (אחד один) – „это девять крошек, три в каждой стороне, и с тремя от далет (ד)" слова эхад (אחד один) – „это двенадцать" крошек. „Четвертая" от далет (ד) слова эхад (אחד один) „является совершенством, чтобы восполнить ею десять, и восполнить четыре, являющиеся" четырьмя буквами „АВАЯ (הויה). Что такое десять? Это" десять букв, что в „йуд-хэй-вав-хэй (יו״ד ה״א וא״ו ה״א). Кончик буквы далет (ד) от эхад (אחד один) – мера его „с маслину". Йуд (י) от АВАЯ (הויה) – мера его „с яйцо"».[1118]

Объяснение. Выясняет здесь, что нет иного совершенства, чем с Малхут, а без него все считается только крохами. И известно, что суть Малхут не получает ее исправления, но только после конца этого исправления. В течении шести тысяч лет суть Малхут вообще не раскрывается. И это тайна числа двенадцать, о котором в каждом месте говорится, что оно указывает на три линии и Малхут, получающую их, и когда они включают в себя друг друга, получается, что каждая из этих четырех состоит из трех линий, и число их двенадцать. Но на самом деле их должно было быть четырежды четыре, однако поскольку суть Малхут, получающей три эти линии, скрыта, и не принимается в расчет, а только те три линии, которые она получает, поэтому в каждой из этих четырех, представляющих собой три линии и Малхут, есть только три в каждой из них, а свойства Малхут недостает в каждой из них, и даже в самой Малхут не раскрывается. И поэтому их двенадцать. Однако тут есть свечение, включающее свойство Малхут, подслащенной в Бине, которое называется мифтеха, и это свечение восполняет их все то время, пока не подсластилась суть Малхут. Но окончательное совершенство Малхут раскроется в конце исправления.

И это смысл сказанного: «Алеф-хэт (א״ח) – это девять крошек, три в каждой стороне», потому что эхад (אחד один) в гематрии тринадцать, и это соответствует тринадцати, указанным выше, а алеф-хэт (א״ח) слова эхад (אחד один), указывающее на ХАГАТ Зеир Анпина, представляющие собой три линии, и когда они содержат в себе друг друга, есть в каждой из них три линии, и их девять линий. И они считаются крошками, потому

[1118] См. объяснение далее, п. 611.

что нет совершенства иначе, как с помощью их соединения с Малхут. Таким образом, алеф-хэт (א"ח) – это девять крошек, три у каждой линии. «С тремя от далет (ד) – это двенадцать», потому что и Малхут, представляющая собой букву далет (ד) слова эхад (אחד один), тоже состоит из трех линий, как мы уже говорили; таким образом, вместе их двенадцать. И это тайна числа двенадцати, в каком бы месте о них не говорилось. «Четвертая является совершенством, чтобы восполнить ею десять», потому что четвертая сфира, что в эхад (אחד один), – это суть Малхут, от которой до конца исправления раскрывается только включающее свечение, называемое мифтеха, и оно восполняет девять сфирот, что в свойстве алеф-хэт (א"ח) де-эхад (אחד один), чтобы были полными. И это смысл сказанного: «И восполнить четыре, являющиеся АВАЯ (הויה)», так как она восполняет имя, состоящее из четырех, т.е. Зеир Анпин. «Что такое десять? Это йуд-хэй-вав-хэй (יו"ד ה"י וא"ו ה"א)» – поскольку АВАЯ (הויה) с наполнением алеф (א) указывает на десять полных сфирот, восполняемых этой Малхут, как мы уже сказали, а без нее – это девять крошек. (А скрытый смысл «с маслину» и «с яйцо» выяснится далее, в п. 611).

604) «"Эта четвертая" – создание, представляющее собой лик человека (адам), "являющаяся совершенством строения (меркавы) Адама", – т.е. Зеир Анпина, называемого Адам (אדם) в тайне: АВАЯ (הויה) с наполнением алеф (א) – в гематрии Адам (אדם 45). "И она является совершенством четырех ликов, что в лике человека (адам)", потому что лик человека, т.е. Малхут, – у нее есть четыре лика лев-бык-орел-человек, и она является четвертым ликом, т.е. свойством Малхут, что в Малхут. "И поэтому написано: "Да обратит Творец лик Свой к тебе"[1119]. И постановили авторы Мишны, что ведь написано: «Который лицеприятствовать не будет»[1120], "но Творец сказал: "Разве не сказал Я им: "И будешь есть и насытишься, (и благословишь...)"[1121], а они приняли для себя более строгое" благословение, "до меры "с маслину" и до меры "с яйцо", – как же Мне

[1119] Тора, Бемидбар, 6:26. «Да обратит Творец лик Свой к тебе и установит для тебя мир».

[1120] Тора, Дварим, 10:17. «Ибо Творец Всесильный ваш – Он Сильный над сильными и Господин над господами, Всевышний, Великий, Могучий и Грозный, который лицеприятствовать не будет и мзды не возьмет».

[1121] Тора, Дварим, 8:10. «И будешь есть и насытишься, и благословишь Творца Всесильного твоего, за добрую землю, которую Он дал тебе».

не лицеприятствовать им?" А мудрецы Мишны и амораи весь свой Талмуд построили на тайнах Торы"».

605) «Встал верный пастырь и воздел руки свои пред Творцом и Шхиной Его, и так сказал: „Творец, да будет Твоим желанием дать нам совершенную пищу, чтобы установить по отношению к Тебе, и по отношению к высшей Царице, которая является будущим миром", т.е. Бине, „о которой сказано: „Ибо Творцу царство, и Он правит народами"[1122], и относительно второй Царицы", т.е. Малхут, „ибо сказано о ней во второй раз: „И будет Творцу – царство"[1123]. И был установлен совершенный стол из всех яств и всех блюд"».

606) «„И я призываю с Тобой всех авторов Мишны, и авторов Микры (письменного Учения), и авторов Талмуда, и тем более авторов тайн Торы Твоей, и невесту Твою", то есть „святую Царицу Твою, высшую", то есть Бину, „и нижнюю", то есть Малхут. „И всё во владении Причины, что над всеми высшими, Господина всех господ, Царя над всеми царями, что наверху и внизу, и Он Единственный, без другого, и нет буквы и огласовки, чтобы соединилась с Ним, и изменений красок, происходящих с человеком. И Он – Владыка всех ключей тайн явлений и имен, и названий, и всех скрытых тайн мудрости, чтобы Ты раскрыл их все нам ради славы Твоей, Причина над всеми причинами. Я умоляю Тебя, чтобы Ты раскрыл ради славы Твоей, потому что слава Твоя – она от Отца и Матери моих небесных", т.е. Хохмы и Бины, которые являются Отцом и Матерью Зеир Анпина, называемого небесами, „и Отца всего Исраэля", т.е. Зеир Анпина, „и Матери их", т.е. Малхут, о которой сказано: „И не оставляй учения Матери твоей"[1124]. А с Тобой нет соединения какой-либо матери в мире"».

607) «Встал во второй раз и сказал: „Авторы Мишны, ваши нешамот, рухот и нефашот, – пробудитесь теперь все вы и прогоните от себя сон, ведь он, разумеется, является Мишной путем простого толкования в этом мире, а я не пробуждал вас

[1122] Писания, Псалмы, 22:29. «Ибо Творцу царство, и Он правит народами».
[1123] Пророки, Овадия, 1:21. «И взойдут спасители на гору Цион, чтобы судить гору Эсава; и будет Творцу – царство».
[1124] Писания, Притчи, 1:8. «Слушай, сын мой, наставление отца твоего и не оставляй учения матери твоей».

иначе, как высшими тайнами будущего мира, в которых вы". И там: „Вот, не спит и не дремлет Страж Исраэля!"¹¹²⁵»

Объяснение. Сон приходит от левой линии Бины, светящей без хасадим,¹¹²⁶ но там, в Бине, сон вообще не действует и ничего не меняет, но когда свечение этой левой линии нисходит к Малхут, там сон действует и всё изменяет, то есть уходят свечение мохин. И это смысл сказанного: «Ведь он, разумеется, является Мишной путем простого толкования в этом мире», – то есть сон, исходящий от левой линии в этот мир, и это Малхут, называемая этим миром, это Мишна в простом толковании, иначе говоря, что он скрывает свечение мохин. «А я не пробуждал вас иначе, как высшими тайнами будущего мира, в которых вы», – то есть верный пастырь пробуждал их подниматься в будущий мир посредством тайн Торы, которые произносил. И там, в будущем мире, т.е. Бине, сказано: «Вот, не спит и не дремлет Страж Исраэля!»¹¹²⁵, потому что там не действует сон, как мы уже сказали.

608) «Провозгласил и сказал: „Ведь постановили авторы Мишны: „Хозяин преломляет [хлеб], а гость благословляет"¹¹²⁷. И еще постановили, что нужно быть точным с хэй (ה) от [слова] извлекающий (а-моци הַמוֹצִיא).¹¹²⁸ А два хэй (ה)" имени АВАЯ (הויה), и это Бина и Малхут, – „они соответствуют двум хлебам, двум буханкам субботы. Йуд (י)" де-АВАЯ (הויה) – „она" как кусочек хлеба „с яйцо", который дают „каждому. И кто он – хозяин, который преломляет? Это вав (ו)"» де-АВАЯ (הויה). И тут указывается на все четыре буквы АВАЯ (הויה).

609) «Тем временем старец старцев», т.е. высшая Хохма, «спустился к нему и сказал: „Верный пастырь, приди в себя. Ведь хлеб – это вав (ו). Две буханки его – это как ты и сказал, что это хэй (ה) хэй (ה)". И объясняет: „Конечно, вав (ו) соответствует Яакову", т.е. Зеир Анпину, „хэй (ה) хэй (ה) – они соответствуют Лее и Рахели", и поэтому хлеб в целом – это вав (ו), т.е. Зеир Анпин, у которого есть два зивуга, один зивуг – с Леей, являющейся его нуквой от хазе и выше, а второй зивуг –

---

¹¹²⁵ Писания, Псалмы, 121:4. «Вот, не спит и не дремлет Страж Исраэля!»

¹¹²⁶ См. Зоар, главу Эмор, п. 74. «И мы учили, что с помощью действия внизу он пробуждает действие наверху...»

¹¹²⁷ См. Вавилонский Талмуд, трактат Брахот, лист 46:1.

¹¹²⁸ См. Мишна, раздел Зраим, трактат Трумот, глава 4, мишна (закон) 6.

с Рахелью, которая является его нуквой от хазе и ниже. И поэтому хлеб разделяется на две буханки. „Йуд (י)" АВАЯ (הויה) – это кусочек, который дают каждому, и это „с яйцо" – каждому"». Ибо яйцо – это йуд (י) де-АВАЯ (הויה), т.е. Хохма, и это наполнение, нисходящее благодаря вав (ו) и двум хэй (ה) де-АВАЯ (הויה).

610) «Сказал ему: „Старец! Старец! Ведь во многих местах постановили, что Яаков – он хозяин", т.е. Зеир Анпин, „а Йосеф – он гость, ступень которого Есод, живущий (хай ח) вечно, включающий восемнадцать (хай ח"י) благословений молитвы, и поэтому постановили о нем: „Благословения – на голове праведника"[1129]». И поэтому сказали: «Хозяин»[1127], т.е. Зеир Анпин, «преломляет»[1127], «а гость»[1127], т.е. Есод, «благословляет»[1127]. А ты говоришь, что Зеир Анпин – это свойство хлеб, а не хозяин. «Сказал ему (Старец): „Это так, и все это истинно. Любой скрытый смысл – он на своем месте", как то, „что я сказал", так и „то, что ты сказал. Однако" к тому, что я сказал, что Зеир Анпин – это хлеб, в таком случае, преломляющий и „раздающий хлеб – кто он?"»

611) «Сказал ему (верный пастырь): „Старец, ты – тот, кто в образе его", то есть сам старец, являющийся свойством Хохмы, – он образ хозяина, который преломляет, „и это йуд-хэй-вав-хэй (יו"ד ה"א וא"ו ה"א)", что в гематрии МА (מ"ה), и это Хохма (חכמה), являющаяся буквами сила (коах כ"ח) МА (מ"ה), „и это Адам (אדם)", который в гематрии МА (מ"ה 45), „высшего строения (меркава), лик которого", т.е. Хохма, – „это АВАЯ (הויה)" с наполнением алеф (א), которая в гематрии МА (מ"ה 45). „И поэтому вав (ו) – это хлеб, и это" две буханки „хэй (ה) хэй (ה), а мера" наполнения, „которую установили, „с маслину" или „с яйцо", – вот мы учили с помощью какого имени устанавливают меру „с маслину", т.е. с помощью йуд (י), „однако постановили мудрецы, что не выполняют сразу по несколько заповедей",[1130] но каждая заповедь сама по себе, „и так же мы не даем две меры в букве йуд (י), чтобы были с маслину и с яйцо" обе йуд (י), „но это два алфавита", и большой алфавит – он в Бине, а малый алфавит – он в Малхут. И поэтому „есть высшая йуд (י) и есть малая йуд (י): йуд (י), которая является йуд (י) де-АВАЯ

[1129] Писания, Притчи, 10:6. «Благословения – на голове праведника, а уста нечестивых скрывают насилие».
[1130] См. Вавилонский Талмуд, трактат Псахим, лист 102:2.

(הויה), – это высшая йуд (י)", т.е. высшая Хохма, „а йуд (י) от Адни (אדני) – это малая йуд (י)", т.е. Хохма левой линии. „И это две" йуд (י), „одна – она в „ке-зайт (с маслину)", т.е. малая йуд (י) де-Адни (אדני), „а одна – она в „ке-бейца (с яйцо)", т.е. высшая йуд (י) де-АВАЯ (הויה), и они „в этой тайне АВАЯАДНИ (יאהדונהי)"», т.е. сочетание АВАЯ (הויה) Адни (אדני), где первая йуд (י) – это мера «с яйцо», а последняя йуд (י) – это мера «с маслину». «Подошел старец и поцеловал его».

Объяснение. На каждой ступени распознаются КАХАБ ТУМ, где свойство простой АВАЯ (הויה) из четырех букв – это Кетер, а свойство АВАЯ (הויה) с наполнением алеф (א) – это Хохма, а АВАЯ (הויה) с наполнением наполнения алеф (א) – это свойство Бина, и АВАЯ (הויה) с наполнением алеф (א) – это свойство Тиферет, потому что Хохма и Тиферет – обе равны, а числовое значение АВАЯ (הויה) наполнения алеф (א) – это свойство Малхут.[1131] И это смысл сказанного: «И это йуд-хэй-вав-хэй (יו"ד ה"א וא"ו ה"א)» – то есть ступень Хохмы, что в Зеир Анпине. Но не ступень Тиферет, что в нем, и это смысл сказанного: «И это Адам (אדם) высшего строения (меркава)», т.е. Зеир Анпин, «лик которого – это АВАЯ (הויה)», т.е. лик (паним) этого Адама, т.е. Хохма, называемая паним, – это АВАЯ (הויה) с наполнением алеф (א). И это не включает Тиферет, что в нем, который тоже с тем же наполнением.

612) «Тем временем встал великий светоч», рабби Шимон, «провозгласил и сказал: „Как (МА מ"ה) имя Его и как (МА מ"ה) имя сына Его?"[1132]», потому что Хохма – это АВАЯ (הויה) с наполнением алеф (א), и это МА (מ"ה), а сын Хохмы, и это Тиферет, он также АВАЯ (הויה) с наполнением – МА (מ"ה). Как мы уже объяснили в предыдущем пункте. И получается: «Как (МА מ"ה) имя Его»[1132] – Хохмы, «и как (МА מ"ה) имя сына Его?»[1132], т.е. Тиферет. И старец, который является Хохмой, соединился с верным пастырем, то есть с Тиферет. «Возрадовались товарищи и сказали: „Счастлив тот, кто удостоился вкушать от этого хлеба", т.е. вав (ו) де-АВАЯ (הויה), „о котором сказано: „Идите,

---

[1131] См. Паним масбирот, стр. 299.
[1132] Писания, Притчи, 30:4. «Кто взошел на небо и снизошел, кто собрал ветер пригоршнями своими, кто завязал воды в одежду; кто поставил все пределы земли? Как имя Его и как имя сына Его, знаешь ли?»

ешьте хлеб мой"[1133], и счастлива душа (нефеш), о которой сказано: „Может есть от хлеба отца своего"[1134]. „Никакому же постороннему нельзя есть его"[1134], потому что сказано о Творце: „Ведь Отец один у всех нас"[1135]. И душа (нефеш), которая занималась Торой, „может есть от хлеба Отца своего"[1134]».

613) «„И кто вызвал" в душе (нефеш), „что „может есть от хлеба Отца своего"[1134]? Это потому, что совершила возвращение и соединилась" с Творцом „как в юности своей"[1134]. Как написано: „И возвратится она в дом отца ее, как в юности своей"[1134]. И это означает: „Так же как: „Возвратится он к юношеским годам"[1136]. Подобно дереву, которое выкорчевали, и оно восстановилось с помощью корней своих. И это скрытый смысл в отношении того, кто умер без сыновей"», когда благодаря левиратному браку он совершает кругооборот, восстанавливаясь заново.

614) «„И есть еще один скрытый смысл. Ибо" умерший без сыновей „придет затем в кругооборот и восстановится как вначале. И это смысл: „Вдовою или разведенною"[1134], потому что" душа его „была изгнана из Эденского сада, как: „И изгнал Адама"[1137]. И кто вызвал" в ней это? „Оттого что семени нет у нее, так как умер он, не оставив сыновей. „И возвратится она в дом отца ее, как в юности своей"[1134], – то есть возвращается в этот мир", и совершает кругооборот „в том отроке, сыне от левиратного брака, и это означает: „И возвратится она в дом отца ее, как в юности своей"[1134]. А после того как удостоилась

[1133] Писания, Притчи, 9:1-6. «Премудрость построила себе дом, вытесала семь столбов его, заклала свою жертву, растворила вино свое и накрыла стол свой. Послала своих прислужниц, возглашает на вершинах городских высот. „Кто глуп, пускай завернет сюда", – неразумному она сказала. „Идите, ешьте хлеб мой и пейте вино, мною растворенное, оставьте неразумное и живите, и ходите путем разума!"»

[1134] Тора, Ваикра, 22:13. «Но если дочь коэна станет вдовою или разведенною, и детей нет у нее, и возвратится она в дом отца ее, как в юности своей, может есть от хлеба отца своего. Никакому же постороннему нельзя есть его».

[1135] Пророки, Малахи, 2:10. «Ведь отец один у всех нас, ведь один Всевышний сотворил нас! Почему же изменяем мы – каждый брату своему, оскверняя завет отцов наших?»

[1136] Писания, Иов, 33:25. «И станет плоть его свежее, чем смолоду; возвратится он к юношеским годам».

[1137] Тора, Берешит, 3:24. «И изгнал Адама и поместил к востоку от сада Эденского херувимов и пламя обращающегося меча, чтобы охранять путь к Древу жизни».

семени, „может есть от хлеба отца своего"[1134]. „Никакому же постороннему нельзя есть его"[1134], то есть, как написано: „Не выйдет жена умершего замуж на сторону за чужого"[1138]». Ибо, если не вступит в левиратный брак, попадет к чужому, т.е. к ситре ахра.

615) «Сказал верный пастырь: „Гилель и Шамай, – ведь вы, один со стороны милосердия", т.е. Гилель, „а другой со стороны суда", т.е. Шамай, „то есть Хесед и Гвура, как ступени Авраама и Ицхака, и вы от ствола вашего, – соберитесь здесь, вы и восемьдесят учеников, которые были у Гилеля, и также ученики школы Шамая, соберитесь на трапезу Царя"».

616) «„Вы ведь постановили, – вы и товарищи, что с вами, законоучители, – вы ведь постановили, что преломляющий не может есть, пока хозяева трапезы не ответят „амен", и хозяева трапезы не могут есть, пока не будет есть преломляющий. Разумеется, когда хозяин преломил, и преломил для хозяев трапезы, он не отмеряет одну меру для всех, потому что преломляющим не присуще преломлять поровну, ибо иногда он дает одному „с яйцо", другому – „с маслину". И когда отвечают „амен" на это преломление, прежде чем съест хозяин, соединяют две меры, „с маслину" и „с яйцо", вместе"», когда мера «с яйцо» исходит от йуд (י) де-АВАЯ (הויה), а мера «с маслину» исходит от йуд (י) де-Адни (אדני), и поэтому соединение «с маслину» и «с яйцо» – тайна «„АВАЯАДНИ (יְאֲהדֹוָנֻהִי)", и это скрытый смысл „амен", потому что амен (אמן) в числовом значении девяносто один, что соответствует единству АВАЯАДНИ (יְאֲהדֹוָנֻהִי), и это единство – „оно не на вкушение, а на преломление", и поэтому „после того, как эти меры", с маслину и с яйцо, „присоединяются к" единству АВАЯАДНИ (יְאֲהדֹוָנֻהִי) при произнесении „амен", тогда может есть хозяин. То есть „Набрал я мирры с бальзамом моим; отведал я соты мои с медом"[1139], а затем: „Ешьте, друзья! Пейте до упоения, любимые!"[1139] „Ешьте, друзья!"[1139] – то есть хозяева трапезы, чтобы были сыновья", являющиеся хозяевами трапезы, „по примеру Отца их"», который является

[1138] Тора, Дварим, 25:5. «Если будут жить братья вместе и умрет один из них, а сына нет у него, то не выйдет жена умершего замуж на сторону за чужого. Деверь ее пусть войдет к ней и возьмет ее в жены себе, и вступит с ней в левиратный брак».

[1139] Писания, Песнь песней, 5:1. «Пришел я в сад мой, сестра моя, невеста, набрал я мирры с бальзамом моим; отведал я соты мои с медом, пил я вино мое с молоком. Ешьте, друзья! Пейте до упоения, любимые!»

преломляющим хозяином, то есть высшей Хохмой, называемой Аба (досл. отец).[1140]

617) «„Таким образом, хлеб в двух буханках", где хлеб – это вав (ו), две буханки – это хэй (ה) хэй (ה), „и мера его" вкушения – она „с маслину" и „с яйцо", т.е. единство АВАЯАДНИ (יְאָהֱדֹוָנָהִי), как мы уже объясняли. И спрашивает: „Что такое личной хлеб, который на царском столе", то есть двенадцать хлебов, размещаемых на столе Храма? И отвечает: „Однако мы учили, что у него", у хлеба, т.е. Зеир Анпина, „есть двенадцать ликов. И что они собой представляют? Это четыре лика льва, четыре лика быка, четыре лика орла". Потому что лев бык орел – это три линии, в каждой из которых ХУБ ТУМ, и трижды четыре – это двенадцать. И это три АВАЯ (הויה), „и они: „Благословит тебя Творец (АВАЯ) ... Озарит Творец (АВАЯ) ... Обратит Творец"[1141]», – и в каждой АВАЯ (הויה) четыре буквы, и трижды четыре – это двенадцать букв.

[1140] См. выше, п. 611.
[1141] Тора, Бемидбар, 6:24-26. «Благословит тебя Творец и сохранит тебя. Озарит Творец лик Свой для тебя и помилует тебя. Обратит Творец лик Свой к тебе и даст тебе мир».

Двенадцать хлебов

618) «„И откуда нам известно, что личной хлеб – он с царского стола? Потому что написано: „Это стол, что пред Творцом"[1142]. Это (зэ זה)" в гематрии „двенадцать ликов. И что они собой представляют? И тут также – тот, у кого есть, должен установить и устроить на своем столе четыре хлеба на каждой субботней трапезе, когда для трех трапез", есть двенадцать хлебов, „и это двенадцать ликов"».

619) «„А если скажешь, что есть только шесть" хлебов, „[следующих] из Торы, из-за двойного хлеба", который нужен на каждой из трех трапез, и их шесть, а не двенадцать? И отвечает: „Однако мы не можем упоминать вав (ו) без вав (ו) рядом с ней, то есть вав (ו"ו)", которую мы слышим при произношении, что указывает на „шесть" сфирот ХАГАТ НЕХИ прямого света „сверху вниз, и шесть" сфирот ХАГАТ НЕХИ отраженного света „снизу вверх", и они „соответствуют шести ступеням, которые в высшем престоле", от хазе и выше Зеир Анпина, и это ХАГАТ НЕХИ, включенные в ХАГАТ. „Шесть" высшего престола – „они в скрытии", потому что от хазе и выше нет раскрытия Хохмы, „а шесть" от хазе и ниже – „они в раскрытии", потому что от хазе и ниже есть раскрытие Хохмы, и это скрытый смысл изречения: „Скрытое – Творцу Всесильному нашему, а открытое – нам и сыновьям нашим навечно"[1143]». Поскольку от хазе Зеир Анпина и выше они скрыты, а от хазе Зеир Анпина и ниже они раскрыты.

[1142] Пророки, Йехезкель, 41:22. «Жертвенник деревянный в три локтя высотой и длиной в два локтя; и углы его, и длина (верхняя доска) его, и стены его – деревянные. И сказал он мне: „Это стол, что пред Творцом"».

[1143] Тора, Дварим, 29:28. «Скрытое – Творцу Всесильному нашему, а открытое – нам и сыновьям нашим навечно, чтобы исполнять все слова этой Торы (учения)».

ГЛАВА ПИНХАС

Десять вещей, которые нужно соблюдать на субботнем столе

620) «„А хлебы благодарения – это сорок хлебов: десять лепешек, десять булок из заварного теста, десять квасных хлебов и десять пресных.[1144] Итого их сорок", в соответствии четырем йуд (י), которые в четырех АВАЯ (הויה), что в четырех ликах, то есть „соответственно йуд (י) де-АВАЯ (הויה) четырех ликов человека (адам)", и соответственно „йуд (י) де-АВАЯ (הויה) четырех ликов льва", и соответственно „йуд (י) де-АВАЯ (הויה) четырех ликов быка", и соответственно „йуд (י) де-АВАЯ (הויה) четырех ликов орла. И это те десять вещей, которые человек должен соблюдать на царском столе"».

621) «„Первое" исправление, что на субботнем столе, – это „устроить стол подобно тому, кто ест пред Царем. Это смысл сказанного: „Это стол, что пред Творцом"[1142]. Исправление „второе – это омовение рук до меры, установленной мудрецами, и это пять узлов", то есть пять пальцев правой руки, „у которых четырнадцать суставов", у каждого пальца – три сустава, а у большого пальца – два, итого – четырнадцать. „И точно так же четырнадцать суставов левой руки". И вместе „это двадцать восемь суставов. И соответственно" этим двадцати восьми (каф-хэт כ״ח) суставам „сила (коах כֹּחַ) АВАЯ (הויה), и это двадцать восемь букв первого изречения, что в действии начала творения"», то есть [изречение]: «Вначале сотворил Всесильный небо и землю (бере́шит бара́ элоки́м эт а-шама́им веэ́т а-а́рец בְּרֵאשִׁית בָּרָא אֱלֹהִים אֵת הַשָּׁמַיִם וְאֵת הָאָרֶץ)»[1145], в котором есть двадцать восемь букв, «„о которых сказано: „Пусть же возвеличится теперь сила (ко́ах כֹּחַ) Творца"[1146]».

622) «„А десять пальцев указывают на десять изречений, что в действии начала творения. И поэтому постановили авторы Мишны, что пренебрегающий омовением рук искоренится из мира. Почему? Это потому, что есть в них десять изречений и двадцать восемь букв, которыми был создан мир"».

[1144] См. Вавилонский талмуд, трактат Минхот, лист 77:2.
[1145] Тора, Берешит, 1:1. «Вначале сотворил Всесильный небо и землю».
[1146] См. Тора, Бемидбар, 14:17. «Пусть же возвеличится теперь сила моего Господина, как Ты сказал, говоря».

623) «„Третье исправление – это чаша благословения, в отношении которой установили десять правил: полоскание, мытье, украшение, укрывание, живое, полная, берет ее двумя руками, и передает ее в правую, и устремляет взор на нее, и приподнимает ее на ладонь от земли, и посылает ее в качестве подношения домочадцам"».

624) А объясняя «„скрытый смысл", – это „чаша, наполненная благословением Творца.[1147] Чаша (кос כוס) в гематрии Элоким (אֱלֹהִים 86)", и это Бина, то есть Малхут, облачающая Бину.[1148] „И оттуда – душа, называемая именем Его, чашей (кос כוס). Это смысл сказанного: „Чашу спасений вознесу"[1149]. Что такое „спасения"? – Это пять пальцев", которые держат чашу, „соответствующие пяти сфирот", ХАГАТ НЕХИ, „что в чаше, и это – Всесильный жизни, т.е. Бина, распространяющаяся" в пяти сфирот „в пятьдесят врат, и это пятью десять. То есть в букве йуд (י), представляющей собой десять вещей, установленных мудрецами в отношении чаши, являющейся Всесильным жизни, и пять букв Элоким (אֱלֹהִים), и они в числовом значении пять"». А десятью пять – это пятьдесят врат.

625) «„И постановили относительно чаши, что нужно полоскание и мытье, полоскание – снаружи, а мытье – изнутри. И скрытый смысл этого – чтобы внутри была как снаружи",[1150] то есть, чтобы внешняя и внутренняя стороны чаши были равными. Тот, кто удостоился души от этой чаши", то есть Бины, – должна эта душа быть „душой чистой изнутри и снаружи. И скрытый смысл этого: „И очистит его, и освятит его"[1151], очищение – изнутри, а освящение – снаружи". И объяснение освящения и чистоты приводилось выше.[1152] „И так же как у чаши нет очищения и освящения изнутри и снаружи без воды, так же и у души нет очищения и освящения изнутри и снаружи без Торы. И поэтому сказал раббан Гамлиэль: „Тот, кто внутри не такой,

---

[1147] Тора, Дварим, 33:23. «А о Нафтали сказал: „Нафтали пребывает в благополучии и наполнен благословением Творца, морем и югом владей"».
[1148] См. далее, п. 632.
[1149] Писания, Псалмы, 116:13. «Чашу спасений вознесу, и имя Творца призову».
[1150] См. Вавилонский Талмуд, трактат Брахот, лист 28:1.
[1151] Тора, Ваикра, 16:19. «И покропит на него от крови перстом своим семь раз, и очистит его, и освятит его, от нечистоты сынов Исраэля».
[1152] См. Зоар, главу Тазриа, п. 121, со слов: «Однако у самих Абы ве-Имы нет сеарот вообще...»

как снаружи, не должен входить в дом учения". Потому что он не со стороны Древа жизни, а со стороны Древа познания добра и зла"». Ибо тот, кому недостает святости снаружи, или недостает очищения изнутри, – перемешаны у него добро и зло.

626) «"Украшение", о котором говорится в отношении чаши, – „постановили, что украшает ее учениками.[1153] И объясняя скрытый смысл, хэй (ה) – это чаша", т.е. Бина, „украшает ее учениками – буквой йуд (י), которая является украшением над хэй (ה)",[1154] потому что ученики умножают и притягивают Хохму. „Укрывание", о котором говорится в отношении чаши, – это значит, что нужно укрывать голову", т.е. покрыть ее, „потому что Шхина находится над его головой. Ибо так постановили авторы Мишны, что нельзя ученику мудреца пройти с непокрытой головой четыре локтя, поскольку „полна вся земля славы Его"[1155]. И тем более, при благословении и при упоминании святого имени"» нельзя быть с непокрытой головой.

627) И смысл того, что нельзя ходить с непокрытой головой: «„Поскольку буква йуд (י) от АВАЯ (הויה)", являющаяся Хохмой, – „она облачилась в свет (ор אור) и стала воздухом (авир אויר), потому что буква йуд (י), являющаяся Хохмой, – она в воздухе (авир אויר). То есть, это тот свет (ор אור), в который Он облачился, когда создавал мир. Это смысл сказанного: „Окутывает свет, как мантией"[1156]. И это означает: „Да будет свет (ор אור)"[1157] – да будет воздух (авир אויר). И постановили авторы тайн Торы: прежде чем образовалось всё, образовались АВАЯ (הויה). И поэтому: „Да будет свет! И был свет"[1157] – это свет, „который был до этого"».

Объяснение. Йуд (י) де-АВАЯ (הויה) – это Хохма, и это свойство высшие Аба ве-Има, а хэй (ה) де-АВАЯ (הויה) – это Бина и ИШСУТ. И известно, что перед всем исправлением произошло исправление подслащения Малхут в Бине, и это свойство точки холам. И вследствие этого уменьшилась Бина, [сократившись]

[1153] См. Вавилонский Талмуд, трактат Брахот, лист 51:1.
[1154] См. Зоар, главу Экев, п. 59. «„Чаша", Малхут, „хэй (ה) де-АВАЯ (הויה), и необходимы десять действий, соответствующих йуд (י)"...»
[1155] Пророки, Йешаяу, 6:3. «И взывал один к другому, и сказал: „Свят, свят, свят Творец воинств! Полна вся земля славы Его!"»
[1156] Писания, Псалмы, 104:2. «Окутывает свет, как мантией, простирает небеса, как полотнище».
[1157] Тора, Берешит, 1:3. «И сказал Всесильный: „Да будет свет!" И был свет».

от своего света ГАР, и стала ВАК. И это означает, что йуд (י) вошла в свет (ор אור), и он стал воздухом (авир אויר)[1158]. А затем, в состоянии гадлут йуд (י) снова опускается из воздуха (авир אויר), то есть Малхут опускается из Бины, и свет (ор אור) возвращается на свое место.[1159] И это только в хэй (ה) де-АВАЯ (הויה), то есть в ИШСУТ, но в йуд (י) де-АВАЯ (הויה), т.е. в высших Абе ве-Име, йуд (י) не выходит из воздуха (авир אויר) никогда.[1160]

И это смысл сказанного: «Поскольку буква йуд (י) от АВАЯ (הויה) – она облачилась в свет (ор אור) и стала воздухом (авир אויר)», потому что йуд (י) де-АВАЯ (הויה), являющаяся свойством высшие Аба ве-Има, подняла Малхут в их Бину. И это означает подъем йуд (י) в свет (ор אור), и он становится воздухом (авир אויר), и это ВАК, называемый воздухом (авир אויר) и ветром (руах רוח). И считается это словно свет ГАР Абы ве-Имы окутался, то есть укрылся и исчез. И это то, что он говорит: «Это смысл сказанного: „Окутывает свет, как мантией"[1156]», как будто бы свет укрывался одеянием. Это смысл сказанного: «И это означает: „Да будет свет (ор אור)"[1157] – да будет воздух (авир אויר)», потому что это исправление подъема йуд (י) в свет (ор אור) – это исправление ЗОН и БЕА, чтобы были пригодны для получения света. Ведь если бы не подсластилась Малхут в Бине, миры не были бы способны получить никакой свет.[1161] И поэтому первое исправление, когда сказано: «Да будет свет»[1157], это – да будет воздух (авир אויר), то есть чтобы йуд (י) вошла в свет (ор אור), и он стал бы воздухом (авир אויר), ведь если бы не это, невозможно, чтобы был свет в мирах. И это смысл сказанного: «Прежде чем образовалось всё, образовались АВАЯ (הויה)», – то есть йуд (י) де-АВАЯ (הויה), поскольку там осталось это исправление подъема йуд (י) в воздух (авир אויר). И это смысл сказанного: «И поэтому: „Да будет свет! И был свет"[1157] – который был до этого», иначе говоря, затем в гадлуте, о котором сказано: «И был свет»[1157], это не новый свет, но тот самый свет

[1158] См. Зоар, главу Берешит, часть 1, п. 32, со слов: «Вначале разделила десять сфирот Абы ве-Имы и извлекла из утаенного в ней одну скрытую точку. Ведь Бесконечность разделила десять сфирот Абы ве-Имы из своего собственного свойства „воздух" и раскрыла эту точку йуд ...»

[1159] См. Зоар, главу Берешит, часть 1, п. 33. «Когда от Арих Анпина есть первая точка, йуд (י), его свет (ор אור) раскрывается над ней...»

[1160] См. Зоар, Берешит, часть 1, п. 308. «Теперь выясняется различие между зивугом высшего мира Бины и зивугом нижнего мира Бины...»

[1161] См. Зоар, главу Берешит, часть 1, п. 3, со слов: «В свойстве суда, т.е. в свойстве Малхут мира АК, прежде чем она подсластилась в Бине, в свойстве милосердия, мир не мог существовать...»

(ор אוֹר), который уменьшился сначала до воздуха (авир אֲוִיר), а затем опустилась йуд (י) из воздуха (авир אֲוִיר), и с помощью этого снова раскрылся тот свет, что прежде.[1159]

628) «„Живое", сказанное в отношении чаши благословения, „постановили: живое" означает – „живое [вино], из бочки", то есть не было там разбавления водой. „А внутренний смысл этого: высшая Шхина", т.е. Бина, „является восьмой сфирой", что в десяти сфирот, когда мы начинаем считать „снизу вверх, и поэтому называется хэт (ח). И сказано о ней: „Мудростью устраивается дом (байт בָּיִת)"[1162], – то есть бочка (хавит חָבִית)", и это буквы „хэт (ח) байт (בָּיִת) дом". И это указывает на то, что вино, являющееся Гвурой Зеир Анпина, должно исходить из Бины, называемой бочкой (хавит חָבִית), хэт байт (ח' בַּיִת). „И поскольку" Бина „является жизнью, как написано: „Древо жизни она для держащихся её"[1163], поэтому" вино, исходящее „оттуда", из Бины, „оно живое. И это вино Торы, поскольку тот, кто занимается ею, называется живым. И еще, праведник", то есть Есод, называется „живой", и он живой от этой бочки (хавит חָבִית)"», поскольку света его исходят из Бины, называемой бочкой (хавит חָבִית), как мы уже объясняли.

629) «„У вина есть два цвета – белый и красный. Вино (яин יַיִן)" в гематрии семьдесят, и это „семьдесят ликов, итого семьдесят два". И это указывает на то, что света семидесятидвухбуквенного имени светят в вине. „А соответственно двум цветам, что у вина, – это субботние помни и храни", и вместе „с семидесятью словами"», которые в благословении: «И завершены были», «„что в освящении (кидуш), их семьдесят два"».

630) «„Полная", сказанное о чаше благословения, „это то, что сказано: „Чаша, наполненная благословением Творца".[1164] И также она" должна быть „наполнена вином Торы, и этот человек таким образом должен быть совершенным, как сказано: „Человек чистый"[1165], что означает – человек совершенный, как: „И

[1162] Писания, Притчи, 24:3. «Мудростью устраивается дом, и разумом утверждается».

[1163] Писания, Притчи, 3:18. «Древо жизни она для держащихся её, и поддерживающие её счастливы».

[1164] См. выше, п. 624.

[1165] Тора, Берешит, 25:27. «И выросли отроки, и стал Эсав человеком, сведущим в охоте, человеком поля; а Яаков – человек чистый, живущий в шатрах».

пришел Яаков цел (и невредим)"¹¹⁶⁶. Таким образом, Яаков называется совершенным. „Так душа должна быть совершенной, и не будет в ней никакого изъяна, потому что: „Никто, у кого есть порок, не приблизится"¹¹⁶⁷. И так же немой (илéм אִלֵּם) с йуд-хэй (יה) – это" буквы „Элоким (אֱלֹהִים), и это как числовое значение чаша (кос כּוֹס)", т.е. восемьдесят шесть. И поэтому чаша „должна быть полной (малé מָלֵא), потому что переверни" слово „немой (илéм אִלֵּם)" и обнаружишь „полный (малé מָלֵא)". Поскольку чаша (кос כּוֹס) в гематрии – полная Творцом (малé йуд-хэй מָלֵא יָיה). Ведь „когда" она полная? – „Когда есть там Творец (йуд-хэй יָיה). И это: „Вот рука на престоле Творца (יָה)"¹¹⁶⁸, то есть неполное имя, так как ему недостает вав-хэй (וה). „Адни (אדני)" в малом числовом значении „имеет числовое значение вав-хэй (וה 11). Средний столб наполнен ими обоими", йуд-хэй (יה) и вав-хэй (וה), „и поэтому пребывает над ним" имя „Адам, и это истолкованное имя"» йуд-хэй-вав-хэй (יוֹ"ד הֵ"א וָא"ו הֵ"א), которое в гематрии Адам (אדם 45).

631) «„Берет ее обеими руками", сказанное о чаше благословения, „то есть так же как Тора была на двух скрижалях: пять речений на одной скрижали, соответствующих пяти пальцам правой руки, и пять речений на второй скрижали, соответствующие пяти пальцам левой руки, которые передали правой, то есть в правую руку", то есть пять левой включились в пять правой. „И поэтому: „Две каменные скрижали он снес в руке его"¹¹⁶⁹, – написано, „а не в руках его", то есть только в одной руке, т.е. в правой. „И это то, о чем свидетельствует Писание: „От десницы Его пламя Закона им"¹¹⁷⁰».

632) «„И устремляет взор на нее", сказанное о чаше благословения, – „это потому, что эта чаша соответствует земле Исраэля", т.е. Малхут, облачающей Бину, „о которой сказано:

---

¹¹⁶⁶ Тора, Берешит, 33:18. «И пришел Яаков цел (и невредим) в город Шхем, который на земле Кнаана, по приходе своем из Падан-Арама, и расположился он станом пред городом».
¹¹⁶⁷ Тора, Ваикра, 21:18. «Никто, у кого есть порок, не приблизится: ни слепой, ни хромой, ни плосконосый, ни уродливый».
¹¹⁶⁸ Тора, Шмот, 17:16. «И сказал: „Вот рука на престоле Творца (יָה), что война у Творца против Амалека из поколения в поколение"».
¹¹⁶⁹ Из утренней молитвы (шахарит) в субботу.
¹¹⁷⁰ Тора, Дварим, 33:2. «И сказал он: „Творец от Синая выступил и воссиял от Сеира им, озарил от горы Паран, и явился из среды мириадов святых; от десницы Его пламя Закона им"».

„Непрестанно глаза Творца Всесильного твоего на ней"[1171]. И эти глаза (эйнаим עֵינַיִם) высшего – это семьдесят (аин עין) [членов] синедриона, и над ними Моше с Аароном, представляющие собой высшие глаза", т.е. Хохму и Бину, „один – правый глаз, а другой – левый, и они семьдесят два (аин-бет ע"ב), как числовое значение „в вине (ба-яин בַּיַּיִן)", потому что семьдесят [членов] синедриона соответствуют ХАГАТ НЕХИМ, каждая из которых состоит из десяти. И Хохма с Биной над ними, и это Моше и Аарон. И это тайна, что должен устремлять взор на нее, чтобы привлечь Хохму и Бину к этой чаше, т.е. к Малхут. „И это скрытый смысл слов: „И устремляет взор на чашу"».

633) «„И приподнимает ее на ладонь от земли", сказанное о чаше благословения, „потому что буква хэй (ה)" де-АВАЯ (הויה) – „это чаша, и нужно поднять ее в букву йуд (י)" де-АВАЯ (הויה), „и она" называется „ладонь", которой раскрывается эта хэй (ה) в пяти пальцах", представляющих собой пятьдесят врат Бины.[1172] „И посылает ее в качестве подношения домочадцам", сказанное о чаше благословения, то есть, „чтобы благословилась жена его, являющаяся" свойством „души, о которой сказано: „А ныне душа наша высохла, нет ничего"[1173], и она благословляется и приносит плоды, как написано: „Да произрастит земля поросль"[1174]».

634) «„Четвертое" исправление, что на столе, – „это чтобы были за столом его речения Торы, чтобы не произошло с ним, как с народами земли, о которых сказано: „Ибо все столы наполнились рвотой, испражнениями"[1175]. Но о речениях Торы постановили: „Желающий разбогатеть обратится на север"[1176] – чтобы расположил стол в северной стороне, – ведь этот стол в левой стороне, являющейся судом", поэтому „нужно связать его

[1171] Тора, Дварим, 11:12. «Земля, о которой Творец Всесильный твой печется, – непрестанно глаза Творца Всесильного твоего на ней, от начала года и до конца года».
[1172] См. выше, п. 624.
[1173] Тора, Бемидбар, 11:6. «А ныне душа наша высохла, нет ничего; один лишь ман (видят) наши глаза».
[1174] Тора, Берешит, 1:11. «И сказал Всесильный: „Да произрастит земля поросль, траву семяносную, плодовое дерево, производящее плод по виду его, семя которого в нем, на земле". И было так».
[1175] Пророки, Йешаяу, 28:8. «Ибо все столы наполнились рвотой, испражнениями; без (чистого) места».
[1176] См. Вавилонский Талмуд, трактат Бава батра, лист 25:2.

с правой, то есть Торой, которая дана от Хеседа, являющегося милосердием, и это правая рука Творца"».

635) «„Пятое" исправление, что на столе, – „постановили авторы Мишны, что нужно накрыть на стол, для бедных", чтобы наслаждать их от своего стола. „И скрытый смысл этого – чтобы милостыня продлила дни его, чтобы не умер, прожив короткую жизнь, подобно Торе, которая является долголетием для души в двух мирах: в этом мире и в мире будущем. И также милостыня является долголетием для тела в двух мирах. Это смысл сказанного: „Ибо Он жизнь твоя и долгота дней твоих"[1177]. „Ибо Он жизнь твоя"[1177] – в этом мире, „и долгота дней твоих"[1177] – в мире будущем, когда будущий мир по отношению к телу" означает – „при возрождении мертвых, что после того как восстанет к возрождению из мертвых, не умрет, и так же как будет существовать в будущем мире, будет существовать в этом мире"».

636) Исправление «„шестое – чтобы не был обжорой и пьяницей за царским столом, как Эсав, сказавший: „Дай же мне глотнуть"[1178] – путем глотания, но путем перемалывания", чтобы перемалывал еду зубами. „И также тот, кто произносит речения молитвы или речения Торы устами своими, должен извлекать их с помощью перемалывания совершенными", то есть чтобы изучал и выяснял их, подобно перемалыванию, „а не проглатыванием", чтобы быть „недостающими" своего совершенства. „И кроме того, еще из-за того, чтобы не поперхнуться (досл. чтобы вместо пищевода не попало в дыхательное горло)"», должен есть пережевывая, а не глотая.

637) Исправление «„седьмое – это последние воды. И постановили, что первая вода – это заповедь, последняя вода – обязательна, а" вода „посередине – по выбору. При омовении первой водой нужно поднять пальцы, для того чтобы жидкость не вернулась", опускаясь, „и не сделала руки нечистыми. И есть мудрецы, которые сказали, что последняя вода – она из-за содомской соли, чтобы не сделала нечистыми глаза, и таким

[1177] Тора, Дварим, 30:20. «Чтобы любить Творца Всесильного твоего, слушая глас Его и прилепляясь к Нему; ибо Он жизнь твоя и долгота дней твоих, в кои пребывать тебе на земле, которую клялся Творец дать отцам твоим, Аврааму, Ицхаку и Яакову».

[1178] Тора, Берешит, 25:30. «И сказал Эсав Яакову: „Дай же мне глотнуть от этого красного, красного (адом), ибо устал я". Потому нарек ему имя Эдом».

образом избавили нас от обязательности", потому что последняя вода является ничем иным, как добрым советом, чтобы не сделать нечистыми глаза, и не обязательна. „И есть скрытый смысл, у тех, что сказали" о последней воде, что она „обязательна. И в мире не принято противоречить речениям великих, но читать о них: „По учению, какое укажут тебе"[1179]». (От «И есть мудрецы» и до сих пор, кажется, что это запись на полях).

638) «„И кроме того, сказали о них три святости. И это смысл сказанного: „Освятите себя, и будете святы"[1180]. „Освятите себя"[1180] – это первая вода, „и будете святы"[1180] – это последняя вода. „Ибо свят"[1180] – это ароматное масло" для устранения скверны с пальцев. „Я, Творец"[1180] – это благословение. И средняя вода – то есть между сыром и мясом. И поэтому: „Освятите себя, и будете святы, ибо свят Я, Творец"[1180]. Счастлив народ, когда Творец возносит их к Себе"», то есть заражает их Своей святостью.

639) «„И так же" нужно сказать: „Освятите себя"[1180] – то есть в момент соития. Первая вода, когда мужчина первым вводит семя, является заповедью", т.е. он выполняет заповедь плодиться и размножаться, „последняя", т.е. семя „женщины, является обязательной", иначе говоря, семя мужчины вынуждает ее зачать. „А средняя" вода – „это намек: „И как сыр сгустишь меня"[1181], то есть Творец, который сгущает это семя в строение новорожденного. Это смысл сказанного: „Разве не как молоко изольешь Ты меня и как сыр сгустишь меня"[1181]. И это является намеком" на среднюю воду, которая „между сыром и мясом, ведь сказано о Нем", о Творце: „Кожей и плотью облечешь меня"[1181]». Объяснение. Сыр означает строение. Плоть – то, что Творец превращает семя в плоть. И это свойство средней воды. Иначе говоря, воды Творца являются средними по отношению

[1179] Тора, Дварим, 17:11. «По учению, какое укажут тебе, и по решению, какое скажут тебе, поступай; не уклонись от слова, какое скажут тебе, ни вправо, ни влево».

[1180] См. Тора, Ваикра, 11:44. «Ибо Я Творец Всесильный ваш, освятите себя, и будете святы, ибо свят Я, и не оскверняйте ваших душ всяким существом, копошащимся на земле».

[1181] Писания, Иов, 10:8-11. «Руки Твои придали форму мне и образовали меня – всего, кругом. И Ты губишь меня? Вспомни же, что как (из) глины Ты сделал меня и в прах возвращаешь меня. Разве не как молоко изольешь Ты меня и как сыр сгустишь меня, кожей и плотью облечешь меня, костями и жилами покроешь меня».

к водам захаров (мейн дху́рин МАД) мужчины и к водам нукв (мейн ну́квин МАН) женщины.

640) Исправление «"восьмое заключается в том, что для троих нужна чаша. Почему?" Это по той причине, что чаша указывает на Бину, а "Бина – это третья сфира из десяти сфирот", когда начинают считать "сверху вниз", т.е. Кетер, Хохма, Бина, "и поэтому менее трех – чаша не требуется". Другое объяснение. "Для троих требуется чаша – это указывает на: "Трижды воздадут тебе святость"[1102]. И кроме этого, Тора не спустилась менее трех", и это – "коэны-левиты-исраэлиты, Тора-Пророки-Писания", и была дана "в третьем месяце, и в третий день. И эта Бина – йуд-хэй-вав (יה״ו)" де-АВАЯ (הוי״ה), и это три линии. "И из-за нее сказали: "Три смены включает (ха́ви חֲוֵי) ночь". Малхут – это хэй (ה), четвертая", которая принимает все три линии, "и о ней сказали: "Четыре смены включает ночь" – соответственно трем линиям и Малхут, получающей их. "И шин (ש) с тремя ветвями соответствует трем сменам, а шин (ש) с четырьмя ветвями соответствует четырем сменам"».

641) Исправление «"девятое – что чаша благословения, которая четверть лога[1183], и мера его соответствует хэй (ה)", которая является "четвертой буквой имени АВАЯ (הוי״ה). Десятое" исправление "заключается в том, что в присутствии десяти говорит" благословляющий: "Благословим Всесильного нашего (элоке́йну אלהינו)". И это "потому, что нижняя Шхина", т.е. Малхут, "является четвертой и десятой, четвертой – в имени АВАЯ (הוי״ה), и десятой – в десяти сфирот, и это" тайна десяти букв "йуд-хэй-вав-хэй (יו״ד ה״א וא״ו ה״א)". И поэтому нужно десять, чтобы упомянуть имя Элокейну (אלהינו). "И насколько же человек должен оберегать себя, чтобы не выбрасывать эти вещи в месте, в котором не нужно, подобно тому, кто выбрасывает хлеб, и уж тем более тот, кто выбрасывает хлеб Торы вне своего стола, т.е. Шхины, о которой сказано: "Это стол, что пред Творцом"[1184]». (До сих пор Раайа меэмана).

[1182] Благословение в молитве Амида, следующее за благословением за возрождение из мертвых.

[1183] Лог – мера жидкости, равная 345,6 мл, двенадцатая часть ина.

[1184] Пророки, Йехезкель, 41:22. «Жертвенник деревянный в три локтя высотой и длиной в два локтя; и углы его, и длина (верхняя доска) его, и стены его – деревянные. И сказал он мне: "Это стол, что пред Творцом"».

ГЛАВА ПИНХАС

Трое, причиняющие себе зло

642) «„И в первом изложении" говорит: „Трое их, причиняющих себе зло: двое – в этом мире, а один – в другом мире. И это те, кто проклинает себя. Как мы учили, что один правитель назначен пред человеком, и в час когда человек проклинает себя, этот правитель и семьдесят других правителей под ним принимают это слово и говорят „амен", и поднимают его наверх, и судят его. И тот" правитель „преследует его, пока не сделает и не довершит" ему проклятие „того слова"», что он сказал.

643) «„Кто у нас больше, чем Моше, который сказал: „И если нет, то прошу Тебя, – сотри и меня из книги Твоей, которую Ты написал!"¹¹⁸⁵, сказавшего это ради пользы" Исраэля, „и хотя Творец исполнил его желание", и простил Исраэлю, „вместе с тем он не спасся от наказания. Ведь сказали, что не упомянуто" имя его „в главе „А ты повели (Тецавé)", и он был стерт оттуда. И это уже объяснялось. И кто у нас больше, чем царь Давид, сказавший: „Решил я: остерегаться буду на пути своем, буду держать на замке уста свои, пока нечестивый предо мной"¹¹⁸⁶. Что значит: „Пока нечестивый предо мной"¹¹⁸⁶? Это тот правитель, который поставлен над тем", кто проклинает себя, „и берет это слово, чтобы причинить вред человеку"», как мы уже говорили.

644) «„И один", причиняющий себе зло, – „это тот, кто выбрасывает хлеб, и крошки хлеба на землю, пренебрежительно относясь к нему, как мы учили.¹¹⁸⁷ Эти двое" получают свое наказание „в этом мире. А один", причиняющий себе зло „в другом мире", и это „тот, кто зажигает свечу на исходе субботы, прежде чем Исраэль подошли к святости согласно порядку"», то есть: «А Ты свят...», произносимой на исходе субботы, «„и он считается оскверняющим субботу, так как вызвал то, что огонь ада зажегся преждевременно"».

645) «„Одно место есть в аду для тех, кто оскверняет субботу. Поскольку он зажег свечу преждевременно, есть один

---

¹¹⁸⁵ Тора, Шмот, 32:32. «И потому, простишь ли их? И если нет, то прошу Тебя, – сотри и меня из книги Твоей, которую Ты написал!»
¹¹⁸⁶ Писания, Псалмы, 39:2. «Решил я: остерегаться буду на пути своем, буду держать на замке уста свои, пока нечестивый предо мной».
¹¹⁸⁷ См. «Предисловие книги Зоар», пп. 254-255.

правитель в аду на исходе субботы, и он зажигает вначале это место, и говорит: „Это место такого-то". И все грешники, что в аду, помогают ему разжечь это место. Этот правитель провозглашает и говорит: „Вот вышвырнет тебя Творец могучим броском и набросится на тебя вихрем"[1188]. Грешники, что в аду, говорят: „Он совьет тебя в клубок, покатит как шар в землю бескрайнюю; ты умрешь там"[1188], потому что он вызвал то, что они начали гореть преждевременно. И это те трое, которые причиняют зло себе, как мы учили"».

[1188] Пророки, Йешаяу, 22:17-18. «Вот вышвырнет тебя Творец могучим броском и набросится на тебя вихрем. Он совьет тебя в клубок, покатит как шар в землю бескрайнюю; ты умрешь там, и там колесницы славы твоей – бесславие дома Господина твоего!»

Три йуд (י), которые в АВАЯ (הויה) наполнения САГ

646) «„Другое объяснение. „И снилось ему: вот лестница"[1189]. Верный пастырь, как буква ламед (ל) возвышается над всеми буквами", потому что ламед (ל) указывает на Бину, „так тебе предстоит подняться над всеми созданиями, поскольку ты поднялся туда, йуд-хэй-вав-хэй (יו״ד ה״י וא״ו ה״י)", в котором три йуд (י), „йуд (י) йуд (י) йуд (י), которые в гематрии ламед (ל 30). Ибо вначале ты был именем йуд-хэй-вав-хэй (יו״ד ה״א וא״ו ה״א)", которое в гематрии МА (מ״ה 45), т.е. Зеир Анпин, „и в нем йуд (י) алеф (א) алеф (א) алеф (א)", которое в гематрии йуд-гимел (י״ג 13), и это „тринадцать свойств милосердия, и это" в гематрии „один (эхад אֶחָד), а теперь ты поднялся в Эль (אֵל), и это йуд (י) йуд (י) алеф (א) йуд (י)", что в наполнении САГ. „И эти два имени являются свидетелями – „ведь один Всевышний (Эль эхад אֵל אֶחָד) сотворил нас"[1190], потому что йуд (י) йуд (י) алеф (א) йуд (י)", что в наполнении АВАЯ де-САГ, – это в гематрии Эль (אֵל), а йуд (י) алеф (א) алеф (א) алеф (א), что в наполнении АВАЯ де-МА, – это в гематрии один (эхад אֶחָד). „Это смысл сказанного: „Ведь отец один у всех нас, ведь один Всевышний сотворил нас!"[1190]»

647) «„И с помощью этих трех йуд (י) осуществится в тебе: „Поднимется и вознесется, и возвысится чрезвычайно"[1191]». «И возвысится чрезвычайно"[1191] – то есть в АВАЯ, что „с" наполнением „МА (מ״ה)", потому что чрезвычайно (меод מְאֹד) восходит к числовому значению Адам (אָדָם), то есть МА (מ״ה). „И если изменить порядок букв меод (מְאֹד) – это Адам (אָדָם). „Поднимется"[1191] – это в четырех ликах льва", и это Хесед, поднимающийся в Хохму, „и это тайна: „Благословит тебя Творец"[1192]. И это АВАЯ с наполнением АБ, такое: йуд-хэй-вав-хэй (יו״ד ה״י וא״ו ה״י),

---

[1189] Тора, Берешит, 28:12. «И снилось ему: вот лестница поставлена на землю, а вершина ее достигает небес; и вот ангелы Всесильного восходят и нисходят по ней».

[1190] Пророки, Малахи, 2:10. «Ведь отец один у всех нас, ведь один Всевышний сотворил нас! Почему же изменяем мы – каждый брату своему, оскверняя завет отцов наших?»

[1191] Пророки, Йешаяу, 52:13. «Вот, прозреет раб Мой, поднимется и вознесется, и возвысится чрезвычайно».

[1192] Тора, Бемидбар, 6:24-26. «Благословит тебя Творец и сохранит тебя! Озарит Творец лик Свой для тебя и помилует тебя! Обратит Творец лик Свой к тебе и даст тебе мир!»

и оно в гематрии Хесед (חסד 72). И это Хохма правой линии. „И вознесется"[1191] – т.е. в четырех ликах быка", и это Гвура, поднимающаяся в Бину. „И это: „Обратит Творец"[1192] – т.е. Бина „в левой. „И возвысится чрезвычайно"[1191] – то есть: „Озарит Творец"[1192], и это Зеир Анпин, который „посередине". И это АВАЯ, которое с наполнением МА (מ"ה). „И йуд-хэй-вав-хэй (יו"ד ה"י וא"ו ה"י)", т.е. АВАЯ де-САГ, „и это: „Обратит Творец лик Свой к тебе и даст тебе мир!"[1192] Четвертая АВАЯ", и это АВАЯ с наполнением хэй (ה), и это нун-бет (נ"ב), Малхут, то есть: „И возложат имя Мое на сыновей Исраэля, и Я благословлю их"[1193]», потому что Малхут называется «имя».

[1193] Тора, Бемидбар, 6:27. «И возложат имя Мое на сыновей Исраэля, и Я благословлю их».

ГЛАВА ПИНХАС

Как пламя, связанное с углем

648) «„С правой стороны называется" Малхут „камнем. И сколько влажных драгоценных камней", т.е. камней, истекающих водой,[1194] „есть от нее, и из них выходят воды Торы. И о них, мы учили, сказал рабби Акива своим ученикам: „Когда достигнете камней чистого мрамора, не говорите: „Воды! Воды!", чтобы не подвергать опасности ваши души". Это значит – „не говорите, что эти воды" Малхут „действительно являются водами", т.е. только хасадим, „поскольку: „Изрекающий ложь не утвердится пред глазами Моими"[1195], потому что эти воды", что в Малхут, – „это Тора", иначе говоря, они нисходят от Зеир Анпина, называемого Торой, который состоит из Хохмы и хасадим вместе, и поэтому является свойством света, а не вод, указывающих на хасадим без Хохмы, „ибо сказано о ней: „А Тора – свет"[1196]. И поскольку этот свет выходит в источнике вод, „воды которого не иссякают"[1197], потому что Зеир Анпин получает этот свет от высших Абы ве-Имы, зивуг которых не прекращается никогда, и там, в Абе ве-Име, – это хасадим, „поэтому называется водами"», поскольку это хасадим. Но когда эти хасадим приходят в Зеир Анпин, они включают в себя также Хохму, и называются светом. И это скрытый смысл слов: «А Тора – свет»[1196].

649) «„А с левой стороны называется этот камень, и это йуд (י)", т.е. Малхут, „углем", то есть в силу судов, что в левой линии, которые сжигают в ней, „и оттуда" называются „десять сфирот „как пламя, связанное с углем", и есть у него четыре цвета, и это десять, йуд-хэй-вав-хэй (יוֹד הֵא וָאו הֵא). АВАЯ (הויה)". То есть четыре буквы простой АВАЯ и десять букв АВАЯ с наполнением, и вместе это четырнадцать (йуд-далет יד) букв.

[1194] См. Зоар, главу Берешит, часть 1, п. 22. «Камни дырявые и влажные. Камни, находящиеся в пещерах, из которых всегда истекает вода, как из родникового источника, называются влажными камнями, поскольку они лежат на этом источнике и перекрывают его...»

[1195] Писания, Псалмы, 101:7. «Не будет жить в доме моем поступающий лживо, изрекающий ложь не утвердится пред глазами моими».

[1196] Писания, Притчи, 6:23. «Ибо заповедь – свеча, а Тора – свет, и путь жизни – назидательные наставления».

[1197] Пророки, Йешаяу, 58:11. «И Творец будет вести тебя всегда, и насыщать в чистоте душу твою, и кости твои укрепит, и будешь ты, как сад орошенный и как источник, воды которого не иссякают».

„И это „рука (яд י) великая"¹¹⁹⁸, что с правой" стороны, т.е. Хесед, „и „рука (яд י) сильная"¹¹⁹⁹, что с левой" стороны, т.е. Гвура, „а со" стороны „среднего столба, оттуда – „рука (яд י) вознесенная"¹²⁰⁰. И" получается, что „состоит из сорока двух цветов"», потому что трижды четырнадцать (йуд-далет יד) – это сорок два.

650) «„И поскольку с правой стороны – она камень, а с левой – уголь, совершает с ней Творец возмездие над Ишмаэлем и Эдомом", исходящих от отбросов правой и левой линий. „И это языческие огнепалимые жертвы" ситры ахра „и бурлящие воды", потому что Ишмаэль – это бурлящие воды, а Эдом – языческие огнепалимые жертвы. „А их правители – это Сам и змей. Сам, являющийся огнем ада, – это правитель над народом Эсава. А змей – это правитель над народом Ишмаэля, и он" – ангел „Рахав, правитель над водами"».

651) «„С правой стороны Авраама, ступень которого Хесед, совершает возмездие над Эдомом и его правителем, а с левой стороны Ицхака, ступенью которого является страх", т.е. Гвура, „совершает возмездие над Эсавом и правителем его; с помощью двух Машиахов, один из которых – справа, и это Машиах бен Давид, и один – слева, и это Машиах бен Йосеф. А ступень Яакова", и это Тиферет, средняя линия, „который соответствует им, в тайне: „Возложил наоборот руки свои"¹²⁰¹. Лев – слева", что соответствует Эсаву, „а бык – справа", что соответствует „Ишмаэлю. Таким образом, из-за того, что Йегуда был изгнан в Эсава, находится правая линия святости с левой линией Эсава". И так же в изгнании Ишмаэля – находится „левая линия святости с правой нечистой линией Ишмаэля". И согласно этому получается, что Машиах бен Давид, являющийся правой линией, совершит возмездие над Эсавом, а Машиах бен Йосеф,

---

¹¹⁹⁸ Тора, Шмот, 14:31. «И увидел Исраэль силу (досл. руку) великую, которую явил Творец в Египте, и устрашился народ Творца, и поверили в Творца и в Моше, раба его».

¹¹⁹⁹ Тора, Шмот, 13:9. «И да будет это тебе знаком на руке твоей и напоминанием над глазами твоими, дабы было учение Творца на устах твоих, ибо сильной рукою вывел тебя Творец из Египта».

¹²⁰⁰ Тора, Шмот, 14:8 «И ожесточил Творец сердце Фараона, царя Египетского, и он погнался за сынами Исраэля; а сыны Исраэля уходили под рукою вознесенной».

¹²⁰¹ Тора, Берешит, 48:14. «И протянул Исраэль правую руку свою и возложил на голову Эфраима, а он младший, и левую руку свою на голову Менаше; возложил наоборот руки свои, ибо Менаше первенец».

являющийся левой линией, совершит возмездие над Ишмаэлем. „Пока не придет Шило"¹²⁰², и это верный пастырь", т.е. Моше, потому что Шило (שִׁילֹה) – это гематрия Моше (משה), „ступень которого великолепие (тиферет) Исраэля", т.е. средняя линия, „он совершит возмездие над великим сбродом"». Потому что великий сброд – из правой и левой линий скверны, и поэтому средняя линия, состоящая из правой и левой линий святости, совершит над ними возмездие.

И смысл того, что Яаков, являющийся средней линией, «возложил наоборот руки свои»¹²⁰¹ найдешь выше, потому что до согласования средней линии был огонь в правой линии, а вода – в левой.¹²⁰³ А после согласования средней линии вошел огонь в левую, а вода в правую, как выяснилось там.

652) «„На трех этих ступенях", правой, левой и средней, как уже говорилось, „назначил коэнов, левитов и исраэлитов, из изгнания", которые исходят из этих трех линий, „и с помощью них", этих трех линий, „совершает возмездие над Эсавом, Ишмаэлем и великим сбродом. Ибо так же как великий сброд перемешаны с Эсавом и Ишмаэлем", то есть у них есть от правой и левой линий скверны, „так же и Яаков", являющийся средней линией, „перемешан с Авраамом и Ицхаком", которые являются правой и левой линиями, „так как он является смешением их обоих. И так Шило", то есть Моше, который тоже является средней линией, как мы уже говорили, „перемешивается с Машиахом бен Давидом", который является правой линией, „и с Машиахом бен Йосефом", который является левой, „и он станет цепочкой", включающей и связывающей „их обоих, – как в то время, когда видел Билам в своем пророчестве"». То есть: «Пока не придет Шило»¹²⁰², «„ибо так связываются два эти Машиаха с верным пастырем", который является свойством „трех праотцев", т.е. трех линий, как мы уже сказали, „в последнем изгнании"». И поэтому в их силах будет победить и уничтожить все клипот, которые противостоят трем линиям святости, как мы уже сказали.

Объяснение. Хотя избавление будет с помощью двух Машиахов, Машиаха бен Давида и Машиаха бен Йосефа, вместе с

---

¹²⁰² Тора, Берешит, 49:10. «Не отойдет скипетр от Йегуды и законодатель из среды потомков его, пока не придет Шило. И ему – собрание народов».
¹²⁰³ См. Зоар, главу Ваэра, пп. 34-41.

тем полное избавление невозможно, пока не раскроется душа Моше, что означает – раскрытие всех тайн Торы. И тогда смогут два эти Машиаха победить все клипот, что в мире. И это означает, что Моше включает в себя этих двух Машиахов, – то есть раскрытие души Моше, которое включает в себя всё. И это означает: «Пока не придет Шило»[1202] – так как полное избавление невозможно, пока не раскроется Моше над двумя этими Машиахами.

653) «Провозгласил и сказал: „Не усмотрел обмана в Яакове, не видел нечестия в Исраэле, – Творец Всесильный его с ним, и трубление Царю в нем"[1204]. И всё это, для того чтобы воплотить изречение: „И с милосердием великим соберу тебя"[1205]. В это время будут разбиты клипот, которые окружают Шхину, тотчас же раскроется один камень из трех, представляющих собой сэгольту", т.е. Малхут, являющуюся верхней точкой сэгольты. „И" об этих трех точках „сказано: „И было на тридцатый год"[1206] – то есть" три йуд (י), „йуд (י) йуд (י) йуд (י)", когда каждая точка – это йуд (י), а три йуд (י) в гематрии тридцать. „В четвертом"[1206] – это четвертый камень", т.е. Нецах, „в пятый день месяца"[1206] – это пятый камень", т.е. Ход. „Им соответствует: „И взял Давид пять гладких камней из ручья"[1207] – то есть ХАГАТ Нецах Ход, взятые от включающего их в себя вместе Есода, называемого ручьем. И им соответствуют пять слов: „Слушай (шма שְׁמַע), Исраэль, Творец (АВАЯ) – Всесильный наш (Элокейну), Творец (АВАЯ)"[1208]».

Объяснение. Когда Малхут поднимается в Бину и получает там от левой линии Бины, она находится выше Хеседа и Гвуры Зеир Анпина, и тогда она верхняя точка сэгольты, такая –, где Малхут – это верхняя точка, а две точки, Хесед и Гвура Зеир

[1204] Тора, Бемидбар, 23:21. «Не усмотрел обмана в Яакове, не видел нечестия в Исраэле, – Творец Всесильный его с ним, и трубление Царю в нем».
[1205] Пророки, Йешаяу, 54:7. «На малое мгновение оставил Я тебя и с милосердием великим соберу тебя».
[1206] Пророки, Йехезкель, 1:1. «И было на тридцатый год, в четвертом (месяце), в пятый день месяца, – и я среди изгнанников при реке Квар, – открылись небеса, и увидел я видения, посланные мне Творцом».
[1207] См. Пророки, Шмуэль 1, 17:40. «И взял палку свою в руку свою, и выбрал себе пять гладких камней из ручья, и положил их в свою пастушескую сумку и в мешок, и с пращой в руке своей подошел к фелистимлянину».
[1208] Тора, Дварим, 6:4. «Слушай, Исраэль, Творец – Всесильный наш, Творец один!»

Анпина, – они под ней. А когда Малхут получает от трех линий Зеир Анпина, тогда она четвертая по отношению к ХАГАТ Зеир Анпина, т.е. в свойстве Нецах. А когда Малхут под Зеир Анпином – она пятая, т.е. свойство Ход, где находится окончание, в тайне сказанного: «Има распространяется до Ход».

654) «„И я (ва-ани́ וַאֲנִי) среди изгнанников"[1206]» – это Шхина, называемая «я (ани́ אֲנִי)». «„В ней Творец – один (эхад אֶחָד)", потому что Зеир Анпин – это алеф-хэт (א״ח) де-эхад (אֶחָד один), а Шхина – это далет (ד) де-эхад (אֶחָד один). А „дополнительная вав (ו) к я (ани אֲנִי)", потому что написано ве-ани (וַאֲנִי и я), – "это река, и это праведник, оживляющий миры", т.е. Есод. И объясняет свои слова: „И река вытекает из Эдена, чтобы орошать сад"[1209]. Что такое Эден? Это Бина, река, выходящая из Бины", т.е. Эдена, – „это вав (ו), сын йуд-хэй (י״ה)", т.е. Зеир Анпин, „т.е. ступень верного пастыря. А верный пастырь", Зеир Анпин, „исходит от высшей Имы", называемой Эденом, „и распространяется в шесть сфирот" ХАГАТ НЕХИ, „до праведника", т.е. Есода, „и из него", из Есода, „орошает сад, т.е. Шхину"». И поэтому вав (ו) от ани (אֲנִי я) указывает на Есод, орошающий ее.

655) Написано: «При реке Квар»[1206]. «„Что такое – Квар (כְּבָר)?" И отвечает: „Каф (כ)" указывает на „Кетер (כֶּתֶר). Бет (ב)" – на „Бину (בִּינָה). Рейш (ר)" – на „начало (реши́т רֵאשִׁית) Хохмы. Кетер – в правой линии, Хохма – в левой, Бина – посередине. И они – рехев (состав רֶכֶב) над причиной причин", то есть Бесконечность. Потому что Квар (כְּבָר) – это буквы рехев (רֶכֶב). „Все десять сфирот включились в реку", т.е. Зеир Анпин, „которая простирается до праведника, и это" Есод, называемый „всё", поскольку „включает всё" в себя, все сфирот. „И о нем сказано: „Дерево большое и могучее … и пища на нем – для всех"[1210]. От него все зависят. Когда увидел" Йехезкель „Шхину изнутри этих клипот, увидел вместе с ней десять сфирот"».

[1209] Тора, Берешит, 2:10. «И река вытекает из Эдена, чтобы орошать сад, и оттуда разделяется и образует четыре главных реки».

[1210] Писания, Даниэль, 4:8-9. «Дерево большое и могучее, и высота его достигла небес, и видно было оно до всех краев земли. Листья его прекрасны, а плоды обильны, и пища на нем – для всех; в тени его укрывались звери полевые, в ветвях его жили птицы небесные, и от него питалось все живое».

ГЛАВА ПИНХАС

Тонкая мука в хлебное приношение

656) «„Написано: „Тонкой муки в хлебное приношение"[1211] – принести эту тонкую муку", т.е. Малхут, „пред высшим Царем, в хлебное приношение меж двух рук"». Иначе говоря, чтобы оно включало в себя две руки, которыми являются Хесед и Гвура, правая и левая линии.

Раайа меэмана

657) «„А в первом изложении сказал верный пастырь: „Из этого"», то есть из того, что сказано в Зоаре: «„Тонкой муки в хлебное приношение"[1211] – принести эту тонкую муку пред высшим Царем, в хлебное приношение меж двух рук»[1212], «„следует понять эти слова, которые непонятны, и нужно их раскрыть перед товарищами. Об Аврааме и Ицхаке, установивших утреннюю и послеполуденную молитвы, сказано: „И рука Моя основала землю"[1213] – это Ицхак", являющийся левой рукой Зеир Анпина, „и десница Моя простерла небеса"[1213] – это Авраам", являющийся правой линией Зеир Анпина, ступени которых – Хесед и Страх, и сказано о них: „Клялся Творец десницей Своей и рукой силы Своей"[1214], и это две руки Царя, АВАЯ", т.е. Зеир Анпина, „среднего столба. Его тонкая мука – это нижняя Шхина", т.е. Малхут, „являющаяся светом Его", Зеир Анпина, „и это тонкая мука, чистая со сторон Его", то есть когда она соединена с правой и левой руками Его, „без ущербности тьмы, и без какой-либо примеси тьмы вовсе. Потому что таков свет относительно тьмы – как чистый урожай по сравнению с мякиной и соломой"». И поэтому называется Малхут тонкой мукой, когда она чиста от тьмы.

658) «„И вследствие прегрешений Исраэля примешивается тьма к светам. И это подобно человеку, производящему обмолот урожая, а затем он отделяет его", пшеницу от мякины и соломы, „подобно тому, кто отделяет еду от отбросов, – так

[1211] Тора, Бемидбар, 28:5. «И десятую часть эфы тонкой муки в хлебное приношение, смешанной с битым елеем, четвертью ина».
[1212] См. выше, п. 656.
[1213] Пророки, Йешаяу, 48:13. «И рука Моя основала землю, и десница Моя простерла небеса; Я воззову к ним, и предстанут вместе».
[1214] Пророки, Йешаяу, 62:8. «Клялся Творец десницей Своей и мышцей (досл. рукой) силы Своей: „Не дам Я зерно твое в пищу врагам твоим, и не будут пить чужеземцы вино твое, над которым трудился ты"».

Исраэль, когда смешивается с ними тьма, должны делать", исправляя „дух свой. И скрытый смысл этого: „Жертвы Всесильному – дух сокрушенный"[1215], поскольку вследствие этого сокрушается тьма, т.е. злое начало, скрывающее этот дух, как мякина скрывает пшеницу, или как туча, скрывающая солнце, не давая ему светить"».

659) «„И в то время, когда эта тьма, т.е. злое начало, скрывает доброе начало, т.е. свет, – это подобно тому, кто заключен в тюрьму злого начала. И точно так же, когда доброе начало заключено под власть злого начала, так воинства доброго начала заключены под власть воинств злого начала. И в то время, когда человек сокрушает дух его во всех своих органах пред Творцом, что написано: „Чтобы сказать узникам: „Выходите!" и тем, что во тьме: „Появитесь!"[1216]»

660) «„Но Шхина – это чистая тонкая мука, к которой не могут примешаться тьма и мгла, и это как виноград, которому нельзя привить другой вид, не являющийся его видом. И эта тонкая мука, пребывает меж руками Царя", т.е. Хеседом и Гвурой, „смешанная с битым елеем"[1211]». (До сих пор Раайа меэмана).

[1215] Писания, Псалмы, 51:19. «Жертвы Всесильному – дух сокрушенный; сердце сокрушенное и удрученное, Всесильный, не отвергай».

[1216] Пророки, Йешаяу, 49:9. «Чтобы сказать узникам: „Выходите!" и тем, что во тьме: „Появитесь!" При дорогах пасти будут, и на всех высотах – пастбища их».

ГЛАВА ПИНХАС

Смешанная с битым елеем

661) «„Смешанная с битым елеем"[1211] – то есть с тем елеем, который исходит и выходит свыше", от Хохмы правой линии. Сказал рабби Шимон: „Ты хорошо сказал, но что значит – битый?" И отвечает: „Однако, это высшая тайна, ибо если это елей, что значит – битый? Но это является намеком на соитие с нуквой", т.е. Малхут, „чтобы притянуть к ней битый елей, как подобает ей", от высшей Хохмы, „когда он не иначе, как битый, чтобы извлечь елей из маслин, являющихся органами тела", т.е. десятью сфирот Зеир Анпина, называемого телом, „и совершить это притяжение свыше", от высшей Хохмы, „в каждый орган"».

662) «„И праведник", т.е. Есод, – „он совершает эти выбивания, и извлекает из всех этих высших органов", из сфирот Зеир Анпина, „являющихся святыми маслинами, елей помазания в совершенном влечении к нукве", т.е. Малхут. „А если не выбивает, то не выйдет этот елей иначе, как без влечения органов, и от такого влечения не насладится нуква", и елей, являющийся светом Хохмы, – он негоден, пока не будет состоять из всех органов. И поэтому" написано: „Смешанная с битым елеем"[1211], чтобы насладиться им и получить питание от него"».

Объяснение. Елей, который является светом Хохмы, что в правой линии, непригоден, пока не будет включать в себя все три линии, т.е. три линии, которые от хазе и выше Зеир Анпина, и три линии, которые от хазе и ниже Зеир Анпина, и единение этих линий происходит не иначе, как посредством экрана де-хирик, что в средней линии.[1217] И это означает – битый, потому что суды экрана де-хирик бьют левую линию, пока не объединится с правой, и не соединятся три линии друг с другом.[1217] И главный носитель экрана де-хирик средней линии – это Есод, являющийся ее завершением. И это смысл сказанного: «И праведник – он совершает эти выбивания», то есть пробуждает этот экран де-хирик, чтобы бить с помощью него левую линию, «и извлекает из всех этих высших органов, являющихся святыми маслинами», потому что с помощью битья Есода соединяются все органы, что выше хазе Зеир Анпина, представляющие собой три линии ХАГАТ, и все органы, что ниже

[1217] См. Зоар, главу Лех леха, п. 22, со слов: «Экран де-хирик, на который выходит средняя линия, происходит от свойства суда, имеющегося в Малхут...»

хазе Зеир Анпина, т.е. три линии НЕХИ, и становятся все они одним целым, и исходит от всех них вместе «елей помазания в совершенном влечении к нукве», и тогда они притягивают елей помазания, то есть свет высшей Хохмы в большом влечении к Малхут. И это смысл сказанного: «А если не выбивает, то не выйдет этот елей», – ибо если не пробудит экран де-хирик, чтобы бить им левую линию, то левая линия не соединилась бы с правой никогда, и не вышел бы совершенный елей с помощью трех линий к Малхут.[1217]

Раайа меэмана

663) «Сказал верный пастырь (рабби Шимону): „Великий светоч, насколько же сладостны твои слова. Разумеется, сказано здесь: „Смешанная с битым елеем"[1211], и сказано там, в устной Торе, что она смешана с Микрой, Мишной и Талмудом. И есть еще второй скрытый смысл: „Смешанная с битым елеем"[1211] – конечно же, Тора не смешана" с Микрой, Мишной и Талмудом, „но только для того, кто переносит ради нее много страданий, как постановили авторы Мишны: „Тора воплощается лишь в том, кто умерщвляет себя ради нее". И еще сказали: „В то время, когда ноги свои истопчешь, [ходя] из страны в страну", чтобы научиться Торе, „удостоишься увидеть лик Шхины"».

664) «„И еще. „Смешанная с битым елеем"[1211] – это выполняющий сказанное: „Хлеб с солью ешь и воду в меру пей"[1218]. И ещё. „Смешанная с битым елеем"[1211] – это как сказано: „И он изранен преступлениями нашими, сокрушен грехами нашими"[1219]. И ещё. „Смешанная с битым елеем"[1211] – это праведник, оживляющий миры", т.е. Есод, „притягивающий святые капли, и эти крошки как маслины, от высшего разума (моах)", т.е. высшей Хохмы, „и это одна десятая соответственно йуд (י), и две десятых – это йуд (י) йуд (י), и три десятых на быка – это йуд (י)

[1218] Мишна, раздел Незикин, трактат Авот, глава 6, мишна (закон) 4. «Таков путь Торы: хлеб с солью ешь и воду в меру пей, на земле спи и живи в страданиях – и над Торой трудись. Если ты поступаешь так – „счастлив твой удел и благо тебе" – счастлив твой удел в этом мире и благо тебе в мире грядущем».

[1219] Пророки, Йешаяу, 53:5. «И он изранен преступлениями нашими, сокрушен грехами нашими, наказание за благополучие наше – на нем, и ранами его исцеляемся мы».

йуд (י) йуд (י). И это: десятая часть – на агнца, две десятых – на овна, три десятых – на быка"[1220]».

665) «„И тайна этого. Сказали в отношении поста: „Не спускается капля сверху, пока не поднимаются соответственно ей две капли снизу. И они в таком виде –. И они являются указанием на три мохин (мозга): один – моах памяти, второй – моах мысли, третий – моах воображения. Воображение и память поднимаются от сердца, мысли спускаются на них к сердцу, и" воображение и память – „они принимают их, как царя. Поскольку этот человек, являющийся мыслью, восседающей над третьим созданием и правящей им, спускается на нем к двум созданиям, раскрывающим свои крылья, чтобы принять его, – как холам (˙) над цейре (..) становится сэгольтой (∴). И это высший Кетер, Хохма и Бина"». (От «И тайна этого» и до сих пор, кажется, что это была запись на полях листа, а переписчики внесли это в книгу).

666) «„Одна десятая и две десятых указывают на три создания высшего строения (меркава), и это – Величие", т.е. Хесед, „Гвура и Тиферет. „Три десятых указывают на Нецах, Ход, Есод, в которых второе строение (меркава)", нижнее. „Четверть ина" – это святая Малхут, хэй (ה), четвертая" буква "имени АВАЯ (הויה), в которой четыре лика человека"». Потому что в Хеседе есть четыре лика льва, в Гвуре – четыре лика быка, в Тиферет – четыре лика орла, в Малхут – четыре лика человека. (До сих пор Раайа меэмана).

667) «„Четверть ина" – четвертая опора высшего престола", т.е. Бины, у которой есть четыре опоры – ХАГАТ Зеир Анпина и Малхут. „И" Малхут – „это постоянное всесожжение Ему каждый день", и она поднимается до высшей мысли, которая бесконечна. И поэтому" жертва "всесожжения приносится за помысел сердца"», т.е. за мысль.

[1220] См. Тора, Бемидбар, 28:28-29. «И хлебное приношение при них – тонкой пшеничной муки, смешанной с елеем: три десятых (эфы) на каждого быка, две десятых на овна, по одной десятой на каждого из семи агнцев».

Зарка, макаф, шофар, олех, сэгольта

Раайа меэмана

668) «„И в первом изложении сказал верный пастырь: „Тот венец, который называется за́рка, – это йуд (י), четвертая" сфира по отношению к ХАГАТ, т.е. Малхут. И называется зарка (זַרְקָא), потому что выбрасывается (низре́кет נזרקת) до высшей мысли, у которой нет конца, как объяснялось в предыдущем пункте. „И так же создание, которое именуется человек (адам)", т.е. Малхут, „четыре его лика, являющиеся" четырьмя буквами „АВАЯ (הויה), – это мака́ф (מַקָּף), шофа́р (שׁוֹפָר), оле́х (הוֹלֵךְ), сэго́льта (סְגוֹלְתָּא). И это три создания, являющиеся двенадцатью коленами"». (До сих пор Раайа меэмана).

Объяснение. Малхут по своей сущности непригодна получать высший свет, но после того как она поднимается и включается в Бину, она становится пригодной для получения высших мохин.[1221] И это смысл сказанного: «И так же создание, которое именуется человек (адам)», т.е. Малхут, «четыре его лика, являющиеся АВАЯ (הויה), – это макаф (מַקָּף), шофар (שׁוֹפָר), олех (הוֹלֵךְ), сэгольта (סְגוֹלְתָּא)». И это раскрывает скрытый смысл, что после того как Малхут уподобляется (маке́фет מקפת) Бине, называемой шофар (שׁוֹפָר), тогда малхут идет (оле́хет הולכת) получить сэгольту (סְגוֹלְתָּא), и это «три создания, являющиеся двенадцатью коленами». Поскольку три создания – это три линии, в каждой из которых есть ХУГ ТУМ, итого – двенадцать. И если бы не макаф шофар, т.е. если бы она не уподобилась Бине, называемой шофар, не была бы олех сэгольта, т.е. не могла бы получить мохин, называемые сэгольта. Макаф (מַקָּף) означает – как не сближают (т.е. не сравнивают) нарывы,[1222] что означает сближение и сравнение.

669) «„Постоянное всесожжение – это четвертая опора высшего престола", т.е. Малхут. „Это постоянное всесожжение в каждый из этих шести дней начала творения", т.е. ХАГАТ НЕХИ Зеир Анпина. „А в субботу – это двойное всесожжение, чтобы

[1221] См. Зоар, главу Берешит, часть 1, п. 3, со слов: «В свойстве суда, т.е. в свойстве Малхут мира АК, прежде чем она подсластилась в Бине, в свойстве милосердия, мир не мог существовать...»
[1222] См. Вавилонский Талмуд, трактат Хулин, лист 46:2.

добавились ей свет и совершенство как подобает. И мы это уже учили"».

Объяснение. В будние дни Малхут поднимается (ола עוֹלָה) с Зеир Анпином до ИШСУТ, то есть на одну ступень, и поэтому есть в будние дни постоянное всесожжение (ола עוֹלָה). А в субботу поднимается Малхут с Зеир Анпином до высших Абы ве-Имы, и это две ступени, т.е. вдвойне по сравнению с будними днями. И поэтому добавляется жертвоприношение мусаф к постоянному всесожжению.

Раайа меэмана

670) «Сказал верный пастырь: „Малхут – по шести сфирот она всегда поднимается к вав (ו)", Зеир Анпину, „который включен в них. Сын йуд-хэй (י״ה)", т.е. Зеир Анпин, у которого есть мохин де-йуд хэй (י״ה), „скрыт в Бине. И в какую сфиру из этих шести" сфирот, что в Малхут, т.е. Тиферет де-Малхут, включающей шесть ее сфирот, „поднимается к нему", к Зеир Анпину? „Это в третий день", т.е. в третью сфиру его, „называемый Тиферет", которая тоже состоит из всех шести его сфирот. Однако, недостает ГАР, ведь несмотря на то, что в час жертвоприношения у него есть ВАК Бины, то есть ИШСУТ, вместе с тем они не считаются настоящими мохин де-ГАР, потому что ИШСУТ – это тоже ВАК Бины. Однако „в субботний день добавляется ему дополнительная душа (нефеш), и это Бина, т.е. верхняя хэй (ה)" де-АВАЯ (הויה), иначе говоря, поднимается до высших Абы ве-Имы, а это ГАР Бины, и тогда есть у него также „йуд (י), являющаяся буквой субботы", т.е. „высшей Хохмой", а также „Царем, увенчанным короной (кетер)", т.е. КАХАБ Бины. „И поэтому в молитве мусаф" говорят: „Корону (кетер) воздадут тебе"».

671) «„И в началах месяцев ваших"[1223]. Спрашивает: „А сколько начал есть у нее, у луны"», что ты говоришь: «И в началах месяцев ваших»[1223]? И отвечает: «„Но это две точки, в таком виде: сэголь , где нижняя точка – это луна", т.е. Малхут, „два ее начала – это две точки, что над ней" сверху, и вместе называются „сэголь. Вначале она была короной над двумя царями",

---

[1223] Тора, Бемидбар, 28:11. «И в началах месяцев ваших приносите всесожжение Творцу: двух молодых тельцов и одного овна, семь агнцев годовалых без порока».

т.е. Нецахом и Ходом Зеир Анпина, „в таком виде: . И была сэгольтой", что в таамим. „А затем, когда сказала: „Невозможно двум царям пользоваться одной короной", и сказал ей Творец: „Ступай и уменьши себя", опустилась к ногам этих двух царей", т.е. ниже Нецаха и Хода, „в таком виде: , т.е. сэголь. От того, что была сэгольтой, вернулась к тому, чтобы быть сэголем"».

Объяснение. Вначале она была Малхут выше хазе Зеир Анпина, и облачала левую линию Бины, а ХАГАТ Зеир Анпина облачали правую линию Бины, и тогда она была в состоянии «два больших светила, т.е. была большой, как Зеир Анпин. И поскольку была тогда выше хазе Зеир Анпина, считается, что выше Нецаха и Хода Зеир Анпина. И поэтому считается тогда Малхут с Нецахом и Ходом как сэгольта таамим, где одна точка, Малхут, находится наверху, а две точки, Нецах и Ход Зеир Анпина, они снизу, и Малхут – она Кетер по отношению к ним. Но не могла оставаться в таком состоянии из-за недостатка хасадим, и поэтому пожаловалась, сказав: «Невозможно двум царям», то есть Зеир Анпину и Малхут, «пользоваться одной короной (кетер)». Тогда было сказано ей: «Ступай и уменьши себя», и она опустилась от хазе и ниже Зеир Анпина, под Нецах и Ход. И это скрытый смысл – сэголь, где две верхние точки, представляющие собой Нецах и Ход, находятся сверху, а Малхут – это точка под ними, как это подробно описано выше.[1224] И это смысл сказанного: «Вначале она была короной над двумя царями» – то есть до этого уменьшения, когда она была выше хазе Зеир Анпина, и получается, что она Кетер над Нецахом и Ходом Зеир Анпина. «А затем, когда сказала: „Невозможно двум царям пользоваться одной короной", и сказал ей Творец: „Ступай и уменьши себя", опустилась к ногам этих двух царей", – то есть опустилась ниже хазе, под Нецах и Ход. «От того, что была сэгольтой, вернулась к тому, чтобы быть сэголем», – когда две точки, Нецах и Ход, находятся сверху, а Малхут – внизу, под ними.

672) «„И скрытый смысл этого: соответственно двум точкам, то есть двум ангелам", и это Нецах и Ход Зеир Анпина, „указание: „Двух молодых тельцов"[1223], а соответственно точке, которая является венцом над их головой", двух этих точек, „сказал: „И одного овна"[1223] – как Кетер, который один". И это согласно форме сэгольты, где Малхут – это Кетер над Нецахом

[1224] См. Зоар, главу Берешит, часть 1, пп. 110-115.

и Ходом. „А после того как сказала: „Невозможно двум царям пользоваться одним Кетером (короной)", и уменьшила себя, он тоже" уменьшился, – „И одного козла в грехоочистительную жертву Творцу"[1225], потому что овен Ицхака", являющегося левой линией Бины, которую Малхут облачала в первом состоянии, уменьшился и „стал козлом, т.е. превратился в ней из милосердия в суд и уменьшился"». Поскольку место выше хазе Зеир Анпина является милосердием, а место ниже хазе Зеир Анпина является судом, и поэтому уменьшился от овна до козла, что указывает на суд.

673) «„И поэтому" сказано: „И одного козла в грехоочистительную жертву Творцу"[1225], но не сказал: „В жертву всесожжения (ола עוֹלָה)", что означает – поднимается (ола עוֹלָה), „чтобы быть Кетером" над Нецахом и Ходом. А откуда нам известно, что есть снижение в случае грехоочистительной жертвы? Поскольку сказано: „И сошел от совершения очистительной жертвы"[1226]. А почему совместил жертву всесожжения с грехоочистительной жертвой в нисхождении? Но это учит нас тому, что вначале была жертва всесожжения, являющаяся свойством милосердия", то есть от хазе и выше Зеир Анпина, где место милосердия, „а затем превратилась в суд при нисхождении" ниже хазе Зеир Анпина, где место суда, „и называется грехоочистительной жертвой. И все это является одним целым"», поскольку как жертва всесожжения, так и грехоочистительная жертва – это свойство Малхут.

674) «„И поэтому" сказал Творец, т.е. Зеир Анпин: „Приносите надо Мной искупление, потому что надо Мной была луна Кетером, конечно", до этого уменьшения, то есть Кетером над Нецахом и Ходом Зеир Анпина, „в таком виде, а затем уменьшилась и спустилась к ногам (раглаим) Его", то есть ниже Нецаха и Хода, называемых раглаим, „в таком виде: . И в это время – „приносите надо Мной искупление", то есть в тот момент, когда приносите в жертву козла в начале месяца, чтобы искупить уменьшение луны, „сказано о ней: „Это жертва всесожжения (ола

[1225] Тора, Бемидбар, 28:15. «И одного козла в грехоочистительную жертву Творцу, сверх всесожжения постоянного, следует приносить, с возлиянием его».

[1226] Тора, Ваикра, 9:22. «И воздел Аарон руки свои к народу, и благословил их, и сошел от совершения очистительной жертвы и всесожжения, и жертвы мирной».

עוֹלָה)"¹²²⁷, потому что она поднимается (ола עוֹלָה) от ног Его, и" тогда „сказано о ней: „А земля"¹²²⁸, т.е. Малхут, – „подножие ног Моих"¹²²⁸, а теперь она поднимается, чтобы стать престолом для Бины вместе с Зеир Анпином, называемым небом, „чтобы сказать о ней: „Небо – престол Мой"¹²²⁸, потому что небо, т.е. Зеир Анпин с Малхут, становятся престолом для Бины. „И это смысл сказанного: „Праведник, властвующий богобоязненно"¹²²⁹, – т.е. превращающий суд в милосердие". Поскольку с помощью козла на новомесячье притягивают к ней Хохму и хасадим, для того чтобы она могла вернуться к хазе и выше Зеир Анпина, и там место милосердия. Однако это приносит пользу только во время принесения жертвы, но не после этого, так как это исправление не довершается до окончания исправления. „И это смысл изречения: „Камень, отвергнутый строителями, лег в основу здания"¹²³⁰. И подобно этому" есть сочетание „хэй-вав (ה"ו) хэй-йуд (ה"י)", указывающий на меру суда, а есть сочетание „йуд-хэй (י"ה) вав-хэй (ו"ה)"", указывающее на меру милосердия. И огромное различие между «хазе и выше» и «хазе и ниже» изучи выше.¹²³¹

675) «„И еще. Один агнец и „два агнца годовалых без порока"¹²³² – они соответствуют трем" первым „сфирот, „семь агнцев годовалых без порока"¹²²³ – соответствуют семи" нижним „сфирот. Семь агнцев – это семь дней", т.е. семь сфирот, „луны", т.е. Малхут. Потому что „годовалые (бней шана́ בְּנֵי שָׁנָה) – это сыновья луны, называемой годом (шана שָׁנָה). И она одна из тех прежних лет"». Объяснение. То есть она является одной из десяти общих сфирот, где Атик и Арих Анпин – это Кетер, а Аба ве-Има и ИШСУТ – это Хохма и Бина, а Зеир Анпин – это

---

¹²²⁷ Тора, Ваикра, 6:2. «Повели Аарону и его сыновьям, говоря: „Вот закон о жертве всесожжения. Это жертва всесожжения на огне жертвенника всю ночь, и огонь жертвенника будет гореть на нем"».
¹²²⁸ Пророки, Йешаяу, 66:1. «Так сказал Творец: „Небо – престол Мой, а земля – подножие ног Моих. Что это за дом, который вы (можете) построить Мне, и где место покоя Моего?"»
¹²²⁹ Пророки, Шмуэль 2, 23:3. «Всесильный Исраэля сказал, мне говорил оплот Исраэля: „Властвующий над людьми должен быть праведником, властвующим богобоязненно"».
¹²³⁰ Писания, Псалмы, 118:22. «Камень, отвергнутый строителями, лег в основу здания».
¹²³¹ См. Зоар, главу Ваигаш, п. 39, со слов: «Пояснение статьи».
¹²³² Тора, Бемидбар, 28:9. «А в день субботний двух агнцев годовалых без порока и в дар две десятых эфы тонкой пшеничной муки, смешанной с елеем, и возлияние при нем».

Тиферет, включающий шесть сфирот ХАГАТ НЕХИ, а последняя – это Малхут. Таким образом, Малхут является одной из десяти общих сфирот, называемых прежними годами. (До сих пор Раайа меэмана).

676) «"И в началах месяцев ваших"[1223]. Спрашивает: "Так сколько же начал есть у луны? Но ведь нет иного начала у луны, кроме солнца", т.е. Зеир Анпина, "которое является началом по отношению к ней?" И отвечает: "Однако есть два начала (рош) в каждом месяце, и это Яаков и Йосеф", т.е. Зеир Анпин и Есод, "которые обновляются", чтобы светить "луне", Малхут. "И поэтому должны обновлять ее"», т.е. посредством жертвоприношений.

Луна уменьшает себя

677) «„Двух молодых тельцов"[1223] – это те, о которых сказала луна: „Как смогут пользоваться (два царя) одной (короной)?", – то есть это Зеир Анпин и Малхут в состоянии два больших светила, после чего „уменьшила себя под ними", то есть спустилась ниже хазе Зеир Анпина. „И одного овна"[1223] – это овен Ицхака". Спрашивает: „А куда же ушел Авраам?" Иначе говоря, почему здесь не упомянуто свойство Авраама, являющегося Хеседом? „Но это потому, что там пробудился Эсав. И кто он? Это козел (саи́р שָׂעִיר) на новомесячье", т.е. в нем есть часть для ситры ахра, так же как Эсав – человек волосатый (саир שָׂעִיר),[1233] „поэтому отошел (досл. скончался) Авраам", являющийся светом „Хесед, чтобы не видели его", т.е. чтобы не было питания ситре ахра от света Хесед. Однако „Ицхак", являющийся левой линией, „находится там, потому что была его любовь к нему подобно вину на дрожжах его". Ибо Эсав – это отбросы левой линии, а свет левой линии называется вином, а отбросы – дрожжами. „Яаков", т.е. Зеир Анпин, средняя линия, „находится там, чтобы принимать" Эсава, потому что средняя линия уменьшает ГАР левой, то есть паним Эсава.[1234] „Йосеф", т.е. Есод, „являющийся быком" Зеир Анпина, другими словами, исходящий от левой линии Зеир Анпина, называемой быком, находится „для Рахели"», – т.е. чтобы передавать наполнение Малхут, называемой Рахелью.

[1233] Тора, Берешит 27:11. «И сказал Яаков Ривке, матери своей: „Ведь Эсав, брат мой, человек волосатый, я же человек гладкий"».

[1234] См. Зоар, главу Лех леха, п. 22, со слов: «Экран де-хирик, на который выходит средняя линия, происходит от свойства суда, имеющегося в Малхут...»

Имена АВАЯ посередине

Раайа меэмана

678) «Сказал верный пастырь: „Конечно, называются годовалыми" агнцами, "по имени солнца, называемого святой матерью (има)", и это Бина, "о которой сказано: „Лик Моше как лик солнца"[1235], т.е. что у него есть ГАР, являющиеся свойством паним, от Бины, называемой солнцем. „В году есть триста шестьдесят пять дней", то есть с десятью днями от Рош а-шана до Дня искупления – это триста шестьдесят пять, и они „как счет трехсот шестидесяти пяти (ШАСА) запретительных заповедей. И это аин-далет (ту эд) для левой, которой является высшая Има. Луна", т.е. Малхут, – „она в правой, потому что дочь связана с Абой, который является Хеседом для правой. И она", Малхут, „состоит из двухсот сорока восьми исполнительных заповедей. Находится вав (ו)", т.е. Зеир Анпин, „с Имой в левой стороне", в качестве трехсот шестидесяти пяти запретительных заповедей, „а дочь – она с Абой в правой стороне, являющейся Хеседом. И скрытый смысл этого: „Мудростью основал землю"[1236]. „Мудростью (бе-хохма́)"[1236] – это Аба", то есть Хохма правой линии, и это Хесед.[1237] „Земля – это дочь"», т.е. Малхут. Таким образом, дочь связана с Абой. «Утвердил небеса разумом (бе-твуна)"[1236]. „Утвердил небеса"[1236], и это сын", т.е. Зеир Анпин, „с Имой, которая является Твуна. И это" сочетание имени „йуд-хэй-хэй-вав (יהו״ה) – то есть [имена] АВАЯ посередине"».

Объяснение. Здесь он приводит другое объяснение семи агнцев по сравнению с тем, которое привел раньше,[1238] – поскольку там он говорит, что это семь сфирот луны, а здесь он говорит, что они соответствуют семи сфирот солнца, т.е. Зеир Анпина. И это смысл сказанного: «Называются годовалыми по имени солнца, называемого святой матерью (има)», – то есть по имени Зеир Анпина, который называется светом Хохма, получающим от святой Имы, когда со стороны света левой линии, который Зеир Анпин получает от святой Имы, он называется

[1235] См. Вавилонский Талмуд, трактат Бава батра, лист 75:1.
[1236] Писания, Притчи, 3:19. «Творец мудростью основал землю, утвердил небеса разумом».
[1237] См. выше, п. 204.
[1238] См. выше, п. 675.

солнцем. И это смысл сказанного: «О которой сказано: „Лик Моше", т.е. Зеир Анпина, „как лик солнца"¹²³⁵», – ибо тогда, когда он получает от Имы, лик его считается как свет солнца по силе своей. «В году», т.е. в солнечном году, «есть триста шестьдесят пять дней, как счет трехсот шестидесяти пяти (ШАСА) запретительных заповедей». Поскольку триста шестьдесят пять (ШАСА) запретительных заповедей – это свойство мохин левой линии. И это смысл сказанного: «И это аин-далет (ту эд) для левой». Мохин называются Эден (עדן), и называются Эд (עד), и он говорит, что мохин трехсот шестидесяти пяти солнечных дней – это Эд (аин-далет עד) для левой, т.е. свечение Хохмы, что в левой, высшей Име, которые исходят от высшей Имы. И эти семь годовалых агнцев, которых приносят в жертву, соответствуют семи сфирот Зеир Анпина, которые притягивают ему свечение Хохмы, что в левой стороне Имы. И это свойство «годовалые» – от трехсот шестидесяти пяти дней солнца, т.е. мохин левой стороны Имы. Однако «луна», Малхут, – «дочь связана с Абой, который является Хеседом для правой», т.е. Малхут связана с мохин Абы, т.е. Хохмой правой линии, а это свет хасадим. Потому что сама Хохма, что в ней, спряталась и укрылась, и светит только светом Хесед.¹²³⁷ «И она состоит из двухсот сорока восьми исполнительных заповедей», являющихся Хеседом. Получается, что благодаря жертвоприношению начала месяца каждый получает недостающее ему. Поскольку Зеир Анпин по своему корню – он Хесед без Хохмы, а теперь благодаря жертвоприношению получает Хохму левой линии, т.е. Имы. А Малхут по своему корню – это Хохма левой линии и ей недостает только хасадим, и она получает хасадим от высшего Абы. И это смысл сказанного: «Находится вав (ו)», т.е. Зеир Анпин, «с Имой в левой стороне» – т.е. получает от Имы Хохму левой линии, недостающую ему. «Дочь – она с Абой в правой стороне, являющейся Хеседом», – а дочь находится с Абой, являющимся Хохмой правой линии, Хеседом, недостающим ей. И это смысл сказанного: «И это йуд-хэй-хэй-вав (יהה"ו)», где нижняя хэй (ה), Малхут, она после йуд (י), Абы, а высшая хэй (ה), т.е. Има, – она пред вав (ו), Зеир Анпином. «[Имена] АВАЯ посередине» – это сказано соответственно тайне четырех отрывков тфилин, и это АВАЯ (הויה) в ее последовательности. Йуд (י) – это «Посвяти»¹²³⁹, верхняя хэй (ה) – «И будет, когда

---

¹²³⁹ Тора, Шмот, 13:1-10.

приведет Он тебя»[1240], вав (ו) – это «Шма»[1241], нижняя хэй (ה) – это «И будет, если послушаетесь»[1242]. Как уже объяснялось ранее.[1243] Но в отношении вышеуказанной последовательности, когда Аба основал дочь, получаются два начинающих отрывка с [имен] АВАЯ, т.е. в вав-хэй йуд-хэй (והיה), и это «И будет (ве-хая́ וְהָיָה), когда приведет Он тебя»[1240], «И будет (ве-хая́ וְהָיָה), если послушаетесь»[1242], которые посередине, потому что это две хэй (הה), и «Посвяти»[1239], т.е. йуд (י), – вначале, а «Шма»[1241], т.е. вав (ו), – в конце, то есть в порядке йуд-хэй-хэй-вав (יהה״ו).

[1240] Тора, Шмот, 13:11-16.
[1241] Тора, Дварим, 6:4-9.
[1242] Тора, Дварим, 11:13-21.
[1243] См. «Предисловие книги Зоар», пп. 238-242.

Козел для Азазеля

679) «„И еще. „И одного козла (досл. козьего козла)"¹²²⁵, потому что это два козла, о которых сказано: „И возьмет двух козлов ... один жребий – Творцу, и один жребий – Азазелю"¹²⁴⁴. Козел, который Творцу", – он искупление „за уменьшение луны,¹²⁴⁵ и это: „И одного козла в грехоочистительную жертву Творцу"¹²²⁵. И поэтому написано о нем: „Одного"¹²²⁵ – потому, „что он со стороны единства. Однако о козле Азазелю, не написано о нем ни один, ни жертва, и не огнепалимая, и не всесожжения, – но: „И отошлет его с человеком нарочным в пустыню"¹²⁴⁶. „И отошлет"¹²⁴⁶ – это как сказал Яаков: „Посланный господину моему, Эсаву"¹²⁴⁷. И так же" козел Азазелю – „это подкуп, чтобы успокоить гнев Сама, чтобы не приближался к Храму, чтобы обвинять"» ее [луну].¹²⁴⁸

680) Подобно тому «„как с голодной собакой – если кто-то хочет, чтобы не кусала его, он кормит ее мясом или хлебом и поит ее водой. И скрытый смысл этого: „Если голоден враг твой, накорми его хлебом"¹²⁴⁹. Благодаря этому она становится любящим человека, и мало того, что не кусает его множеством страданий, но еще и становится его защитником. И становится любящим его"».¹²⁴⁸

681) Спрашивает: «„А почему отсылают" к Азазелю „с нарочным, обладающим пороком?" И отвечает: „Потому что вся ситра ахра – обладающие пороками, и называются демонами, как

---

¹²⁴⁴ Тора, Ваикра, 16:7-8. «И возьмет двух козлов, и поставит их пред Творцом у входа в Шатер собрания. И возложит Аарон на обоих козлов жребии: один жребий – Творцу, и один жребий – Азазелю».

¹²⁴⁵ См. выше, п. 674.

¹²⁴⁶ Тора, Ваикра, 16:21. «И возложит Аарон обе руки свои на голову козла живого, и исповедается над ним во всех провинностях сынов Исраэля и во всех их преступлениях, что до всех их грехов (неумышленных), и возложит их на голову козла, и отошлет его с человеком нарочным в пустыню».

¹²⁴⁷ Тора, Берешит, 32:18-19. «И приказал первому, сказав: „Когда встретит тебя Эсав, брат мой, и спросит тебя, говоря: „Чей ты, и куда идешь, и для кого эти, что пред тобою?", то скажешь: „Раба твоего Яакова; это подарок, посланный господину моему, Эсаву; а вот и сам он за нами"».

¹²⁴⁸ См Зоар, главу Ноах, пп. 104-105.

¹²⁴⁹ Писания, Притчи, 25:21-22. «Если голоден враг твой, накорми его хлебом, а если испытывает жажду, напои его водою. Ибо горящие угли собираешь ты на голову его, и Творец воздаст тебе».

сказано: „И демоны будут скакать там"¹²⁵⁰. И сказано о них: „И чтобы не резали более жертв демонам"¹²⁵¹. И о них сказано: „Приносили жертвы бесам, бессильному"¹²⁵². И в этой мере" Азазелю он, Сам, „отделяется от всех, и несет все прегрешения, что в Исраэле, на себе, как сказано: „И понесет на себе козел все их грехи"¹²⁵³. И еще. После того, как взял" Азазель эти грехи, „и понесет"¹²⁵³ – то есть Творец несет и прощает. „Творец называется несущим грех"», а о козле Азазелю написано: «И понесет на себе козел все их грехи»¹²⁵³. «„В чем разница между несущим и тем, что понесет?" И отвечает: „Понесет означает, что понесет ношу; несущий" означает – „исчезновение ноши"», т.е. что искупает грехи, как объяснено все это выше.¹²⁵⁴ (До сих пор Раайа меэмана).

682) «„И три десятых"¹²⁵⁵ – то есть три ее первых ступени", КАХАБ, „каждая из которых" состоит „из десяти, – наподобие того, что свыше", в Зеир Анпине, „а десятая часть" означает – „одна из десяти", потому что Малхут – это одна из десяти сфирот Зеир Анпина, и каждая ее сфира в частности – это одна из десяти, соответствующих ей в Зеир Анпине. И поэтому называются десятыми частями. „И одного козла в грехоочистительную жертву"¹²⁵⁶. Спрашивает: „Почему называется грехом?" И отвечает: „Потому что это грех, а он – со стороны этого греха"». Иначе говоря, есть в нем часть для ситры ахра, и поэтому он со стороны греха. «Сказал рабби Эльазар: „Но ведь написано:

---

¹²⁵⁰ Пророки, Йешаяу, 13:21. «И будут жить там звери пустыни, и дома их полны будут филинов, и поселятся там страусы, и демоны будут скакать там».

¹²⁵¹ Тора, Ваикра, 17:7. «И чтобы не резали более жертв демонам, за которыми они блудно ходят. Установлением вечным пусть будет это для них во все поколения их».

¹²⁵² Тора, Дварим, 32:17. «Приносили жертвы бесам, бессильному, божествам, которых не знали, новым, недавно пришедшим, каких не страшились ваши отцы».

¹²⁵³ Тора, Ваикра, 16:22. «И понесет на себе козел все их грехи в землю необитаемую, и отошлет козла в пустыню».

¹²⁵⁴ См. Зоар, главу Ахарей мот, п. 118, со слов: «Но для того чтобы понять как следует смысл слов „козел для Азазеля", необходимо подробнее объяснить эти вещи...»

¹²⁵⁵ Тора, Бемидбар, 28:28-29. «И хлебное приношение при них – тонкой пшеничной муки, смешанной с елеем: три десятых (эфы) на каждого быка, две десятых на овна, по одной десятой на каждого из семи агнцев».

¹²⁵⁶ Тора, Бемидбар, 28:15. «И одного козла в грехоочистительную жертву Творцу, сверх всесожжения постоянного, следует приносить, с возлиянием его».

„Творцу"[1256], – как же ты можешь сказать, что он со стороны греха? И отвечает: „Но приносится, конечно, Творцу – ведь написано: „Искупить", т.е. принять" ситру ахра, „и всё будет принесено в жертву в Святилище, но дают также одну долю Саму, и он съедает ее", и поэтому „не удерживается в остальных жертвоприношениях, и только в этом жертвоприношении" он ест, „и не присоединяется к нему другое жертвоприношение, чтобы есть в нем"».

683) «„Он", Сам, „наслаждается трапезой Царя в этой доле", которую берет от грехоочистительной жертвы, „и поэтому он радуется и отделяется от Исраэля, и не обвиняет их. И если бы не было уменьшения луны, не давали бы" Саму „от трапезы Царя ничего". Спрашивает: „А что же он делает при уменьшении луны?" И отвечает: „Но поскольку он приближается и питается" от места недостатка, что в Малхут, „и берет силу для своего народа от левой стороны луны", т.е. Малхут,[1257] „и укрепляется в ней, то в этой мере", в какой ему дают от нее часть, „он отделяется от всего и наслаждается этим. И поскольку Творец уменьшил луну"», сказав ей: «Иди и уменьши себя»[1257], «„поэтому приносят в жертву этого козла, для того чтобы" Сам „отделился от нее и не приближался к Святилищу", т.е. Малхут. „И поэтому мы учили", что Творец сказал: „Приносите за Меня искупление"[1258], поскольку Я уменьшил луну. „За меня" – то есть из-за Меня", так как Я уменьшил ее, „и по Моей причине вам это нужно"» – принести в жертву козла, чтобы отделить его от места уменьшения Малхут.[1259]

[1257] См. Зоар, главу Берешит, часть 1, пп. 110-115.
[1258] См. выше, п. 674.
[1259] См Зоар, главу Ноах, пп. 103-104.

ГЛАВА ПИНХАС

И в началах месяцев ваших

Раайа меэмана

684) «„И в началах месяцев ваших приносите всесожжение Творцу"[1260]», где написано во множественном числе, «в началах»[1260] – «„это Яаков и Йосеф", т.е. Зеир Анпин и Есод, как сказано: „Вот потомство Яакова – Йосеф"[1261], обновляющие луну", Малхут. „Я нашел в книге Ханоха, который сказал, что так же как в начале месяца, когда очистилась луна", Малхут, „чтобы принять мужа своего", Зеир Анпина,[1259] „нужно дать одну долю ситре ахра от того же вида"[1259] ситры ахра, то есть козла, „так же и женщина – в час когда очищается для мужа своего, должна тоже дать одну долю ситре ахра, от того же вида ее"».

685) «„И что это за доля", которую женщина должна дать ситре ахра? „Это ногти с их грязью, и немного от начал волос, потому что она должна причесать голову, и соединить их друг с другом", отдать их ситре ахра, „и не пойдет за ней эта сторона зла, чтобы навредить ей, и будет отделена от нее со всех сторон. И что она должна сделать с этими волосами и ногтями? После того как она соединила их вместе, она должна положить их в месте, где не проходят люди, или в нижние дыры, что во дворе, и спрятать их там"».

686) «„И еще. „И в началах месяцев ваших"[1260], – говорили мудрецы Мишны, когда освящали месяц согласно палате суда, они возносили свою ношу к вершинам гор,[1262] и говорили: „Такой должен увидеть и освятить"[1263]. Иногда луна была в таком виде: ⌣, когда она смотрела рожками вверх. А иногда она смотрела вниз, в таком виде: ⌢, а иногда она смотрела на восток, в таком виде: ⊂. А иногда – на запад, в таком виде: ⊃. А иногда – на юг, и иногда – на север. И это ее созерцание в шести сторонах, которые включает Тиферет, то есть вав (ו)" большая, и это: „Гдула (величие), Гвура, Тиферет, Нецах, Ход,

---

[1260] Тора, Бемидбар, 28:11. «И в началах месяцев ваших приносите всесожжение Творцу: двух молодых тельцов и одного овна, семь агнцев годовалых без порока».
[1261] Тора, Берешит, 37:2. «Вот потомство Яакова – Йосеф, семнадцати лет, пас с братьями своими мелкий скот, и он, отрок, – с сыновьями Билы и с сыновьями Зилпы, жен отца его. И доводил Йосеф худую славу о них до отца их».
[1262] См. Вавилонский Талмуд, трактат Рош а-шана, лист 22:2.
[1263] См. Вавилонский Талмуд, трактат Рош а-шана, лист 20:1.

Есод"». Где Гдула, т.е. Хесед, – это обращение ее созерцания на юг, а обращение ее созерцания на север – это Гвура. И на восток – это Тиферет, а на запад – это Есод.

687) «"Точка, которая нисходит" в луну, т.е. Малхут, "изнутри – это Хохма. А та нить, которая огибает луну, – это Кетер. А эта точка", в общем, т.е. Малхут, – "иногда является венцом"» для Зеир Анпина, в свойстве: «Доблестная жена – венец мужу своему»[1264], «"а иногда является троном" для Зеир Анпина, "чтобы восседать на нем, а иногда является подножием для ног его"», Зеир Анпина.

688) Спрашивает: «"А почему" Малхут "называется луной (леванá לְבָנָה)?" И отвечает: "Это по названию выяснения (либýн לִבּוּן) алахи́ (закона)", то есть из-за Хохмы правой линии, выясняющей эту алахý. И эта Хохма, "она изнутри" Малхут, в тайне: "Вся слава дочери царской – внутри"[1265]. И в огне Бины, нисходящем на нее, она выясняется (досл. прокаливается добела). И скрытый смысл этого: "Если будут грехи ваши, как багрянец, то станут белыми, как снег"[1266]. И то, что называлась она Адни (אדני), и это буквы суд (дина́ דִינָא), и она красная в Гвуре, где есть Бина, она выясняется со стороны Хеседа, где есть Хохма, и возвращается" к имени "АВАЯ (הויה)"», являющемуся милосердием. Объяснение. От Бины получает Хохму левой линии, а от Хохмы правой линии получает хасадим, и благодаря силе их двух она отбеливается, в тайне: «Станут белыми, как снег»[1266].

689) «"И что было причиной превращения" Малхут "из суда в милосердие? – Завершенные праведники, потому что луна", т.е. Малхут, которая "со стороны Древа познания добра и зла, – ее клипой является тьма", в тайне: "Если пятно черное – это злое начало, и это рабыня, о которой сказано: "И она не ниже"[1267], поскольку "она темная"[1267]. А Малхут – "нет у нее своего, но лишь та нить, которая светит в ней", то есть нить Хохмы левой

[1264] Писания, Притчи, 12:4. «Доблестная жена – венец мужу своему, а позорная – как гниль в костях его».

[1265] Писания, Псалмы, 45:14. «Вся слава дочери царской – внутри, в золотых обрамлениях – одежда ее».

[1266] Пророки, Йешаяу, 1:18. «Давайте же рассудимся, – говорит Творец. – Если будут грехи ваши, как багрянец, то станут белыми, как снег, а если будут они красны, как кармазин, то станут (белыми), как шерсть».

[1267] Тора, Ваикра, 13:21. «Но если коэн осмотрит опухоль, и вот – на ней нет белых волос, и она не ниже кожи, и она темная, то коэн оставит его в изоляции на семь дней».

линии, без хасадим, что является главной основой ее строения, но свет его тонкий как нить, потому что не может светить без хасадим, „и он проводится к ней ночью, являющейся изгнанием"», как сказано: «Встает она еще ночью»[1268], «„и выводится из нее днем". Ибо днем – это власть хасадим Зеир Анпина, и не может Хохма левой линии властвовать днем, потому что днем это свет хасадим „мира будущего", т.е. Бины, в котором: „И засияет вам, боящиеся имени Моего, солнце праведности, и исцеление – в крыльях его"[1269]».

690) «„Однако луна", т.е. Малхут, „которая со стороны Древа жизни", Зеир Анпина, – „та внутренняя точка, что в ней", т.е. Хохма правой линии, являющаяся Хеседом, – „она как непрекращающийся источник", поскольку нисходит от высших Абы ве-Имы через Зеир Анпин, зивуг которых не прекращается никогда, „и написано о ней: „И как источник, воды которого не иссякают"[1270], и она называется ланью любимой со стороны Хеседа", являющегося любовью, то есть как написано: „Любовью вечной возлюбил Я тебя, и потому привлек Я тебя милостью (хесед)!"[1271] Таким образом, любовь – это свойство Хесед. „И два рога есть у нее от света, в таком виде: ⌣, и иногда один выше другого, в таком виде: ⌣, а иногда они равны ⌣"». (До сих пор Раайа меэмана).

Объяснение. Рога – это свечение Нецаха и Хода Зеир Анпина, и поэтому правый рог, являющийся Нецахом, выше левого рога, являющегося Ходом. И это смысл сказанного: «Один выше другого». И известно, что Зеир Анпин и Малхут – это Нецах и Ход, потому что они облачают Нецах и Ход Арих Анпина. И поэтому, в то время когда Зеир Анпин и Малхут – паним бе-паним на равной ступени, также Нецах и Ход Зеир Анпина – на равной ступени, и Нецах не выше Хода, и тогда также рога Малхут – на равной ступени, и это смысл сказанного: «Иногда они равны», то есть в то время, когда ЗОН на равной ступени.

[1268] Писания, Притчи, 31:15. «Встает она еще ночью, раздает пищу в доме своем и урок служанкам своим».

[1269] Пророки, Малахи, 3:20. «И засияет вам, боящиеся имени Моего, солнце праведности, и исцеление – в крыльях его, и выйдете, и увеличитесь, как откормленные тельцы в стойлах».

[1270] Пророки, Йешаяу, 58:11. «И Творец будет вести тебя всегда, и насыщать в чистоте душу твою, и кости твои укрепит, и будешь ты, как сад орошенный и как источник, воды которого не иссякают».

[1271] Пророки, Йермияу, 31:2. «Издалека Творец являлся мне: „Любовью вечной возлюбил Я тебя, и потому привлек Я тебя милостью!"»

ГЛАВА ПИНХАС

Утренняя лань

691) «„А в первый месяц"[1272]. Рабби Аба провозгласил: „Как лань стремится к потокам вод, так душа моя стремится к Тебе, Всесильный!"[1273] Это изречение объяснялось. И хотя есть в нем" сказанное „в мужском роде и" сказанное „в женском роде, – все это одно целое, потому что лань (аяль אַיָּל) – это мужской род, и он назван в женском роде, это означает: „Как лань стремится"[1273], где стремится (таарог תַּעֲרֹג) – женский род [в иврите], „и не написано: Стремится (яарог יַעֲרֹג)", в мужском роде, „потому что всё это – одно целое"». То есть это Малхут – но в первом состоянии, когда она с Зеир Анпином, в свойстве двух больших светил, она называется «аяль (אַיָּל лань)», а в другом состоянии, когда она уменьшилась, называется «аяла (אַיָּלָה лань)».

692) Написано: «„Утренняя лань". Что означает – „утренняя лань"?» И отвечает: „Но это одно милосердное создание", т.е. Малхут, „и нет среди всех созданий мира столь милосердной как она, ибо в час, когда время подгоняет ее, и она нуждается в пище для себя и для всех созданий", которые являются всеми воинствами БЕА, „она отправляется далеко, в дальний путь, и приходит, принося пищу. И она не желает есть, пока снова не придет на свое место. Почему? Для того чтобы собрались к ней остальные создания, и она раздает им от этой пищи. И когда она является, собираются к ней все остальные создания, а она стоит в середине, и раздает каждому. И признаком является: „Встает она еще ночью, раздает пищу в доме своем"[1274]. И оттого, что она раздает им, она сыта, как будто съела больше всех пищи"».

693) «„И когда наступает утро, называемое зарей (шахар שַׁחַר), приходят к ней муки изгнания, и поэтому она называется утренней ланью (аелет а-шахар אַיֶּלֶת הַשַּׁחַר), по состоянию предутренней черноты (шахарут שַׁחֲרוּת) утра, и тогда муки у нее,

---

[1272] Тора, Бемидбар, 28:16. «А в первый месяц, в четырнадцатый день месяца – Песах Творцу».
[1273] Писания, Псалмы, 42:2. «Как лань стремится к потокам вод, так душа моя стремится к Тебе, Всесильный!»
[1274] Писания, Притчи, 31:15. «Встает она еще ночью, раздает пищу в доме своем и урок служанкам своим».

как у роженицы. Это смысл сказанного: "Подобно беременной, которая при наступлении родов кричит в своих муках"[1275]».

694) «"Когда она раздает им? Когда должно наступить утро, когда всё еще ночь, но тьма уходит, чтобы светить. Как сказано: "Встает она еще ночью, раздает пищу в доме своем"[1274]. Когда начало светить утро, все они уже сыты пищей ее"».

695) «"Тогда пробуждается один голос небосвода и взывает с силой, говоря: "Херувимы, взойдите на свои места. Далекие, выйдите. Пусть каждый соберется в положенном ему месте". Когда засветило солнце, каждый собирается на своем месте. Это смысл сказанного: "Взойдет солнце – собираются они"[1276]. И она идет днем и раскрывается ночью. И раздает" пищу "утром, и поэтому называется утренней ланью"».

696) «"После этого она становится сильной как воин, и идет, и называется а́йль", т.е. в мужском роде. "В какое место она идет?" И отвечает: "Она проходит шестьдесят парсаот от того места, откуда вышла, и входит в гору тьмы. Один извивающийся змей ощущает запах ее ног и отправляется к ее ногам. А она поднимается оттуда к горе света. Когда она пришла туда, вызывает для нее Творец другого змея, и он выходит, и они сражаются друг с другом, и она спасается. И оттуда она берет пищу, и возвращается на свое место в полночь. А с полуночи и далее она начинает раздавать, пока не уходит предутренняя тьма (шахарут). Когда начинает светить утро, она уходит и не видна, как мы учили"».

697) «"А в час, когда мир нуждается в дождях, собираются к ней все остальные создания, а она поднимается на вершину высокой горы, и кладет голову меж коленей, и издает один крик за другим, и Творец слышит ее голос, и переполняется милосердием и жалеет мир, и она спускается с вершины горы, и бежит, скрывая себя, и все остальные создания бегут за ней, но не находят ее. Это смысл сказанного: "Как лань стремится к потокам вод"[1273]. Что значит: "К потокам вод"[1273]? То есть, из-за тех потоков вод, которые высохли, и мир жаждет воды, – тогда стремится"».

[1275] Пророки, Йешаяу, 26:17. «Подобно беременной, которая при наступлении родов кричит в своих муках, мы были пред Тобою, Творец!»
[1276] Писания, Псалмы, 104:22. «Взойдет солнце – собираются они, и в логовах своих ложатся».

698) «„В час, когда беременеет, она перекрывается, и когда приходит ее время рожать, она кричит и возносит голоса, голос за голосом, до семидесяти голосов, как количество слов высказывания: „Ответит тебе Творец в день бедствия"[1277], и это песня этой беременной. И Творец слышит ее, и вызывает ей" спасение. „Тогда выходит один большой змей из гор тьмы, и проходит меж гор, уста его лижут прах, и он настигает эту лань, и является и кусает ее в это место два раза"».

699) «„В первый раз выходит кровь" из нее, „и змей лижет. Во второй раз выходят воды, и пьют все эти звери, что в горах, и она раскрывается и рожает. И признак тебе: „И ударил по скале своим посохом дважды"[1278]. И написано: „И пила община и скот их"[1278]».

700) «„В то время, когда Творец жалеет ее за это действие змея, что написано: „Голос Творца разрешает от бремени ланей и обнажает леса; и в чертоге Его все гласит: „Слава!"[1279] „Голос Творца разрешает от бремени ланей"[1279] – это муки и боли, чтобы пробудить эти семьдесят голосов", которые мы упомянули, „сразу же: „И обнажает леса"[1279] – т.е. чтобы пробудить того змея, и пробудить это создание, чтобы идти среди них. „И в чертоге Его"[1279] – что значит: „И в чертоге Его"[1279]? – То есть в чертоге Творца", которым является Малхут, „все эти множества", что в БЕА, произносят, возглашая: „Слава!"[1279] Что значит: „Слава"[1279]? – Это: „Благословенна слава Творца с места Его"[1280]».

Пояснение статьи. Здесь Зоар выясняет нам одно глубокое понятие Малхут, и выясняет его с четырех сторон:

1. Как она раздает пищу в отношении свечения Хохмы всем своим воинствам, в тайне сказанного: «Раздает пищу в доме своем»[1274],[1281].

[1277] Писания, Псалмы, 20:1-10. «Руководителю. Псалом Давиду. Ответит тебе Творец в день бедствия, укрепит тебя... Творец, спаси! Царь ответит нам в день, когда воззовем мы!»
[1278] Тора, Бемидбар, 20:11. «И поднял Моше руку свою, и ударил по скале своим посохом дважды; и обильно потекла вода, и пила община и скот их».
[1279] Писания, Псалмы, 29:9. «Голос Творца разрешает от бремени ланей и обнажает леса; и в чертоге Его все гласит: „Слава!"»
[1280] Пророки, Йехезкель, 3:12. «И понес меня ветер, и услышал я позади себя голос, шум мощный: „Благословенна слава Творца с места Его"».
[1281] См. выше, пп. 692-697.

2. Тайну полуночного зивуга, и порядок исправлений, которые она получает.[1281]

3. Понятие раскрытия изобилия вод, что в Малхут, то есть хасадим.[1282]

4. Понятие порождения душ и тайна удара по скале.[1283]

И ты уже узнал, что Зеир Анпин является свойством «правление дня», и это свойство правой линии, представляющей собой господство хасадим. А Малхут является свойством «правление ночи», и это свойство левой линии, представляющей собой господство Хохмы, что в левой линии, как это объясняется во многих местах. И поэтому Малхут днем, когда Хохма не может властвовать, – время подгоняет, и нет у нее ее пищи, то есть света Хохмы, что в левой линии. Это смысл сказанного: «Ибо в час, когда время подгоняет ее»[1284]. «Час» – то есть в течении дня, когда нет раскрытия света Хохмы, являющегося пищей ее и ее воинств, исходящих от него. «И она нуждается в пище для себя и для всех созданий» – потому что она должна притянуть свою пищу, «она отправляется далеко, в дальний путь», – потому что Хохма передается не иначе, как с судами, и все то время, пока она не облачается в хасадим благодаря зивугу средней линии, исходят от нее суровые суды, как объясняется во многих местах, и эти суды, раскрывающиеся вследствие ее появления определяются как даль и дальняя дорога. И это смысл сказанного: «И встала сестра его поодаль»[1285], где «сестра его»[1285] указывает на Хохму. И также: «Подумал я: „Стану мудрым", но мудрость далека от меня»[1286]. И это она делает сразу же в начале ночи, и поэтому тьма тогда простирается на землю, потому что свечение Хохмы, что в левой линии без правой, это тьма.[1287] Но тогда нисходит ее пища, то есть свечение Хохмы. И это смысл сказанного: «И приходит, принося пищу», то есть тогда она приносит и доставляет пищу, которой является Хохма левой линии. Но тогда, в момент, когда она притягивает Хохму, она застывает от множества судов, имеющихся в Хохме

[1282] См. выше, пп. 697-698.

[1283] См. пп. 698-701.

[1284] См. выше, п. 692.

[1285] Тора, Шмот, 2:4. «И встала сестра его поодаль, чтобы узнать, что с ним случится».

[1286] Писания, Коэлет, 7:23. «Все это испытал я мудростью; подумал я: „Стану мудрым", но мудрость далека от меня».

[1287] См. Зоар, главу Берешит, часть 1, п. 34, со слов: «Затем вышла тьма, и вышли в ней семь других букв алфавита...»

без хасадим, и это означает, что она совсем не может отдавать, как уже выяснилось ранее.[1288] И это смысл сказанного: «И она не желает есть, пока снова не придет на свое место», – то есть Малхут не желает быть в свойстве левой линии без правой в месте выхода Хохмы, что называется дальним путем, как мы уже объяснили, пока она не вернется на свое место, находящееся в средней линии Зеир Анпина, где есть единство левой линии с правой. И это ее постоянное место, между двух рук Царя. Спрашивает: «Почему?» – почему она должна вернуться на свое место, и отвечает: «Для того чтобы собрались к ней остальные создания, и она раздает им от этой пищи», – потому что прежде, чем она приходит на свое место в средней линии, ее света застыли в ней и она ничего не может дать остальным созданиям, то есть воинствам, исходящим от нее. Но когда она приходит на свое место, собираются к ней все эти создания, и она передает им от света Хохмы, и это смысл сказанного: «И когда она является, собираются к ней все остальные создания, а она стоит в середине» – то есть стоит в зивуге со средней линией, «и раздает каждому» – потому что тогда, когда она в средней линии, света ее раскрываются, и она может наделить каждого. И получение света Хохмы называется вставанием, и это смысл сказанного: «И признаком является: „Встает она еще ночью"[1274]», то есть получает тогда Хохму, что называется вставанием, «„раздает пищу в доме своем"[1274]» – то есть передает всем своим воинствам. И известно, что в момент, когда Хохма светит в левой линии, без правой, она светит [светом] ГАР Хохмы. Но после того как средняя линия соединяет левую линию с правой, уменьшаются ГАР Хохмы левой линии, и Хохма левой линии светит не иначе, как снизу вверх, что считается свойством ВАК Хохмы.[1289] Получается, что прежде, чем Малхут приходит на свое место, которым является средняя линия, она светила [светом] ГАР Хохмы левой линии. Теперь же, когда она приходит на свое место в среднюю линию, она уменьшилась до ВАК Хохмы. Это смысл сказанного: «И оттого, что она раздает им, она сыта, как будто съела больше всех пищи», – то есть, несмотря на то что уменьшилась теперь для средней линии в свойство ВАК Хохмы, и не может есть, то есть получать ГАР Хохмы, она не испытывает сожаления от этого, а наоборот – ведь

[1288] См. Зоар, главу Берешит, часть 1, п. 301. «Воды „застывшего моря", т.е. Малхут, вбирают все воды мира и собирают их в себе...»

[1289] См. Зоар, главу Берешит, часть 1, п. 50. «Разногласие, которое было исправлено согласно высшему подобию...»

оттого, что она может теперь раздавать изобилие этой Хохмы всем своим воинствам, она сыта более, чем если бы ела, «как будто съела больше всех пищи», иначе говоря, чем ела бы ГАР Хохмы. Ибо эта пища важная и большая, и это потому, что до этого ее света были застывшими, и она не могла ничего передать, как мы уже объясняли. Тогда как теперь, она раздает всем своим воинствам.

И это смысл сказанного: «И когда наступает утро, называемое зарей (шахар שַׁחַר)»[1290], т.е. когда должна наступить заря, и это тайна полуночи,[1291] «приходят к ней муки изгнания» – то есть суды левой линии без правой, являющиеся муками изгнания, и поэтому она приходит на свое место в среднюю линию в полночь, потому что не желает стоять в этих судах. «И поэтому она называется утренней ланью (аéлет а-шахар אַיֶּלֶת הַשַּׁחַר)», из-за черноты утра, как уже объяснялось, так как она испытывает муки, подобно роженице, потому что родовые муки тоже происходят из-за этих судов власти левой линии.[1292]

И это смысл сказанного: «Когда она раздает им? Когда должно наступить утро, когда всё еще ночь, и тьма уходит, чтобы светить»,[1293] – то есть от полуночи до утра, когда наступает время, когда она передает Хохму своим воинствам.[1291] Но это свечение Хохмы не восполняется иначе, как с помощью облачения в хасадим, время которых при правлении дня, а это свет утра. И это смысл сказанного: «Когда начало светить утро» – т.е. когда светит свет Хеседа, называемый светом утра, «все они уже сыты пищей ее» – ибо тогда облачается Хохма в хасадим и восполняется.

И это смысл сказанного: «Тогда пробуждается один голос небосвода»[1294] – то есть голос от средней линии, Зеир Анпина, власть которого начинается сейчас, и это власть дня, т.е. хасадим. «И взывает с силой, говоря: „Херувимы, взойдите на свои места"», – те, что исходят от правой линии, т.е. Хеседа, называются херувимами. Поэтому говорит им, чтобы они вошли на свое место для получения Хесед, потому что сейчас начинается

[1290] См. выше, п. 693.
[1291] См. выше, п. 696.
[1292] Как выяснится далее.
[1293] См. выше, п. 694.
[1294] См. выше, п. 695.

передача Хеседа. «Далекие, выйдите» – те, что исходят от левой линии, где происходит передача Хохмы, и называются далекими из-за Хохмы, которая далека,[1284] и им говорит: «Выйдите», потому что сейчас нет передачи Хохмы, которая нужна этим далеким, – ведь это правление дня. «Пусть каждый соберется в положенном ему месте» – каждый должен получить согласно своему корню, что в трех линиях. «Когда засветило солнце» – после того как вышло солнце, правящее днем, «каждый собирается на своем месте» – каждый прилепляется к своему корню, чтобы получить его наполнение. «И она идет днем» – потому что Малхут уходит днем, когда нет времени ее отдачи, «и раскрывается ночью» – так как ее наполнение, т.е. Хохма левой линии, раскрывается только ночью, как мы уже объясняли. «И раздает утром» – то есть во время подготовки света утра, то есть с полуночи до зари. «И поэтому называется утренней ланью», потому что время ее свечения – на заре, а начинается с полуночи, (как будет разъясняться далее). Но когда взошло солнце, она уходит, и не отдает ничего весь день от свойства Хохмы левой линии, свойственного ей. И несмотря на то, что передает хасадим, это считается не ее изобилием, а изобилием Зеир Анпина.

И это смысл сказанного: «После этого»[1295], когда заканчивается правление дня, «она становится сильной как воин (гибо́р), и идет», – то есть она снова прилепляется к левой линии, называемой Гвура, и идет. «В какое место она идет? Она проходит шестьдесят парсаот от того места, откуда вышла», – то есть поднимается от своего места, которое от хазе и ниже Зеир Анпина, в место, которое от хазе и выше Зеир Анпина, где светит левая линия от Имы, и она может прилепиться к левой линии и получить Хохму. Ведь левая линия Имы светит в Зеир Анпине только до точки хазе. А от хазе и ниже Зеир Анпина, и это НЕХИ, включающие также и ХАГАТ, и есть там шесть сфирот ХАГАТ НЕХИ, и называются шесть парсаот. И это смысл сказанного: «Она проходит шестьдесят парсаот от того места, откуда вышла», – то есть она идет и отделяется от всех шестидесяти парсаот, что от хазе и ниже Зеир Анпина, и это ХАГАТ НЕХИ, каждая из которых состоит из десяти сфирот. И она приходит выше хазе Зеир Анпина и прилепляется там к свечению Хохмы, что в левой линии Имы, и поскольку она прилепилась только к левой линии, без правой, – она ведь прилепилась ко тьме, так

[1295] См. выше, п. 696.

как левая без правой – это тьма.[1296] И это смысл сказанного: «И входит в гору тьмы», потому что левая линия без правой – это гора тьмы. «Один извивающийся змей ощущает запах ее ног и отправляется к ее ногам» – пока она идет в этой горе тьмы, ощущает запах после нее извивающийся змей и идет к ее ногам, которые являются судами нуквы, дополнительными к судам левой линии, до тех пор, когда Малхут уже не может больше терпеть, и она возвращается оттуда на свое место в среднюю линию.[1297] И это смысл сказанного: «А она поднимается оттуда к горе света» – ибо поэтому она поднимается оттуда к горе света, т.е. к Зеир Анпину, который является средней линией. И известно, что суды левой линии и суды нуквы добавляются друг к другу, и нет того, кто устоит перед ними, однако, вследствие исправления средней линии, они отменяются друг перед другом, будучи двумя противоположностями.[1298] И это смысл сказанного: «Когда она пришла туда» – когда Малхут пришла к горе света, т.е. к средней линии, «вызывает для нее Творец другого змея» – т.е. от судов левой линии, «и он выходит, и они сражаются друг с другом» – и сражаются суды левой линии с судами нуквы, будучи противоположными друг другу, и поэтому они отменяют друг друга, «и она спасается» – и Малхут спасается от всех судов, как от судов нуквы, так и от судов левой линии, и эти исправления происходят у нее в полночь. И это смысл сказанного: «И оттуда» – от горы тьмы, где есть свечение Хохмы, «она берет пищу и возвращается на свое место» – в среднюю линию, как мы уже выяснили, «в полночь» – когда наступает время всех вышеназванных исправлений. «А с полуночи и далее она начинает раздавать» – ибо тогда она прилепляется к средней линии, и тогда ее света раскрываются, [выходя] из своего застывания, как мы уже объясняли выше, и поэтому она может отдавать и раздать всем своим воинствам. «Пока не уходит предутренняя тьма» – пока не уходит чернота утра. «Когда начинает светить утро, она уходит и не видна», – поскольку, когда начал светить день, начинается правление Зеир Анпина, т.е. хасадим, а правление Малхут уходит и не видно весь этот день.

[1296] См. Зоар, главу Берешит, часть 1, п. 34, со слов: «Затем вышла тьма, и вышли в ней семь других букв алфавита...»

[1297] См. выше, в объяснении п. 693.

[1298] См. Зоар, главу Ахарей мот, п. 118, со слов: «И ты уже узнал, что два эти вида судов являются началом всех судов и грехов в мире...», а также главу Ваера, п. 51, со слов: «Объяснение. „Праведник" и „праведность" – это Есод и Малхут...», а также главу Тазриа, п. 153.

И это смысл сказанного: «А в час, когда мир нуждается в дождях»[1299], – то есть в час, когда нижние своими прегрешениями вызывают разделение Зеир Анпина и Малхут, и Малхут не слита со средней линией, тогда ее света снова становятся застывшими, и ее роса и дождь не простираются от нее вниз, «собираются к ней все остальные создания» – то есть требуют наполнения от нее, «а она поднимается на вершину высокой горы» – то есть на гору тьмы, о которой уже говорилось, и это левая линия без правой, «и кладет голову (рош) меж коленей» – то есть ее ГАР, называемые рош, спустились, чтобы быть свойством «колени», т.е. свойством ахораим и судами, «и издает один крик за другим» – из-за мук и судов, пребывающих там. «И Творец слышит ее голос, и переполняется милосердием и жалеет мир» – то есть открывает свечение хасадим, называемое водами. «И она спускается с вершины горы» – то есть опускается из левой линии, «и бежит, скрывая себя», – то есть из-за того, что Творец раскрыл власть хасадим, называемых водами, скрывается Малхут от свойства левой, что в ней, как она скрывается днем. «И все остальные создания бегут за ней, но не находят ее», – ибо из-за того, что раскрылось правление хасадим, чтобы дать воды миру, свечение Хохмы, что в Малхут, не обнаруживается. «Это смысл сказанного: „Как лань стремится к потокам вод"[1273]. Что значит: „К потокам вод"[1273]? То есть, из-за тех потоков вод, которые высохли", то есть в тот момент, когда она прилепилась к левой линии и высохли ее потоки вод, «и мир жаждет воды, – тогда стремится», ибо тогда она стремится за наполнением вод, т.е. хасадим, как уже выяснилось.

И это смысл сказанного: «В час, когда беременеет, она перекрывается»[1300], – поскольку в час, когда она беременеет душами праведников, она получает от него воды захаров (МАД), а она поднимает воды нуквы (МАН), и из них обоих образуется душа, и тогда Малхут пробуждает свечение этой левой линии для этой души. И когда она пробудила власть левой линии, света ее снова застывают, как объяснялось выше, и она перекрывается, и от нее ничего не исходит к нижним. И это смысл сказанного: «В час, когда беременеет, она перекрывается», – то есть света ее застывают внутри нее. «И когда приходит ее время рожать, она кричит и возносит голоса, голос за голосом,

---

[1299] См. выше, п. 697.
[1300] См. выше, п. 698.

до семидесяти голосов», – из-за того, что не может родить, ибо всё застыло в ней. И эти семьдесят (а́ин עַיִן) голосов являются указанием на суды, исходящие от Хохмы левой линии, потому что Хохма называется а́ин (עַיִן глаз). «Тогда выходит один большой змей из гор тьмы, и проходит меж гор, уста его лижут прах, и он настигает эту лань, и является, и кусает ее в это место два раза», – то есть Творец пробуждает на нее суды нуквы от свойства экрана де-хирик, уменьшающего ГАР левой линии, и это определяется как укус, и это смысл сказанного: «И он настигает эту лань, и является, и кусает ее в это место два раза». Поскольку два вида судов нуквы есть в экране де-хирик, т.е. манула и мифтеха, чтобы уменьшить левую линию для соединения ее с правой, и главная уменьшающая сила – это манула, являющаяся экраном де-хирик от свойства Малхут первого сокращения. Однако для того, чтобы она была достойной получать хотя бы ВАК Хохмы, нужно пробудить над ней силу экрана де-хирик от свойства мифтеха, являющегося судами, подслащенными в Бине.[1301] И это смысл сказанного: «И является и кусает ее в это место два раза», сначала – от судов манулы, а затем – от судов мифтехи.

И это смысл сказанного: «В первый раз»[1302] – то есть от свойства экрана манулы, «выходит кровь, и змей лижет» – то есть извлекает из нее эти света и лижет их, то есть в этом нет более, чем уменьшение ГАР, однако она не пригодна получать и отдавать света исправления, называемые водами, потому что манула удаляет все эти света, когда приходит.[1301] И для того чтобы исправить ее, чтобы она была пригодной для передачи этих вод, ей нужны суды нуквы от свойства мифтеха. И это смысл сказанного: «Во второй раз» – и это укус судов от свойства мифтеха, «выходят воды, и пьют все эти звери, что в горах», – ибо вследствие второго укуса, мифтехи, она получила свое исправление для передачи этих вод, т.е. хасадим, и также получила свое исправление, чтобы могла родить, так как раскрылась из своего перекрытия, и это смысл сказанного: «И она раскрывается и рожает». И это смысл сказанного: «И признак тебе: „И ударил по скале своим посохом дважды"[1278]» – и это тоже вследствие двух этих видов судов, манулы и мифтехи,

---

[1301] См. Зоар, главу Лех леха, п. 22, со слов: «Экран де-хирик, на который выходит средняя линия, происходит от свойства суда, имеющегося в Малхут...», где все это подробно объясняется.
[1302] См. выше, п. 699.

«и написано: „И пила община и скот их"¹²⁷⁸». И два раза нужны были по причине, объясненной выше, так как манула действует на уменьшение ГАР левой линии, но еще не пригодна ни для какого света из-за него. И поэтому нужна мифтеха, от которой образуется у нее место получения для светов исправления,¹³⁰¹ называемых водами. И поэтому нужны были два удара по скале. И пойми, потому что скала – это свойство Малхут, и жажда к воде возникла из-за прегрешений нижних, которые склонили Малхут прилепиться к левой линии. И чтобы вернуть ее к средней линии, и она снова дала бы воду, должен был Моше, являющийся свойством средней линии, ударить своим посохом дважды, то есть по мануле и по мифтехе, и тогда: «И пила община и скот их»¹²⁷⁸.

И это смысл сказанного: «„Голос Творца разрешает от бремени ланей"¹²⁷⁹ – это муки и боли, чтобы пробудить эти семьдесят голосов»¹³⁰³, – то есть суды из-за слияния с левой линией. «Сразу же: „И обнажает леса"¹²⁷⁹ – т.е. чтобы пробудить того змея» – то есть пробудить суды нуквы от экрана де-хирик, «и пробудить это создание, чтобы идти среди них», – так как с помощью этого раскрывается сила отдачи Малхут нижним, как мы уже объясняли. И тогда говорят все эти воинства: «Благословенна слава Творца с места Его»¹²⁸⁰.

Раайа меэмана

701) (Недостает начала статьи) «„И если скажешь, что в течении семидесяти" лет „она испытывала боль" родовых мук, „а в течение двух лет родила" избавление, „после тысячи двухсот" [лет] разрушения Храма, – иначе говоря, после пятого тысячелетия, полностью являющегося разрушением, и еще двести [лет] шестого тысячелетия, и еще семьдесят лет родовых мук и два года родов, „как счет двести семьдесят два" шестого тысячелетия, „ведь написано: „Еще не почувствовала боль, как родила"¹³⁰⁴. И скрытый смысл этого: „И будет: прежде, чем воззовут они, Я отвечу, еще говорят они, а Я услышу"¹³⁰⁵. И что значит: „Прежде"¹³⁰⁵?" И отвечает: „Но это прежде, чем

---

¹³⁰³ См. выше, п. 700.

¹³⁰⁴ Пророки, Йешаяу, 66:7. «Еще не почувствовала боль, как родила, еще не начались родовые схватки, как разрешилась сыном».

¹³⁰⁵ Пророки, Йешаяу, 65:24. «И будет: прежде, чем воззовут они, Я отвечу, еще говорят они, а Я услышу».

завершатся семьдесят и два года после тысячи двухсот", как объяснялось уже, что эти семьдесят два года – "это родовые схватки, раскроются два Машиаха в мире, и в это время: „И в чертоге Его все гласит: „Слава!"[1306] Но ведь постановили: „Мудрые наследуют славу"[1307]». Иначе говоря, «И в чертоге Его все гласит: „Слава!"»[1306] означает – слава мудрых будет во всем Его чертоге.

702) «„В это время будут эти владеющие Торой почитаемы – те, что терпели многочисленные муки и схватки, подобно роженице, и были презираемы среди народов земли, станут почитаемы. И сразу же: „Творец над потопом воссел"[1308] – для грешников. Нет потопа, но лишь суды потопа, – то есть подобно тому, как раскрылись источники бездны и разверзлись проемы небесные в дни потопа,[1309] так же пробудятся тогда суды на них, на грешников, наверху и внизу, настолько, что нет конца и предела" их судам, „и весь стыд и позор, который делали народы мира, идолопоклонники, имени АВАЯ и народу Его, и все бесчестия, которые терпели Исраэль от них во имя Творца, – за все это отомстит Творец, и поэтому называется „Творец мстящий и хранящий ненависть, и изливающий ярость"[1310] на них"».

[1306] Писания, Псалмы, 29:9. «Голос Творца разрешает от бремени ланей и обнажает леса; и в чертоге Его все гласит: „Слава!"»

[1307] Писания, Притчи, 3:35. «Мудрые наследуют славу, а глупым воздается бесчестием».

[1308] Писания, Псалмы, 29:10. «Творец над потопом воссел, на царском престоле восседает Творец навек!»

[1309] Тора, Берешит, 7:11. «В шестисотый год жизни Ноаха, во второй месяц, в семнадцатый день месяца, в этот день раскрылись все источники великой бездны и разверзлись проемы небесные».

[1310] См. Пророки, Нахум, 1:2. «Творец – Всевышний ревнивый и мстящий; мстит Творец и яростен Он, мстит Творец врагам Своим и хранит Он ненависть к врагам Своим».

Праздник Песах

703) «„А в первый месяц"[1311]. Спрашивает: „Что значит – первый?" И отвечает: „Это нисан, в котором породило это создание" света избавления, „чтобы выполнить постановленное авторами Мишны: „В нисане были избавлены, и в нисане им предстоит быть избавленными"[1312]. И „в четырнадцатый (йуд-далет י״ד) день его", в тайне сказанного: „И сказал: „Вот рука (яд יָד) на престоле Творца"[1313]. Там поклялся Он уничтожить потомков Эсава, амалекитян. В это время: „Выведите (досл. притяните) и возьмите себе мелкий скот для семейств ваших и режьте пасхальную жертву"[1314]. „Притяните"[1314] – как: „Протянул руку свою насмешникам"[1315]».

704) «„В это время так сказал Творец: „Пастырям, грешащим предо Мной"[1316]. И сказал: „И в землю Исраэля не войдут"[1317]. И это пастыри стада, предводители поколения?! И потому сказано о них: „Поэтому приманю Я ее и приведу ее в пустыню"[1318]. „Как судился Я с отцами вашими в пустыне земли египетской, так буду судиться с вами"[1319], – иными словами, поразил их казнью тьмы"». (До сих пор Раайа меэмана).

[1311] Тора, Бемидбар, 28:16. «А в первый месяц, в четырнадцатый день месяца – Песах Творцу».

[1312] См. Вавилонский Талмуд, трактат Рош а-шана, лист 11:2.

[1313] Тора, Шмот, 17:16. «И сказал: „Вот рука на престоле Творца (יָה), что война у Творца против Амалека из поколения в поколение"».

[1314] Тора, Шмот, 12:21. «И созвал Моше всех старейшин Исраэля, и сказал им: „Выведите и возьмите себе мелкий скот для семейств ваших и режьте пасхальную жертву"».

[1315] Пророки, Ошеа, 7:5. «(В) день царя нашего заболели сановники от жара вина, а тот протянул руку свою насмешникам».

[1316] См. Пророки, Йехезкель, 34:1-2. «И было слово Творца ко мне сказано: „Сын человеческий! Пророчествуй пастырям Исраэля, пророчествуй и скажешь им, пастырям: так сказал Владыка Творец: „Горе пастырям Исраэля, которые были пастырями самим себе! Разве не овец следует пасти пастырям?!"»

[1317] Пророки, Йехезкель, 13:9. «И будет рука Моя на этих пророках, видящих пустое и предсказывающих ложное; в собрании народа Моего не будут они, и в писание дома Исраэля не будут вписаны они, и в землю Исраэля не войдут; и узнаете вы, что Я – Творец».

[1318] Пророки, Ошеа 2:16. «Поэтому приманю Я ее и приведу ее в пустыню, и обращусь к сердцу ее».

[1319] Пророки, Йехезкель 20:36. «Как судился Я с отцами вашими в пустыне земли египетской, так буду судиться с вами, – слово Владыки Творца!»

705) «„А в первый месяц"[1311]. Спрашивает: „Что значит „первый месяц"[1311]?" И отвечает: „Это месяц, в который это создание раскрывается и усиливается, и выходит в мир"», то есть выходит из своего скрытия, в тайне сказанного: «И обнажает леса»[1320], «„в четырнадцатый день"[1311]. „В четырнадцатый день"[1311] – это остальные создания", т.е. ХУГ ТУМ Зеир Анпина, светящие внутри Малхут, „и их по десять в каждой стороне", так как ХУГ ТУМ – это четыре стороны, „в четырех сторонах мира" – север, юг, восток, запад, каждая из которых состоит из десяти сфирот. И сказано „в книгах первых [мудрецов], что она", Малхут, – это „десять, и одна" из ХУГ ТУМ „в каждой стороне из четырех сторон" мира, „итого – четырнадцать. Когда эти четыре", ХУГ ТУМ, „соединяются и исправляются с этими десятью", что в Малхут, „с правой стороны, тогда это четырнадцатый день" месяца, чтобы установить это создание", т.е. Малхут, „в исправлениях ее с радостью"».

706) «Рабби Эльазар сказал: „Это так, безусловно. И смотри, написано: „Выведите (досл. притяните) и возьмите себе мелкий скот"[1314]. „Притяните"[1314], что значит „притяните (мишху́ מִשְׁכוּ)"[1314]?" И отвечает, что это значит – „подобно тому, кто перетягивает (моше́х מֹשֵׁךְ) из другого места в это место. Иначе говоря, перетягивали высшие дни", т.е. сфирот Зеир Анпина, „к нижним дням", к сфирот Малхут. „Высших дней" Зеир Анпина – „триста шестьдесят шесть по числовому значению слова „притяните (мишху מִשְׁכוּ)", т.е. год согласно дням солнца, то есть Зеир Анпина. „Нижних дней", относящихся к Малхут, „иногда триста пятьдесят пять" дней в году, „а в то время, когда луна", т.е. Малхут, „светит в своей полноте, возрастают дни ее, становясь тремястами шестидесятью пятью днями", как год солнца, т.е. Зеир Анпина, „который равен числовому значению слова „притяните (мишху וּמִשְׁכוּ)" минус один"».

707) «„Притяните высшие дни" Зеир Анпина „к нижним дням" Малхут, „чтобы все они были едины в одном соединении. И кто притягивает их, – то есть эти десять", принадлежащих Малхут, „когда она с правой стороны", в Хеседе? Как написано: „В десятый (бе-асо́р בֶּעָשׂוֹר)"[1321] – т.е. Малхут, когда она с правой

[1320] Писания, Псалмы, 29:9. «Голос Творца разрешает от бремени ланей и обнажает леса; и в чертоге Его всё гласит: „Слава!"»
[1321] Тора, Шмот, 12:3. «Говорите всей общине Исраэля так: „В десятый (день) этого месяца пусть возьмут себе каждый по агнцу на отчий дом, по агнцу на дом"».

стороны. Спрашивает: „(Написано): „Бе-асор (בֶּעָשׂוֹר в десятый)"¹³²¹ – „ба-асара́ (בַּעֲשָׂרָה десятого)" нужно было сказать, что значит: „В десятый (бе-асо́р בֶּעָשׂוֹר)"¹³²¹?" И отвечает: „Но дело в том, что их девять – в каждой стороне, в таком виде, и одна точка посередине дополняет до десяти сфирот. И поэтому сказано: „В десятый (бе-асо́р בֶּעָשׂוֹר)"¹³²¹, как написано: „Захо́р (זָכוֹר помни), шамо́р (שָׁמוֹר храни)", что указывает на источник, так как бе-асор (בֶּעָשׂוֹר в десятый) означает – „пользоваться десятью" таким образом, „чтобы эти девять дней" использовались „в этой точке. „Этого месяца"¹³²¹ – т.е. нисана, что указывает на Хесед, чтобы показать, что те „дни", которые притягивают, „должны быть с правой стороны", являющейся Хеседом, „чтобы соединить эту (зот)", Малхут, „с этим (зэ)", Зеир Анпином, „дабы всё стало единым"».

708) «„И в то время, когда эти четыре" дня, которые после десятого числа месяца, „связываются с четырьмя сторонами" юг-север-восток-запад, т.е. ХУГ ТУМ, „и соединяются с ними", с десятью днями, „тогда порождает это создание", т.е. Малхут, света́ избавления,¹³²² „и змей уходит. И в это время освящают наверху это создание и называют его славой. И тогда освящается этот праздник, чего не было до этого момента, ибо сейчас", в праздник, „называют его славой". Это смысл сказанного: „И в чертоге Его всё гласит: „Слава!"¹³²⁰»¹³²³

Раайа меэмана

709) «Сказал верный пастырь: „Слова эти", сказанные в предыдущем пункте, „неясны, и нужно раскрыть их для товарищей, ибо тот, кто скрывает от них тайны Торы, причиняет им страдания. Ведь для грешников света́ тайн становятся тьмой. Это подобно спрятанному серебру: тот, кто копает и натыкается на него, не будучи его владельцем, – оно становится в его сознании тьмой и мглой; но тому, кто является его владельцем, – оно светит. И поэтому человек должен открыть скрытые тайны Торы"» товарищам.

710) «„В десятый (бе-асо́р בֶּעָשׂוֹר)"¹³²¹ – поскольку это девять сфирот в каждой стороне, соответствующие девяти месяцам беременности роженицы, как числовое значение алеф-хэт (א"ח 9)"

---

¹³²² См. выше, п. 705.
¹³²³ См. выше, п. 700.

от эхад (אֶחָד один). "Кто такая роженица? – Это далет (ד) от эхад (אֶחָד один). Алеф-хэт (א״ח) – это девять сфирот четырех сторон буквы далет (ד), и их сорок. Алеф-хэт (א״ח)" соответствует "захо́р (помни)", т.е. Зеир Анпину. "Далет (ד)" соответствует "шамо́р (храни)", Малхут. "И" с ними "это сорок два"».

711) «"Остается слава, о которой сказано: "Благословенно имя величия царства Его вовеки"[1324]. И это слава (כָּבוֹד 32) и ламед-бет (ל״ב 32)", и они в гематрии шестьдесят четыре, "четыре раза в каждой стороне этой далет (ד), итого шестьдесят четыре в четырех сторонах, и они в гематрии двести пятьдесят шесть (рейш-нун-вав רנ״ו).[1325] И постановили: "Слава (כָּבוֹד) наверху и ламед-бет (ל״ב) внизу". Поэтому дважды в день соединяют" Шма Исраэль, "и мы говорим в них дважды "слава", и это шестьдесят четыре, и вместе с дважды далет (ד) далет (ד) от эхад (אֶחָד один), это семьдесят два (аин-бет ע״ב). Таким образом, далет де-эхад (אֶחָד один) является совершенством сорока двух имен и совершенством семидесяти двух имен. Поэтому произносят в псалме Давида: "Кто этот Царь славы? Творец сильный и могущественный"[1326]. И второй раз: "Кто Он – этот Царь славы? Творец Воинств"[1327]».

Пояснение статьи. Есть два единства – высшее единство и нижнее единство, как объяснялось ранее.[1328] И высшее единство – это: «Да соберутся воды в одно (эхад אֶחָד) место, и покажется суша»[1329], и таргум этого – соберутся ступени, находящиеся под небесами, в одно место, чтобы стать совершенными в шести окончаниях, и это тайна алеф-хэт (א״ח) от эхад (אֶחָד один). «И покажется суша»[1329] – т.е. чтобы объединить эти ступени Зеир Анпина, которые раскрылись также и в далет (ד) де-эхад (אֶחָד один), называемой «суша», которая от хазе и выше, и там она закрыта и все света ее застыли. И это единство является

[1324] Благословение молитвы «Шма Исраэль».

[1325] См. выше, п. 339.

[1326] Писания, Псалмы, 24:7-8. «Поднимите, врата, главы ваши, и возвыситесь, двери вечные. И войдет Царь славы. Кто этот Царь славы? Творец сильный и могущественный, Творец – муж битвы!»

[1327] Писания, Псалмы, 24:10. «Кто Он – этот Царь славы? Творец Воинств – Он Царь славы. Сэла!»

[1328] См. «Предисловие книги Зоар», пп. 204-208, и в комментарии Сулам.

[1329] Тора, Берешит, 1:9. «И сказал Всесильный: "Да соберутся воды под небесами в одно место, и покажется суша!" И было так».

единством шести слов «Шма Исраэль»[1330], которое раскрывает хасадим для Зеир Анпина. Но далет (ד) де-эхад (אֶחָד один) еще не получила своего исправления, так чтобы Хохма, что в ней, могла светить, пока не образуется нижнее единство, и это смысл сказанного: «Да произрастит земля поросль»[1331]. И это единение происходит при произнесении: «Благословенно имя величия царства Его вовеки». И тогда то, что она была сушей от хазе и выше Зеир Анпина, в высшем единстве, сейчас, когда опустилась от хазе и ниже, при произнесении «Благословенно имя величия царства Его вовеки», она становится землей, дающей плоды и порождения. Ибо от хазе и ниже раскрывается Хохма, что в далет (ד) де-эхад (אֶחָד один), и все сфирот Зеир Анпина, т.е. алеф-хэт (א״ח) де-эхад (אֶחָד один), светят во всех сторонах далет (ד) де-эхад (אֶחָד один) в своей полноте.[1328]

И это смысл сказанного: «Девять сфирот в каждой стороне, соответствующие девяти месяцам беременности роженицы, как числовое значение алеф-хэт (א״ח 9)»[1332] – то есть в высшем единстве «Шма Исраэль» далет (ד) де-эхад (אֶחָד один) получает от девяти первых сфирот Зеир Анпина, т.е. алеф-хэт (א״ח), в свойстве «ибур (зарождение)», и это девять месяцев, девять сфирот. «Кто такая роженица? – Это далет (ד) от эхад (אֶחָד один)» – то есть потом, когда образуется нижнее единство от хазе и ниже, в «Благословенно имя величия царства Его вовеки», тогда она порождает девять сфирот, иначе говоря, они раскрываются в ней. Но в высшем единстве девять сфирот Зеир Анпина, т.е. алеф-хэт (א״ח) де-эхад (אֶחָד один), они еще укрыты и закрыты в ней, как у беременной. Ибо тогда она свойство «суша», как уже объяснялось. И это смысл сказанного: «Алеф-хэт (א״ח) – это девять сфирот четырех сторон буквы далет (ד), и их сорок. Алеф-хэт (א״ח) – захор (помни). Далет (ד) – шамор (храни). И это сорок два», что указывает на сорокадвухбуквенное имя, поскольку от хазе и выше Зеир Анпина, где высшее единство, там господствует сорокадвухбуквенное имя, и света Хохмы укрыты в этом имени. А после того как произошло высшее единение в свойстве сорокадвухбуквенного имени, остается произвести нижнее единство от хазе

[1330] «Слушай, Исраэль, Творец – Всесильный наш, Творец – один!»
[1331] Тора, Берешит, 1:11. «И сказал Всесильный: „Да произрастит земля поросль, траву семяносную, плодовое дерево, производящее плод по виду его, семя которого в нем, на земле". И было так».
[1332] См. выше, п. 710.

и ниже Зеир Анпина в свойстве «Благословенно имя величия царства Его вовеки».

И это смысл сказанного: «Остается слава, о которой сказано: „Благословенно имя величия царства Его вовеки"», – то есть нам осталось сейчас произвести это нижнее единство, чтобы далет (ד) де-эхад (אֶחָד один) породила и раскрыла девять сфирот, которые она получила в каждой из своих сторон в высшем единстве. И это смысл сказанного: «И это слава (כָּבוֹד 32) и ламед-бет (ל״ב 32)» – то есть она называется славой (кавод) и раскрываются в ней тридцать два пути Хохмы. «Четыре раза в каждой стороне этой далет (ד), итого шестьдесят четыре в четырех сторонах, и они в гематрии двести пятьдесят шесть (рейш-нун-вав רנ״ו)», что указывает на двести пятьдесят шесть крыльев этих созданий. «И постановили: „Слава (כָּבוֹד) наверху и ламед-бет (ל״ב) внизу"» – то есть выше хазе называется Малхут славой, хотя раскрытие славы, т.е. тридцати двух путей Хохмы, раскрывающихся с помощью этой Малхут, происходит лишь от хазе и ниже Зеир Анпина, в единстве «Благословенно имя величия царства Его вовеки». И это смысл сказанного: «Поэтому дважды в день соединяют, и мы говорим в них дважды „слава", и это шестьдесят четыре, и вместе с дважды далет (ד) далет (ד) от эхад (אֶחָד один), это семьдесят два (аин-бет ע״ב)», – то есть в нижнем единстве есть указание на семидесятидвухбуквенное имя, на имя, в котором раскрывается Хохма. «Таким образом, далет де-эхад (אֶחָד один) является совершенством сорока двух имен и совершенством семидесяти двух имен», – то есть совершенством высшего зивуга, который от хазе и выше, для власти хасадим, и это сорокадвухбуквенное имя, и совершенством свечения Хохмы от хазе и ниже, и это семидесятидвухбуквенное имя, которое исходит от трех изречений: «И двинулся»[1333], «И вошел»[1334], «И простер»[1335].[1336] И это смысл сказанного: «„Кто этот Царь славы? Творец сильный и могущественный"[1326]. И второй раз: „Кто Он – этот Царь славы?

[1333] Тора, Шмот, 14:19. «И двинулся ангел Всесильного, шедший перед станом Исраэля, и пошел позади них. И двинулся облачный столп, (шедший) перед ними, и встал позади них».

[1334] Тора, Шмот, 14:20. «И вошел он между станом Египта и станом Исраэля, и было облако и мрак, и осветил ночь, и не приближался один к другому всю ночь».

[1335] Тора, Шмот, 14:21. «И простер Моше руку свою на море, и гнал Творец море сильным восточным ветром всю ночь, и сделал море сушею, и расступились воды».

[1336] См. Зоар, главу Бешалах, п. 173.

Творец Воинств"¹³²⁷», то есть слава – наверху, тридцать два – внизу, как объяснялось выше, где первый «Царь славы»¹³²⁶ – это выше хазе, потому что там Малхут, называемая славой, в свойстве сорокадвухбуквенного имени, и там нет раскрытия тридцати двух путей Хохмы; а второй Царь славы, о котором написано: «Творец Воинств – Он Царь славы»¹³²⁷, – это слава, которая ниже хазе, т.е. свойство семидесятидвухбуквенного имени, в котором есть раскрытие Хохмы. (До сих пор Раайа меэмана).

712) Написано: «И в чертоге Его всё гласит: „Слава!"»¹³²⁰ Спрашивает: «„Что представляет собой чертог Его?" И отвечает: „Это высший внутренний чертог, где освящается всё", т.е. Бина, – „там освящают того, кто достоин быть освященным. Как освящают этот чертог?" И отвечает: „Вначале раскрываются врата" с помощью Даат, т.е. Зеир Анпина, который во время господства левой линии в Бине поднимается в Бину и становится средней линией, т.е. Даат, объединяющей левую и правую линии, Хохму и Бину, друг с другом. И он раскрывает врата Бины, то есть раскрывает Бину из этого закрытия левой линии. И благодаря этому получает от нее также и Зеир Анпин три линии, ведь вследствие того, что три выходят благодаря одному, один находится в трех.¹³³⁷ „Один скрытый ключ", т.е. Даат, „установил и открыл одни ворота на южную сторону", т.е. правую линию, „тогда входит великий коэн", т.е. Хесед, „в этот вход, и спешит в своем поясе", т.е. свойстве Малхут, „и в своих исправлениях", т.е. четырех облачениях простого коэна, и это – тюрбан (мицне́фет), хитон (кто́нет), пояс (авне́т), штаны (михнаса́им), которые соответствуют четырем буквам Адни (אדני), т.е. Малхут. А потом „он украшается венцом святости и облачает нагрудник (хо́шен) и эфод, и мантию с семидесятью колокольчиками и гранатами, т.е. золотой колокольчик и гранат". И это мохин свечения Хохмы, которые притягиваются от первого хэй (ה) де-АВАЯ (הויה), как мы уже объясняли. „И начелок – святой венец на челе его, который называется начелком, святым венцом"¹³³⁸, т.е. йуд (י) де-АВАЯ (הויה). „И он наряжен в четыре золотых одеяния и четыре белых одеяния", соответствующие восьми буквам в именах АВАЯ (הויה) Адни (אדני). „И

---

¹³³⁷ См. Зоар, главу Берешит, часть 1, п. 363, «Трое выходят благодаря одному, один находится в трех...»

¹³³⁸ Тора, Шмот, 29:6. «Возложи тюрбан на голову его, и наложи святой венец на тюрбан».

на этом начелке горят сорок две буквы", т.е. сорокадвухбуквенное имя,[1339] "и сверкают на нем. И весь этот чертог светит высшими светами"».

713) «"Повернулся этот ключ", т.е. свойство Даат, как мы сказали, "и открыл одну сторону" Бины, "что с северной стороны. Тогда входит леви", т.е. Гвура и левая линия, "являющийся десятиной (маасе́р) Яакова, которую он отделил" от сыновей своих "для Творца. И с ним десятиструнный кинор", т.е. десять сфирот левой линии. "И он украшается своими венцами", т.е. мохин де-ГАР, которые называются венцами. "И тогда снова повернулся этот ключ, и открыл одни ворота в этом чертоге, – те врата, которые стоят посередине, т.е. столб, что с восточной стороны", то есть Тиферет, среднюю линию. "Он вошел", т.е. Тиферет, "и украсился" в этих вратах "семидесятью венцами", т.е. симидесятидвухбуквенным именем, "и украсился четырьмя буквами, которых двенадцать". То есть двенадцатью сочетаниями четырех букв АВАЯ (הויה), т.е. ХУГ ТУМ, в каждом из которых три линии. "И украсился печатями двухсот семидесяти тысяч миров" – то есть местом раскрытия свечения Хохмы от хазе и выше, и свечение Хохмы называется тысячей, и там две трети Тиферет, и это семьдесят, и Нецах и Ход, в каждом из которых десять сфирот, итого двести семьдесят сфирот. "И украсился этими венцами", которые светят "от края мира и до края его", т.е. это Малхут, называемая миром, "и многими драгоценными облачениями, и многими святыми венцами"».

714) «"Снова повернулся этот ключ", т.е. Даат, как мы сказали, "и открыл все скрытые врата и все святые сокровенные врата. И освящается ими", Зеир Анпин, "и стоит там как царь", т.е. в свойстве Малхут, что в средней линии Бины. "Он благословляется там многими благословениями, и украшается многими венцами. Тогда выходят все они" из Бины на свои места в Зеир Анпине, т.е. Хохма и Бина Зеир Анпина из двух ворот, которые на юге и на севере Бины, и правая половина Даат из средних ворот Бины, и левая половина Даат из Малхут в средних воротах. "И выходят они все в полном единстве, украшаются своими венцами как подобает. Когда вышли они" из Бины в место Зеир Анпина, "они пробуждают" Зеир Анпин, чтобы он украсился "своими украшениями"», т.е. четырьмя мохин, как мы уже объясняли.

[1339] См. выше, п. 711.

715) «„И это создание", т.е. Малхут, когда она в первом состоянии, и всё еще привязана к левой линии, „пробуждается и уменьшает себя из любви к песнопению", т.е. из стремления к хасадим, ибо поскольку она пребывает в левой линии без правой, есть у нее Хохма без хасадим, что причиняет ей большие страдания, и она страстно желает хасадим, и поэтому она уменьшила себя до состояния ниже хазе, чтобы могла получать от него хасадим.[1340] „И как она уменьшает себя? – Ведь из любви к песнопению она уменьшает себя постепенно, пока не становится одной точкой", под Есодом – относительно светов, а относительно келим – она точка под хазе. „Когда она уменьшила себя, написано: „И пошел муж из дома Леви"[1341], т.е. Творец, „и взял дочь Леви"[1341], т.е. Малхут. „Дочерью Леви, она" зовется, „разумеется, когда она с левой стороны. Как он держит ее. Он протягивает левую руку под ее голову из любви"». То есть левая рука Зеир Анпина становится для нее ГАР, называемыми рош. Как сказано: «Его левая рука под моей головой»[1342].

716) «„И если скажешь: если она" теперь „маленькая точка, как же может" Зеир Анпин „соединиться с маленькой точкой?" И отвечает: „Но по отношению к высшему, все, что является малым, является хвалой и достоинством, и она велика величием высшего", ибо, когда она мала, „тотчас пробуждается для нее великий коэн", т.е. Хесед Зеир Анпина, „и держит ее и обнимает ее. А если бы она была большой, не могли бы" Зеир Анпин и Малхут „объединиться вовсе. Но поскольку она уменьшила себя, и представляет собой маленькую точку, то держат ее" сфирот Зеир Анпина „и поднимают ее наверх", между двумя руками Зеир Анпина, т.е. Хеседом и Гвурой. „После того как подняли ее, и она сидит между двумя этими сторонами", Хеседом и Гвурой, „тогда тот столб посередине", т.е. Тиферет, являющийся средней линией, „соединяется с ней в любви поцелуев (нешикин), в любви соединения воедино. Тогда: „И поцеловал Яаков"[1343] – т.е. Зеир Анпин, „Рахель"[1343] – т.е. Малхут, ибо „в любви поцелуев (нешикин) они сливаются друг с другом неразрывно, пока она не получает душу (нефеш) наслаждений как подобает"».

[1340] См. Зоар, главу Берешит, часть 1, пп. 110-115.
[1341] Тора, Шмот 2:1, «И пошел муж из дома Леви, и взял дочь Леви».
[1342] Писания, Песнь песней, 2:6. «Его левая рука под моей головой, а правая обнимает меня».
[1343] Тора, Берешит, 29:11. «И поцеловал Яаков Рахель, и поднял он свой голос и заплакал».

Объяснение. До тех пор, пока Малхут пребывает в первом состоянии, то есть в свойстве два больших светила, оба получают тогда от Бины. Зеир Анпин облачает правую линию Бины, т.е. хасадим, а Малхут облачает левую линию Бины, Хохму. И тогда Малхут не желает объединяться с Зеир Анпином и получать от него хасадим, и она далека от него, как далека правая линия от левой. И чтобы получить от Зеир Анпина хасадим, она должна была уменьшить себя до точки под Есодом Зеир Анпина, т.е. до нижней ступени под Зеир Анпином, и не может она больше получать от Бины, а только от Зеир Анпина, который является высшим для нее. И поэтому тогда, когда она – точка под ним, она объединяется с ним в одно и получает от него все мохин гадлута.[1340] И это смысл сказанного: «Все, что является малым, является хвалой и достоинством, и она велика величием высшего, тотчас пробуждается для нее великий коэн, и держит ее и обнимает ее. А если бы она была большой, не могли бы объединиться вовсе», потому что все то время, пока Малхут была большой как Зеир Анпин, они не могли соединиться, потому что Малхут была в разногласии с ним, как правая линия и левая линия до их соединения средней линией.[1344] «Но поскольку она уменьшила себя, и представляет собой маленькую точку, то держат ее, и поднимают ее наверх. После того как подняли ее, и она сидит между двумя этими сторонами, тогда тот столб посередине соединяется с ней в любви поцелуев (нешикин), в любви соединения воедино», – ибо тогда она соединяется с Зеир Анпином в поцелуях и зивуге, и получает от него весь гадлут.

717) «„В час, когда она получает душу наслаждений как подобает, и желает сосчитать свои войска, собираются все и взывают к ней: „Слава! Слава! Слава!", – из святого чертога" Абы ве-Имы. „И в этом святом чертоге Аба ве-Има", т.е. Хохма и Бина, „провозглашают, говоря: „Освящено, освящено"[1345]. Иначе говоря, они передают Малхут от своих светов, называемых святостью. „Тогда месяц", т.е. Малхут, „освящается как подобает. И тогда написано: „А в первый месяц"[1346]. Ведь он, несомненно, первый"». Поскольку до этого, т.е. когда она была привязана к левой линии без правой, это не считается для нее

[1344] См. Зоар, главу Насо, Идра раба, п. 214.
[1345] См. Мишна, раздел Моэд, трактат Рош а-шана, часть 2, мишна (закон) 7.
[1346] Тора, Бемидбар, 28:16. «А в первый месяц, в четырнадцатый день месяца – Песах Творцу».

существованием, так как света ее в застывшем состоянии, и она не может отдавать. Но сейчас, когда она уменьшилась до точки и снова строится Абой ве-Имой с помощью светов святости, чтобы быть под ступенью Зеир Анпина, считается это ее первой действительностью. И поэтому сказано о ней тогда: „А в первый месяц"[1346]. „И об этом" говорит Писание: „Притяните и возьмите"[1314], – т.е. притяните высшие дни Зеир Анпина к Малхут.[1347] „И об этом" написано: „В десятый (день) этого месяца"[1321], когда соединилась луна", т.е. Малхут, „с солнцем", Зеир Анпином, чтобы девять сфирот Зеир Анпина служили и светили Малхут. „И то, что была одной точкой" после уменьшения, „когда она опускается" из чертога Абы ве-Имы, „она немного расширяется и наполняется, и становится" последней „хэй (ה)" де-АВАЯ (הויה), „наполненной" благом „со всех" четырех „сторон, и освящается как подобает"».

Раайа меэмана

718) (Недостает начала статьи) «„Повернулся тот чертог и открыл другие врата, что с южной стороны", т.е. в правой линии, „в семидесяти двух венцах", то есть семидесятидвухбуквенное имя, которое светит в правой линии. „А затем открывает третьи врата в восточной стороне", т.е. среднюю линию, „в пятидесяти светах пятидесяти врат Бины. После этого он открывает другие врата – западной стороны", и это свойство Малхут „в семидесяти двух венцах" семидесятидвухбуквенного имени, „и во всех двухстах сорока восьми (РАМАХ)" хасадим, „по количеству слов в изречениях провозглашения Шма. А то, что это создание", т.е. Малхут, „было сначала малым, – в этот момент", после того как получает семьдесят два венца и двести сорок восемь хасадим, „оно вырастает, это означает: „Полна вся земля славы Его"[1348]. И это высшая слава и нижняя слава"», – и всё это Малхут получает в единстве возглашения Шма.[1349]

719) «„И когда доходит до „Живущего в мирах", в котором восемнадцать благословений молитвы", т.е. молитвы стоя, „которую он начинает с „Господин мой (Адни אדני), открой уста

[1347] См. выше, п. 706.
[1348] Пророки, Йешаяу, 6:3. «И взывал один к другому, и сказал: „Свят, свят, свят Творец воинств! Полна вся земля славы Его!"»
[1349] См. выше, п. 711.

мои, и язык мой возвестит хвалу Тебе"[1350], – тогда средний столб", т.е. Зеир Анпин, "соединяется с ней в любви поцелуев губ, то есть Нецаха и Хода, и языка, то есть праведника", Есода, "между ними", и это "язык учения. В это время: "И поцеловал Яаков"[1343], Зеир Анпин, "Рахель"[1343], Малхут. "Тогда называют это создание", т.е. Малхут, "Слава! Слава!" И Аба ве-Има возглашают: "Освящено! Освящено!" То есть Аба ве-Има передают ему свои света, которые называются святостью.[1351] "И тогда этот месяц", т.е. Малхут, "освящается как полагается, и тогда он называется: "А в первый месяц"[1346], – конечно же, первый"».[1351]

720) «"И тогда "притяните"[1314] высшие дни Зеир Анпина к Малхут. "И поэтому" написано: "В десятый (день) этого месяца"[1321], – это означает, что девять дней Зеир Анпина будут светить Малхут, "ибо соединилась святая луна", т.е. Малхут, "с солнцем", Зеир Анпином, "о котором сказано: "Ибо солнце и щит – Творец Всесильный"[1352]. И то, что Малхут была маленькой точкой, – она стала полной, как луна" в полнолуние. "И тогда это полный месяц, т.е. луна", Малхут, "стала полной и она – "полна вся земля славы Его"[1348]. Сначала была в ущербе, а сейчас она в совершенстве"» и в полноте. (До сих пор Раайа меэмана).

721) «Рабби Хия провозгласил: "В четырнадцатый день месяца – Песах Творцу"[1346]. Спрашивает: "Ягненок в пасхальную жертву – для чего?" И отвечает: "Однако трепетом египтян и их божеством был ягненок, потому что египтяне поклоняются созвездию Овна. И поэтому они поклоняются ягненку. Смотри, написано: "Неужели мы принесем в жертву мерзость Египта?"[1353] Что такое "мерзость Египта"[1353]? Разве из-за того, что они ненавидят его, написано – "мерзость Египта"[1353]? Но трепет египтян и божество их называется мерзостью Египта.

[1350] Писания, Псалмы, 51:17. «Господин мой, открой уста мои, и язык мой возвестит хвалу Тебе!»

[1351] См. выше, п. 717.

[1352] Писания, Псалмы, 84:12. «Ибо солнце и щит – Творец Всесильный, милость и славу дает Творец, не лишает блага ходящих в непорочности».

[1353] Тора, Шмот, 8:22. «И сказал Моше: "Неправильно так поступать, ведь мерзость Египта мы принесем в жертву Творцу Всесильному нашему! Неужели мы принесем в жертву мерзость Египта на их глазах, и они не побьют нас камнями?"»

Как написано: „Подобно мерзостям народов"[1354], что означает – трепет „этих народов"».

722) «„Посмотри на мудрость Йосефа, как написано: „И со стороны братьев своих взял он пять человек"[1355] и научил их отвечать: „Скотоводами были рабы твои"[1356]. Неужели царь, управлявший страной, а сам он – советник царя, сделает такое своим братьям, что возненавидят их" египтяне „и не будут уважать их?"» Если ты говоришь, что «мерзость Египта – всякий пасущий скот»[1356], это означает – ненависть египтян. «„Но, конечно же, „мерзость Египта"[1356] – трепет и божество их называется так, и поэтому написано: „Неужели мы принесем в жертву мерзость Египта?"[1353]», т.е. их божество.

723) «„Сказал Йосеф: „Лучшее место Египта – это земля Рамсес"[1357], и эту землю они выделили для своего божества", т.е. скота, „чтобы ему пастись и гулять" там „во всех наслаждениях мира. И все египтяне уважали тех, кто пасет их божеств, как своих богов". Сказал: „Сделаю я своим братьям, чтобы унаследовали они эту землю, и будут поклоняться им египтяне, и будут уважать их как подобает". То есть, как написано: „Ибо мерзость Египта – всякий пасущий скот"[1356]. Чтобы уважали их" благодаря этому, „как своих богов"».

724) «Сказал рабби Йоси: „Мы ведь учили, что так же, как Творец взыскивает с тех, кто поклоняется идолам, так Он взыскивает и с самого идола. И в таком случае, как же сделал Йосеф своих братьев идолами", чтобы египтяне поклонялись им, как своим богам? „Сказал ему: „Не сделал Йосеф своих братьев идолами, а сделал, чтобы они правили идолами египтян, и подчинил их идолов власти" своих братьев, „и чтобы они били их палкой. Сказал Йосеф: „Если мои братья будут

[1354] Тора, Дварим, 18:9. «Когда придешь на землю, которую Творец Всесильный твой дает тебе, не учись делать подобного мерзостям народов тех».

[1355] Тора, Берешит, 47:2. «И со стороны братьев своих взял он пять человек, и представил он их пред Фараоном».

[1356] Тора, Берешит, 46:33-34. «И будет, если призовет вас Фараон и скажет: „Какие занятия ваши?", то скажите: „Скотоводами были рабы твои от юности нашей и доныне, как мы, так и отцы наши", – дабы вы остались жить в стране Гошен, ибо мерзость Египта – всякий пасущий скот"».

[1357] См. Тора, Берешит, 47:11. «И поселил Йосеф отца своего и братьев своих, и дал им владение в земле египетской, в лучшей части земли, в земле Рамсес, как повелел Фараон».

править их идолами, тем более будут они править ими самими". И поэтому поселил он их в лучшее место этой земли, и поставил править над всей этой землей"».

725) «„И поэтому – зачем ягненок в пасхальную жертву?[1358] Но" это потому, что „трепетом египтян и их божеством был ягненок. Сказал Творец: „С десятого [дня] этого месяца возьмите божество египтян, и схватите его, и будет оно схвачено и заключено в неволе у вас один день, и два, и три, а на четвертый день выведите его на суд, и соберитесь против него"».

726) «„И в час, когда египтяне слышали голос своего трепета, что оно [божество их] заключено в неволе у Исраэля, и не могли вызволить его, они плакали, и было тяжело им, как будто их самих связали для убиения. Сказал Творец: „Пусть будет он заключен в вашей власти день за днем четыре дня, чтобы видели его" египтяне „заключенным в неволе. А на четвертый день выведите его для убиения. Пусть увидят египтяне, как вы вершите над ним суд". И это", то есть „те суды, которые вершились над их трепетом, были тяжелее для них, чем все казни, посланные им Творцом"».

727) «„Затем судят его огнем, как написано: „Изваяния их божеств сожгите огнем"[1359]. Сказал Творец: „Не ешьте от него"[1360] – чтобы не сказали" египтяне, „что из желания и вожделения к божеству нашему едят они его так", не пропеченным как следует, „а приготовьте его жареным на огне, и не вареным, потому что, если его будут варить, будет он покрыт" в кастрюле водой, „и не будут видеть его, а исправление его в том, чтобы видели его сгорающим в огне, поскольку запах его будет распространяться"» на большое расстояние.

728) «„И еще. Голова его пригнута к ногам, чтобы не сказали, что это другое животное или что-то другое, а чтобы узнавали его, что это их божество. И еще. Пусть не едят его с вожделением, а на сытый желудок, как знак презрения и бесчестия. И

[1358] См. выше, п. 721.
[1359] Тора, Дварим, 7:25. «Изваяния их божеств сожгите огнем. Не возжелай серебра и золота, что на них, чтобы взять себе, а то попадешь в западню эту, а это мерзость для Творца Всесильного твоего».
[1360] Тора, Шмот, 12:9. «Не ешьте от него недопеченного и сваренного в воде, но только испеченное на огне; его голова с его ногами и с его внутренностями».

еще. „И кости не преломите в нем"[1361], но чтобы видели кости его висящими на рынке, и не могли бы спасти его. И поэтому написано: „И над их божествами учинил Творец суды"[1362], т.е. множество судов. И еще. „И ваш посох в руке вашей"[1363], а не меч и копье, и другое оружие", чтобы показать, что не боитесь вы их.

729) «Сказал рабби Йегуда: „Но ведь постановили, что египтяне поклонялись созвездию Овна, и поэтому поклонялись ягненку". Сказал рабби Йоси: „В таком случае, овну они должны были поклоняться", т.е. барашку, „а не ягненку". Сказал ему: „Они любому поклонялись, ведь созвездие Овна нисходит и восходит", иногда оно выглядит, „как овен", а иногда – „как большой ягненок. И поэтому поклонялись они любому". Сказал ему: „Я так слышал, что любой крупный скот был их божеством, и поэтому поразил Творец всякого первенца скота. И мы уже учили, что это были ступени, которые наверху", т.е. высшие духовные силы нечистоты, „называемые так"» – первенцем скота. И поэтому они поклонялись им.

730) «Сказал рабби Эльазар: „Написано: „Никакой закваски (махмéцет) не ешьте"[1364]. И сказано: „И пусть не едят квасного (хамéц)"[1365]. В чем разница между закваской и квасным? „Но одно", квасное (хамец), – „это захар, а другое", закваска (махмецет), – „это нуква". Сказал рабби Шимон: „Эльазар, сын мой, об этом написано: „Не ешьте"[1364], а об этом написано: „Пусть не едят"[1365]. Почему не написано" и о квасном: „Не ешьте"?" И отвечает: „Но об этой нукве, которая портит пути свои" сильнее всего, „разумеется", сказано „с предостережением"» – «не ешьте!»[1364], однако «„о захаре" клипы, „который держится за нить очищения больше", чем нуква, сказано „в виде просьбы"» – «пусть не едят»[1365], а не в виде предостережения и повеления.

[1361] Тора. Шмот, 12:46 «В одном доме должно быть съедено; не выноси из дома от мяса наружу, и кости не преломите в нем».

[1362] Тора, Бемидбар, 33:4. «А египтяне хоронили пораженное Творцом среди них, всякого первенца; и над их божествами учинил Творец суды».

[1363] Тора, Шмот, 12:11. «И так ешьте его: ваши чресла препоясаны, ваша обувь на ваших ногах и ваш посох в руке вашей; и ешьте его с поспешностью, – Песах это Творцу».

[1364] Тора, Шмот, 12:20. «Никакой закваски не ешьте; во всех поселениях ваших ешьте опресноки».

[1365] Тора, Шмот, 13:3. «И сказал Моше народу: „Помните день этот, в который вы вышли из Египта, из дома рабства, ибо сильной рукою вывел Творец вас оттуда – и пусть не едят квасного!"»

«„И поэтому написано" здесь – „пусть не едят"¹³⁶⁵, а там – „не ешьте"¹³⁶⁴».

731) «Сказал ему: „Отец, ведь написано: „Не ешь при этом квасного (хамец)"¹³⁶⁶» – ведь и о квасном, т.е. захаре клипы, тоже сказано в виде предостережения. «Сказал ему: „Писание добавило много слов в честь этого жертвоприношения"», поэтому сказало: «Не ешь»¹³⁶⁴. «„Но вначале" говорится о квасном „в виде просьбы: „Пусть не едят"¹³⁶⁵. Но потом" о закваске сказано „в виде предостережения: „Не ешьте"¹³⁶⁴, поскольку" некева клипот „тяжелее из них обоих", захара и нуквы клипы. „По какой причине" она называется „закваской? Потому что есть там дух смерти. Квасное (хамец)" указывает, что это „захар", и поэтому нет в нем указания на смерть. „Закваска (махмецет) – это некева". И написано: „Ноги ее нисходят к смерти (мáвет מות)"¹³⁶⁷, поэтому „в начале этого слова и в его конце найдешь ее" буквы мем-тав (מת), так как начало этого слова – это мем (מ), а конец его – тав (ת). „Поэтому тому, кто ест хамец в Песах, она", эта некева, „приближает смерть его, и пусть знает, что он мертв (мэт מת) в этом мире и в будущем мире. Как написано: „Истреблена будет та душа"¹³⁶⁸».

732) «„Почему называется „маца"? Но мы так учили, что Шадай (шин-далет-йуд שדי)" означает – „тот, кто сказал Своему миру: „Дай (די довольно)", скажет нашим страданиям: „Дай (довольно)!", то есть прогоняет из него суды и страдания. „Так же и маца, поскольку она принимает решение и подчиняет, т.е. прогоняет все плохие стороны и сеет раздор между ними, подобно имени Шадай на мезузе, которое прогоняет демонов и вредителей, что во вратах. И так же" маца – „она прогоняет их из всех жилищ святости, и сеет раздор и ссору меж ними, как

---

¹³⁶⁶ Тора, Дварим, 16:3. «Не ешь при этом квасного, семь дней ешь при этом опресноки, хлеб бедности, ибо поспешно ушел ты из земли египетской, – чтобы помнил ты день исхода твоего из земли египетской во все дни жизни твоей».

¹³⁶⁷ Писания, Притчи, 5:5. «Ноги ее нисходят к смерти, на преисподнюю опираются стопы ее».

¹³⁶⁸ Тора, Шмот, 12:15. «Семь дней ешьте опресноки; но к первому дню устраните квасное из домов ваших, ибо всякий, кто будет есть квасное с первого дня до седьмого дня, истреблена будет та душа из среды Исраэля».

сказано: „Маса́ (искушение) и Мерива́ (раздор)"[1369]. Поэтому называется именем маца (מַצָּה)". Спрашивает: „Но ведь маса (מסה) пишется с са́мехом (ס)", а не с ца́ди (צ)? И отвечает: „Но таргум слова маса (מסה) – мацута́ (מַצּוּתָא ссора)"», поэтому называется маца (מַצָּה), с ца́ди (צ).

Раайа меэмана

733) «Сказал верный пастырь: „Подобно языку, являющемуся палкой для всех домочадцев",[1370] ведь мучает он их своим языком, и это для них подобно тому, словно доставляет им мучения палкой. „И этот язык является свойством буквы вав (ו)", т.е. Зеир Анпина, называемого АВАЯ (הויה). „И это посох, в котором десять букв", поскольку АВАЯ (הויה) с наполнением – это десять букв, йуд-хэй-вав-хэй (יו"ד ה"א וא"ו ה"א). „И им поражал Творец через него [Моше] десятью казнями. И поскольку все казни были со стороны хэй (ה) хэй (ה)" имени АВАЯ (הויה), поэтому „говорит рабби Акива" в пасхальной Агаде: „Откуда известно, что каждая казнь, которой поразил Творец египтян в Египте, содержала пять казней?.. Отсюда заключаем..."[1371] И буква хэй (ה) поднимается в букву йуд (י) для пятидесяти казней. А пять раз по пятьдесят – это двести пятьдесят казней. И поэтому: „А на море были наказаны двумястами пятьюдесятью казнями"[1371]».

734) «„Сказал Йосеф: „Лучшее место земли египетской – это Рамсес".[1357] И эту землю они выделили для божества своего, чтобы оно паслось и гуляло во всех наслаждениях мира. И все египтяне уважали тех, кто пасет их божество, как свое божество. И поэтому просил Йосеф у Фараона" землю Рамсес пасти скот их, „чтобы поставить своих братьев над божествами египтян, дабы те были подчинены им, как рабы царю своему, и все бы они были подчинены имени АВАЯ со своей стороны, и ничто не господствовало бы в мире, кроме имени АВАЯ. И подчинились все правители и начальники ему"».

[1369] Тора, Шмот, 17:7. «И нарек он имя тому месту „Маса (искушение) и Мерива (раздор)", из-за ссоры сынов Исраэля и потому, что они искушали Творца, говоря: „Так есть Творец среди нас или нет?"»
[1370] Указывает на то, что сказал в п. 724: «И чтобы они били их палкой».
[1371] Пасхальная Агада. Десять казней египетских.

735) «„И чтобы показать им, что Он собирается взыскать с них, как написано: „И над всеми божествами Египта совершу расправу, Я – Творец"[1372]. Ибо они вводят в заблуждение людей и делают себя самих божеством. И поскольку Овен – правитель его больше всех правителей других божеств, повелел Творец Исраэлю: „Пусть возьмут себе каждый по агнцу на отчий дом, по агнцу на дом"[1373], – и дал Он им власть над ним, и схватили они его, и держали в неволе у себя день, и два, и три. А после этого вывели его на суд на глазах у всех египтян, – показать, что божество их во власти Исраэля, чтобы вершить над ним суд"».

736) «„Поэтому: „Не ешьте от него недопеченного и сваренного в воде, но только испеченное на огне; его голова с его ногами и с его внутренностями"[1374], – чтобы был он судим в огне испеченный. И повелел Он выбросить кости его на рынок в бесчестии. Поэтому: „И кости не преломите в нем"[1361]. И повелел Он о четвертом дне, что после того как будет он три дня связанным, свершить над ним суд. И это было тяжелее для них, чем все казни, которыми поразил их Творец через верного пастыря. И мало этого, повелел Он, чтобы есть его не с вожделением", а на сытый желудок. „И как только они видят кости его на рынке и не могут спасти его – это для них тяжелее всего. И мало того, но еще сказано о них: „И ваш посох в руке вашей"[1363], – чтобы подчинить все божества египетские их власти. И поскольку божества их – первородные правители, написано: „И Творец поразил всякого первенца"[1375]».

737) «„После всего этого написано: „Не ешь при этом квасного (хамец), семь дней ешь при этом опресноки (мацу), хлеб бедности"[1366]. И написано: „Никакой закваски (махмецет) не ешьте"[1364]. Сказал верный пастырь: „Почему Он повелел не

[1372] Тора, Шмот, 12:12. «И пройду Я по стране египетской в ту ночь, и поражу всякого первенца в стране египетской, от человека до животного, и над всеми божествами Египта совершу расправу, Я – Творец!»

[1373] Тора, Шмот, 12:3. «Говорите всей общине Исраэля так: „В десятый (день) этого месяца пусть возьмут себе каждый по агнцу на отчий дом, по агнцу на дом"».

[1374] Тора, Шмот, 12:9. «Не ешьте от него недопеченного и сваренного в воде, но только испеченное на огне; его голова с его ногами и с его внутренностями».

[1375] Тора, Шмот, 12:29. «И было в полночь, и Творец поразил всякого первенца на земле Египта, от первенца Фараона, восседающего на его престоле, до первенца пленника, который в темнице, и все первородное (из) скота».

есть квасного семь дней, а есть в течение их мацу? И почему" один раз „написано: „Пусть не едят"[1365], а другой: „Не ешьте"[1364]?" И отвечает: „Но это семь планет, и это – Сатурн, Юпитер, Марс, Солнце, Венера, Меркурий, Луна", т.е. ХАГАТ НЕХИМ, находящиеся в келим де-ахораим Малхут, „и они – со стороны добра и зла, где свет, что внутри, – это маца, а клипа, что снаружи, – это квасное (хамец). И это квасное (хамец) – захар, а закваска (махмецет) – некева"», и это ЗОН (захар и нуква) этой клипы, что снаружи. И о захаре клипы, который не столь суровый, сказано: «Пусть не едят»[1365], о нукве клипы, которая сурова, сказано: «Не ешьте»[1364].[1376]

738) «„Маца, которая внутри" этих семи планет, – „она оберегаема" от клипот. „И это „семь девиц из царского дома, достойных ее"[1377], – то есть келим де-ахораим Малхут Ацилута, в которые облачается Хохма во время гадлута Малхут.[1378] И сказано о них: „И оберегайте опресноки (мацу)"[1379]. Маца – она оберегаема" от клипот „для своего мужа, и это вав (ו)", т.е. Зеир Анпин, свойство вав (ו) де-АВАЯ (הויה). „И с его помощью", с этой вав (ו), маца (מַצָּה) „становится заповедью (мицвá מִצְוָה)"».

739) «„А тот, кто оберегает ее для йуд-хэй (י"ה), сокрытых в мем-цади (מ"צ) мацы (מַצָּה)", – ибо при изменении алфавита алеф-тав (א"ת) бет-шин (ב"ש), „йуд (י) это мем (מ), хэй (ה) – цади (צ)", т.е. мем (מ) мацы (מַצָּה) меняется на йуд (י), а цади (צ) мацы (מַצָּה) меняется на хэй (ה). И это означают йуд-хэй (י"ה), которые сокрыты в мем-цади (מ"צ) мацы (מַצָּה). „И повелел Творец благословлять ее", Малхут, „семью благословениями в пасхальную ночь, и это семь ее девиц", т.е. семь келим ХАГАТ НЕХИ Малхут Ацилута в свойстве ахораим, называемые „Сатурн, Юпитер, Марс, Солнце, Венера, Меркурий, Луна. И Он повелел устранить из них" клипот, т.е. „квасное и закваску, являющихся темными тучами, закрывающими света семи планет, о которых сказано: „И вошли они в их утробу, и не распознать, что вошли в их

[1376] См. выше, п. 730.

[1377] Писания, Мегилат Эстер, 2:9. «И понравилась ему (царю) эта девица, и снискала она его расположение, и поспешил он доставить ей притирания ее и выдать ей часть (яств), предназначенных ей, и (приставить) к ней семь девиц из царского дома, достойных ее; и перевел он ее и девиц ее в лучшее (помещение) женского дома».

[1378] См. Зоар, главу Ваякель, п. 53.

[1379] Тора, Шмот, 12:17. «И оберегайте опресноки, ибо в тот самый день вывел Я ополчения ваши из земли египетской; и соблюдайте день этот во все роды ваши как вечный закон».

утробу, и вид их плох"¹³⁸⁰, тьма „как вначале"¹³⁸⁰. Ибо настолько" сильна „тьма их туч, что света", которые на семи планетах, „не могут им светить, и поэтому: „Не распознать, что вошли в их утробу"¹³⁸⁰». (До сих пор Раайа меэмана).

[1380] Тора, Берешит, 41:20-21. «И съели коровы тощие и плохие семь первых тучных коров. И вошли они в их утробу, и не распознать, что вошли в их утробу, и вид их плох, как вначале. – И я проснулся».

Прикрикни на зверя в тростнике

740) «Рабби Шимон провозгласил и сказал: „Прикрикни на зверя в тростнике, на толпу быков могучих с тельцами народов"[1381]. „Прикрикни на зверя"[1381] – это тот зверь, в которого включился Эсав. „В тростнике"[1381] – т.е. мы учили, что в день, когда Шломо взял в жены дочь Фараона, пришел Гавриэль и насадил тростник в море, и на нем был построен город Рим. Что такое „тростник"? – Это захар того лютого зверя", – в которого включился Эсав, – „у которого есть небольшая часть в святом единстве. И это тот тростник, который насадил" Гавриэль „в великом море. И поэтому он (зверь) властвует над миром. И об этом правлении написано: „Тростник и камыш завянут"[1382]. Тростник – это правление и глава (рош) всех Малхут. Еще". И поэтому называется „тростник, потому что должен будет Творец сломать его, как этот тростник"».

Объяснение. Лилит и Сам называются «зверь в тростнике». Они представляют собой захар и нукву клипот, и в них включился Эсав. И захар клипы – он как бы посередине между святостью и клипой, потому что захар, который называется «тростник», включен в Малхут святости, а в него включена нечистая нуква, которая называется «зверь», и это Хохма клипы. И это смысл сказанного: «Тростник – это захар того лютого зверя, у которого есть небольшая часть в святом единстве», потому что захар включен в Малхут святости. «И это тот тростник, который насадил в великом море». Великое море – это Малхут, и в ней насажен тростник, т.е. захар клипы.

741) «„Смотри, в Египте правит тот же" зверь в тростнике, „и от него выходит много разных правлений, и все они в свойстве хамец. После того как разбил его Творец, Он извлек хамец и внес мацу. Чем" разбил? – „Ниточкой, которая тоньше и меньше всего, разбил Он букву хэт (ח) де-хамец (חָמֵץ), и они стали буквами маца (מַצָּה). То есть разбил Он букву хэт (ח) этого зверя, называемого хамец. И поэтому называется он зверем в тростнике, ибо легко переломить его, как этот тростник. Чем был разбит? – Ниточкой, тонкой как волосок, разбил Он хэт

[1381] Писания, Псалмы, 68:31. «Прикрикни на зверя, (что в) тростнике, на толпу быков могучих с тельцами народов, удовлетворяющуюся слитками серебра. Рассеивает она народы, которые стремятся к битвам».
[1382] Пророки, Йешаяу, 19:6. «И загниют реки, истощатся и пересохнут каналы Египта, тростник и камыш завянут».

(ח), и забрал у него могущество, и стал он мацой. И поэтому написано: „Прикрикни на зверя в тростнике"[1381], – ибо прикрикнул на него Творец, и разбилась хэт (ח) от хамца (חָמֵץ), и стала хэй (ה)"».

742) «„И должен будет Творец сломать этот тростник. Подобно этому сломает Он ножку буквы куф (ק) от тростника (канэ́ קָנֶה), и останется „вот (инэ́ הִנֵּה)". И это смысл сказанного: „Вот Творец Всесильный в силе придет, и мышца властная у Него. Вот вознаграждение Его с Ним, и деяние Его пред Ним"[1383]. Что такое „и деяние Его"[271]? – Это действие с этой куф (ק), когда сломает ее" ножку, „и это деяние пред Ним, так как Он устранит ножку куф (ק)" тростника (канэ́ קָנֶה), „и станет „вот (инэ́ הִנֵּה)". Как сказано: „Первый (возвестит) Циону: „Вот, вот они"[1384]».

Объяснение. «Зверь в тростнике» – это захар и нуква клипы, которые удерживаются в левой линии без правой, и притягивают Хохму левой линии сверху вниз, и вследствие этого перекрываются потоки Малхут. Ибо тростник, т.е. захар клипы, удерживается в Малхут, в свойстве «насадил тростник в великом море», как уже говорилось.[1385]. А хамец (квасное) – это зверь, т.е. нуква клипы. И чтобы открыть каналы изобилия, что в Малхут, нужно сломать этот тростник и зверя клипы, которые закрывают света Малхут, то есть уменьшить ГАР левой линии, и не будет у зверя в тростнике питания от них, и они будут отделены от Малхут, и тогда открываются потоки изобилия в Малхут. И это определяется, что Он разбил ножку хэт (ח) у хамца (חָמֵץ), т.е. у зверя клипы, так как разбиение НЕХИ келим является причиной исчезновения ГАР светов, и хамец снова становится мацой, оберегаемой для мужа ее, так чтобы изобилие Хохмы светило в ней не иначе, как в свойстве ВАК Хохмы, то есть снизу вверх, когда нет питания для зверя в тростнике, и она оберегается для Зеир Анпина, мужа ее. И также определяется, что разбилась ножка от куф (ק) у тростника (канэ́ קָנֶה), т.е. захара клипы, насаженного в Малхут. И из тростника (канэ

[1383] См. Пророки, Йешаяу, 40:9-10. «На гору высокую взойди, вестница Циона! Возвысь мощно голос твой, вестница Йерушалаима! Возвысь, не бойся, скажи городам Йеуды: „Вот Всесильный ваш! Вот Владыка Творец в силе придет, и мышца властная у Него. Вот вознаграждение Его с Ним, и деяние Его пред Ним"».

[1384] Пророки, Йешаяу, 41:27. «Первый (возвестит) Циону: „Вот, вот они", и Йерушалаиму дам Я вестника».

[1385] См. выше п. 740.

קָנֶה) становится «вот (инэ́ הִנֵּה). И это смысл сказанного: «Вот вознаграждение Его с Ним»[1383]. Ибо после того как сломлена ножка куф (ק), раскрывается награда праведников.

И это смысл сказанного: «То есть разбил Он букву хэт (ח) этого зверя, называемого хамец»[1386], – иначе говоря, уменьшил ГАР левой линии, благодаря чему переломилась ножка хэт (ח) у хамца (חָמֵץ). Однако это уменьшение можно произвести или через раскрытие манулы, т.е. Малхут свойства суда, которая является большой силой, уменьшающей также и ВАК Хохмы, т.е. даже привлечение Хохмы снизу вверх, но можно уменьшить ее через раскрытие мифтехи, и тогда уменьшается только Хохма ГАР, и остается в ВАК, как уже объяснялось.[1387] И это смысл сказанного: «Ниточкой, которая тоньше и меньше всего, разбил Он букву хэт (ח) де-хамец (חָמֵץ)» – т.е. мифтехой, которая является малым уменьшением, ею сломал Он хэт (ח) хамца (חָמֵץ), и поэтому: «И они стали буквами маца (מַצָּה)» – то есть буквы хамец (חָמֵץ) превратились в маца (מַצָּה), иначе говоря, остались в ней ВАК Хохмы, называемые мацой. Ибо не было уменьшение Его тяжелым из-за свойства манулы. И вместе с разбиением ножки хэт (ח) хамца (חָמֵץ), являющейся нуквой клипы, разбилась также ножка куф (ק) тростника (канэ́ קָנֶה), захара клипы. И это смысл сказанного: «Подобно этому сломает Он ножку буквы куф (ק) от тростника (канэ́ קָנֶה), и останется „вот (инэ́ הִנֵּה)"»[1388], – т.е. чтобы отделился тростник от Малхут, и только Малхут осталась оберегаемой, ибо Малхут называется «вот (инэ́ הִנֵּה)». И это смысл сказанного: «Вот Творец Всесильный в силе придет, и мышца властная у Него. Вот вознаграждение Его с Ним, и деяние Его пред Ним»[1383]. Ибо после того как был сломлен тростник и отделился от Малхут, открылись потоки изобилия в Малхут, и раскрылось вознаграждение праведников. И это смысл слов: «Вот вознаграждение Его с Ним, и деяние Его пред Ним (досл. пред ликом Его)»[1383]. И спрашивает: «Что такое „и деяние Его"[1383]?» И отвечает: «Это действие с этой куф (ק), когда сломает ее», потому что преломление ножки куф (ק) – это смысл сказанного: «И деяние Его пред ликом Его»[1383]. Ибо вознаграждение и действие уменьшения ГАР приходят

[1386] См. выше, п. 741.
[1387] См. Зоар, главу Лех леха, п. 22, со слов: «Экран де-хирик, на который выходит средняя линия, происходит от свойства суда, имеющегося в Малхут...»
[1388] См. выше, п. 742.

вместе. И это деяние пред ликом (паним) Его – поскольку ГАР называется «паним», а уменьшающее действие в ГАР считается действием в паним Его. Поэтому сказано: «И деяние Его пред ликом (паним) Его». И тогда исполнится: «Первый (возвестит) Циону: "Вот, вот они"»[1384].

Раайа меэмана

743) «Рабби Шимон провозгласил и сказал: "Прикрикни на зверя в тростнике, на толпу быков могучих с тельцами народов"[1381]. "Прикрикни на зверя в тростнике"[1381] – это тростник, в который включен Эсав, и это великий город Рим, так как Гавриэль насадил тростник в великом море", то есть этот тростник включился в Малхут, называемую великим морем, "и построили на нем великий город Рим" – т.е. правление Эсава. "И это тростник", называемый "хамец. А когда придет избавление Исраэлю, сломается этот" тростник. "Это означает сказанное: "Прикрикни на зверя в тростнике, на толпу"[1381]. И хамец (квасное)", происходящий от тростника, "тотчас исчезает из мира вместе со своей махмецет (закваской)", со своей нуквой, то есть" городом "Римом. И раскроется маца в мире, т.е. Святилище первого Храма и второго Храма"», являющихся Биной и Малхут.

744) «Сказал верный пастырь: "Ибо они", первый Храм и второй Храм, "соответствуют правой зенице ока и левой зенице ока, и они соответствуют великому Риму и малому Риму, которым соответствуют две пелены, покрывающие зеницу ока, что в правом" глазу "и в левом" глазу, "и они соответствуют закваске и квасному. И до тех пор, пока эти не исчезнут из мира, так чтобы нельзя было увидеть или найти ни одного из них, первый Храм и второй Храм не смогут раскрыться в мире"».

745) «"А лекарство от пелены глаза, которая затемняет зеницу ока правого и левого, – что будет их излечением? Это желчь теленка. То есть: "Там будет пастись телец и там возляжет"[1389]. "Там будет пастись телец"[1389] – это Машиах бен Йосеф, о котором сказано: "Первенец быков его – великолепие его"[1390],

---

[1389] Пророки, Йешаяу, 27:10. «Ибо город укрепленный безлюден, жилище покинуто, оставлено, как пустыня. Там будет пастись телец и там возляжет, и истребит все ветви его».

[1390] Тора, Дварим, 33:17. «Первенец быков его – великолепие его, а рога дикого буйвола – рога его; ими будет бодать он все народы вместе, до края земли – это десятки тысяч Эфраима, и это тысячи Менаше».

поскольку лик быка слева. „И там возляжет"¹³⁸⁹ – это Машиах бен Давид. Один устраняет великий Рим", и это Машиах бен Давид, „а другой устраняет малый Рим", и это Машиах бен Йосеф. „Михаэль и Гавриэль соответствуют им"». Михаэль соответствует Машиаху бен Давиду, а Гавриэль соответствует Машиаху бен Йосефу.

Объяснение. Великий Рим и малый Рим – это две клипы, противостоящие Бине и Малхут святости. И это две пелены, правая и левая, т.е. захар и нуква, которые затемняют свет Хохмы, исходящий от зеницы ока. И они – свойство «зверь в тростнике», которые приведены выше, в Зоаре,¹³⁹¹ потому что они притягивают Хохму сверху вниз и поэтому закрывают света Малхут, и лекарство от этого – уменьшить ГАР левой линии, как объясняется там.¹³⁹¹ И это смысл сказанного: «Что будет их излечением? Это желчь теленка», так как желчь – это суды нуквы, которые уменьшают ГАР левой линии.¹³⁹²

746) «„И поэтому хэт (ח) – тонкая нить разбивает ее и ставит хэй (ה) вместо нее", и преобразуется хамец, становясь мацой.¹³⁹¹ „Ибо вначале „тростник и камыш завянут"¹³⁸². Тростник – это правление Рима, и он – конец всем царям, ибо должен будет Творец сломить его. „Прикрикни на зверя в тростнике"¹³⁸¹ – прикрикни на лютого зверя, т.е. хэт (ח) хамца (חָמֵץ), и сломается ножка хэт (ח) у махмецет (מַחְמֶצֶת закваски), о которой сказано: „Ноги ее нисходят к смерти"¹³⁹³. И еще. „Прикрикни на зверя в тростнике"¹³⁸¹, – что сломается ножка куф (ק) у тростника (קָנֶה), и останется вот (הִנֵּה). И тотчас: „Вот Творец Всесильный в силе придет"¹³⁸³. Как сказано: „Первый (возвестит) Циону: „Вот, вот они", и Йерушалаиму дам Я вестника"¹³⁸⁴. Вот (הִנֵּה)" – в гематрии „шестьдесят", то есть шестьдесят „после тысячи двухсот"» исполнятся вышеприведенные изречения, как нам еще предстоит прояснить.¹³⁹⁴

---

¹³⁹¹ См. выше п. 741.
¹³⁹² См. выше, п. 413.
¹³⁹³ Писания, Притчи, 5:5. «Ноги ее нисходят к смерти, на преисподнюю опираются стопы ее».
¹³⁹⁴ Выяснение смотрите выше, в п. 742, и далее, в п. 749.

Четыре избавления

747) «И сказал великий светоч: „Всех душ дома Яакова – шестьдесят шесть"[1395]. Шестьдесят – для пробуждения первого Машиаха, а шесть – для пробуждения второго Машиаха. Осталось шесть до числа семьдесят два", и тогда будет избавление, то есть тысяча лет, так как это всё пятое тысячелетие, которое полностью – разрушение, и двести семьдесят два года до шестого тысячелетия.[1396] „Чтобы исполнить в них: „Шесть лет засевай твое поле и шесть лет обрезай твой виноградник"[1397] – то есть дважды шесть после тысячи и шестидесяти, и тогда: „И собирай ее урожай"[1397] – чтобы было собрание изгнаний, потому что Исраэль называются урожаем, „как сказано: „Исраэль – святыня Творцу, начаток урожая Его"[1398]».

748) Спрашивает: «„В таком случае", если избавление будет в тысяча двести семьдесят втором году, „что написано выше: „Воспойте (рану́ רנו) Яакову радость"[1399], из чего следует, что в тысяча двести пятьдесят шестом году будет избавление? И отвечает: „Но четыре избавления должны быть соответственно четырем бокалам Песаха", то есть ХУБ ТУМ, „потому что Исраэль рассеяны в четырех сторонах мира", представляющих собой ХУБ ТУМ, „и те, что были из далеких народов, спешат к" тысяча „двести пятьдесят шестому, а вторые – к" тысяча двести „шестидесятому, а третьи – к" тысяча двести „шестьдесят шестому, а четвертые – к" тысяча двести „семьдесят второму"».

749) «„И эти избавления в четырех существах" строения (меркава), лев-бык-орел-человек, „в имени АВАЯ, пребывающем на них. И это смысл сказанного: „Ведь воссел Ты на коней

[1395] См. Тора, Берешит, 46:26. «Всех душ, идущих с Яаковом в Египет, происшедших из чресл его, кроме жен сынов Яакова, всех душ – шестьдесят шесть».

[1396] См. выше, п. 701.

[1397] Тора, Ваикра, 25:1-3. «И говорил Творец Моше на горе Синай так: „Говори сынам Исраэля и скажи им: „Когда придете на землю, которую Я даю вам, пусть празднует земля субботу Творцу. Шесть лет засевай твое поле и шесть лет обрезай твой виноградник, и собирай ее урожай"».

[1398] Пророки, Йермияу, 2:3. «Исраэль – святыня Творцу, начаток урожая Его. Все поедающие его будут осуждены; бедствие придет на них, – сказал Творец».

[1399] Пророки, Йермияу, 31:6. «Ибо так сказал Творец: „Воспойте Яакову радость и ликуйте пред всеми народами; провозглашайте, славьте и говорите: „Спаси, Творец, народ Твой, остаток Исраэля!"»

Своих, на колесницы Свои спасительные"¹⁴⁰⁰. И соответственно им пробудится внизу четыре знамени и двенадцать колен в тайне" трех АВАЯ: „Творец (АВАЯ) – Царь, Творец (АВАЯ) царствовал, Творец (АВАЯ) будет царствовать во веки вечные", в которых двенадцать букв соответственно двенадцати коленам, и двенадцать ликов (паним), что у трех праотцев", т.е. три линии ХАГАТ, „о которых сказано: „Праотцы – именно они являются строением (меркава)"¹⁴⁰¹. Ибо четыре создания находятся в строении (меркава) – лики льва и быка, и орла, и человека, и в каждом из них три линии ХАГАТ, итого – двенадцать ликов. „А эти десять колен" указывают на „тысячу лет, а два колена" указывают на „двести лет. А из двенадцати букв", что в трех АВАЯ (הויה), „выходят семьдесят два имени", потому что эти двенадцать букв есть в каждой сфире из ХАГАТ НЕХИ Зеир Анпина, и получается, что это шесть раз двенадцать, итого – семьдесят два. „И это семьдесят два года после тысячи двухсот". И отсюда намек на то, что после тысячи двухсот семидесяти двух лет будет избавление, как мы уже говорили. И знай, что все окончания, приводимые в Зоаре, указывают на то, что тогда время благоволения, чтобы принять возвращение Исраэля. И если совершат возвращение, будут избавлены.

750) «„И эти" семьдесят два имени – „двадцать четыре у каждого существа из трех", ХАГАТ. Иначе говоря, если поделишь эти семьдесят два в шести сфирот ХАГАТ НЕХИ, есть двенадцать в каждой сфире, как мы уже сказали, а если поделишь семьдесят два только в трех сфирот ХАГАТ, тогда есть двадцать четыре в каждой сфире, когда трижды двадцать четыре – это семьдесят два. „Двадцать четыре, его тайна – это: „И взывал один к другому, и сказал"¹⁴⁰², и это три группы" ангелов, у каждой из которых „двадцать четыре формы, когда одна группа говорит: „Свят", и вторая группа говорит: „Свят", и третья группа говорит: „Свят". И все это – при свечении семидесятидвухбуквенного имени, поскольку три группы вместе – это семьдесят два. Сразу же пробуждается левая линия в сорока двух буквах", т.е. в сорокадвухбуквенном имени, „и производят суд над Амалеком"».

[1400] Пророки, Хавакук, 3:8. «Разве на реки разгневался Творец, разве на реки (обращен) гнев Твой, на море – ярость Твоя? Ведь воссел Ты на коней Своих, на колесницы Свои спасительные».

[1401] Мидраш раба, Берешит, раздел 82:6.

[1402] Пророки, Йешаяу, 6:3. «И взывал один к другому, и сказал: „Свят, свят, свят Повелитель воинств, вся земля полна славы Его!"»

Птичье гнездо

751) «„Если попадется тебе птичье гнездо на дороге"¹⁴⁰³ – то есть авторы Микры, „на каком-либо дереве"¹⁴⁰³ – то есть авторы Мишны, которые как птенцы, гнездящиеся на ветвях этого дерева. А есть такие, что говорят: „На каком-либо дереве"¹⁴⁰³ – это Исраэль, о которых сказано: „Ибо как дни дерева – дни народа Моего"¹⁴⁰⁴. „Или на земле"¹⁴⁰³ – это обладающие Торой, о которых сказано: „На земле спи и живи в страданиях – и над Торой трудись"¹⁴⁰⁵. „С птенцами"¹⁴⁰³ – это цвет священства, „или с яйцами"¹⁴⁰³ – это те, кого питает Творец, от единорога до гниды"¹⁴⁰⁶, то есть включая всех – от мала до велика. „А мать сидит на птенцах"¹⁴⁰³ – то есть в то время, когда совершали жертвоприношения", тогда „что написано: „Не бери матери вместе с детьми"¹⁴⁰³», – иначе говоря, не разделяй соединения матери, т.е. Шхины, с детьми, которыми являются Исраэль.

752) «„Был разрушен Храм и отменились жертвоприношения; что написано: „Должен отпустить мать"¹⁴⁰³, т.е. Шхину, „и были изгнаны сыновья, то есть: „А детей возьми себе"¹⁴⁰³, потому что получающие называются детьми, так как они со стороны алеф (א) буквы вав (ואו)" имени АВАЯ (היוה), „являющейся продолжительным миром", потому что эта алеф (א) наполнения вав (או) исходит от Бины, то есть свойства будущего мира, а это мир, который всецело продолжительный, о котором сказано: „Чтобы было тебе хорошо и продлились дни твои"¹⁴⁰³, для мира, который всецело продолжительный"».

753) «„И" в изгнании „установили молитву вместо жертвоприношений, и" Исраэль „щебечут голосом песнопений, голосом

---

¹⁴⁰³ Тора, Дварим, 22:6-7. «Если попадется тебе птичье гнездо на дороге, на каком-либо дереве или на земле, с птенцами или с яйцами, а мать сидит на птенцах или на яйцах, то не бери матери вместе с детьми – должен отпустить мать, а детей возьми себе, чтобы было тебе хорошо и продлились дни твои».

¹⁴⁰⁴ Пророки, Йешаяу, 65:22. «Не будут они строить, а другие – жить, не будут они сажать, а другие – есть, ибо как дни дерева – дни народа Моего и дело рук своих переживут избранники Мои».

¹⁴⁰⁵ Мишна, раздел Незикин, трактат Авот, глава 6, мишна (закон) 4. «Таков путь Торы: хлеб с солью ешь и воду в меру пей, на земле спи и живи в страданиях – и над Торой трудись. Если ты поступаешь так – „счастлив твой удел и благо тебе" – счастлив твой удел в этом мире и благо тебе в мире грядущем».

¹⁴⁰⁶ Вавилонский Талмуд, трактат Авода зара, лист 3:2.

произнесения Шма", поднимающимся „к среднему столбу, который наверху", т.е. к Зеир Анпину, „потому что мать и дочь", т.е. Бина и Малхут, „находятся в изгнании", поскольку в той мере, в какой Малхут включена в Бину, пребывает в этой мере также и Бина в изгнании. „И как только опускается" Зеир Анпин, „связывают его с дочерью", Малхут, „которая называется слабой рукой, чтобы соединить вав (ו)", Зеир Анпин, „с хэй (ה)", Малхут, „шестью сфирот". Ибо в произнесении Шма, являющимся привлечением ВАК гадлута к Зеир Анпину и Малхут, „сразу добавляют шепотом к Хохме: „Благословенно имя величия царства Его вовеки"[1407]», что является единством Малхут, и тогда нисходит к ней наполнение от Хохмы.

[1407] Благословение молитвы «Шма Исраэль».

Четыре раздела тфилин и возглашение Шма

754) «"Один (эхад אֶחָד)", что в Шма Исраэль,[1408] и в "славе", что в «Благословенно имя величия царства Его вовеки»[1407], – "в гематрии МА (מה) от Хохма (חָכְמָה). Ведь опускает" Хохму "к Име, и как только нисходит" Хохма к Име, "связывают ее этот народ узлом тфилин головы", потому что узел тфилин головы – это Лея, являющаяся свойством «суша»[1409], которая принимает эту нисходящую Хохму, в тайне сказанного: «И увидишь Меня сзади»[1410], что указывает на узел тфилин головы. "И поэтому четыре отрывка тфилин это: "Посвяти Мне"[1411] – это Хохма; "И будет, когда приведет Он тебя"[1412], – это Бина; "Шма Исраэль"[1413] – это Тиферет, включающий шесть сфирот в шести словах" Шма Исраэль[1408]; "И будет, если послушаетесь"[1414] – это Малхут", называемая "слабой рукой. Тфила – это Кетер, то есть Кетер на Его голове (рош)", Зеир Анпина, в тайне: "Нет святого как Творец (ка-АВАЯ כַּיהוה)"[1415], где эта каф (כ) указывает на Кетер.[1416] "Поскольку Сандал связывает все эти молитвы и делает их Кетером"».

755) «"В это время нужно накрыть стол для трапезы Царя, и" привести в порядок "Скинию и светильник, и ковчег, и жертвенник, и все виды служения дома Царя. И наше намерение – не просто стол, который не является деяниями Творца, потому что намерение наше не иное, как направленное на стол, представляющий собой деяния Творца, то есть Шхину Его". А эта Шхина – "это Скиния Его", Зеир Анпина, "стол Его, светильник Его, ковчег Его, жертвенник Его, потому что она", Шхина, "состоит из всех принадлежностей служения высшему Царю"», Зеир Анпину.

[1408] Тора, Дварим, 6:4. «Слушай (шма), Исраэль, Творец – Всесильный наш, Творец один!»

[1409] См «Предисловие книги Зоар», пп. 205-206. «И это означает сказанное: „Да соберутся воды под небесами в одно место"».

[1410] Тора, Шмот, 33:23. «И отведу руку Мою, и увидишь Меня сзади, а лик Мой не будет виден».

[1411] Тора, Шмот, 13:1-10.

[1412] Тора, Шмот, 13:11-16.

[1413] Тора, Дварим, 6:4-9.

[1414] Тора, Дварим, 11:13-21.

[1415] Пророки, Шмуэль 1, 2:2. «Нет святого как Творец, ибо нет другого, кроме Тебя, и нет твердыни, как Всесильный наш».

[1416] См. выше, п. 572.

Личной хлеб этих двенадцати ликов

756) «„Те", что называются сыновьями, намеревающимися, как мы уже сказали, „они устанавливают вино и хлеб высшего Царя", Зеир Анпина, „поскольку сказано о них: „Жертву Мне, хлеб Мой в огнепалимые жертвы Мне"[1417]. Ибо нечего принести Ему в жертву, кроме этих, называемых огнепалимыми жертвами Творцу.[1418] И поэтому" написано: „Жертву Мне, хлеб Мой в огнепалимые жертвы Мне"[1417], о котором сказано: „Идите, ешьте хлеб мой"[1419]. И они называются „личной хлеб", представляющий собой двенадцать ликов", на которых указывает гематрия имен АВАЯ, в благословениях: „Благословит тебя Творец (АВАЯ)"[1420], „Озарит Творец (АВАЯ)"[1420], „Обратит Творец (АВАЯ)"[1420], в которых двенадцать букв, соответствующих „двенадцати ликам (паним) этих трех АВАЯ (הויה)"».

Объяснение. Ибо это четыре создания – лик льва, лик быка, лик человека, и когда они включаются один в другого, есть в каждом создании из этих четырех только три, лев-бык-орел, и это двенадцать ликов, однако лика человека недостает у каждого из этих четырех созданий, и даже в самом лике человека есть только лев-бык-орел, а лика человека, являющегося его собственным свойством, нет там. И причина в том, что сам лик человека, то есть Малхут в собственном свойстве, свойстве манулы, недостает им, и есть в них только Малхут мифтехи, подслащенная в Бине, которая является венцом (атара́) Есода Зеир Анпина, но не сама Малхут.[1421] И поэтому она в свойстве «орел», т.е. Зеир Анпин, а самого лика человека, то есть Малхут в своей сущности, там недостает.[1422]

[1417] Тора, Бемидбар, 28:2. «Повели сынам Исраэля и скажи им: „Жертву Мне, хлеб Мой в огнепалимые жертвы Мне, в благоухание, приятное Мне, соблюдайте, принося Мне в положенное время"».

[1418] См. выше, п. 439.

[1419] Писания, Притчи, 9:5. «Идите, ешьте хлеб мой и пейте вино, мною растворенное».

[1420] Тора, Бемидбар, 6:24-26. «Благословит тебя Творец и сохранит тебя. Озарит Творец лицо Свое для тебя и помилует тебя. Обратит Творец лицо Свое к тебе и даст тебе мир».

[1421] См. «Предисловие книги Зоар», п. 42, со слов: «Поэтому сказано: „И эта печать" – которая утвердилась в Бине, „была утверждена и скрыта в ней, подобно тому, как кто-то прячет всё, закрывая под один ключ"…», и также п. 44. «В этих воротах есть один замо́к и одно узкое место, чтобы вставить в него этот ключ…»

[1422] См. Зоар, главу Берешит, часть 2, п. 269.

757) «„Что это за хлеб этих двенадцати ликов? Это хлеб Адама, который является свойством" АВАЯ (הויה) с наполнением алеф (א) таким – „йуд-хэй-вав-хэй (יו״ד ה״א וא״ו ה״א)", которое в гематрии МА (מה 45) как числовое значение Адам (אָדָם 45). И это двенадцать в тайне трех АВАЯ (הויה), означающих три линии, в каждой из которых одно АВАЯ (הויה), и это двенадцать букв, как мы уже говорили. „И есть у него хлеб, и они в четырех ликах, представляющих собой четыре буквы АВАЯ (הויה)", включающие двенадцать ликов, как мы уже объясняли. „Это хлеб Царского стола – это чистая мука"», где нет ничего от мякины или соломы, представляющих собой суды. Объяснение. Этот хлеб является двенадцатью ликами Зеир Анпина, и он накрывается на стол, т.е. Малхут, называемую столом Царя.

758) «„Его печь, которая выпекает там хлеб, – это Шхина, где готовится и завершается" этот хлеб. „И поэтому, не начинают резать этот хлеб, но только с того места, где заканчивается его приготовление, то есть подобно совершенству плода, который в конце своего созревания. И это Адни (אדני)", т.е. Малхут, „являющаяся завершением и совершенством АВАЯ (הויה)", Зеир Анпина, „являющегося личным хлебом", то есть двенадцати ликов, как мы уже сказали, которые в Зеир Анпине. „Адни (אדני) – это печь Его", Зеир Анпина, восполняющая Его. И называется печью (кившáн, כִּבְשָׁן), „потому что она пребывает (квушá, כְּבוּשָׁה) под мужем своим, и о ней сказано: „А гора Синай дымилась вся от того, что сошел на нее Творец в огне, и восходил дым от нее, как дым из печи"[1423]. И это не" означает – „как простая огненная печь, а огненная печь" означает – „что ею завоевывает (ковéш, כובש) милосердие для народа Своего, когда они молятся, вознося свои просьбы. Как говорят: „Так будет преобладать милосердие Твое над гневом"[1424], и о ней" сказано: „Печи Милосердного зачем тебе?"[1425]» – то есть тайны Творца, называемые печами Милосердного.

759) «„И в хлебе Торы есть" чистая „мука, которую дает этот Царь тем, о которых сказано: „Весь Исраэль – Царские сыны они"[1426], то есть тем, которые называются сыновьями,

---

[1423] Тора, Шмот, 19:18. «А гора Синай дымилась вся от того, что сошел на нее Творец в огне, и восходил дым от нее, как дым из печи, и сильно содрогалась вся гора»
[1424] См. Вавилонский Талмуд, трактат Брахот, лист 7:1.
[1425] См. Вавилонский Талмуд, трактат Брахот, лист 10:1.
[1426] См. Вавилонский Талмуд, трактат Бава меция, лист 113:2.

„поскольку это еда праведников. А есть хлеб Торы, являющийся отбросами, которые дают рабам и рабыням Царского дома", служащих коням и всадникам Царского дома.[1427] И поэтому сказано о Царице: „Встает она еще ночью, раздает пищу в доме своем и урок служанкам своим"[1428] – то есть владеющим Мишной. И поэтому сказано о Царской еде: „И десятую часть эфы тонкой муки", – конечно", тонкой муки, а десятая часть этой эфы – то есть „йуд (י) от Адни (אדני), которая, разумеется, является десятой частью, и эта мука является Царской едой"».

760) Сказал верный пастырь: «„Встань, великий светоч, ты и рабби Эльазар, сын твой, и рабби Аба, и рабби Йегуда, и рабби Йоси, и рабби Хия, и рабби Йудаи, чтобы установить дар Царю", Творцу, „и принести в жертву все органы, т.е. Исраэль, чтобы были жертвоприношениями Творцу. То есть те, что называются душами (нешамот)" Исраэля, – они приносятся в жертву „органам святой Шхины", т.е. сфире Малхут, „которая называется огнем Возвышенного". И этот огонь „удерживается в деревьях, называемых дровами всесожжения, представляющих собой Древо жизни", т.е. Зеир Анпин, „и Древо познания добра и зла", т.е. Малхут. „Деревьями святости называются владеющие Торой, поскольку Тора удерживается в них, как сказано о ней: „Ведь таково слово Мое, как огонь, – сказал Творец"[1429]».

[1427] См. далее, п. 762.
[1428] Писания, Притчи, 31:15. «Встает она еще ночью, раздает пищу в доме своем и урок служанкам своим».
[1429] Пророки, Йермияу, 23:29. «Ведь таково слово Мое, как огонь, – сказал Творец, – и как молот расколет оно скалу».

ГЛАВА ПИНХАС

Жертву Мне, хлеб Мой в огнепалимые жертвы Мне

761) «„И сказано о ней", о Малхут: „Жертва всесожжения Творцу", „жертвоприношение Творцу", „огнепалимая жертва Творцу". И сказано: „Жертву Мне, хлеб Мой в огнепалимые жертвы Мне"[1430], но ведь уже написано, что жертву нельзя приносить никому, кроме Творца, так что значит – „в огнепалимые жертвы Мне"[1430]?" И отвечает: „Порядок таков, что тот, кто приносит дар, приносит его Царю, а затем Царь раздает его кому хочет. Так же и Исраэль приносят Тору", т.е. Малхут, „Творцу, ибо она – хлеб Его, и она – вино Его, и она – плоть Его. И сказано о ней", о Торе, т.е. о Малхут: „Кость от костей Моих и плоть от плоти Моей"[1431]. И это святая плоть, поскольку члены этого собрания постановили о ней: „О плоти, нисходящей с небес, мы говорим"». Объяснение. Благодаря жертвоприношению, совершаемому Исраэлем, души приносятся в жертву Малхут в качестве МАН, и Малхут приближается к Царю, т.е. образуется единство Зеир Анпина и Малхут, и от свечения этого зивуга Царь раздает всем мирам.

[1430] Тора, Бемидбар, 28:2. «Повели сынам Исраэля и скажи им: „Жертву Мне, хлеб Мой в огнепалимые жертвы Мне, в благоухание, приятное Мне, соблюдайте, принося Мне в положенное время"».

[1431] Тора, Берешит, 2:23. «И сказал Адам: „Эта на сей раз – кость от костей моих и плоть от плоти моей. Эта наречена будет женой (иша), ибо от мужа (иш) взята она"».

Тонкая мука, средняя мука и отбросы

762) «„Что делает Творец с этим даром" – т.е. со свечением зивуга, который был сделан вследствие этого жертвоприношения, как мы уже говорили? Это подобно „Царю, сидящему за Своим столом, когда приносят на стол Его от каждого вида: тонкую муку, среднюю муку, и отбросы. И Он раздает со Своего стола всем сидящим на трапезе с помощью всех правителей Его, каждому как подобает ему. И тот хлеб, который является тонкой мукой, который ест Царь, Он велит дать любящим Его, которые у Него. Это смысл слов: „Жертву Мне, хлеб Мой в огнепалимые жертвы Мне, в благоухание, приятное Мне"[1430], то есть: „Огнепалимыми жертвами Творцу и Его уделом будут питаться"[1432]. И это питание – „оно со стороны Древа жизни", и поэтому – это чистая тонкая мука, без всяких отбросов. „Однако со стороны Древа познания добра и зла", в котором есть отбросы, „повелел Он дать среднюю ангелам. А отбросы" дает „демонам и вредителям, которые служат коням и всадникам Царя"».

763) «„И так же" была дана средняя мука, о которой говорилось, „всадникам Царя, т.е. авторам Мишны, которые как ангелы. А служители их – это еврейские демоны, которые записаны в букве Шадай (שדי)", то есть в буквах шин-далет (ש"ד) от Шадай (שדי). „Но есть демоны и вредители со стороны скверны, называемые демонами идолопоклонства, ибо одно против другого создал Всесильный"[1433]».

764) «„И потому сказали авторы Мишны, что эти три вида, из которых", т.е. из еврейских демонов, „один их вид – они как ангелы-служители, а второй вид – они как люди, а третий вид – они как животные. И есть из них мудрецы в письменной Торе и в устной. И тот, который зовется демон Йосеф, – это потому, что его породил демон. И не просто так сказали авторы Мишны: „Если рав похож на ангела Творца воинств – пусть ищут

[1432] Тора, Дварим, 18:1. «Не будет у коэнов, левитов, у всего колена Леви, доли и удела вместе с Исраэлем; огнепалимыми жертвами Творцу и Его уделом будут питаться».

[1433] Писания, Коэлет, 7:14. «В день благоволения – радуйся, а в день бедствия – узри, ведь одно против другого создал Всесильный с тем, чтобы ничего не искать человеку после Него».

Тору из уст его". Поскольку авторы Мишны подобны ангелам.[1434] „И Ашмадай, царь" демонов, „сам он и вся семья его, – мы ведь установили, что это еврейские демоны, которые склонились перед Торой и именами Торы"».

765) «„А сыновья Аарона, поскольку они установили жертвоприношения свои, поэтому были наказаны. Ведь все жертвы, хотя и приносятся Царю", Царь „раздает их каждому как подобает ему, и берет в Свой удел то, что положено Ему"».

Объяснение статьи. На три части разделяется обилие жертвоприношения:

1. Чистая тонкая мука, которая является свойством наполнения хасадим, исходящими от Зеир Анпина, поскольку в хасадим нет никакого удержания клипот, и поэтому называется тонкой мукой, указывающей на то, что нет в ней никаких отбросов.

2. Средняя мука, и это свечение ВАК Хохмы, исходящее от Малхут, то есть свойство свечения Хохмы снизу вверх.

3. Отбросы – то есть свечение Хохмы, притягиваемое сверху вниз, что было грехом Древа познания.

И это смысл сказанного: «И Он раздает со Своего стола всем сидящим на трапезе с помощью всех правителей Его, каждому как подобает ему»[1435], потому что Исраэль совершают жертвоприношение, приводящее к зивугу Зеир Анпина и Малхут, и от свечения этого зивуга выходят три вышеназванных вида наполнения, и Зеир Анпин сам раздает их. «И тот хлеб, который является тонкой мукой, который ест Царь», – поскольку Зеир Анпин пребывает в свойстве «ибо склонен к милости Он»[1436], и поэтому питается тонкой мукой, т.е. светом хасадим, «Он велит дать любящим Его, которые у Него», – так как это питание этих любящих, слитых с Хеседом, как Зеир Анпин, и это смысл слов, что «оно со стороны Древа жизни», – то есть со стороны Зеир Анпина, называемого Древом жизни, от которого исходит наполнение хасадим. «Однако со стороны Древа познания добра и зла» – то есть Малхут, от которой исходит наполнение

[1434] См. выше, п. 763.
[1435] См. выше, п. 762.
[1436] Пророки, Миха, 7:18. «Кто Творец, как Ты, который прощает грех и проявляет снисходительность к вине остатка наследия Своего, не держит вечно гнева Своего, ибо склонен к милости Он».

Хохмы, «повелел Он дать среднюю ангелам» – то есть среднюю муку, являющуюся свойством ВАК Хохмы, т.е. светящей снизу вверх. «И так же всадникам Царя, т.е. авторам Мишны»[1437], – и также авторы Мишны, слитые с Малхут, называемой Мишной, тоже получают эту среднюю муку. «А отбросы – демонам и вредителям»[1435] – а отбросы, т.е. притяжение Хохмы сверху вниз, и это свечение запрещено, и считается нечистой кровью, как уже объяснялось,[1438] они отданы демонам и вредителям. И хотя это свечение тоже притягивается посредством Исраэля, совершающих жертвоприношение, это не считается для них грехом, потому что это свечение выходит в обязательном порядке,[1439] но они не притягивают его и не раздают его стороне скверны, которой являются демоны и вредители, а Зеир Анпин так раздает это наполнение. Однако сыновья Аарона устроили три этих вышеперечисленных притягивания сами, и даже запрещенное третье притягивание они совершили, и дали демонам и вредителям, и это смысл сказанного: «А сыновья Аарона, поскольку они установили жертвоприношения свои»[1440], – поскольку они сами притянули и устроили три вышеназванных притяжения и раздали их, «поэтому были наказаны» – были наказаны из-за этого, ведь третье притяжение, которое они произвели сверху вниз, запрещено Исраэлю, как мы уже сказали. И хотя во всех жертвоприношениях выходят эти свечения демонам и вредителям, но это через Зеир Анпина свыше, когда он раздает их по своей воле. И это смысл сказанного: «Ведь все жертвы, хотя и приносятся Царю», выходят тогда все эти три вида свечения, тонкая мука, средняя мука и отбросы, – здесь нет запрета, ибо «Он раздает их каждому как подобает ему, и берет в Свой удел то, что положено Ему», так как Зеир Анпин раздает и распределяет три вида наполнения, и дает от третьего демонам и вредителям по своей воле. Однако Исраэль, совершающие жертвоприношение, не делают с этим ничего. Тогда как сыновья Аарона сами распределили три этих вида наполнения, и они сами раздали их, поэтому были наказаны из-за притяжения третьего вида. (До сих пор Раайа меэмана).

[1437] См. выше, п. 763.

[1438] См. выше, п. 379, а также Обозрение Сулам, п. 12.

[1439] См. Зоар, главу Берешит, часть 1, п. 76, со слов: «Но не имеется в виду, что мохин выходят в зивуге ВАК без ГАР, потому что в мохин парцуфа АБ не может выйти ВАК без ГАР...»

[1440] См. выше, п. 765.

Праздник Шавуот

766) «„А в день первых плодов, когда приносите новое хлебное приношение Творцу"[1441]. Сказал рабби Аба: „День первых плодов"[1441] – что представляет собой этот день первых плодов?" И отвечает: „Это река, выходящая из Эдена", т.е. Зеир Анпин, „и это день от этих высших первых плодов" – т.е. йуд-хэй (י״ה), Абы ве-Имы, называемых первыми плодами. „И это Тот, от которого зависит Тора", т.е. Зеир Анпин, „и Он извлекает все тайны Торы. И поскольку Он является Древом жизни, необходимо приносить плоды дерева"».

Раайа меэмана

767) «„А в день первых плодов, когда приносите новое хлебное приношение Творцу"[1441]. Рабби Аба сказал: „День первых плодов"[1441] – это высшие первые плоды Торы, то есть Аба ве-Има. Это смысл сказанного: „Начаток первых плодов твоей земли приноси в Храм Творца Всесильного твоего"[1442]. Сказал верный пастырь: „Как первенцы у матери своей, так же называются и первые плоды деревьев. „Как первый плод смоковницы"[1443], так же и Исраэль, являющиеся первыми и первенцами у Творца из всех народов мира. Это смысл слов: „Исраэль – святыня Творцу, начаток урожая Его"[1444]. Поэтому сказано о них", о первых плодах, указывающих на Исраэль: „Приноси в Храм Творца Всесильного твоего"[1442], – чтобы удостоились они полного избавления. „И поэтому народы-идолопоклонники, о

[1441] Тора, Бемидбар, 28:26. «А в день первых плодов, когда приносите новое хлебное приношение Творцу в Шавуоты ваши, священное собрание да будет у вас; никакой работы не делайте».

[1442] Тора, Шмот, 23:19. «Начаток первых плодов твоей земли приноси в Храм Творца Всесильного твоего. Не вари козленка в молоке матери его».

[1443] Пророки, Ошеа, 9:9-10. «Усугубили они злодеяния свои, как во дни Гивы. Припомнит Он вину их и взыщет (с них) за грехи их. Как виноград в пустыне нашел Я Исраэля, как первый плод смоковницы в начале созревания ее увидел Я отцов ваших; а они пришли в Баал-Пеор и предались сраму, и стали мерзкими, как того возжелали».

[1444] Пророки, Йермияу, 2:3. «Исраэль – святыня Творцу, начаток урожая Его. Все поедающие его будут осуждены; бедствие придет на них, – сказал Творец».

которых сказано: „Пожрут они Исраэль с жадностью"¹⁴⁴⁵, сказано о них: „(Все, поедающие его) будут осуждены, бедствие придет на них"¹⁴⁴⁴».

768) «„И так же вав (ו)", т.е. Зеир Анпин, „включающий в себя шесть сфирот, и он сын йуд-хэй (י״ה)", т.е. Абы ве-Имы, которые называются первыми плодами, „называется первенцем (бехо́р בְּכֹר). А все ветви, выходящие из него, у которых есть начало (рош)", т.е. ступени, в которых есть ГАР, именуемые рош, „называются первенцами. Вав (ו) – это река от этих высших первых плодов", т.е. Зеир Анпин, „то есть река, выходящая из Эдена", – из йуд-хэй (י״ה), „и это означает, что Тора зависит от нее. И когда она выходит" и раскрывается, „выходят все тайны Торы. И поскольку она Древо жизни и она Тора – это то, что написано: „Древо жизни она для держащихся ее"¹⁴⁴⁶. И заповеди" Зеир Анпина, являющегося Торой, „подобны первым плодам дерева, которые надо приносить"» в Храм Творца.

769) «Сказал верный пастырь: „И если скажешь: почему первые плоды, которые называются новым хлебным приношением", находятся на дереве „от шести месяцев до шести месяцев?" Иначе говоря, в течение шести зимних и осенних месяцев, когда они на дереве словно зародыш в чреве матери, а со времени их цветения до окончательного созревания тоже проходит шесть месяцев. Какова причина того, что они в шести месяцах? „А человек, о котором сказано: „Разве человек – дерево полевое"¹⁴⁴⁷, – что означает, что он находится в состоянии зародыша „девять месяцев, или же семь? О животном тоже" сказано: „Пробудет семь дней под матерью своей, а с восьмого дня и далее благоугоден будет для огнепалимой жертвы Творцу"¹⁴⁴⁸ – т.е.

---

¹⁴⁴⁵ Пророки, Йешаяу, 9:10-12. «И поднимет Творец против него врагов Рецина, и возмутит неприятелей его: арамейцы с востока и плиштим с запада, пожрут они Исраэль с жадностью. Но при всем этом не отвратится еще гнев Его, и рука Его еще будет простерта. Но народ не обратился к Бьющему его, и Творца воинств не ищет».

¹⁴⁴⁶ Писания, Притчи, 3:18. «Древо жизни она для держащихся ее и поддерживающие ее счастливы».

¹⁴⁴⁷ Тора, Дварим, 20:19. «Когда осаждать будешь город многие дни, чтобы, ведя с ним войну, захватить его, не губи деревьев его, занося над ними топор; ибо от них будешь есть, и их не руби. Разве человек – дерево полевое, чтобы уйти от тебя в осаду?»

¹⁴⁴⁸ Тора, Ваикра, 22:27. «Когда родится теленок, или ягненок, или козленок, то пробудет семь дней под матерью своей, а с восьмого дня и далее благоугоден будет для огнепалимой жертвы Творцу».

должно быть принесено в жертву Творцу". И что означает, что нужны семь дней? „И еще. Сфирот, в которых имя АВАЯ (הויה) и все его названия, почему называются именами созданий"» – то есть именами лев, бык, орел, человек?

770) И отвечает. «„Однако новое хлебное приношение в скрытом смысле" означает, что „это Шхина. От шести месяцев до шести месяцев" – то есть плоды в состоянии зарождения на этом дереве „это шесть сфирот" ХАГАТ НЕХИ, „называемые годами, предваряющими создание мира. И это тайна – шесть тысяч лет, в течение которых стоит мир", и они называются годами „со стороны высшей Имы", т.е. Бины, „а со стороны нижней Имы", т.е. Малхут, „называются месяцами. И поскольку" шесть сфирот „предшествовали миру и всем творениям, они называются первыми плодами"». И это смысл сказанного, что плоды дерева являются первинками в течение шести месяцев, – со времени начала цветения и до конца их созревания, то есть соответственно ХАГАТ НЕХИ, что со стороны Малхут.

771) «„А Шхина, являющаяся первым хлебным приношением, – со стороны создания, о котором сказано: „И образ их ликов – лик человека"[1449], – это девять месяцев зарождения, так как человек (адам אדם) в гематрии „девять по малому числовому значению Ханоха". Потому что при малом числовом значении букв в Матате, зовущемся Ханохом, считаются только единицы числовых значений. И числовое значение буквы мем (מ) – только четыре, и так же числовое значение буквы тав (ת) – только четыре, и согласно этому, адам (אדם) в гематрии – девять, так как алеф-далет (א״ד) – это пять, и вместе с мем (מ), которая – четыре, всего – девять. „И это тайна человека (адам אדם), который рождается после девяти месяцев зарождения, а" сам родившийся человек – „он десятый" по отношению к ним. „И благодаря этому он включен во все" десять сфирот. И этот человек „называется первенцем по имени знака союза", т.е. Есода, „и это йуд (י)", по имени „первой капли, от которой исходит семя, выпущенное словно стрела", и от нее рождается человек. И каждая капля называется йуд (י), поскольку включает десять (йуд י) сфирот. „И это" Есод, то есть „вав (ו), и это" капля, т.е. „йуд (י), поднимающаяся над вав (ו)", Есодом, „подобно тому,

---

[1449] Пророки, Йехезкель, 1:10. «И образ их ликов – лик человека, и лик льва – справа у (всех) четырех, и лик быка – слева у (всех) четырех, и лик орла у (всех) четырех».

как плод вырастает на ветви дерева"». И поскольку в десяти сфирот есть ГАР, называемые первыми плодами, человек тоже называется первенцем.

772) «„И хотя на дереве есть множество ветвей, и на них многочисленные плоды инжира, – те, что созрели первыми, называются первенцами, и они являются началом (рош) всех. И сказано также: „Вознесите, врата, главы ваши"[1450]. И также: „Поднимите глаза ваши ввысь и посмотрите, Кто создал их"[1451]. И также: „Вознесите главу всего общества сынов Исраэля"[1452]».

Объяснение. Человек называется первенцем, потому что происходит от капли Есода, т.е. йуд (י), которая состоит из десяти сфирот. И они включают три первых сфиры, КАХАБ, называемые первыми плодами. Согласно этому, все люди должны быть первенцами, – почему же первенцем называется только первый сын? И чтобы ты не затруднялся с этим, он говорит: «И хотя на дереве есть множество ветвей, и на них многочисленные плоды инжира, – те, что созрели первыми, называются первенцами». Ибо раскрытие ГАР, называемых первенцами, происходит только на первый плод и на первого сына, а на остальных сыновей ГАР не раскрываются, несмотря на то что они исходят от йуд (י). И это смысл сказанного: «И они являются началом (рош) всех» – т.е. первый сын является началом для всех, появляющихся после него, иначе говоря, в нем раскрываются ГАР, называемые рош, и от него этот рош светит остальным сыновьям. И приводит доказательства, что рош называется ГАР, из изречения: «Вознесите, врата, главы ваши»[1450]. И «вознесите», что здесь, означает ГАР, так же как: «Поднимите глаза ваши ввысь и посмотрите, Кто создал их»[1451], означает ГАР, так как глаза – это свойство Хохмы. И также: «Вознесите главу всего общества сынов Исраэля»[1452], – означает ГАР. И таким же образом первые плоды называются началом (рош), так как относятся к ГАР.

[1450] Писания, Псалмы, 24:7. «Вознесите, врата, главы ваши, и возвысьтесь, входы мира. И войдет Царь славы».
[1451] Пророки, Йешаяу, 40:26. «Поднимите глаза ваши ввысь и посмотрите, Кто создал их. Выводящий по числу воинства их, всех их по имени называет Он; от Великого могуществом и Мощного силой никто не скроется».
[1452] Тора, Бемидбар, 1:2. «Определите число (досл. вознесите главу) всего общества сынов Исраэля по их семействам, по дому их отцов, по числу имен, всех мужского пола поголовно».

773) «„Вознесите, врата, главы ваши"[1450]. „Врата" – это пятьдесят врат Бины, являющиеся высшим собранием. „И возвыстесь, входы мира"[1450], – т.е. нижнего собрания", Малхут. „Ибо каждый, кто занимается Торой, в конце возвышается. Это смысл сказанного: „Если унизился – возвышайся"[1453]. И объяснили авторы Мишны: „Каждый, принижающий себя перед речениями Торы, в конце возвышается"[1454]. И это означает: „И войдет Царь славы"[1450], поскольку нет иной славы, кроме Торы"».

774) «„Отсюда следует, что каждый, кто изучает Тору, называемую славой, зовется царем"». Ведь написано: «И войдет Царь славы»[1450]. «„И не говори, что это только в том будущем мире, и не более, ибо он – царь в двух мирах, в образе Господина его. Поэтому это изречение приводится дважды, в первый раз: „Кто этот Царь славы?"[1455], а во второй: „Кто Он – этот Царь славы?"[1456] И это указывает на два мира: в этом мире и в мире будущем. „Вознесите, врата, главы ваши"[1457] – что значит дважды „главы ваши"[1450],[1457]?" И отвечает: „Это создания высшего строения", которое выше хазе Зеир Анпина, „и создания нижнего строения", которое в Малхут. (До сих пор Раайа меэмана).

775) «Рабби Шимон провозгласил это изречение и сказал: „Вознесите, врата, главы ваши"[1457] – это изречение объяснялось, и мы учили. Но „вознесите, врата, главы ваши"[1457] – это высшие врата, врата высшей Твуны, и их – пятьдесят врат. „Главы ваши"[1457] – что представляют собой эти главы?" И отвечает: „Это каждые", т.е. у каждых врат – „есть у них глава (рош), чтобы распространиться, и войти друг в друга, и включиться друг в друга"».

776) «„Нашел я в книге Ханоха: „Вознесите, врата"[1450] – это те врата, которые ниже праотцев", т.е. ниже ХАГАТ, называемых праотцами, „и это три последних" сферы, Нецах-Ход-Есод (НЕХИ), „главы ваши"[1450] – это главы тысяч Исраэля, и это

[1453] Писания, Притчи, 30:32. «Если унизился – возвышайся, а если вздумал ответить – руку ко рту».

[1454] См. Вавилонский Талмуд, трактат Брахот, лист 63:2.

[1455] Писания, Псалмы, 24:8. «Кто этот Царь славы? Творец сильный и могущественный, Творец, могущественный (в) войне».

[1456] Писания, Псалмы, 24:10. «Кто Он – этот Царь славы? Творец воинств – Он, Царь славы. Сэла!»

[1457] Писания, Псалмы, 24:9. «Вознесите, врата, главы ваши, и вознеситесь, входы мира. И войдет Царь славы».

высшие праотцы", т.е. ХАГАТ, которые в большом состоянии (гадлут) становятся ХАБАД, „и они являются главами этих врат. И этим" НЕХИ, „являющимся [ангелами-]офаним, которые окружают их и несут на своих плечах, говорят: „Вознесите, врата, главы ваши"[1450]. „Вознесите"[1450] кого? – „Главы ваши"[1450] – и они", ХАГАТ, „главы над вами и властвуют над вами. „Возвысьтесь, входы мира"[1450] – это праматери, и это четыре, что внизу"», т.е. Хесед и Гвура (ХУГ), Тиферет и Малхут (ТУМ), которые в самой Малхут. И Сара – это Хесед, Ривка – Гвура, Лея – Тиферет, Рахель – Малхут.

Объяснение. От хазе и выше Зеир Анпина, т.е. сфирот ХАГАТ, – они в хасадим, укрытых от Хохмы. А от хазе и ниже Зеир Анпина – это место для раскрытия Хохмы, но там недостает хасадим. А Хохма не может светить без хасадим, и для того чтобы Зеир Анпин совершил зивуг с Малхут, должны сначала НЕХИ и ХАГАТ включиться друг в друга. И тогда в НЕХИ находятся вместе Хохма и хасадим, и могут светить, и тогда они могут передавать наполнение Малхут. И также ХАГАТ, являющиеся свойством хасадим, восполняются благодаря раскрытию Хохмы, что в НЕХИ. И тогда НЕХИ считаются вратами для ХАГАТ, потому что невозможно получить полное свечение хасадим от ХАГАТ Зеир Анпина, прежде чем раскроется Хохма в НЕХИ Зеир Анпина, так как без них считаются хасадим в ХАГАТ свойством ВАК без рош. Но после того как раскрылась Хохма в НЕХИ, и ХАГАТ с НЕХИ включились друг в друга, ХАГАТ называются главами, потому что стали с их помощью свойством ГАР, называемые главами. Таким образом, НЕХИ – это врата, чтобы поднять ХАГАТ в свойство гла́вы (роши́м).

И это смысл сказанного: «И этим, являющимся офаним, которые окружают их и несут на своих плечах», поскольку НЕХИ Зеир Анпина называются офаним, и они несут на своих плечах ХАГАТ Зеир Анпина, и они возносят их к свойству глав. И то, что говорит: «На своих плечах», указывает на то, что как плечи человека несут на себе его голову (рош), так же НЕХИ возносят ХАГАТ к свойству рош. И это смысл сказанного: «Говорят: „Вознесите, врата, главы ваши"[1450]. „Вознесите"[1450] кого? – „Главы ваши"[1450], и они главы над вами и властвуют над вами», ибо поэтому мы говорим НЕХИ: «Вознесите, врата, главы ваши»[1450], – чтобы они вознесли ХАГАТ и сделали их главами. И «над вами» означает как «для вас», и это смысл сказанного:

«И они главы над вами и властвуют над вами», поскольку для вас они главы и правители. То есть раскрываются в них ГАР благодаря им, которые называются «глава» и «правитель», и тогда: «"Возвысьтесь, входы мира"[1450] – это праматери, и это четыре, что внизу», – т.е. наполнит и возвысит также и Малхут.

777) «"И войдет Царь славы"[1450] – это Царь высший у всех", т.е. Зеир Анпин, включающий эти ХАГАТ НЕХИ. Ибо Он – Царь этой славы, так как светит луне", Малхут, "называемой славой. И кто Он? Творец (АВАЯ) воинств", т.е. Зеир Анпин, который так называется. "И войдет"[1450], – спрашивает: "В какое место" войдет? И отвечает: "Чтобы внести Тору", т.е. Зеир Анпин, "в ковчег", Малхут, "в полном единстве, как подобает. Ибо когда Он входит на место Свое", т.е. после того как Зеир Анпин соединяется в зивуге с Малхут, являющейся его местом, тогда считается, "что Тора", свойство Зеир Анпина, "вошла в ковчег", свойство Малхут, "и они слились в полном единстве, – высшая Тора", свойство Зеир Анпина, "с устной Торой", свойством Малхут. "Ведь они соединяются, чтобы истолковать скрытое в речениях"», – т.е. раскрыть тайны Торы праведникам.

778) Спрашивает: «"Когда" создалось это единство? И отвечает, что об этом написано: „(А в день первых плодов, когда приносите новое приношение хлебное Творцу) в Шавуоты ваши"[1458], что означает – "в отсчитанное вами число. Ибо в любое время, когда Исраэль производят подсчет месяцев и праздников, Творец устанавливает ковчег внутри этих небосводов, то есть как возвышение для посланника общества, и передает воззвание: "Вот, сыновья мои внизу, освятите этот месяц, освятите этот праздник, освятитесь все вы наверху". И делает так, что все небесные воинства освятятся как одно целое со святым народом, и все стоят на страже только одного" – того дня, который установили Исраэль внизу, "и поэтому" написано: "В Шавуоты (седмицы) ваши"[1458], то есть соответственно подсчету вашему числа этих семи суббот"».

[1458] Тора, Бемидбар, 28:26. «А в день первых плодов, когда приносите новое приношение хлебное Творцу в Шавуоты ваши, священное собрание да будет у вас; никакой работы не делайте».

Должен отпустить мать

779) «„И тогда Творец простирает семь ступеней вниз в этой ступени", т.е. в Малхут, „которая соединяется с ними в эти семь суббот", т.е. сфирот ХАГАТ НЕХИМ. „И если скажешь, что ведь это шесть ступеней и не более того", ХАГАТ НЕХИ, – ведь Малхут получает их, но сама не берется в расчет? И отвечает: „Но в это время мать", т.е. Бина, „высиживает птенцов", т.е. ХАГАТ НЕХИМ, „накрывая их. Прогоняют" Бину от них „и берут шесть ее сыновей", ХАГАТ НЕХИ, „со ступенью, что внизу", т.е. Малхут, „чтобы выполнить то, что написано: „Должен отпустить мать"[1459] – Бину, „а детей"[1459] – ХАГАТ НЕХИМ, „возьми себе"[1459]». И поэтому мы продолжаем семь суббот, т.е. также и Малхут. И после того, как мы продолжили также и Малхут, мы продолжаем включать ХАГАТ НЕХИ в Малхут.

[1459] Тора, Дварим, 22:6-7. «Если попадется тебе птичье гнездо на дороге, на каком-либо дереве или на земле, с птенцами или с яйцами, а мать сидит на птенцах или на яйцах, то не бери матери вместе с детьми – должен отпустить мать, а детей возьми себе, чтобы было тебе хорошо и продлились дни твои».

ГЛАВА ПИНХАС

Исраэль умеют охотиться за хорошей добычей

780) «Рав Амнуна Сава сказал: „В этот день Исраэль берут только пятерых птенцов, и это пять книг Торы", т.е. сфирот ХАГАТ Нецах Ход Зеир Анпина, которые представляют собой пять частей Зеир Анпина, называемого Торой. „И если скажешь, что ведь это шесть" сфирот, поскольку есть еще и Есод? И отвечает: „Но", в действительности, „их семь, с одной птицей", т.е. Малхут, „находящейся меж крыльями матери", Бины. И то, что взял в расчет только пять ступеней ХАГАТ Нецах и Ход, это потому, что основой их являются только лишь пять ступеней, а Есод и Малхут являются включающими эти пять ступеней, и нет в них больше ничего нового. „И Исраэль умеют охотиться за хорошей, важной и ценной добычей. Что они делают. Они извлекают из-под крыльев матери (имы) ту самую птицу", Малхут, „шептанием уст, когда они беспрерывно шепчут ей, одно за другим, нашептывания"», то есть посредством многочисленных молитв.

781) «„А эта птица, чувствующая эти шептания и эти голоса, шепчущие ей, хотя и находится под крыльями матери (имы), вытягивает голову свою и всматривается в направлении шепота этого голоса, и воспаряет к ним, выйдя из-под крыльев матери (имы). Когда Исраэль принимают ее, они держатся ее и шепчут ей, соединяя ее связью, чтобы не упорхнула и не улетела она. Тотчас захватывают ее Исраэль этой связью, и эта птица хочет выпорхнуть и уйти от них, и не может уйти"».

782) «„И пока она еще связана в их руках", Исраэля, „они шепчут своими голосами, и она щебечет вместе с ними, и воспаряет ввысь, и опускается. И все эти сыновья, которые под крыльями матери (имы)", т.е. ХАГАТ НЕХИ Зеир Анпина, „когда слышат щебетание их сестры", Малхут, „и шептание этого голоса" Исраэля, „тотчас выходят они из-под крыльев их матери, и летят к этой птице", Малхут. „И Исраэль берут их и объединяются с ними. И если бы не эта птица, которой они держатся с начала, они", эти ХАГАТ НЕХИ, „никогда не прилетели бы к ним, и не смогли бы они объединиться с ними"».

783) «„Как осуществляется ловля этой святой птицы. Это когда устанавливают перед ней драгоценную пищу в радости, и всевозможные наслаждения, и приходят в дом собрания и в дом учения, и щебечут ей голосом нашептывания, как подобает. И она", птица, „когда прячется под крыльями матери (имы), вытягивает свою голову и видит накрытые столы, и щебетания, направленные к ней", то есть молитвы, „как подобает, она выходит" из-под крыльев матери (имы), „и летит к ним, как мы учили, и за нее держатся все эти сыновья"», т.е. ХАГАТ НЕХИ Зеир Анпина.

784) «„И отпускают ту, что сидит на них", то есть мать (иму), Бину, сидящую над ХАГАТ НЕХИМ, „и она уходит. Поскольку от седьмого небосвода", свойства Хесед, „и выше", т.е. ГАР, „скрытого от тебя не требуй". Поэтому „отпусти ее", мать, т.е. Бину, которая от ГАР, „так как не сможешь постичь ее. И поэтому написано: „Должен отпустить мать, а детей возьми себе"[1459]», что означает – освободи Бину от того, чтобы изучать ее, так как невозможно постижение ее, «а детей»[1459], то есть ХАГАТ НЕХИМ, «возьми себе»[1459], так как возможно постижение их.

785) «„Священное собрание (досл. священный призыв)"[1458] – это тот зов и щебет, который мы совершаем для той святой птицы", т.е. Малхут, „сначала", а затем, „когда включаются в нее остальные дни", ХАГАТ НЕХИ, „они называются священными собраниями", во множественном числе. Потому что „эта птица называется святыней, как написано: „Ибо святыня она для вас"[1460]», что указывает на Малхут, поэтому говорит: «Она»[1460], „и поскольку она святыня, она призывает всех", ХАГАТ НЕХИ, „и приходят к ней, и поэтому они называются священными собраниями"».

786) «„Она призвала" ХАГАТ НЕХИ, „и Исраэль щебечут с ней, и также они призывают, и поэтому те приходят к ним, и объединяются с ними, и поэтому" написано: „Вот праздники Творца, священные собрания, которые вы должны созывать"[1461]. „Священные собрания (досл. призывы)"[1461] – то есть благодаря их щебету, и" благодаря „той святой птице", т.е. „святыне, призывающей их"».

[1460] Тора, Шмот, 31:14. «И соблюдайте субботу, ибо святыня она для вас. Оскверняющий ее смерти будет предан; ибо всякий, выполняющий в этот день работу, – искоренится та душа из среды народа ее».

[1461] Тора, Ваикра, 23:4. «Вот праздники Творца, священные собрания (досл. призывы), которые вы должны созывать в назначенное для них время».

Пояснение статьи. Ибо скрытый смысл сказанного: «А мать сидит на птенцах»[1459] – это состояние катнут, которое мать передает этим сыновьям. Потому что первое исправление, которым Бина исправляет ЗОН, т.е. ХАГАТ НЕХИМ, – это подъем Малхут к ней, и это введение йуд (י) в свет (ор אור) Бины, и он становится воздухом (авир אויר), и тогда уменьшается Бина в силу Малхут до ВАК без ГАР, и вслед за ней уменьшаются так все ступени, и все получают ВАК без ГАР, из-за подъема Малхут в Бину всех этих ступеней. И это воздействие называется матерью, сидящей на детях. Поскольку если бы ЗОН не получали этот катнут от Бины, они не были бы способны получить никакие мохин.[1462] И поэтому определяется это, что ХАГАТ НЕХИ Зеир Анпина и также Малхут поднялись под крылья Бины, и получают здесь свой катнут. Однако в установленные времена и праздники должны Исраэль силой их молитв и наслаждения праздничного дня опустить Малхут и ВАК Зеир Анпина из-под крыльев Бины, и привлечь к ним мохин гадлута от Бины.

И это смысл сказанного: «С одной птицей, находящейся меж крыльями матери»[1463], – то есть с Малхут, получающей катнут от Имы, называемый крыльями Имы, в свойстве Малхут, поднявшейся в Бину, т.е. йуд (י), которая вошла в свет (ор אור) Бины, и он стал воздухом (авир אויר).[1464] А привлечение ГАР из Бины в Малхут называется охотой. И есть дурная охота, и это смысл слов: «Сведущий в охоте»[1465], как написано о злодее Эсаве, потому что он привлекал ГАР левой линии, которые нельзя притягивать. Однако «Исраэль умеют охотиться за хорошей добычей», что означает привлекать ВАК Хохмы, соединенные в правой линии с хасадим посредством средней линии. И это смысл сказанного: «И Исраэль умеют охотиться за хорошей, важной и ценной добычей», потому что охота Исраэля является свойством хорошей охоты, а не дурной охоты, полной судов, как Эсав, и она важна и ценна, то есть это драгоценные мохин гадлута. И это вследствие единства левой и правой линий благодаря средней линии, и благодаря зивугу Зеир Анпина и

[1462] См. Зоар, главу Берешит, часть 1, п. 3, со слов: «В свойстве суда, т.е. в свойстве Малхут мира АК, прежде чем она подсластилась в Бине, в свойстве милосердия, мир не мог существовать...»

[1463] См. выше, п. 780.

[1464] См. Зоар, главу Вайеце, п. 17.

[1465] Тора, Берешит, 25:27. «И выросли отроки, и стал Эсав человеком, сведущим в охоте, человеком поля; а Яаков – человек чистый, живущий в шатрах».

Малхут. И это смысл сказанного: «Что они делают. Они извлекают из-под крыльев матери (имы) ту самую птицу шептанием уст, когда они беспрерывно шепчут ей, одно за другим, нашептывания», – то есть поднимают МАН с помощью своих молитв, чтобы притянуть высшее свечение, с целью извлечь эту йуд (י) из воздуха (авир אויר) Бины и вернуть ГАР в Бину, чтобы она передала их Малхут, когда вначале выходит левая линия Бины в качестве точки шурук[1466], и Малхут получает от нее свечение Хохмы левой линии, которая называется рош. И это смысл сказанного: «А эта птица, чувствующая эти шептания и эти голоса, шепчущие ей, хотя и находится под крыльями матери (имы), вытягивает голову свою»[1467], – то есть выходит из катнута Имы, и получает ГАР левой линии, называемый рош. И это смысл сказанного: «И воспаряет к ним, выйдя из-под крыльев матери (имы)», – то есть она вышла из катнута Имы, но к настоящему гадлуту еще не пришла, так как она находится в ГАР левой линии, которые представляют собой мохин де-ахораим. И это смысл сказанного: «Когда Исраэль принимают ее, они держатся ее и шепчут ей, соединяя ее связью, чтобы не упорхнула и не улетела она», – то есть они поднимают МАН с помощью своих молитв, чтобы уменьшить ее на ГАР левой линии посредством раскрытия экрана де-хирик. И это смысл сказанного: «Чтобы не упорхнула и не улетела она», – чтобы не смогла улететь и вернуться к свойству ГАР левой линии, поскольку у Исраэля нет доли там. И это смысл сказанного: «Тотчас захватывают ее Исраэль этой связью, и эта птица хочет выпорхнуть и уйти от них, и не может уйти», – потому что экран де-хирик уменьшает ГАР левой линии таким образом, что она уже не может вернуться к ним,[1468] и это смысл сказанного: «И не может уйти».

И после того как Малхут уменьшилась до точки под Есодом, нужно поднять ее в чертог Абы ве-Имы, чтобы она отстроилась там в новом строении и стала достойной совершить зивуг с Зеир Анпином паним бе-паним, и это скрытый смысл сказанного: «И отстроил Творец Всесильный ту сторону»[1469]. И это

[1466] См. Зоар, главу Берешит, часть 1, п. 9. «Высшая точка, Арих Анпин, посеяла внутри чертога ИШСУТ три точки: холам, шурук, хирик…»

[1467] См. выше, п. 781.

[1468] См. Зоар, главу Лех леха, п. 22, со слов: «Экран де-хирик, на который выходит средняя линия, происходит от свойства суда, имеющегося в Малхут…»

[1469] Тора, Берешит, 2:22. «И отстроил Творец Всесильный ту сторону, которую взял у Адама, чтобы быть ему женой, и привел ее к Адаму».

смысл сказанного: «И пока она еще связана в их руках»[1470] – то есть пока она еще в уменьшении своем, «они шепчут своими голосами, и она щебечет вместе с ними», – то есть они поднимают МАН своими молитвами, «и воспаряет ввысь» – то есть поднимается в чертог Абы ве-Имы, чтобы отстроиться заново, «и опускается» – опускается, когда она отстроена и исправлена, чтобы соединиться с Зеир Анпином паним бе-паним. И это смысл сказанного: «И все эти сыновья, которые под крыльями матери (имы)», – то есть ВАК Зеир Анпина, и это ХАГАТ НЕХИ, которые получили катнут Бины, называемый крыльями Бины, как мы уже объясняли, «когда слышат щебетанье их сестры, и шептание этого голоса», – то есть голос молитв Исраэля и пение Малхут, и это МАН, который они поднимают к Зеир Анпину, «выходят они из-под крыльев их матери» – они тоже выходят из катнута Имы, «и летят к этой птице» – и они летят и соединяются с Малхут паним бе-паним. «И Исраэль берут их» – то есть получают мохин Зеир Анпина и Малхут, «и объединяются с ними» – и соединяются с ними. «И если бы не эта птица, которой они держатся с начала, они никогда не прилетели бы к ним», – потому что хасадим получают от Зеир Анпина, а Хохму получают от Малхут в единстве,[1471] и все то время, пока нет у Исраэля Хохмы, считаются хасадим, которые получают, только свойством ВАК без рош. И поэтому обязаны сначала получить Хохму от Малхут, а затем могут получить хасадим Зеир Анпина, являющиеся свойством ГАР. И получается, что «если бы не эта птица, которой они держатся с начала», – то есть если бы не получали Хохму вначале от этой птицы, которой является Малхут, «они никогда не прилетели бы к ним» – никогда бы ХАГАТ НЕХИ Зеир Анпина не прилетели бы к ним, поскольку были бы таким образом ВАК без рош.

И более того, прежде чем ХАГАТ НЕХИ Зеир Анпина соединяются с Малхут, нет даже в них самих свойства Хохмы, потому что Зеир Анпин всегда привязан к ГАР Бины, представляющим собой укрытые хасадим. Поэтому они не называются священными собраниями, поскольку святость означает ГАР, но только после того, как Зеир Анпин соединяется с Малхут. И это смысл сказанного: «И поскольку она святыня, она призывает

[1470] См. выше, п. 782.
[1471] См. Зоар, главу Берешит, часть 1, п. 340, со слов: «И, кроме того, так же как высшая Хохма является началом (решит ראשית), так же и нижняя Хохма считается началом (решит ראשית)...»

всех, и приходят к ней»[1472], – то есть ХАГАТ НЕХИ Зеир Анпина соединяются с ней, «и поэтому они называются священными собраниями», поскольку благодаря их соединению с Малхут они называются священными собраниями, то есть, что в них есть ГАР, как мы уже сказали.

[1472] См. выше, п. 785.

Птичье гнездо

Раайа меэмана

787) «Сказал верный пастырь: „Эти слова – насколько они непонятны для того, кто не знает, и они открыты для тех, кто знает их. Конечно, эта птица – это Шхина. Ее гнездо – это Храм", где пребывала Шхина. „А Исраэль – это птенцы, на которых сидит мать", т.е. Шхина. „Это смысл сказанного: „А мать сидит на птенцах"[1459], и это авторы Мишны, которые воспаряют в заповедях ее, „или на яйцах"[1459] – это авторы Микры"».

788) «„А в то время, когда грешили Исраэль, и был разрушен Храм, что написано: „Должен отпустить мать"[1459], – т.е. Шхину. „Это смысл сказанного: „И за преступления ваши изгнана была мать ваша"[1473]. А об этих авторах шести разделов Мишны, о них написано: „А детей возьми себе"[1459]. И это шесть" разделов „со стороны шести сыновей", ХАГАТ НЕХИ, „которые под высшей матерью (има)", т.е. Биной, „и они подразумеваются в шести словах возглашения Шма, или в шести разделах Мишны. Один – добавляющий, а другой – убавляющий, и только должен направить сердце к небесам", то есть соединить Малхут с Зеир Анпином, называемым небесами. „И привязывают ее узлом тфилин на голове и на руке"».[1474]

Объяснение. Яйца – это авторы Микры, то есть свет нефеш. Птенцы – это авторы Мишны, то есть свет руах. И они пока еще в катнуте, то есть им недостает ГАР, называемых гадлут. А авторы каббалы – это свет гадлута, и они называются сыновьями. Однако есть состояние ВАК гадлута, которое подобно единству, что в шести словах возглашения Шма.[1475] И они вышли из общности птенцов, т.е. ВАК без рош, а к настоящему свойству сыновей еще не пришли, поскольку у них есть только свойство ВАК гадлута, и недостает им свойства ГАР гадлута, и они тоже называются сыновьями. И это смысл сказанного: «А об этих авторах шести разделов Мишны, о них написано: „А детей возьми себе"[1459]. И это шесть со стороны шести сыновей,

---

[1473] Пророки, Йешаяу, 50:1. «Так сказал Творец: „Где разводное письмо матери вашей, которым Я прогнал ее? Или кто тот из заимодавцев Моих, которому Я продал вас? Ведь за грехи ваши проданы были вы, и за преступления ваши изгнана была мать ваша"».
[1474] См. далее, п. 789.
[1475] См. Зоар, главу Трума, п. 126, а также главу Беаалотха, п. 3.

которые под высшей матерью (има)», – то есть ВАК гадлута, над которыми уже пребывает высшая Има, но только в свойстве ВАК. И это смысл сказанного: «Которые под высшей матерью (има), и они подразумеваются в шести словах возглашения Шма», – когда эти ВАК гадлута нисходят к Зеир Анпину в шести словах возглашения Шма. И также «в шести разделах Мишны». И получается, что есть два свойства в авторах Мишны: или только свойство руах, являющееся катнутом, или свойство ВАК гадлута. И о них говорит: «Один – добавляющий», то есть ВАК гадлута, «а другой – убавляющий», и это просто свет руах, «и только должен направить сердце к небесам» – к единству Малхут с Зеир Анпином, называемым небесами.

789) «„И чем берут сыновей?" – То есть ВАК гадлута, о котором сказано выше. „Иначе говоря, с помощью скольких щебетаний голосов возглашения Шма?" Поскольку с помощью единства возглашения Шма притягивают ВАК гадлута, как мы уже объяснили. „А затем произносят шепотом молитву в скрытии", то есть в молитве Амида, „матери", т.е. Бине, чтобы привлечь ГАР гадлута, „и дочери", т.е. Малхут. „И они хэй (ה) хэй (ה)", потому что Има – это первая хэй (ה) де-АВАЯ (הויה), а дочь – это последняя хэй (ה). „И они спускаются к вав (ו)", Зеир Анпину, „в узле его, и это йуд (י)" де-АВАЯ (הויה), т.е. Хохма. „И верхняя хэй (ה)", Бина, „пребывает над вав (ו)", Зеир Анпином, являясь свойством „тфилин на голове его", т.е. мохин де-ГАР. „А малая хэй (ה)", т.е. Малхут, „опускается к йуд (י)" де-АВАЯ (הויה), „которая является узлом верхней хэй (ה), что над рош вав (ו)"», и это тайна: «Аба» т.е. йуд (י) де-АВАЯ (הויה), «положил основу дочери», т.е. Малхут. «„И этот вав (ו)", т.е. Зеир Анпин, „связан с ней через хэй (ה) слабой руки"», то есть узел тфилин руки, таким образом, что йуд (י) де-АВАЯ (הויה) является свойством узла тфилин головы, и это свойство Имы над рош вав (ו), а она – узел тфилин руки, и это Малхут на слабой руке Зеир Анпина.

790) «„И поэтому „птенцы"[1459] – они со стороны буквы вав (ו)", т.е. света руах, „включающего шесть разделов Мишны", т.е. ХАГАТ НЕХИ, „или на яйцах"[1459] – это авторы Микры", которые в свойстве свет нефеш, т.е. Малхут, последняя хэй (ה) де-АВАЯ (הויה), „о которых сказано: „Исполнилось пять лет – к Микре"[1476], и это Малхут, т.е. хэй (ה 5). „Дети (досл. сыновья)"[1459] – они со стороны сын йуд-хэй (י״ה)", т.е. Зеир Анпин, у которого есть

[1476] См. Мишна, раздел Незикин, трактат Авот, глава 5, закон (мишна) 21.

ГАР от йуд-хэй (י"ה). И это авторы Каббалы, о них сказано: „Не бери матери вместе с детьми"[1459]».

Невеста Моше

791) «„И авторы Каббалы – это авторы Талмуда, и сказано о них: „И повторяй их"[1477]. И постановили авторы Мишны: „Читай не „и повторяй их (ве-шинантáм וְשִׁנַּנְתָּם)"[1477], а „и разделяй их на три (ве-шилаштáм וְשִׁלַּשְׁתָּם)", и это: треть – в Микре, треть – в Мишне, треть – в Талмуде"[1478]. И внутренний смысл этого: „Если попадется тебе птичье гнездо на дороге"[1459] – то есть авторы Микры (מִקְרָא)», «на каком-либо дереве»[1459] – то есть авторы Мишны, «или на земле»[1459] – это авторы Талмуда.[1479] То есть: треть – в Микре, треть – в Мишне, треть – в Талмуде. И нечего удивляться тому, что меняют слово: «И повторяй их (ве-шинантáм וְשִׁנַּנְתָּם)»[1477], на: «И разделяй их на три (ве-шилаштáм וְשִׁלַּשְׁתָּם)»[1478], потому что об изречении: «„И сделай светильник из чистого золота"[1480] постановили следующее: „И сделай светильник"[1480] – это общее, „золота"[1480] – это частное, „из цельного слитка"[1480] – это общее.[1478] И таких изречений много, в которых авторы Мишны добавляют и убавляют, подобно" тому, что говорят: „Добавил и убавил, и также добавляют" букву и говорят: „Читай не „что (ма מַה)", а „сто (меá מֵאָה)". Также" здесь мы говорим: „Читай не „и повторяй их (ве-шинантáм וְשִׁנַּנְתָּם)"[1477], а „и разделяй их на три (ве-шилаштáм וְשִׁלַּשְׁתָּם)"[1478], и объясняют отсюда: „Треть – в Микре, треть – в Мишне, треть – в Талмуде"[1478], как объяснено в Кидушин"[1478]».

792) «„И так же: „В день, когда завершил (калóт כַּלּוֹת) Моше"[1481], – мы истолковываем это: невеста (калá כַּלָּה) Моше.[1482] „Если скажешь, что мы истолковываем это от них, то есть от" букв „алфавита"», что в этом слове, поскольку «завершил (калóт כַּלֹּת)»[1481] – это буквы «невеста (калָה כַּלָּה)», «„а не" добавили „от себя, так как у них нет права добавлять или убавлять букву от него, и не менять одну букву на другую. Если так, то ведь в Торе написано: „Завершил (калóт כַּלּוֹת)", в

[1477] Тора, Дварим, 6:7. «И повторяй их сыновьям своим, и произноси их, сидя в доме своем, и идя дорогою, и ложась, и вставая».

[1478] См. Вавилонский Талмуд, трактат Кидушин, лист 30:1.

[1479] См. выше, п. 751.

[1480] Тора, Шмот, 25:31. Тора, Шмот, 25:31. «И сделай светильник из чистого золота; из цельного слитка делай светильник, его основание и его ствол; его венчики, его завязи и его цветы из него будут».

[1481] Тора, Бемидбар, 7:1. «И было в день, когда завершил Моше возводить Скинию, – и помазал ее, и освятил ее и все ее принадлежности, и жертвенник и все его принадлежности, и помазал он их, и освятил их».

[1482] См. выше, п. 252.

полном написании, с вав (ו), кто дал вам право убавлять букву от него, т.е. вав (ו)"», и истолковывать значение «завершил (калóт כַּלֹת)»¹⁴⁸¹, – «"ведь нет слова, чтобы заменить" заменами "алфавита"», как например в алеф-тав (א"ת) бет-шин (ב"ש), но убрали букву вав (ו) из слова, и истолковали, как будто было написано: «Завершил (калóт כַּלֹת)»¹⁴⁸¹, без вав (ו)? «Однако на эти слова в неполном написании", которые истолковываются, "как будто бы они были полными, а полные" слова, "как будто бы они были неполными, и на все комментарии, которые можно сделать, чтобы украсить эту невесту", т.е. Тору, "ее украшениями, заповедал нам Творец делать так, как они скажут, и доверять им. Это смысл сказанного: "По учению, которое они укажут тебе"¹⁴⁸³».

793) И это подобно «"портному, производящему выкройку, чтобы сделать царские одеяния, и он сделал из них многочисленные кусочки покроя. Те, что знают места, где недостает этих кусочков, и знают те кусочки, которые остаются, они могут делать эти одеяния, потому что кладут кусочки, которые собрались, в место, где их недостает, и добавляют к кусочкам, которых мало, и это означает: "По учению, которое они укажут тебе"¹⁴⁸³».

794) «"И если скажешь: если это так, что значит, что иногда ошибается один из них, и говорит: "Я признаю свою ошибку"? И отвечает: "Но прежде, чем он выносит решение о том вопросе, в котором мнения расходятся, может тот, кто выступает против, сказать: "Я признаю свою ошибку". Потому что не все выясняющие как делать украшения невесты знают, куда идут эти кусочки, прежде чем выносится правильное решение, и прежде чем эти объяснения постановлений – они правильные"».

795) «"Светильник, семь свечей его" – это "семь девиц из царского дома, достойных ее"¹⁴⁸⁴,¹⁴⁸⁵ которые соответствуют

---

¹⁴⁸³ Тора, Дварим, 17:11. «По учению, которое они укажут тебе, и по закону, который они скажут тебе, поступай. Не уклоняйся от слова, которое они скажут тебе, ни вправо, ни влево».

¹⁴⁸⁴ Писания, мегилат Эстер, 2:9. «И понравилась ему (царю) эта девица, и снискала она его расположение, и поспешил он доставить ей притирания ее и выдать ей часть (яств), предназначенных ей, и (приставить) к ней семь девиц из царского дома, достойных ее; и перевел он ее и девиц ее в лучшее (помещение) женского дома».

¹⁴⁸⁵ См. Зоар, главу Ваякель, п. 53.

шин (ש) с тремя рош и шин () с четырьмя рош в тфилин", то есть они соответствуют семи рош, что в этих двух шин (ש). „И они соответствуют семи благословениям возглашения Шма, которые в утренней молитве (шахарит), и благословляет два перед ней и одно после нее. А потом" написана заповедь, что „великий коэн в служении пользуется крыльями заповеди, и это колокольчики и гранаты, и они как узлы и звенья", что в цицит, „а налобник", который как „тфилин. Оттуда и далее написано: „И сделай жертвенник для возжигания курений"[1486]».

[1486] Тора, Шмот, 30:1. «И сделай жертвенник для возжигания курений; из дерева шиттим сделай его».

ГЛАВА ПИНХАС

И приносите огнепалимую жертву, всесожжение Творцу

796) «Провозгласил верный пастырь и сказал: „Написано в этой главе: „И приносите огнепалимую жертву, всесожжение Творцу"[1487]. И постановили, что всесожжение, – оно для огнепалимых жертв", поскольку вся она сгорает в огне, и поэтому поставил всесожжение рядом с огнепалимой жертвой. И еще постановили, что всесожжение приходит не иначе, как за помыслы сердца"».

797) «„Конечно, все жертвоприношения приносятся не иначе, как для искупления, – каждое жертвоприношение" искупает „каждый орган человека согласно греху, который он совершил этим органом. За капли мозга", т.е. за грех напрасного излияния семени, он приносит „лепешками пресными, ибо оно не заквасилось"[1488]. Иначе говоря, если отправил первые капли прежде, чем они забродили в месте, которое не его", то есть без запрещенной некевы, в которой закисают эти капли. „И за те, которые закисли, так как отправил их в место, куда не следовало", то есть в некеву, запрещенную ему, где эти капли закисают, – „он должен принести за них квасной хлеб. И эти хлебы благодарения были такими: от одних – квасное, от других – пресное"».

798) «„Быки – они со стороны суда, а также овны, козлы и козы" – все они со стороны суда, „так как они – лик быка"», как сказано: «И лик быка – слева»[1489], т.е. суд. «„Все они – их заклание на северной стороне, и сливают их кровь в служебный сосуд на северной стороне"[1490]. Зарезание, сливание [крови в сосуд], и кропление – все они на северной стороне", являющейся левой стороной, „чтобы смягчить" и подсластить „меру суда, приходящему в палату суда со стороны Гвуры, где присутствует

[1487] Тора, Бемидбар, 28:19. «И приносите огнепалимую жертву, всесожжение Творцу: двух молодых быков и одного овна и семь агнцев годовалых; без порока да будут они у вас».
[1488] Тора, Шмот, 12:39. «И пекли они тесто, которое вынесли из Египта лепешками пресными, ибо оно не заквасилось, так как они изгнаны были из Египта и не могли медлить, и даже пищей не запаслись».
[1489] Пророки, Йехезкель, 1:10. «И образ их ликов – лик человека, и лик льва – справа у (всех) четырех, и лик быка – слева у (всех) четырех, и лик орла у (всех) четырех».
[1490] См. Мишна, раздел Кдошим, трактат Звахим, часть 5, закон (мишна) 1.

Бина. Малая палата суда – она со стороны Малхут. А все эти изливающие кровь заповеди – они со стороны Гвуры"».

799) «„И то, что постановили: „Всесожжение субботнее – в субботу его"[1491], а не в другую субботу, это из-за того, что: „Прошел день его – отменено жертвоприношение его"[1492], и нельзя восполнить его в другую субботу. „Жертвоприношение отсрочивает субботу, и зажигает огонь в субботу, потому что он является огнем святости, поскольку всякий огонь жертв" святости „является святостью, и святая суббота – они включены друг в друга"».

800) «„Однако огонь будней запрещено соединять со святостью", т.е. с субботой. „И поэтому заповедал Исраэлю: „Не зажигайте огня во всех местах проживания вашего в день субботний"[1493]. Ибо это смешивание разнородного, добра и зла", поскольку „в субботу – правит в ней Древо жизни, в котором нет смешения добра и зла. И будни очищения нельзя смешивать с огнем святости, тем более будни нечистоты – нельзя смешивать их со святостью. Точно так же все жертвоприношения называются святой плотью, и все жертвоприношения любого вида, – есть в них будни очищения, и есть в них святость, и святое святых"».

801) «„И тайна в том, что есть различие между святостями. Это смысл сказанного: „И будет завеса отделять вам Святилище от Святая Святых"[1494]. Так же и здесь, огнепалимые жертвы жертвоприношений не одинаковы, ибо огонь возвышенного более свят, чем огонь святости внизу, называемый огнем святых поленьев или огнем святой плоти. И в святом огне есть отличие от простого огня", приносимого на жертвенник, „хотя и постановили о нем: „Заповедь приносить от простого" огня,

---

[1491] Тора, Бемидбар 28:10. «Всесожжение субботнее – в субботу его, сверх всесожжения постоянного и возлияния при нем».

[1492] См. Вавилонский Талмуд, трактат Брахот, лист 26:1.

[1493] Тора, Шмот, 35:3. «Не зажигайте огня во всех местах проживания вашего в день субботний».

[1494] Тора, Шмот, 26:33. «И повесь завесу разделительную под крючками (соединяющими полотнища), и внеси туда, за разделительную завесу, ковчег свидетельства; и будет завеса отделять вам Святилище от Святая Святых».

„несмотря на то, что есть святой огонь"¹⁴⁹⁵ на жертвеннике, „так как каждому нужно свое место"».

802) «„Исраэль были подобны этому. Поскольку Исраэль все вместе называются царями, как постановили: „Весь Исраэль – царские сыны"¹⁴⁹⁶, но когда они входили в Храм, каждый пребывал на своем месте как подобает ему": коэны – отдельно, и левиты – отдельно, и исраэлиты – отдельно. „Также и здесь – все жертвоприношения не равны, хотя и написано обо всех: „Жертвоприношение Творцу". Потому что Он", Творец, „делит всё – каждое как подобает ему. И эта тайна была известна относительно праздничных быков, которых Исраэль приносили пред Творцом"», и Он делил для существования семидесяти народов.

[1495] Вавилонский Талмуд, трактат Ирувин, лист 63:1.
[1496] Вавилонский Талмуд, трактат Бава меция, лист 113:2.

И в день первых плодов

803) «Сказал великий светоч (рабби Шимон): „Встань верный пастырь от сна своего, потому что ты и праотцы называетесь спящими во прахе, так как до сих пор занимались Торой с теми спящими в Мишне, о которых написано: „И на земле спи"[1497]. А в день первых плодов и приношения вами нового дара Творцу, вы являетесь первыми плодами Шхины, и благодаря вашим деяниям Шхина обновляется в молитвах праотцев каждый день. И постановили авторы Мишны, что молитвы установили соответственно праотцам.[1498] И при возглашении Шма, как сказал верный пастырь (т.е. Моше, наш учитель): „Слушай, Исраэль", и постановили: „Каждый, произносящий возглашение Шма каждый день, словно выполняет: „И размышляй о ней днем и ночью"[1499]».

804) «„Конечно, благодаря вашей молитве и вашему возглашению Шма Шхина обновляется пред Творцом, и поэтому сказано: „Когда приносите новое приношение хлебное Творцу"[1500] – то есть в молитвах, которые вместо жертвоприношений. И с помощью каких жертвоприношений", т.е. „молитв она обновляется". И это: „В Шавуоты ваши"[1500] – то есть в Шавуот, в который происходит дарование Торы, и называется пятидесятью днями омера, и в нем семь недель со стороны того, о ком сказано: „Семь раз в день я восхваляю Тебя"[1501], и это Малхут", называемая „невеста", которая включена в семь сфирот" ХАГАТ НЕХИМ, „и включена в Бину, и она распространяется в пяти сфирот" ХАГАТ Нецах Ход „в пятьдесят"».

[1497] Мишна, раздел Незикин, трактат Авот, глава 6, мишна (закон) 4. «Таков путь Торы: хлеб с солью ешь и воду в меру пей, и на земле спи, и живи в страданиях, и над Торой трудись. Если ты поступаешь так – „счастлив твой удел и благо тебе" – счастлив твой удел в этом мире и благо тебе в мире грядущем».

[1498] См. Вавилонский Талмуд, трактат Брахот, лист 26:2.

[1499] Пророки, Йеошуа, 1:8. «Да не отходит эта книга Торы от уст твоих, и размышляй о ней днем и ночью, чтобы в точности исполнять все написанное в ней, тогда удачлив будешь на пути твоем и преуспеешь».

[1500] Тора, Бемидбар, 28:26. «А в день первых плодов, когда приносите новое приношение хлебное Творцу в Шавуоты ваши, священное собрание да будет у вас; никакой работы не делайте».

[1501] Писания, Псалмы, 119:164. «Семь раз в день я восхваляю Тебя за справедливые законы Твои».

805) «„Есод", который называется „всё (коль כָּל)", и это в гематрии пятьдесят, тоже „состоит из этих пятидесяти", т.е. ХАГАТ Нецах Ход, каждая из которых состоит из десяти. А Малхут называется „невеста (кала́ כַּלָּה)", то есть буквы „всё Творца (коль а-шем כָּל ה׳)", и это пять сфирот, „состоящих из пятидесяти. Все они включены внутрь пятидесяти: Хохма, являющаяся верхней йуд (י), включена внутрь пятидесяти, ибо пятью десять" – это пятьдесят, поскольку „хэй (ה) – это Бина, йуд (י) – Хохма"; и есть йуд-хэй (י״ה) в Хохме, когда умножают одну на другую, и их пятьдесят, и есть йуд-хэй (י״ה) в Бине, когда умножают „десятью пять – это пятьдесят, и она в числовом значении – всё (коль כָּל)", как мы уже сказали, „и в числовом значении – море (ям ים)", потому что Бина называется морем, и это в числовом значении – пятьдесят, „и это – море Торы", чтобы из Бины, называемой морем, вышла Тора, т.е. Зеир Анпин. „Ее источник – это кетер, который нескончаем. Остальные сфирот", т.е. ХАГАТ Нецах Ход, „называются по ее имени семью днями". И море в числовом значении – пятьдесят. Получается, что в каждом есть пятьдесят. „И Малхут" называется „конечное море", потому что она – „конец всех дней"».

806) «„И поскольку" каждая „из семи недель, это пятьдесят", как уже объяснялось, „приношение их – три десятых и две десятых, то есть пять" десятых, „и это пятью десять", потому что каждая десятая – это десять, а пять десятых – это пятьдесят. „Это смысл сказанного: „И хлебное приношение при них: тонкой муки, смешанной с елеем, три десятых (эфы) на тельца, и две десятых (эфы) на овна приготовьте. По десятой (части эфы) приготовь на одного агнца, для семи агнцев"[1502]. И семь агнцев соответствуют: „Семь полных недель (досл. суббот) должно быть"[1503]. И это семь Малхут, потому что Малхут называется субботой, „и каждая – с шестью днями ее"», и это ХАГАТ НЕХИМ, которые в гематрии пятьдесят с днем Шавуот.

[1502] Тора, Бемидбар, 28:20-21. «И хлебное приношение при них: тонкой муки, смешанной с елеем, три десятых (эфы) на тельца, и две десятых (эфы) на овна приготовьте. По десятой (части эфы) приготовь на одного агнца, для семи агнцев».

[1503] Тора, Ваикра, 23:15. «И отсчитайте себе от второго дня празднования, от дня приношения вами омера возношения, – семь полных недель должно быть».

ГЛАВА ПИНХАС

День искупления

807) «"И в десятый день седьмого месяца"[1504], т.е. тишрея, "священное собрание да будет у вас"[1505], – это День искупления, который является десятым, то есть йуд (י), состоящая из десяти дней раскаяния. И в нем установили пять молитв, чтобы соединить эту йуд (י) с хэй (ה)", т.е. Хохму с Биной. "Что значит "священное собрание"[1505]? – Это чтобы отделить его от остальных дней, в которые есть работа будней, и поэтому: "И никакой работы не делайте"[1505]».

808) «"Потому что те дни, в которых есть будничная работа, – они со стороны Древа познания добра и зла, превращающегося из посоха в змея и из змея в посох у каждого согласно его действиям, и Матат – это посох, а Сам – змей. Но в этот день, и это День искупления, называемый святостью, властвует Древо жизни, с которым не соединяется Сатан и бедствие. И с его стороны: "Не водворится у тебя зло"[1505], но всё оно – добро. "И поэтому с помощью него, Древа жизни, обретут покой рабы, и с помощью него они выходят на свободу, с помощью него освобождаются от своих цепей"».

Объяснение. Будние дни – это ХАГАТ НЕХИ Матата, исходящего от Древа познания добра и зла, то есть Малхут, поэтому в будние дни имеет место добро и зло: если удостоился [человек] – он слит с Мататом, называемым посохом; если не удостоился – он слит с Самом, то есть злом, называемым змеем. И так преобразуется власть над человеком – согласно его действиям. И это тайна посоха, обращающегося в змея. Ибо эти действия преобразуют для него эту власть – добра или зла. Однако в День искупления, называемый святостью, властвует Древо жизни, то есть Зеир Анпин, который полностью добро, и нет в нем удержания Сатана и Сама, и удостаивающийся приверженности Дню искупления, т.е. Древу жизни, уже выходит из этого правила превращения из посоха в змея, и удостаивается быть слитым с Ним навечно, и никакое зло уже не властно над ним. И это смысл изречения: «Не водворится у Тебя зло»[1506], сказанного об удостоившемся прилепиться к Древу жизни. И

[1504] Тора, Бемидбар, 29:7. «И в десятый день седьмого месяца священное собрание да будет у вас; и смиряйте души ваши, и никакой работы не делайте».

[1505] Писания, Псалмы, 5:5. «Ибо Ты не божество, желающее беззакония, не водворится у Тебя зло».

это смысл сказанного: «И с помощью него они выходят на свободу, с помощью него освобождаются от своих цепей», потому что тогда они становятся свободными от войны добра и зла, и освобождаются от цепей ситры ахра навечно.

809) «„Те, над которыми вынесен приговор суда за обеты и клятвы", чтобы не менять приговор суда, „постановили, в связи с этим, говорить: „Все обеты и запреты ... пусть все они будут упразднены и отменены, утратят свою силу и перестанут существовать"¹⁵⁰⁶, только чтобы отменился приговор суда над ними. „И поэтому обет – он в имени АВАЯ, т.е. Тиферет, а клятва – она в имени Адни, т.е. Малхут, так как они" своими грехами „вызвали их изгнание". Ведь „с помощью Хохмы и Бины они будут отменены и упразднены, утратят силу и перестанут существовать, „и будет прощено всей общине сынов Исраэля"¹⁵⁰⁷. Хесед – это вода, Гвура – это огонь, а Тиферет – это воздух. И поскольку обеты – они в Тиферет, т.е. в воздухе, „поэтому постановили авторы Мишны, что упраздненные обеты воспаряют в воздухе"», ибо упразднение от Хохмы и Бины парит в воздухе, а это Тиферет, и отменяет оттуда этот обет.

810) «„И поскольку клятва – она от Малхут, и она ниже обета", который в Тиферет, „постановили, что обеты возвышаются над клятвами, и еще постановили, что каждый клянущийся как будто клянется самим Царем", – Адни, т.е. Малхут. „Жизнь Царя – это АВАЯ", Зеир Анпин, так как от него жизнь Царя, т.е. Малхут. „И поэтому" написано: „Если даст обет Творцу (АВАЯ)"¹⁵⁰⁸».

811) «„И есть также другой смысл. Жизнь Царя – это Хохма. Это смысл сказанного: „Мудрость дает жизнь владеющим ею"¹⁵⁰⁹. Поэтому каждый дающий обет в АВАЯ, т.е. Тиферет, как будто дал обет в Хохме" Зеир Анпина, „и это" АВАЯ (הויה) с наполнением алеф (א) такое – „йуд-хэй-вав-хэй (יוֹד הֵא וָאו הֵא),

---

¹⁵⁰⁶ Молитва «Коль нидрей (все обеты)», произносимая в День искупления.

¹⁵⁰⁷ Тора, Бемидбар, 15:26. «И будет прощено всей общине сынов Исраэля и пришельцу, проживающему среди них, потому что весь народ сделал это по ошибке».

¹⁵⁰⁸ Тора, Бемидбар, 30:3. «Человек, если даст обет Творцу или поклянется клятвой, приняв запрет на себя, не нарушит слова своего, все, что сказал, должен он исполнить».

¹⁵⁰⁹ Писания, Коэлет, 7:11-12. «Хороша мудрость с наследием, и (она) преимущество для зрящих солнце. Ибо под сенью мудрости – под сенью богатства. Но предпочтительней знание, – мудрость дает жизнь владеющим ею».

и это жизнь Царя", т.е. жизнь Зеир Анпина. „А каждый дающий клятву – в Адни (אדני), он как будто клянется самим Царем". Ибо „сам Он – это высшая Има", то есть Бина, что подобно тому, „словно клянется в ней, а она: „Как небесная суть по чистоте"[1510]. И это мохин Малхут, „поскольку со стороны Хеседа" называется Малхут „кость (досл. суть) от костей моих"[1511], а со стороны Гвуры называется Малхут „и плоть от плоти моей"[1512]. И в Хохму, являющуюся жизнью Тиферет", т.е. мохин его, „он", Тиферет, „поднимается, чтобы называться Адам (אדם)", который в гематрии МА (מ"ה 45), как АВАЯ (הויה) с наполнением алеф (א), о чем говорилось выше. „Это смысл сказанного: „По красоте человека (тиферет адам)"[1512]», потому что Тиферет называется Адам, когда есть у него мохин Хохмы. И это свойство, называемое АВАЯ (הויה) де-алефим (א), которое в гематрии МА (מ"ה 45).

812) «„И сказано о Дне искупления: „И смиряйте души ваши"[1513], и также: „В десятый день этого седьмого месяца смиряйте души свои"[1514]. И установили во время него пять воздержаний, чтобы очистилась (досл. отбелилась) малая хэй (ה)", т.е. Малхут, „в высшей хэй (ה)", т.е. Бине, от которой исходят эти воздержания, то есть от ее левой линии, „и это пять молитв, чтобы исполнить в Исраэле: „Если будут грехи ваши, как багрянец, то станут белыми, как снег"[1515]. И это смысл красной ленточки", которую привязывали ко входу в притвор Храма изнутри, и когда приходил козел отпущения в пустыню, она

[1510] Тора, Шмот, 24:10. «И увидели они Всесильного Исраэля, и под ногами Его словно изделие из сапфирового камня, и как небесная суть по чистоте».

[1511] Тора, Берешит, 2:23. «И сказал Адам: „Эта на сей раз – кость от костей моих и плоть от плоти моей. Эта наречена будет женой (иша), ибо от мужа (иш) взята она"».

[1512] Пророки, Йешаяу, 44:13. «Плотник протягивает шнурок, отмечает его (дерево) резцом, отделывает его рубанками, и циркулем отмечает, и делает его по образу человека, по красоте человека, чтобы пребывать в доме».

[1513] Тора, Ваикра, 23:32. «Это суббота покоя для вас, и смиряйте души ваши в девятый день месяца вечером: от вечера до вечера соблюдайте покой ваш».

[1514] Тора, Ваикра, 16:29. «И будет вам установлением вечным: в десятый день седьмого месяца смиряйте души свои и никакой работы не делайте, уроженец и пришелец, проживающий среди вас».

[1515] Пророки, Йешаяу, 1:18. «Давайте же рассудимся, – говорит Творец. – Если будут грехи ваши, как багрянец, то станут белыми, как снег, а если будут они красны, как кармазин, то станут (белыми), как шерсть».

становилась белой.¹⁵¹⁶ „Поскольку все прегрешения дома Исраэля приходят в Малхут, и возвращение, т.е. Бина, отбеливает их. Ибо написано о ней", о Малхут: „(Я, Творец), находящийся у них среди их нечистоты"¹⁵¹⁷. И четыре белых одеяния и четыре золотых одеяния, для облачения", это тайна „АВАЯАдни (יְאֲהדֹוָנָהִי)"», то есть сочетание АВАЯ (הויה) Адни (אדני), так как четыре белых одеяния – это тайна четырех букв АВАЯ (הויה), а четыре золотых одеяния – это тайна четырех букв Адни (אדני).

813) «„И постановили трубить в шофар в День искупления, чтобы вознести голос, и это вав (ו)" де-АВАЯ (הויה), то есть Зеир Анпин, „к свободе", то есть Бине, „о которой написано: „Во всех их бедах страдание Ему (לו)"¹⁵¹⁸. И это ло – оно „с алеф (א) и с вав (ו)", то есть „читается и пишется"», так как пишется с алеф (א), а читается с вав (ו).¹⁵¹⁹ Поскольку «во всех их бедах»¹⁵¹⁹ указывает на пять воздержаний, и суды, источник которых в Бине, в ее левой линии. И с помощью трубления в шофар поднимают также и Зеир Анпин туда, в Бину. И поэтому пишется с алеф (א), а читается с вав (ו). Поскольку алеф (א) указывает на Бину, в тайне: «Тысяча (элеф אלף) – Бина», а вав (ו) указывает на Зеир Анпин, который поднялся в Бину. «„И служение Дня искупления – оно продолжительное, и оно состоит из трех ступеней: мысль, речь, действие"».

---

¹⁵¹⁶ См. Вавилонский Талмуд, трактат Йома, лист 67:1.
¹⁵¹⁷ См. Тора, Ваикра, 16:16. «И искупит Святилище от нечистоты сынов Исраэля и от преступлений их во всех грехах их; то же должен он совершить и над Шатром откровения, находящимся у них среди их нечистоты».
¹⁵¹⁸ Пророки, Йешаяу, 63:9. «Во всех их бедах страдание Ему, и ангел лица Его спасал их, в любви Своей и милосердии Своем Он избавлял их, и носил их, и возвышал во все былые времена».
¹⁵¹⁹ Читается «ло (לו Ему)» с вав (ו), и тогда это означает «страдание Ему», а пишется «ло (לא не)» с алеф (א), и это означает, что Он не испытывает страдания, то есть: «Во всех их бедах не страдал».

Праздник Суккот

814) «„В пятнадцатый день седьмого месяца"[1520] – т.е. тишрея, "священное собрание будет у вас, никакой работы не делайте, и празднуйте его, праздник Творцу, семь дней"[1520]. „В пятнадцатый"[1520] – то есть со стороны йуд-хэй (י"ה)", которыми являются Хохма и Бина, "и празднуйте его (ото אותו)"[1520] – это" буквы "буква вав (от вав ו אות), и это средний столб", то есть Зеир Анпин. „Семь дней"[1520] – то есть со стороны Бат Шевы, и это Малхут", являющаяся последней хэй (ה). „Праотцы", то есть ХАГАТ, "и верный пастырь", т.е. Нецах, "и Аарон", Ход, "и Давид", Малхут, "и Шломо (שלמה)", то есть Есод, называемый миром (шалом שלום). „Таким образом, они семь, соответствующие семи сфирот. Я хочу установить для них сукку, то есть высшую Иму, чтобы укрывала их", эти семь сфирот, "подобно матери над сыновьями"».

815) «„И по причине этих семи сфирот, гласит Писание: „Что в шалашах поселил Я сынов Исраэля, когда вывел их из земли египетской"[1521], – т.е. посредством семи облаков величия". И это семь сфирот. „Сукка (סוכה) с буквой вав (ו) – она в свойстве двух сыновей", которых укрывает Бина, и они – "АВАЯ Адни", т.е. Зеир Анпин и Малхут, "ибо так восходит сукка (סוכה) в числовом значении АВАЯАдни (יְאָהדֹוָנָהיֹ 91)", потому что сукка (סוכה) – это буквы каф-вав (כ"ו), и это в гематрии АВАЯ (הוי"ה 26), и самех-хэй (ס"ה), и это в гематрии Адни (אדני 65). И это свойство – "два херувима, и они "(будут) прикрывающими своими крыльями крышку, а лики их будут обращены друг к другу"[1522]», и это Зеир Анпин и Малхут.

816) «„И есть десять ладоней в херувимах", т.е. ЗОН, "снизу вверх", т.е. десять сфирот отраженного света "от их ног до головы, и" десять сфирот прямого света "от головы их до ног, и пребывают над ладонью, и это йуд (י). И десять-десять", что

[1520] См. Тора, Ваикра, 23:34-35. «Скажи сынам Исраэля, говоря: „В пятнадцатый день седьмого месяца этого – праздник Суккот, семь дней Творцу. В первый день – священное собрание: никакой работы не делайте"».

[1521] Тора, Ваикра, 23:43. «Дабы знали поколения ваши, что в шалашах поселил Я сынов Исраэля, когда вывел их из земли египетской, – Я, Творец Всесильный ваш».

[1522] Тора, Шмот, 25:20. «И будут херувимы простирающими крылья кверху, прикрывающими своими крыльями крышку, а лики их будут обращены друг к другу, и к покрытию будут наклонены лики херувимов».

в них, „которые сверху вниз и снизу вверх", т.е. десять сфирот прямого света и десять сфирот отраженного света, то есть йуд (יוד)", которая в гематрии двадцать. „И поэтому сказали мудрецы, что размер сукки – не менее десяти и не более двадцати. Сукка, сделанная подобно печи, – она со стороны Имы", являющейся судом, „сказано о ней: „А гора Синай дымилась вся от того, что сошел на нее Творец в огне, и восходил дым от нее, как дым из печи"¹⁵²³. И всё это – одно целое"».

817) «„И будет шатер (сукка סֻכָּה) днем для тени"¹⁵²⁴ – то есть, что должны покрывать. И это покрытие становится тенью, о которой сказано: „В тени Всемогущего обитает"¹⁵²⁵, а не в тени шалаша простого человека, защищающей тело от солнца, но в тени, защищающей душу". И это смысл сказанного: „Сидя в тени его, наслаждалась я"¹⁵²⁶. „Под сенью его будем мы жить среди народов"¹⁵²⁷. Тень (цель צֵל) с мем (ם) – это образ (це́лем צֶלֶם)", где тень означает – покрытие, а мем (ם) означает – четыре стенки сукки. „И сказано о нем: „Только по образу должен ходить человек"¹⁵²⁸. У закрытой мем (ם) есть четыре стенки"». И это тайна четырех стенок сукки.

818) «„И что постановили: „Две [стенки] – согласно установленным правилам, а третью – можно и ладонь"¹⁵²⁹. И также тому, кто говорит: „Три – согласно установленным правилам, а четвертую – можно и ладонь"¹⁵²⁹. И поэтому они" три меры – „две, три, четыре, и" вместе – „их девять", где две – это ХУБ, три – это ХАГАТ, четыре – это НЕХИМ, „а ладонь", о которой говорится с двумя и с тремя, – „это десятая", т.е. Малхут, „восполняющая все недостающее. И поэтому размер сукки – не

---

¹⁵²³ Тора, Шмот, 19:18. «А гора Синай дымилась вся от того, что сошел на нее Творец в огне, и восходил дым от нее, как дым из печи, и сильно содрогалась вся гора».

¹⁵²⁴ Пророки, Йешаяу, 4:6. «И будет шатер днем для тени от зноя и убежищем и защитою от ливня и от дождя».

¹⁵²⁵ Писания, Псалмы, 91:1. «Живущий под покровом Всевышнего в тени Всемогущего обитает».

¹⁵²⁶ Писания, Песнь песней, 2:3. «Как яблоня меж лесных деревьев, так любимый мой среди юношей! Сидя в тени его, наслаждалась я, и плод его сладок был нёбу моему».

¹⁵²⁷ Писания, Мегилат Эйха, 4:20. «Дыхание жизни нашей, помазанник Творца, попал в западню их, тот, о котором говорили мы: „Под сенью его будем мы жить среди народов"».

¹⁵²⁸ Писания, Псалмы, 39:7. «Только по образу должен ходить человек, но лишь к суете стремление его, копит и не знает, кто заберет это».

¹⁵²⁹ См. Вавилонский Талмуд, трактат Сукка, лист 7:2.

менее десяти, то есть Малхут, которая является десятой всех сфирот, но не более двадцати, и это каф (כ)", указывающая на "высший Кетер, и глаз не властен в нем", поскольку нет там постижения. "Высшая слава, о ней сказал Моше: "Покажи мне славу Твою"¹⁵³⁰. И ответил ему Творец: "Ты не сможешь увидеть лик Мой"¹⁵³¹. И нет славы (кавод כָּבוֹד) без каф (כ)"».

819) «"И поэтому полагали авторы Мишны в противоположность им: "Сукка, сделанная наподобие прохода, которая со стороны буквы бет (ב), и как своего рода гамма¹⁵³², которая со стороны буквы гимель (ג), и как своего рода хижина со стороны буквы далет (ד). И семь этих букв бет-гимель-далет каф-пэй-рейш-тав (בג״ד כפר״ת)", и они двойные, с дагешем, указывающие на семь сфирот ХАГАТ НЕХИМ, на свойство суда, что в них, и это начальные буквы слов, указывающие на четыре непригодных сукки из-за суда, что в них: "каф (כ)" указывает на сукку, сделанную в виде "печи (кившан כִּבְשָׁן), бет (ב)" – на сукку, сделанную в виде "амбара (бурганин בּוּרְגָּנִין), и" остальные буквы – на "остальные" непригодные "суккот, и все они указаны у авторов Мишны". Как, например, шалаш хранящих фрукты (перот פֵּירוֹת), шалаш пастухов (роим רוֹעִים), шалаш самаритян (кутим כּוּתִים), и т.д.¹⁵³³ "И незачем более подробно объяснять их"».

820) «"И они соответствуют им", бет-гимель-далет каф-пэй-рейш-тав (בג״ד כפר״ת), "семь планет. И это захар и нуква". И бет-гимель-далет каф-пэй-рейш-тав (בג״ד כפר״ת) без дагеша, а с дагешем – они в нукве, "и поэтому называются семью двойными, и как семь лампад светильника", являющихся свойствами семи сфирот ХАГАТ НЕХИМ, "о котором сказано: "Семь раз в день восхвалю я Тебя"¹⁵³⁴. И также" сказано: "Семь, и по семь трубочек"¹⁵³⁵ – и это означает семь двойных, т.е. семь

---

¹⁵³⁰ Тора, Шмот, 33:18. «И сказал: "Покажи мне славу Твою"».

¹⁵³¹ Тора, Шмот, 33:20. «И сказал Он: "Ты не сможешь увидеть лик Мой, ибо не может человек увидеть Меня и остаться в живых"».

¹⁵³² Третья буква в греческом алфавите. Имеется в виду расположение двух цельных смежных стенок сукки перпендикулярно друг к другу.

¹⁵³³ См. Вавилонский Талмуд, трактат Сукка, лист 8:2.

¹⁵³⁴ Писания, Псалмы, 119:164. «Семь раз в день восхвалю я Тебя за справедливые законы Твои».

¹⁵³⁵ Пророки, Зехария, 4:2. «И сказал он мне: "Что видишь ты?" И сказал я: "Видел я – вот светильник весь из золота, и головка (чашечка) на верху его, и лампад на нем семь, и по семь трубочек у лампад, что на верху его"».

букв без дагеша и семь с дагешем. „И так семь сфирот – они двойные", поскольку есть в них: семь – суда и семь – милосердия. „И так семь дней начала творения внизу", т.е. семь сфирот Малхут, которые обозначены судами, „и семь – наверху", т.е. семь сфирот Зеир Анпина, которые свободны от судов. И о семи сфирот внизу сказано: „Нет ничего нового под солнцем"[1536]». Потому что все новое приходит от солнца, т.е. семи сфирот Зеир Анпина, а не под солнцем, т.е. семи сфирот Малхут.

821) «„Лулав – это праведник", т.е. Есод, „потому что лулав похож на позвоночный столб, в котором есть восемнадцать позвонков, соответствующих восемнадцати взмахиваниям, что в лулаве. И они соответствуют восемнадцати благословениям молитвы Амида (стоя), и они соответствуют восемнадцати упоминаниям", т.е. именам АВАЯ, что в псалме: „Воздайте Творцу, сыны сильных"[1537]. И они соответствуют восемнадцати упоминаниям, что в возглашении Шма. И взмахивание" лулава – „оно на шесть сторон", южную, северную, восточную, верх, низ и западную, „и их шесть в числовом значении, и три взмаха в каждой стороне, итого" в числовом значении – „восемнадцать"».

822) «„Лулав" берется „в правую" руку, „и включает шесть: и это три миртовых ветви", соответствующие „величию (гдула), силе (гвура), великолепию (тиферет), и они подобны трем цветам, что в глазу", т.е. белому, красному, зеленому; „две ивовые ветви – это Нецах и Ход, и подобны двум губам; лулав – это Есод, и похож на позвоночник, от которого [зависит] существование всех костей, и о нем сказал Давид: „Все кости мои скажут: „Творец, кто подобен Тебе"[1538]; этрог – это Малхут, и он подобен сердцу, в котором сомнения"».

823) «„И взмахивания Алель[1539] являются общими со взмахиваниями омовения лулава, восемнадцать" взмахиваний „в „Прошу, (Творец, спаси же)"[1539], по восемнадцать в первом

[1536] Писания, Коэлет, 1:9. «Что было, то и будет, и что творилось, то и будет твориться, и нет ничего нового под солнцем».

[1537] Писания, Псалмы, 29.

[1538] Писания, Псалмы, 35:10. «Все кости мои скажут: „Творец, кто подобен Тебе, спасающему бедного от сильного, бедного и нищего – от грабящего его?!"»

[1539] Слово Алель означает прославление. Алель включает шесть псалмов со 113 по 118, которые читаются по праздникам. В дни Суккот при произнесении «Прошу, Творец, спаси же» и «Благодарите Творца» принято совершать взмахивания четырьмя видами растений.

„Благодарите [Творца]"¹⁵⁴⁰ и в последнем, восемнадцать, которые в омовении лулава, итого – семьдесят два" взмахивания, „и поэтому лулав (לולב) в числовом значении шестьдесят восемь, и с четырьмя видами [растений] лулава" он в числовом значении семьдесят два, „и он в числовом значении Хесед (חֶסֶד), который является правой рукой. И поэтому постановили, что лулав должен быть в правой, на стороне Хеседа, а этрог – на стороне Гвуры, слева", напротив „сердца. И поэтому этрог похож на сердце, и установили, что он должен быть в левой руке, как постановили: лулав – в правой, этрог – в левой, и они соответствуют „помни и храни". И кто тот, что берет их оба", лулав и этрог? – „Это средний столб", т.е. Зеир Анпин, „лулав – в правой стороне его, а этрог – в левой"».

824) «„Пришли праотцы и верный пастырь, и Аарон, Давид и Шломо,¹⁵⁴⁰ и благословили его", рабби Шимона, „и сказали ему: „Ты, великий светоч, и товарищи твои, которых шесть, соответствуете этим" семи сфирот, „а ты, великий светоч, – западная лампада посреди шести других ламп, которые светят от тебя.¹⁵⁴¹ И о каждом сказано: „Душа человека – свеча Творца"¹⁵⁴². И верный пастырь светит в тебе, а ты – в товарищах своих, и все вы – одно целое без всякого разделения. И оттуда и далее распространяются ветви", т.е. свечения, „всем владеющим этой мудростью. Восполни слова своего первого сочинения, чтобы украсить их"».

825) «„Провозгласил великий светоч и сказал: „Многие воды не смогут погасить любовь, и реки не зальют ее; если человек предложит все добро дома своего за любовь, воздадут ему презрением"¹⁵⁴³. Что значит – презрение? Это второй день и шестой день, и седьмой день Суккот, в которые перемешивали вино с водой"».

---

¹⁵⁴⁰ См. выше, п. 814.

¹⁵⁴¹ Западная лампада – это постоянно горящая лампада, обращенная к завесе святая святых на западной стороне, и от нее зажигаются остальные лампады светильника.

¹⁵⁴² Писания, Притчи, 20:27. «Душа человека – свеча Творца, исследующая все тайники утробы».

¹⁵⁴³ Писания, Песнь песней, 8:7. «Многие воды не смогут погасить любовь, и реки не зальют ее; если предложит человек все добро дома своего за любовь, воздадут ему презрением».

826) «„Ибо в шесть дней Суккот – во время них приносили Исраэль семьдесят быков, чтобы совершить искупление за семьдесят правителей" семидесяти народов, „дабы мир не остался разрушенным из-за них. Это смысл сказанного: „А в пятнадцатый день седьмого месяца ... приносите жертву всесожжения в благоухание, приятное Творцу, – тринадцать молодых быков"[1544]. А на второй день – двенадцать быков, а на третий день – одиннадцать, а на четвертый день – десять, а на пятый день – девять быков, а на шестой день – восемь быков, а на седьмой день – семь. И всего" вместе – это „семьдесят быков. И с каждым днем их становилось меньше". Спрашивает: „Почему становилось меньше?"»

827) И отвечает. «„Но здесь намекает" Писание: „И стал ковчег в седьмом месяце"[1545], то есть в тишрей, – „и как там в дни потопа: „А воды всё убывали"[1546], так же и здесь, в тишрей, т.е. седьмом месяце, в котором многочисленные заповеди Рош а-шана и Дня искупления, сукки, лулава и этрога, и виды растений лулава, и шофар". Поэтому „высшая Шхина пребывает над Исраэлем, и это возвращение", т.е. Бина, называемая возвращением, и это свойство „сукка. И этрог", т.е. Малхут, „и лулав, и это Творец", т.е. Зеир Анпин. „Сразу воды стали убывать, ибо уменьшаются грехи Исраэля, и точно так же уменьшаются эти правители, т.е. ангелы-губители, поставленные над ними", над этими грехами, „подобными водам потопа. Как постановили: „Совершил одно прегрешение – приобрел одного обвинителя"[1547]. И в то время, когда уменьшаются грехи, уменьшаются их быки, и уменьшаются правители семидесяти народов. И уменьшаются семьдесят народов, и уменьшается их благо"».

[1544] Тора, Бемидбар, 29:12-13. «А в пятнадцатый день седьмого месяца священное собрание пусть будет у вас, никакой работы не делайте и празднуйте праздник Творцу семь дней. И приносите жертву всесожжения в благоухание, приятное Творцу, – тринадцать молодых быков, двух баранов, четырнадцать годовалых ягнят, без порока пусть будут».

[1545] Тора, Берешит, 8:4. «И стал ковчег в седьмом месяце, в семнадцатый день месяца, на горах Арарата».

[1546] Тора, Берешит, 8:5. «А воды все убывали до десятого месяца. В десятом месяце, в первый день месяца показались вершины гор».

[1547] Мишна, раздел Незикин, трактат Авот, часть 4, мишна (закон) 11.

828) «„В Ноев ковчег Творец указал ввести вместе с ним: „По два, по семь – самца и самку"[1548] для жертвоприношения, чтобы оберечь Ноаха и всех тех, кто вошел с ним в ковчег. И точно так же те, кто соблюдает праздники и времена, являющиеся хорошими днями, они „по два, по семь"[1548]: по два – это два дня Рош а-шана, и два дня Шавуот, и поскольку эти два", Шавуот, „они из-за сомнения, есть два дня Пурима вместо них; по семь – это семь дней Песаха, и семь дней Суккот. Ноах – он соответствует дню субботы. И это" то, что написано: „От всего живого (хай חַי)"[1549]», потому что «по два (досл. два-два)»[1548] и «по семь (досл. семь-семь)»[1548] вместе имеют числовое значение хай (ח״י 18).

829) «„А сукка оберегает Исраэль, как написано: „И будет шатер (сукка סֻכָּה) днем для тени от зноя"[1550]. Таким образом, „сукка защищает. Как Ноев ковчег – чтобы защитить, так же и сукка – чтобы защитить. И еще. „От всего живого (хай חַי)"[1549] – то есть восемнадцать (хай ח״י) благословений молитвы. И они" делятся на „девять-девять" благословений, „и с благословением видов растений восполняются десять сфирот", так как оно дополняет до десяти девять первых и девять последних. „И они соответствуют десяти сфирот" прямого света „сверху вниз, и десяти сфирот" отраженного света „снизу вверх. И это соответствует Ноаху"». Иначе говоря, восемнадцать благословений молитвы соответствуют восемнадцати Ноаха, то есть «по два (досл. два-два)»[1548] и «по семь (досл. семь-семь)»[1548] – в гематрии хай (ח״י 18).

830) «„И еще. „От всего живого (хай חַי)"[1549] означает, что Шхина оберегает тех, кто хранит йуд (י), которая является знаком субботы. И в пределе его, и это восемь тысяч" локтей, – „две тысячи в каждой стороне". А йуд (י) знака субботы и хэт (ח) этого предела – это хай (ח״י 18). „И еще. „От всего живого (хай

[1548] См. Тора, Берешит, 7:2-3. «От всякого чистого скота возьми себе по семь – самца и самку, а от скота, который нечист, по два – самца и самку. Также от птицы небесной по семь – самца и самку, чтобы воспроизводить семя на всей земле».

[1549] Тора, Берешит, 6:18-19. «И я установлю Мой завет с тобою; и войдешь ты в ковчег, ты и твои сыновья, и твоя жена и жены твоих сыновей с тобою. И от всего живого, от всякой плоти, но два от всякого введи в ковчег, чтобы оставить в живых с тобою; мужского и женского пола будут они».

[1550] Пророки, Йешаяу, 4:6. «И будет шатер днем для тени от зноя и убежищем и защитою от ливня и от дождя».

חַי)"¹⁵⁵⁰ – это те, кто хранит знак союза, т.е. йуд (י), который на восьмой день, и сказано о них: „И в день восьмой пусть обрежут его крайнюю плоть"¹⁵⁵¹. Йуд (י) знака союза и хэт (ח) этих восьми дней – это хай (ח"י 18). „И еще. „От всего живого (хай חַי)"¹⁵⁴⁹ – те, кто хранит знак тфилин, и это йуд (י)", в которых „восемь отрывков", таким образом – это хай (ח"י 18).

831) «„Шхина, являющаяся суккой, защищает их и простирает над ними крылья, как мать над детьми. И поэтому постановили благословлять: „Раскидывающий шатер мира над нами"¹⁵⁵². И поэтому в седьмой месяц, в котором все эти заповеди: „Многие воды не смогут погасить любовь"¹⁵⁴⁴ Исраэля к их Отцу небесному. И нет иных „многих вод", кроме всех народов и их правителей. И „если предложит человек (иш אִישׁ)"¹⁵⁴³, и это Сам, всё, что есть у него в этом мире, чтобы участвовать в этой заповеди с Исраэлем, „воздадут ему презрением"¹⁵⁴³».

---

¹⁵⁵¹ Тора, Ваикра, 12:3. «И в день восьмой пусть обрежут его крайнюю плоть».
¹⁵⁵² Благословение вечерней молитвы (маарив) в субботу и праздники: «Благословен Ты, Творец, раскидывающий шатер мира над нами и над всем Исраэлем, народом Своим, и над Йерушалаимом».

Шмини Ацерет

832) «„А в день восьмой завершение ... одного быка, одного овна"[1553]. Ведь авторы Мишны постановили: „О царе, который пригласил гостей, и после того как проводил их, сказал своим домочадцам: „Сделаем небольшую трапезу". И что такое Ацерет (עֲצֶרֶת завершение)? Это как сказано: „Этот будет править (יַעֲצֹר яацóр) народом Моим"[1554]. И нет иного правления, кроме царства (малхут)". Ибо „со стороны высшей Шхины", Бины, „он сделал большýю трапезу, а со стороны царства (малхут) сделал малую трапезу. И в Исраэле принято устраивать вместе с ней веселье, и называется оно Симхат Тора (радостью Торы). И книги Торы украшают их венцами. И это является намеком на то, что книга Торы – это великолепие (тиферет), Шхина – это" Кетер ее, то есть „венец великолепия (тиферет)"».

833) «Сказал рабби Эльазар: „Отец, почему со стороны высшей Имы", т.е. Бины, „Он призвал всех правителей всех народов", т.е. посредством семидесяти быков, как мы уже говорили, „а со стороны нижней Шхины призвал только один народ, соответственно одному быку"», – ведь должно быть наоборот: что Исраэль получат от высшей Имы, а правители народов – от Малхут?

834) «Сказал ему: „Сын мой, ты хорошо спросил. И это потому, что Малхут указывает на дочь, которая скромна в доме отца своего и матери, и она обручена, но не замужем", поэтому „в мире не принято, чтобы она ела с гостями. Но мать, которая замужем", – ведь „в мире принято, что если муж ее пригласил гостей, чтобы она ела" с гостями „за столом со своим мужем. А если это чуждые гости, не едят с ними ни отец, ни мать, ни, тем более, дочь", т.е. Малхут. „И поэтому на трапезе семидесяти правителей никто из домочадцев царя не принял участия с ними в еде, потому что они чужеземцы". Сказал ему: „Теперь, конечно же, улеглось это в моем сердце"».

[1553] Тора, Бемидбар, 29:35-36. «В день восьмой завершение (празднования) да будет у вас; никакой работы не делайте. И приносите всесожжение, огнепалимую жертву, в приятное благоухание Творцу: одного быка, одного овна, семь агнцев годовалых, без порока».

[1554] Пророки, Шмуэль 1, 9:17. «И Шмуэль увидел Шауля, и Творец сказал ему: „Вот тот человек, о котором Я говорил тебе; этот будет править народом Моим"».

Объяснение. Тут, в Суккот, есть два вида гостей, – потому что есть гости сукки, которые олицетворяют семь свойств святости, а есть семьдесят правителей, получающие от семидесяти быков. И оба они получают со стороны высшей Имы, и это Бина, а не Малхут. И это потому, что Бина замужем за Абой, являющимся Хохмой. И она пребывает в полном совершенстве, и поэтому ей присуще есть с гостями, которые являются гостями (ушпизи́н) сукки. Однако Малхут – «она обручена, но не замужем». Ибо несмотря на то, что у нее есть зивуги с Зеир Анпином, – они не от свойства ее сущности, а от того, что она одалживает одежды у матери,[1555] но в отношении своей сущности она вообще не замужем до окончательного исправления, когда раскроется свойство ее сущности, и она совершит зивуг с Зеир Анпином. Поэтому она не может отдавать святым гостям, а уж тем более чужеземным гостям, то есть семидесяти правителям. И это смысл сказанного: «И это потому, что Малхут указывает на дочь, которая скромна в доме отца своего и матери», – потому что все ее келим от Абы ве-Имы, а ее собственное свойство упрятано и скрыто во внутренней сущности келим Абы ве-Имы, то есть в доме Абы ве-Имы. «И она обручена, но не замужем», – потому что у нее нет зивуга от ее собственного свойства прежде окончательного исправления. «В мире не принято, чтобы она ела с гостями», – потому что она должна быть скрыта и покрыта келим Имы, и не раскрываться. «Но мать (има)» – она в полном совершенстве, и все изобилие, имеющееся в мирах в течении шести тысяч лет, приходит от нее, и поэтому она раскрывается этим гостям. Однако семидесяти правителям Има не раскрывается, но дает им их существование в отношении того, что они всё больше уменьшаются. Поскольку они чужаки и чужды святости, и хотят привлечь Хохму сверху вниз. И поэтому они выпроваживаются после семи дней Суккот, и тогда Он делает малую трапезу домочадцам от свойства Малхут. И несмотря на то, что она и тогда скромна в келим Имы, вместе с тем, поскольку от этого зивуга получает также сущность Малхут свое исправление, поэтому она называется ее именем. И внутренний смысл этих слов поймешь из того, что выяснялось выше.[1556]

[1555] См. «Предисловие книги Зоар», статью «Мать одалживает свои одежды дочери», п. 17, со слов: «И это означает: „Мать (има) одалживает свои одежды дочери и венчает ее своими украшениями"…»

[1556] См. Зоар, главу Цав, п. 119, со слов: «Объяснение. Народы мира удерживаются в левой линии, от которой исходит свечение Хохмы…»

835) «„Постоянное всесожжение – это Шхина, которая всегда поднимается на ту ступень, о которой сказано: „Утром и вечером, каждый день постоянно"[1557], и дважды говорят Шма Исраэль. И она поднимается в среднем столбе", т.е. Зеир Анпине, „который всегда с ней, без всякого разделения"».

836) «„И куда она поднимается? – В то место, от которого она была отрезана, и это – Бесконечность. Тогда она выше всех сфирот. И поэтому постановили – всесожжение всегда поднимается к высшему. И когда она поднимается, включаются в нее все сфирот, и они поднимаются с ней. И что представляет собой ее подъем" в Бесконечность? – „В приятное благоухание"[1553], чтобы возносить приятный аромат пред Творцом. А затем сказано о ней: „И сошел от принесения грехоочистительной жертвы и всесожжения"[1558] – то есть она нисходит из Бесконечности, полная искупления за все грехи Исраэля"».

837) «„И подъем ее – со средним столбом", т.е. Зеир Анпином, „и так же нисхождение ее, и всех ее воинств, – оно в нем. И поэтому она называется лестницей, потому что в ней – все эти названия", то есть все ступени, „поднимаются и опускаются, поскольку они зависят от" имени „АВАЯ", т.е. Зеир Анпина. „Поэтому все жертвоприношения и всесожжения – они к АВАЯ (הויה). И она называется жертвоприношением (корба́н קָרְבָּן) по той причине, что все эти названия приближаются (миткарви́м מתקרבים) в ней к АВАЯ (הויה)"», т.е. Зеир Анпину.

[1557] Из молитвы мусаф, произносимой во все дни, когда приносилась дополнительная жертва (мусаф) в Храме: в субботы, праздники, новомесячья и будни праздников.

[1558] Тора, Ваикра, 9:22. «Аарон протянул руки к народу и благословил его, и сошел от принесения грехоочистительной жертвы и всесожжения, и мирной жертвы».

ГЛАВА ПИНХАС

Выяснения Малхут

838) «„И поэтому сказано о ней: „Жертвоприношение его – одно серебряное блюдо"[1559], т.е. Малхут. „Потому что нет ступени, которая приблизится к АВАЯ (הויה) без" Малхут. „И нет молитвы и заповеди из всех заповедей, что в Торе, и из всех жертвоприношений и всесожжений, которые были бы вне" Малхут. „И на всех ступенях, что в сфирот, они не принимаются пред Творцом вне ее. И поэтому сказано о ней: „С этой (бе-зот)"[1560], т.е. с Малхут, называемой зот, „должен входить Аарон в Святилище"[1561]. И поэтому сказал пророк: „Этой (бе-зот) пусть хвалится хвалящийся"[1561]"».

839) «„Она", Малхут, называемая „мирная жертва (шламим שְׁלָמִים), потому что она – совершенство (шлемут שְׁלֵמוּת) имени АВАЯ (הויה) на каждой ступени. Она – хэй (ה)" де-АВАЯ (הויה), „она – Адни (אדני), она – йуд (י) де-АВАЯ (הויה), она – хэй (ה) от Элоким (אלהים). Она – хэй (ה) от Эке (אהיה), она – йуд (י) от Шадай (שדי). Она – конец любого АВАЯ (הויה) и названия. И поэтому сказано о ней: „В конце всего – всё слышится; Всесильного бойся, и заповеди Его соблюдай"[1562]. Она – конец из десяти сфирот, называемый конечным морем.[1563] Она – совершенство высших и нижних, она – врата для вхождения любой мудрости (хохма), для любого названия ве-АВАЯ (והויה), и для вхождения в любую сфиру, она – знание всего, и иначе" как через Малхут, „нет права ни у какого создания смотреть ни на какое знание в мире. О ней сказано: „Вот врата к Творцу, праведники войдут в них"[1564]».

[1559] Тора, Бемидбар, 7:19. «Он совершил жертвоприношение его – одно серебряное блюдо в сто тридцать шекелей весом, одна серебряная чаша в семьдесят шекелей, по шекелю священному, оба наполненные тонкой пшеничной мукой, смешанной с маслом, в хлебный дар».

[1560] Тора, Ваикра, 16:3. «С этим (досл. с этой) должен входить Аарон в Святилище: с молодым тельцом в грехоочистительную жертву и с овном во всесожжение».

[1561] Пророки, Йермияу, 9:23. «Но только этим (досл. этой) пусть хвалится хвалящийся, разумеющий и знающий Меня: что Я – Творец, совершающий милость, правосудие и справедливость на земле, ибо лишь это желанно Мне, – слово Творца».

[1562] Писания, Коэлет, 12:13. «В конце всего – всё слышится; Всесильного бойся, и заповеди Его соблюдай, ибо в этом – весь человек!»

[1563] См. выше, п. 805.

[1564] Писания, Псалмы, 118:20. «Вот врата к Творцу, праведники войдут в них».

840) «"Она", Малхут, – "сорокадвухбуквенное имя", т.е. четыре буквы АВАЯ (הויה), и десять букв наполнения, и двадцать восемь букв наполнения этого наполнения, итого – сорок две буквы. А Малхут – это свойство последних хэй (ה) в сорокадвухбуквенном имени, "которыми были созданы высшие и нижние. Она называется глазом с правой стороны", и это Хохма, что в ней, как написано: "Вот око Творца на боящихся Его"[1565], и называется ухом с левой стороны", и это Бина, что в ней, как написано: "Приклони, Всесильный мой, ухо Твое и услышь"[1566]. И называется запахом со стороны среднего столба", и это Тиферет, что в ней, "и называется устами в собственном свойстве", т.е. Малхут. "Это смысл сказанного: "Устами к устам говорю Я ему"[1567]».

841) «"Она называется первой заповедью, Я (анохи́ אָנֹכִי)", т.е. в начале божественного раскрытия, "со стороны Кетера, что в ней, потому что он Неведомый (айн אַיִן) от Всесильный наш (элокéйну אֱלֹהֵינוּ)". Потому что Кетер называется Неведомым (айн אַיִן) из-за отсутствия постижения. "Я (анохи́ אָנֹכִי) – в нем каф (כ), т.е. Кетер (כֶּתֶר), и в нем" буквы "айн (אַיִן Неведомый). И Кетером она называется со стороны высшей Имы, поскольку относительно нее в Торе упомянут пятьдесят раз исход из Египта". И они соответствуют пятидесяти вратам Бины.[1568] "И она дочь (бат בַּת) от берешит (בְּרֵאשִׁית), включающего все десять речений" действия начала творения. "А со стороны Хохмы – она дочь (бат בַּת) йуд (י)", как написано: "Мудростью основал землю"[1569] – т.е. Малхут, называемой землей. Ибо Аба (отец)", т.е. Хохма, "основал дочь", т.е. Малхут. "И она – "тропа, неведомая ястребу"[1570], включающая тридцать две тропинки, и это тридцать два (ламед-бет ל"ב) имени Элоким со стороны высшей Имы, называемой славой. И когда они включаются в дочь", т.е.

[1565] Писания, Псалмы, 33:18. «Вот око Творца на боящихся Его и на ожидающих милости Его».

[1566] Писания, Даниэль, 9:18. «Приклони, Всесильный мой, ухо Твое и услышь; открой глаза Твои и взгляни на развалины наши и на город, названный именем Твоим; мы повергаем мольбы наши пред Тобой, (уповая) не на праведность нашу, а лишь на милосердие Твое великое!»

[1567] Тора, Бемидбар, 12:8. «Устами к устам говорю Я ему, и явственно, а не загадками, и облик Творца он зрит. Почему же не убоялись вы говорить против раба Моего, против Моше?»

[1568] См. Зоар, главу Итро, п. 389. ««Который вывел тебя из земли египетской"...»

[1569] Писания, Притчи, 3:19. «Творец мудростью основал землю, утвердил небеса разумом».

[1570] Писания, Иов, 28:7. «Тропа, неведомая ястребу, и коршуна глаз не видал ее».

в Малхут, „называется" Малхут „ламед-бет (לׄ״ב)". И поэтому: „Слава (כָּבוֹד) наверху и ламед-бет (לׄ״ב) внизу"».[1571]

842) «„И эти десять речений расположены: пять – на одной скрижали, и пять – на другой, и" Малхут „включает их, и это – пять" сфирот „от Кетера до Гвуры, и пять" сфирот „от среднего столба", т.е. Тиферет, „до дочери", т.е. Малхут. „И они – дважды хэй (ה) хэй (ה)". Спрашивает: „(Если эти десять речений – они от десяти сфирот), можно ли говорить десятью устами", чтобы каждая сфира говорила своими особыми устами? И отвечает: „Но общность всех этих десяти речений – в единственной дочери", т.е. Малхут, „и все стали одним целым", – ведь эти десять речений включились в Малхут. „И точно так же вав (ו)", т.е. Тиферет, „называется голосом (коль קוֹל), и невозможно постичь его, пока он не прояснится с речью", т.е. Малхут. И поэтому написано: „Глас речей вы слышали"[1572]», где голос указывает на Зеир Анпина, а речи – на Малхут.

843) «„Она", Малхут, – „вторая заповедь, что со стороны Гвуры (גְּבוּרָה), которая в числовом значении трепет (иръа́ יִרְאָה)", потому что Гвура (גְּבוּרָה) в числовом значении двести шестнадцать, как и трепет (иръа́ יִרְאָה). „И на нее указывает слово „берешит (בְּרֵאשִׁית вначале), и это буквы ярэ́ бо́шет (יָרֵא בֹשֶׁת боящийся стыда). И постановили: тот, у кого нет стыда (бо́шет пани́м), – конечно же, отцы его не стояли у горы Синай"».

844) «„Она – третья заповедь, называемая „любовь милости (хесед)". Это смысл сказанного: „Любовью вечной возлюбил Я тебя, и потому привлек Я тебя милостью!"[1573] Любовь", т.е. Малхут, „состоит из праотцев, и называется" в них „во всем", „от всего", „всё"», так как они – Малхут, которая называется «всё». Потому что об Аврааме сказано: «И Творец благословил Авраама во всем»[1574]. Об Ицхаке сказано: «И я ел от всего»[1575]. А об

[1571] См. выше, п. 711.

[1572] Тора, Дварим, 4:12. «И говорил Творец вам из огня: глас речей вы слышали, но образа не видели, лишь голос».

[1573] Пророки, Йермияу, 31:2. «Издалека Творец являлся мне: „Любовью вечной возлюбил Я тебя, и потому привлек Я тебя милостью!"»

[1574] Тора, Берешит, 24:1. «И Авраам стар, на склоне дней, и Творец благословил Авраама во всем».

[1575] Тора, Берешит, 27:33. «И вострепетал Ицхак трепетом безмерно великим, и сказал: „Кто же он и где тот, который наловил добычи и принес мне?! И я ел от всего, прежде чем ты пришел; и благословил я его – пусть тоже благословен будет!"»

Яакове сказано: «Есть у меня всё»¹⁵⁷⁶. «„И скрытый смысл этого: „Я помню о благосклонности ко Мне в юности твоей, о любви твоей, когда ты была невестою"¹⁵⁷⁷», что это сказано о Малхут.

845) «„И она – четвертая заповедь, т.е. единство со стороны среднего столба", то есть единство „Шма Исраэль. И она – единство двадцати пяти, двадцати пяти букв с ним"», с Зеир Анпином, т.е. двадцать пять в Шма Исраэль, и это в Зеир Анпине, и двадцать пять в «Благословенно имя величия царства Его вовеки», и это в Малхут, «„в шести словах Шма Исраэль, и это шесть сфирот Зеир Анпина, и о ней сказал Авраам: „Пойдем до сих пор (ад ко הֹכּ עַד) и поклонимся"¹⁵⁷⁸. И также: „Так (ко הֹכּ) скажи дому Яакова"¹⁵⁷⁹».

846) «„Он", Зеир Анпин, – „алеф-хэт (אח)" де-эхад (אֶחָד один), „и это средний столб, а она", Малхут, – „далет (ד)" де-эхад (אֶחָד один), „она – восполнение его единства, чтобы восполнить в нем" свойство „эхад (אֶחָד один). Алеф-хэт (אח)" де-эхад (אֶחָד один) „включает девять сфирот, и это: первая – это Бесконечность", т.е. Кетер, „и восемь сфирот от Хохмы до Есода. Далет" де-эхад (אֶחָד один) – „это Малхут, с кончиком" этой далет (ד), указывающим на Есод. „Ею", Малхут, „дополняются они до десяти сфирот, и это" десять букв „йуд-хэй-вав-хэй (יוֹ״ד הֵ״א וָא״ו הֵ״א). Далет (ד)" де-эхад (אֶחָד один) „состоит из четырех букв АВАЯ (הויה)"».

847) «„Пятая заповедь – это: „И размышляй о ней днем и ночью"¹⁵⁸⁰. Она", Малхут, – „письменная Тора со стороны Хеседа, и устная Тора со стороны Гвуры. И в них – Хохма и Бина", потому что в гадлуте Хесед поднимается и становится Хохмой, а Гвура поднимается и становится Биной, как установили авторы

---

¹⁵⁷⁶ Тора, Берешит, 33:11. «„Прими же мое благословение, что доставлено тебе! Ибо одарил меня Всесильный, и поскольку есть у меня всё". И упрашивал он его, и тот принял».
¹⁵⁷⁷ Пророки, Йермияу, 2:2. «Иди и возгласи во всеуслышание Йерушалаиму, говоря, что так сказал Творец: „Я помню о благосклонности ко Мне в юности твоей, о любви твоей, когда ты была невестою, как шла ты за Мною по пустыне, по земле незасеянной"».
¹⁵⁷⁸ Тора, Берешит, 22:5. «И сказал Авраам своим отрокам: „Оставайтесь здесь с ослом, я же с отроком, мы пойдем до сих пор, и поклонимся и возвратимся к вам"».
¹⁵⁷⁹ Тора, Шмот, 19:3. «И Моше взошел к Всесильному, и воззвал к нему Творец с горы, сказав: „Так скажи дому Яакова и возгласи сынам Исраэля"».
¹⁵⁸⁰ Пророки, Йеошуа, 1:8. «Да не отходит эта книга Торы от уст твоих, и размышляй о ней днем и ночью, чтобы в точности исполнять все написанное в ней, тогда удачлив будешь на пути твоем и преуспеешь».

Мишны: „Желающий стать мудрым обратится на юг, разбогатеть – на север"[1581], и нет богатого иначе, как знанием (даат) и разумом (бина). „А средний столб", т.е. Тиферет, „включает их оба", правую и левую, „и поэтому называется небесами (шама́им שָׁמַיִם), так как он включает огонь (эш אֵשׁ) и воду (ма́им מַיִם), огонь (эш אֵשׁ) – это Гвура, вода (маим מַיִם) – это Хесед"».

848) «„И поэтому Кетер, который является ложкой (каф כַּף)", это смысл сказанного: „Десять-десять каждая ложка, в шекелях священных"[1582], – т.е. десять сфирот сверху вниз и десять сфирот снизу вверх, „и это йуд-хэй-хэй (יה״ה), – три буквы, которые стали ложкой (каф כַּף)", т.е. Кетером, „над вав (ו)", Зеир Анпином, „то есть соответственно венцу Торы, потому что вав (ו) – это книга Торы, а ложка (каф כַּף)", т.е. йуд-хэй-хэй (יה״ה), – „это венец над головой ее. И всё это", т.е. йуд-хэй-хэй (יה״ה) с вав (ו), – „это АВАЯ (הויה)"; в числовом значении каф-вав (כ״ו 26)"», где каф (כ) – это Кетер над вав (ו).

Объяснение. Когда Малхут становится Кетером над Зеир Анпином, в свойстве: «Доблестная жена – венец мужу своему»[1583], она тогда поднимается в Бину, свойство йуд-хэй (י״ה), и вместе с ней самой, т.е. с хэй (ה), – это йуд-хэй-хэй (יה״ה), и пребывают эти три буквы йуд-хэй-хэй (יה״ה) Кетером над рош вав (ו), т.е. Зеир Анпина. И это смысл сказанного: «„И поэтому Кетер ... йуд-хэй-хэй (יה״ה), – три буквы, которые стали ложкой (каф כַּף) над вав (ו)"», – то есть йуд-хэй (י״ה), что в Бине, и сама Малхут, т.е. хэй (ה), «стали ложкой (каф כַּף)», т.е. Кетером, «над вав (ו)», Зеир Анпином, в свойстве: «Доблестная жена – венец мужу своему»[1583].

849) «„Шестая заповедь" этой Малхут – „это тфила руки", чтобы возлагать „на левую руку", т.е. Гвуру, „и со стороны Гвуры – это хэй (ה) слабой руки", т.е. Малхут, и поэтому следует возлагать тфилу руки, т.е. Малхут, на левую руку, т.е. Гвуру Зеир Анпина. И „от Кетера до" сфиры „Гвуры – это пять сфирот, и они" – свойство „тфилин головы (рош) среднего столба", т.е. Зеир Анпина. Ибо от Кетера до Гвуры – это свойство тфилин

[1581] См. Вавилонский Талмуд, трактат Бава батра, лист 25:2.
[1582] Тора, Бемидбар, 7:86. «Золотых ложек двенадцать, наполненных курением, по десять (досл. десять-десять) каждая ложка, в шекелях священных; всё золото ложек – сто двадцать (шекелей)».
[1583] Писания, Притчи, 12:4. «Доблестная жена – венец мужу своему, а позорная – как гниль в костях его».

головы (рош), и они – Зеир Анпин. А от Гвуры и ниже – это тфилин руки, и они – Малхут. „Она – связь трех ремешков, то есть Нецаха, Хода и Есода"», то есть она является узлом (связью) двух ремешков головы, т.е. Нецаха и Хода, и она узел (связь) одного ремешка тфилин руки, т.е. Есода. И получается, что она – связь трех ремешков.

850) «„И она – седьмая заповедь, т.е. заповедь цицит, состоящей из синего и белого, и это суд и милосердие. В огне" свечи „белый огонь не пожирает" то, что под ним, потому что он включается только в синий огонь, который под ним. Но „синий огонь", что в свече, он соединен с фитилем и с маслом, и он „пожирает и уничтожает" то, что под ним.[1584] Поскольку белый огонь – это Хесед, а синий огонь – это суд. И о синем огне, являющимся судом, сказано: „И пожрал всесожжение"[1585]. Потому что „белый – он с правой стороны, а синий – с левой, средний столб – он единство между ими двумя", между правой и левой, „и он – зеленый. И поэтому постановили мудрецы: „Начиная с какого момента возглашают Шма в утренней молитве (шахарит) – с того момента, когда начинает различать между синим и белым"[1586], т.е. с момента, когда различит между милосердием и судом, потому что он должен соединить их в средней линии, которой является возглашение Шма. „И поэтому установили отрывок о цицит читать в единстве"» возглашения Шма, потому что заповедь ее – посредством белого и синего, которые нужно соединить в возглашении Шма.

851) «„И она – восьмая заповедь, т.е. мезуза. Шхина называется мезузой со стороны среднего столба", т.е. Зеир Анпина, „и это буквы АВАЯ (הויה), и со стороны праведника", т.е. Есода, „и это свойство союза, называемое Шадáй (שדי). Шадай (שדי) – это печать Царя, то есть АВАЯ (הויה)"». И поэтому в мезузе есть АВАЯ (הויה) внутри мезузы, соответственно среднему столбу, и Шадай (שדי) снаружи мезузы, соответственно Есоду.

852) «„Девятая заповедь – это Шхина, называемая знаком союза со стороны праведника, основы мира", т.е. Есода, „как

[1584] См. Зоар, главу Берешит, часть 2, пп. 249-268.
[1585] Пророки, Мелахим 1, 18:38. «И низвергся огонь Творца, и пожрал всесожжение и дрова, и камни, и прах; и воду, что во рву, вылизал».
[1586] Мишна, раздел Зраим, трактат Брахот, глава 1, мишна (закон) 2.

написано: „Эта – знак союза"¹⁵⁸⁷». «Эта (зот)»¹⁵⁸⁷ – это Шхина, и она – «знак союза»¹⁵⁸⁷. И написано: «Между Мною и между сынами Исраэля знак она навеки, что шесть дней создавал Творец небо и землю, а в седьмой день – прекратил и пребывал в покое»¹⁵⁸⁸. «„Между Мною"¹⁵⁸⁸ – то есть между „средним столбом", Зеир Анпином, „и между сынами Исраэля"¹⁵⁸⁸ – то есть между „Нецахом и Ходом", называемыми сынами Исраэля, „знак"¹⁵⁸⁸ – это праведник", т.е. Есод, „она"¹⁵⁸⁸ – это Шхина. „Что шесть дней создавал Творец небо"¹⁵⁸⁸ – то есть от Кетера до среднего столба", т.е. Тиферет, – это шесть сфирот КАХАБ ХАГАТ, „ведь не бывает шести ни в каком месте иначе, как со стороны буквы вав (ו)", т.е. Тиферет. Также и здесь шесть дней означают – Тиферет с пятью сфирот, что до него, которые он включает. Но от Тиферет и ниже – это уже не свойство Зеир Анпина, а свойство Малхут. „И нет седьмого иначе, как со стороны буквы йуд (י)", т.е. Малхут, и она – „венец на голове (рош)" Зеир Анпина, в свойстве: «Доблестная жена – венец мужу своему»¹⁵⁸³, и тогда она в свойстве „высшей Хохмы", и называется „знак она (הוא)"¹⁵⁸⁸ – в мужском роде. А когда Малхут – „нижняя Хохма", называется „знак она (היא)"» – в женском роде. И поэтому «знак она (הוא)»¹⁵⁸⁸ огласовано хириком, и это женский род, а пишется с вав (ו), и это мужской род.

853) «„И установили совершать обрезание на восьмой день, и это восемь" сфирот „от Хохмы до Есода, чтобы получить в них малую йуд (י)", т.е. Малхут, „дабы поднять ее до Кетера, чтобы она была венцом на их голове (рош)", – этих восьми сфирот. „И установили помещать эту крайнюю плоть в сосуд с землей, чтобы исполнить: „А змей – прах пища его"¹⁵⁸⁹».

854) «„Десятая заповедь", что в Малхут, – „она: „И пусть соблюдают сыны Исраэля субботу"¹⁵⁹⁰. Шхина называется субботой со стороны трех высших ступеней, представляющих

---

¹⁵⁸⁷ Тора, Берешит, 9:12. «И сказал Всесильный: „Это (досл. эта) – знак союза, который Я полагаю между Мною и между вами, и между всяким живым существом, что с вами, – на вечные поколения"».

¹⁵⁸⁸ Тора, Шмот, 31:17. «Между Мною и между сынами Исраэля знак она навеки, что шесть дней создавал Творец небо и землю, а в седьмой день – прекратил и пребывал в покое».

¹⁵⁸⁹ Пророки, Йешаяу, 65:25. «Волк и ягненок будут пастись вместе, и лев, как вол, есть будет солому, а змей – прах пища его; не будут они причинять зла и не будут губить на всей горе святой Моей, – сказал Творец».

¹⁵⁹⁰ Тора, Шмот, 31:16. «И пусть соблюдают сыны Исраэля субботу, чтобы сделать субботу для их поколений союзом вечным».

собой шин (ש)", указывающую на "три сфиры – Кетер, Хохму, Бину. А" Малхут, "она – дочь (бат בַּת) и четвертая по отношению к ним. Шесть дней", и это шесть сфирот "от Хеседа до Есода", т.е. ХАГАТ НЕХИ, "в течении их выполняй работу, поскольку строение" мира "начинается с Хеседа. Это смысл сказанного: „Мир милостью (хесед) устроен"[1591]. Однако от Бины и выше", т.е. в ГАР – "это покой и наслаждение, и прекращение любой работы"».

855) «„Одиннадцатая заповедь", что в Малхут, – „она называется молитвой утренней (шахари́т), послеполуденной (минха́) и вечерней (арви́т), со стороны трех праотцев", т.е. ХАГАТ. „И это молитва всех уст", т.е. Малхут, слитой с Есодом, поскольку молитва – это Малхут, всех уст – это Есод. „Ибо нет всего, но только праведник", т.е. Есод, „как написано: „Ибо всё на небе и на земле"[1592]. И перевел Йонатан бен Узиэль, что включен в небо и землю", т.е. Есод, включенный в небо и землю, т.е. в Зеир Анпина и Малхут. „Уста (пэ פֶּה)" – как числовое значение „слово (мила́ מִילָה)". И так же как в союзе соединяются захар и нуква, что внизу, так же и в Есоде соединяется жених с невестой, что наверху", т.е. Зеир Анпин и Малхут. Есод – "это оживляющий (хай חַי) миры, потому что включает восемнадцать (хай ח״י) благословений", имеющихся в молитве Амида. „Это смысл сказанного: „Благословения – на голове праведника"[1593]».

856) «„И поэтому каждый склоняющийся склоняется при произнесении „благословен", что указывает на свойство Есод, „а каждый выпрямляющийся выпрямляется при произнесении имени. Это Шхина с именем АВАЯ (הויה), с помощью которого нужно выпрямить Шхину, – ту, о которой сказано: „Пала, не встанет вновь дева Исраэля"[1594] сама, – но лишь „с помощью другой ступени", АВАЯ (הויה), т.е. Зеир Анпина, и поэтому:

[1591] Писания, Псалмы, 89:3. «Ибо думал я: мир милостью устроен, в небесах – там утвердил Ты верность Свою».

[1592] Писания, Диврей а-ямим 1, 29:11. «Тебе, Творец, величие и могущество, и великолепие, и вечность, и красота, ибо всё на небе и на земле – Тебе! Тебе царство, и превознесен Ты над всеми!»

[1593] Писания, Притчи, 10:6. «Благословения – на голове праведника, а уста нечестивых скрывают насилие».

[1594] Пророки, Амос, 5:2. «Пала, не встанет вновь дева Исраэля; повержена она на землю свою, некому поднять ее».

„В тот день подниму Я падающий шатер Давида"[1595], – тот, о котором сказано: „Творец (АВАЯ) выпрямляет согбенных"[1596]». Поэтому каждый выпрямляющийся выпрямляется при произнесении имени.

857) «„Двенадцатая заповедь", что в Малхут, – „она называется праздником Мацот, праздником Шавуот и праздником Суккот, со стороны трех праотцев", т.е. ХАГАТ, „а Рош а-шана – от собственного свойства" Малхут. И это смысл сказанного: „Закон царства (малхут) – это закон"[1597]. А есть те, кто говорит, что" праздник „Песах – это правая рука", т.е. Хесед. „Шавуот" – это время „дарования Торы, которая была дана в пустыне, и правителем" над пустыней „является бык со стороны Гвуры", и поэтому Шавуот – это Гвура. „Суккот" – это Тиферет, как сказано: „А Яаков отправился в Суккот"[1598]. И Яаков – это Тиферет, и во всех местах говорит, что Песах – это Хесед, а Суккот – это Гвура, и Шавуот – это Тиферет. „Тринадцатая заповедь", что в Малхут, – „это возглашение Шма"».

[1595] Пророки, Амос, 9:11. «В тот день подниму Я падающий шатер Давида, и заделаю щели его, и восстановлю разрушенное, и отстрою его, как во дни древности».

[1596] Писания, Псалмы, 146:8. «Творец делает зрячими слепых, Творец выпрямляет согбенных, Творец любит праведников».

[1597] См. Вавилонский Талмуд, трактат Бава кама, лист 113:1.

[1598] Тора, Берешит, 33:17. «А Яаков отправился в Суккот и построил себе дом, а для скота своего сделал шалаши, поэтому он нарек имя месту Суккот».

ГЛАВА ПИНХАС

Выяснение святых имен и названий

858) «"И следует знать", что Бесконечный "называется Мудрым всеми видами мудростей, Понимающим всеми видами разумений, Милостивым всеми видами милостей, Сильным всеми видами сил, Советником всеми видами советов, Праведным всеми видами праведностей, и Царем всех видов царства, до бесконечности до непостижимости. И на всех этих ступенях – на одной он называется Милосердным, на другой – Судьей, и так на многочисленных ступенях до бесконечности". Спрашивает: „В таком случае, есть в нем изменение между Милосердным и Судьей?" И отвечает: „Однако прежде, чем Он создал мир, Он называется на всех этих ступенях по имени созданий, которым предстояло быть сотворенными. И если не" по имени "созданий мира, почему называется Милосердный Судьей", – ведь над кем сжалится? „Но" Он так называется "по имени будущих творений"». Однако в Нем Самом, ни в коем случае, нет изменения.

859) «„И поэтому все имена – это Его названия по имени Его деяний. Подобно этому Он создал душу по образу Его, называемую по имени ее действий, которые в каждом органе тела, называемого малым миром. Также как Владыка мира проявляет Себя в каждом создании и в каждом поколении согласно его деяниям, так же и душа – согласно деяниям каждого органа. Тот орган, который выполняет заповедь, называется душой в благосклонности и милости, и приятии, и милосердии", действующими в теле его. А в том органе, который совершает в нем прегрешение, называется душой для суда и ярости, и гнева", действующими в теле его. „Однако вне тела, по отношению к кому будет благосклонность или жестокость"» вследствие деяний тела?

860) «„И так же Владыка мира, прежде чем Он создал мир и создал Свои творения, по отношению к кому Он называется Милующим и Милосердным, или Судьей. Но все Его имена – это названия, и Он не называется ими только лишь из-за созданий мира. Поэтому, когда люди поколения хорошие, Он называется Элоким АВАЯ в свойстве милосердия. А когда люди поколения грешники, Он называется Элоким Адни в свойстве суда. Поскольку по отношению к каждому поколению и каждому человеку Он называется согласно его свойству, но не то, чтобы у Него было" известное "свойство или" известное "имя"».

861) «„Наподобие сфирот, когда у каждой сфиры есть известное имя и мера, и граница, и предел. И в эти имена распространяется Владыка мира и воцарится в них, и называется ими, и укрывается в них, как душа в органах тела. И так же как у Владыки миров нет ни известного имени, ни известного места, но власть его в любой стороне", что в мирах, „так же и у души нет ни известного имени, ни известного места во всем теле, но власть ее в любой стороне, и нет органа, свободного от нее"».

862) «„И поэтому нельзя отмечать душу в одном месте", что в теле, – „ведь в противном случае", если ты отметишь ее в одном месте, „получится, что недостает ее власти в остальных органах. И нельзя называть ее одним именем или двумя, или тремя, сказав, что она мудрая и понимающая, и есть у нее знание, но не более, – ведь если так делает, то" получается, что „недостает ей остальных ступеней"».

863) «„Тем более, Владыку мира нельзя отмечать в известном месте, или называть Его известным именем, или удваивать Его в них, или утраивать Его в них, – то есть ступень строения (меркава), о которой сказано: „Трижды воздадут тебе святость"[1599]. Потому что все ступени всех строений Его – они тройные, как сказано: „Праотцы – именно они являются строением (меркава)"[1600], поскольку они – образ льва, быка, орла, так как они являются строением (меркава) для человека, поскольку сказано о них: „И образ их ликов – лик человека"[1601]. А со стороны нуквы они", лев, бык, орел, „властвуют над человеком (адам)", являющимся именем этой нуквы, „и нуква является строением (меркава) для [этих]" льва, быка, орла, „и поэтому сказано о ней: „Трижды воздадут тебе святость"[1599]».

864) «„И так же буквы, которые" указывают на „лики этих созданий", льва, быка, орла, „они тройные, как например: йуд-хэй-вав (יה״ו) хэй-вав-йуд (הו״י) вав-хэй-йуд (וה״י). Хэй (ה) – она четвертая" по отношению к ним, и это смысл сказанного: „Трижды воздадут тебе святость"[1599], как мы уже объясняли. „Она – мирная жертва (шламим שְׁלָמִים) их всех, поскольку

[1599] Благословение в молитве Амида, следующее за благословением за возрождение из мертвых.
[1600] Мидраш раба, Берешит, раздел 82:6.
[1601] Пророки, Йехезкель, 1:10. «И образ их ликов – лик человека, и лик льва – справа у (всех) четырех, и лик быка – слева у (всех) четырех, и лик орла у (всех) четырех».

восполняет (машлéмет משלמת) во всех них имя АВАЯ (הויה). Однако Владыку всего не надо утраивать ни в именах, ни в буквах, но Он называется всеми именами, и нет у Него известного имени, и каждое имя свидетельствует о Нем, что Он – Владыка всех миров", и имя „Адни (אדני Господин мой) свидетельствует о Нем"».

865) «„И есть человек, наследующий триста десять (шай ש"י) миров. Это смысл сказанного: „Чтобы дать во владение любящим Меня сущее (еш יש)"[1602], и это в гематрии триста десять (шай ש"י). И это – „согласно ступени" Хохма, „которая называется „сущее (еш יש) из ничего (айн אַיִן)". Ибо Кетер называется Неведомым (айн אַיִן), а Хохма – сущим (еш יש), исходящим из Неведомого (айн אַיִן). „И это высшая Хохма. И есть человек, который наследует всего лишь один мир согласно его ступени, как постановили: „У каждого праведника есть мир сам по себе". И так каждый человек из Исраэля наследует миры согласно своей ступени наверху. Однако Владыке мира не надо записывать на счет Его миры, но Он – Господин всех миров. И имя Адни (Господин мой) свидетельствует о нем"».

866) «„И так же имя АВАЯ (הויה) – от него зависят все сущности (авайóт הויות), и Он и все его сущности свидетельствуют о Владыке мира, который был прежде всех этих сущностей, и Он – внутри всех этих сущностей, и Он – за всеми этими сущностями. И это смысл того, что сущности свидетельствуют о Нем, что Он был, есть и будет"».

867) «„Закон (дúна דינא) при перестановке букв – это Адни (אדני). И поэтому сказали наши мудрецы: „Закон царства (малхут) – это закон"[1603]. Имя Эль (אל Всемогущий) свидетельствует о Владыке всего, и нет могущества у любого имени и сущности (авая́), и ступени, и тем более у остальных созданий, кроме Него. Это смысл сказанного: „Считаются ничем в сравнении с Ним; и по воле Своей поступает Он с воинством небесным"[1604]. Элоким (אֱלֹהִים Всесильный) свидетельствует о всесилии Его,

---

[1602] Писания, Притчи, 8:21. «Чтобы дать во владение любящим Меня сущее, и сокровищницы их наполню».

[1603] См. Вавилонский Талмуд, трактат Бава кама, лист 113:1.

[1604] Писания, Даниэль, 4:32. «А все живущие на земле считаются ничем в сравнении с Ним; и по воле Своей поступает Он с воинством небесным и с живущими на земле, и нет никого, кто противился бы Ему и сказал бы Ему: „Что делаешь Ты?"»

что Он – Всесильный, и Всесильный над сильными, и Он – Всесильный над всем, и нет Всесильного над Ним. Воинства (Цваóт צְבָאוֹת) – свидетельствует о Нем, как написано: „И по воле Своей поступает Он с воинством небесным"[1605]. Шадай (שַׁדַּי Могущественный) свидетельствует о Нем – когда Он сказал миру: „Довольно (дай דַּי)", мир „остановился в пределах своих и больше не распространялся. И так же – воде и ветру, и огню"» сказал: «Довольно (дай דַּי)».

868) «„И так же любая сущность (авая) и любое имя свидетельствуют о Нем. Ведь когда Он был один, прежде чем создал мир, зачем Ему нужно было называться этими именами или остальными названиями, такими как Милосердный и Милостивый, Терпеливый, Судья, Мужественный, Сильный. И много их, со всеми этими именами и названиями, называющихся по имени всех миров и творений, что в них, чтобы показать, что Его правление – над ними"».

869) «„И так же душа", которая относительно „ее власти над всеми органами тела, подобна Ему", поскольку так же как Он властвует над всеми мирами, так же и душа властвует над всеми органами тела, „но не то, чтобы душа была подобна Ему по своей сути, – ведь Он создал ее, а над Ним нет Всесильного, который бы создал Его. И еще – у души есть много изменений и случаев, и причин, происходящих с ней, чего не бывает с Владыкой мира. И поэтому" душа „подобна Ему только своей властью над всеми органами тела, но не в чем-либо другом"».

Возглашение Шма и тфилин

870) «„И еще. Шма (שְׁמַע) Исраэль – это буквы шем (שֵׁ имя) аин (ע) большая, и с большой далет (ד) де-эхад (אֶחָד один) – это свидетель (эд עֵד). Между шем (שֵׁם имя) от Шма (שְׁמַע)", и это Малхут называемая именем, „и алеф-хэт (א"ח) от эхад (אֶחָד один)", и это Зеир Анпин, находятся большие буквы эд (עד свидетель). И это смысл слов: „Свидетель Творец у вас"[1605]. И" Он так же Свидетель „над каждым, кто делает Его единым в мире. И поэтому сказал Давид: „Возрадуюсь я Творцу"[1606], потому что „шем (שֵׁם имя) от Шма (שְׁמַע)", и это Малхут, „и алеф-хэт (א"ח) от эхад (אֶחָד один)", и это Зеир Анпин, – "это „возрадуюсь (эсмах אֶשְׂמַח)"». И это единство Зеир Анпина и Малхут в состоянии гадлут, потому что Малхут в состоянии гадлут называется именем (шем שֵׁם).

871) «„И еще. Большая далет (ד)" де-эхад (אֶחָד один), указывает на „четыре раздела тфилин, когда накладывает эти алеф-хэт (א"ח)" де-эхад (אֶחָד один), и это Зеир Анпин, „и украшается ими, и они – великолепие на голове его. И они" тайна сочетания „йуд-хэй-хэй-вав (יה"וה). Йуд (י)", т.е. Хохма, – „это венец над хэй (ה), которая называется дочерью", т.е. Малхут, „и это означает: „Творец мудростью (хохма) основал землю"[1607] – то есть Аба", являющийся свойством Хохма, „основал дочь", то есть Малхут, называемую землей. Вторая „хэй (ה)" сочетания йуд-хэй-хэй-вав (יה"וה) – „это высшая Има, и она венец над вав (ו), называемым сыном", т.е. Зеир Анпином, „и это означает: „Утвердил небеса разумом (твуна)"[1607], потому что Зеир Анпин, называемый небесами, получает мохин от Твуны, т.е. вышей Имы. „Ведь Има (мать) укрепляет (досл. утверждает) сына. И это означает, что в будущем мире", т.е. Бине, „нет ни еды, ни питья, но только сидят праведники и венцы их на голове у них"», – иначе говоря, у Зеир Анпина есть венец на голове его от Бины, называемой будущим миром.

[1605] Пророки, Шмуэль 1, 12:5. «И сказал он им: „Свидетель Творец у вас и свидетель сегодня помазанник Его, что вы не нашли ничего за мною"».

[1606] Писания, Псалмы, 104:34. «Да благоволит Он к словам моим, возрадуюсь я Творцу».

[1607] Писания, Притчи, 3:19. «Творец мудростью основал землю, утвердил небеса разумом».

ГЛАВА ПИНХАС

Два порядка четырех отрывков тфилин

872) «„И дочь", т.е. Малхут, – „она тфила слабой (кеа́ כֵּהָ"ה) руки, йуд (י) – это узел его. Верхняя хэй (ה), т.е. Има, – это тфилин головы на рош Тиферет. Его тфилин", т.е. его мохин, – „он согласно порядку йуд-хэй (יה) вав-хэй (וה), и он: „Посвяти мне"[1608] – йуд (י), „И будет, когда введет тебя"[1609], – это хэй (ה), „Шма"[1610] – вав (ו), „И будет, если послушаетесь"[1611], – это последняя хэй (ה). И этот порядок – это для тфилин рош Зеир Анпина. „Но в будущем мире", т.е. Бине, тфилин, и это мохин, которые она получает, порядок такой: „[имена] АВАЯ (הויה) посередине,[1612] то есть хэй (ה) хэй (ה)"», то есть йуд (י) вначале, и это «Посвяти»[1608], и вав (ו) в конце, т.е. «Шма»[1610], и [имена] АВАЯ, то есть «И будет (ве-хая́ וְהָיָה), когда введет тебя»[1609], «И будет (ве-хая́ וְהָיָה), если послушаетесь»[1611], хэй (ה) хэй (ה), – посередине. «„И об этом сказал пророк: „Этой (бе-зот) пусть хвалится (итале́ль יִתְהַלֵּל) хвалящийся (а-митале́ль הַמִּתְהַלֵּל), разумеющий (аске́ль הַשְׂכֵּל) и знающий (ве-ядо́а וְיָדֹעַ) Меня: что Я – Творец"[1613]. И они соответствуют порядку йуд-хэй-хэй-вав (יה"הו).[1614] „И поэтому постановили авторы Мишны, что есть место на голове, чтобы возлагать две пары тфилин. И это – удостаивающемуся двух заповедей. И постановили относительно их: „Не каждый человек удостаивается двух столов"[1615]».

873) Четыре отрывка тфилин головы: «„Йуд (י) (т.е. „Посвяти"[1608]) – это Хохма; хэй (ה) (т.е. „И будет, когда введет тебя"[1609]) – это Бина; вав (ו) (т.е. „Шма"[1610]) – это средний столб; хэй (ה)

[1608] Первый отрывок тфилин. Тора, Шмот, 13:1-10, со слов: «Посвяти Мне каждого первенца» и до слов: «Из года в год».

[1609] Второй отрывок тфилин. Тора, Шмот, 13:11-16, со слов: «И будет, когда введет тебя» и до слов: «Вывел нас Творец из Египта».

[1610] Третий отрывок тфилин. Тора, Дварим, 6:4-9, со слов: «Слушай, Исраэль» и до слов: «На вратах твоих».

[1611] Четвертый отрывок тфилин. Тора, Дварим, 11:13-21, со слов: «И будет, если послушаетесь» и до слов: «Сколько дней небеса над землей».

[1612] См. выше, п. 678, комментарий Сулам.

[1613] Пророки, Йермияу, 9:23. «Но только этим (досл. этой) пусть хвалится хвалящийся, разумеющий и знающий Меня: что Я – Творец, совершающий милость, правосудие и справедливость на земле, ибо лишь это желанно Мне, – слово Творца».

[1614] И также смотри в «Предисловии Тикуней Зоар», лист 9:2.

[1615] См. Вавилонский Талмуд, трактат Брахот, лист 5:2.

(т.е. „И будет, если послушаетесь"¹⁶¹¹) – это святая Малхут. Рош, который украшается этими четырьмя буквами, – это Кетер, и это охват этого рош, окружающий" эти тфилин, то есть мохин, „и укрывающий их. Возглашение Шма – это любовь, Хесед, расцениваемое как Тора, которая дана от правой линии. Тфилин" называются „сила", и они от левой линии, называемой Гвурой. Средний столб", и это Тиферет, „включает всё", т.е. включает Хесед и Гвуру. „Крылья заповеди" и это „цицит, в которых синее и белое, – это Нецах и Ход. Мезуза", на которой „записано имя Шадай (שדי), – это праведник", т.е. Есод. „А Шхина – это врата, на которых мезуза", на которой написано: „Вот врата к Творцу"¹⁶¹⁶».

874) «„И еще". Трехглавая „шин (ש) – это три ремешка", два ремешка тфилин головы, и один тфилин руки. „Далет (ד) – это узел тфилин" головы, который „за ним. Йуд (י) – это узел тфилин руки", и это буквы Шадай (שדי). „И поэтому Шадай (שדי) – снаружи", на тфилин, „а АВАЯ (הויה) – внутри" тфилин, „и это четыре отрывка", что в них. „Четырехглавая шин (שׁ) указывает на четыре отделения тфилин. Шадай (שַׁדַּי) – это знак его", Зеир Анпина, и „восходит" в гематрии „Матат (מטטרון)"».

875) «„И еще. Йуд (י), Хохма, – это „Посвяти мне"¹⁶⁰⁸. Хэй (ה), Бина, – это „И будет, когда введет тебя"¹⁶⁰⁹. Вав (ו) – это „Шма"¹⁶¹⁰, в котором „шесть слов (слушай, Исраэль, Творец Всесильный наш, Творец один), указывающая на шесть сфирот, являющихся шестью ветвями дерева, и Тиферет включает их". Последняя „хэй (ה) – это „И будет, если послушаетесь"¹⁶¹¹, и это Малхут. Это" мохин „головы (рош)", где рош – „это Кетер", и это тайна каф (כ), как написано: „Нет святого как Творец (ка-АВАЯ כהויה), ибо нет никого, кроме Тебя"¹⁶¹⁷». Где каф (כ) от «Как Творец (ка-АВАЯ כהויה)»¹⁶¹⁷ – это Кетер Зеир Анпина.

876) «„Шадай (שדי) – указывает на ремешки и отделения и узлы тфилин снаружи", потому что шин (ש) де-Шадай (שדי) указывает на три ремешка: два – головы, и один – руки. Далет (ד)

---

¹⁶¹⁶ Писания, Псалмы, 118:20. «Вот врата к Творцу, праведники войдут в них».

¹⁶¹⁷ Пророки, Шмуэль 1, 2:1-2. «И молилась Хана, и сказала: „Возрадовалось сердце мое в Творце, вознесен рог мой (слава моя) Творцом; широко разверзлись уста мои на врагов моих, ибо я радуюсь помощи Твоей. Нет святого как Творец, ибо нет никого, кроме Тебя, и нет твердыни, как Всесильный наш"».

де-Шадай (שדי) указывает на четыре отделения тфилин головы, и также на узел далет (ד), что сзади головы. Йуд (י) де-Шадай (שדי) указывает на узел тфилин руки. „И также мезуза: АВАЯ (הויה) – изнутри, а имя Шадай (שדי) – снаружи. Четырехглавая шин (ש) с далет (ד)" де-Шадай (שדי) „указывают на четыре отделения и на узел тфилин" головы „сзади", который в виде „двойной далет (ד). И так же двойная шин (ש)", одна – с правой стороны домика (байт), а другая – с левой стороны домика (байт). „Йуд (י)" де-Шадай (שדי) – „это узел" тфилин „слабой руки, и это пятое отделение". Иначе говоря, четыре отделения – в тфилин головы, а пятое отделение – в тфилин руки. „Далет (ד) де-Шадай (שדי) – это моах (разум), относительно которого установили, что он вместо неустоявшегося разума младенца", то есть колеблющегося. „И это означает: „Младенец, кормящийся от грудей матери своей (ми-шдей имо́ מִשְׁדֵי אִמּוֹ)"[1618] – то есть от „Шадай (שדי)"», потому что далет (ד) указывает на мохин ГАР вскармливания (ени́ка).

877) «„Тфилин Владыки мира – это Кетер. И что такое Кетер Владыки мира? – Это АВАЯ (הויה). И это: йуд (י) де-АВАЯ (הויה) – это Хохма, хэй (ה) – Бина, вав (ו) – это Тиферет, включающий шесть сфирот" ХАГАТ НЕХИ, последняя „хэй (ה) – это Малхут". То есть десять сфирот. „И поэтому: „И кто как народ Твой (ке-амха́ כְעַמְּךָ), как Исраэль (ке-исраэ́ль כְיִשְׂרָאֵל)"[1619], „Ибо (ки כִּי) кто народ великий, к которому боги были бы столь близки, как Творец (ка-АВАЯ כַּהֹוָיָה) Всесильный наш, каждый раз, когда мы взываем к Нему"[1620]». И также изречение: «Нет святого как Творец (ка-АВАЯ כַּהֹוָיָה)»[1621], как мы уже объясняли.[1622] «„Все" эти „четыре изречения все они записаны с каф (כ), и тайна буквы каф (כ) – это йуд (י) йуд (י), и это йуд (י) йуд (י) от" сочетания „АВАЯАДНИ (יְאֲהדֹוָנָהִי)", что вначале и в конце. И это смысл сказанного: „Десять-десять каждая ложка, в шекелях

[1618] См. Вавилонский Талмуд, трактат Брахот, лист 3:1.
[1619] Пророки, Шмуэль 2, 7:23. «И кто как народ Твой, как Исраэль, народ единый на земле, ради которого ходил Всесильный искупить его Себе в народ и сделать Себе имя, и совершить вам (деяния) великие и страшные в стране Твоей, (изгоняя) пред народом Твоим, который Ты избавил от Египта, народов и божеств его?!»
[1620] Тора, Дварим, 4:7. «Ибо кто народ великий, к которому боги были бы столь близки, как Творец Всесильный наш, каждый раз, когда мы взываем к Нему».
[1621] Пророки, Шмуэль 1, 2:2. «Нет святого как Творец, ибо нет другого, кроме Тебя, и нет твердыни как Всесильный наш».
[1622] См. выше, п. 572.

священных"¹⁶²³, то есть „каф (כ) от Кетера, состоящая из десяти сфирот", как уже объяснялось, „состоящих" из десяти сфирот прямого света, „которые сверху вниз, и из десяти сфирот" отраженного света, „которые снизу вверх"».

878) «„И эти" двадцать сфирот прямого света и отраженного света, „это" тайна: „И воды, которые над небесами"¹⁶²⁴, и это верхние воды, захары", то есть сфирот прямого света; воды, которые под небесами, – это „нижние воды, некевот", т.е. десять сфирот отраженного света. „И о них сказал рабби Акива своим ученикам, которые достигли камней чистого мрамора: „Не говорите: „Воды, воды", чтобы не подвергать опасности свои души. Ведь это не воды в их значении", т.е. хасадим, „а это изливающийся свет", то есть он включает также и Хохму, называемую светом, а в отношении хасадим он изливающийся. „И поэтому уподобили это изливающимся водам. И у этого света нет прерывания, и нет у него меры, и нет разделения. И поскольку это от Кетера, называются они" водами, „у которых нет конца, потому что Кетер называется бесконечным"». (До сих пор Раайа меэмана).

---

¹⁶²³ Тора, Бемидбар, 7:86. «Золотых ложек двенадцать, наполненных курением, по десять (досл. десять-десять) каждая ложка, в шекелях священных; всё золото ложек – сто двадцать (шекелей)».

¹⁶²⁴ Писания, Псалмы, 148:1-4. «Восславьте Творца (алелуйа)! Восславьте Творца с небес, восславьте Его в высях. Восславьте Его, все ангелы Его, восславьте Его, все воинства Его. Восславьте Его, солнце и луна, восславьте Его, все звезды светлые. Восславьте Его, небеса небес и воды, которые над небесами».

Праздник Шавуот

879) «„И приносите всесожжение в приятное благоухание Творцу"[1625]. Смотри, в Песах написано: „И приносите огнепалимую жертву, всесожжение Творцу"[1626], а здесь не написано: „Огнепалимую жертву", а: „И приносите всесожжение"[1625]. В чем причина?" И отвечает: „Этот день", праздника Шавуот, – „это день, когда невеста вошла под хупу", т.е. Малхут вошла под хупу с Зеир Анпином. „И Исраэль" пришли „от" отсчета „дней очищения, дней и недель, и включились и вошли в дни очищения" эти, то есть свойство семи дней ХАГАТ НЕХИ, в каждом из которых ХАГАТ НЕХИ, т.е. сорок девять дней. „И она", Малхут, „вышла из всех сторон зла", то есть нет у них больше удержания в ней, „и она соблюдала дни очищения как полагается", то есть отсчет сорока девяти дней, и это смысл сказанного: „Царь отведал вкус девственницы"[1627]». Иначе говоря, это смысл сказанного: «Девственница, ни один муж не познал ее»[1628], – то есть раскрылось, что не было связи с ней ни у одного мужа (иш שיא) от ситры ахра. «„Поэтому не написано в нем: „Огнепалимую жертву (ишэ אִשֶּׁה)"[1626], поскольку другой не приближался к Скинии", т.е. Малхут, „и уже отдалилась" другая сторона „оттуда. И поэтому нет здесь огнепалимых жертв и они не нужны были здесь, потому что Исраэль отдалились от стороны зла". Сказал рабби Аба: „Мы всё еще должны открыть этот вход здесь"». Объяснение. Огнепалимые жертвы – это суды,[1629] и поскольку здесь Малхут уже вышла из всех судов, что в ней, поэтому не написано: «И приносите огнепалимую жертву, всесожжение»[1626], а просто: «И приносите всесожжение»[1625].

880) «Сказал рабби Шимон: „Поднял я свои руки в молитве к Тому, кто создал мир. И обнаружил я эту тайну в древних книгах. Огнепалимые жертвы" – они „посередине" добра и зла, и они приходят на эту сторону и на эту сторону, потому что

[1625] Тора, Бемидбар, 28:27. «И приносите всесожжение в приятное благоухание Творцу: быков молодых двух, одного овна и семь годовалых агнцев».

[1626] Тора, Бемидбар, 28:19. «И приносите огнепалимую жертву, всесожжение Творцу: двух молодых быков и одного овна и семь агнцев годовалых; без порока да будут они у вас».

[1627] См. Вавилонский Талмуд, трактат Мегила, лист 13:1.

[1628] Тора, Берешит, 24:16. «И девица очень хороша видом, девственница, ни один муж не познал ее. И спустилась она к источнику, и наполнила свой кувшин, и взошла».

[1629] См. выше, в обозрении Сулам, пп. 6-7.

прилепились к Древу познания добра и зла". Поэтому „прилепились ко злу и прилепились к добру, и поэтому в остальные дни написано: „Огнепалимую жертву, всесожжение"¹⁶²⁶, потому что есть в них суды и удержание в Древе познания добра и зла. „Однако в те дни, когда Древо жизни пребывает, а не другое", т.е. в Шавуот, „мы не нуждаемся в огнепалимой жертве, и она не должна быть там. Потому что этот день", Шавуот, – „он от Древа жизни, а не от Древа познания добра и зла. И поэтому" написано: „И приносите всесожжение в приятное благоухание Творцу"¹⁶²⁵, а не: „Огнепалимую жертву Творцу, всесожжение". И всесожжение (ола עוֹלָה) означает – поднимающееся (олэ́ עוֹלֶה)", так как поднимается оно высоко, „как мы учили. И мы уже указывали на это" в объяснении „молодых быков", и всего этого жертвоприношения"¹⁶³⁰».

[1630] См. выше, п. 826.

ГЛАВА ПИНХАС

Рош а-шана

881) «„А в седьмом месяце, (в первый день месяца)"[1631] – т.е. как мы учили, потому что день Рош а-шана – это день суда всего мира: суровый суд" в первый день, „и мягкий суд" во второй день. Спрашивает: „Написано: „И делайте всесожжение"[1631], следовало сказать: „И принесите", как и в остальные дни, что значит: „И делайте"[1631]?" И отвечает: „Но в этот день", Рош а-шана, „написано: „И сделай мне яства"[1632] – то, что Ицхак сказал Эсаву, являющемуся обвинителем. Сколько яств и блюд делают Исраэль в эти дни", т.е. в заповедях и в молитве, „пока этот обвинитель отправляется на поиски прегрешений мира", чтобы сделать из них яства для обвинения. „И поэтому не написано: „Принесите", а: „Делайте всесожжение"[1631], то есть делать и исправлять яства. „И не написано: „Огнепалимую жертву, всесожжение", и так во все остальные дни, когда нет" у ситры ахра „доли в эти дни, не написано: „Огнепалимую жертву", как например, в Шавуот, как объяснялось в предыдущем пункте, и также в День искупления. „Тем более в этот день, когда мы готовим яства и блюда без мнения ситры ахра. Ведь Ицхак отправил его наловить добычи прегрешений жителей мира, и принести ему"».

Объяснение. Во всех жертвоприношениях дают долю ситре ахра,[1633] но в этот день Рош а-шана, наоборот, когда с помощью трубления в шофар сбивают с толку Сатана, что означает, что с помощью трубления в шофар отменяют ГАР левой линии, откуда получает жизненные силы ситра ахра. Потому что в Рош а-шана властвует первое состояние Малхут, и это смысл того, что Ицхак, являющийся левой линией, сказал Эсаву: «И налови ей добычи»[1632], то есть дал ему разрешение привлечь ГАР левой линии, и пробудить все суды, приходящие с ней, и

[1631] Тора, Бемидбар, 29:1-2. «А в седьмом месяце, в первый день месяца провозглашение святости будет у вас, никакой работы не делайте; днем трубления будет у вас. И делайте всесожжение в приятное благоухание Творцу: одного молодого быка, одного овна, семь агнцев годовалых, без порока».

[1632] См. Тора, Берешит, 27:3-4. «А теперь, приготовь же свои орудия, колчан свой и лук, и выйди в поле, и налови мне добычи. И сделай мне яства, как я люблю, и принеси мне, и я буду есть, чтобы благословила тебя душа моя, прежде чем умру».

[1633] См. Обозрение Сулам, п. 13/2.

это смысл слов: «И вострепетал Ицхак трепетом великим»¹⁶³⁴. И эти суды начинают пробуждаться в Рош а-шана, однако тем временем, «пока он идет, Исраэль получают совет от Ривки ... подготавливают шофар и трубят», как разъясняется далее, в следующем пункте. То есть благодаря трублению в шофар уменьшаются ГАР левой линии, являющиеся всеми мохин ситры ахра, и поэтому ситра ахра отменяется. И получается, что мало того, что нет у нее доли от жертвоприношений Рош а-шана, но еще и теряет все свое удержание и сбивается с толку.¹⁶³⁵

И это смысл сказанного: «Тем более в этот день, когда мы готовим яства и блюда без мнения ситры ахра», – то есть мало того, что не дают ему жизненные силы от жертвоприношений, но еще и сбивают с толку, – «ведь Ицхак отправил его наловить добычи прегрешений жителей мира», то есть из-за того, что это первое состояние Малхут, когда Ицхак, то есть левая линия, восседает на престоле суда, и желая усилить ее власть, отправляет Эсава наловить добычи, то есть чтобы притянул ГАР от левой линии. И поскольку он дал ему разрешение, тотчас пробуждаются суды, которые осуждают весь мир на чашу вины. И как написано в следующем пункте: «И пока он идет», то есть прежде чем успевает раскрыть суды от ГАР левой линии, «подготавливают шофар и трубят, чтобы пробудить милосердие», потому что с помощью трубления шофара отменяются ГАР левой линии, и ситра ахра не может притянуть их, и сбивается с толку, и вместо них привлекаются яства Яакова, являющиеся милосердием.

882) «„И пока он идет, Исраэль получают совет от Ривки, и совершают все эти работы, и все эти молитвы, подготавливают шофар и трубят, чтобы пробудить милосердие", как объяснялось в предыдущем пункте. И мы уже объясняли: „И принес ему вина, и он пил"¹⁶³⁶, – что он пришел издалека", от Бины, „из того места, где старое вино", то есть свечение Хохмы ВАК левой линии после отмены ГАР левой линии, что называется старым

---

¹⁶³⁴ Тора, Берешит, 27:33. «И вострепетал Ицхак трепетом великим чрезвычайно, и сказал: „Кто же он и где тот, который наловил добычи и принес мне?! И я ел от всего, прежде чем ты пришел; и благословил я его – пусть тоже благословен будет!"»
¹⁶³⁵ См. Зоар, главу Эмор, пп. 187-223.
¹⁶³⁶ Тора, Берешит, 27:25. «И сказал он: „Поднеси мне, и я поем добычи сына моего, дабы благословила тебя душа моя". И тот поднес ему, и он ел; и принес ему вина, и он пил».

вином. „И он пил"¹⁶³⁶ – и было вкусно ему, и он радовался. А затем благословляет его" Ицхак, являющийся левой линией, „многими благословениями, и устраняет его грехи", потому что свечение Хохмы искупает грехи. „Что написано: „И было, едва лишь вышел Яаков … Эсав, брат его, пришел с охоты своей"¹⁶³⁷, – то есть неся с собой многочисленные тяжести" грехов, „как мы учили. И мы уже это объясняли"».¹⁶³⁸

883) «„И поэтому это день трубления, и жертвоприношением является всесожжение. „Одного овна"¹⁶³² – то есть как мы учили, что это по причине овна Ицхака, „И одного козла в грехоочистительную жертву"¹⁶³⁹ – и это взятка Саму", потому что только от этого жертвоприношения он получает какое-то питание в качестве ВАК Хохмы, „чтобы унять гнев его за тот самый плач, которым он плакал в тот день, когда увидел, что не исполнилась воля его, и он зря охотился на добычу", так как отменились ГАР его левой линии, которые являются всей его силой, как уже объяснялось, а уменьшение ГАР называется плачем, „как мы учили. И подобно этому в День искупления. И это ведь написано в главе Эмор"».¹⁶⁴⁰

---

¹⁶³⁷ Тора, Берешит, 27:30. «И было, когда окончил Ицхак благословлять Яакова, и было, едва лишь вышел Яаков от лица Ицхака, отца своего, Эсав, брат его, пришел с охоты своей».
¹⁶³⁸ См. Зоар, главу Эмор, пп. 218-219.
¹⁶³⁹ Тора, Бемидбар, 29:5. «И одного козла в грехоочистительную жертву, чтобы искупить вас».
¹⁶⁴⁰ См. Зоар, главу Эмор, пп. 227-257.

Праздник Суккот

884) «„А в пятнадцатый день седьмого месяца"[1641]. Рабби Аба провозгласил: „И стал ковчег в седьмом месяце"[1642]. Смотри, все эти дни" от Дня искупления до Суккот, „находится мать", т.е. Шхина, „над сыновьями", т.е. Исраэлем, „чтобы не властвовала ситра ахра" над Исраэлем, „и чтобы спасти их. Когда спасены сыновья и сидят в суккот (шалашах), они находятся под защитой" матери, т.е. Шхины. „В первый день и второй день праздника Суккот – она повелела Исраэлю делать трапезу правителям остальных народов", и это семьдесят быков для семидесяти правителей, „и она не пребывает там с ними. В третий день, являющийся семнадцатым днем месяца", Шхина „начинает пребывать над ними. И это смысл сказанного: „И стал ковчег в седьмом месяце, в семнадцатый день месяца, на горах Арарата"[1642], где ковчег означает Шхину, горы Арарата, т.е. „горы, в которых пребывают все проклятья и все наказания"», т.е. правители этих народов.

885) «Сказал рабби Эльазар: „В первый день праздника" Малхут „не пребывает над ними", над правителями семидесяти народов, „и не во второй день, а в третий день, когда добавляет и уменьшает, она пребывает над ними, – добавляет буквы и уменьшает жертвоприношения. Как написано: „Одиннадцать (аштéй асáр עַשְׁתֵּי עָשָׂר)"[1643] подходит человеку с дурным глазом. Потому что в первый день и второй день – это радость сыновей, и Исраэль отделяют им", правителям этих народов, „добычу. С третьего дня и далее, когда" Малхут „пребывает над ними, что написано: „А воды все убывали до десятого месяца. В десятом месяце, в первый день месяца показались вершины гор"[1644]. „А воды все убывали"[1644] – это жертвоприношения, которые все время убывают. И так же как они убывают, убывает и их благо"».

[1641] Тора, Бемидбар, 29:12. «А в пятнадцатый день седьмого месяца священное собрание пусть будет у вас, никакой работы не делайте и празднуйте праздник Творцу семь дней».

[1642] Тора, Берешит, 8:4. «И стал ковчег в седьмом месяце, в семнадцатый день месяца, на горах Арарата».

[1643] Тора, Бемидбар, 29:20. «И в третий день: одиннадцать быков, двух овнов, четырнадцать агнцев годовалых, без порока».

[1644] Тора, Берешит, 8:5. «А воды всё убывали до десятого месяца. В десятом месяце, в первый день месяца показались вершины гор».

Объяснение. Основа строения Малхут – от левой линии, т.е. свечения Хохмы левой линии, однако, когда она пребывает над Исраэлем, она в зивуге с Зеир Анпином, являющимся средней линией, и тогда Хохма в Малхут светит не иначе, как снизу вверх. И основа ее свечения – от свойства хасадим, которое она получает от Зеир Анпина. Но когда Малхут пребывает над народами мира и ситрой ахра, она, наоборот, пребывает над ними, когда она в отделении от Зеир Анпина, потому что эти народы и ситра ахра не желают получать от средней линии, т.е. Зеир Анпина, но только от свойства левой линии, что в Малхут.

И это смысл сказанного: «Все эти дни находится мать над сыновьями»[1645] – то есть Малхут, когда она в зивуге с Зеир Анпином, являющимся средней линией, «чтобы не властвовала ситра ахра» над ними, то есть чтобы ситра ахра (нечистые силы) не пробудили их привлекать Хохму от Малхут сверху вниз, как присуще ситре ахра. «Когда спасены сыновья и сидят в суккот (шалашах), они находятся под защитой», – когда удостоились сукки, они находятся под высшей защитой, чтобы ситра ахра больше не могла властвовать над ними, подговаривая их привлекать левую линию сверху вниз. И поэтому: «Повелела Исраэлю делать трапезу правителям остальных народов» – то есть принести в жертву семьдесят быков, что является привлечением свечения левой линии к правителям этих народов и к ситре ахра только в меру их оживления и существования, ибо нет оживления и существования народам и ситре ахра иначе, как от свечения левой линии. «И она не пребывает там» – потому что Малхут не пребывает над ними, но только если она в отделении от Зеир Анпина, когда она увеличивает силу оживления ситры ахра. И поэтому для того, чтобы не дать им добавку жизненных сил, она не пребывает над ними. Но только Исраэль привлекают к себе свою долю от этих жертвоприношений, а Исраэль привлекают только свечение снизу вверх, и это как исправление средней линии. И это свечение приходит посредством трех линий, светящим Малхут, и это ХУГ ТУМ, и после того как включают в себя друг друга, есть три линии в каждом из ХУГ ТУМ, и их двенадцать, и это двенадцать быков. И вместе с общим – это тринадцать быков. И это означает тринадцать быков, которых приносили в жертву в первый день, и двенадцать быков, которых приносили в жертву во второй день, так как они были в состоянии привлечения Хохмы в виде

[1645] См. выше, п. 884.

трех линий и Малхут, получающей их, когда при их включении друг в друга они представляют собой двенадцать, и с общим – их тринадцать. И это смысл сказанного: «Потому что в первый день и второй день – это радость сыновей, и Исраэль отделяют им добычу»[1646], – потому что Исраэль выделяют свечение левой линии правителям народов, и поэтому они выделяют им согласно этому числу тринадцать быков в первый день и двенадцать быков во второй день. И это является включением трех линий и Малхут друг в друга. Как присуще свечению средней линии.

И это смысл сказанного: «С третьего дня и далее, когда пребывает над ними», – ибо после того как получили от Исраэля все, чем могли светить им, то есть двенадцать быков, тогда Малхут начинает пребывать над правителями народов, иначе говоря, в силу этого свечения, полученное ими от двенадцати быков, что в святости, которое было от средней линии, они усиливаются и притягивают только от Малхут, то есть от ее собственного свойства, и это левая линия без правой, чтобы они могли притягивать сверху вниз согласно своему желанию. И это скрытый смысл того, что Исраэлю заповедано тогда приносить «одиннадцать (аште́й аса́р עַשְׁתֵּי עָשָׂר) быков»[1643]. И это смысл сказанного: «А в третий день, когда добавляет и уменьшает, она пребывает над ними, – добавляет буквы и уменьшает жертвоприношения. Как написано: „Одиннадцать (аште́й аса́р עַשְׁתֵּי עָשָׂר)"[1643]». Потому что в первый и второй день Исраэль передавали им от святости, в свойстве «одиннадцать (аште́й аса́р עַשְׁתֵּי עָשָׂר)», которые являются взаимовключением трех линий, как уже говорилось, но когда они усилились, чтобы притягивать от свойства левой линии без правой, то есть от Малхут, когда она в разделении, тогда прибавили сглаз к свечению двенадцати быков, полученных ими в первый и второй день. И стало одиннадцать (аште́й аса́р עַשְׁתֵּי עָשָׂר), потому что когда прибавляют аин (ע) к двенадцати (штей аса́р שְׁתֵּי עָשָׂר) становится одиннадцать (аште́й аса́р עַשְׁתֵּי עָשָׂר). И получается, что «добавляет буквы» – т.е. добавил аин (ע), «и уменьшает жертвоприношения», когда у них уже нет двенадцати быков, но лишь одиннадцать быков. И так они все время уменьшались, пока не прекратились полностью. И это смысл сказанного: «Что написано: „А воды всё убывали до десятого месяца. В десятом месяце, в первый день месяца показались вершины гор"[1644]. „А воды всё убывали"[1644] – это жертвоприношения, которые все время убывают».

[1646] См. выше, п. 885.

Глава Пинхас

Возлияние воды

886) «Сказал рабби Шимон: „Эльазар, смотри. Со второго дня начали показываться воды"» – то есть что началось возлияние воды на жертвенник. И это было также для того, чтобы привлечь оживление и существование ситры ахра.[1647] «А если испытывает жажду, напои его водой»[1648] – это вода, о которой написано в этот день праздника. «"Когда начались эти воды", и ситра ахра и семьдесят народов получили это благо, тогда усилились, как объяснялось в предыдущем пункте, "и с третьего дня" Малхут "пребывала над ними", поскольку привлекли ее в отделении от Зеир Анпина, как уже выяснилось выше. "И об этой воде не знали вавилоняне: почему они записаны здесь" в этот праздник, – то есть они не знали, что они для того, чтобы дать существование народам мира, – "ведь благо Исраэля не в месте уменьшения", то есть уменьшающихся быков этого праздника, "а в месте умножения? И поскольку эти воды, о которых написано здесь, уменьшаются", вместе с быками этого праздника, "Писание дает нам понять, что изречение: "А во́ды"[1644], – то есть известные воды дней праздника, – они записаны внутри этих жертвоприношений"», потому что во второй день написано о жертвоприношениях: «И возлияния их (ве-нискéйэм וְנִסְכֵּיהֶם)»[1649] с мем (מ), а в шестой сказано: «И его возлияния (у-нисхéйя וּנְסָכֶהָ)»[1650] с йуд (י), а в седьмой сказано: «По установлению их (ке-мишпата́м כְּמִשְׁפָּטָם)»[1651] с мем (ם). Таким образом, здесь «вода (ма́им מַיִם)», и отсюда указание на возлияние воды из Торы.[1652] «"И они", эти жертвоприношения, "это ведь проклятья, – они все время уменьшались.[1646] И

[1647] См. далее, п. 890.

[1648] Писания, Притчи, 25:21-22. «Если голоден враг твой, накорми его хлебом, а если испытывает жажду, напои его водою. Ибо горящие угли собираешь ты на голову его, и Творец воздаст тебе».

[1649] Тора, Бемидбар, 29:17-18. «И во второй день: быков молодых двенадцать, двух овнов, четырнадцать агнцев годовалых, без порока. И хлебный дар их, и возлияния их для быков, для овнов и для агнцев, по числу их, по установлению».

[1650] Тора, Бемидбар, 29:29-31. «И в день шестой: восемь быков, двух овнов, четырнадцать агнцев годовалых, без порока, и дар их, и возлияния при них для быков, для овнов и для агнцев по числу их, по закону, и одного козла в грехоочистительную жертву, сверх всесожжения, его дара и его возлияния».

[1651] Тора, Бемидбар, 29:32-33. «И в день седьмой: семь быков, двух овнов, четырнадцать агнцев годовалых, без порока. И хлебный дар и возлияния их для быков, для овнов и для агнцев по числу их, по установлению их».

[1652] См. Вавилонский Талмуд, трактат Таанит, лист 2:2.

их благо, и изобилие, нисходившее к ним, все время уменьшались. И поскольку эта вода – это их вода", народов мира и ситры ахра, „не соединялись буквы"» мем-йуд-мем (מַיִם), чтобы были написаны в Торе напрямую, но они разбросаны, потому что мем (מ) – она в «возлияния их (нискейэм וְנִסְכֵּיהֶם)»[1649], а йуд (י) – в «и его возлияния (у-нисхейа וְנִסְכָּה)»[1650], и конечная мем (ם) – в «по установлению их (ке-мишпатам כְּמִשְׁפָּטָם)»[1651], как уже объяснялось. «„И это для того, чтобы их благо не соединялось, а" приходило „мало-помалу"».

887) «„Но у Исраэля, которые от Творца", т.е. средней линии, „что написано: „А у ищущих Творца не будет недостатка ни в каком благе"[1653]. Вначале написано: „Львы истощены и голодны"[1653] – это правители остальных народов. „А у ищущих Творца"[1653] – это Исраэль, „не будет недостатка ни в каком благе"[1653] – эти поднимаются всё выше и выше". Ибо в святости поднимают, а не опускают. „И поэтому благо их", народов мира и ситры ахра, „то есть воды, „всё убывали до десятого месяца"[1644], и это тевет, ибо тогда настают дни бедствия", поскольку тевет и шват – это дни суда, и называются они днями бедствия.[1654] „И это бедствие пробуждается и усиливается, а святая невеста", т.е. Малхут, „не светит изнутри солнца", т.е. что она отделена от солнца, Зеир Анпина, „тогда „показались вершины гор"[1644] этих, являющихся судами левой линии, нисходящими с быками этого праздника, „и это те самые горы тьмы и горы проклятья, которые показываются и усиливаются, и приносят бедствия в мир"».

888) «„В эти дни" праздника Суккот написано: „Огнепалимая жертва" о том всесожжении", которое в течении них, то есть как написано: „(И принесите всесожжение), огнепалимую жертву". Поскольку тогда эти огнепалимые жертвы", т.е. суды,[1655] пожирают свои доли – эти семьдесят быков, соответствующие семидесяти правителям, властвующим над семьюдесятью народами. И поднимается" число их „в первый день, и они снижаются", уменьшаясь „с каждым днем. И называются бодливыми быками в свои дни". Двух „овнов (отсутствует текст), четырнадцать" агнцев годовалых. „Двух" овнов „каждый день" – это рука (яд יָד) Творца", так как семью два – четырнадцать

[1653] Писания, Псалмы, 34:11. «Львы истощены и голодны, а у ищущих Творца не будет недостатка ни в каком благе».
[1654] См. Новый Зоар, главу Итро, п. 283.
[1655] См. выше, п. 879.

(י״ד). И „это рука, властвующая над ними всегда, каждый день. Агнцев годовалых, их число – стрела (хец חֵץ)", то есть семью четырнадцать – их девяносто восемь (цади-хэт צ״ח).

889) «„И если скажешь, что в таком случае"», когда мы совершаем жертвоприношение четырнадцати (йуд-далет י״ד) овнов, чтобы властвовала рука (яд יָד) Творца, и девяносто восьми (хэт-цади ח״צ) агнцев, что является плохим знаком, так как это соответствует девяноста восьми проклятиям, что в наставлении,[1656] и также: «Пока не рассечет как стрела (хец חץ) печень их»[1657], «„мы ведь недоброжелатели (досл. дурной глаз) по отношению к ним"», ибо «„Ешь и пей!" – скажет он ему, а сердце его не с ним»[1658]. И отвечает: «„Да, потому что написано: „(Если голоден враг твой, накорми его хлебом, а если испытывает жажду, напои его водою). Ибо горящие угли собираешь ты на голову его"[1648]. Но мы же не даем иначе, как в радости, потому что нет такой радости в дни года, как в эти дни" Суккот, „и поскольку мы даем добросердечно, и с радостью и желанием, превращаются" наши дары „им в угли на их голову, горящие угли, когда наша радость делает плохо им, то есть руку (י״ד 14)" овнов, „семьдесят (аин ע)" быков, „стрелу (ח״ץ 98)" агнцев, „ибо так восходит счет их"» жертвоприношений. Потому что четырнадцать (י״ד) овнов указывают на руку (яд יָד) Творца, которая властвует в них, а семьдесят (аин ע) быков, которые все время уменьшаются, – что их добро будет все время уменьшаться, а девяносто восемь (хец חֵץ) агнцев указывают на число девяноста восьми (цади-хэт צ״ח) проклятий, – чтобы пребывали в них, или: «Рассечет как стрела (хец חֵץ) печень их»[1657].

890) «„И всё это, если скажешь: кто установил нам приносить за них жертвы", за этих правителей семидесяти народов, „может быть они не хотят всего этого? Но нет такой радости у всех этих правителей, как во всех этих быках и овнах, и агнцах в час, когда Исраэль дают им эти трапезы. И вместе с тем, все это приносится в жертву не иначе, как только Творцу, и они", эти правители, „приближаются туда, а Творец раздает

[1656] См. Тору, главу Ки Таво. Имеются в виду проклятия в наставлении народу, если они не будут выполнять заповеданного Творцом.
[1657] См. Писания, Притчи, 7:23. «Пока не рассечет стрела печень его; как птичка спешит в силки и не знает, что на погибель ее».
[1658] См. Писания, Притчи, 23:6-7. «Не вкушай хлеба недоброжелателя и не возжелай яств его. Ибо как он думает в душе своей, таков он и есть: „Ешь и пей!" – скажет он тебе, а сердце его не с тобою».

им. И об этом написано: „Если голоден враг твой, накорми его хлебом"[1648], – это жертвоприношения этого праздника, „а если испытывает жажду, напои его водою"[1648] – это вода, записанная здесь", чтобы совершать ею возлияние „в дни праздника – во второй день, в шестой день и в седьмой. И признак: „Воздадут ему презрением (боз בוֹז)"[1659]». И это начальные буквы бет (ב 2), вав (ו 6), заин (ז 7).

891) «„Многие воды не смогут погасить любовь"[1659] – это воды, которыми Исраэль совершают возлияние в радости и любви к Творцу, как написано: „И будете вы черпать воду с весельем"[1660]. „И реки не зальют ее"[1659] – это реки чистого Афарсемона", т.е. восемнадцать рек изобилия, исходящие из Есода Бины,[1661] „и все они слиты и связываются этой любовью. „Если предложит человек все добро дома своего"[1659] – это Сам, „за любовь"[1659] – Исраэля, т.е. что у него будет доля вместе с ними в этих водах, записанных здесь в этой главе, то есть как написано: „Если предложит человек все добро дома своего за любовь, воздадут ему презрением"[1659], – поскольку это признак этих вод", которыми совершают возлияние в дни „презрения (боз בוֹז)"[1659], то есть во второй день, в шестой день и в седьмой. „Воздадут ему"[1659], разумеется, потому что все богатство Сама считается у нас, как разбитый глиняный сосуд, который невозможно выправить никогда"».

892) И объясняет свои слова. «„Их воды", Сама, ситры ахра и этих народов, „разделились: [есть возлияние] в дни второй, шестой, седьмой (בוֹז), остались остальные дни, и это третий, четвертый, пятый", в которые нет возлияния воды, и признак: „Глина от суглинков земли"[1662], где глина (хэрес חֶרֶס) это начальные буквы пятый (хамиши́ חֲמִישִׁי), четвертый (реви́и רְבִיעִי), третий (шлиши́ שְׁלִישִׁי) – те дни, в которые нет возлияния этих вод. „И нет у них исправления с нами, и нет никогда", –

[1659] Писания, Песнь песней, 8:7. «Многие воды не смогут погасить любовь и реки не зальют ее; если предложит человек все добро дома своего за любовь, воздадут ему презрением».

[1660] Пророки, Йешаяу, 12:3. «И будете вы черпать воду с весельем из источников спасения».

[1661] См. Зоар, главу Шмот, п. 257. «Сказал рабби Элиэзер: „Восемнадцать высших гор Афарсемона", – и это Есод Бины, в котором есть девять сфирот прямого света и девять сфирот отраженного света, то есть восемнадцать гор...»

[1662] Пророки, Йешаяу, 45:9. «Горе ссорящемуся с Создателем своим – глина от суглинков земли! Скажет ли глина горшечнику своему: „Что ты делаешь?" и изделие твое: „Нет рук у него"?»

ибо так же как нет у них исправления в дни пятый, четвертый, третий (хэ́рес (חֶרֶשׁ)), так же не будет у них исправления никогда. И если скажешь: написано: „Воздадут ему презрением (боз בּוֹז)"¹⁶⁵⁹», – но согласно тому, что объяснялось выше, нужно сказать: «Не воздадут ему презрением (боз בּוֹז)», то есть что не хотят во второй, шестой, седьмой (боз בּוֹ״ז), что является богатством Сама? И отвечает, что написано «„там: „Ибо не презрел Он и не отверг молитву бедного"¹⁶⁶³». Это указывает, что Исраэль не хотят отказаться от любви ради свечения возлияния воды, что во второй, шестой, седьмой (боз בּוֹ״ז), которое является богатством ситры ахра, то есть, что у ситры ахра есть доля в них, и «воздадут ему презрением» не указывает на свет, что во второй, шестой, седьмой (боз בּוֹ״ז), а в простом значении, – что они воздают ему презрением.

И объяснение этого изречения следующее. «Многие воды не смогут погасить любовь»¹⁶⁵⁹ – то есть воды Хохмы, о которых написано: «И будете вы черпать воду с весельем из источников спасения»¹⁶⁶⁰. И несмотря на то, что они Хохма, они не гасят хасадим, называемых любовью. И также: «И реки не зальют ее»¹⁶⁵⁹ – то есть реки Афарсемона, несмотря на то что в них есть свечение Хохмы, вместе с тем они не смывают любовь, то есть не уменьшают хасадим. Но «если предложит человек (досл. муж)»¹⁶⁵⁹ – и это Сам, «все добро дома своего»¹⁶⁵⁹ – то есть все света, которые есть у него, «за любовь»¹⁶⁵⁹ – что за отмену этой любви он даст нам света возлияния воды, что в дни второй, шестой, седьмой (боз בּוֹ״ז), поскольку свечение Хохмы, что в дни второй, шестой, седьмой (боз בּוֹ״ז), уменьшается и уходит, и это указывает на то, что уменьшает любовь, т.е. хасадим, потому что Хохма, в которой есть доля у ситры ахра, всегда уменьшает хасадим. Получается, что его свечение Хохмы гасит любовь, пока не останется Хохма без хасадим, и тогда свечение Хохмы тоже гаснет, так как не может светить без хасадим.¹⁶⁶⁴ И поэтому «воздадут ему презрением»¹⁶⁵⁹. Тогда как свечение Хохмы, которое получают Исраэль, не гасят хасадим, то есть любви.

893) Спрашивает: «„Первый день праздника – что делает?" Ибо считает второй, шестой, седьмой (боз בּוֹ״ז) дни праздника –

[1663] Писания, Псалмы, 22:25. «Ибо не презрел Он и не отверг молитву бедного, и не скрыл лица Своего от него, и когда он воззвал к Нему – услышал».
[1664] См. Зоар, главу Берешит, часть 1, п. 34, со слов: «Затем вышла тьма, и вышли в ней семь других букв алфавита...»

для возлияния воды, а пятый, четвертый, третий (хэрес חֶרֵשׁ) дни праздника – днями, свободными от возлияния воды, но первый день праздника вообще не упоминает. И отвечает, что первый день „не называется первым, и не называется одним, а" называется „просто пятнадцатым, без особого отличия вообще", потому что нет в нем чего-то особого для отличия. „А начало отличия для возлияния воды – это во второй день, и так должно быть", потому что дают во время него долю ситре ахра, – должно быть во второй день, „ибо не" сказано во время него, что хорош он, „во второй. И поэтому не отличает вообще первый день, и не один, и он" пятнадцатый „просто. А начало отличия" и обновления „этих дней начинается во второй день. И раздают эти воды в дни второй, шестой, седьмой (боз בֹּז), и остаются свободными в дни пятый, четвертый, третий (хэрес חֶרֵשׁ), как мы учили, и все как полагается"».

894) «„Счастлива участь Исраэля, поскольку знают они как войти в ядро (досл. мозг) ореха", – то есть святость, она как мозг ореха, который окружает скорлупа (клипот), „и чтобы проникнуть в этот мозг, они разбивают клипот", те, что окружают его, „и входят". Что написано „после всего этого: „В день восьмой завершение (празднования) да будет у вас"[1665]. Ибо после того как разбили все эти клипот, и разбили многочисленные силы, и убили множество змей и множество скорпионов, которые были у них в этих горах тьмы, пока не нашли место поселения и святой город", т.е. святую Малхут, „окруженный стенами весь вокруг, – тогда вошли в него, чтобы доставлять там наслаждение ему, и радоваться в нем. И мы уже это объясняли"».[1666]

895) «„И это завершение (ацерет)", что означает – „собрание", т.е. Малхут, „и это место, в котором все собираются", потому что она является местом получения всех высших светов. „Да будет у вас"[1665] – но не у другого", так как у ситры ахра нет доли в нем, „поскольку вы будете радоваться вашему Господину, и Он – с вами. И об этом написано: „Радуйтесь с Творцом, и веселитесь, праведники! И ликуйте, все прямодушные"[1667]».

[1665] Тора, Бемидбар, 29:35-36. «В день восьмой завершение (празднования) да будет у вас; никакой работы не делайте. И приносите всесожжение, огнепалимую жертву, в приятное благоухание Творцу: одного быка, одного овна, семь агнцев годовалых, без порока».
[1666] См. выше, п. 33.
[1667] Писания, Псалмы, 32:11. «Радуйтесь с Творцом, и веселитесь, праведники! И ликуйте, все прямодушные».

Глава Матот

ГЛАВА МАТОТ

Мир ведет себя не иначе, как в двух окрасках

1) «"А всех детей женского пола, которые не познали ложа мужского"¹. "Там мы учили, – сказал рабби Йегуда, – что мир ведет себя не иначе, как в двух окрасках", и это белый и красный, т.е. хасадим и Хохма левой линии, "приходящих со стороны женщины мудрой сердцем. Это смысл сказанного: "И всякая жена, мудрая сердцем, своими руками пряла, и принесли они пряжу: синету и пурпур"². И что они приносят?" Говорит Писание: "Синету и пурпур"², которые являются цветами, включенными внутрь цветов"». Иначе говоря, основных цвета – два, т.е. белый и красный, а цвета синета и пурпур включены в эти два цвета.

2) «"И это то, что написано: "Добывает она шерсть и лён, и охотно работает своими руками"³, где шерсть – это правая линия и милосердие, а лен – это левая линия и суд. "И написано: "Своими руками пряла"². Что значит – пряла?" Сказал рабби Йегуда: "Пряла в суде, пряла в милосердии"». Иначе говоря, сочетают правую и левую линии друг с другом, и суды, что в левой, подслащаются милосердием, что в правой. «Сказал рабби Ицхак: "Почему называется женщиной (ишá אִשָּׁה)?"» – то есть от слова огонь (эш אֵשׁ). «Сказал ему: "Это потому, что состоит из суда и состоит из милосердия"», – поэтому называется женщиной, так как это буквы «огонь Творца (эш а-шем אֵשׁ ה')», огонь (эш אֵשׁ) – это суд, а Творца (а-шем ה') – это милосердие.

3) «"Смотри, что сказал рабби Эльазар: "Любая женщина называется судом", потому что их корень от левой линии, "пока не ощутит вкус милосердия", т.е. не выйдет замуж, а мужчина (захар) – его корень от правой линии, являющейся милостью и милосердием. "Ведь мы учили, что со стороны мужчины приходит белое", что в плоде, как например кости и т.д., и это милосердие. "А со стороны женщины приходит красное, что в

---

¹ Тора, Бемидбар, 31:18. «А всех детей женского пола, которые не познали ложа мужского, оставьте в живых для себя».
² Тора, Шмот, 35:25. «И всякая жена, мудрая сердцем, своими руками пряла, и принесли они пряжу: синету и пурпур, червленицу и виссон».
³ Писания, Притчи, 31:13. «Добывает она шерсть и лён, и охотно работает своими руками».

плоде", как например плоть и красные сухожилия и т.д., и это суд. „И когда женщина вкушает от белого", то есть выходит замуж, „белое становится для нее важнее"», несмотря на то что корень ее – красное.

4) «„И смотри, почему запрещены женщины остальных народов, познавшие мужское ложе. Это потому, что мы учили – есть правая сторона", т.е. Хесед, „а есть левая", т.е. суд. „И это Исраэль и остальные народы. И" также „Эденский сад" – в правой стороне, „и ад" – в левой, „этот мир" – в левой, „и будущий мир" – в правой. „Исраэль соответствуют милосердию", которое в правой стороне, „а остальные народы соответствуют суду", который в левой. „И мы учили, что женщина, отведавшая вкус милосердия", т.е. когда выходит замуж за [мужчину из] Исраэля, – „милосердие побеждает" суд, и она становится милосердием. „Женщина, отведавшая вкус суда", то есть выходит замуж за чужеземца, то есть свойство суда, как мы уже сказали, – „прилепляется суд к суду", суд, что в этой женщине, прилепляется к суду, что в чужеземце. „И о них сказано: „И псы эти дерзкие, не знающие сытости"⁴».

5) «„И мы учили об этом, что выходящая за чужеземца привязана к нему, как собака. Так же как собака сильна духом наглости, так же и" выходящая за чужеземца, когда сходятся „суд с судом, она дерзка во всем и вся. А выходящая за Исраэль, – мы учили, что написано" о ней: „А вы, прилепившиеся к Творцу Всесильному вашему, – живы все вы ныне"⁵. И почему? Это потому, что душа Исраэля приходит от Всесильного жизни. Как написано: „Ибо дух передо Мной окутывает"⁶, и это смысл того, что написано: „Передо Мной"⁶, что означает – перед Шхиной, то есть от Зеир Анпина, который называется Всесильным жизни.⁷ И поэтому женщина, которая девственна, и не прилепилась к суровому суду остальных народов", как уже объяснялось, „а прилепилась к Исраэлю", являющемуся

---

⁴ Пророки, Йешаяу, 56:11. «И псы эти дерзкие, не знающие сытости, – и они-то пастыри, не способные понимать! Каждый повернул на дорогу свою, каждый до последнего – к корысти своей».

⁵ Тора, Дварим, 4:4. «А вы, прилепившиеся к Творцу Всесильному вашему, – живы все вы ныне».

⁶ Пророки, Йешаяу, 57:16. «Ведь не вечно буду Я спорить и не бесконечно гневаться, ибо дух передо Мной окутывает, и души Я сотворил».

⁷ См. Зоар, главу Трума, п. 822. «Но здесь, безусловно, „перед", т.е. до Шхины, „поскольку дух пророчества не исходит от Шхины, а „перед", т.е. до Шхины..."»

милосердием, – „милосердие побеждает, и она исправляется"» от суда, что в ней.

6) «„И смотри, написано: „Ибо думал я: мир милостью (хеседом) будет отстроен"[8]. Что такое милость (хесед)?" И отвечает: „Это одна из высших сфирот Царя", т.е. высшая сфира из семи нижних сфирот. „Потому что Творец назвал душу Исраэля Хеседом при том условии, что будет отстроен" Хесед, „и не будет истреблен этот Хесед никогда. Это смысл того, что написано: „Будет отстроен"[8], – что указывает на Хесед, который будет отстроен. „Поэтому мы учили, что истребляющий милость (хесед) в мире, будет истреблен из мира будущего. И поэтому написано: „Не выйдет жена умершего замуж на сторону за чужого"[9], чтобы поступить милостиво с умершим, и он станет строением, как написано: „Мир милостью (хеседом) будет отстроен"[8]».

Закончилась глава Матот

---

[8] Писания, Псалмы, 89:3. «Ибо думал я: мир милостью будет отстроен, в небесах – там утвердил Ты верность Свою».

[9] Тора, Дварим, 25:5. «Если будут жить братья вместе и умрет один из них, а сына нет у него, то не выйдет жена умершего замуж на сторону за чужого. Деверь ее пусть войдет к ней и возьмет ее в жены себе, и вступит с ней в левиратный брак».

Международная академия каббалы

https://www.kabbalah.info/rus/

Учебно-образовательный интернет-ресурс – неограниченный источник получения достоверной информации о науке каббала.

Сайт дает доступ к уникальному контенту: библиотеке каббалистических первоисточников, к широкому спектру передач и лекций на телеканале Каббала ТВ, включая прямую трансляцию уроков основателя и главы Международной академии каббалы Михаэля Лайтмана для всех, кто занимается углубленным изучением науки каббала и исследованием каббалистических первоисточников.

Обучающая платформа

Международной академии каббалы

http://www.kabacademy.com

Миллионы учеников во всем мире изучают науку каббала. Выберите удобный для вас способ обучения на сайте.

Наша онлайн-платформа позволит вам познакомиться с уникальными каббалистическими источниками, пройти обучение у лучших преподавателей академии, общаться в онлайн-сообществе, получить индивидуальное сопровождение помощника-тьютора.

Интернет-магазин
каббалистической книги

Россия, страны СНГ и Балтии:
http://kbooks.ru

Америка, Австралия, Азия
http://www.kabbalahbooks.info

Европа, Африка, Ближний Восток
http://www.kab.co.il/books/rus

СЕРИЯ: «ЗОАР ДЛЯ ВСЕХ»

Книга Зоар
Пинхас, Матот

**Под редакцией М. Лайтмана,
основателя и главы
Международной академии каббалы**

ISBN 978-965-551-055-3

Руководители проекта: Б. Белоцерковский, Г. Каплан
Перевод: Г. Каплан
Редактор: А. Ицексон, Г. Каплан
Технический директор: Й. Левинский
Дизайн и вёрстка: Г. Заави
Корректоры: С. Сакович, Л. Каплан
Выпускающий редактор: С. Добродуб

Посвящается светлой памяти нашего товарища Леонида Илизарова, главного организатора перевода Книги Зоар, желавшего донести всему человечеству идеи единства и любви к ближнему, которые несет в себе Книга Зоар.

Выражаем огромную благодарность группе энтузиастов из разных стран мира, выступивших с инициативой сбора средств для реализации этого проекта.

www.ingramcontent.com/pod-product-compliance
Lightning Source LLC
Chambersburg PA
CBHW081921100125
20180CB00005B/124